U0935964

广州统计年鉴

GUANGZHOU STATISTICAL YEARBOOK

2023

（总第35期 NO.35）

广　州　市　统　计　局
国家统计局广州调查队　编
Guangzhou Municipal Bureau of Statistics
Survey Office of the National Bureau of Statistics in Guangzhou

图书在版编目（CIP）数据

广州统计年鉴. 2023 = Guangzhou Statistical Yearbook 2023 : 汉英对照 / 广州市统计局, 国家统计局广州调查队编. -- 北京 : 中国统计出版社, 2023.9
ISBN 978-7-5230-0177-6

Ⅰ. ①广… Ⅱ. ①广… ②国… Ⅲ. ①统计资料－广州－2023－年鉴－汉、英 Ⅳ. ①C832.651-54

中国国家版本馆 CIP 数据核字(2023)第 148497 号

广州统计年鉴 2023

作　　者/ 广州市统计局　国家统计局广州调查队
责任编辑/ 钟钰
出版发行/ 中国统计出版社有限公司
地　　址/ 北京市丰台区西三环南路甲 6 号
邮政编码/ 100073
电　　话/ 邮购（010）63376909　书店（010）68783171
网　　址/ http://www.zgtjcbs.com
印　　刷/ 广州星河印刷有限公司
经　　销/ 新华书店
开　　本/ 890mm×1240mm　1/16
字　　数/ 1145 千字
印　　张/ 33.75　彩页 1
版　　别/ 2023 年 9 月第 1 版
版　　次/ 2023 年 9 月第 1 次印刷
定　　价/ 398.00 元　Price: 398.00 yuan(RMB)

如有印装差错，由本社发行部调换。

2023

编者说明

EDITOR'S NOTE

一、《广州统计年鉴 2023》是一本全面反映广州经济和社会发展的资料工具书。本书通过大量的统计数据，全面客观地记录了 2022 年及重要历史年份广州市经济、社会的发展情况。

二、全书内容分为 18 个篇目，即：1．综合；2．人口；3．从业人员和工资；4．固定资产投资；5．能源和环境；6．财政和金融；7．价格指数；8．人民生活；9．城市建设；10．农业；11．工业；12．建筑业；13．运输和邮电；14．国内贸易；15．对外经济贸易和旅游；16．规模以上服务业；17．科技；18．教育、文化、体育、卫生、社会福利和其他。在附录部分，收集了全国、广东省、香港特别行政区、澳门特别行政区和粤港澳大湾区主要经济指标。

三、本年鉴资料主要来自广州市的政府各级统计局、国家统计局广州调查队的各种统计报表和抽样调查资料，部分资料来自省属、市属各主管部门。

四、2014 年广州市行政区划有调整，原黄埔区和原萝岗区合并为新黄埔区，原增城市和原从化市撤市设区。从 2015 年起，我市行政区划包括荔湾区、越秀区、海珠区、天河区、白云区、黄埔区、番禺区、花都区、南沙区、从化区和增城区等 11 个区，无县级市。

五、从 2014 年起广州市实施城乡一体化分市县住户调查制度，住户调查统计指标体系有较大变动。

六、根据《国家统计局关于执行新国民经济行业分类国家标准的通知》（国统字〔2017〕142 号）要求，新的行业分类《国民经济行业分类 GB/T4754-2017》从 2017 年统计年报和 2018 年定期统计报表统一开始使用。

七、从 2018 年起，新增《规模以上服务业》篇。

八、本年鉴总量指标计算所采用的价格除注明外均为当年价格。

九、读者在使用历年资料时，凡与本年鉴有出入的，均以本年鉴为准。

十、本年鉴中部分数据合计数或相对数由于单位取舍不同而产生的计算误差，均未作机械调整。

十一、本年鉴表中的符号使用说明：“空格”表示该项统计指标数据不详或无该项数据；“…”表示数不足本表最小单位数；“#”表示其中的主要项。

十二、2019 年，根据第四次全国经济普查结果，对 2008—2018 年度地区生产总值、2010—2017 年度工业、2011—2018 年度年末全社会从业人员和 1992—2018 年度社会消费品零售总额数据进行了修订。

十三、2020 年，根据第七次全国人口普查结果，对 2011—2019 年常住人口及常住人口城镇人口比重等数据进行了修正。

编者说明
EDITOR'S NOTE

Ⅰ. *Guangzhou Statistical Yearbook 2023* is a reference book that comprehensively reflects the economic and social development of Guangzhou. Through a large number of statistical data, this book comprehensively and objectively records the economic and social development of Guangzhou in 2022 and important historical years.

Ⅱ. The Yearbook contains the following 18 chapters: 1. General Survey; 2. Population; 3. Employment and Wages; 4. Investment in Fixed Assets; 5. Energy and Environment; 6. Government Finance and Banking; 7. Price Indices; 8. People's Livelihood; 9. City Construction; 10. Agriculture; 11. Industry; 12. Construction; 13. Transport, Postal and Telecommunication Services; 14. Domestic Trade; 15. Foreign Economy and Tourism; 16. Service Industry above Scale; 17. Science and Technology; 18. Education, Culture, Sports, Public Health, Social Welfare and Others. In the Appendix, the main economic indicators of China, Guangdong Province, Hong Kong Special Administrative Region, Macao Special Administrative Region and the Guangdong–Hong Kong–Macao Greater Bay Area are collected.

Ⅲ. The data in the Yearbook are mainly obtained from various statistical statements and sampling surveys conducted by Statistics Bureaus of all levels of government and the Survey Office of the National Bureau of Statistics in Guangzhou. Some data are collected from the departments of the provincial and municipal government.

Ⅳ. Since 2014 Guangzhou administrative division has been adjusted. The original Huangpu and Luogang districts have been merged into the new Huangpu district. The former Zengcheng City and the former Conghua City are divided into districts. Since 2015, Guangzhou city administrative division has included 11 districts, which are Liwan district, Yuexiu district, Haizhu district, Tianhe district, Baiyun district, Huangpu district, Panyu district, Huadu district, Nansha district, Conghua district and Zengcheng district, excluding county–level cities.

Ⅴ. Urban and rural integrated household survey is carried out in Guangzhou from 2014, statistical indicator system of urban and rural integrated household survey is changed greatly.

Ⅵ. According to The Notice of the National Bureau of Statistics on the Implementation of the New National Standard of National Economic Industry Classification (Guotongzi [2017] No. 142), the new classification of National Economic Sectors GB/T4754–2017 has been used from the statistical annual statements of 2017 and the periodic statistical statements of 2018.

Ⅶ. Starting from 2018, a new chapter entitled "Service Enterprise above the Designated Size" has been added.

Ⅷ. The prices used in calculation in the Yearbook are current prices except noted.

Ⅸ. In any case the data of this book shall be deemed as the authoritative ones.

Ⅹ. In the Yearbook all calculating errors of some total and regular figures for the difference of measuring units haven't been adjusted.

Ⅺ. Notations in this book: blank space indicates data are not available. "…" indicates not large enough to be rounded into the least unit of measurement. "#" indicates major item in a category.

Ⅻ. In 2019, according to the results of the fourth national economic census, the regional GDP from 2008 to 2018, the industry from 2010 to 2017, the entire society's employees at the end of the year from 2011 to 2018, and the total retail sales of consumer goods from 1992 to 2018 were revised.

XⅢ. In 2020, according to the results of the Seventh National Census, the permanent population and the proportion of permanent urban population from 2011 to 2019 were revised.

地区生产总值（亿元）
Gross Domestic Product (100 million yuan)

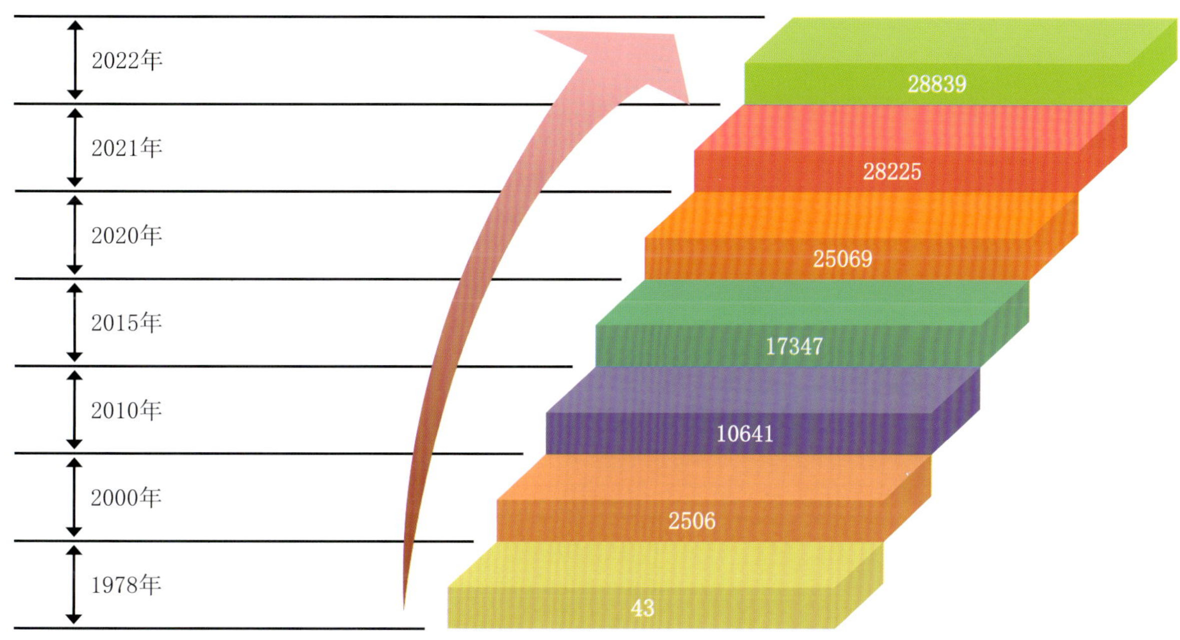

地区生产总值构成（%）
Proportions in GDP (%)

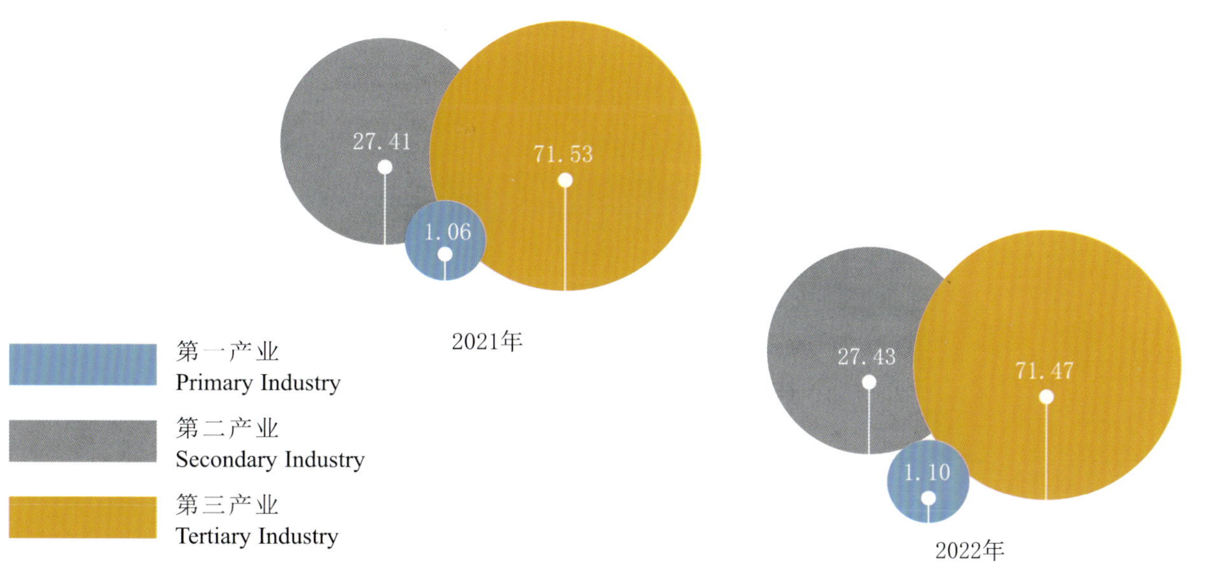

年末户籍总人口（万人）
Total Registered Permanent Residents at Year-end (10000 persons)

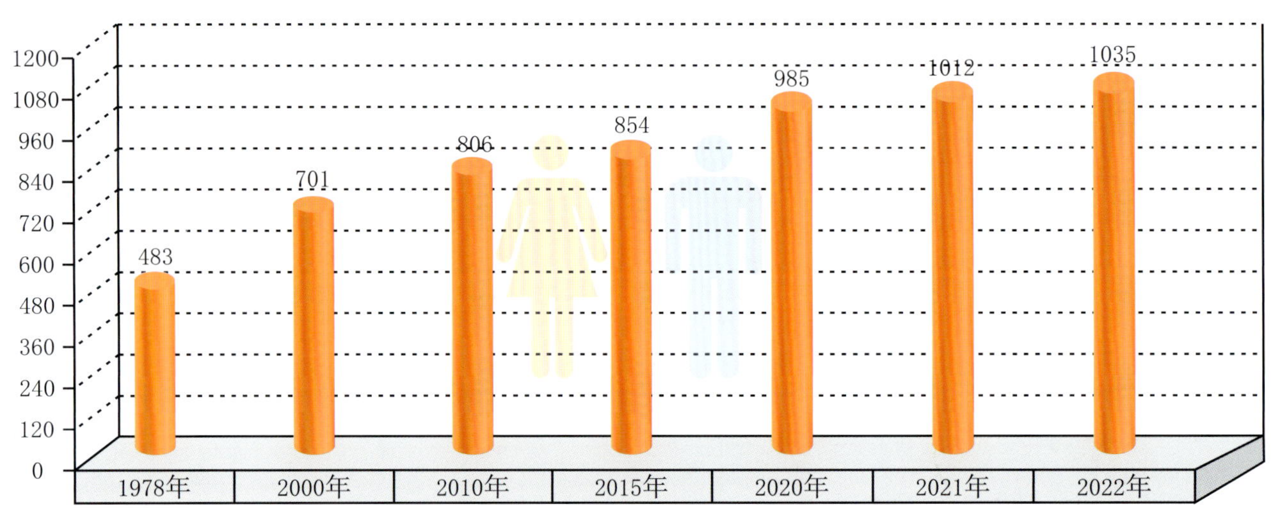

户籍人口自然增长率（‰）
Natural Growth Rate of Registered Population (‰)

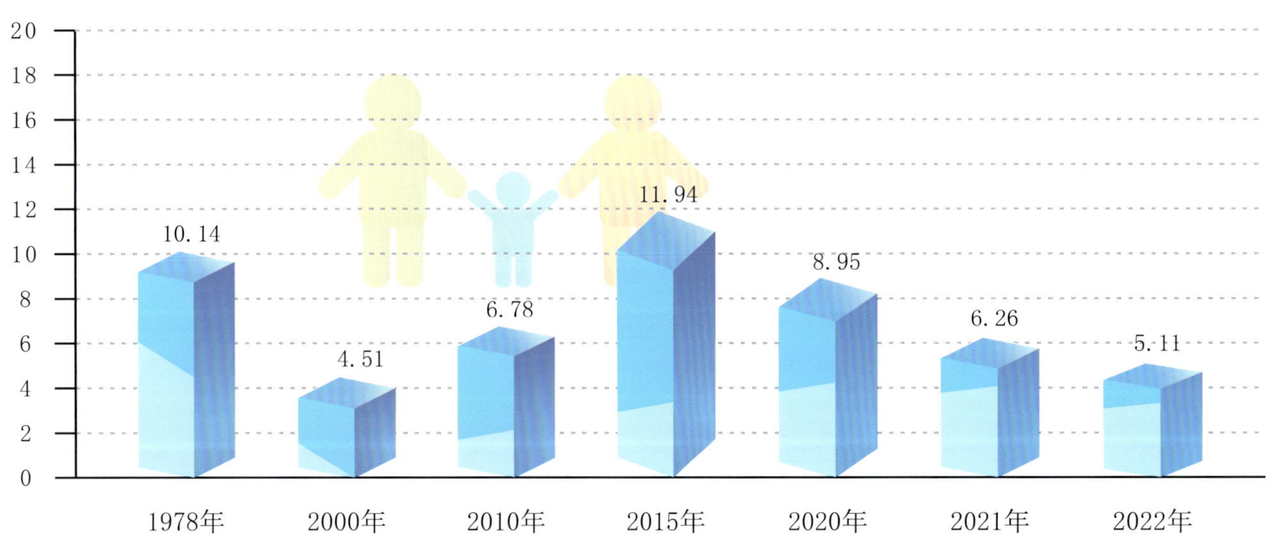

从业人员和工资
EMPLOYMENT AND WAGES

社会从业人员（万人）
Number of Employed Persons (10000 persons)

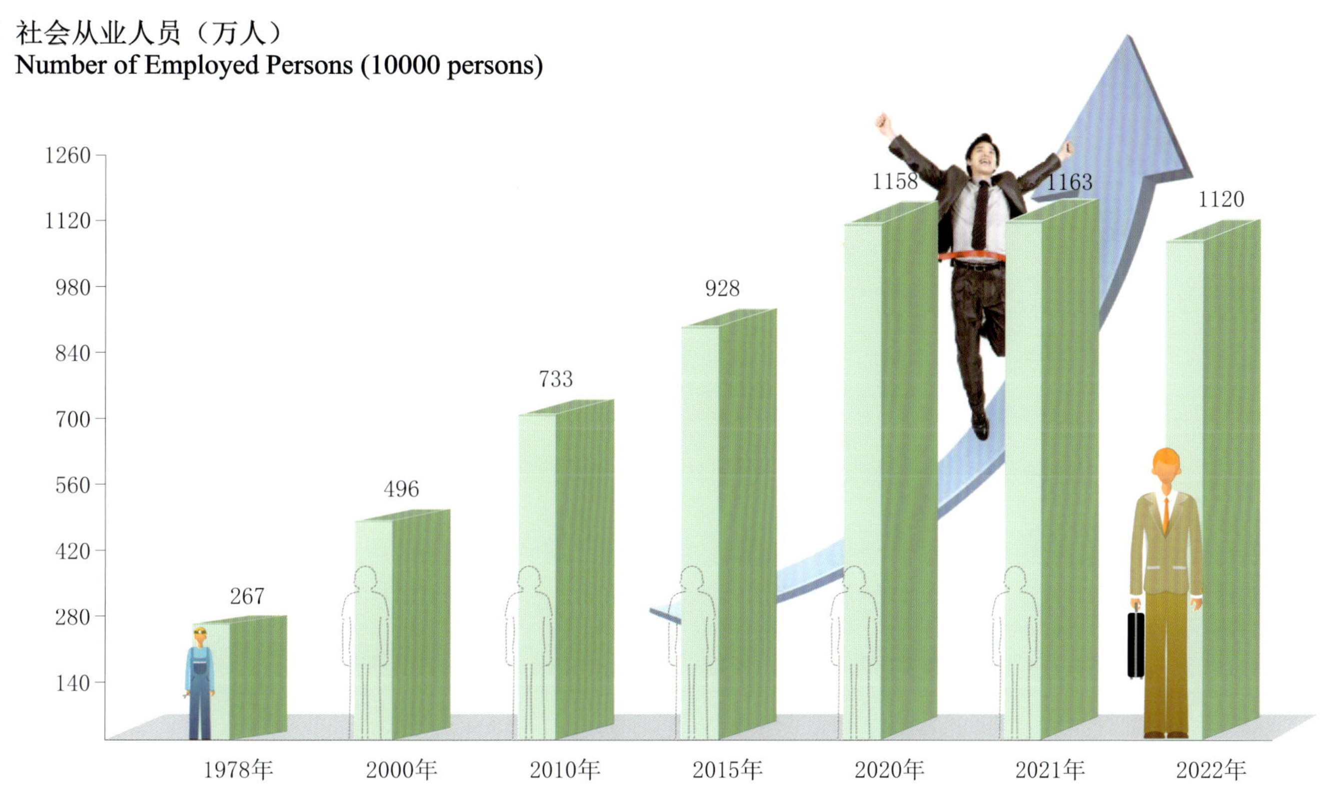

城镇非私营单位在岗职工年平均工资（元）
Average Wage of Fully Employed Staff and Workers in Urban Units (yuan)

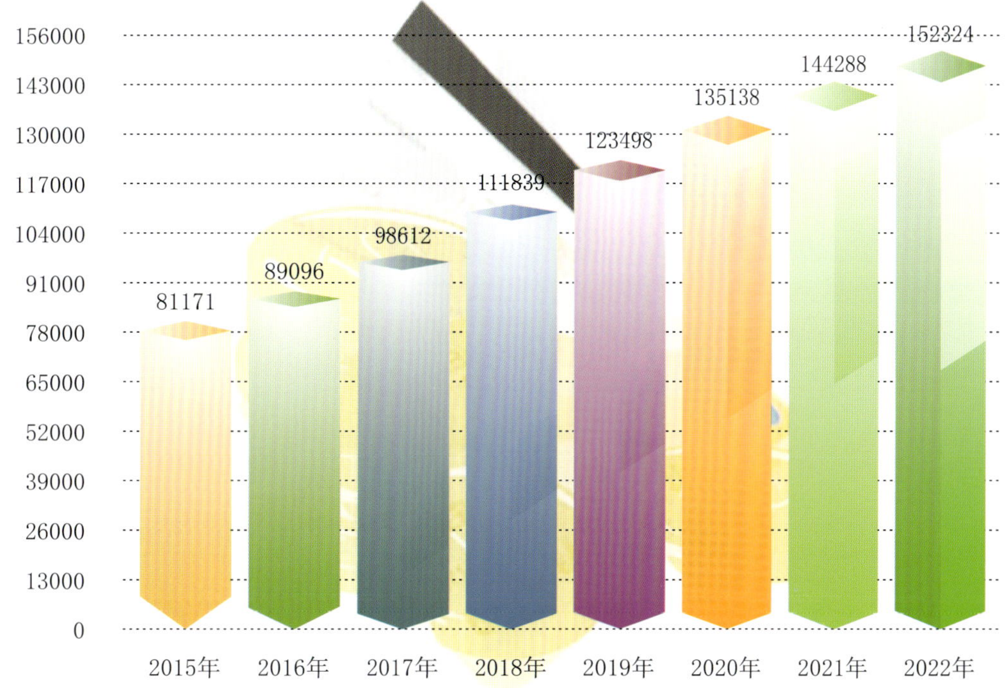

固定资产投资
INVESTMENT IN FIXED ASSETS

固定资产投资额（亿元）
Total Investment in Fixed Assets (100 million yuan)

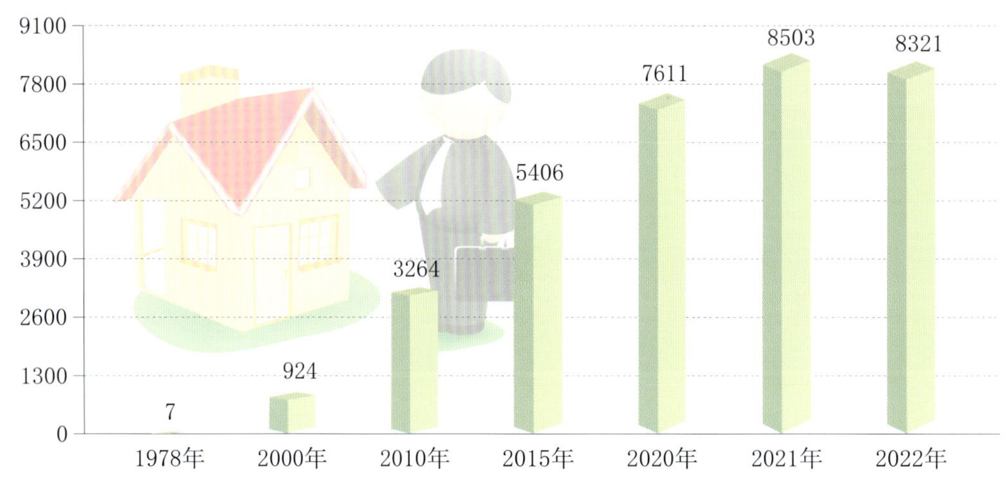

固定资产投资额三次产业构成（%）
Compositions of Investment in Fixed Assets Classified by Three Strata of Industries (%)

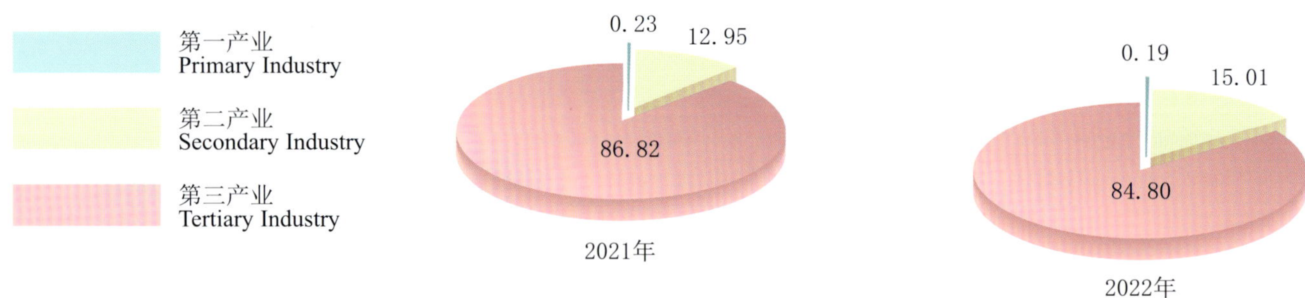

房屋建设(万平方米）
Real Estate Development (10000 sq.m)

房屋施工面积
Floor Space under Construction

12751
2021年
12946
2022年

房屋竣工面积
Floor Space Completed

能源消费总量（万吨标准煤）
Total Energy Consumption (10000 tons of SCE)

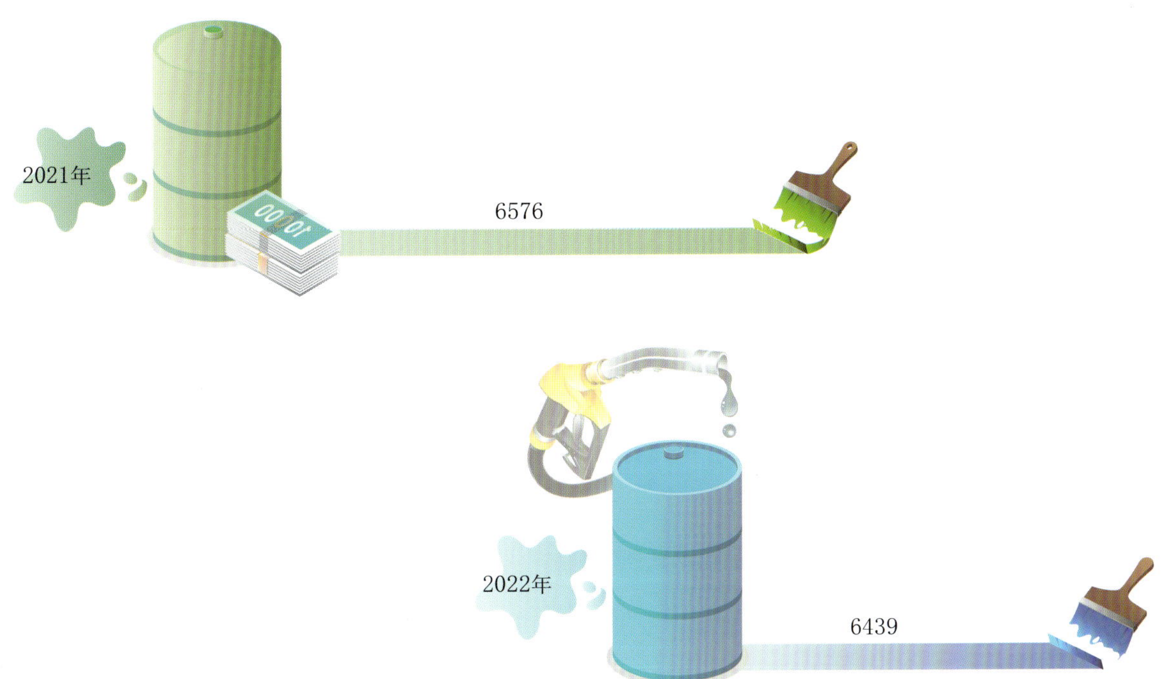

生产领域能源消费总量构成（%）
Proportions of Total Energy Consumption in the Production Sector (%)

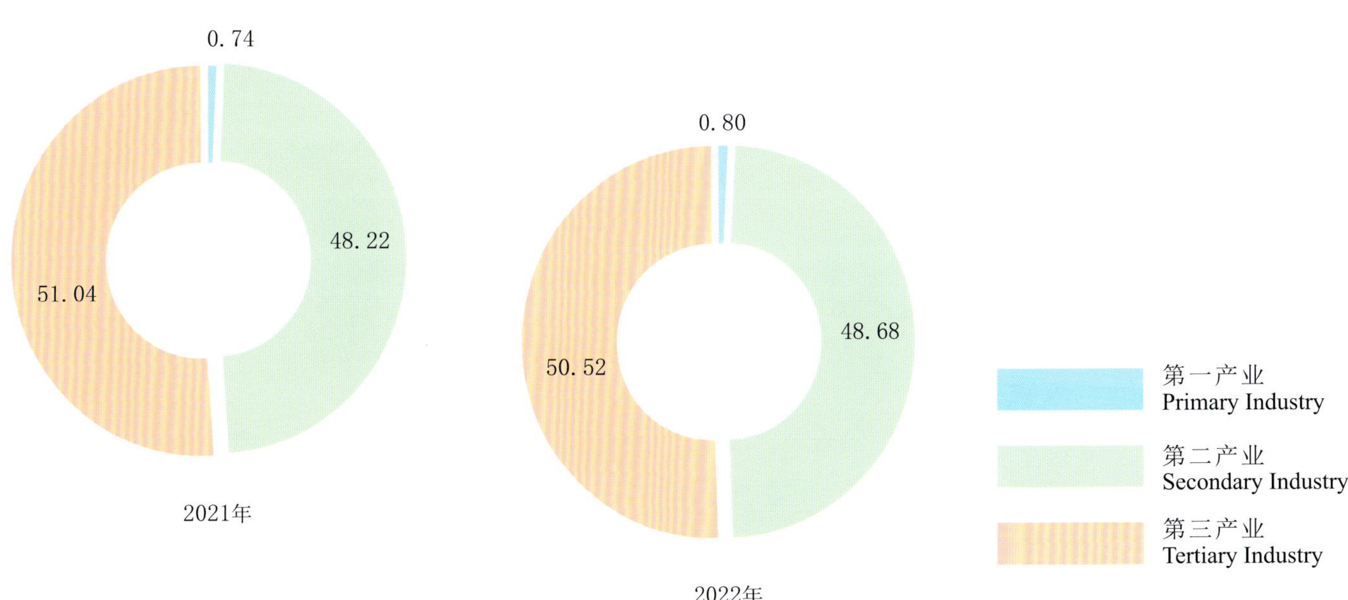

财政和金融
GOVERNMENT FINANCE AND BANKING

财政收支（按当年口径、亿元）
Revenue and Expenditure of Local Government (at the Coverage of Current Year，100 million yuan)

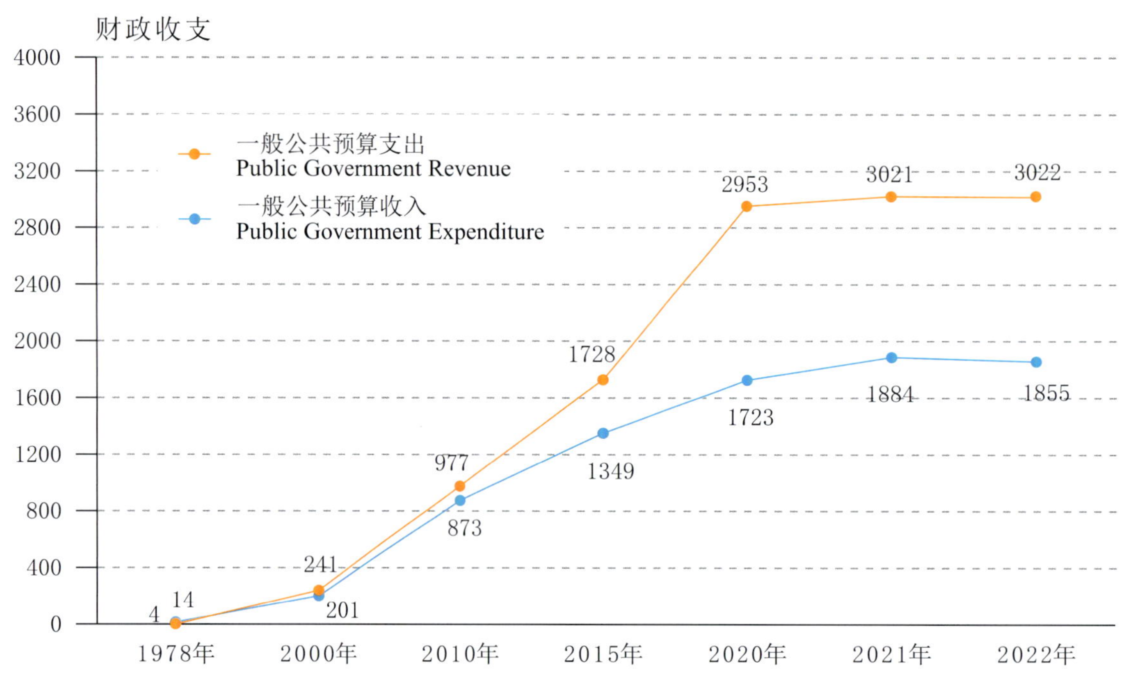

金融机构人民币存、贷款余额（亿元）
RMB Saving Deposit and Loan of Financial Institutions (100 million yuan)

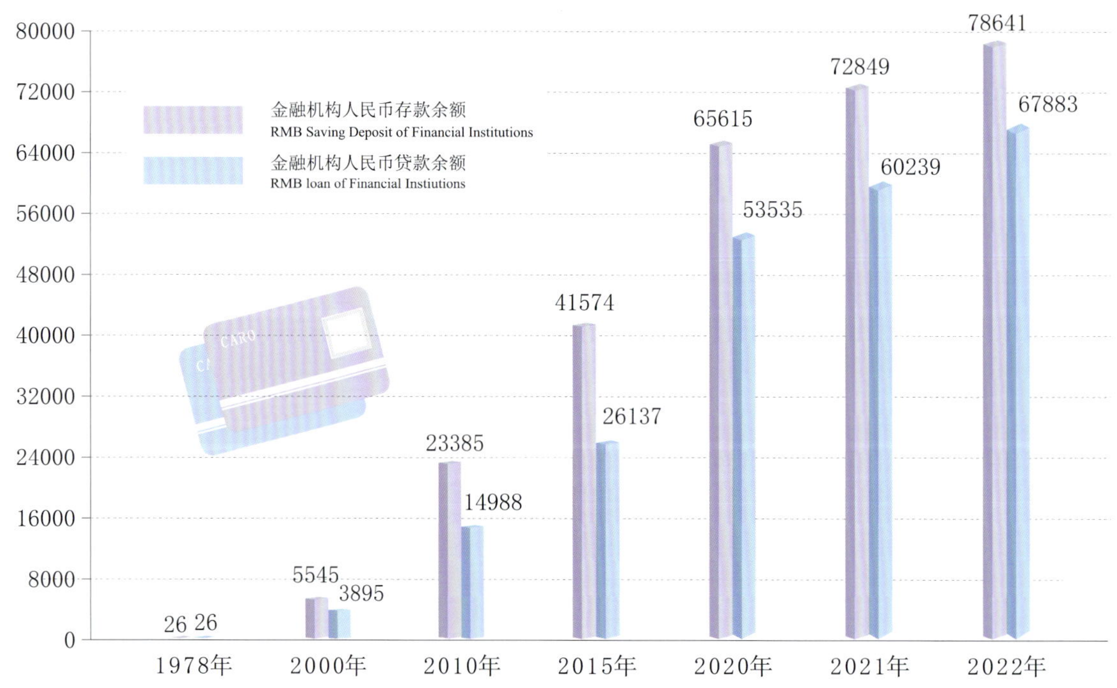

城市居民消费价格指数（以1978年价格为100）
Urban Residents Consumer Price Indices (the price of 1978=100)

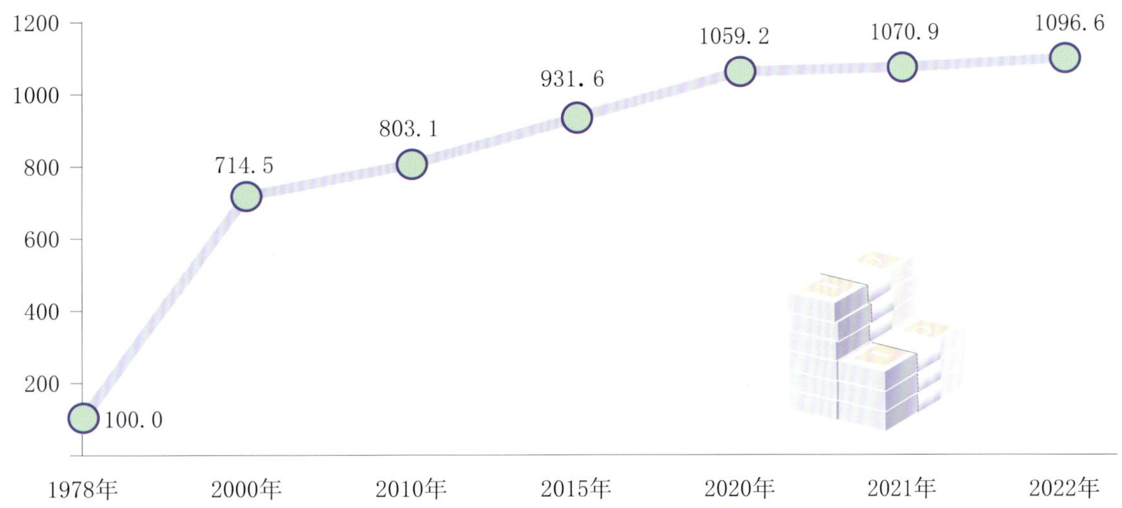

城市商品零售价格指数（以1978年价格为100）
Urban Retail Price Indices in Main Years (the price of 1978=100)

城镇居民年人均可支配收入（元）
Per Capita Annual Disposable Income of Urban Residents (yuan)

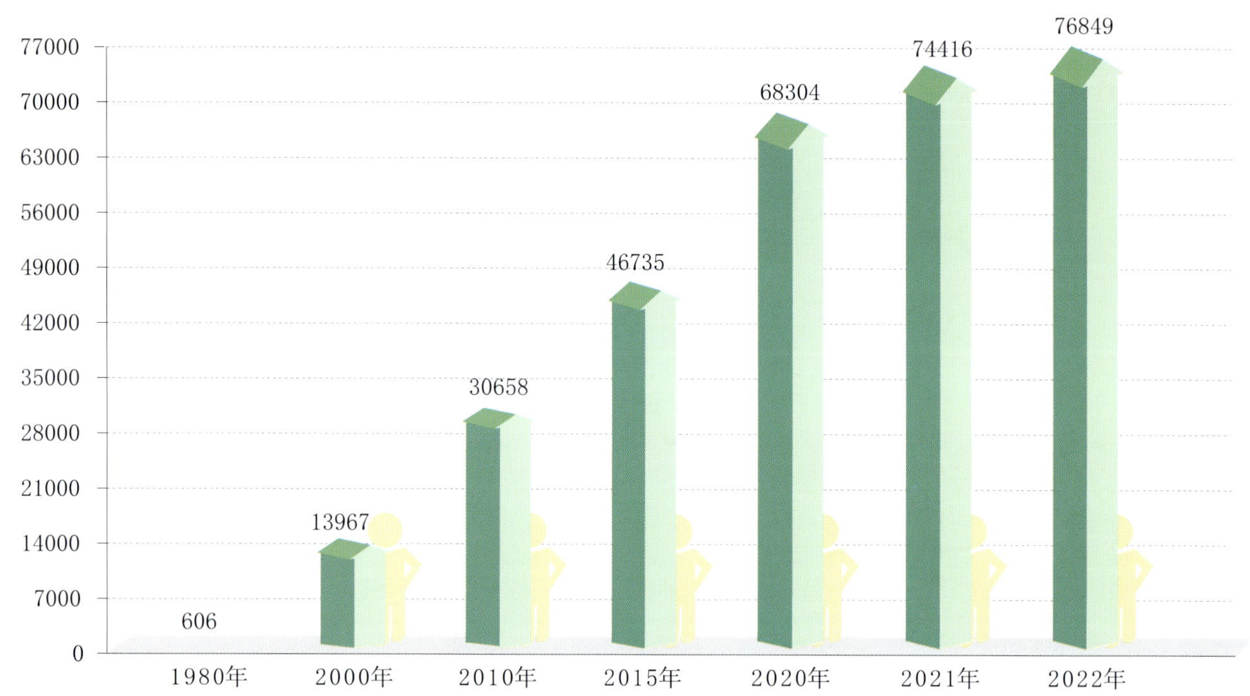

农村居民年人均可支配收入（元）
Per Capita Annual Net Income of Rural Residents (yuan)

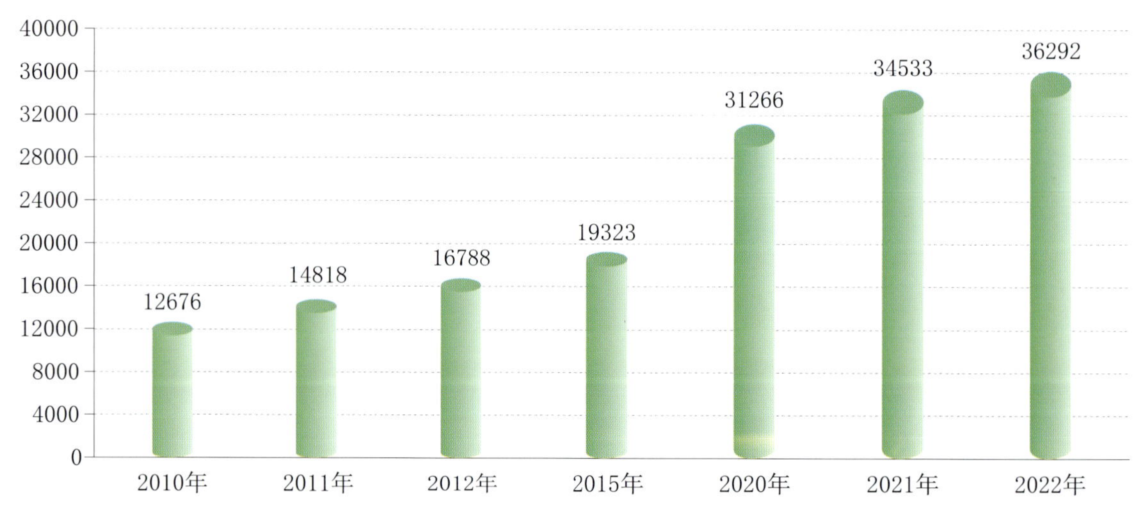

城市市政公用设施建设固定资产投资（亿元）
Investment in Fixed Assets in Public Facilities in Urban Districts (100 million yuan)

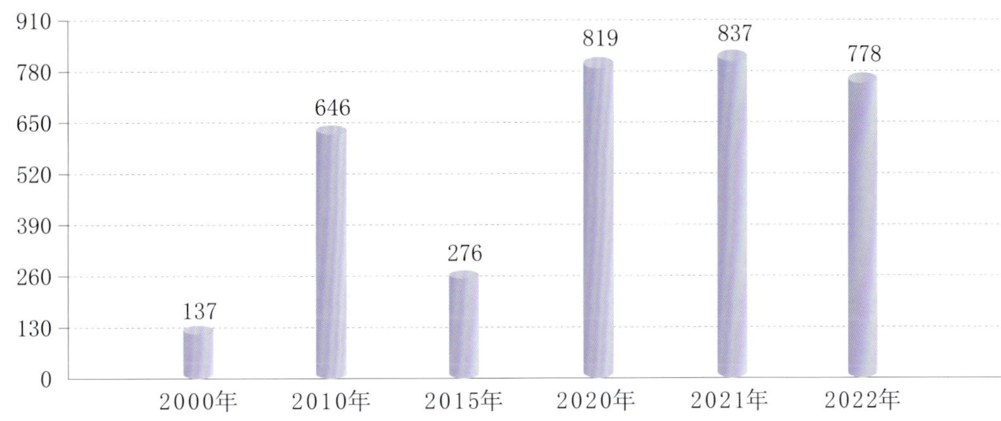

城市道路面积（万平方米）
Roads Area in Urban Districts (10000 sq.m)

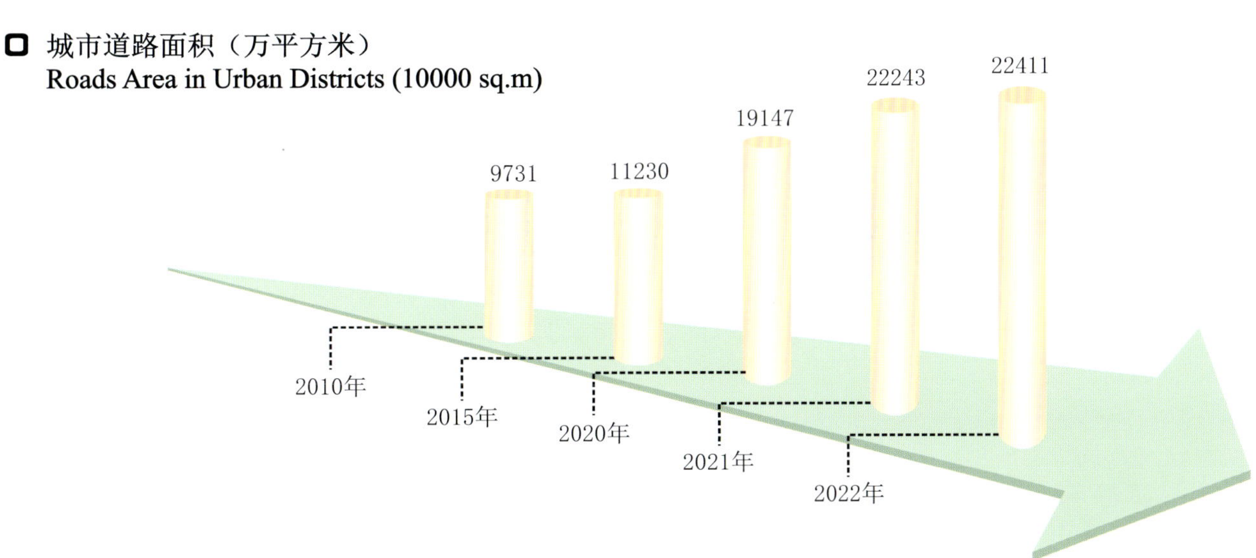

绿地面积（公顷）
Area of Green Areas (hectare)

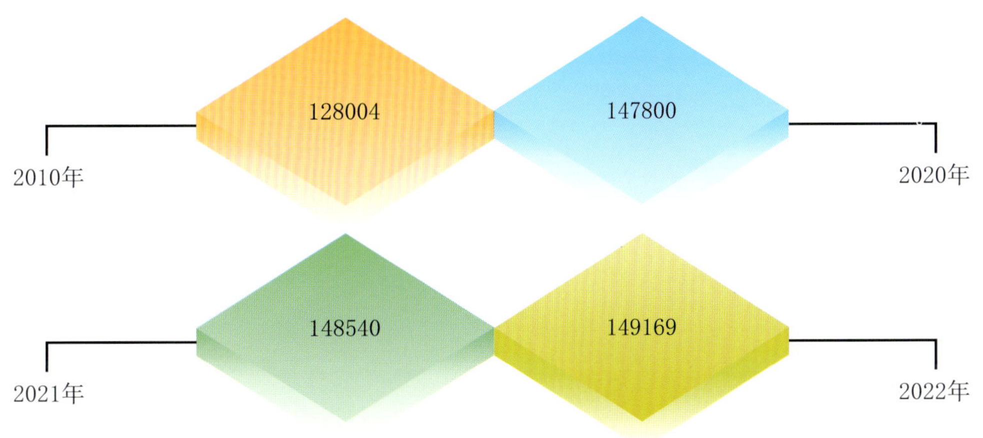

农、林、牧、渔业总产值及增加值（亿元）
Gross Output Value and Added Value of Agriculture (100 million yuan)

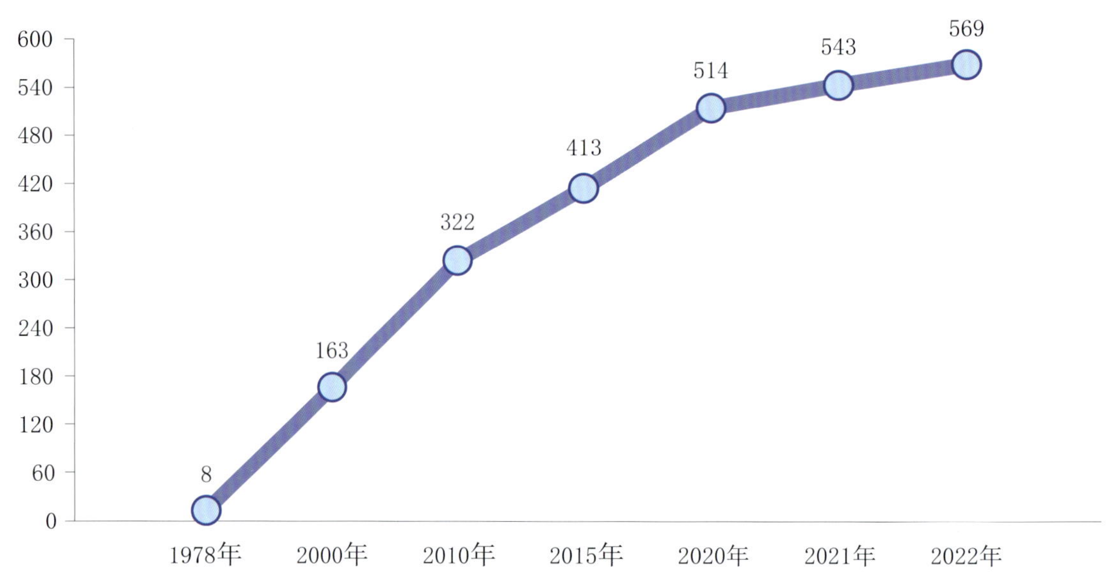

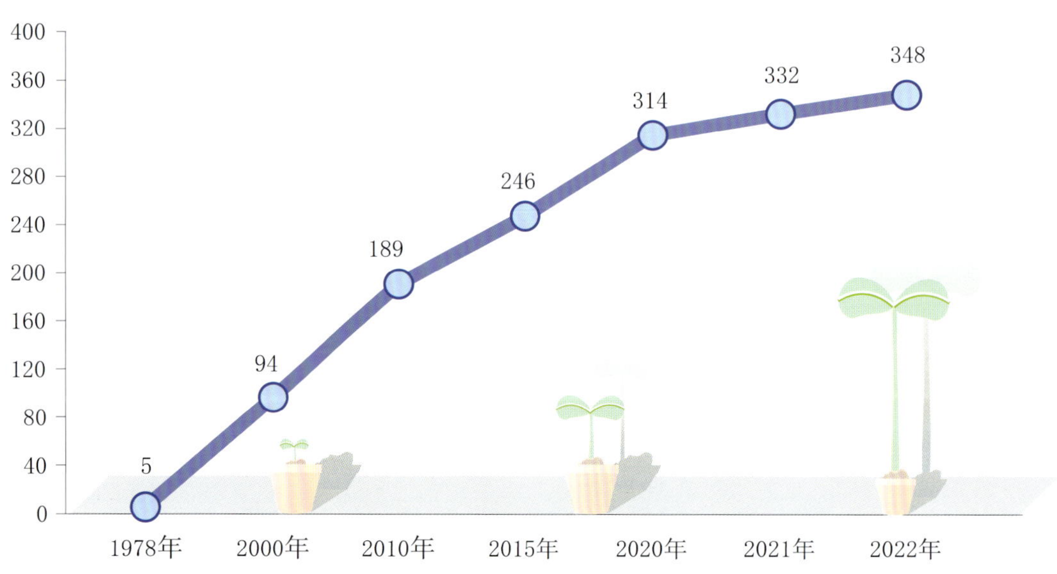

工 业
INDUSTRY

工业总产值（亿元）
Gross Output Value of Industry (100 million yuan)

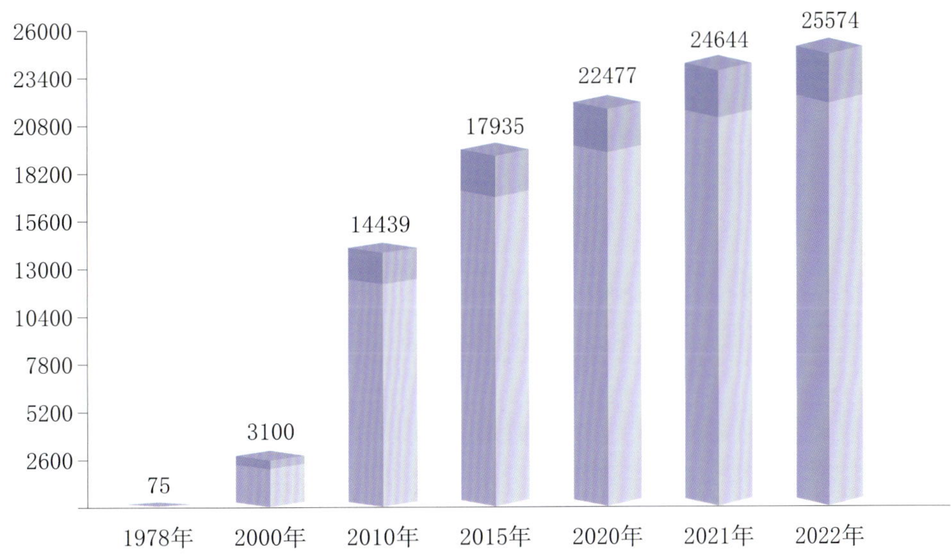

规模以上工业总产值构成（%）（2022年）
Proportions in Gross Output Value of Industry Enterprises above Designated Size(%) (2022)

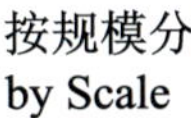

按规模分
by Scale

按轻重工业分
by Light and Heavy Industries

建筑业
CONSTRUCTION

建筑业总产值（亿元）
Gross Output Value (100 million yuan)

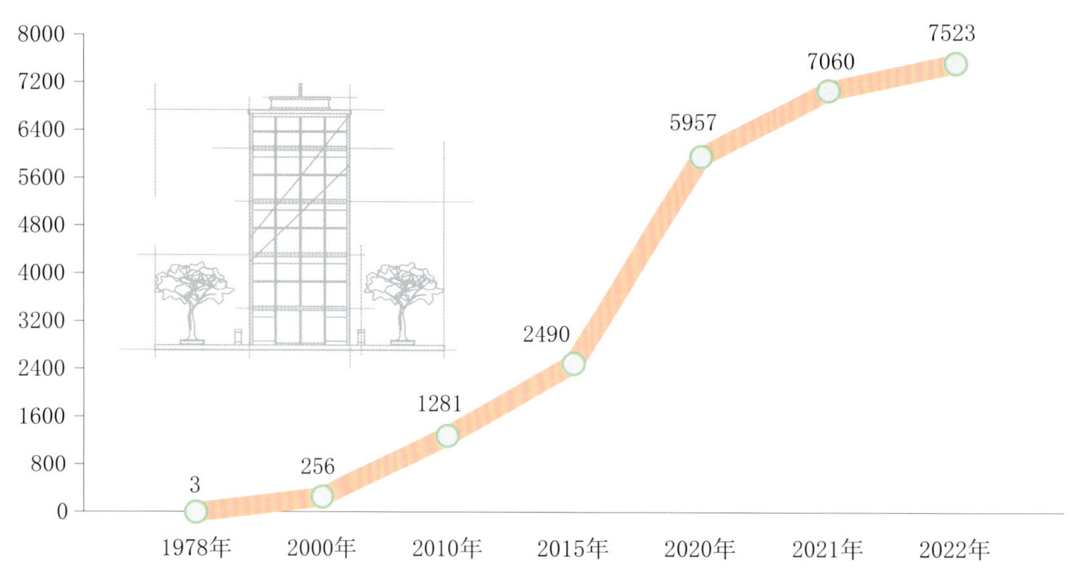

运输和邮电
TRANSPORT, POSTAL AND TELECOMMUNICATION SERVICES

邮电业务收入（亿元）
Revenue of Postal and Telecommunication Services (100 million yuan)

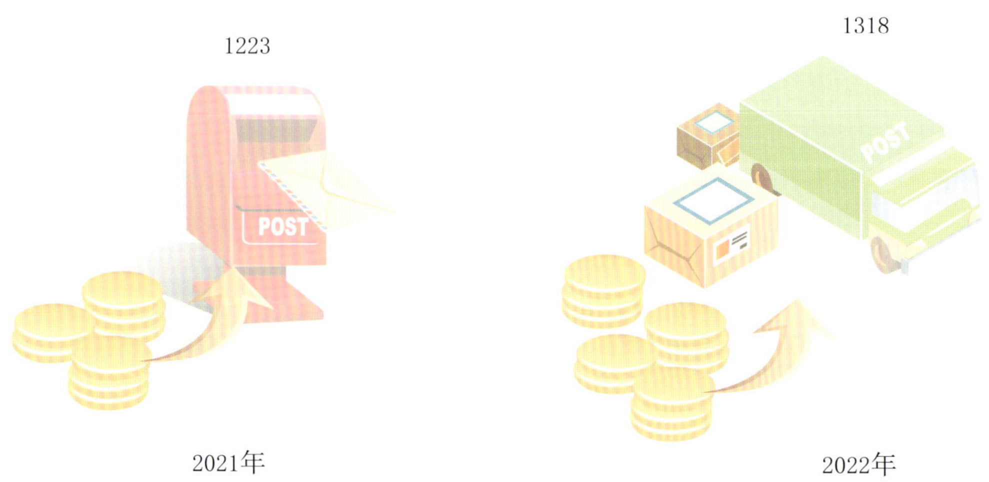

国内贸易
DOMESTIC TRADE

社会消费品零售总额（亿元）
Total Retail Sales of Consumer Goods (100 million yuan)

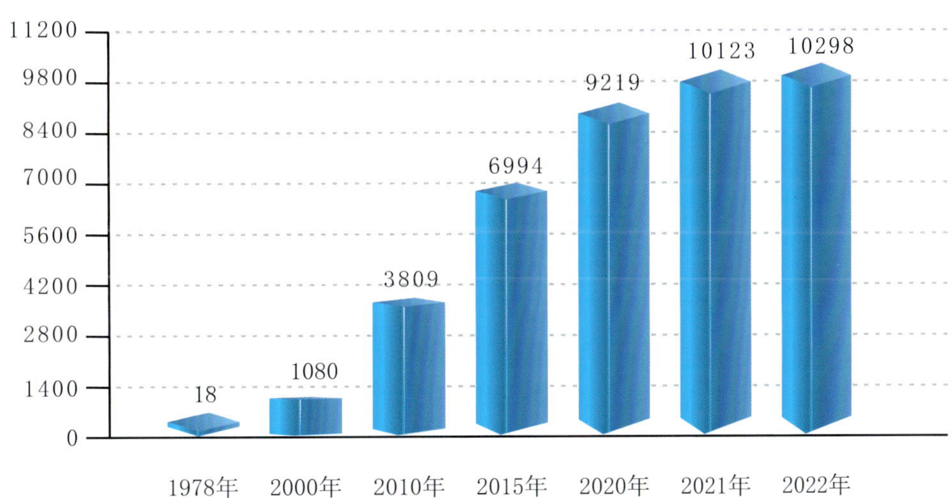

社会消费品零售总额构成（%）
Proportions in Retail Sale of Consumer Goods (%)

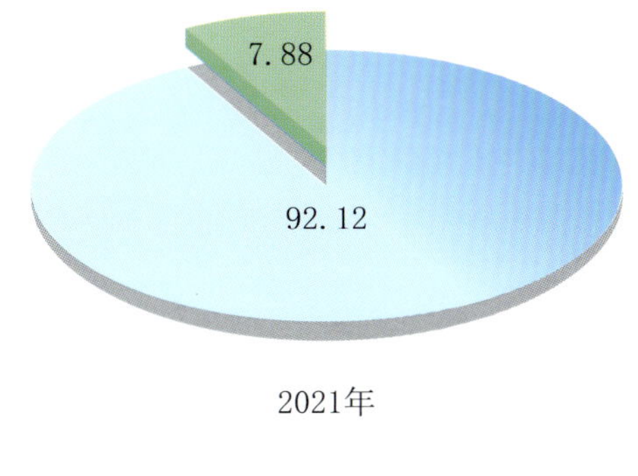

2021年

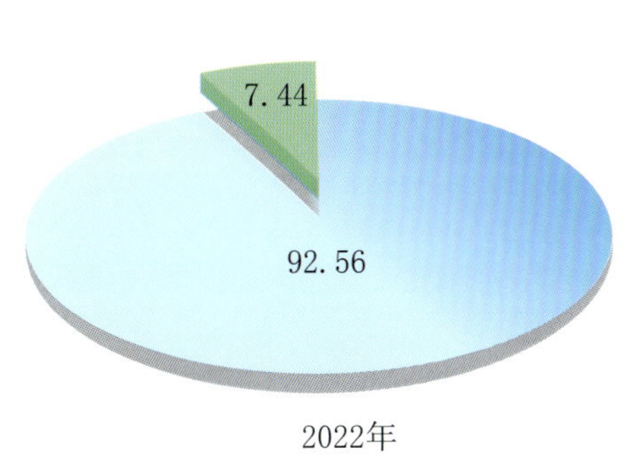

2022年

批发和零售业
Wholesale and Retail Trade

住宿和餐饮业
Hotels and Catering Services

商品出口总值构成（%，以人民币计价）
Proportions in Total Value of Export Comodities (%，Valuation in RMB)

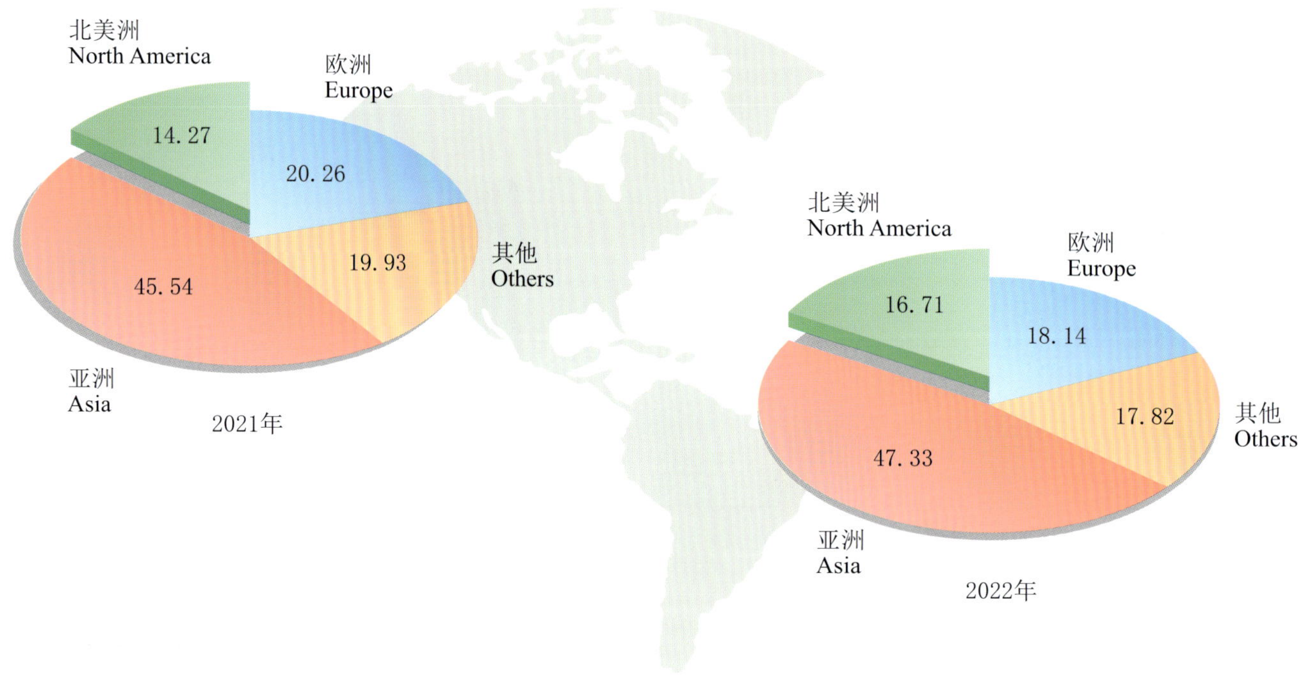

入境旅游者（万人次）
Overseas Tourists (10000 person-times)

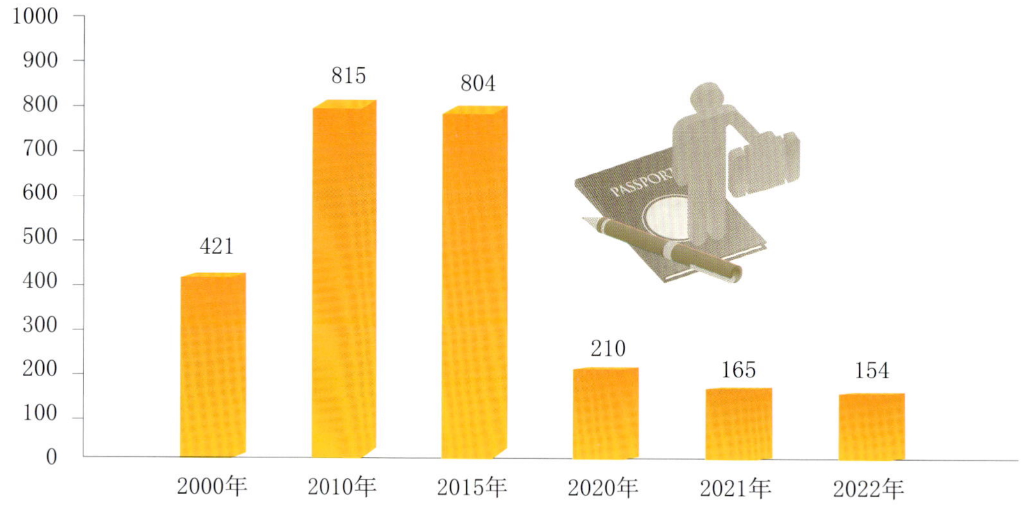

规模以上服务业
SERVICE ENTERPRISES ABOVE DESIGNATED SIZE

营业收入（亿元）
Operating Income(100 million yuan)

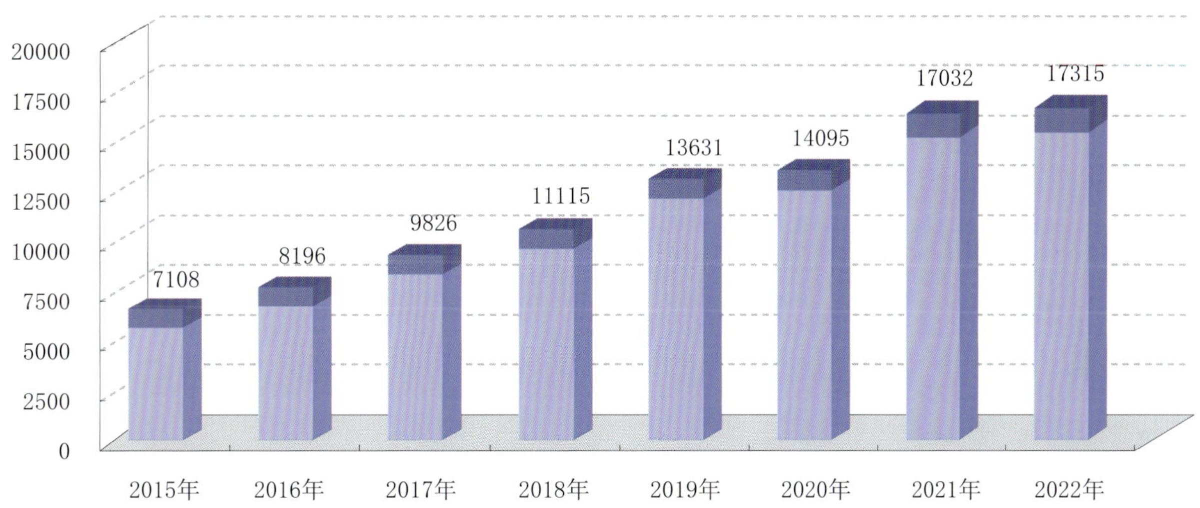

科 技
SCIENCE AND TECHNOLOGY

专利授权量和发明专利授权量
Number of Patent Applications Granted and the Inventions Parts

专利授权量（件）
Number of Patent Applications Granted（item）

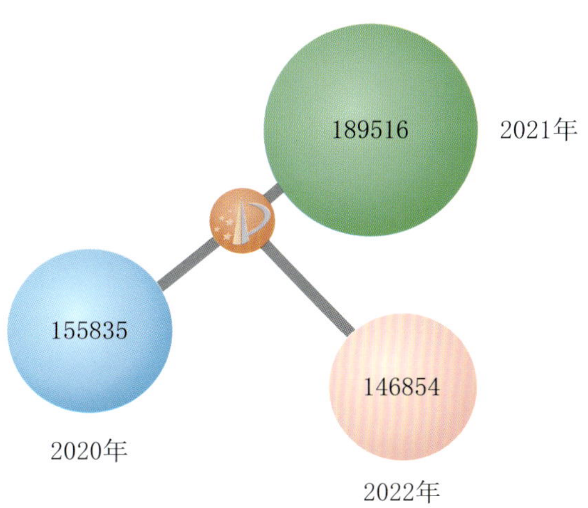

发明专利授权量（件）
Number of Invention Patent Applications Granted（item）

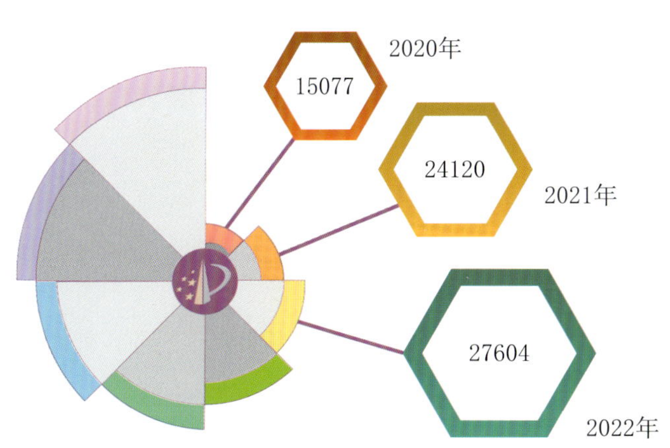

教育、文化、体育、卫生、社会福利和其他
EDUCATION，CULTURE，SPORTS，PUBLIC HEALTH，SOCIAL WELFARE AND OTHERS

各类学校及在校学生数
Number of Schools and Enrolled Students

学校数(所)
Number of Schools(unit)

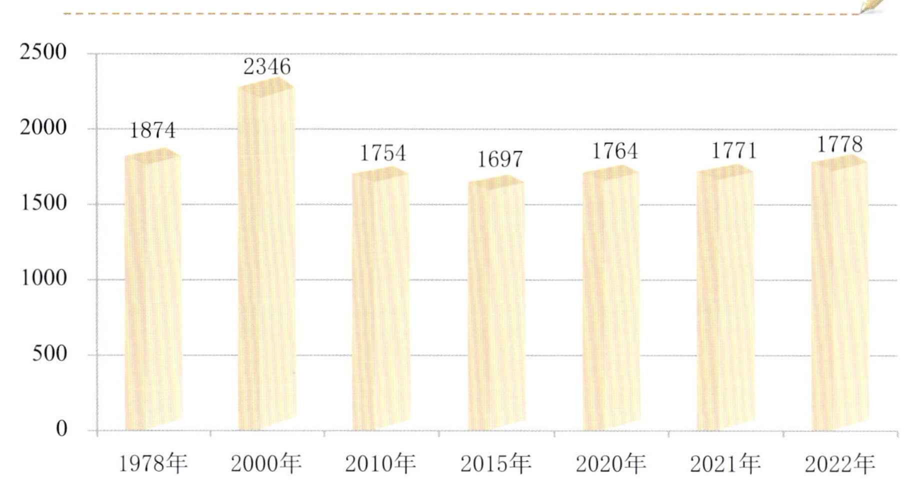

在校学生数(万人)
Number of Enrolled Students (10000 persons)

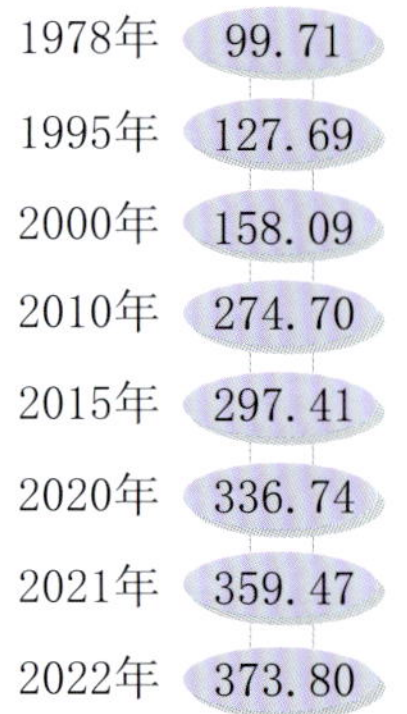

卫生事业机构床位数（张）
Number of Beds in Health Institutions (unit)

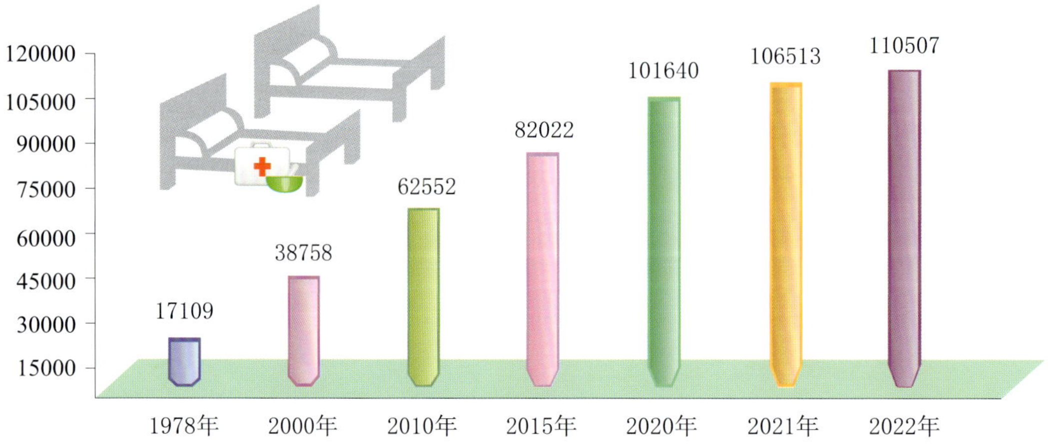

第一篇 综 合
General Survey

第二篇 人 口
Population

第三篇 从业人员和工资
Employment and Wages

第四篇 固定资产投资
Investment in Fixed Assets

第五篇　能源和环境
Energy and Environment

第六篇　财政和金融
Government Finance and Banking

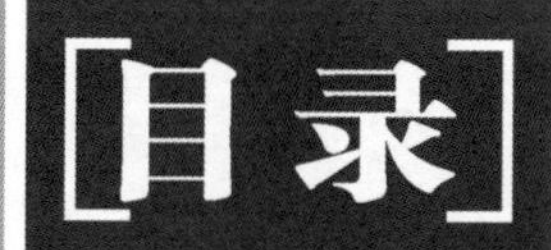

第七篇 价格指数
Price Indices

第八篇　人民生活
People's Livelihood

第九篇 城市建设
City Construction

第十篇 农 业
Agriculture

第十一篇 工 业
Industry

第十二篇 建筑业
Construction

第十三篇 运输和邮电
Transport, Postal and Telecommunication Services

第十四篇 国内贸易
Domestic Trade

第十五篇 对外经济贸易和旅游
Foreign Economy and Tourism

第十六篇 规模以上服务业
Service Enterprise above the Designated Size

第十七篇 科 技
Science and Technology

第十八篇 教育、文化、体育、卫生、社会福利和其他
Education, Culture, Sports, Public Health, Social Welfare and Others

附 录
Appendix

第一篇 CHAPTER 1

综 合

GENERAL SURVEY

第一篇　综合

简要说明

一、本篇资料反映广州国民经济和社会发展的综合情况以及国民经济核算情况，分别由广州市统计局综合统计处和国民经济核算处整理提供。

二、综合统计资料是根据广州市统计局各专业统计年报资料以及广州市有关部门提供的统计资料加工整理而成。

三、国民经济核算资料主要包括广州市地区生产总值及其有关资料。地区生产总值是根据不同产业部门、不同支出构成的特点和资料来源情况而采用不同方法计算的。2019 年，根据第四次全国经济普查结果，我市对 2008—2018 年度地区生产总值数据进行了修订。2022 年地区生产总值为年快报数据。

地区生产总值是一个价值量指标，其价值的变化受价格变化和物量变化两大因素影响。不变价地区生产总值是把按当期价格计算的地区生产总值换算成按某个固定期（基期）价格计算的价值，从而使两个不同时期的价值进行比较时，能够剔除价格变化的影响，以反映物量变化，反映生产活动成果的实际变动。地区生产总值指数就是根据两个时期不变价地区生产总值计算得到的。随着经济的不断发展，各行业的价格结构也会不断发生变化，为了更好地反映这种变化对于经济的影响，计算不变价地区生产总值需要每隔若干年调整一次基期。我国自开始核算国内生产总值以来，共有 1952 年、1957 年、1970 年、1980 年、1990 年、2000 年、2005 年、2010 年、2015 年、2020 年 10 个不变价基期，目前的基期是 2020 年。

四、根据《国家统计局关于执行新国民经济行业分类国家标准的通知》（国统字〔2017〕142 号）要求，新《国民经济行业分类》从 2017 年统计年报和 2018 年定期统计报表统一开始使用。本资料中凡是涉及分行业的表式（除个别部门提供的数据仍按旧行业分类，表中有注明），均按照新的行业分类《国民经济行业分类 GB/T4754-2017》作调整。

五、资料来源

1．行政区划资料由广州市民政局提供；

2．城市房地产市场交易情况、国有土地使用权出让、划拨情况由广州市规划和自然资源局提供；

3．气象资料由广州市气象局提供；

4．劳动力市场情况由广州市人力资源和社会保障局提供；

5．技术市场交易情况由广州市科学技术局提供；

6．私营企业、城乡个体工商企业资料由广州市市场监督管理局提供。

Chapter 1 General Survey

Brief　Introduction

I. The summary data in this chapter reflect the national economy and social development of Guangzhou and also cover the data on its national economic accounts. The data are prepared and provided by the Division of Comprehensive Statistics and the Division of National Accounts of Guangzhou Municipal Bureau of Statistics respectively.

II. The summary data are processed and prepared in the light of the annual reports of various specialized fields provided by Guangzhou Municipal Bureau of Statistics and data provided by some related departments of Guangzhou Municipality.

III.The data on the national economic accounts mainly cover the gross domestic Product (GDP) and related data of Guangzhou. The regional gross domestic product is calculated by different methods according to the characteristics and sources of different industrial sectors and different expenditure components. The GDP data of 2008-2018 are revised in 2019,according to the data of the fourth national economic census. The data of 2021 are the annual express data.

Regional GDP is an index of value, and the change of value is influenced by two factors: price change and material quantity change. The regional GDP at constant prices is converted to the value calculated at a fixed (base period) price at current prices, so that when comparing the values of two different periods, the effects of price changes can be excluded. In order to reflect the volume of change, reflect the actual changes in the results of production activities. Regional GDP index is based on two periods of constant price region GDP calculation. With the continuous development of economy, the price structure of various industries will change constantly. In order to better reflect the impact of this change on the economy, the base period should be adjusted once every several years to calculate the gross domestic product in the constant price area. Since the beginning of our gross domestic product (GDP) accounting, there have been ten constant price base periods in 1952, 1957, 1970, 1980, 1990, 2000, 2005, 2010, 2015 and 2020. The current base period is 2020.

IV. According to the notice of the National Bureau of Statistics on the implementation of the new national standard of national economic industry classification (2017) 142, the new national economic industry classification has been used from the statistical annual report of 2017 and the periodic statistical report of 2018. In this data, all the tables related to sub-industries (except the data provided by individual departments are classified according to the old industry, as indicated in the table), are adjusted according to the new industry classification & GB/T4754-2017 of national economy.

V. Data Resources comes as follows:

The data on administrative divisions are provided by Guangzhou Municipal Bureau of Civil Affairs.

The data on transaction in urban real estate, lease and administrative allocation of the use right of state-owned land are provided by Guangzhou Municipal Planning and Resources Bureau.

The data on meteorological phenomena are provided by Guangzhou Municipal Bureau Meteorology.

The data on labor force markets are provided by Guangzhou Human Resources and Social Security Bureau.

The data on transactions in technology markets are provided by Guangzhou Municipal Science and Technology Bureau.

The data on private enterprises and individuals are provided by Guangzhou Municipal Market Regulatory Administration.

1-1　行 政 区 划（2022年末）
Administrative Divisions (Year-end of 2022)

单位:个 (unit)

地　区	Districts	街道办事处 Street Communities	镇 Towns	社区居委会 Community Committees	村民委员会 Villagers' Committees
合　计	**Total**	**142**	**34**	**1672**	**1145**
荔湾区	Liwan	22		194	
越秀区	Yuexiu	18		222	
海珠区	Haizhu	18		267	
天河区	Tianhe	21		230	
白云区	Baiyun	20	4	285	118
黄埔区	Huangpu	16	1	132	28
番禺区	Panyu	11	5	98	177
花都区	Huadu	4	6	70	188
南沙区	Nansha	3	6	37	128
从化区	Conghua	3	5	56	221
增城区	Zengcheng	6	7	81	285

注：本表数据由广州市民政局提供。
Note: The data in this table are provided by Guangzhou Municipal Civil Affairs Bureau.

1-2 各月平均温度、湿度（2022年）
Monthly Average Temperature and Humidity (2022)

月 份	Month	平均温度(℃) Average Temperature (℃)					平均相对湿度(%) Average Humidity (%)
		全 市 Total	#番禺站 Panyu	#花都站 Huadu	#从化站 Conghua	#增城站 Zengcheng	全 市 Total
全 年	**Annual Total**	**23.1**	**23.3**	**23.0**	**22.0**	**22.4**	**74.8**
一 月	January	16.1	16.8	15.5	14.7	15.7	74.5
二 月	February	12.4	12.8	11.9	11.2	12.7	80.7
三 月	March	21.7	21.8	21.7	20.9	21.1	76.1
四 月	April	23.2	23.4	23.1	22.1	22.4	72.4
五 月	May	24.6	24.7	24.5	23.5	24.0	82.9
六 月	June	28.1	27.9	28.2	27.1	27.6	85.2
七 月	July	30.5	30.4	30.8	29.4	29.5	75.6
八 月	August	29.0	28.9	29.2	28.2	28.3	81.1
九 月	September	29.6	29.8	29.7	28.2	28.1	66.7
十 月	October	25.7	26.0	25.7	24.7	24.6	57.0
十一月	November	22.4	22.6	22.3	21.4	22.0	84.8
十二月	December	13.8	14.2	13.6	12.6	13.1	60.4

注：本表数据由广州市气象局提供。
Note: The data in this table are provided by Guangzhou Meteorological Service.

1-3 各月降雨量、日照时数(2022年)

Monthly Precipitation and Sunshine Hours (2022)

月份	Month	降雨量(毫米) Precipitation (millimeter) 全市 Total	#番禺站 Panyu	#花都站 Huadu	#从化站 Conghua	#增城站 Zengcheng	日照时数(小时) Sunshine Hours (hour) 全市 Total	#番禺站 Panyu	#花都站 Huadu	#从化站 Conghua	#增城站 Zengcheng
全年	**Annual Total**	**1884.4**	**1757.7**	**2181.8**	**1907.2**	**1871.7**	**1780.9**	**1759.0**	**1732.9**	**1830.4**	**1807.9**
一月	January	17.5	5.8	32.7	44.5	17.9	111.8	101.5	103.4	117.5	129.4
二月	February	192.3	223.6	214.1	183.0	116.8	77.3	79.6	72.3	80.7	77.4
三月	March	150.7	190.0	107.7	95.9	171.5	132.4	143.3	117.3	131.5	142.4
四月	April	89.8	24.3	137.9	75.8	79.2	150.7	156.0	147.7	145.2	154.7
五月	May	364.8	347.3	416.3	439.0	393.1	101.2	101.6	99.6	100.9	102.4
六月	June	346.7	226.1	455.6	474.8	427.7	85.8	91.5	83.6	87.3	83.9
七月	July	255.0	204.3	318.6	237.5	194.3	206.3	212.3	199.2	206.9	200.2
八月	August	230.3	214.3	237.3	139.7	234.2	181.2	164.7	188.0	191.7	182.9
九月	September	75.0	140.5	84.4	51.4	26.3	238.5	214.1	231.9	253.0	243.3
十月	October	12.2	34.3	7.2	0.5	0.6	253.8	257.7	244.1	265.0	244.6
十一月	November	135.8	133.8	157.9	153.9	193.4	72.3	64.8	75.4	81.0	77.7
十二月	December	14.3	13.4	12.1	11.2	16.7	169.6	171.9	170.4	169.7	169.0

注：本表数据由广州市气象局提供。

Note: The data in this table are provided by Guangzhou Meteorological Service.

1-4 行政区域面积和人口密度(2022年)

Land Area and Population Density (2022)

各 区	Districts	行政区域面积(平方公里) Administrative Area (sq.km)	年末常住人口(万人) Permanent Population at Year-end (10000 person)	年末户籍人口(万人) Registered Permanent Residents at Year-end (10000 person)	常住人口密度(人/平方公里) Permanent Population Density (person/sq.km)	户籍人口密度(人/平方公里) Population Density by Registered Permanent Residents (person/sq.km)
全 市	**Total**	**7434.40**	**1873.41**	**1034.91**	**2520**	**1392**
荔湾区	Liwan	59.10	112.37	79.58	19014	13465
越秀区	Yuexiu	33.80	102.85	117.43	30429	34743
海珠区	Haizhu	90.40	179.83	110.35	19893	12207
天河区	Tianhe	96.33	222.17	107.21	23063	11129
白云区	Baiyun	795.79	363.70	119.44	4570	1501
黄埔区	Huangpu	484.17	119.18	67.16	2462	1387
番禺区	Panyu	529.94	280.74	116.71	5298	2202
花都区	Huadu	970.04	170.62	88.42	1759	912
南沙区	Nansha	783.86	92.94	54.20	1186	691
从化区	Conghua	1974.50	73.97	65.98	375	334
增城区	Zengcheng	1616.47	155.04	108.43	959	671

注：本表行政区域面积数据由广州市民政局提供，户籍人口数据由广州市公安局提供。

Note: The data of administrative area in this table are provided by Guangzhou Municipal Civil Affairs Bureau, and registered permanent residents data are provided by Guangzhou Public Security Bureau.

1-5 法人和产业活动单位数（2022年）

单位:个

项　　目	Item
总　计	**Total**
按产业分	**Grouped By Industry**
第一产业	Primary Industry
第二产业	Secondary Industry
第三产业	Tertiary Industry
按行业分	**Grouped By Sector**
农、林、牧、渔业	Agriculture, Forestry, Animal Husbandry and Fishery
采矿业	Mining
制造业	Manufacturing
电力、热力、燃气及水生产和供应业	Production and Supply of Electricity, Heat,Gas and Water
建筑业	Construction
批发和零售业	Wholesale and Retail Trade
交通运输、仓储和邮政业	Transport, Storage and Post
住宿和餐饮业	Hotels and Catering Services
信息传输、软件和信息技术服务业	Information Transmission, Software and Information Technology
金融业	Financial Intermediation
房地产业	Real Estate
租赁和商务服务业	Leasing and Business Services
科学研究和技术服务业	Scientific Research and Technical Services
水利、环境和公共设施管理业	Management of Water Conservancy, Environment and Public Facilities
居民服务、修理和其他服务业	Service to Households, Repair and Other Services
教　育	Education
卫生和社会工作	Health and Social Service
文化、体育和娱乐业	Culture, Sports and Entertainment
公共管理、社会保障和社会组织	Public Management, Social Security and Social Organizations

Number of Corporate Units and Industrial Establishments (2022)

(unit)

法人单位 Corporate Units	单产业法人单位 Single Industry	多产业法人单位 Multi-industry	产业活动单位 Industrial Establishments	其中:多产业法人所属的产业活动单位 Establishments belonging to Multi-industry Corporation	法人单位中的企业法人 Enterprise Judicial Entities
876332	**862181**	**14151**	**928138**	**65957**	**844188**
2586	2560	26	2629	69	2146
124788	122804	1984	128098	5294	124781
748958	736817	12141	797411	60594	717261
3290	3257	33	3347	90	2785
73	71	2	76	5	73
89449	88406	1043	90874	2468	89446
823	784	39	1003	219	819
36038	35121	917	37790	2669	36038
305247	301919	3328	323272	21353	305098
25259	24500	759	28304	3804	25213
20456	19564	892	24225	4661	20448
66635	65670	965	68792	3122	66515
6999	6672	327	11067	4395	6992
36773	35322	1451	41124	5802	35780
139585	137487	2098	146610	9123	127782
74352	73223	1129	76861	3638	73550
3135	3064	71	3259	195	2795
18982	18562	420	20218	1656	18744
14089	13842	247	14873	1031	9288
4124	4027	97	4381	354	2953
20548	20293	255	21096	803	19869
10475	10397	78	10966	569	

1-5 续表

单位:个

项 目	Item
总 计	**Total**
按地区分	**Grouped By District**
荔湾区	Liwan
越秀区	Yuexiu
海珠区	Haizhu
天河区	Tianhe
白云区	Baiyun
黄埔区	Huangpu
番禺区	Panyu
花都区	Huadu
南沙区	Nansha
从化区	Conghua
增城区	Zengcheng
按注册类型分	**Grouped by Registration Status**
内资	Domestic Funded
国有	State-owned
集体	Collective-owned
股份合作	Cooperative
联营企业	Joint Ownership Enterprises
有限责任公司	Limited Liability Corporations
股份有限公司	Share-holding Corporations Ltd.
私营企业	Private Enterprises
其他	Others
港澳台商投资企业	Enterprises with Funds from Hong Kong, Macao and Taiwan Investors
合资经营企业(港或澳、台资)	Joint-venture Enterprises
合作经营企业(港或澳、台资)	Cooperative Enterprises
港澳台商独资经营企业	Enterprises with Sole Funds
港澳台商投资股份有限公司	Share-holding Corporations Ltd.
其他港澳台商投资企业	Other Enterprises with Funds from Hong Kong, Macao and Taiwan
外商投资企业	Foreign Funded Enterprises
中外合资经营企业	Joint-venture Enterprises
中外合作经营企业	Cooperative Enterprises
外资企业	Enterprises with Sole Foreign Funds
外商投资股份有限公司	Share-holding Corporations Ltd.
其他外商投资企业	Other Foreign Funded Enterprises

continued

(unit)

法人单位 Corporate Units	单产业法人单位 Single Industry	多产业法人单位 Multi-industry	产业活动单位 Industrial Establishments	其中:多产业法人所属的产业活动单位 Establishments belonging to Multi-industry Corporation	法人单位中的企业法人 Enterprise Judicial Entities
876332	**862181**	**14151**	**928138**	**65957**	**844188**
33009	32228	781	36262	4034	31707
69093	66859	2234	76136	9277	65691
53552	52558	994	57660	5102	51706
202811	199170	3641	215443	16273	199693
157046	155346	1700	163326	7980	153238
62581	61490	1091	65581	4091	60625
110576	108961	1615	116958	7997	108382
50824	50189	635	54059	3870	47450
71468	70824	644	73477	2653	70073
15339	15097	242	16464	1367	10913
50033	49459	574	52772	3313	44710
858446	845347	13099	903364	58017	826310
8787	8418	369	10943	2525	1849
14486	14340	146	15367	1027	2521
1891	1822	69	2225	403	1865
318	308	10	364	56	226
61975	59794	2181	70573	10779	61777
4502	4140	362	8206	4066	4486
753088	743159	9929	781975	38816	751587
13399	13366	33	13711	345	1999
10174	9568	606	12951	3383	10168
1567	1453	114	2169	716	1566
391	371	20	477	106	391
7763	7315	448	9656	2341	7759
176	162	14	213	51	176
277	267	10	436	169	276
7712	7266	446	11823	4557	7710
1241	1139	102	1995	856	1241
89	82	7	125	43	89
5757	5444	313	8654	3210	5756
204	192	12	322	130	204
421	409	12	727	318	420

1-6 按登记注册类型分组的法人单位数（2022年）

单位:个

项 目	Item	总 计 Total
总 计	**Total**	**876332**
按地区分	**Grouped By District**	
荔湾区	Liwan	33009
越秀区	Yuexiu	69093
海珠区	Haizhu	53552
天河区	Tianhe	202811
白云区	Baiyun	157046
黄埔区	Huangpu	62581
番禺区	Panyu	110576
花都区	Huadu	50824
南沙区	Nansha	71468
从化区	Conghua	15339
增城区	Zengcheng	50033
按产业分	**Grouped By Industry**	
第一产业	Primary Industry	2586
第二产业	Secondary Industry	124788
第三产业	Tertiary Industry	748958
按行业分	**Grouped By Sector**	
农、林、牧、渔业	Agriculture, Forestry, Animal Husbandry and Fishery	3290
采矿业	Mining	73
制造业	Manufacturing	89449
电力、热力、燃气及水生产和供应业	Production and Supply of Electricity, Heat,Gas and Water	823
建筑业	Construction	36038
批发和零售业	Wholesale and Retail Trade	305247
交通运输、仓储和邮政业	Transport, Storage and Post	25259
住宿和餐饮业	Hotels and Catering Services	20456
信息传输、软件和信息技术服务业	Information Transmission, Software and Information Technology	66635
金融业	Financial Intermediation	6999
房地产业	Real Estate	36773
租赁和商务服务业	Leasing and Business Services	139585
科学研究和技术服务业	Scientific Research and Technical Services	74352
水利、环境和公共设施管理业	Management of Water Conservancy, Environment and Public Facilities	3135
居民服务、修理和其他服务业	Service to Households, Repair and Other Services	18982
教 育	Education	14089
卫生和社会工作	Health and Social Service	4124
文化、体育和娱乐业	Culture, Sports and Entertainment	20548
公共管理、社会保障和社会组织	Public Management, Social Security and Social Organizations	10475

Number of Corporate Units by Sector and by Status of Registration (2022)

(unit)

内资 Domestic Funded	国有 State-owned	集体 Collective-owned	股份合作 Cooperative	联营企业 Joint Ownership Enterprises	有限责任公司 Limited Liability Corporations	股份有限公司 Share-holding Corporations Ltd.	私营企业 Private Enterprises	其他 Others
858446	**8787**	**14486**	**1891**	**318**	**61975**	**4502**	**753088**	**13399**
31695	611	372	380	14	2218	327	27046	727
65272	1789	415	571	34	5946	460	54118	1939
52624	636	479	367	20	5470	422	44146	1084
199507	1210	369	191	70	15338	1334	179037	1958
156076	830	2375	158	49	7816	437	142955	1456
60859	635	848	65	33	7154	554	50658	912
108768	766	621	74	34	4329	216	101495	1233
50096	713	2053	36	25	3112	133	43063	961
69175	492	239	31	15	6611	363	60374	1050
14906	475	3129	4	4	1052	77	9309	856
49468	630	3586	14	20	2929	179	40887	1223
2552	11	17	1	1	221	18	1837	446
121779	250	335	349	32	6756	596	113235	226
734115	8526	14134	1541	285	54998	3888	638016	12727
3244	20	25	1	2	290	22	2380	504
73					13	3	57	
86611	134	242	310	28	4213	425	81110	149
776	31	25	1		196	17	505	1
35897	89	71	44	4	2428	155	33028	78
299054	303	414	770	67	16199	1181	279382	738
24718	114	68	43	9	1942	131	22351	60
20056	105	46	173	6	1772	110	17739	105
65596	111	11	38	2	6253	475	58499	207
6543	115	3	7	5	1236	225	4893	59
35455	366	1901	75	40	5068	202	27696	107
136269	609	10803	140	38	11232	689	111718	1040
73255	654	84	69	12	6318	509	65168	441
3107	325	43	2	5	318	27	2358	29
18823	114	98	144	7	1191	104	17022	143
14003	1733	328	23	24	964	70	8898	1963
4096	528	88	9	4	548	27	2420	472
20396	353	29	42	7	1732	127	17734	372
10474	3083	207		58	62	3	130	6931

1-6 续表

单位:个

项　　目	Item	港、澳、台商投资企业 Enterprises with Funds from Hong Kong, Macao and Taiwan Investors	与港、澳、台商合资经营企业 Joint-venture Enterprises
总　　计	**Total**	**10174**	**1567**
按地区分	**Grouped By District**		
荔湾区	Liwan	533	43
越秀区	Yuexiu	1875	176
海珠区	Haizhu	468	66
天河区	Tianhe	1899	294
白云区	Baiyun	443	73
黄埔区	Huangpu	865	171
番禺区	Panyu	1148	171
花都区	Huadu	442	56
南沙区	Nansha	1753	420
从化区	Conghua	360	27
增城区	Zengcheng	388	70
按产业分	**Grouped By Industry**		
第一产业	Primary Industry	28	3
第二产业	Secondary Industry	1840	292
第三产业	Tertiary Industry	8306	1272
按行业分	**Grouped By Sector**		
农、林、牧、渔业	Agriculture, Forestry, Animal Husbandry and Fishery	39	5
采矿业	Mining		
制造业	Manufacturing	1729	269
电力、热力、燃气及水生产和供应业	Production and Supply of Electricity, Heat,Gas and Water	23	9
建筑业	Construction	98	18
批发和零售业	Wholesale and Retail Trade	2680	261
交通运输、仓储和邮政业	Transport, Storage and Post	326	42
住宿和餐饮业	Hotels and Catering Services	228	48
信息传输、软件和信息技术服务业	Information Transmission, Software and Information Technology	714	87
金融业	Financial Intermediation	324	160
房地产业	Real Estate	935	157
租赁和商务服务业	Leasing and Business Services	2151	350
科学研究和技术服务业	Scientific Research and Technical Services	648	98
水利、环境和公共设施管理业	Management of Water Conservancy, Environment and Public Facilities	16	7
居民服务、修理和其他服务业	Service to Households, Repair and Other Services	87	14
教　育	Education	54	12
卫生和社会工作	Health and Social Service	20	8
文化、体育和娱乐业	Culture, Sports and Entertainment	101	21
公共管理、社会保障和社会组织	Public Management, Social Security and Social Organizations	1	1

continued

(unit)

与港、澳、台商合作经营企业 Cooperative Enterprises	港、澳、台商独资经营企业 Enterprises with Sole Funds	港、澳、台商投资股份有限公司 Share-holding Corporations Ltd.	其他港、澳、台商投资企业 Other Share-holding Corporations Ltd.	外商投资企业 Foreign Funded Enterprises	中外合资经营企业 Joint-venture Enterprises	中外合作经营企业 Cooperative Enterprises	外资企业 Enterprises with Sole Foreign Funds	外商投资股份有限公司 Share-holding Corporations Ltd.	其他外商投资企业 Other Share-holding Corporations Ltd.
391	**7763**	**176**	**277**	**7712**	**1241**	**89**	**5757**	**204**	**421**
25	446	6	13	781	39	2	688	12	40
117	1538	14	30	1946	178	20	1656	25	67
23	344	8	27	460	84	5	309	14	48
54	1465	36	50	1405	214	14	1007	68	102
25	317	16	12	527	73	3	391	23	37
27	622	25	20	857	224	12	547	28	46
31	893	27	26	660	137	15	470	12	26
20	353	5	8	286	58	4	203	6	15
26	1194	31	82	540	165	8	324	10	33
6	321	3	3	73	19	2	51	1	
37	270	5	6	177	50	4	111	5	7
2	22		1	6	2	2	2		
72	1409	48	19	1169	292	23	789	24	41
317	6332	128	257	6537	947	64	4966	180	380
2	30	1	1	7	3	2	2		
63	1333	46	18	1109	266	22	763	21	37
1	12	1		24	11		12	1	
8	69	1	2	43	16	1	20	2	4
23	2293	35	68	3513	254	8	3003	89	159
95	177	6	6	215	50	9	141	4	11
11	155	4	10	172	39	3	112	7	11
5	587	19	16	325	81	2	209	7	26
4	151	3	6	132	55		64	7	6
144	600	11	23	383	123	26	190	21	23
18	1678	29	76	1165	157	6	888	24	90
3	495	14	38	449	142	4	252	15	36
1	6	2		12	2		7		3
4	61		8	72	12	2	48	3	7
	42			32	8	2	15	1	6
1	9		2	8	6	1	1		
8	65	4	3	51	16	1	30	2	2

1-7 主要年份国民经济和社会发展总量与速度指标

指标	Item	1978	2000	2010	2015
人口和劳动力	**Population and Employment**				
年末户籍人口 (万人)	Year-end Registered Permanent Residents (10000 persons)	482.90	700.69	806.14	854.19
年末常住人口 (万人)	Year-end Permanent Population (10000 persons)	482.90	994.80	1270.96	1594.95
年末全社会从业人员 (万人)	Year-end Employment (10000 persons)	266.90	496.26	732.93	927.91
城镇非私营单位从业人员年末人数 (万人)	Number of Employed Persons at Year-end in Urban Units (10000 persons)	147.36	175.55	246.37	320.31
地区生产总值 (亿元)	**Gross Domestic Product (100 million yuan)**	**43.09**	**2505.58**	**10640.67**	**17347.37**
第一产业	Primary Industry	5.03	94.37	168.62	206.52
第二产业	Secondary Industry	25.24	1029.94	4053.30	5777.17
第三产业	Tertiary Industry	12.82	1381.27	6418.75	11363.68
人均地区生产总值 (元)	Per Capita GDP (yuan)	907	25758	86582	111060
农业生产	**Agriculture**				
农林牧渔业总产值 (亿元)	Gross Output Value of Agriculture, Forestry, Animal Husbandry and Fishery (100 million yuan)	7.99	163.05	322.13	413.46
主要农业产品产量	Output of Major Farm Products				
粮　食 (万吨)	Grain (10000 tons)	111.06	88.11	43.04	44.09
园林水果 (万吨)	Fruits (10000 tons)	5.17	32.97	39.92	48.58
蔬　菜 (万吨)	Vegetable (10000 tons)	55.68	306.49	325.99	369.10
肉　类 (万吨)	Meat (10000 tons)	5.05	32.77	32.36	22.86
水产品 (万吨)	Aquatic Products (10000 tons)	3.16	32.52	44.14	48.39
工业生产	**Industry**				
工业总产值 (亿元)	Gross Industrial Output Value (100 million yuan)	75.39	3100.02	14438.99	17935.16
主要工业产品产量	Output of Major Industrial Products				
汽　车 (万辆)	Motor Vehicles (10000 unit)	0.23	3.81	135.84	220.99
新能源汽车 (辆)	New Energy Automobile (unit)				2613
摩托车整车 (万辆)	Motorcycles (10000 units)		60.31	441.05	363.77
家用电冰箱 (万台)	Household Refrigerators (10000 sets)		58.14	179.14	349.74
智能电视 (万台)	Smart TV (10000 sets)				568.39
房间空气调节器 (万台)	Air Conditioners (10000 sets)	0.32	103.43	636.78	1154.23
原电池及原电池组 (亿只)	Primary Cells and Batteries (100 million units)	2.69	18.89	22.90	2.26
锂离子电池 (亿只)	Lithium Ion Battery (10000 units)				1.18
工业机器人 (套)	Industrial Robot (set)				1737
工业自动调节仪表与控制系统 (万套)	Industrial Automatic Regulating Instrument and Control System (10000 sets)				30.00
固定资产投资	**Investment in Fixed Assets**				
固定资产投资 (亿元)	Total Investment in Fixed Assets (100 million yuan)	7.26	923.67	3263.57	5405.95
#住　宅	Residential Buildings	0.90	325.03	572.71	1406.81
社会消费品零售总额 (亿元)	**Total Retail Sales of Consumer Goods (100 million yuan)**	**17.63**	**1079.59**	**3809.04**	**6994.42**

注：1.本表地区生产总值和工业总产值指数按照可比口径计算。
2.2017年农业生产相关数据经过修订，绝对数沿用历史数，相对数以调整后数据为基期进行计算。
3.2010—2020年的年末社会从业人员根据第七次人口普查结果作了相应调整。
4.2019年，根据第四次全国经济普查结果，对2008—2018年度地区生产总值和1992—2018年社会消费品零售总额数据进行了修订。
5.2015年常住人口数根据第七次全国人口普查结果进行了修正。

Principal Aggregate Indicators on National Economic and Social Development and Growth Rates in Main Years

2020	2021	2022	速度指标(%) Indices and Growth Rates (%)									
			指数(2022为以下各年) Index(2022 as percentage of the following years)						平均增长速度 Average Annual Growth Rate			
			1978	2000	2010	2015	2020	2021	1979–2022	2001–2022	2006–2022	2011–2022
985.11	1011.53	1034.91	214.3	147.7	128.4	121.2	105.1	102.3	1.7	1.8	1.9	2.1
1874.03	1881.06	1873.41	387.9	188.3	147.4	117.5	100.0	99.6	3.1	2.9	4.1	3.3
1158.01	1163.44	1119.82	419.6	225.7	152.8	120.7	96.7	96.3	3.3	3.8	4.0	3.6
419.36	426.94	424.90	288.3	242.0	172.5	132.7	101.3	99.5	2.4	4.1	4.5	4.6
25068.75	**28225.21**	**28839.00**	**15783.8**	**850.0**	**235.3**	**146.1**	**109.2**	**101.0**	**12.2**	**10.2**	**9.2**	**7.4**
286.27	299.75	318.31	749.6	204.1	156.0	136.8	109.7	103.2	4.7	3.3	2.7	3.8
6716.16	7736.13	7909.29	16909.4	793.4	215.5	139.3	109.8	101.1	12.4	9.9	8.4	6.6
18066.32	20189.34	20611.40	20683.2	922.0	249.1	149.8	109.0	101.0	12.9	10.6	9.8	7.9
135315	150330	153625	4336.5	440.5	154.0	121.6	107.8	101.0	8.9	7.0	4.9	3.7
514.03	542.55	568.77	807.1	202.2	147.8	133.1	110.0	102.7	4.9	3.3	3.0	3.3
14.22	15.08	15.38	13.8	17.5	35.7	34.9	108.2	102.0	-4.4	-7.6	-6.9	-8.2
79.25	81.94	81.86	1583.4	248.3	205.1	168.5	103.3	99.9	6.5	4.2	3.1	6.2
403.82	403.84	411.57	739.2	134.3	126.3	111.5	101.9	102.0	4.7	1.3	1.0	2.0
11.21	9.87	9.54	188.9	29.1	29.5	41.7	85.1	96.7	1.5	-5.5	-6.9	-9.7
50.67	50.77	49.83	1576.9	153.2	112.9	103.0	98.3	98.1	6.5	2.0	1.5	1.0
22476.89	24644.40	25574.41	29501.8	1083.8	225.0	140.8	110.5	100.7	13.8	11.4	9.5	7.0
295.21	296.64	313.68	136381.5	8233.0	230.9	141.9	106.3	105.7	17.8	22.2	12.7	7.2
79767	149882	313685				12004.8	393.3	209.3				
203.15	219.99	172.18		285.5	39.0	47.3	84.8	78.3		4.9	-0.8	-7.5
431.44	366.29	248.80		427.9	138.9	71.1	57.7	67.9		6.8	3.2	2.8
412.77	287.18	470.51				82.8	114.0	163.8				
916.16	951.53	904.23	282572.7	874.2	142.0	78.3	98.7	95.0	19.8	10.4	6.9	3.0
4.01	5.49	2.29	85.1	12.1	10.0	101.2	57.0	41.7	-0.4	-9.1	-15.4	-17.5
3.76	3.16	3.16				267.7	84.0	100.1				
4242	4343	10055				578.9	237.0	231.5				
195.07	212.17	215.13				713.1	110.3	101.4				
7611.10	8502.75	8321.28	11553.5	900.9	255.0	153.9	109.3	97.9	17.8	11.4	11.7	10.0
2263.17	2599.28	2527.39	281227.3	777.6	441.3	179.7	111.7	97.2	19.8	9.8	11.8	13.2
9218.66	**10122.56**	**10298.15**	**58324.2**	**953.4**	**270.3**	**147.1**	**111.7**	**101.7**	**15.6**	**10.8**	**10.9**	**8.6**

Notes: I. Indices of gross domestic product and gross industrial output value are calculated at comparable coverage.

II. The relevant data of agricultural production in 2017 have been revised, and the absolute number follows the historical number. The relative number is calculated on the basis of adjusted data.

III. The year-end social workers from 2010 to 2020 were adjusted according to the results of the seventh National Population Census.

IV. In 2019, according to the data of the Fourth National Economic Census, the regional GDP data from 2008 to 2018 and the total retail sales of consumer goods from 1992 to 2018 were revised.

V. The permanent population of 2015 is revised according to the Seventh National Population Census.

1-7 续表

指 标	Item	1978	2000	2010	2015
运输邮电	**Transport, Post and Telecommunication**				
货运量 (万吨)	Total Freight Traffic (10000 tons)		27972	57369	100124
#铁 路	Railway		5398	6689	4811
公 路	Highway		12549	39696	71284
水 路	Waterway		9569	10169	23007
民 航	Civil Aviation		27	90	116
客运量 (万人次)	Total Passenger Traffic (10000 person-times)		26097	62595	106082
#铁 路	Railway		4848	9362	13647
公 路	Highway		19964	47296	85109
水 路	Waterway		190	273	281
民 航	Civil Aviation		1095	5664	7045
港口货物吞吐量 (万吨)	Volume of Freight Handled at Ports (10000 tons)	1950	12455	42526	52096
邮电业务收入 (亿元)	Postal and Telecommunication Services (100 million yuan)	0.24	138.48	290.09	540.01
对外贸易、外经	**Foreign Trade and Economic Cooperation**				
商品进口总值 (亿美元)	Total Imports through Customs (USD 100 million)		115.60	553.89	527.01
商品出口总值 (亿美元)	Total Exports through Customs (USD 100 million)		117.91	483.79	811.67
财 政	**Government Finance**				
一般公共预算收入 (亿元)	General Budgetary Revenue (100 million yuan)	13.65	200.55	872.65	1349.47
一般公共预算支出 (亿元)	General Budgetary Expenditure (100 million yuan)	3.87	240.72	977.32	1727.72
价格指数 (上年=100)	**Price Indices (preceding year =100)**				
城市居民消费价格总指数	Urban Residents Consumer Price Index	100.3	102.8	103.2	101.7
人民生活	**People's Livelihood**				
城镇非私营单位从业人员年平均工资 (元)	Average Wage of Employed Persons in Urban Units (yuan)		19714	54091	79534
城镇非私营单位在岗职工年平均工资 (元)	Average Wage of Fully Employed Staff and Workers in Urban Units (yuan)	714	19091	54495	81171
城镇居民年人均可支配收入 (元)	Per Capita Annual Disposable Income of Urban Households (yuan)	442	13967	30658	46735
农村居民年人均可支配收入 (元)	Per Capita Annual Disposable Income of Rural Households (yuan)	250	6086	12676	19323
教育文化	**Education and Culture**				
普通、职业高等学校所数(所)	Number of Regular and Vocational Institutions of Higher Education (unit)	15	31	77	81
普通、职业高等学校在校学生数 (万人)	Number of Students Enrollment of Regular and Vocational Institutions of Higher Education (10000 persons)	2.17	18.51	84.39	104.32
普通中学所数 (所)	Number of Regular Secondary Schools (unit)	234	388	475	510
普通中学在校学生数 (万人)	Number of Students Enrollment of Regular Secondary Schools (10000 persons)	38.43	42.53	57.23	51.52
小学学校所数 (所)	Number of Primary Schools (unit)	1515	1626	1004	941
小学学校在校学生数 (万人)	Number of Students Enrollment of Primary Schools (10000 persons)	56.92	75.70	82.48	93.79
卫 生	**Health Care**				
医院病床数 (万张)	Hospital Beds (10000 units)	1.44	3.37	5.32	7.33
卫生技术人员 (万人)	Medical Technical Personnel (10000 persons)	3.15	5.57	9.55	12.67
#医 生	Doctors	1.20	2.35	3.36	4.25

注：1.国家统计局对2012年城市居民可支配收入统计方法有所调整，绝对值按新口径，增长幅度按可比口径计算。
2.2019年起，港口统计口径和部分货类吞吐量的计算方法有所调整，同时对2018年同期数据进行了调整。
3.交通部自2020年起对公路货运量统计口径进行调整。
4.广州市交通局根据交通部门的要求自2021年起对公路客、货运量统计口径进行调整；2021年起水运客运量包含珠江夜游旅客。

continued

2020	2021	2022	速度指标(%) Indices and Growth Rates (%)									
			指数(2022为以下各年) Index(2022 as percentage of the following years)						平均增长速度 Average Annual Growth Rate			
			1978	2000	2010	2015	2020	2021	1979–2022	2001–2022	2006–2022	2011–2022
92458	98175	90511		497.1	364.1	242.4	138.8	92.2		7.6	7.9	7.7
1793	2292	2360		122.9	104.1	99.3	138.0	103.0		0.9	0.2	-0.1
46966	53204	48845		758.0	461.4	239.6	133.4	91.8		9.6	9.4	7.6
42238	40765	36977		385.9	345.2	363.6	160.6	90.7		6.3	7.6	11.4
117	119	110		406.8	174.4	122.0	94.7	92.4		6.6	3.3	1.7
32702	21733	17354		179.5	115.6	74.9	44.2	79.9		2.7	0.9	-2.4
8686	9175	6781		186.6	142.4	96.7	66.3	73.9		2.9	2.1	-0.3
18054	6531	6651		128.0	83.0	54.0	30.0	101.8		1.1	-1.1	-5.0
6	200	122		352.9	644.6	245.7	238.6	61.0		5.9	11.6	7.8
5956	5827	3800		347.1	115.8	67.1	53.9	65.2		5.8	0.9	-3.3
63643	65130	65592	3704.8	580.1	264.8	169.9	138.7	100.7	8.6	8.3	5.9	4.5
1114.44	1222.52	1318.27	552477.2	957.6	597.0	457.0	245.6	107.8	21.6	10.8	11.1	13.5
593.94	698.33	712.58		615.7	128.4	134.8	119.7	102.0		8.6	5.9	2.1
782.18	976.19	926.85		784.4	191.1	114.0	118.4	94.9		9.8	7.6	5.5
1722.79	1884.26	1855.10	13590.5	925.0	212.6	137.5	107.7	98.5	11.8	10.6	9.9	6.5
2952.65	3021.18	3022.45	78099.5	1255.6	309.3	174.9	102.4	100.0	16.3	12.2	12.0	9.9
102.6	101.1	102.4	1096.6	153.5	136.4	117.8	103.5	102.4	5.6	2.0	2.6	2.6
130110	139802	147947		750.5	273.5	186.0	113.7	105.8		9.6	9.0	8.7
135138	144288	152324	21333.9	797.9	279.5	187.7	112.7	105.6	13.0	9.9	9.3	8.9
68304	74416	76849	21994.5	696.6	275.7	164.6	112.5	103.3	13.0	9.2	9.4	8.8
31266	34533	36292	20088.1	826.5	337.4	187.7	116.0	105.1	12.8	10.1	11.2	10.7
82	83	84	560.0	271.0	109.1	103.7	102.4	101.2	4.0	4.6	2.1	0.7
130.71	141.26	148.93	6863.1	804.6	176.5	142.8	113.9	105.4	10.1	9.9	6.0	4.8
539	551	555	237.2	143.0	116.8	108.8	103.0	100.7	2.0	1.6	1.3	1.3
54.32	56.96	60.24	156.8	141.6	105.3	116.9	110.9	105.8	1.0	1.6	0.5	0.4
992	986	992	65.5	61.0	98.8	105.4	100.0	100.6	-1.0	-2.2	-1.5	-0.1
112.51	116.44	120.42	211.6	159.1	146.0	128.4	107.0	103.4	1.7	2.1	1.7	3.2
9.31	9.71	10.05	697.9	298.2	188.9	137.1	107.9	103.5	4.5	5.1	5.7	5.4
17.78	18.77	19.57	621.3	351.3	204.9	154.5	110.1	104.3	4.2	5.9	6.8	6.2
6.23	6.62	6.87	572.5	292.3	204.5	161.6	110.3	103.8	4.0	5.0	5.9	6.1

Notes: I.Since 2012,the coverage of per capita annual disposable income of urban households has been adjusted,the grow rate of which being calaulated at comparable coverage.

II.Since 2019, port statistical caliber and the calculation methods of some cargo throughput have been adjusted.

III.Since 2020, the Ministry of Transportation has adjusted the statistical caliber of highway freight volume, and made the same caliber adjustment for the same period in 2019.

IV.According to the requirements of the transportation department, Guangzhou Transportation Bureau has adjusted the statistical caliber of highway passenger and freight volume since 2021. Since 2021, the passenger volume of water transport includes night travelers on the Pearl River.

1-8 各时期主要指标平均每年增长速度

Average Annual Growth Speed of Main Indicators in Different Periods

单位：% (%)

时期	Period	地区生产总值 Gross Domestic Product	工业总产值 Gross Output Value of Industry	农林牧渔业总产值 Gross Output Value of Agriculture	社会消费品零售总额 Total Retail Sales of Consumer Goods	一般公共预算收入 Genera Budgetary Revenue
"六五"时期	6th Five-year Plan Period	12.7	12.8	6.2	21.2	13.3
"七五"时期	7th Five-year Plan Period	10.8	13.1	4.6	14.5	5.1
"八五"时期	8th Five-year Plan Period	20.2	26.1	10.0	31.0	21.3
"九五"时期	9th Five-year Plan Period	13.2	15.7	5.9	13.6	23.6
"十五"时期	10th Five-year Plan Period	13.9	18.3	5.8	10.3	18.1
"十一五"时期	11th Five-year Plan Period	13.6	15.8	2.3	16.6	18.6
"十二五"时期	12th Five-year Plan Period	10.0	9.8	2.1	12.9	9.1
"十三五"时期	13th Five-year Plan Period	6.0	5.0	3.9	5.7	5.0
1979-2022年	1979-2022	12.2	13.8	4.9	15.6	11.8
2013-2022年	2013-2022	6.7	6.6	3.4	7.7	5.3
2018-2022年	2018-2022	4.9	4.9	5.6	4.7	3.8
2020-2022年	2020-2022	3.9	5.0	7.0	2.5	3.0

注：2019年，根据第四次全国经济普查结果，对2008—2018年度地区生产总值和1992—2018年度社会消费品零售总额数据进行了修订。

Note: In 2019, according to the results of the fourth national economic census, the 2008-2018 regional GDP and the total retail sales of consumer goods in 1992-2018 were revised.

1-9 全市产业及主要结构情况

Basic Statistics on Industries and Main Structure of Guangzhou

项　目	Item	2021	2022
地区生产总值 (亿元)	Gross Domestic Product (100 million yuan)	28225.21	28839.00
# 服务业增加值	Service Industry Added Value	20189.34	20611.40
现代服务业增加值 (亿元)	Modern Service Added Value (100 million yuan)	13470.19	13825.27
规模以上工业增加值 (亿元)	Added Value of Industry above Designated Size (100 million yuan)	4963.72	4912.19
先进制造业增加值 (亿元)	Added Value of Advanced Manufacturing Industry (100 million yuan)	2967.37	2973.45
高技术制造业增加值 (亿元)	Added Value of High-technology Industry (100 million yuan)	884.90	934.28
民营经济增加值 (亿元)	Added Value of Private Economy (100 million yuan)	11492.50	11719.40
规模以上民营工业增加值 (亿元)	Added Value of Private Industry above Designated Size (100 million yuan)	1253.48	1255.00
固定资产投资 (亿元)	Total Investment in Fixed Assets (100 million yuan)	8502.75	8321.28
民间投资 (亿元)	Private Investment in Fixed Assets (100 million yuan)	3662.93	3323.17
出口 (亿元)	Exports (100 million yuan)	6311.26	6195.42
现代服务业增加值占服务业增加值比重 (%)	Modern Service Added Value Accounts for Service Industry Added Value (%)	66.72	67.08
先进制造业增加值占规模以上工业增加值的比重 (%)	Added Value of Advanced Manufacturing Industry Accounts for Added Value of Industry above Designated Size (%)	59.78	60.53
高技术制造业增加值占规模以上工业增加值的比重 (%)	Added Value of High-technology Industry Accounts for Added Value of Industry above Designated Size (%)	17.83	19.02
民营经济增加值占GDP比重 (%)	Added Value of Private Economy Accounts for Gross Domestic Product (%)	40.72	40.64
规模以上民营工业增加值占规模以上工业增加值比重 (%)	Added Value of Private Industry above Designated Size Accounts for Added Value of Industry above Designated Size (%)	25.25	25.55
民间投资占固定资产投资比重 (%)	Private Investment in Fixed Assets Accounts for Total Investment in Fixed Assets (%)	43.08	39.94
私营企业出口占全市出口的比重 (%)	Private Sector Exports Accounts for Total Exports (%)	60.96	59.52
一般贸易出口占全市出口的比重 (%)	General Trade Exports Accounts for Total Exports (%)	50.05	64.33
加工贸易出口占全市出口的比重 (%)	Processing Trade Exports Accounts for Total Exports (%)	21.19	21.09

1-10 人民物质文化生活水平

Material and Culture Life of the People

项目	Item	2021	2022
城镇非私营单位在岗职工年平均工资 (元)	Average Wage of Fully Employed Staff and Workers in Urban Units (yuan)	144288	152324
城镇居民年人均可支配收入 (元)	Per Capita Annual Disposable Income of Urban Residents (yuan)	74416	76849
农村居民年人均可支配收入 (元)	Per Capita Annual Disposable Income of Rural Residents (yuan)	34533	36292
社会消费品零售总额 (亿元)	Total Retail Sales of Consumer Goods (100 million yuan)	10122.56	10298.15
储　蓄	**Savings Deposits**		
住户存款余额 (亿元)	Deposits of Households (100 million yuan)	22768.53	26479.87
平均每人储蓄额 (元)	Per Capita Savings Deposits (yuan)	121268	141058
交　通	**Transportation**		
每万人拥有公交车辆 (辆)	Possession of Buses per 10000 Persons (unit)	15.60	14.70
公交车辆平均每日乘客人数 (万人次)	Average Daily Passengers by Buses (10000 person-times)	370.44	279.83
每万人拥有出租汽车 (辆)	Possession of Taxis per 10000 Persons (unit)	21.93	19.27
出租车平均每日乘客人数 (万人次)	Average Daily Passengers by Taxi (10000 person-times)	126.31	100.29
通讯、电信	**Postal and Telecommunication Services**		
城市电话普及率(含移动电话) (部/百人)	Possession of Telephones per 100 Persons in Urban Areas (including mobile telephones) (sets/100 persons)	376.73	376.42
每人每年函件交寄 (件)	Per Capita Annual Number of Letters Mailed (unit)	1074	994
供　气	**Gas Supply**		
居民燃气普及率 (%)	Popularization Rate of Residents with Access to Gas (%)	97.16	96.65
自来水	**Tap Water**		
人均日生活用水量 (升)	Per Capita Daily Water Used (liter)	265.47	257.96

1-10 续表 continued

项　　目	Item	2021	2022
教　育	**Education**		
每万人拥有在校大学生 （人）	Number of University and College Students Enrollment per 10000 Persons (person)	1396.47	1439.04
小学毛入学率 （%）	Percentage of School-age Children Enrolled (%)	101.59	101.26
卫　生	**Public Health**		
每万人拥有医院床位 （张）	Number of Hospital Beds per 10000 Persons (unit)	52	54
每万人拥有医生 （人）	Number of Doctors per 10000 Persons (person)	35	37
就　业	**Employment**		
城镇每一就业者负担人口 （人）	Number of Dependents per Employee in Urban Areas (person)	1.77	1.81
绿　化	**Green Areas**		
建成区绿化覆盖率 （%）	Coverage Rate of Green Areas in Developed Land Area (%)	43.60	44.20
人均公园绿地面积 （平方米）	Per Capita Garden (sq.m)	17.20	17.23
居民家庭耐用消费品拥有量	**Number of Durable Consumer Goods Owned**		
每百户城市居民家庭拥有	Owned by per 100 Urban Households		
彩色电视机 （台）	Color TV Sets (set)	117	116
计算机 （台）	Computers (set)	124	120
洗衣机 （台）	Washing Machines (set)	105	103
电冰箱（柜） （台）	Refrigerators (set)	107	106
空调 （台）	Air Conditioners (set)	274	273
每百户农村居民家庭拥有	Owned by Per 100 Rural Household		
彩色电视机 （台）	Color TV Sets (set)	137	136
计算机 （台）	Computers (set)	83	80
洗衣机 （台）	Washing Machines (set)	113	114
电冰箱（柜） （台）	Refrigerators (set)	114	113
空调 （台）	Air Conditioners (set)	244	245

1-11 主要年份地区生产总值

Gross Domestic Product in Main Years

单位:万元 (10000 yuan)

年 份 Year	地区生产总值 Gross Domestic Product	第一产业 Primary Industry	第二产业 Secondary Industry	第三产业 Tertiary Industry	地区生产总值中 In GDP: 工 业 Industry	建筑业 Construction	人均地区生产总值（元） Per Capita GDP (yuan)	人均地区生产总值(美元) Per Capita GDP (USD)
1978	430947	50287	252479	128181	243585	8894	907	
1980	575497	62438	313734	199325	295337	18397	1160	
1985	1243623	120449	658130	465044	577048	81082	2302	784
1986	1395466	132079	701074	562313	608511	92563	2536	734
1987	1732050	156794	794127	781129	693003	101124	3092	831
1988	2400818	227772	1141606	1031440	972078	169528	4205	1130
1989	2878733	243187	1296309	1339237	1093864	202445	4953	1315
1990	3195952	257288	1362975	1575689	1180978	181997	5418	1133
1991	3866741	281734	1799166	1785841	1582970	216196	5956	1119
1992	5107027	356399	2413129	2337499	2120096	293033	7521	1364
1993	7443455	475960	3512607	3454888	3050098	462509	10481	1819
1994	9853082	606222	4556278	4690582	3870183	686095	13264	1539
1995	12603097	734606	5787475	6081016	4941140	846335	16222	1943
1996	14706621	811630	6736549	7158442	5791501	945048	18098	2179
1997	16828743	857155	7642990	8328598	6635562	1007428	19800	2389
1998	19004058	888763	8245913	9869382	7113774	1132139	21378	2582
1999	21492534	928522	9375989	11188023	8044065	1331924	23116	2792
2000	25055794	943718	10299412	13812664	8861172	1438240	25758	3112
2001	28579151	972806	11228325	16378020	9657735	1570590	28700	3468
2002	32243283	1030721	12245382	18967180	10638507	1606875	32544	3932
2003	37804451	1099080	15000699	21704672	13279574	1721125	38621	4666
2004	44773511	1171452	18054293	25547766	16111365	1942928	46182	5579
2005	51878466	1302159	20670012	29906295	18652577	2017435	54160	6612
2006	61242011	1285022	24689504	35267485	22538389	2151115	62930	7894
2007	72029498	1495247	28665860	41868391	26428369	2237491	70284	9243
2008	83660227	1548659	32750141	49361427	30240254	2565556	77165	11110
2009	91467431	1558600	34601705	55307126	31772238	2898289	79457	11629
2010	106406742	1686203	40532998	64187541	37021616	3601957	86582	12753
2011	121996914	1800454	46326780	73869680	42089867	4407184	93224	14355
2012	131946870	1854415	47731922	82360533	43383733	4617236	95550	15137
2013	150504031	1961339	53184480	95358212	48209169	5170729	104235	16775
2014	161359536	2008134	56478499	102872903	51217728	5385230	107528	17505
2015	173473724	2065218	57771661	113636845	52329802	5576564	111060	17806
2016	185597316	2160317	58134525	125302474	52701453	5763975	113400	17084
2017	198716679	2204517	59006069	137506093	53407784	5978984	116051	17188
2018	210024435	2291770	61099495	146633170	54874446	6620846	118511	17909
2019	238446940	2471259	65094019	170881662	57142388	8380344	131400	19048
2020	250687492	2862681	67161603	180663209	58405228	9173161	135315	19618
2021	282252120	2997459	77361260	201893401	67765668	10094233	150330	23302
2022	288389974	3183053	79092947	206113974	69466738	10129347	153625	22840

注：1．本表数据按当年价格计算。

2．从1991年起，人均地区生产总值按常住人口计算。

3．人均地区生产总值(美元)按当年年平均汇率换算。

4．2019年，根据第四次全国经济普查结果，对2008—2018年度地区生产总值数据进行了修订。

5．2020年，根据第七次全国人口普查结果，对2011—2019年度人均地区生产总值数据进行了修订。

Notes: I. The data in this table are calculated at current prices.

II. Since 1991, the Per Capita GDP have been calculated by resident population

III. The Per Capita GDP (USD) were calculated at current annual average exchange rate.

IV. The GDP data of 2008-2018 were revised in 2019, according to the data of the Fourth National Economic Census.

V. The Per Capita GDP of 2011-2019 were revised in 2020, according to the data of the Seventh National Population Census.

1-12　主要年份地区生产总值指数（上年=100）

Indices of Gross Domestic Product in Main Years (Preceding Year=100)

年　份 Year	地区生产总　值 Gross Domestic Product	第一产业 Primary Industry	第二产业 Secondary Industry	第三产业 Tertiary Industry	地区生产总值中：In Gross Domestic Product		人均地区生产总值 Per Capita GDP
					工　业 Industry	建筑业 Construction	
1978	110.3	100.1	108.5	117.6	108.7	105.0	108.8
1980	115.4	114.6	119.0	110.3	117.4	154.8	113.2
1985	118.3	107.4	124.3	111.7	123.1	135.7	116.3
1986	105.7	100.5	101.3	114.1	101.3	101.3	103.7
1987	115.2	99.0	108.2	128.9	108.6	104.5	113.2
1988	117.8	104.6	126.3	109.0	125.1	137.2	115.6
1989	104.7	100.7	100.6	111.4	101.0	96.9	102.9
1990	111.3	103.7	107.8	116.9	109.6	92.1	109.7
1991	116.3	109.1	127.2	108.0	128.6	118.2	114.6
1992	123.3	120.4	128.1	118.8	128.7	123.3	117.9
1993	126.4	102.1	133.6	122.4	132.1	144.0	120.9
1994	118.8	112.6	123.2	114.5	121.0	137.3	113.6
1995	116.5	104.1	117.1	117.5	118.8	107.0	111.4
1996	112.5	105.3	113.5	112.1	115.7	99.5	107.6
1997	113.5	105.5	113.0	115.0	114.8	99.7	108.5
1998	113.2	104.0	112.7	114.7	113.0	110.2	108.2
1999	113.3	110.4	115.7	110.6	115.4	118.2	108.3
2000	113.4	101.7	111.9	116.3	112.5	106.7	108.4
2001	112.8	102.2	111.0	114.9	111.2	109.5	110.2
2002	113.3	109.8	112.5	114.1	113.9	103.9	113.9
2003	115.2	104.5	121.4	111.3	124.3	101.6	116.6
2004	115.1	105.4	117.2	113.9	118.6	105.7	116.2
2005	113.0	105.6	113.0	113.3	113.8	105.6	114.3
2006	115.0	95.7	116.6	114.7	117.9	104.4	113.2
2007	115.5	102.8	114.2	116.9	115.5	100.6	109.7
2008	112.6	95.2	111.1	114.3	112.0	102.6	106.5
2009	111.7	104.0	109.6	113.3	109.5	111.6	105.2
2010	113.0	103.1	113.0	113.2	112.5	119.0	105.8
2011	111.4	103.0	111.9	111.2	111.8	114.1	104.6
2012	110.4	103.3	108.4	111.8	109.0	102.8	104.6
2013	111.5	102.9	111.2	111.9	111.9	102.3	106.7
2014	108.5	101.8	107.4	109.3	107.8	102.4	104.4
2015	108.3	102.4	106.8	109.3	107.0	104.8	104.0
2016	107.6	100.6	105.6	108.8	106.2	104.0	102.7
2017	106.7	102.2	104.6	107.9	105.2	99.2	102.0
2018	106.0	106.0	105.4	106.4	105.5	104.1	102.5
2019	106.9	104.2	105.4	107.7	104.7	113.2	104.4
2020	102.7	109.8	103.3	102.3	102.6	109.5	100.6
2021	108.1	106.3	108.7	108.0	109.7	102.4	106.7
2022	101.0	103.2	101.1	101.0	101.0	102.0	101.0

注：1.本表数据按可比价格计算。
　　2.2019年，根据第四次全国经济普查结果，对2008—2018年度地区生产总值数据进行了修订。
　　3.2020年，根据第七次全国人口普查结果，对2011—2019年度人均地区生产总值数据进行了修订。

Notes: I.The data in this table are calculated at comparable prices.
　　II. The GDP data of 2008-2018 were revised in 2019, according to the data of the Fourth National Economic Census.
　　III.The Per Capita GDP of 2011-2019 were revised in 2020, according to the data of the Seventh National Population Census.

1-13 主要年份地区生产总值构成

Composition of Gross Domestic Product in Main Years

单位：%　　(%)

年 份 Year	地区生产总值 Gross Domestic Product	第一产业 Primary Industry	第二产业 Secondary Industry	第三产业 Tertiary Industry	地区生产总值中：In Gross Domestic Product 工 业 Industry
1978	100.00	11.67	58.59	29.74	56.52
1980	100.00	10.85	54.51	34.64	51.32
1985	100.00	9.69	52.92	37.39	46.40
1986	100.00	9.46	50.24	40.30	43.61
1987	100.00	9.05	45.85	45.10	40.01
1988	100.00	9.49	47.55	42.96	40.49
1989	100.00	8.45	45.03	46.52	38.00
1990	100.00	8.05	42.65	49.30	36.95
1991	100.00	7.29	46.53	46.18	40.94
1992	100.00	6.98	47.25	45.77	41.51
1993	100.00	6.39	47.19	46.42	40.98
1994	100.00	6.15	46.24	47.61	39.28
1995	100.00	5.83	45.92	48.25	39.21
1996	100.00	5.52	45.81	48.67	39.38
1997	100.00	5.09	45.42	49.49	39.43
1998	100.00	4.68	43.39	51.93	37.43
1999	100.00	4.32	43.62	52.06	37.43
2000	100.00	3.77	41.11	55.12	35.37
2001	100.00	3.40	39.29	57.31	33.79
2002	100.00	3.20	37.98	58.82	32.99
2003	100.00	2.91	39.68	57.41	35.13
2004	100.00	2.62	40.32	57.06	35.98
2005	100.00	2.51	39.84	57.65	35.95
2006	100.00	2.10	40.31	57.59	36.80
2007	100.00	2.08	39.80	58.12	36.69
2008	100.00	1.85	39.15	59.00	36.15
2009	100.00	1.70	37.83	60.47	34.74
2010	100.00	1.58	38.09	60.33	34.79
2011	100.00	1.48	37.97	60.55	34.50
2012	100.00	1.41	36.17	62.42	32.88
2013	100.00	1.30	35.34	63.36	32.03
2014	100.00	1.24	35.00	63.76	31.74
2015	100.00	1.19	33.30	65.51	30.17
2016	100.00	1.16	31.32	67.52	28.40
2017	100.00	1.11	29.69	69.20	26.88
2018	100.00	1.09	29.09	69.82	26.13
2019	100.00	1.04	27.30	71.66	23.96
2020	100.00	1.14	26.79	72.07	23.30
2021	100.00	1.06	27.41	71.53	24.01
2022	100.00	1.10	27.43	71.47	24.09

注：本表数据按当年价格计算。
Note: The data in this table are calculated at current prices.

1-14 地区生产总值
Gross Domestic Product

单位：万元　　(10000 yuan)

项　　目	Item	2021	2022	2022年比2021年增长(%) Growth Rate in 2022 over 2021 (%)
地区生产总值	Gross Domestic Product	282252120	288389974	1.0
按产业分	Grouped By Industry			
第一产业	Primary Industry	2997459	3183053	3.2
第二产业	Secondary Industry	77361260	79092947	1.1
第三产业	Tertiary Industry	201893401	206113974	1.0
按行业分	Grouped By Sector			
农、林、牧、渔业	Agriculture, Forestry, Animal Husbandry and Fishery	3321056	3546495	3.4
工　业	Industry	67765668	69466738	1.0
建筑业	Construction	10094233	10129347	2.0
批发和零售业	Wholesale and Retail Trade	37356572	38015906	1.1
交通运输、仓储和邮政业	Transport, Storage and Post	15617182	15906869	-5.5
住宿和餐饮业	Hotels and Catering Services	4503616	4312242	-7.2
金融业	Financial Intermediation	24261584	25961535	7.2
房地产业	Real Estate	31975366	30389284	-5.3
其他服务业	Other Services	87356843	90661559	3.0
信息传输、软件和信息技术服务业	Information Transmission, Software and Information Technology	19150628		
租赁和商务服务业	Leasing and Business Services	15050519		
科学研究和技术服务业	Scientific Research and Technical Services	10035903		
水利、环境和公共设施管理业	Management of Water Conservancy, Environment and Public Facilities	1470124		
居民服务、修理和其他服务业	Service to Households, Repair and Other Services	4801886		
教　育	Education	14765777		
卫生和社会工作	Health and Social Work	8509400		
文化、体育和娱乐业	Culture, Sports and Entertainment	2535201		
公共管理、社会保障和社会组织	Public Management, Social Security and Social Organizations	11037406		

注：1.本表数据绝对值按当年价格计算，增长速度按可比价格计算。
　　2.2022年为年快报数据，其他服务业数据无法细分。

Notes: I. The level data in this table are calculated at current prices while the growth rates at comparable prices.
　　II.The data of 2022 are the annual express data, and other service industry data can not be subdivided.

1-15 各时期地区生产总值和平均每年增长速度

Gross Domestic Product and Annual Average Growth Speed in Different Periods

单位：万元 (10000 yuan)

时　期	Period	绝对值 Absolute Figure					
		地区生产总　值 Gross Domestic Product	第一产业 Primary Industry	第二产业 Secondary Industry	第三产业 Tertiary Industry	地区生产总值中：In Gross Domestic Product	
						工　业 Industry	建筑业 Construction
“六五”时期	6th Five-year Plan Period	4373327	459872	2395362	1518093	2137482	257880
“七五”时期	7th Five-year Plan Period	11603019	1017120	5296091	5289808	4548434	747657
“八五”时期	8th Five-year Plan Period	38873402	2454921	18068655	18349826	15564487	2504168
“九五”时期	9th Five-year Plan Period	97087750	4429788	42300853	50357109	36446074	5854779
“十五”时期	10th Five-year Plan Period	195278862	5576218	77198711	112503933	68339758	8858953
“十一五”时期	11th Five-year Plan Period	414805909	7573731	161240208	245991970	148000866	13454408
“十二五”时期	12th Five-year Plan Period	739281075	9689560	261493342	468098173	237230299	25156943
“十三五”时期	13th Five-year Plan Period	1083472862	11990543	310495711	760986608	276531299	35917310
1950-1978年	1950-1978	5578418	753734	3146791	1677893	2999275	147516
1979-2022年	1979-2022	3156481312	49486264	1035526598	2071468450	926585586	113004654
2013-2022年	2013-2022	2139452247	24205746	634384558	1480861943	565520403	72273413
2018-2022年	2018-2022	1269800961	13806221	349809324	906185416	307654467	44397931

1-15 续表 continued

单位：% (%)

时　期	Period	平均每年增长 Annual Average Growth Speed					
		地区生产总　值 Gross Domestic Product	第一产业 Primary Industry	第二产业 Secondary Industry	第三产业 Tertiary Industry	地区生产总值中：In Gross Domestic Product	
						工　业 Industry	建筑业 Construction
“六五”时期	6th Five-year Plan Period	12.7	7.6	13.6	12.5	12.5	27.6
“七五”时期	7th Five-year Plan Period	10.8	1.7	8.4	15.9	8.8	5.3
“八五”时期	8th Five-year Plan Period	20.2	9.5	25.7	16.1	25.8	25.3
“九五”时期	9th Five-year Plan Period	13.2	5.4	13.4	13.7	14.3	6.6
“十五”时期	10th Five-year Plan Period	13.9	5.4	15.0	13.5	16.3	5.2
“十一五”时期	11th Five-year Plan Period	13.6	0.1	12.9	14.5	13.4	7.4
“十二五”时期	12th Five-year Plan Period	10.0	2.7	9.1	10.7	9.5	5.2
“十三五”时期	13th Five-year Plan Period	6.0	4.5	4.9	6.6	4.8	5.9
1950-1978年	1950-1978	9.2	3.8	12.7	9.5	12.7	13.1
1979-2022年	1979-2022	12.2	4.7	12.4	12.9	12.5	11.6
2013-2022年	2013-2022	6.7	3.9	5.9	7.2	6.1	4.3
2018-2022年	2018-2022	4.9	5.9	4.7	5.0	4.7	6.1

注：1.本表数据绝对值按当年价格计算，增长速度按可比价格计算。
2.2019年，根据第四次全国经济普查结果，对2008—2018年度地区生产总值数据进行了修订，因此对应的数据也进行了调整。

Notes: I. The level data in this table are calculated at current prices while the growth rates at comparable prices.
II. The GDP data of 2008-2018 are revised in 2019, according to the data of the fourth national economic census. Therefore, the corresponding data have also been adjusted.

1-16 地区生产总值使用表
Utilization Balance Sheet of Gross Domestic Product

单位:万元 (10000 yuan)

项　　目	Item	2020	2021	2021年比2020年增长(%) Growth Rate in 2021 over 2020 (%)
支出法地区生产总值	**Gross Domestic Product by Expenditure Approach**	**250687492**	**282252120**	**8.1**
最终消费支出	Final Consumption Expenditure	118272732	131107943	9.7
居民消费支出	Household Consumption Expenditure	84380579	95936277	11.6
农村居民	Rural Households	8043385	8979174	11.1
城镇居民	Urban Households	76337194	86957102	11.7
政府消费支出	Government Consumption Expenditure	33892154	35171666	2.3
资本形成总额	Gross Capital Formation	94204120	106467202	6.6
固定资本形成总额	Gross Fixed Capital Formation	88261153	99525580	6.5
存货增加	Changes in Inventories	5942966	6941622	6.9
货物和服务净流出	Net Exports of Goods and Services	38210640	44676975	7.7

1-17 居民消费水平
Household Consumption

单位:元/人 (yuan/person)

项　　目	Item	2020	2021	2021年比2020年增长(%) Growth Rate in 2021 over 2020 (%)
全市居民	Total Households	45547	51097	12.2
农村居民	Rural Households	30289	34973	15.5
城镇居民	Urban Households	48100	53651	11.5
农村居民与城镇居民对比（农村居民为1）	Ratio of Consumption of Urban Households to Rural Households (rural households=1)	1:1.59	1:1.53	

注：本表数据绝对值按当年价格计算，增长速度按可比价格计算。
Note: The level data in this table are calculated at current prices while the growth rates at comparable prices.

1-18 三次产业对地区生产总值增长的贡献率(1990-2022年)

Share of the Contributions of the Three Strata of Industry to the Growth of GDP (1990-2022)

单位：% (%)

年 份 Year	地区生产总值 Gross Domestic Product	第一产业 Primary Industry	第二产业 Secondary Industry	第三产业 Tertiary Industry	地区生产总值中：工 业 Industry In Gross Domestic Product
1990	100.0	1.7	37.1	61.2	41.0
1991	100.0	4.2	71.3	24.5	64.9
1992	100.0	6.2	56.3	37.5	50.4
1993	100.0	0.5	61.6	37.9	51.8
1994	100.0	3.7	63.0	33.3	49.8
1995	100.0	1.3	54.7	44.0	51.5
1996	100.0	2.0	57.4	40.6	57.7
1997	100.0	1.8	51.8	46.4	51.9
1998	100.0	1.2	51.5	47.3	47.3
1999	100.0	2.9	62.8	34.3	55.5
2000	100.0	0.5	48.4	51.1	45.7
2001	100.0	0.7	35.3	64.0	31.1
2002	100.0	2.5	38.1	59.4	36.4
2003	100.0	1.0	56.7	42.3	56.1
2004	100.0	1.1	48.4	50.5	46.7
2005	100.0	1.2	43.4	55.4	41.6
2006	100.0	-0.7	44.1	56.6	42.9
2007	100.0	0.4	37.0	62.6	36.9
2008	100.0	-0.7	35.1	65.6	35.0
2009	100.0	0.5	32.4	67.1	29.8
2010	100.0	0.4	38.6	61.0	34.6
2011	100.0	0.4	39.9	59.7	36.1
2012	100.0	0.4	31.1	68.5	30.4
2013	100.0	0.3	36.5	63.2	35.6
2014	100.0	0.3	32.7	67.0	31.7
2015	100.0	0.3	30.5	69.2	28.9
2016	100.0	0.1	24.6	75.3	24.4
2017	100.0	0.4	22.3	77.3	23.0
2018	100.0	1.1	28.5	70.4	26.7
2019	100.0	0.6	24.8	74.6	19.7
2020	100.0	3.8	38.7	57.5	27.8
2021	100.0	0.9	28.6	70.5	27.8
2022	100.0	3.5	28.2	68.3	23.2

注：1．本表数据按可比价格计算。

2．三次产业贡献率指各产业增加值增量与GDP增量之比。

Notes: I. The data of this table are calculated at comparable prices.

II. Share of the contributions of the three strata of industry to the growth of GDP refers to the proportion of the increment of the Value-added of each Industry to the increment of GDP.

1-19 三次产业对地区生产总值增长的拉动（1990-2022年）

Contribution of the Three Strata of Industry to the Growth of GDP (1990-2022)

单位：百分点 (percentage points)

年 份 Year	地区生产总 值 Gross Domestic Product	第一产业 Primary Industry	第二产业 Secondary Industry	第三产业 Tertiary Industry	地区生产总值中：工 业 Industry In Gross Domestic Product
1990	11.3	0.2	4.2	6.9	4.6
1991	16.3	0.7	11.6	4.0	10.6
1992	23.3	1.4	13.1	8.8	11.7
1993	26.4	0.1	16.3	10.0	13.7
1994	18.8	0.7	11.8	6.3	9.4
1995	16.5	0.2	9.0	7.3	8.5
1996	12.5	0.2	7.2	5.1	7.2
1997	13.5	0.2	7.0	6.3	7.0
1998	13.2	0.2	6.8	6.2	6.2
1999	13.3	0.4	8.3	4.6	7.4
2000	13.4	0.1	6.5	6.8	6.1
2001	12.8	0.1	4.5	8.2	4.0
2002	13.3	0.3	5.1	7.9	4.8
2003	15.2	0.2	8.6	6.4	8.5
2004	15.1	0.2	7.3	7.6	7.0
2005	13.0	0.2	5.6	7.2	5.4
2006	15.0	-0.1	6.6	8.5	6.4
2007	15.5	0.1	5.7	9.7	5.7
2008	12.6	-0.1	4.4	8.3	4.4
2009	11.7	0.1	3.8	7.8	3.5
2010	13.0	0.1	5.0	7.9	4.5
2011	11.4	0.1	4.5	6.8	4.1
2012	10.4	0.1	3.2	7.1	3.2
2013	11.5		4.2	7.3	4.1
2014	8.5		2.8	5.7	2.7
2015	8.3		2.6	5.7	2.4
2016	7.6		1.9	5.7	1.9
2017	6.7		1.5	5.2	1.5
2018	6.0	0.1	1.7	4.2	1.6
2019	6.9		1.7	5.2	1.4
2020	2.7	0.1	1.0	1.6	0.8
2021	8.1	0.1	2.3	5.7	2.3
2022	1.0		0.3	0.7	0.2

注：1．本表数据按可比价格计算。
2．三次产业拉动指GDP增长速度与各产业贡献率之乘积。

Notes: I. The data of this table are calculated at comparable prices.
II. The contribution of the three strata of industry to the growth of GDP refers to the growth rate of GDP multiplied by the contribution share of each industry.

1-20 各行业增加值（2021年）

单位：万元

项　　目	Item
地区生产总值	**Gross Domestic Product**
按产业分	**Grouped By Industry**
第一产业	Primary Industry
第二产业	Secondary Industry
第三产业	Tertiary Industry
按行业分	**Grouped By Sector**
农、林、牧、渔业	Agriculture, Forestry, Animal Husbandry and Fishery
工　业	Industry
建筑业	Construction
批发和零售业	Wholesale and Retail Trade
交通运输、仓储和邮政业	Transport, Storage and Post
住宿和餐饮业	Hotels and Catering Services
信息传输、软件和信息技术服务业	Information Transmission, Software and Information Technology
金融业	Financial Intermediation
房地产业	Real Estate
租赁和商务服务业	Leasing and Business Services
科学研究和技术服务业	Scientific Research and Technical Services
水利、环境和公共设施管理业	Management of Water Conservancy, Environment and Public Facilities
居民服务、修理和其他服务业	Service to Households, Repair and Other Services
教　育	Education
卫生和社会工作	Health and Social Work
文化、体育和娱乐业	Culture, Sports and Entertainment
公共管理、社会保障和社会组织	Public Management, Social Security and Social Organizations

Added Value by Sector (2021)

(10000 yuan)

合 计 Total	劳动者报酬 Compensation of Employees	固定资产折旧 Depreciation of Fixed Assets	生产税净额 Net Taxes on Production	营业盈余 Operating Surplus
282252120	**153983392**	**39617159**	**37429734**	**51221835**
2997459	2953841	43617		
77361260	35267362	10773266	14597075	16723557
201893401	115762189	28800276	22832658	34498278
3321056	3277439	43617		
67765668	28096724	10372297	13656194	15640453
10094233	7521258	456020	999630	1117325
37356572	21977436	1880168	6958753	6540215
15617182	9324656	4596369	803503	892654
4503616	3720103	298652	206825	278036
19150628	10995551	1930688	1249844	4974545
24261584	5575429	783809	2914860	14987486
31975366	10161786	9207111	8055863	4550606
15050519	11174757	1605442	1303648	966672
10035903	7331263	1329247	772797	602596
1470124	840021	498495	47431	84177
4801886	4253270	198752	148406	201458
14765777	12951263	1585328	91881	137305
8509400	7797242	583922	30177	98059
2535201	1929495	407075	167402	31229
11037406	7055699	3840168	22517	119022

1-21 各行业增加值构成（2021年）

单位:%

项　　目	Item
地区生产总值	**Gross Domestic Product**
按产业分	**Grouped By Industry**
第一产业	Primary Industry
第二产业	Secondary Industry
第三产业	Tertiary Industry
按行业分	**Grouped By Sector**
农、林、牧、渔业	Agriculture, Forestry, Animal Husbandry and Fishery
工　业	Industry
建筑业	Construction
批发和零售业	Wholesale and Retail Trade
交通运输、仓储和邮政业	Transport, Storage and Post
住宿和餐饮业	Hotels and Catering Services
信息传输、软件和信息技术服务业	Information Transmission, Software and Information Technology
金融业	Financial Intermediation
房地产业	Real Estate
租赁和商务服务业	Leasing and Business Services
科学研究和技术服务业	Scientific Research and Technical Services
水利、环境和公共设施管理业	Management of Water Conservancy, Environment and Public Facilities
居民服务、修理和其他服务业	Service to Households, Repair and Other Services
教　育	Education
卫生和社会工作	Health and Social Work
文化、体育和娱乐业	Culture, Sports and Entertainment
公共管理、社会保障和社会组织	Public Management, Social Security and Social Organizations

Composition of Added Value by Sector (2021)

(%)

合 计 Total	劳动者报酬 Compensation of Employees	固定资产折旧 Depreciation of Fixed Assets	生产税净额 Net Taxes on Production	营业盈余 Operating Surplus
100.00	**54.56**	**14.04**	**13.26**	**18.14**
100.00	98.54	1.46		
100.00	45.59	13.93	18.87	21.61
100.00	57.34	14.27	11.31	17.08
100.00	98.69	1.31		
100.00	41.46	15.31	20.15	23.08
100.00	74.51	4.52	9.90	11.07
100.00	58.83	5.03	18.63	17.51
100.00	59.71	29.43	5.14	5.72
100.00	82.60	6.63	4.59	6.18
100.00	57.42	10.08	6.53	25.97
100.00	22.98	3.23	12.01	61.78
100.00	31.78	28.79	25.19	14.24
100.00	74.25	10.67	8.66	6.42
100.00	73.05	13.24	7.70	6.01
100.00	57.14	33.91	3.23	5.72
100.00	88.57	4.14	3.09	4.20
100.00	87.71	10.74	0.62	0.93
100.00	91.63	6.86	0.35	1.16
100.00	76.11	16.06	6.60	1.23
100.00	63.93	34.79	0.20	1.08

1-22 各区国民经济主要指标（2022年）

项　　目		Item		广州市 Guangzhou
土地面积	(平方公里)	Total Land Area	(sq.km)	7434.40
年末户籍人口	(人)	Year-end Population by household registered	(person)	10349074
街道办事处	(个)	Street Communities	(unit)	142
镇	(个)	Towns	(unit)	34
社区居委会	(个)	Community Committees	(unit)	1672
村民委员会	(个)	Village Committees	(unit)	1145
地区生产总值	(万元)	Gross Domestic Product	(10000 yuan)	288389978
第一产业	(万元)	Primary Industry	(10000 yuan)	3183053
第二产业	(万元)	Secondary Industry	(10000 yuan)	79092947
第三产业	(万元)	Tertiary Industry	(10000 yuan)	206113974
地区生产总值中：工业	(万元)	Industry In Gross Domestic Product	(10000 yuan)	69466738
年末全社会从业人员	(人)	Total Number of Employed Persons at Year-end	(person)	11198200
固定资产投资额(按项目所在地分)	(万元)	Investment in Fixed Assets (by Region of Item)	(10000 yuan)	83212834
# 建筑和安装工程	(万元)	Construction and Erection Engineering	(10000 yuan)	37421683
新增固定资产(按项目所在地分)	(万元)	Newly-increased Investment in Fixed Assets (by Region of Item)	(10000 yuan)	21854502
一般公共预算收入	(万元)	General Budgetary Revenue	(10000 yuan)	18550953
一般公共预算支出	(万元)	General Budgetary Expenditure	(10000 yuan)	30224506
农林牧渔业总产值	(万元)	Gross Output Value of Agriculture	(10000 yuan)	5687687
社会消费品零售总额	(万元)	Total Retail Sales of Consumer Goods	(10000 yuan)	102981533
实际使用外商直接投资金额	(万元)	Foreign Direct Capital Actually Utilized	(10000 yuan)	5741290
普通中学学校数	(所)	Number of Regular Secondary Schools	(unit)	555
普通中学在校学生数	(人)	Number of Students Enrolled in Regular Secondary Schools	(person)	602372
小学学校数	(所)	Number of Primary Schools	(unit)	992
小学在校学生数	(人)	Number of Students Enrolled in Primary Schools	(person)	1204223
幼儿园数	(所)	Number of Kindergartens	(unit)	2223
幼儿园在园人数	(人)	Number of Children Enrolled	(person)	655288
各类卫生机构数	(个)	Number of Health Institutions	(unit)	6159
# 医　院		Hospitals		298
各类卫生机构床位数	(张)	Number of Beds	(unit)	110507
# 医　院		Hospitals		100490
卫生技术人员	(人)	Medical Technical Personnel	(person)	195697
# 执业(助理)医师		Licensed (Assistant) Doctors		68687

Main Indicators of National Economic by District (2022)

荔湾区 Liwan	越秀区 Yuexiu	海珠区 Haizhu	天河区 Tianhe	白云区 Baiyun	黄埔区 Huangpu	番禺区 Panyu	花都区 Huadu	南沙区 Nansha	从化区 Conghua	增城区 Zengcheng
59.10	33.80	90.40	96.33	795.79	484.17	529.94	970.04	783.86	1974.50	1616.47
795814	1174308	1103480	1072086	1194440	671579	1167089	884231	542023	659756	1084268
22	18	18	21	20	16	11	4	3	3	6
				4	1	5	6	6	5	7
194	222	267	230	285	132	98	70	37	56	81
				118	28	177	188	128	221	285
12155652	36501848	25025239	62157208	24762019	43137552	27054690	17708064	22525827	4109169	13252710
55359		11553	25795	365549	51923	397522	520627	722789	357893	674043
3514593	1260538	4506864	4473335	5639812	25291454	10161910	7622010	9954958	1300390	5367083
8585700	35241310	20506822	57658074	18756658	17794175	16495258	9565427	11848080	2450886	7211584
3152909	369503	2716334	3546975	3962191	24597167	8872553	7534823	8963858	1166051	4584374
441896	1037407	986140	2214048	1593786	1060649	1273414	761714	692099	355304	781743
4891801	1045165	4780175	5863563	11566375	19208777	7374521	5737463	12174457	1792898	8777639
1543817	553768	2160304	1932555	4978997	8784247	3426497	2843938	5430433	1229173	4537954
324331	406823	401245	2169574	1488100	7120529	2740179	995949	3380467	484387	2342918
534341	537001	691968	813420	747474	1820952	1042625	757825	1170157	272242	968549
1172425	1364528	1381284	1377554	1919114	3357432	1675581	1488690	2949974	889031	1971038
82830		20798	103492	682812	95125	650739	926465	1330324	615819	1179283
6470943	12232127	9589731	20237930	10696782	14281849	12639796	7881521	2947894	1417064	4585896
124470	161670	261526	552302	121120	1938067	419820	163176	1728029	9031	238997
34	32	35	50	71	42	79	81	35	27	69
44607	66440	48070	55463	69540	41545	82849	62526	32709	36641	61982
48	46	84	75	174	66	142	104	62	68	123
70899	75230	94043	120339	174659	85776	171940	146072	62965	67039	135261
124	125	150	215	419	134	362	176	142	111	265
33035	33222	47120	59327	115587	47987	101383	57563	42038	32639	85387
263	400	509	972	948	455	588	634	285	391	714
28	35	20	56	58	23	25	14	14	8	17
7039	27479	12214	14584	23590	4565	6550	4471	1525	2653	5837
6836	25695	11358	14160	22566	3588	5750	3373	1355	1775	4034
12063	50223	20699	30787	28261	9818	14668	10611	3538	4539	10490
4562	16142	7191	11175	9532	3300	5770	3926	1461	1687	3941

1-23 广州开发区国民经济主要指标
Main Indicators of National Economy of Guangzhou Development Zone

项　　目	Item	2021	2022
年末社会从业人员(规模以上)　(人)	Year-end Employed Persons (Above the Designated Size)(person)	653043	736320
#工业从业人员	Employed Persons in Industry	319219	315408
地区生产总值　(万元)	Gross Domestic Product　(10000 yuan)	35053303	36451254
第一产业	Primary Industry	34321	38994
第二产业	Secondary Industry	20436589	21104213
第三产业	Tertiary Industry	14582393	15308047
地区生产总值中:	In Gross Domestic Product		
工　业	Industry	19842766	20478958
建筑业	Construction	661154	692808
固定资产投资额　(万元)	Investment in Fixed Assets　(10000 yuan)	15480021	16379057
#基础(公共)设施	Infrastructure	3375247	3759080
工业项目	Industry	4282268	5358542
利润总额　(万元)	Total Profits　(10000 yuan)	7986372	8211848
#工业利润（规模以上)	Industrial Profit (Above the Designated Size)	5503846	5607822
地方可支配财力　(万元)	Local Disposable Financial Resources　(10000 yuan)	7223038	6568096
地方财政支出　(万元)	Local Government Financial Expenditure　(10000 yuan)	6677765	6077507
工业总产值　(万元)	Gross Industrial Output Value　(10000 yuan)	66083656	65770390
#港澳台企业产值	Enterprises with Funds from Hong Kong, Macao and Taiwan	9785365	9371863
工业销售产值　(万元)	Output Value of Industrial Products Sold　(10000 yuan)	65145788	64993182
商品销售总额　(万元)	Total Sales of Industrial Products　(10000 yuan)	103758687	82557370
外贸出口总值　(万美元)	Total Exports　(USD 10000)	2198298	1778268
外贸进口总值　(万美元)	Total Imports　(USD 10000)	2079305	1924101
利用外资项目(合同)数　(个)	Number of Projects (Contracts) for Utilization of Foreign Capital (unit)	246	316
合同利用外资金额　(万美元)	Contracted Value of Foreign Capital to be Utilized　(USD 10000)	562455	905856
外商直接投资实际使用外资金额(万美元)	Total Amount of Foreign Capital Actually Used　(USD 10000)	264616	294563

注：广州开发区包括广州经济技术开发区、广州保税区和广州出口加工区。

Note: The indicators include Guangzhou economic and technological development zone, Guangzhou bonded zone and Guangzhou exportance manufacturing district.

1-24 广州保税区国民经济主要指标
Main Indicators of National Economy of Guangzhou Bonded Zone

项　　目	Item	2021	2022
工业增加值（万元）	Value-added of Industry (10000 yuan)	147352	183162
工业总产值（万元）	Gross Industrial Output Value (10000 yuan)	631225	789468
固定资产投资额（万元）	Investment in Fixed Assets (10000 yuan)	68558	50663
进出区货物总值（万美元）	Total Value of Imports and Exports (USD 10000)	2200620	2277305
利润总额（万元）	Total Profits (10000 yuan)	217133	92877

1-25 广州高新技术产业开发区国民经济主要指标
Main Indicators of National Economy of Guangzhou Hi-tech Development Zone

项　　目	Item	2021	2022
营业总收入（万元）	Revenue (10000 yuan)	146443209	150456884
工业总产值（万元）	Gross Industrial Output Value (10000 yuan)	82047112	82541389
高新区企业数（个）	Number of Enterprises in Development Zone (unit)	169357	201080
认定高新技术企业数（个）	Number of Enterprises Certified (unit)	3603	3964
当年新注册港澳台企业数（个）	Number of Enterprises with Funds from Hong Kong, Macao and Taiwan (unit)	9	11
职工人数（人）	Number of Staff and Workers (person)	917303	919505
利润总额（万元）	Total Profits (10000 yuan)	12595624	12096696
合同利用外资（万美元）	Foreign Capital to be Utilized in the Signed Agreements and Contracts (USD 10000)	562455	905856
外商直接投资实际使用外资金额（万美元）	Foreign Capital Actually Utilized (USD 10000)	264616	294563

1-26　私营企业基本情况（2022年末，按行业分）

Basic Statistics on Private Enterprises (Year-end of 2022, by Sector)

项　　目	Item	户　数 （户） Number of Enterprises (unit)	年末投资者人数（人） Number of Investors at Year-end (person)
总　计	**Total**	**1720307**	**2904927**
农林牧渔业	Agriculture, Forestry, Animal Husbandry and Fishing	6075	10880
采矿业	Mining	86	160
制造业	Manufacturing	99123	160879
电力、热力、燃气及水生产和供应业	Production and Supply of Electricity, Heat,Gas and Water	903	1809
建筑业	Construction	68248	113939
批发和零售业	Wholesale and Retail Trade	740807	1127863
交通运输、仓储和邮政业	Transport, Storage and Post	32842	53433
住宿和餐饮业	Hotels and Catering Services	27625	39577
信息传输、软件和信息技术服务业	Information Transmission, Software and Information Technology	150984	266075
金融业	Financial Intermediation	2610	11528
房地产业	Real Estate	31817	55409
租赁和商务服务业	Leasing and Business Services	237083	481673
科学研究和技术服务业	Scientific Research and Technical Services	220444	403524
水利、环境和公共设施管理业	Management of Water Conservancy, Environment and Public Facilities	2283	4262
居民服务、修理和其他服务业	Service to Households, Repair and Other Services	20851	31991
教育	Education	2301	3895
卫生和社会工作	Health and Social Service	22593	43358
文化、体育和娱乐业	Culture, Sports and Entertainment	53603	94632
其他	Others	29	40

注：本表数据由广州市市场监督管理局提供。

Note: Data in this table are provided by Guangzhou Municipal Market Regulatory Administration.

1-27 私营企业基本情况(2022年末，按登记机关分)

Basic Statistics on Private Enterprises (Year-end of 2022, by Registration Authority)

登记机关	Registration Authority	年末户数 (户) Number of Enterprises at Year-end (unit)
合　计	**Total**	**1720307**
# 荔湾区局	Liwan District Bureau	55029
越秀区局	Yuexiu District Bureau	138270
海珠区局	Haizhu District Bureau	91943
天河区局	Tianhe District Bureau	463174
白云区局	Baiyun District Bureau	280129
黄埔区局	Huangpu District Bureau	137931
番禺区局	Panyu District Bureau	159679
花都区局	Huadu District Bureau	69996
南沙区局	Nansha District Bureau	189691
从化区局	Conghua District Bureau	15702
增城区局	Zengcheng District Bureau	88714

注：本表数据按登记机关分，由广州市市场监督管理局提供。
Note: Data in this table are provided by Guangzhou Municipal Market Regulatory Administration according to the registration authority.

1-28 个体工商户情况

Basic Statistics on Individual Business

年 份 Year	期末户数 (户) Number of Year-end Enterprises (unit)	从业人数 (人) Number of Employees (person)
2000	226016	380941
2001	250672	427923
2002	245505	415817
2003	230229	360809
2004	244756	375349
2005	285557	446874
2006	308655	492191
2007	417392	633234
2008	469128	710642
2009	552031	858694
2010	596854	953510
2011	661026	1031588
2012	675449	1055281
2013	716711	1127338
2014	739923	1169148
2015	799583	1256776
2016	862631	1357477
2017	933528	1480664
2018	1006472	1597471
2019	1050639	1668684
2020	1110745	1761629
2021	1223403	1896903
2022	1253376	1911920

注：本表数据由广州市市场监督管理局提供。

Note: Data in this table are provided by Guangzhou Municipal Market Regulatory Administration.

1-29 个体工商户情况(2022年末，按行业分)

Basic Statistics on Individual Business (Year-end of 2022, by Sector)

项目	Item	户数(户) Number of Enterprises (unit)	从业人员(人) Number of Employed Persons (person)
总计	**Total**	**1253376**	**1911920**
#农林牧渔业	Agriculture, Forestry, Animal Husbandry and Fishing	6655	15606
采矿业	Mining	1	1
制造业	Manufacturing	72086	220755
电力、热力、燃气及水生产和供应业	Production and Supply of Electricity, Heat,Gas and Water	72	140
建筑业	Construction	8782	14572
批发和零售业	Wholesale and Retail Trade	782960	1008127
交通运输、仓储和邮政业	Transport, Storage and Post	13829	21308
住宿和餐饮业	Hotels and Catering Services	197735	369085
信息传输、软件和信息技术服务业	Information Transmission, Software and Information Technology	3036	3757
金融业	Financial Intermediation	36	55
房地产业	Real Estate	1831	2827
租赁和商务服务业	Leasing and Business Services	59539	73576
科学研究和技术服务业	Scientific Research and Technical Services	4348	7051
水利、环境和公共设施管理业	Management of Water Conservancy, Environment and Public Facilities	65	191
居民服务、修理和其他服务业	Service to Households, Repair and Other Services	90865	154086
教育	Education	1106	2332
卫生和社会工作	Health and Social Service	1476	3971
文化、体育和娱乐业	Culture, Sports and Entertainment	8954	14480

注：本表数据由广州市市场监督管理局提供。

Note: Data in this table are provided by Guangzhou Municipal Market Regulatory Administration.

1-30 内资企业基本情况（2022年末）

Basic Statistics on Domestic-Funded Enterprises (Year-end of 2022)

项　　目	Item	企业数（户）Numbers of Enterprises (unit)	# 国有企业 Stated-owned Enterprises	# 集体企业 Collective-owned Enterprises
总　计	**Total**	**141772**	**591**	**3365**
按行业分	**Grouped by Sector**			
农林牧渔业	Agriculture, Forestry, Animal Husbandry and Fishing	903	9	76
采矿业	Mining	26		1
制造业	Manufacturing	5523	46	546
电力、热力、燃气及水生产和供应业	Production and Supply of Electricity, Heat,Gas and Water	756	13	40
建筑业	Construction	6641	41	137
批发和零售业	Wholesale and Retail Trade	27650	169	1454
交通运输、仓储和邮政业	Transport, Storage and Post	3675	22	115
住宿和餐饮业	Hotels and Catering Services	3698	58	58
信息传输、软件和信息技术服务业	Information Transmission, Software and Information Technology	12908	1	7
金融业	Financial Intermediation	4999	13	
房地产业	Real Estate	9538	47	498
租赁和商务服务业	Leasing and Business Services	31071	98	261
科学研究和技术服务业	Scientific Research and Technical Services	24063	49	66
水利、环境和公共设施管理业	Management of Water Conservancy, Environment and Public Facilities	527	6	15
居民服务、修理和其他服务业	Service to Households, Repair and Other Services	1788	8	67
教育	Education	829		5
卫生和社会工作	Health and Social Service	2094		4
文化、体育和娱乐业	Culture, Sports and Entertainment	5080	11	15
其他	Others	3		

注：1.本表数据由广州市市场监督管理局提供。
　　2.本表不包括私营企业。

Notes: I. Data in this table are provided by Guangzhou Municipal Market Regulatory Administration.
　　II. This table excludes private enterprises.

1-30 续表 continued

项 目	Item	# 公司 Corporations	# 其他企业 Other Enterprises
总 计	**Total**	**135263**	**2553**
按行业分	**Grouped by Sector**		
农林牧渔业	Agriculture, Forestry, Animal Husbandry and Fishing	813	5
采矿业	Mining	25	
制造业	Manufacturing	4392	539
电力、热力、燃气及水生产和供应业	Production and Supply of Electricity, Heat,Gas and Water	701	2
建筑业	Construction	6403	60
批发和零售业	Wholesale and Retail Trade	24922	1105
交通运输、仓储和邮政业	Transport, Storage and Post	3480	58
住宿和餐饮业	Hotels and Catering Services	3339	243
信息传输、软件和信息技术服务业	Information Transmission, Software and Information Technology	12891	9
金融业	Financial Intermediation	4984	2
房地产业	Real Estate	8946	47
租赁和商务服务业	Leasing and Business Services	30596	116
科学研究和技术服务业	Scientific Research and Technical Services	23881	67
水利、环境和公共设施管理业	Management of Water Conservancy, Environment and Public Facilities	503	3
居民服务、修理和其他服务业	Service to Households, Repair and Other Services	1472	241
教育	Education	819	5
卫生和社会工作	Health and Social Service	2087	3
文化、体育和娱乐业	Culture, Sports and Entertainment	5006	48
其他	Others	3	

1-31 全市国有土地使用权出让、划拨情况
Total City Lease and Administrative Allocation of the Right to the Use of the State-owned Land

项　　目	Item	2021	2022
国有土地使用权出让	**Lease of the Right to the Use of the State-owned Land**		
出让小计	Lease Sub-total		
出让地块 (宗)	Number of Plots (piece)	330	290
出让面积 (公顷)	Areas (hectare)	1533	1379
成交价款 (万元)	Value of Transactions (10000 yuan)	26334460	16054845
# 公开出让	Lease by Public		
出让地块 (宗)	Number of Plots (piece)	284	237
出让面积 (公顷)	Areas (hectare)	1443	1217
成交价款 (万元)	Value of Transactions (10000 yuan)	25810101	15663829
国有土地使用权划拨	**Allocation of the Right to the Use of the State-owned Land**		
划拨地块 (宗)	Number of Plots (piece)	214	235
划拨面积 (公顷)	Areas (hectare)	1922	1503

注：1．本表数据由广州市规划和自然资源局提供。
　　2．本表数据已剔除被解除合同数据。
　　3．本表统计范围为全市口径。

Notes: I. The data in this table are provided by Guangzhou Municipal Planning and Natural Resources Bureau.
II. The data in this table have excluded the part of terminated contracts.
III.The statistical scale of this table is the total city scale.

1-32 全市房地产市场交易情况
Transactions in Total Real Estate Market

项　　目	Item	2021	2022
新建商品房现售	**Newly-constructed Commercial Buildings Sold out**		
成交面积 (万平方米)	Transacted Floor Space (10000 sq.m)	434.02	380.43
# 住　宅	Residential Buildings	209.11	187.64
成交金额 (万元)	Transacted Value (10000 yuan)	9924891	7237971
# 住　宅	Residential Buildings	5805076	4020262
住宅成交套数 (套)	Number of Transacted Flats (flat)	16308	16520
新建商品房预售	**Newly-constructed Commercial Buildings Sold in Advance**		
成交面积 (万平方米)	Transacted Floor Space (10000 sq.m)	1169.81	783.01
# 住　宅	Residential Buildings	1032.52	684.58
成交金额 (万元)	Transacted Value (10000 yuan)	36722510	27666815
# 住　宅	Residential Buildings	33521701	25080748
住宅成交套数 (套)	Number of Transacted Flats (flat)	99774	64811
存量房买卖	**Sales of Buildings in Stock**		
成交面积 (万平方米)	Transacted Floor Space (10000 sq.m)	1175.85	716.12
# 住　宅	Residential Buildings	1072.73	637.06
成交金额 (万元)	Transacted Value (10000 yuan)	27631747	14925314
# 住　宅	Residential Buildings	26255530	13971705
住宅成交套数 (套)	Number of Transacted Flats (flat)	114379	66889

注:1.本表数据由广州市住房和城乡建设局提供。
　2.新建商品房现售和新建商品房预售为网签数据，存量房买卖为交易登记数据。
　3.本表统计口径为全市口径。

Notes: I. The data in this table are provided by Guangzhou Housing and Urban-Rural Construction Committee.
II.The Data of Newly-constructed Commercial Buildings Sold out and Newly-constructed Commercial Buildings Sold in Advance are Net Registered Data.The Data of Buildings in Stock are Transaction Registered Data.
III.The statistical scale of this table is the total city scale.

1-33 劳动力市场情况

Statistics on Labor Force Market

项　目	Item	2021	2022
人力资源服务机构　（家）	Number of Employment Service Institutions Approved by Human Resources (unit)	2034	2398
公共人力资源服务机构	Run by Labor Departments	34	32
经营性人力资源服务机构	Run by Non-labor Departments	2000	2366

注：1．本表数据由广州市人力资源和社会保障局提供。
2．从2021年开始，公共人力资源服务机构仅统计到区级。

Notes: I.Data in this table are provided by Guangzhou Human Resources and Social Security Bureau.
II.Since 2021, public human resource service institutions have only counted at district level.

1-34 技术市场交易情况

Statistics on Transactions in Technological Market

项　目	Item	2021		2022	
		合同数(项) Numbers of Contracts (unit)	金额(万元) Value (10000 yuan)	合同数(项) Numbers of Contracts (unit)	金额(万元) Value (10000 yuan)
买方市场	**Buyers' Market**	**25418**	**24131139**	**21393**	**15836522**
机关法人	Official Organ as Juridical Person	2956	1631529	4253	618453
事业法人	Institution as Juridical Person	3324	1588907	1936	398104
社团法人	Mass Organization as Juridical Person	102	4183	58	32460
企业法人	Corporate as Juridical Person	18730	20853636	14897	14715636
自然人	Natural Person	96	8259	58	2754
其他组织	Others	210	44625	191	69115
卖方市场	**Sellers' Market**	**25418**	**24131139**	**23389**	**26455437**
机关法人	Official Organ as Juridical Person	2	400	6	1241
事业法人	Institution as Juridical Person	10285	630633	11774	559587
社团法人	Mass Organization as Juridical Person	167	6352	87	3751
企业法人	Corporate as Juridical Person	14911	23465986	11487	25879890
自然人	Natural Person	40	6284	26	3987
其他组织	Others	13	21484	9	6981

注：1.本表数据由广州市科学技术局提供。
2.2022年开始，对买方类别统计口径较往年进行了调整，以广州市技术吸纳成交情况为统计标准。

Notes: I.The data in this table are provided by Guangzhou Municipal Science and Technology Bureau.
II.Starting from 2022, there has been an adjustment to the statistical methodology for buyer categories compared to previous years, with the Guangzhou technical absorption transaction as the statistical standard.

主要统计指标解释

【地区生产总值(地区 GDP)】指按市场价格计算的一个地区所有常住单位在一定时期内生产活动的最终成果。地区生产总值有三种表现形态，即价值形态、收入形态和产品形态。从价值形态看，它是所有常住单位在一定时期内生产的全部货物和服务价值与同期投入的全部非固定资产货物和服务价值的差额，即所有常住单位的增加值之和；从收入形态看，它是所有常住单位在一定时期内形成的劳动者报酬、生产税净额、固定资产折旧、营业盈余等各项收入之和；从产品形态看，它是所有常住单位在一定时期内最终使用的货物和服务价值与货物和服务净流出价值之和。

【三次产业】三次产业的划分是世界上较为常用的产业结构分类，但各国的划分不尽一致。根据《国民经济行业分类》（GB/T 4754—2017）和《三次产业划分规定》，我国的三次产业划分是：

第一产业是指农、林、牧、渔业（不含农、林、牧、渔专业及辅助性活动）。

第二产业是指采矿业（不含开采专业及辅助性活动），制造业（不含金属制品、机械和设备修理业），电力、热力、燃气及水生产和供应业，建筑业。

第三产业即服务业，是指除第一产业、第二产业以外的其他行业。

【劳动者报酬】指劳动者因从事生产活动所获得的全部报酬。既包括货币形式的报酬，也包括实物形式的报酬。主要包括工资、奖金、津贴和补贴、单位为其员工交纳的社会保险费、补充社会保险费和住房公积金、行政事业单位职工离退休金、单位为其员工提供的雇员股票期权及其他各种形式的报酬和福利等。

【生产税净额】指生产税减生产补贴后的余额。生产税指政府对生产单位从事生产、销售和经营活动以及因从事生产活动使用某些生产要素(如固定资产和土地等)所征收的各种税收、附加费和规费。生产补贴与生产税相反，指政府为影响生产单位生产、销售及定价等生产活动而对其提供的无偿支出，因此视为负生产税，包括农业生产补贴、政策亏损补贴等。

【固定资产折旧】指由于自然退化、正常淘汰或损耗而导致的固定资产价值下降，用以代表固定资产通过生产过程被转移到其产出中的价值。

【营业盈余】指常住单位创造的增加值扣除劳动者报酬、生产税净额和固定资产折旧后的余额。

【支出法国内生产总值】是从最终使用的角度反映一个国家(或地区)一定时期内生产活动最终成果的一种方法，包括最终消费支出、资本形成总额及货物和服务净出口三部分。计算公式为：

支出法国内生产总值=最终消费支出+资本形成总额+货物和服务净出口

【最终消费支出】最终消费支出指常住单位为了直接满足个人或公共消费需求而对货物和服务的支出总额。最终消费支出分为居民消费支出和政府消费支出。

【居民消费支出】指常住居民为了直接满足生活需要购买和使用货物及服务的消费支出。居民消费支出既包括直接以货币形式购买货物和服务，也包括通过实物报酬形式得到的货物和服务以及居民自产自用的货物，还包括虚拟计算的自有住房服务和间接计算的金融中介服务。

【政府消费支出】指政府部门为全社会提供公共服务发生的消费支出，和免费或以没有显著经济意义价格向居民提供货物和服务的净支出。

【资本形成总额】反映常住单位在核算期非金融生产资产的积累情况，包括固定资本形成总额和存货变动两部分。

【固定资本形成总额】指生产者获得减处置的固定资产的价值，加上附着于非生产资产价值上的某些特定支出，如所有权转移费用。固定资产是通过生产活动生产出来的，在生产活动中使用一年以上，单位价值在规定标准以上的资产，不包括自然资产、耐用消费品、小型工器具。固定资本形成总额按购买者价格计算，并在所有权发生变化时记录。目前的核算内容主要包括住宅，其他建筑和构筑物，机器和设备，知识产权产品的获得减处置等。

【存货变动】指常住单位存货实物量变动的市场价值，即期末价值减期初价值的差额，其中不包括核算期内由于价格变动而产生的持有损益。存货的核算范围既包括生产单位购进的原材料、燃料和储备物资等存货，也包括生产单位生产的产成品、在制品和半成品等存货。存货变动可以是正值，也可以是负值，正值表示存货增加，负值表示存货减少。根据资料来源，存货变动按行业计算。

【可比价格】指在不同时期的价值指标对比时，扣除了价格变动的因素，以确切反映物量的变化。按可比价格计算有两种方法：一种是直接用产品产量乘某一年的不变价格计算；另一种是用价格指数换算。

【平均增长速度】表明社会经济现象在一个较长的时期内逐期平均增长变化的程度，它不能根据各个环比增长速度直接求得，但与平均发展速度之间存在着一定的数量关系：平均增长速度＝平均发展速度－1。平均发展速度是一种根据环比发展速度计算的序时平均数，由于各时期对比的基础不同，所以计算平均发展速度不能采用一般的序时平均数的计算方法，计算方法分为水平法和累计法。水平法，又称几何平均法，即将环比发展速度按连乘法用几何平均数公式计算。累计法，也称方程法，根据一段时期内各年发展水平总和与基期水平的关系，列出方程式计算平均发展速度。水平法着重考虑最后一年所达到的发展水平；累计法着重考虑整个时期累计发展水平的总量。

本《年鉴》内所列的平均增长速度，除固定资产投资用“累计法”计算外，其余均用“水平法”计算。从某年到某年平均增长速度的年份，均不包括基期年在内。如 1979 年平均增长速度是以 1978 年为基期计算的，余类推。

【国有企业】指企业全部资产归国家所有，并按《中华人民共和国企业法人登记管理条例》规定登记注册的非公司制的经济组织。不包括有限责任公司中的国有独资公司。

【集体企业】指企业资产归集体所有，并按《中华人民共和国企业法人登记管理条例》规定登记注册的经济组织。

【股份合作企业】指以合作制为基础，由企业职工共同出资入股，吸收一定比例的社会资产投资组建，实行自主经营，自负盈亏，共同劳动，民主管理，按劳动分配与按股分红相结合的一种集体经济组织。

【联营企业】指两个及两个以上相同或不同所有制性质的企业法人或事业单位法人，按自愿、平等、互利的原则，共同投资组成的经济组织。联营企业包括国有联营企业、集体联营企业、国有与集体联营企业和其他联营企业。

【有限责任公司】指根据《中华人民共和国公司登记管理条例》规定登记注册，由两个以上，五十个以下的股东共同出资，每个股东以其所认缴的出资额对公司承担有限责任，公司以其全部资产对其债务承担责任的经济组织。有限责任公司包括国有独资公司以及其他有限责任公司。

【股份有限公司】指根据《中华人民共和国公司登记管理条例》规定登记注册，其全部注册资本由等额股份构成并通过发行股票筹集资本，股东以其认购的股份对公司承担有限责任，公司以其全部资产对其债务承担责任的经济组织。

【私营企业】指由自然人投资设立或由自然人控股，以雇佣劳动为基础的营利性经济组织。包括按照《公司法》《合伙企业法》《私营企业暂行条例》以及《个人独资企业法》规定登记注册的私营有限责任公司、私营股份有限公司、私营合伙企业、私营独资企业和个人独资企业。

【其他企业】指国有企业、集体企业、股份合作企业、联营企业、有限责任公司、股份有限公司和私营企业之外的其他内资经济组织。

【合资经营企业（港或澳、台资）】指港澳台地区投资者与内地企业依照原《中华人民共和国中外合资经营企业法》及有关法律的规定，依照合作合同的约定进行投资或提供条件设立、分配利润、分担风险和亏损的企业。

【合作经营企业（港或澳、台资）】指港澳台地区投资者与内地企业依照原《中华人民共和国中外合作经营企业法》及有关法律的规定，依照合作合同的约定进行投资或提供条件设立、分配利润和分担风险的企业。

【港澳台商独资经营企业】指依照原《中华人民共和国外资企业法》及有关法律的规定，在内地由港澳台地区投资者全额投资设立的企业。

【港澳台商投资股份有限公司】指根据国家有关规定，经商务部（原外经贸部）依法批准设立，其中港、澳、台商的股本占公司注册资本的比例达25%以上的股份有限公司。凡其中港、澳、台商的股本占公司注册资本的比例小于25%的，属于内资企业中的股份有限公司。

【其他港澳台商投资企业】指在中国境内参照原《外国企业或个人在中国境内设立合伙企业管理办法》和《外商投资合伙企业登记管理规定》，依法设立的港、澳、台商投资合伙企业。

【中外合资经营企业】指外国企业或外国人与中国内地企业依照原《中华人民共和国中外合资经营企业法》及有关法律的规定，按合同规定的比例投资设立、分享利润和分担风险的企业。

【中外合作经营企业】指外国企业或外国人与中国内地企业依照原《中华人民共和国中外合作经营企业法》及有关法律的规定，依照合作合同的约定进行投资或提供条件设立、分享利润和分担风险的企业。

【外资企业】指依照原《中华人民共和国外资企业法》及有关法律的规定，在中国内地由外国投资者全额投资设立的企业。

【外商投资股份有限公司】指根据国家有关规定，经商务部（原外经贸部）依法批准设立，其中外资的股本占公司注册资本的比例达25%以上的股份有限公司。凡其中外资股本占公司注册资本的比例小于25%的，属于内资企业中的股份有限公司。

【其他外商投资企业】指在中国境内依照原《外国企业或个人在中国境内设立合伙企业管理办法》和《外商投资合伙企业登记管理规定》，依法设立的外商投资合伙企业。

【法人单位】指同时具备以下条件的单位：（1）依法成立、有自己的名称、组织机构和场所、能够独立承担民事责任；（2）独立拥有和使用（或授权使用）资产或者经费、承担负债、有权与其他单位签订合同；（3）具有包括资产负债表在内的账户，或者能够根据需要编制账户。法人单位包括企业法人、事业单位法人、机关法人、社会团体法人、民办非企业法人和其他法人。

【单产业法人】指仅包含一个产业活动单位的法人单位，该法人单位同时也是一个产业活动单位。

【多产业法人】指由两个及以上产业活动单位组成的法人单位，这些产业活动单位接受法人单位的管理和控制。

【产业活动单位】是法人单位的组成部分。产业活动单位应同时具备下列条件：（1）在一个场所从事一种或主要从事一种社会经济活动；（2）相对独立组织生产活动或经营活动；（3）能够提供收入和支出等相关资料。

Explanatory Notes on Main Statistical Indicators

【Gross Domestic Product (GDP)】 refers to the final results of production activities of all resident units in a region in a certain period of time calculated at market prices. 3. There are three forms of gross regional product, namely value form, income form and product form. From the perspective of value pattern, it is the difference between the value of all goods and services produced by all resident units in a certain period and the value of all goods and services of non-fixed assets invested in the same period, that is, the sum of the added value of all resident units. From the perspective of income form, it is the sum of the income generated by all the permanent resident units in a certain period, such as labor remuneration, net production tax, depreciation of fixed assets, and operating surplus. In terms of product form, it is the sum of the value of goods and services ultimately used by all resident units and the net outflow value of goods and services within a certain period.

【Three Strata of Industry】 The division of the three industries is the commonly used industrial structure classification in the world, but the division of different countries is not consistent. According to the "Classification of National Economic Industries" (GB/T 4754 -- 2017) and "Regulations on the Division of Tertiary Industries", China's tertiary industries are divided as follows:

The primary industry refers to agriculture, forestry, animal husbandry and fishery (excluding agriculture, forestry, animal husbandry and fishery specialties and auxiliary activities).

The secondary industry refers to mining (excluding mining specialty and auxiliary activities), manufacturing (excluding metal products, machinery and equipment repair), production and supply of electricity, heat, gas and water, and construction.

The tertiary industry, that is, the service industry, refers to the industries other than the primary and secondary industries.

【Compensation of Employees】 refers to the total remuneration obtained by a laborer for engaging in productive activities. It includes remuneration in monetary form as well as remuneration in kind form. It mainly includes salary, bonus, allowance and subsidy, social insurance premium paid by the unit for its employees, supplementary social insurance premium and housing accumulation fund, pension for the employees of administrative institutions, employee stock options and other forms of remuneration and welfare provided by the unit for its employees.

【Net Taxes on Production】 refers to the balance of production tax less production subsidy. Production tax refers to all kinds of taxes, surcharges and fees levied by the government on production units engaged in production, sales and business operations and on the use of certain factors of production (such as fixed assets and land, etc.) for production activities. In contrast to production tax, production subsidy refers to the government's free expenditure to production units in order to affect production, sales and pricing of production activities, so it is regarded as negative production tax, including agricultural production subsidies, policy loss subsidies, etc.

【Depreciation of Fixed Assets】 A decline in the value of a fixed asset due to natural degradation, normal obsolescence or depletion, used to represent the value of a fixed asset transferred to its output through the production process.

【Operating Surplus】refers to the balance of the value added created by the resident units after deducting the labourers remuneration, net taxes on production and the depreciation of fixed assets.

【GDP by Expenditure Approach】refers to the method of measuring the final results of production activities of a country (region) during a given period from the perspective of final uses. It includes final consumption expenditure, gross capital formation and net export of goods and services. The formula for computation is:

GDP by expenditure approach = final consumption expenditure + gross capital formation + net export of goods and services.

【Final Consumption Expenditure】 refers to the total expenditure of a resident unit on goods and services to directly meet personal or public consumption needs. Final consumption expenditure is divided into household consumption expenditure and government consumption expenditure.

【Household Consumption Expenditure】 refers to the consumption expenditure of permanent residents to purchase and use goods and services directly to meet their daily needs. Residents' consumption expenditure includes not only goods and services purchased directly in the form of money, goods and services obtained in the form of physical remuneration and goods produced and used by residents themselves, but also self-owned housing services calculated virtually and financial intermediary services calculated indirectly.

【Government Consumption Expenditure】 refers to the consumption expenditure incurred by government departments in providing public services to the whole society, and the net expenditure on providing goods and services to residents free of charge or at a price of no significant economic significance.

【Gross Capital Formation】 reflects the accumulation of non-financial productive assets of the resident unit during the accounting period, including gross fixed capital formation and inventory changes.

【Gross Fixed Capital Formation】 refers to the value of the fixed assets acquired by the producer less disposed of, plus certain expenses attached to the value of the non-productive assets, such as ownership transfer expenses. Fixed assets are assets produced through production activities, used in production activities for more than one year, and whose unit value is above the prescribed standard, excluding natural assets, consumer durables and small industrial appliances. Gross fixed capital formation is calculated at purchasers' prices and recorded when there is a change in ownership. The current accounting mainly includes residential buildings, other buildings and structures, machinery and equipment, acquisition minus disposal of intellectual property products, etc.

【Changes in Inventories】refers to the market value of the change in the physical inventory of resident units, namely, the difference between the ending value and the beginning value, excluding the holding gains and losses arising from the price change during the accounting period. The accounting scope of inventory includes not only the inventories of raw materials, fuels and reserve materials purchased by the production units, but also the inventories of finished products, work-in-process and semi-finished products produced by the production units. Inventory changes can be positive or negative, with a positive value indicating an increase in inventory and a negative value indicating a decrease. Inventory changes are calculated by industry, depending on the source.

【Comparable Price】 refers to when the value index is compared in different periods, the factors of price change are deducted to reflect the change of material quantity. There are two methods to calculate the comparable price: one is to calculate the product output directly by the constant price of a certain year, and the other is to convert by the price index.

【Average Annual Growth Rate】 shows the average growth rate of social and economic development during a longer period. It can not be directly calculated by chain based growth rate. The relation is:

Average Annual Growth Rate = Average Speed of Development - 1

Average speed of development is the time series average of speed which calculated by chain based. Because the reference bases during the different periods are not same, average speed of development can not be calculated by the general method. Level approach and accumulative approach for calculating average speed of development rate are applied. The "level approach", or the method of calculating the geometric average, is derived by the formula of geometric average of the chain-based speeds of development, or comparing the level of the last year of the interval with that of the beginning year; the other is called the "accumulative approach" or the "algebraic average", "equation" method, which is derived by the summation of the actual figure of each year in the interval divided by the figure in the base year. The level approach focuses on the level of the last year, while the accumulative approach emphasizes the aggregate development in the duration.

The average annual growth rates listed in the Yearbook are calculated by the level approach except for the growth rate of investment in fixed assets. The base year is not listed in the duration for which average annual growth rates are computed. For example, the average growth rate in 1979 is calculated on the basis of 1978, and so on.

【The State-owned Enterprises】 are economic organizations whose assets are solely owned by the state and whose registrations are made according to "Regulations of the People's Republic of China for Controlling the Registration of Enterprises as legal Persons." Excluding the state-owned solely enterprises of liability limited companies.

【**The Collective-owned Enterprises**】 are economic organizations whose assets are owned by the collective and whose registration are made according to"Regulations of the People's Republic of China for Controlling the Registration of Enterprises as Legal Persons."

【**Joint Stock Cooperative Enterprises**】 are a kind of collective economic organizations based on a cooperative system. In addition to the shares bought by their workers and staff, the enterprises also absorb a certain percentage of social capital. They enjoy staff, the autonomy in operation and take care of their own losses and profits. The shareholding work together, conduct democratic management, and combine distribution according to one's performance with sharing out profits according to shares.

【**Joint Operation Enterprises**】 refer to economic organizations set up with joint investment from legal persons of two or more enterprises of different ownerships or institutions according to principle of voluntary participation, equality and mutual benefit. They include state-owned joint operation enterprises, collective joint operation enterprises, state-collective joint operation enterprises and other types of joint operation enterprises.

【**Company with Limited Liability**】 is a company registered in accordance with the "Regulations of the People's Republic of China on Administration of Company Registration."Its investment comes from more than 2 and less than 50 shareholders. Each shareholder assumes limited liability for the company according to his subscription to capital stock. The company assumes liabilities for its debts according to all its assets. Such economic organizations include solely state invested companies and other types of companies with limited liability.

【**The Joint Stock Company Limited**】 refers to economic organizations registered in accordance with the"Regulations of the People's Republic of China on Administration of Company Registration."All its registered capital is composed of shares of equal value and its capital is collected through share issuing. The shareholders bear limited liability for the company according to the amount of shares they have bought from the company and the company assumes liabilities for its debts according to all its assets.

【**Private Enterprise**】 refers to profit making economic organizations set up with investment from natural persons or with controlling interest in the hands of natural persons who employ laborers for operation. Such enterprises include private companies with limited liability, private joint stock companies limited, private partnership enterprises and solely individual invested enterprises, which are registered according to the "Company Law","Partnership Enterprises Law","Temporary Regulations of Private Enterprises" and "Individual Proprietorship Enterprise Law".

【**Other Companies**】 refers to other economic organizations exclude the state-owned enterprises, the collective-owned enterprises, joint stock cooperative enterprises, joint operation enterprises, company with limited liability, the joint stock company limited, private enterprise.

【**Joint Venture Enterprises with Funds from Hong Kong, Macao or Taiwan**】 are enterprises established by investors from Hong Kong, Macao and Taiwan with enterprises in the mainland of China in accordance with the former Law of the People' s Republic of China on Sino-foreign Equity Joint Ventures and other relevant laws, where the establishment of the investment and the sharing of profits and risks are stipulated under joint venture contracts.

【**Cooperative Enterprises with Funds from Hong Kong, Macao or Taiwan**】 are established by investors from Hong Kong, Macao and Taiwan with enterprises in the mainland of China in accordance with the former Law of the People' s Republic of China on Sino-foreign Contractual Joint Venture and other relevant laws, where the investment or provision of facilities and the sharing of profits and risks are stipulated under cooperative contracts.

【**Solely Invested Hong Kong, Macao and Taiwan Enterprises**】 refer to enterprises set up on the mainland according to the former Law of the People's Republic of China on Foreign Capital Enterprises and solely invested by investors from Hong Kong, Macao and Taiwan.

【**The Joint Stock Company Limited Funded by Investors from Hong Kong, Macao and Taiwan**】 refers to any joint stock company limited that is set up according relevant state regulations and is approved by the

Ministry of Commerce of PRC (former Ministry of Foreign Economic Relations and Trade). The investment from Hong Kong, Macao and Taiwan investors must account more than 25 percent of the company's total capital. If such investment is less than 25 percent, it shall be classified as a joint stock company limited invested by domestic investors.

【Other Enterprises with Funds From Hong Kong, Macao and Taiwan】 refer to partnership enterprises with investments from Hong Kong, Macao and Taiwan established within the territory of China in accordance with the former Administrative Measures on the Establishment of Partnership Enterprises in China by Foreign Enterprises or Foreign Individuals and Regulations for the Administration of the Registration of Foreign-invested Partnership Enterprises.

【Joint Venture Enterprises with Foreign Investment】 refer to any enterprise that is jointly set up by foreign enterprises or foreigners with Chinese enterprises in accordance with the former Law of the People's Republic of China on Joint Ventures with Chinese and Foreign Investment. The investors shall put in investment, share profits and risks according to the contract on the joint venture.

【Cooperative Enterprises with Foreign Investment】 refer to any enterprise that is jointly set up by foreign enterprises or foreigners with Chinese enterprises in accordane with the former Law of the People's Republic of China on Conteractual Joint Ventures with Chinese and Foreign Investment. The investors shall put in investment, share profits and risks according to the cooperative contract on the joint venture.

【The Foreign Capital Enterprise】 refers to any enterprise that is set up on the Chinese mainland according to the former Law of the People's Republic of China on Foreign Capital Enterprises and with all its investment coming from foreign investors.

【The Foreign-Invested Joint Stock Company Limited】 refers to any joint stock company limited that is set up according to relevant state regulations and is approved by the Ministry of Foreign Economic Relations and Trade. The foreign investment must account more than 25 percent of the company's total capital .If such investment is less than 25 percent, it shall be classified as a joint stock company limited invested by Chinese investors.

【Other Foreign Capital Enterprises】 refer to partnership enterprises established with the territory of China in accordance with the former Administrative Measures on the Establishment of Partnership Enterprises in China by Foreign Enterprises or Foreign Individuals and Regulations for the Administration of the Registration of Foreign-invested Partnership Enterprises.

【Legal Entities】 refers to a unit meet the following conditions at the same time: Established by law, it has its own name, organization and location, ability to independently bear civil liability; Independently owned and use (or authorize the use of) assets or funds, assume liabilities, and entitled to sign contracts with other units; Having accounts including balance sheet, including, or can prepare accounts according to needs. Legal entities including corporate, legal institutions, corporate bodies, corporate social groups, private non-enterprise legal persons and other legal entities.

【Single-Industry Legal Entities】 refers to a legal entity that contains only one industrial activity unit, which is also an industrial activity unit.

【Multi-Industry Legal Entities】 refers to a legal person unit composed of two or more industrial activity units, which are subject to the management and control of the legal person unit.

【Industrial Units】 is part of Legal entities. Industrial units should also meet the following conditions: engaged in a place or primarily in a social economic activities; a relatively independent production activities or operating activities; the ability to provide income and expenditure and other related information.

第二篇 CHAPTER 2

人 口

POPULATION

第二篇　人　口

简要说明

一、本篇资料由广州市统计局人口和就业统计处整理提供。

二、本篇资料表 2-4 中 2011—2014 年和表 2-5 中 2015—2019 年常住人口数以及表 2-10 中 2010—2019 年常住人口城镇人口比重根据 2020 年第七次全国人口普查结果进行了修正。表 2-6 中的婴儿死亡率和表 2-8 表数据由广州市卫生健康委员会提供，其他资料均由广州市公安局提供。

三、本篇资料中的农业与非农业人口统计，2003 年以前按户口性质分类。2003—2014 年，非农业人口的统计口径根据省公安厅《转发公安部办公厅关于修改人口统计年报表等有关问题的通知》（广公（办）字〔2003〕146 号）调整为：设区市的区和不设区市的市区所辖街道办事处区域内的常住人口和市辖镇、县辖镇所辖居民委员会或镇政府驻地村委会区域内的常住人口按非农业人口统计。表 2-2 中 2003—2014 年的农业人口和非农业人口均按此口径列出。从 2015 年开始，按户籍人口所在区域城乡属性分为城镇人口和乡村人口。

Chapter 2 Population

Brief　Introduction

I. The data in this chapter are sorted out by the Division of Population and Employment Statistics of Guangzhou Statistics Bureau.

II. The permanent population for 2011-2014 of the table 2-4 and 2015-2019 of the table 2-5 and the proportion of urban population in the permanent population for 2010-2019 of table 2-10 has been revised, according to the Seventh National Population Census in 2020. The death rate of infants in table 2-6 and table 2-8 is provided by Guangzhou Municipal Health Commission, the other data on household population are provided by the Public Security Bureau of Guangzhou Municipality.

III. The agricultural population and nonagricultural population in this chapter were cataloged by residence registration before 2003. From 2003 to 2014 the statistical coverage of nonagricultural population has been adjusted in accordance with The Notice about Some Items on Changing the Annual Reporting Tables of Population Statistics Transmitted from the Ministry of Public Security stipulated by Guangdong Provincial Bureau of Public Security. The permanent population living in the region of sub-district offices under the jurisdiction of districts, neighborhood committees under the jurisdiction of towns and village committees where town governments seat are cataloged to non-agricultural population. The agricultural population and nonagricultural population from 2003 to 2014 in table 2-2 are cataloged on this coverage. Since 2015, urban population and rural population are divided by the registered region of registered population.

2-1 主要年份全市年末户籍总户数、总人口数

Total Registered Households and Population at Year-end in Main Years

年 份 Year	总户数 (户) Total Households (household)	总人口 (人) Total Population (person)	男 Male	女 Female	性别比 (女=100) Sex Ratio (Female=100)
1978	1145925	4828961	2454010	2374951	103.33
1980	1162717	5018638	2549801	2468837	103.28
1985	1369661	5449820	2786389	2663431	104.62
1986	1414794	5554073	2844443	2709630	104.98
1987	1462530	5650761	2898250	2752511	105.29
1988	1514705	5769101	2964697	2804404	105.72
1989	1565517	5854265	3009581	2844684	105.80
1990	1641840	5942534	3055107	2887427	105.81
1991	1675951	6022186	3096991	2925195	105.87
1992	1722833	6122016	3151204	2970812	106.07
1993	1825541	6236647	3210324	3026323	106.08
1994	1832571	6370241	3284477	3085764	106.44
1995	1871894	6467115	3334356	3132759	106.44
1996	1905998	6560508	3380751	3179757	106.32
1997	1945905	6664862	3432921	3231941	106.22
1998	2007082	6741400	3469164	3272236	106.02
1999	2044756	6850024	3522913	3327111	105.89
2000	2100434	7006896	3605481	3401415	106.00
2001	2135837	7125979	3670177	3455802	106.20
2002	2162532	7206229	3705036	3501193	105.82
2003	2202851	7251888	3722168	3529720	105.45
2004	2259730	7376720	3779757	3596963	105.08
2005	2302890	7505322	3839680	3665642	104.75
2006	2346536	7607220	3883760	3723460	104.31
2007	2382491	7734787	3942645	3792142	103.97
2008	2425582	7841695	3990328	3851367	103.61
2009	2474396	7946154	4036898	3909256	103.27
2010	2526804	8061370	4089885	3971485	102.98
2011	2595686	8145797	4125784	4020013	102.63
2012	2646091	8222969	4158292	4064677	102.30
2013	2706068	8323096	4201393	4121703	101.93
2014	2765020	8424169	4244403	4179766	101.55
2015	2802675	8541913	4293289	4248624	101.05
2016	2871024	8704901	4366737	4338164	100.66
2017	2950211	8978717	4493885	4484832	100.20
2018	3059851	9276914	4628811	4648103	99.58
2019	3138455	9537157	4749376	4787781	99.20
2020	3221068	9851142	4892561	4958581	98.67
2021	3297224	10115306	5012522	5102784	98.23
2022	3361935	10349074	5115503	5233571	97.74

2-2 主要年份全市年末户籍户口户数、户口人口数

Registered Households and Population at Year-end in Main Years

年 份 Year	总户数 (户) Total Households (household)	人口数 (人) Total Population (person)	农业人口(乡村人口) Agricultural Population (Rural Population)	非农业人口(城镇人口) Non-agricultural Population (Urban Population)
1978	1145925	4815417	2500559	2314858
1980	1162717	5000658	2444826	2555832
1985	1369170	5431487	2475329	2956158
1986	1414007	5532926	2485169	3047757
1987	1461719	5632622	2492576	3140046
1988	1513715	5750293	2484339	3265954
1989	1564202	5837019	2475068	3361951
1990	1641063	5918462	2504602	3413860
1991	1674843	5997893	2514973	3482920
1992	1721098	6095547	2537164	3558383
1993	1784571	6204135	2450263	3753872
1994	1831663	6338332	2465936	3872396
1995	1871173	6433241	2480482	3952759
1996	1905305	6532967	2500263	4032704
1997	1945526	6629339	2520700	4108639
1998	2006279	6704699	2531875	4172824
1999	2042447	6807635	2551340	4256295
2000	2090384	6939568	2578513	4361055
2001	2127840	7058885	2548091	4510794
2002	2162199	7171300	2297622	4873678
2003	2202124	7226882	990540	6236342
2004	2251393	7348972	828510	6520462
2005	2294825	7466206	784226	6681980
2006	2330293	7573939	782154	6791785
2007	2361299	7701900	787611	6914289
2008	2402885	7802474	760735	7041739
2009	2450739	7917646	806140	7111506
2010	2510473	8042445	820905	7221540
2011	2580335	8129427	806652	7322775
2012	2646091	8222969	782640	7440329
2013	2706068	8323096	792254	7530842
2014	2765020	8424169	761300	7662869
2015	2802675	8541913	1731646	6810267
2016	2871024	8704901	1762341	6942560
2017	2950211	8978717	1823858	7154859
2018	3059851	9276914	1875737	7401177
2019	3138455	9537157	1916742	7620415
2020	3221068	9851142	1921567	7929575
2021	3297224	10115306	1940915	8174391
2022	3361935	10349074	1949437	8399637

注：2003—2014年，农业人口、非农业人口资料口径与以前口径不同，详细情况见第二篇简要说明。2015年开始，户籍人口按所在区域城乡属性分为城镇人口和乡村人口。

Note:2003-2014 agricultural population and non-agricultural population has been calculated on different coverage. For details,see the brief introduction in Chapter 2. Since 2015, urban population and rural population are divided by the registered region of registered population.

2-3 主要年份全市户籍总人口自然变动情况
Statistics on Natural Changes of Total Registered Population in Main Years

年份 Year	年平均人数（人） Annual Average Population (person)	出生 Birth		死亡 Death		自然增长率（‰） Natural Growth Rate (‰)
		人数（人） Population (person)	出生率（‰） Birth Rate (‰)	人数（人） Population (person)	死亡率（‰） Death Rate (‰)	
1978	4753314	73470	15.46	25283	5.32	10.14
1980	4959822	80604	16.25	27643	5.57	10.68
1985	5402904	89630	16.59	28968	5.36	11.23
1986	5501946	91522	16.63	27839	5.06	11.57
1987	5602417	89106	15.90	28794	5.14	10.76
1988	5709931	86032	15.07	30265	5.30	9.77
1989	5811683	91402	15.73	30910	5.32	10.41
1990	5898400	88289	14.97	32388	5.49	9.48
1991	5982360	78680	13.15	30476	5.09	8.06
1992	6072101	79592	13.11	33588	5.53	7.58
1993	6179332	82515	13.35	34619	5.60	7.75
1994	6303444	78614	12.47	33349	5.29	7.18
1995	6418678	75867	11.82	35735	5.57	6.25
1996	6513812	78339	12.03	37216	5.71	6.32
1997	6612685	75184	11.37	35696	5.40	5.97
1998	6703131	67695	10.10	40981	6.11	3.99
1999	6795712	81485	11.99	39176	5.76	6.23
2000	6928460	71248	10.28	39987	5.77	4.51
2001	7066438	67542	9.56	37641	5.33	4.23
2002	7166104	61929	8.64	39673	5.54	3.10
2003	7229059	57277	7.92	41082	5.68	2.24
2004	7314304	69928	9.56	41961	5.74	3.82
2005	7441021	65840	8.85	41949	5.64	3.21
2006	7556271	67662	8.95	40936	5.42	3.53
2007	7671004	71332	9.30	42548	5.55	3.75
2008	7788241	79130	10.16	44420	5.70	4.46
2009	7893925	76482	9.69	42746	5.42	4.27
2010	8003762	99779	12.47	45571	5.69	6.78
2011	8103584	87024	10.74	44130	5.45	5.29
2012	8184383	101782	12.44	50538	6.17	6.27
2013	8273033	115813	14.00	44966	5.44	8.56
2014	8373633	113926	13.61	46767	5.59	8.02
2015	8483041	150403	17.73	49158	5.79	11.94
2016	8623407	137275	15.92	47145	5.47	10.45
2017	8841809	200958	22.73	60947	6.89	15.84
2018	9127816	170997	18.73	52293	5.73	13.00
2019	9407036	139773	14.86	48317	5.14	9.72
2020	9694150	148572	15.33	61868	6.38	8.95
2021	9983224	117960	11.82	55534	5.56	6.26
2022	10232190	109648	10.72	57414	5.61	5.11

2-4 各区、县级市年末人口数(2005-2014年)

Population at Year-end by District and County-level City (2005-2014)

单位:万人 (10000 person)

地 区	District	2005	2006	2007	2008	2009	2010	2011	2012	2013	2014
户籍人口	**Registered Population**										
全 市	**Total**	**750.53**	**760.72**	**773.48**	**784.17**	**794.62**	**806.14**	**814.58**	**822.30**	**832.31**	**842.42**
荔湾区	Liwan	70.47	70.53	70.48	70.61	70.65	70.93	71.04	71.20	71.56	71.96
越秀区	Yuexiu	115.06	115.15	115.84	116.33	116.69	116.97	117.17	117.21	117.52	117.55
海珠区	Haizhu	87.70	89.05	90.79	92.31	93.73	95.28	96.75	97.74	98.89	99.81
天河区	Tianhe	61.97	64.54	69.00	71.66	74.53	77.06	78.51	79.63	80.95	82.43
白云区	Baiyun	76.07	76.77	77.65	78.99	80.65	83.19	84.66	86.31	88.15	89.83
黄埔区	Huangpu	19.27	19.36	19.55	19.71	19.85	19.97	20.15	20.42	20.64	20.93
番禺区	Panyu	93.08	94.76	97.51	98.92	99.92	100.39	100.86	80.81	82.06	83.57
花都区	Huadu	63.03	63.67	63.93	64.62	65.16	66.19	66.93	67.71	68.73	69.56
南沙区	Nansha	14.26	14.76	14.86	15.05	15.23	15.41	15.68	36.74	37.23	37.74
萝岗区	Luogang	16.37	16.73	17.16	17.63	18.27	18.90	19.57	20.20	20.91	21.58
增城市	Zengcheng	79.43	81.06	81.80	82.66	83.36	83.98	84.58	84.77	85.44	86.46
从化市	Conghua	53.82	54.34	54.91	55.68	56.58	57.87	58.68	59.56	60.23	61.00
常住人口	**Permanent Population**										
全 市	**Total**	**949.68**	**996.66**	**1053.01**	**1115.34**	**1186.97**	**1270.96**	**1346.32**	**1415.53**	**1472.24**	**1529.02**
荔湾区	Liwan	71.08	73.80	77.11	80.74	84.91	89.82	94.29	98.76	101.69	104.72
越秀区	Yuexiu	98.34	100.66	103.69	107.03	110.98	115.73	112.90	111.00	108.26	106.90
海珠区	Haizhu	122.07	127.01	132.99	139.56	147.09	155.92	157.81	160.93	164.35	168.94
天河区	Tianhe	104.56	110.34	117.19	124.74	133.34	143.37	152.26	160.65	170.81	178.41
白云区	Baiyun	155.45	165.46	177.24	190.27	205.16	222.48	246.39	266.30	281.43	295.04
黄埔区	Huangpu	27.52	30.19	33.34	36.89	41.00	45.83	48.42	50.64	52.48	54.39
番禺区	Panyu	142.36	147.26	153.31	159.95	167.61	176.65	194.51	173.00	183.78	194.52
花都区	Huadu	67.93	71.91	76.61	81.79	87.70	94.59	102.35	109.96	116.87	123.60
南沙区	Nansha	17.80	19.03	20.46	22.06	23.89	26.01	28.13	66.49	68.37	70.37
萝岗区	Luogang	19.60	22.10	25.08	28.51	32.57	37.41	39.52	41.33	42.84	44.40
增城市	Zengcheng	75.70	79.88	84.83	90.29	96.51	103.76	109.60	114.91	118.59	123.34
从化市	Conghua	47.27	49.02	51.16	53.51	56.21	59.39	60.14	61.56	62.77	64.39

注：2006—2009年常住人口数根据2010年第六次全国人口普查结果进行了修正。2011—2014年常住人口数据根据2020年第七次全国人口普查结果进行了修正。2015年行政区划调整，数据见表2—5。

Note: The permanent population from 2006 to 2009 are revised according to the Sixth National Population Census. The permanent population from 2011 to 2014 are revised according to the Seventh National Population Census. The district has been adjusted in 2015, data in Form 2-5.

2-5 主要年份各区年末人口数

Population at Year-end by District in Main Years

单位:万人 (10000 person)

地 区	District	2015	2016	2017	2018	2019	2020	2021	2022
户籍人口	**Registered Population**								
全 市	**Total**	**854.19**	**870.49**	**897.87**	**927.69**	**953.72**	**985.11**	**1011.53**	**1034.91**
荔湾区	Liwan	72.10	72.69	73.59	74.54	75.59	76.90	78.30	79.58
越秀区	Yuexiu	117.48	117.44	117.82	117.79	117.29	117.33	117.45	117.43
海珠区	Haizhu	101.05	102.26	104.03	105.59	106.73	108.34	109.52	110.35
天河区	Tianhe	84.46	86.77	90.28	93.92	96.57	101.05	104.93	107.21
白云区	Baiyun	91.78	94.36	98.92	103.34	108.02	112.72	116.20	119.44
黄埔区	Huangpu	43.95	45.75	48.94	52.76	56.22	60.03	63.66	67.16
番禺区	Panyu	85.57	88.65	93.45	98.94	103.35	108.69	112.82	116.71
花都区	Huadu	70.68	72.38	74.90	78.24	81.13	83.94	86.36	88.42
南沙区	Nansha	38.35	39.26	41.54	43.93	46.33	49.18	51.75	54.20
从化区	Conghua	61.52	61.85	62.63	63.49	64.17	64.98	65.54	65.98
增城区	Zengcheng	87.25	89.08	91.77	95.15	98.32	101.95	105.00	108.43
常住人口	**Permanent Population**								
全 市	**Total**	**1594.95**	**1678.38**	**1746.27**	**1798.13**	**1831.21**	**1874.03**	**1881.06**	**1873.41**
荔湾区	Liwan	109.43	111.14	114.95	117.47	121.54	124.16	112.96	112.37
越秀区	Yuexiu	105.99	104.54	102.96	102.49	103.34	103.66	104.90	102.85
海珠区	Haizhu	172.22	176.60	178.99	179.86	180.47	181.98	182.18	179.83
天河区	Tianhe	185.42	198.42	208.49	215.17	219.07	225.10	223.86	222.17
白云区	Baiyun	312.65	321.85	342.01	362.00	366.95	375.91	368.91	363.70
黄埔区	Huangpu	100.73	121.39	121.70	122.76	123.97	126.92	119.79	119.18
番禺区	Panyu	208.05	225.68	240.30	251.15	257.96	267.26	281.83	280.74
花都区	Huadu	132.70	142.24	149.07	154.92	159.45	165.09	170.93	170.62
南沙区	Nansha	72.31	75.55	78.99	80.59	83.06	84.90	90.04	92.94
从化区	Conghua	65.54	67.22	68.58	69.77	70.69	71.98	72.74	73.97
增城区	Zengcheng	129.91	133.75	140.23	141.95	144.71	147.07	152.92	155.04

注：2015—2019年常住人口数根据2020年第七次全国人口普查结果进行了修正。
Note: The permanent population from 2015 to 2019 are revised according to the Seventh National Population Census.

2-6 各区户籍总人口自然变动状况（2022年）

Statistics on Natural Changes of Total Registered Population by District (2022)

地区	District	年平均人数（人）Annual Average Population (person)	出生 Birth		死亡 Death		
			人数（人）Population (person)	出生率（‰）Brith Rate (‰)	人数（人）Population (person)	死亡率（‰）Death Rate (‰)	
							#婴儿 Infant
全市	**Total**	**10232190**	**109648**	**10.72**	**57414**	**5.61**	**1.79**
荔湾区	Liwan	789401	5743	7.28	6734	8.53	1.94
越秀区	Yuexiu	1174409	6956	5.92	8899	7.58	3.57
海珠区	Haizhu	1099331	7613	6.93	8388	7.63	2.35
天河区	Tianhe	1060692	11078	10.44	3819	3.60	1.29
白云区	Baiyun	1178237	12872	10.92	6123	5.20	1.78
黄埔区	Huangpu	654110	10826	16.55	2378	3.64	2.53
番禺区	Panyu	1147639	14637	12.75	4688	4.08	1.47
花都区	Huadu	873920	10153	11.62	4595	5.26	2.14
南沙区	Nansha	529763	7762	14.65	2729	5.15	1.23
从化区	Conghua	657572	7367	11.20	3873	5.89	1.20
增城区	Zengcheng	1067118	14641	13.72	5188	4.86	1.22

2-7 各区户籍人口迁移状况（2022年）
Migration of Registered Population by District (2022)

地 区	District	迁入人数（人）Number of Immigration (person)	迁入率（‰）Immigration Rate (‰)	迁出人数（人）Number of Emigration (person)	迁出率（‰）Emigration Rate (‰)	净增人数（人）Number of Net Migration (person)	净增率（‰）Net Migration Rate (‰)
全 市	**Total**	**217698**	**21.28**	**36485**	**3.57**	**181213**	**17.71**
荔湾区	Liwan	9871	12.50	1205	1.53	8666	10.97
越秀区	Yuexiu	17305	14.74	3486	2.97	13819	11.77
海珠区	Haizhu	16313	14.84	4008	3.65	12305	11.19
天河区	Tianhe	37735	35.58	10368	9.77	27367	25.81
白云区	Baiyun	27370	23.23	3281	2.78	24089	20.45
黄埔区	Huangpu	20782	31.77	1824	2.79	18958	28.98
番禺区	Panyu	30101	26.23	6980	6.08	23121	20.15
花都区	Huadu	14905	17.06	1594	1.82	13311	15.24
南沙区	Nansha	15025	28.36	747	1.41	14278	26.95
从化区	Conghua	3779	5.75	1189	1.81	2590	3.94
增城区	Zengcheng	24512	22.97	1803	1.69	22709	21.28

2-8 各区户籍人口计划生育情况（2022年）

Statistics on Family Planning of Registered Population by District (2022)

地　区	District	已婚育龄妇女人数（人）Married Women at Childbearing Age (person)	女性初婚人数（人）Number of Women First Married (person)	政策生育率(%) Family Planning Rate (%)	一孩占比(%) The Proportion of One-child (%)	二孩占比(%) The Proportion of Two-child (%)	三孩占比(%) The Proportion of Three-child (%)	三孩以上占比(%) The Proportion of more than three children (%)	出生人口性别比(%) Sex Ratio of Birth Population (%)
全　市	**Total**	**1824171**	**39928**	**97.78**	**47.85**	**41.01**	**9.88**	**1.26**	**115.12**
荔湾区	Liwan	111411	2443	98.05	55.09	37.11	6.93	0.87	108.76
越秀区	Yuexiu	164470	4212	97.57	56.9	36.41	5.96	0.72	111.81
海珠区	Haizhu	164839	3302	98.07	55.53	37.71	5.96	0.8	117.67
天河区	Tianhe	188148	5150	97.84	52.15	38.52	8.31	1.02	116.24
白云区	Baiyun	227803	4182	98.18	45.35	42.26	11	1.39	119.37
黄埔区	Huangpu	139305	3122	98.26	46.07	42.91	9.87	1.15	115.32
番禺区	Panyu	232680	4629	97.71	48.65	42.59	7.95	0.8	111.69
花都区	Huadu	165227	2910	97.97	41.09	44.44	12.83	1.63	115.19
南沙区	Nansha	106825	2445	98.57	47.84	43.54	7.92	0.69	110.86
从化区	Conghua	117895	2908	96.54	42.9	38.7	15.24	3.16	115.25
增城区	Zengcheng	205568	4625	97.06	43.02	41.7	13.63	1.65	119.21

2-9 各区户籍人口年龄构成（2022年）

The Registered Population Age Composition by District (2022)

地　区	District	人口数（人）Total Population (person)			占总人口比重（%）The Proportion of the Total Population (%)		
		18岁以下 Under 18	18-60岁 Between 18 and 60	60岁以上 Above 60	18岁以下 Under 18	18-60岁 Between 18 and 60	60岁以上 Above 60
总　计	**Total**	**2333934**	**6063080**	**1952060**	**22.55**	**58.59**	**18.86**
荔湾区	Liwan	129441	425087	241286	16.26	53.42	30.32
越秀区	Yuexiu	184212	656459	333637	15.69	55.90	28.41
海珠区	Haizhu	185389	611272	306819	16.80	55.40	27.80
天河区	Tianhe	240534	673578	157974	22.43	62.83	14.74
白云区	Baiyun	291392	702690	200358	24.40	58.83	16.77
黄埔区	Huangpu	187097	399315	85167	27.86	59.46	12.68
番禺区	Panyu	301803	702902	162384	25.86	60.23	13.91
花都区	Huadu	231586	520199	132446	26.19	58.83	14.98
南沙区	Nansha	133777	323206	85040	24.68	59.63	15.69
从化区	Conghua	162167	403566	94023	24.58	61.17	14.25
增城区	Zengcheng	286536	644806	152926	26.43	59.47	14.10

2-10 主要年份各区常住人口城镇人口比重(2010-2022年)

The Proportion of Urban Population in the Permanent Population by District in Main Years (2010-2022)

单位：%　　　　(%)

地　区	District	2010	2011	2012	2013	2014	2015	2016	2017	2018	2019	2020	2021	2022
全　市	**Total**	**83.79**	**83.83**	**83.85**	**83.88**	**83.97**	**84.22**	**84.35**	**84.41**	**84.75**	**85.13**	**86.19**	**86.46**	**86.48**
荔湾区	Liwan	96.70	96.81	97.64	98.02	100.00	100.00	100.00	100.00	100.00	100.00	100.00	100.00	100.00
越秀区	Yuexiu	100.00	100.00	100.00	100.00	100.00	100.00	100.00	100.00	100.00	100.00	100.00	100.00	100.00
海珠区	Haizhu	100.00	100.00	100.00	100.00	100.00	100.00	100.00	100.00	100.00	100.00	100.00	100.00	100.00
天河区	Tianhe	99.61	99.72	100.00	100.00	100.00	100.00	100.00	100.00	100.00	100.00	100.00	100.00	100.00
白云区	Baiyun	78.18	78.52	78.85	78.88	78.91	78.92	79.04	79.10	79.49	80.07	81.37	81.18	81.29
黄埔区	Huangpu	90.37	90.57	90.77	90.80	90.85	91.34	91.52	91.60	91.88	92.05	92.22	93.98	93.99
番禺区	Panyu	80.09	80.37	81.80	81.84	81.86	82.33	82.45	82.60	83.68	84.81	89.58	90.53	90.57
花都区	Huadu	64.54	65.07	65.59	65.62	65.69	67.15	67.26	68.16	68.66	69.16	69.65	70.15	70.22
南沙区	Nansha	68.83	69.29	69.75	70.21	70.26	71.11	71.55	71.99	72.42	72.85	73.28	73.41	74.14
从化区	Conghua	38.61	39.31	40.02	40.73	41.14	42.16	42.89	43.61	44.34	45.07	45.80	50.06	50.59
增城区	Zengcheng	68.47	68.96	69.44	69.66	69.76	70.87	71.01	71.20	72.26	72.71	73.16	73.79	74.06

注：2010—2019年常住人口城镇人口比重根据2020年第七次全国人口普查结果进行了修正。

Note: The proportion of urban population in the permanent population from 2010 to 2019 are revised according to the Seventh National Population Census.

主要统计指标解释

【常住人口】指实际经常居住在某地区一定时间（指半年以上）的人口。按人口普查和人口变动抽样调查规定，主要包括：1.除离开本地半年以上（不包括在国外工作或学习的人）的全部常住本地的户籍人口；2.户口在外地，但在本地居住半年以上者，或离开户口地半年以上而调查时在本地居住的人口；3.调查时居住在本地，但在任何地方都没有登记常住户口，如手持户口迁移证、出生证、退伍证、解除劳改劳教等尚未办理常住户口的人。

【户籍人口】指公民依照《中华人民共和国户口登记条例》，已在其经常居住地的公安户籍管理机关登记了常住户口的人。这类人口不管其是否外出，也不管外出时间长短，只要在某地注册有常住户口，则为该地区的户籍人口。户籍人口数一般是通过公安部门的经常性统计月报或年报取得。

【晚婚率】指在一定时期内(通常为一年)的女性初婚人口中23岁以上人数占当年女性初婚人数的比例，一般用百分比表示。计算公式：

晚婚率=本年23岁以上女性初婚人数/本年女性初婚人数×100%

【出生率(又称粗出生率)】指在一定时期内(通常为一年)一定地区的出生人数与同期平均人数(或期中人数)之比，一般用千分率表示。计算公式：

$$出生率=\frac{年出生人数}{年平均人数}\times1000‰$$

式中：出生人数是指活产婴儿，即胎儿脱离母体时(不管怀孕月数)，有过呼吸或其他生命现象。年平均人数是年初、年底人口数的平均数，也可用年中人口数代替。

【死亡率(又称粗死亡率)】指在一定时期内(通常为一年)一定地区的死亡人数与同期平均人数(或期中人数)之比，一般用千分率表示。计算公式：

$$死亡率=\frac{年死亡人数}{年平均人数}\times1000‰$$

【人口自然增长率】指在一定时期内(通常为一年)人口自然增加数(出生人数减死亡人数)与该时期内平均人数(或期中人数)之比,一般用千分率表示。计算公式：

$$人口自然增长率=\frac{本年出生人数-本年死亡人数}{年平均人数}\times1000‰$$

人口自然增长率 = 人口出生率-人口死亡率

Explanatory Notes on Main Statistical Indicators

【The Population Of Permanent Residents】 refers to the population who actually and usually lives in a given area for a certain time (above half a year). According to the provisions of the population census and the sampling survey of population, the population of permanent residents mainly includes the following types: 1.All registered population who usually live in one certain place, excluding the person who leave away above half a year, including persons working or studying abroad. 2.The population who has lived in a certain place above half a year and whose household registration at other place, or living at a certain place at the survey moment, and leaving the household registered location for half a year. 3.The population who live at a certain place at the survey moment, but without registered permanent residence certificate everywhere, for example the person who has not gained registered permanent residence certificate, and with registration movement certificate, birth certificate,retirement certificate,or prisoners released certificate.

【The Registered Population】 According to the household registration ordinance of the People's Republic of China, the registered population refers to the citizens who have registered in the household registration department where the citizens usually live. No matter going out or not, no matter how long dose he go out, as long as the person has gained the permanent residence registration, the person is the region's registered population. Registered population data is generally gained from the regular statistical monthly or annual report of republic security department.

【Late Marriage Rate】 refers to the proportion of women who are over 23 years old in the number of first marriage women in a certain period (usually one year), which is generally expressed as a percentage. Calculation formula:

Late Marriage Rate = Number of first marriage of women over 23 years of age / number of first marriage of women in this year × 100%

【Birth Rate (or Crude Birth Rate)】 means the ratio bet-ween the number of births in a certain period (usually a year)and the average population in the same period (or mid-year figure). It is usually calculated in terms of permillage and its calculating formula is:

$$\text{Birth Rate} = \frac{\text{Number of Births}}{\text{Average Number of Population}} \times 1000‰$$

Number of Births refers to live births,when babies have sho-wed any vital phenomena regardless of the length of pregnancy.

Average Number of Population is the average of the number of population at the beginning of the year and,at the end of the year and sometimes is substituted for with mid-year population.

【Death Rate(or Crude Death Rate)】 refers to the ratio of number of deaths to the average population (or mid-year popula-tion)during a certain period of time (usually a year),which is often presented as perminvar. Its calculating formula is:

$$\text{Death Rate} = \frac{\text{Number of Deaths}}{\text{Average Number of Population}} \times 1000‰$$

【Natural Growth Rate of Population】 refers to the ratio of natural increase in population (number of births minus number of deaths) in a certain period of time (usually a year) to the average population (or mid-year population) of the same period,which is often presented as perminvar. The following formula are applied:

$$\text{Number of Growth of Population} = \frac{\text{Number of Births} - \text{Number of Deaths}}{\text{Average Number of Population}} \times 1000‰$$

Natural Growth Rate of Population = Birth Rate-Death Rate

从业人员和工资

EMPLOYMENT AND WAGES

第三篇　从业人员和工资

简要说明

一、本篇资料反映广州市社会从业人员总量及构成、城镇单位就业与工资等基本情况。

二、本篇资料由广州市统计局人口和就业统计处整理提供。

三、本篇资料中的城镇非私营单位在岗职工及工资统计范围只包括城镇以上国有、集体及其他经济类型单位，不包括乡镇企业、私营单位和个体工商户。

四、1998 年，劳动统计年报中对全部调查单位改按企业登记注册类型分组，使统计口径发生变化，即国有单位中不再包括国有联营和有限责任公司中的国有独资公司；城镇集体单位中不再包括集体联营和股份合作企业；其他单位则包括国有联营和有限责任公司中的国有独资公司，集体联营和股份合作企业。

Chapter 3 Employment and Wages

Brief　Introduction

I. The data in this chapter show the basic conditions of social composition of employees, employment and wages in urban units of Guangzhou.

II. The data in this chapter are prepared and provided by the Division of Population and Employment Statistics of Guangzhou Statistical Bureau.

III. The statistical coverage of staff and worker urban units and wages in this chapter only includes the state-owned units, the collective -owned units and other economic ownership in urban areas, not including township enterprises, private institutions and individual businesses.

Ⅳ. Since 1998, the statistical coverage of the annual reports of labor statistics has been adjusted, in which all the survey units are grouped by registration ownership of the enterprises, i.e. the state-owned units excludes the exclusively state-invested companies in state-owned joint ownership units and limited liability companies, the urban collective units excludes the collective-owned joint ownership units and share-holding cooperative operation and the other units include the exclusively state-invested companies in state-owned joint ownership units and limited liability companies, the collective-owned jointed owner-ship units and share-holding cooperative operation.

3-1 社会就业情况主要指标

Main Indicators of Social Employment Situation

项　　目	Item	2022	2022年比2021年增长(%) Growth Rate in 2022 over 2021(%)
全社会从业人员 (人)	Total Number of Employed Persons at Year-end (person)	11198200	-3.7
第一产业	Primary Industry	468449	-19.5
第二产业	Secondary Industry	2556621	-3.1
第三产业	Tertiary Industry	8173130	-2.9
城镇非私营单位从业人员 (人)	Number of Employed Persons in Urban Units at Year-end (person)	4249041	-0.5
私营、个体和其他从业人员 (人)	Employed Persons in Private Enterprises and Self-employed Individuals at Year-end (person)	6949159	-5.6
城镇非私营单位从业人员工资总额（万元）	Total Wages of Employed Persons in Urban Units (10000 yuan)	63252465	5.6
城镇非私营单位从业人员年平均工资（元）	Average Wage of Employed Persons in Urban Units (yuan)	147947	5.8
城镇非私营单位在岗职工年平均工资（元）	Average Wage of Fully Employed Staff and Workers in Urban Units (yuan)	152324	5.6
规模以上企业从业人员 (人)	Employed Persons by Enterprises above the Designated Size (person)	4696215	0.5
规模以上企业从业人员工资总额 (万元)	Total Wages of Employed Persons by Enterprises above the Designated Size (10000 yuan)	54208527	6.4
规模以上企业从业人员年平均工资 (元)	Average Wage of Employed Persons by Enterprises above the Designated Size (yuan)	114186	4.7
规模以上企业在岗职工年平均工资 (元)	Average Wage of Fully Employed Staff and Workers by Enterprises above the Designated Size (yuan)	116737	4.9

注：1.私营、个体和其他从业人员指全社会从业人员中扣除城镇非私营单位从业人员外的部分。

2.规模以上企业包括规模以上工业、有资质的建筑业、限额以上批发和零售业、限额以上住宿和餐饮业、有开发经营活动的全部房地产开发经营业、规模以上服务业法人单位。

Notes: I. Employed persons in private enterprises and self-employed individuals are refer to employed persons other than employed persons in urban units.

II. Enterprises above designated size include industries above designated size,qualified construction industry, enterprises above designated size in Wholesale and retail trade, enterprises above designated size of hotels and catering sevices, real estate development and management businesses with development and management activities, and service enterprise above designated size.

3-2 主要年份全社会从业人员人数

Number of Employed Persons in Main Years

单位：人 (person)

年 份 Year	合 计 Total	城镇非私营单位从业人员 Employed Persons in Urban Units	私营、个体和其他从业人员 Employed Persons in Private Enterprises, Self-employed Individuals and others
1978	2668989	1473615	1195374
1980	2750467	1565533	1184934
1985	3134739	1756497	1378242
1990	3411513	1893944	1517569
1995	4077775	2082361	1995414
2000	4962579	1755512	3207067
2001	5029338	1686900	3342438
2002	5070216	1755779	3314437
2003	5210706	1880184	3330522
2004	5407087	1943955	3463132
2005	5744550	1997579	3746971
2006	5994973	2071574	3923399
2007	6236312	2236902	3999410
2008	6529045	2255380	4273665
2009	6791495	2351538	4439957
2010	7329300	2463713	4865587
2011	7644800	3102356	4542444
2012	7945700	3268488	4677212
2013	8251000	3245858	5005142
2014	8749600	3263983	5485617
2015	9279100	3203134	6075966
2016	9800400	3252340	6548060
2017	10371700	3291696	7080004
2018	11023600	3486454	7537146
2019	11258900	4002180	7256720
2020	11580100	4193638	7386462
2021	11634400	4269383	7365017
2022	11198200	4249041	6949159

注：1.2000年以前，城镇非私营单位从业人员统计口径为城镇单位职工口径。

2.2010—2020年数据根据第七次全国人口普查结果作了相应调整。

Notes: I.The statistical scale of employed persons in urban units is the statistical scale of staff and workers before 2000.

II.The data from year 2010 to 2020 are revised according to the Seventh National Population Census.

3-3 主要年份三次产业从业人员及构成

Employed Persons and Composition by Three strata of Industry in Main Years

年 份 Year	从业人员（人） Employed Persons (person)				构成（%） Composition (%)		
		第一产业 Primary Industry	第二产业 Secondary Industry	第三产业 Tertiary Industry	第一产业 Primary Industry	第二产业 Secondary Industry	第三产业 Tertiary Industry
1978	2668989	1165987	857527	645475	43.69	32.13	24.18
1980	2750467	1106432	922756	721279	40.23	33.55	26.22
1985	3134739	979869	1180526	974344	31.26	37.66	31.08
1990	3411513	963548	1241813	1206152	28.24	36.4	35.36
1995	4077775	924969	1583686	1569120	22.68	38.84	38.48
2000	4962579	956596	1982905	2023078	19.27	39.96	40.77
2001	5029338	969793	1960309	2099236	19.28	38.98	41.74
2002	5070216	949624	1953095	2167497	18.73	38.52	42.75
2003	5210706	958819	2001677	2250210	18.4	38.42	43.18
2004	5407087	901318	2046552	2459217	16.67	37.85	45.48
2005	5744550	869141	2222177	2653232	15.13	38.68	46.19
2006	5994973	831303	2335315	2828355	13.87	38.95	47.18
2007	6236312	774596	2477232	2984484	12.42	39.72	47.86
2008	6529045	730174	2625645	3173226	11.18	40.22	48.6
2009	6791495	733557	2733281	3324657	10.8	40.25	48.95
2010	7329300	609800	2818100	3901400	8.32	38.45	53.23
2011	7644800	725500	2616200	4303100	9.49	34.22	56.29
2012	7945700	654400	2702800	4588500	8.24	34.02	57.75
2013	8251000	654800	2506000	5090200	7.94	30.37	61.69
2014	8749600	636100	2654700	5458800	7.27	30.34	62.39
2015	9279100	637200	2635700	6006200	6.87	28.4	64.73
2016	9800400	630900	2676800	6492700	6.44	27.31	66.25
2017	10371700	630000	2573100	7168600	6.07	24.81	69.12
2018	11023600	612600	2636100	7774900	5.56	23.91	70.53
2019	11258900	631700	2558100	8069100	5.61	22.72	71.67
2020	11580100	593000	2597700	8389400	5.12	22.43	72.45
2021	11634400	582200	2637800	8414400	5.01	22.67	72.32
2022	11198200	468449	2556621	8173130	4.18	22.83	72.99

注：2010—2020年数据根据第七次全国人口普查结果作了相应调整。
Note: The data from year 2010 to 2020 are revised according to the seventh National Population Census.

3-4 各区全社会从业人员（2022年末）

Number of Employed Persons by District (Year-end of 2022)

地　区	District	从业人员（人）Employed Persons (person)	构成（%）Composition (%)
全　市	**Total**	**11198200**	**100.00**
荔湾区	Liwan	441896	3.95
越秀区	Yuexiu	1037407	9.26
海珠区	Haizhu	986140	8.81
天河区	Tianhe	2214048	19.77
白云区	Baiyun	1593786	14.23
黄埔区	Huangpu	1060649	9.47
番禺区	Panyu	1273414	11.37
花都区	Huadu	761714	6.80
南沙区	Nansha	692099	6.18
从化区	Conghua	355304	3.17
增城区	Zengcheng	781743	6.98

3-5 规模以上企业从业人员及构成(2022年末)

Employed Persons and Composition by Enterprises above the Designated Size (Year-end of 2022)

项　　目	Item	从业人员 (人) Employed Persons (person)	构成 (%) Composition (%)
合　计	**Total**	**4696215**	**100.00**
按行业分	**Grouped By Sector**		
采矿业	Mining	328	0.01
制造业	Manufacturing	1191294	25.37
电力、热力、燃气及水生产和供应业	Production and Supply of Electricity, Heat,Gas and Water	31395	0.67
建筑业	Construction	359613	7.66
批发和零售业	Wholesale and Retail Trade	541308	11.53
交通运输、仓储和邮政业	Transport, Storage and Post	363118	7.73
住宿和餐饮业	Hotels and Catering Services	223450	4.76
信息传输、软件和信息技术服务业	Information Transmission, Software and Information Technology	365007	7.77
房地产业	Real Estate	361533	7.7
租赁和商务服务业	Leasing and Business Services	778406	16.58
科学研究和技术服务业	Scientific Research and Technical Services	216347	4.61
水利、环境和公共设施管理业	Management of Water Conservancy, Environment and Public Facilities	30116	0.64
居民服务、修理和其他服务业	Service to Households, Repair and Other Services	86380	1.84
教　育	Education	38872	0.83
卫生和社会工作	Health and Social Work	72915	1.55
文化、体育和娱乐业	Culture, Sports and Entertainment	36133	0.77

注：规模以上企业包括规模以上工业、有资质的建筑业、限额以上批发和零售业、限额以上住宿和餐饮业、有开发经营活动的全部房地产开发经营业、规模以上服务业法人单位。

Note: Enterprises above designated size include industries above designated size, qualified construction industry, enterprises above designated size in Wholesale and retail trade, enterprises above designated size of hotels and catering sevices, real estate development and management businesses with development and management activities, and service enterprise above designated size.

3-6 规模以上企业从业人员(2022年末，按人员类型分)

Employed Persons by Enterprises above the Designated Size (Year-end of 2022，by Personnel Type)

单位：人 (person)

项　　目	Item	在岗职工 Fully Employed Staff and Workers	劳务派遣人员 Dispatch Personnel	其他从业人员 Other Types Employed Persons
合　计	**Total**	**4193350**	**293961**	**208904**
按行业分	**Grouped By Sector**			
采矿业	Mining	328		
制造业	Manufacturing	1098427	83153	9714
电力、热力、燃气及水生产和供应业	Production and Supply of Electricity, Heat,Gas and Water	30375	960	60
建筑业	Construction	238371	54941	66301
批发和零售业	Wholesale and Retail Trade	513357	17612	10339
交通运输、仓储和邮政业	Transport, Storage and Post	319352	38994	4772
住宿和餐饮业	Hotels and Catering Services	180613	14230	28607
信息传输、软件和信息技术服务业	Information Transmission, Software and Information Technology	347399	7695	9913
房地产业	Real Estate	333728	21179	6626
租赁和商务服务业	Leasing and Business Services	695215	38837	44354
科学研究和技术服务业	Scientific Research and Technical Services	203352	7571	5424
水利、环境和公共设施管理业	Management of Water Conservancy, Environment and Public Facilities	29060	974	82
居民服务、修理和其他服务业	Service to Households, Repair and Other Services	76515	5215	4650
教　育	Education	34846	275	3751
卫生和社会工作	Health and Social Work	58448	1418	13049
文化、体育和娱乐业	Culture, Sports and Entertainment	33964	907	1262

注：规模以上企业包括规模以上工业、有资质的建筑业、限额以上批发和零售业、限额以上住宿和餐饮业、有开发经营活动的全部房地产开发经营业、规模以上服务业法人单位。

Note: Enterprises above designated size include industries above designated size, qualified construction industry, enterprises above designated size in Wholesale and retail trade, enterprises above designated size of hotels and catering sevices, real estate development and management businesses with development and management activities, and service enterprise above designated size.

3-7 规模以上企业女性从业人员(2022年末)
Female Staff and Workers above the Designated Size (Year-end of 2022)

项　　目	Item	人数（人）Number of Female Staff and Workers	女性从业人员比重（%）Proportion of Female Staff and Workers
合　计	**Total**	**1866599**	**39.75**
按行业分	**Grouped By Sector**		
采矿业	Mining	49	14.94
制造业	Manufacturing	448672	37.66
电力、热力、燃气及水生产和供应业	Production and Supply of Electricity, Heat,Gas and Water	6623	21.10
建筑业	Construction	61868	17.20
批发和零售业	Wholesale and Retail Trade	280619	51.84
交通运输、仓储和邮政业	Transport, Storage and Post	106058	29.21
住宿和餐饮业	Hotels and Catering Services	122778	54.95
信息传输、软件和信息技术服务业	Information Transmission, Software and Information Technology	139516	38.22
房地产业	Real Estate	146239	40.45
租赁和商务服务业	Leasing and Business Services	320445	41.17
科学研究和技术服务业	Scientific Research and Technical Services	74822	34.58
水利、环境和公共设施管理业	Management of Water Conservancy, Environment and Public Facilities	15180	50.41
居民服务、修理和其他服务业	Service to Households, Repair and Other Services	51336	59.43
教　育	Education	25266	65.00
卫生和社会工作	Health and Social Work	50130	68.75
文化、体育和娱乐业	Culture, Sports and Entertainment	16998	47.04

注：规模以上企业包括规模以上工业、有资质的建筑业、限额以上批发和零售业、限额以上住宿和餐饮业、有开发经营活动的全部房地产开发经营业、规模以上服务业法人单位。

Note: Enterprises above designated size include industries above designated size, qualified construction industry, enterprises above designated size in Wholesale and retail trade, enterprises above designated size of hotels and catering sevices, real estate development and management businesses with development and management activities, and service enterprise above designated size.

3-8　全市城镇单位从业人员人数(2022年末)

项　　目	Item	单位数(个) Number of Units (unit)
合　计	**Total**	**194133**
按国民经济行业分	**Grouped by Economic Sector**	
农、林、牧、渔业	Agriculture, Forestry, Animal Husbandry and Fishery	228
采矿业	Mining	16
制造业	Manufacturing	23848
电力、热力、燃气及水生产和供应业	Production and Supply of Electricity, Heat,Gas and Water	255
建筑业	Construction	11232
批发和零售业	Wholesale and Retail Trade	57507
交通运输、仓储和邮政业	Transport, Storage and Post	6782
住宿和餐饮业	Hotels and Catering Services	7065
信息传输、软件和信息技术服务业	Information Transmission, Software and Information Technology	16763
金融业	Financial Intermediation	1626
房地产业	Real Estate	13377
租赁和商务服务业	Leasing and Business Services	24526
科学研究和技术服务业	Scientific Research and Technical Services	12277
水利、环境和公共设施管理业	Management of Water Conservancy, Environment and Public Facilities	1175
居民服务、修理和其他服务业	Service to Households, Repair and Other Services	4408
教　育	Education	5877
卫生和社会工作	Health and Social Work	2027
文化、体育和娱乐业	Culture, Sports and Entertainment	3453
公共管理、社会保障和社会组织	Public Management, Social Security and Social Organizations	1689

注：城镇单位包括城镇非私营单位和私营单位。

Number of Fully Employed Staff and Workers in Urban Units
(Year-end of 2022)

从业人员年末人数（人）Number of Employed Persons in Urban Units at Year-end (person)	其中：女性 Number of Female Staff and Workers in Urban Units (person)	在岗职工 Number of Fully Employed Staff and Workers in Urban Units (person)	劳务派遣人员 Number of Dispatch Personnel in Urban Units (person)	其他从业人员 Number of Other Types Employed Persons (person)
7098237	**3058456**	**6397884**	**364292**	**336062**
2865	1270	2802	5	59
303	113	295		8
1242989	492102	1155849	77342	9798
52078	10657	50970	1015	93
447650	89190	328628	64978	54043
857404	444670	828046	19422	9936
445255	132497	397783	42118	5354
249997	133682	206972	15113	27912
529705	189706	511547	7562	10596
206316	119958	114786	4153	87377
456096	190942	416743	24709	14644
1030711	426261	933084	39917	57710
379824	137823	357235	11412	11177
79576	34493	73629	4077	1870
126086	74376	114203	5615	6268
356176	238384	324422	16680	15074
294751	209618	264067	12674	18010
71937	34247	66814	1791	3332
268519	98466	250007	15710	2802

Note: Urban Units include Urban Non-private Units and Private Units.

3-9 城镇非私营单位从业人员及构成（2022年末）
Employed Persons and Composition in Urban Non-private Units (Year-end of 2022)

项　　目	Item	从业人员（人）Employed Persons (person)	构成(%) Composition (%)
合　　计	**Total**	**4249041**	**100.00**
按行业分	**Grouped By Sector**		
农、林、牧、渔业	Agriculture, Forestry, Animal Husbandry and Fishery	1750	0.04
采矿业	Mining	114	0.00
制造业	Manufacturing	717174	16.88
电力、热力、燃气及水生产和供应业	Production and Supply of Electricity, Heat,Gas and Water	50367	1.19
建筑业	Construction	180152	4.24
批发和零售业	Wholesale and Retail Trade	308005	7.25
交通运输、仓储和邮政业	Transport, Storage and Post	306277	7.21
住宿和餐饮业	Hotels and Catering Services	145213	3.42
信息传输、软件和信息技术服务业	Information Transmission, Software and Information Technology	291275	6.86
金融业	Financial Intermediation	192387	4.53
房地产业	Real Estate	306051	7.20
租赁和商务服务业	Leasing and Business Services	573128	13.49
科学研究和技术服务业	Scientific Research and Technical Services	219038	5.16
水利、环境和公共设施管理业	Management of Water Conservancy, Environment and Public Facilities	58277	1.37
居民服务、修理和其他服务业	Service to Households, Repair and Other Services	31152	0.73
教　育	Education	312458	7.35
卫生和社会工作	Health and Social Work	247435	5.82
文化、体育和娱乐业	Culture, Sports and Entertainment	40266	0.95
公共管理、社会保障和社会组织	Public Management, Social Security and Social Organizations	268519	6.32

3-10 主要年份城镇非私营单位从业人员数及工资

Number and Wages of Employed Non-private Persons in Urban Units in Main Years

年 份 Year	城镇非私营单位从业人员年末人数（人） Number of Employed Persons in Urban Units at Year-end (person)	城镇非私营单位从业人员工资总额（万元） Total Wages of Employed Persons in Urban Units (10000 yuan)	城镇非私营单位从业人员年平均工资（元） Average Wage of Employed Persons in Urban Units (yuan)
2000	1755512	3489371	19714
2005	1997579	6772629	34171
2006	2071574	7532573	36566
2007	2236902	8961040	40280
2008	2255380	10251127	45368
2009	2351538	11439796	49054
2010	2463713	13354746	54091
2011	3102356	17486373	56618
2012	3268488	20305943	62598
2013	3245858	21724541	68594
2014	3263983	23881767	73131
2015	3203134	25674928	79534
2016	3252340	28537980	88136
2017	3291696	31983933	97522
2018	3486454	38035167	109879
2019	4002180	47497456	119453
2020	4193638	54201656	130110
2021	4269383	59887030	139802
2022	4249041	63252465	147947

注：本表数据2011年以前为城镇单位从业人员数和工资总额，2011年起为城镇非私营单位从业人员数和工资总额。

Note: The name of Number and Wages of Employed Persons in Urban Units is adjusted to Total Wages of Staff and Workers in Urban non-private Units since 2011.

3-11 主要年份城镇非私营单位在岗职工工资总额及指数

Total Wages of Fully Employed Staff and Workers in Urban Non-private Units and Related Indices in Main Years

年 份 Year	在岗职工工资总额（万元） Total Wages of Fully Employed Staff and Workers in Urban Units (10000 yuan)	国有单位 State-owned Units	集体单位 Urban Collective-owned Units	其他单位 Units of Other Types of Ownership	# 外商及港澳台投资单位 Enterprises with Funds from Foreign Countries,Hong Kong,Macao and Taiwan	在岗职工年平均工资（元） Average Wage of Fully Employed Staff and Workers in Urban Units (yuan)
1978	101809	76913	24896			714
1980	142243	108015	34228			941
1985	278892	208829	65660	4403	3127	1621
1990	656434	487524	121441	47469	41198	3504
1991	783043	565974	148783	68286	61119	4022
1992	971335	690135	183771	97429	89978	4792
1993	1316773	941475	226929	148369	106957	6342
1994	1815428	1277944	308933	228551	183030	8623
1995	2146245	1481375	344494	320376	263343	10317
1996	2395597	1672483	348629	374485	313623	11813
1997	2615842	1798987	338388	478467	404483	13118
1998(原口径) 1998 (Original Standards)	2831440	1900631	344677	586132	454061	14318
1998(新口径) 1998 (New Standards)	2831440	1758088	322399	750953	454061	14318
1999	3085768	1917375	296558	871835	507875	16202
2000	3480880	2188085	289750	1003045	586413	19091
2001	3878065	2401471	216967	1259627	691639	22141
2002	4534911	2817578	229015	1488318	838420	25583
2003	5335484	3185006	243455	1907023	1097924	28237
2004	5983255	3529828	240966	2212461	1251256	31025
2005	6653196	3837476	233643	2582077	1464470	33853
2006	7389676	3967484	238729	3183463	1718714	36321
2007	8770687	4448123	254851	4067713	2228358	40187
2008	10053742	4970189	261939	4821614	2655221	45365
2009	11180296	5345813	276463	5558020	2889870	49215
2010	13044801	6053212	284742	6706846	3565786	54495
2011	17008733	7040246	274165	9694322	5332522	57473
2012	19695115	7944452	356403	11394260	5950277	63752
2013	21107782	5536325	408310	15163147	6568426	69692
2014	23049712	6233018	414591	16402103	6773266	74245
2015	24874876	6690706	361441	17822729	7250138	81171
2016	27703134	7457706	357722	19887706	7595025	89096
2017	31032760	8704188	327055	22001517	7945622	98612
2018	37005944	10292371	320460	26393113	8741982	111839
2019	45864824	13706998	453982	31703845	10337458	123498
2020	52083780	17202177	467576	34414027	11135556	135138
2021	57954413	18135362	462617	39356434		144288
2022	61517484					152324

注：1.本表数据2011年以前为城镇单位职工工资总额，2011年起为城镇非私营单位在岗职工工资总额。

2.城镇非私营单位职工含劳务派遣人员。

Notes: I. The name of Total Wages of Fully Employed Staff and Workers in Urban Units is adjusted to Total Wages of Staff and Workers in Urban Units since 2011.

II. Fully employed staff and workers in urban units contain labor dispatching personnel .

3-11 续表 continued

指数(上年=100) Indices (preceding year=100)

年 份 Year	在岗职工工资总额(上年=100) Total Wages of Fully Employed Staff and Workers in Urban Units (preceding year=100)	国有单位 State-owned Units	集体单位 Urban Collective-owned Units	其他单位 Units of Other Types of Ownership	# 外商及港澳台投资单位 Enterprises with Funds from Foreign Countries,Hong Kong,Macao and Taiwan	在岗职工年平均工资(上年=100) Average Wage of Fully Employed Staff and Workers in Urban Units (preceding year=100)
1978	116.2	121.3	102.8			105.0
1980	139.7	140.4	137.5			114.8
1985	123.2	122.0	124.3	190.7	236.4	121.2
1990	107.7	106.1	105.4	137.1	152.4	107.1
1991	119.3	116.1	122.5	143.9	148.4	114.8
1992	124.1	121.9	123.5	142.7	147.2	119.1
1993	135.6	136.4	123.5	152.3	118.9	132.4
1994	137.9	135.7	136.1	154.0	171.1	136.0
1995	118.2	115.9	111.5	140.2	143.9	119.7
1996	111.6	112.9	101.2	116.9	119.1	114.5
1997	109.2	107.6	97.1	127.8	129.0	111.1
1998	108.2	105.7	101.9	122.5	112.3	109.2
1999	109.0	109.1	92.0	116.1	111.9	113.2
2000	112.8	114.1	97.7	115.1	115.5	117.8
2001	111.4	109.8	74.9	125.6	117.9	116.0
2002	116.9	117.3	105.6	118.2	121.2	115.6
2003	117.7	113.0	106.3	128.1	131.0	110.4
2004	112.1	110.8	99.0	116.0	114.0	109.9
2005	111.2	108.7	97.0	116.7	117.0	109.1
2006	111.1	103.4	102.2	123.3	117.4	107.3
2007	118.7	112.1	106.8	127.8	129.7	110.6
2008	114.6	111.7	102.8	118.5	119.2	112.9
2009	111.2	107.6	105.5	115.3	108.8	108.5
2010	116.7	113.2	103.0	120.7	123.4	110.7
2011	130.4	116.3	96.3	144.5	149.6	111.6
2012	115.8	112.8	130.0	117.5	111.6	110.9
2013	107.2	69.7	114.6	133.1	110.4	109.3
2014	109.2	112.6	101.5	108.2	103.1	106.5
2015	107.9	107.3	87.2	108.7	107.0	109.3
2016	111.4	111.5	99.0	111.6	104.8	109.8
2017	112.0	116.7	91.4	110.6	104.6	110.7
2018	119.2	118.2	98.0	120.0	110.0	113.4
2019	123.9	133.2	141.7	120.1	118.3	110.4
2020	113.6	125.5	103.0	108.5	107.7	109.4
2021	111.3	105.4	98.9	114.4		106.8
2022	106.1					105.6

注：2011年城镇非私营单位在岗职工年平均工资指数按可比口径计算。

Note: The data of 2011 are calculated at comparable coverage.

3-12 全市城镇非私营单位在岗职工人数与工资(2022年)

项　　目	Item
合　计	**Total**
按国民经济行业分	**Grouped by Economic Sector**
农、林、牧、渔业	Agriculture, Forestry, Animal Husbandry and Fishery
采矿业	Mining
制造业	Manufacturing
电力、热力、燃气及水生产和供应业	Production and Supply of Electricity, Heat,Gas and Water
建筑业	Construction
批发和零售业	Wholesale and Retail Trade
交通运输、仓储和邮政业	Transport, Storage and Post
住宿和餐饮业	Hotels and Catering Services
信息传输、软件和信息技术服务业	Information Transmission, Software and Information Technology
金融业	Financial Intermediation
房地产业	Real Estate
租赁和商务服务业	Leasing and Business Services
科学研究和技术服务业	Scientific Research and Technical Services
水利、环境和公共设施管理业	Management of Water Conservancy, Environment and Public Facilities
居民服务、修理和其他服务业	Service to Households, Repair and Other Services
教　育	Education
卫生和社会工作	Health and Social Work
文化、体育和娱乐业	Culture, Sports and Entertainment
公共管理、社会保障和社会组织	Public Management, Social Security and Social Organizations

Number and Wages of Fully Employed Staff and Workers in Urban Non-private Units (2022)

单位数 （个） Number of Units (unit)	在岗职工年末人数 （人） Number of Fully Employed Staff and Workers in Urban Units at Year-end (person)	在岗职工年平均人数 （人） Average Number of Fully Employed Staff and Workers in Urban Units (person)	在岗职工工资总额 （万元） Total Wages of Fully Employed Staff and Workers in Urban Units (10000 yuan)	在岗职工年平均工资 （元） Average Wages of Fully Employed Staff and Workers in Urban Units (yuan)
37157	**4034704**	**4038599**	**61517484**	**152324**
63	1691	1693	14680	86710
8	114	149	1801	120974
3623	711617	724463	8991029	124106
144	50291	50493	1051840	208314
1352	167001	168856	2344251	138831
6617	299979	306839	3831048	124855
1112	303124	306548	4381534	142932
1204	121711	124525	805055	64650
3073	281586	285132	6104483	214093
661	108134	107830	3478470	322587
3335	300353	301700	2979740	98765
4629	549205	524319	5299377	101072
3113	212027	212088	4142595	195325
402	56441	58030	528826	91130
778	29975	29733	239032	80391
3409	299279	297576	5712734	191975
1099	238614	234920	5443635	231723
845	37845	38564	666859	172925
1689	265717	265140	5500496	207456

3-13　城镇非私营单位从业人员女性年末人数(2022年)

Number of Female Staff and Workers at Year-end in Urban Non-private Units(2022)

项　　目	Item	年末人数（人）Number of Staff and Workers at Year-end (person)	女性从业人员比重(%) Proportion of Female Staff and Workers (%)
按行业分	**Total**	**1842820**	**43.37**
农、林、牧、渔业	Agriculture, Forestry, Animal Husbandry and Fishery	745	42.55
采矿业	Mining	44	38.16
制造业	Manufacturing	267244	37.26
电力、热力、燃气及水生产和供应业	Production and Supply of Electricity, Heat,Gas and Water	10187	20.23
建筑业	Construction	32104	17.82
批发和零售业	Wholesale and Retail Trade	162818	52.86
交通运输、仓储和邮政业	Transport, Storage and Post	88072	28.76
住宿和餐饮业	Hotels and Catering Services	82288	56.67
信息传输、软件和信息技术服务业	Information Transmission, Software and Information Technology	111639	38.33
金融业	Financial Intermediation	113267	58.87
房地产业	Real Estate	120228	39.28
租赁和商务服务业	Leasing and Business Services	233799	40.79
科学研究和技术服务业	Scientific Research and Technical Services	77539	35.40
水利、环境和公共设施管理业	Management of Water Conservancy, Environment and Public Facilities	24062	41.29
居民服务、修理和其他服务业	Service to Households, Repair and Other Services	17277	55.46
教　育	Education	207293	66.34
卫生和社会工作	Health and Social Service	175958	71.11
文化、体育和娱乐业	Culture, Sports and Entertainment	19790	49.15
公共管理、社会保障和社会组织	Public Management, Social Security and Social Organizations	98466	36.67

主要统计指标解释

【从业人员】指在各级国家机关、党政机关、社会团体及企业、事业单位中工作，取得工资或其他形式的劳动报酬的全部人员。包括：在岗职工、聘用的离退休人员以及在单位中工作的港澳台及外籍人员、兼职人员、借用的外单位人员和第二职业者。不包括本单位的不在岗职工。

【在岗职工】指在本单位工作且与本单位签订劳动合同，并由单位支付各项工资和社会保险、住房公积金的人员，以及上述人员中由于学习、病伤、产假等原因暂未工作仍由单位支付工资的人员。在岗职工还包括：

(1)应订立劳动合同而未订立劳动合同人员(如使用的农村户籍人员)；

(2)处于试用期人员；

(3)编制外招用的人员，如临时人员；

(4)派往外单位工作，但工资仍由本单位发放的人员(如挂职锻炼、外派工作等情况)。

【劳务派遣人员】根据《中华人民共和国劳动合同法》规定，指与劳务派遣单位签订劳动合同；并被劳务派遣单位派遣到实际用工单位工作；且劳务派遣单位与实际用工单位签订《劳务派遣协议》的人员。无论用工单位是否直接支付劳动报酬，劳务派遣人员均由实际用工单位填报，而劳务派遣单位（派出单位）不填报这些人员。

【工资总额】指根据《关于工资总额组成的规定》(1990 年 1 月 1 日国家统计局发布的一号令)进行修订，本单位在报告期内(季度或年度)直接支付给本单位全部就业人员的劳动报酬总额。包括计时工资、计件工资、奖金、津贴和补贴、加班加点工资、特殊情况下支付的工资，是在岗职工工资总额、劳务派遣人员工资总额和其他就业人员工资总额之和。

工资总额是税前工资，包括单位从个人工资中直接为其代扣或代缴的房费、水费、电费、住房公积金和社会保险基金个人缴纳部分等。

工资总额不论是计入成本的还是不计入成本的，不论是以货币形式支付的还是以实物形式支付的，均应列入工资总额的计算范围。

【在岗职工平均工资】指企业、事业、机关单位的在岗职工在一定时期内平均每人所得的工资额。它表明一定时期在岗职工工资收入的高低程度，是反映在岗职工工资水平的主要指标。计算公式为：

在岗职工平均工资=报告期实际支付的全部在岗职工工资总额/报告期全部在岗职工平均人数。

Explanatory Notes on Main Statistical Indicators

【Practitioners】 refers to all personnel who work in state organs, party and government organs, social organizations, enterprises and institutions at all levels and obtain wages or other forms of labor remuneration. Including: on-the-job employees, employed retirees, Hong Kong, Macao, Taiwan and foreign personnel working in the unit, part-time personnel, borrowed personnel from other units and secondary professionals. It does not include the off duty employees of the unit.

【Staff and Workers】 refers to the personnel who work in the unit and sign labor contracts with the unit, and the unit pays various salaries, social insurance and housing fund, as well as those who have not worked for the time being due to study, illness, injury, maternity leave and other reasons but are still paid by the unit. On duty employees also include:

(1) Personnel who should have concluded a labor contract but did not (such as rural household registration personnel);

(2) Personnel in probation period;

(3) Personnel recruited outside the establishment, such as temporary personnel;

(4) Personnel who are assigned to work in other units but whose wages are still paid by the unit (such as temporary exercise, assignment, etc.).

【Dispatch Personnel】 refers to personnel signed labor contracts with the labor dispatch unit,and by the labor dispatch unit sent to the actual labor units, and the labor dispatch unit and the actual labor units signed "labor dispatch agreement" ,according to the "Labor contract law provisions of the people's Republic of China". No matter whether the direct labor units to pay labor remuneration, labor dispatch personnel are filled by the actual labor units.

【Total Wages】 according to the "Regulations on the payroll" the composition of total wages, payroll is refers to the unit paid directly to the total remuneration of the staff during the reporting period (quarterly or annual). Including hourly wages, piece-rate wages, bonuses, allowances and subsidies, overtime pay overtime wages, special circumstances wages.

Total wages is pre-tax wages, including the unit from individual pay directly for its withholding or paying rent, personal income tax, water, electricity, housing provident fund and the social insurance fund individual pay part etc.

Wages regardless of whether it is included in the cost was not included in the cost, whether in monetary form of payment or payment in kind, should be included in the scope of calculation of total wages.

【Average Wage of Fully Employed Staff and Workers】refer to the average amount of wages per employee of enterprises, institutions and government organs in a given period, which reflects the general level of wage income of fully employed staff and workers during a certain period of time and is calculated as follows:

Average Wage of Fully Employed Staff and Workers =Total Wages of Fully Employed Staff and Workers at the Report Period/Average Number of Fully Employed Staff and Workers at the Report Period.

第四篇 CHAPTER 4

固定资产投资

INVESTMENT IN FIXED ASSETS

第四篇　固定资产投资

简要说明

一、本篇资料反映广州市固定资产投资的基本情况。

二、本篇资料由广州市统计局固定资产投资统计处整理提供。

三、固定资产投资统计的资料来源主要为全面统计报表。按照现行的固定资产投资统计报表制度，从2011年起固定资产投资项目统计起报点由计划总投资50万元及以上提高到500万元及以上，固定资产投资不再称全社会固定资产投资。固定资产投资按经济类型分为：国有经济、集体经济、联营经济、股份制经济、私营经济、港澳台投资经济、外商投资经济、其他经济和个体经济。

从2012年起民间投资包含内容有所调整，民间投资是指工商登记注册类型为：集体、股份合作、私营独资、私营合伙、私营有限责任公司、个体户、个人合伙等纯民间主体的固定资产投资及混合经济成分中由集体、私营、个体控股的投资主体单位的全部固定资产投资。

Chapter 4 Investment in Fixed Assets

Brief Introduction

I. The data in this chapter show the basic conditions of the total investment in fixed assets of Guangzhou .

II. The data in this chapter are prepared and provided by the Division of Investment and Construction Statistics of Guangzhou Municipal Bureau of Statistics.

III.The data sources for the statistics of investment in fixed assets mainly come from the complete statistical report forms. According to the present regulations in the reporting scheme on the statistics of the investment in fixed assets, the statistics report point of the fixed assets investment projects has been increased from a planned total investment of 500,000 yuan and above to 5,000,000 yuan and above since 2011. The investment in fixed assets is no longer called the whole society investment in fixed assets. The investment in fixed assets is classified by the following types of ownership: state-owned economy, collective-owned economy, joint-owned economy, share-holding economy, private economy, economy funded by the enterprises from Hong Kong, Macao and Taiwan, foreign funded economy, individual investment and the economy of other types of ownership.

The content of non-state-owned investment has been adjusted since 2012, and non-state-owned investment refers to the industrial and commercial registration type: collective, cooperative, private, private partnership, private limited liability company, the self-employed, private partnership of pure folk subject of investment in fixed assets and mixed by the collective, private, individual holdings investment main body unit of economic composition the total investment in fixed assets.

4-1 固定资产投资主要经济指标

Main Indicators of Total Investment in Fixed Assets

单位：万元 (10000 yuan)

项　　目	Item	2022	2022年比2021年增长(%) Growth Rate in 2022 over 2021 (%)
固定资产投资额	**Total Investment in Fixed Assets**	**83212834**	**-2.1**
按投资类别分	Grouped by Type of Investment		
#房地产开发	Real Estate Development	34318992	-5.4
按登记注册类型分	Grouped by Registration Status		
内资企业	Domestic Funded Enterprises	73606311	-5.4
国有企业	State-owned Enterprises	17449678	-5.9
集体企业	Collective-owned Enterprises	2242352	-11.6
股份合作企业	Cooperative Enterprises	81902	-60.3
联营企业	Joint Ownership Enterprises		
国有联营企业	State Joint Ownership Enterprises		
集体联营企业	Collective Joint Ownership Enterprises		
国有与集体联营企业	Joint State-collective Enterprises		
其他联营企业	Other Joint Ownership Enterprises		
有限责任公司	Limited Liability Corporations	36414389	-4.5
国有独资公司	State Sole Funded Corporations	8874879	1.8
其他有限责任公司	Other Limited Liability Corporations	27539510	-6.3
股份有限公司	Share-holding Corporations Ltd.	3389790	-14.0
私营企业	Private Enterprises	13426532	-5.4
其他企业	Other Enterprises	601668	136.1
港、澳、台商投资企业	Enterprises with Funds from Hong Kong, Macao and Taiwan	3889322	11.9
#与港、澳、台商合资经营企业	Joint-venture Enterprises	704223	-10.4
与港、澳、台商合作经营企业	Cooperative Enterprises	557039	4.9
港、澳、台商独资经营企业	Enterprises with Sole Funds	2531085	20.5
港、澳、台商投资股份有限公司	Share-holding Corporations Ltd.	52444	-8.3

注：1．机关、事业、社会团体及其他依法成立的单位固定资产投资登记注册类型参照企业登记注册类型划分。
2．从2011年起，固定资产投资项目统计起报点由计划总投资50万元及以上提高到500万元及以上，增速按可比口径计算。
3．从2012年起，"国家预算内资金"改称为"国家预算资金"，"国家预算资金"和"自筹资金"有所调整。

Notes: I. The registration status of agencies, institutions, social organizations and other units established according to law is divided referring to the registration status of enterprises.
II. Since 2011, the cut-off point of investment in fixed assets is changed from a minimum of 50000 yuan to a minimum of 5000000 yuan. The growth rates in this table are calculated at comparable prices.
III. Since 2012，state budget funds has been renamed, and the coverage of state budget and self-raising funds have been changed.

4-1 续表 continued

单位：万元 (10000 yuan)

项　　目	Item	2022	2022年比2021年增长(%) Growth Rate in 2022 over 2021 (%)
外商投资企业	Foreign Funded Enterprises	5682284	51.5
#中外合资经营企业	Joint-venture Enterprises	2593429	27.1
中外合作经营企业	Cooperative Enterprises	268436	8.4
外资企业	Enterprises with Sole Foreign Funds	2643754	103.0
外商投资股份有限公司	Share-holding Corporations Ltd.	154730	107.8
个体经营	Self-employed Individual	34917	82.7
按构成分	Grouped by Use of Funds		
建安工程	Construction and installation project	37421683	-6.2
设备工器具购置	Purchases of Equipment and Instruments	8177565	8.0
其他费用	Others	37613586	0.2
房屋建筑面积(房地产)　（平方米）	**Floor Space of Buildings　(sq.m)**		
施工面积	Floor Space under Construction	129462468	1.5
#住　宅	Residential Buildings	75694197	2.1
竣工面积	Floor Space Completed	13517356	23.7
#住　宅	Residential Buildings	8518372	29.7
本年新增固定资产	**New fixed assets in this year**	**21854502**	**5.8**
本年实际到位资金合计	**Total Actually Funds Provided This Year**	**127492777**	**-9.5**
上年末结余资金	Surplus Fund from Year-end of Preceding Year	36858046	6.0
本年实际到位资金小计	Subtotal Actually Funds Provided This Year	90634731	-14.6
#国家预算资金	State Budget	11484127	-8.4
国内贷款	Domestic Loans	20282776	8.9
债　券	Bonds	352238	663.8
利用外资	Foreign Investment	89455	62.6
自筹资金	Self-raising Funds	37349429	-13.8
其他资金	Others	1916509	-11.5

注：1.国家制度修订，2019—2021年，5000万元以下项目表取消新增固定资产及资金指标统计。增长速度为可比口径，下同。

2.制度调整，2020年后，房屋施工面积和房屋竣工面积只包含房地产开发投资项目。

Notes: I.Due to the revision of the national system, the statistics of new fixed assets and capital indicators were canceled from 2019 to 2021 in the project table under 50 million yuan. The growth rate is of comparable caliber, the same below.

II.Due to the adjustment of the institution, the construction area and completed area of houses since 2020 only included real estate development and investment projects.

4-2 主要年份按经济类型分固定资产投资额

Total Investment in Fixed Assets in Main Years by Type of Ownership

单位：万元 (10000 yuan)

年 份 Year	合 计 Total	国有经济 State-owned Units	集体经济 Collective-owned Units	联营经济 Joint Ownership Economic Units	股份经济 Share Holding Economic Units	私营经济 Private Economic Units	外商及港澳台经济 Economic Units with Funds from Foreign Regions,Hong Kong, Macao and Taiwan Investors	其他经济 Others	个体经济 Individual Investment
1978	72641	68584	1755						2302
1980	99565	89823	2934						6808
1985	436197	346000	44788						45409
1986	524813	434240	42264						48309
1987	584140	468967	64131						51042
1988	902161	703117	105514						93530
1989	933326	780946	84009						68371
1990	905937	761738	73172						71027
1991	1037424	850310	99147						87967
1992	1881379	1520508	230316						130555
1993	3733976	1885582	676520	15912	72334		842469	5870	235289
1994	5257053	2701653	835384	20679	132421		1234395		332521
1995	6182515	3324871	724898	62755	280004	2157	1464489		323341
1996	6389360	3172138	662454	69611	213638	5617	1947862		318040
1997	6565767	3543369	556536	30949	369066	66960	1720070		278817
1998	7588283	3803451	685243	35596	444474	123884	2210943		284692
1999	8782586	4514598	784507	23172	764251	286732	2129471	2959	276896
2000	9236676	4830889	619778	2579	1326102	534456	1514900	45197	362775
2001	9782093	4475639	368690	5930	1330108	1007708	2311811	10684	271523
2002	10092421	3529709	492329	6974	1986469	1304823	2502251	27560	242306
2003	11751668	4469885	452236	21451	2353980	1391787	2814567	24940	222822
2004	13489283	5371055	308617	37673	2298098	2135297	3183159	19930	135454
2005	15191582	5612243	295243	46941	3326313	1872079	3881748	26366	130649
2006	16963824	6070411	309514	17087	3876752	1904587	4646403	63002	76068
2007	18633437	6802190	440692	41760	4168899	2385743	4655795	20552	117806
2008	21055373	7972112	566318	56254	3881865	3260658	5225525	11599	81042
2009	26598516	12724805	698449	80059	4517995	3444249	5018306	9301	105352
2010	32635731	15528450	711201	54940	6832917	3253895	6055481	4042	194805
2011	34122005	12858860	807709	29504	9432487	4461680	6475334	18585	37846
2012	37583868	12330573	1941043	1836	10077974	4749672	8272350	156227	54193
2013	44545508	11979522	3333867	80244	13579487	6547526	8862572	9755	152535
2014	48895026	13918358	3453080	16779	15251803	7345376	8854921	53056	1653
2015	54059522	13013007	2793087	33652	19220207	9502398	9419157	62785	15229
2016	57035860	13109710	1433043		22249191	8457260	11141497	642515	2644
2017	59198316	13559790	831905	636	25209923	8625918	10154609	812757	2778
2018	59384003	15439768	466026	147	24091060	7823441	11285343	276688	1530
2019	69202087	21020325	494284	2598	27975130	10162745	9107321	434103	5581
2020	76110959	24440236	1146636	1300	28855657	12878820	8481456	296190	10664
2021	85027452	27256054	2741735		33335155	14194604	7225956	254834	19114
2022	83212834	26324557	2324254		30929300	13426532	9571606	601668	34917

4-3 主要年份按经济类型分固定资产投资额指数（上年=100）

Indices of Total Investment in Fixed Assets in Main Years by Type of Ownership (preceding year =100)

年份 Year	合计 Total	国有经济 State-owned Units	集体经济 Collective-owned Units	联营经济 Joint Ownership Economic Units	股份经济 Share Holding Economic Units	私营经济 Private Economic Units	外商及港澳台经济 Economic Units with Funds from Foreign Regions,Hong Kong, Macao and Taiwan Investors	其他经济 Others	个体经济 Individual Investment
1978	99.2	95.9	103.1						
1980	134.0	130.4	182.4						179.5
1985	145.8	141.0	231.5						131.4
1986	120.3	125.5	94.4						106.4
1987	111.3	108.0	151.7						105.7
1988	154.4	149.9	164.5						183.2
1989	103.5	111.1	79.6						73.1
1990	97.1	97.5	87.1						103.9
1991	114.5	111.6	135.5						123.9
1992	181.4	178.8	232.3						148.4
1993	198.5	124.0	203.4						180.2
1994	140.8	143.3	140.2	130.0	183.1		146.5		141.3
1995	117.6	123.1	78.1	303.5	211.5		118.6		97.2
1996	103.4	95.4	88.2	110.9	76.3	260.4	133.0		98.4
1997	102.8	111.7	84.0	44.5	172.8	1192.1	88.3		87.7
1998	115.6	107.3	123.1	115.0	120.4	185.0	128.5		102.1
1999	115.7	118.7	114.5	65.1	172.0	231.5	96.3		97.3
2000	105.2	107.0	79.0	11.1	173.5	186.4	71.1	1527.4	131.0
2001	105.9	92.7	59.5	229.9	100.3	188.6	152.6	23.6	74.9
2002	103.2	78.9	133.5	117.6	149.4	129.5	108.2	258.0	89.2
2003	116.4	126.6	91.9	307.6	118.5	106.7	112.5	90.5	92.0
2004	114.8	120.2	68.2	175.6	97.6	153.4	113.1	79.9	60.8
2005	112.6	104.5	95.7	124.6	144.7	87.7	122.0	132.3	96.5
2006	111.7	108.2	104.8	36.4	116.6	101.7	119.7	239.0	58.2
2007	109.8	112.1	142.4	244.4	107.5	125.3	100.2	32.6	154.9
2008	113.0	117.2	128.5	134.7	93.1	136.7	112.2	56.4	68.8
2009	122.3	150.4	123.3	142.3	113.6	105.6	96.0	80.2	130.0
2010	122.7	122.0	101.8	68.6	151.2	94.5	120.7	43.5	184.9
2011	110.0	89.4	161.1	53.7	138.5	139.1	107.6	690.6	84.3
2012	110.2	95.9	240.3	6.2	106.8	106.5	127.8	840.6	143.2
2013	118.5	97.2	171.8	4370.6	134.7	137.9	107.1	6.2	281.5
2014	114.5	123.7	109.9	22.3	115.7	117.5	102.2	579.3	1.2
2015	110.6	93.5	80.9	200.6	126.0	129.4	106.4	118.3	921.3
2016	108.0	100.7	51.3		115.8	89.0	118.3	1023.4	17.4
2017	105.7	103.4	58.1		113.3	102.0	91.1	126.5	105.1
2018	108.2	129.5	58.7	23.1	98.2	93.5	133.7	34.1	55.1
2019	116.5	136.1	106.1	1767.3	116.1	129.9	80.7	156.9	364.8
2020	110.0	116.3	232.0	50.0	103.1	126.7	93.1	68.2	191.1
2021	111.7	111.5	239.1		115.5	110.2	85.2	86.0	179.2
2022	97.9	96.6	84.8		92.8	94.6	132.5	236.1	182.7

4-4 主要年份按投资类别分固定资产投资额

Total Investment in Fixed Assets in Main Years by Type of Investment

单位：万元 (10000 yuan)

年 份 Year	合 计 Total	建设改造投资 Construction and Innovation	房地产开发 Real Estate Development
1978	72641	72641	
1980	99565	99565	
1985	436197	389725	46472
1986	524813	472248	52565
1987	584140	514109	70031
1988	902161	762070	140091
1989	933326	780967	152359
1990	905937	788518	117419
1991	1037424	881075	156349
1992	1881379	1483959	397420
1993	3733976	2481589	1252387
1994	5257053	3362533	1894520
1995	6182515	4091379	2091136
1996	6389360	4097720	2291640
1997	6565767	4191544	2374223
1998	7588283	4894594	2693689
1999	8782586	5823559	2959027
2000	9236676	5680860	3555816
2001	9782093	5911886	3870207
2002	10092421	5828523	4263898
2003	11751668	7556862	4194806
2004	13489283	8718968	4770315
2005	15191582	10110736	5080846
2006	16963824	11395931	5567893
2007	18633437	11595406	7038031
2008	21055373	13421349	7634024
2009	26598516	18425067	8173449
2010	32635731	22799149	9836582
2011	34122005	21068400	13053605
2012	37583868	23879357	13704511
2013	44545508	28821219	15724289
2014	48895026	30733497	18161529
2015	54059522	32683631	21375891
2016	57035860	31627311	25408549
2017	59198316	32169381	27028935
2018	59384003	32364680	27019323
2019	69202087	38179514	31022573
2020	76110959	43171494	32939465
2021	85027452	48763054	36264398
2022	83212834	48893842	34318992

4-5 主要年份按投资类别分固定资产投资额指数(上年=100)
Indices of Total Investment in Fixed Assets in Main Years by Type of Investment (preceding year =100)

年 份 Year	合 计 Total	建设改造投资 Construction and Innovation	房地产开发 Real Estate Development
1978	99.2	99.2	
1980	134.0	134.0	
1985	145.8	152.0	108.3
1986	120.3	121.2	113.1
1987	111.3	108.9	133.2
1988	154.4	148.2	200.0
1989	103.5	102.5	108.8
1990	97.1	101.0	77.1
1991	114.5	111.7	133.2
1992	181.4	168.4	254.2
1993	198.5	167.2	315.1
1994	140.8	135.5	151.3
1995	117.6	121.7	110.4
1996	103.4	100.2	109.6
1997	102.8	102.3	103.6
1998	115.6	116.8	113.5
1999	115.7	119.0	109.9
2000	105.2	97.5	120.2
2001	105.9	104.1	108.8
2002	103.2	98.6	110.2
2003	116.4	129.7	98.4
2004	114.8	115.4	113.7
2005	112.6	116.0	106.5
2006	111.7	112.7	109.6
2007	109.8	101.8	126.4
2008	113.0	115.7	108.5
2009	122.3	137.3	107.1
2010	122.7	123.7	120.4
2011	110.0	99.4	132.7
2012	110.2	113.3	105.0
2013	118.5	120.7	114.7
2014	114.5	113.9	115.5
2015	110.6	106.3	117.7
2016	108.0	96.8	118.9
2017	105.7	105.1	106.4
2018	108.2	116.2	持平
2019	116.5	118.0	114.8
2020	110.0	113.1	106.2
2021	111.7	113.0	110.1
2022	97.9	100.3	94.6

4-6 各时期按投资类别分固定资产投资额

Total Investment in Fixed Assets in Different Periods by Type of Investment

单位：万元 (10000 yuan)

时　期	Period	合　计 Total	建设改造投资 Construction and Innovation	房地产开发 Real Estate Development
“六五”时期	6th Five-year Plan Period	1310742	1221368	89374
“七五”时期	7th Five-year Plan Period	3850377	3317912	532465
“八五”时期	8th Five-year Plan Period	18092347	12300535	5791812
“九五”时期	9th Five-year Plan Period	38562672	24688277	13874395
“十五”时期	10th Five-year Plan Period	60307047	38126975	22180072
“十一五”时期	11th Five-year Plan Period	115886881	77636902	38249979
“十二五”时期	12th Five-year Plan Period	219205929	137186104	82019825
“十三五”时期	13th Five-year Plan Period	320931225	177512380	143418845
1950-2022年	1950-2022	947263373	570523217	376740156
1979-2022年	1979-2022	946561358	569821202	376740156
2013-2022年	2013-2022	636671566	367407623	269263943
2018-2022年	2018-2022	372937334	211372584	161564750

4-7 各时期按投资类别分固定资产投资额平均每年增长速度

Average Growth Rate of Investment in Fixed Assets in Different Periods by Type of Investment

单位：% (%)

时 期	Period	合 计 Total	建设改造投资 Construction and Innovation	房地产开发 Real Estate Development
“六五”时期	6th Five-year Plan Period	34.2	31.6	
“七五”时期	7th Five-year Plan Period	19.6	18.3	29.1
“八五”时期	8th Five-year Plan Period	50.4	40.7	89.2
“九五”时期	9th Five-year Plan Period	7.5	6.3	9.6
“十五”时期	10th Five-year Plan Period	9.0	10.0	7.5
“十一五”时期	11th Five-year Plan Period	14.4	14.7	14.0
“十二五”时期	12th Five-year Plan Period	12.7	10.5	16.8
“十三五”时期	13th Five-year Plan Period	9.6	9.5	9.1
1951-2022年	1951-2022	16.9	16.3	
1979-2022年	1979-2022	17.8	16.8	
2013-2022年	2013-2022	10.0	10.1	9.6
2018-2022年	2018-2022	8.7	11.9	4.9

4-8 主要年份按三次产业分固定资产投资额

Total Investment in Fixed Assets and its Composition in Main Years by the Three Strata of Industries

年份 Year	合计 (万元) Total (10000 yuan)	第一产业 Primary Industry	第二产业 Secondary Industry	第三产业 Tertiary Industry	比重 (%) Composition (%)	第一产业 Primary Industry	第二产业 Secondary Industry	第三产业 Tertiary Industry
1978	72641	4317	32100	36224	100.00	5.94	44.19	49.87
1980	99565	4953	39722	54890	100.00	4.97	39.90	55.13
1985	436197	13672	143702	278823	100.00	3.13	32.94	63.93
1990	905937	14268	346872	544797	100.00	1.57	38.29	60.14
1995	6182515	42433	1698901	4441181	100.00	0.69	27.48	71.83
2000	9236676	66584	1411261	7758831	100.00	0.72	15.28	84.00
2001	9782093	17789	1419209	8345095	100.00	0.18	14.51	85.31
2002	10092421	24625	1913745	8154051	100.00	0.24	18.96	80.80
2003	11751668	14657	2265387	9471624	100.00	0.12	19.28	80.60
2004	13489283	30084	2863780	10595419	100.00	0.22	21.23	78.55
2005	15191582	9816	4379347	10802419	100.00	0.06	28.83	71.11
2006	16963824	17999	4632303	12313522	100.00	0.11	27.30	72.59
2007	18633437	11541	4015821	14606075	100.00	0.06	21.55	78.39
2008	21055373	16269	4510845	16528259	100.00	0.08	21.42	78.50
2009	26598516	34894	5454577	21109045	100.00	0.13	20.51	79.36
2010	32635731	34280	6262773	26338678	100.00	0.10	19.19	80.71
2011	34122005	39223	5529978	28552804	100.00	0.11	16.21	83.68
2012	37583868	71881	5998727	31513260	100.00	0.19	15.96	83.85
2013	44545508	107320	7169083	37269105	100.00	0.24	16.09	83.67
2014	48895026	151898	7174196	41568932	100.00	0.31	14.67	85.02
2015	54059522	337727	7795480	45926315	100.00	0.62	14.42	84.96
2016	57035860	211577	7320025	49504258	100.00	0.37	12.83	86.80
2017	59198316	105089	7515079	51578148	100.00	0.18	12.69	87.13
2018	59384003	7998	9615139	49760866	100.00	0.01	16.19	83.80
2019	69202087	31996	10450955	58719136	100.00	0.05	15.10	84.85
2020	76110959	139897	10341208	65629854	100.00	0.18	13.59	86.23
2021	85027452	196905	11014537	73816010	100.00	0.23	12.95	86.82
2022	83212834	154141	12496960	70561733	100.00	0.19	15.01	84.80

4-9 主要年份按构成分固定资产投资额
Total Investment in Fixed Assets in Main Years by Use of Funds

单位：万元 (10000 yuan)

年份 Year	合计 Total	建安工程 Construction and installation project	建筑工程 Construction Project	安装工程 Installation Project	设备工器具购置 Purchases of Equipment and Instruments	其他费用 Others
1995	6182515	3380428	3066640	313788	1474613	1327474
1996	6389360	3645509	3225327	420182	1501358	1242493
1997	6565767	3761130	3230953	530177	1475112	1329525
1998	7588283	4238753	3805530	433223	1465162	1884368
1999	8782586	4983134	4443801	539333	1520186	2279266
2000	9236676	5351968	4862795	489173	1284866	2599842
2001	9782093	5744072	4943427	800645	1792544	2245477
2002	10092421	6045582	5043136	1002446	1735461	2311378
2003	11751668	6596074	5926676	669398	1907214	3248380
2004	13489283	7996258	7167180	829078	2328974	3164051
2005	15191582	9087325	7899596	1187729	2749875	3354382
2006	16963824	9724062	8375238	1348824	3657839	3581923
2007	18633437	10891409	9571281	1320128	3299746	4442282
2008	21055373	12807649	11296603	1511046	3227977	5019747
2009	26598516	16750826	15003807	1747019	3798896	6048794
2010	32635731	21513034	18964747	2548287	4866404	6256293
2011	34122005	20887886	18138348	2749538	6193268	7040851
2012	37583868	24731081	21468095	3262986	6003316	6849471
2013	44545508	29692453	25879973	3812480	6995873	7857182
2014	48895026	31495401	27760295	3735106	7380551	10019074
2015	54059522	34965551	30635972	4329579	8300480	10793491
2016	57035860	32761129	28524666	4236463	9297170	14977561
2017	59198316	31970283	28275166	3695117	8947522	18280511
2018	59384003	27259894			9088439	23035670
2019	69202087	32024085			9049938	28128064
2020	76110959	36564476			7559789	31986694
2021	85027452	39915289	37398370	2516919	7573587	37538576
2022	83212834	37421683	35287675	2134008	8177565	37613586

注：2018年至2020年，500万—5000万固定资产投资项目情况表取消建筑工程和安装工程分组，合并为建安工程。

Note: Since 2018,5-50 million fixed assets investment project table canceled the construction and installation project group,merged into construction and installation project.

4-10 主要年份房屋建设情况
Building Construction Situation in Main Years

年份、时期 Year and Period	房屋施工面积（万平方米）Floor Space under Construction (10000 sq.m)	# 住宅 Residential Buildings	房屋竣工面积（万平方米）Floor Space Completed (10000 sq.m)	# 住宅 Residential Buildings
1978	429.55	173.09	184.97	84.82
1980	610.94	334.12	269.07	163.33
1985	1448.87	820.45	796.96	531.33
1990	1681.89	970.81	879.68	537.36
1995	4958.58	2840.92	1847.86	1212.84
2000	6152.47	3789.88	2404.81	1539.43
2001	6612.84	3916.82	2138.40	1304.28
2002	6376.80	3809.32	2129.56	1392.66
2003	6540.20	3643.26	2243.10	1317.25
2004	7263.32	3817.60	2308.23	1045.58
2005	7165.93	3836.53	2405.30	1091.48
2006	6895.68	3751.36	1677.24	918.05
2007	8113.99	4049.79	2243.77	1001.43
2008	8272.29	3986.32	1849.70	865.15
2009	8690.90	3740.54	2208.57	965.85
2010	10114.91	4279.53	2388.95	950.10
2011	11555.51	5083.07	2804.28	938.38
2012	12381.69	5152.06	2957.66	940.44
2013	13959.31	5753.99	3683.50	897.97
2014	13995.56	6410.68	3699.66	1266.35
2015	13129.83	6461.25	2712.01	1031.79
2016	11563.90	6228.81	1642.25	832.98
2017	12044.84	6427.97	1496.38	832.80
2018	14841.71	7166.30	1601.19	871.70
2019	16594.23	7381.27	3089.81	1649.46
2020	11878.29	6924.32	1389.79	923.91
2021	12750.78	7416.82	1093.13	656.77
2022	12946.25	7569.42	1351.74	851.84
"六五"时期 6th Five-year Plan Period			3328.10	2352.34
"七五"时期 7th Five-year Plan Period			4454.23	2772.75
"八五"时期 8th Five-year Plan Period			7045.41	4339.71
"九五"时期 9th Five-year Plan Period			10112.06	6673.86
"十五"时期 10th Five-year Plan Period			11224.59	6151.25
"十一五"时期 11th Five-year Plan Period			10368.23	4700.58
"十二五"时期 12th Five-year Plan Period			15857.11	5074.93
"十三五"时期 13th Five-year Plan Period			9219.42	5110.85
1950-2022			76603.18	39693.87
1979-2022			74515.88	38946.94
2013-2022			21759.46	9815.57
2018-2022			8525.66	4953.68

注：因制度调整，从2020年起房屋施工面积和房屋竣工面积只包含房地产开发投资项目。

Note: Due to the adjustment of the institution, the construction area and completed area of houses since 2020 only include real estate development and investment projects.

4-11 固定资产投资额(2022年)

Total Investment in Fixed Assets (2022)

单位：万元 (10000 yuan)

项目	Item	合计 Total	#建设改造 Construction and Transformation
总　计	**total**	**83212834**	**48893842**
按登记注册类型分	**Grouped by Registration Status**		
内资企业	Domestic Funded Enterprises	73606311	44668449
国有企业	State-owned Enterprises	17449678	15375245
集体企业	Collective-owned Enterprises	2242352	2225117
股份合作企业	Cooperative Enterprises	81902	81902
联营企业	Joint Ownership Enterprises		
国有联营企业	State Joint Ownership Enterprises		
集体联营企业	Collective Joint Ownership Enterprises		
国有与集体联营企业	Joint State-collective Enterprises		
其他联营企业	Other Joint Ownership Enterprises		
有限责任公司	Limited Liability Corporations	36414389	19192081
国有独资公司	State Sole Funded Corporations	8874879	7585097
其他有限责任公司	Other Limited Liability Corporations	27539510	11606984
股份有限公司	Share-holding Corporations Ltd.	3389790	3228818
私营企业	Private Enterprises	13426532	4249642
其他企业	Other Enterprises	601668	315644
港、澳、台商投资企业	Enterprises with Funds from Hong Kong, Macao and Taiwan	3889322	1424469
#与港、澳、台商合资经营企业	Joint-venture Enterprises	704223	386272
与港、澳、台商合作经营企业	Cooperative Enterprises	557039	287558
港、澳、台商独资经营企业	Enterprises with Sole Funds	2531085	653664
港、澳、台商投资股份有限公司	Share-holding Corporations Ltd.	52444	52444
外商投资企业	Foreign Funded Enterprises	5682284	2766007
#中外合资经营企业	Joint-venture Enterprises	2593429	1839145
中外合作经营企业	Cooperative Enterprises	268436	34342
外资企业	Enterprises with Sole Foreign Funds	2643754	729781
外商投资股份有限公司	Share-holding Corporations Ltd.	154730	154730
个体经营	Self-employed Individual	34917	34917
按隶属关系分	**According to affiliation**		
中央	Center	6434479	4882319
地方	Local	34593397	29335641
其他	Other	42184958	14675882

4-11 续表 continued

单位：万元 (10000 yuan)

项 目	Item	合 计 Total	#建设改造 Construction and Transformation
按建设性质分	**Grouped by Type of Construction**		
#新 建	New Construction	72913640	38594648
扩 建	Expansion	3602861	3602861
改建和技术改造	Renovation and Technical Transformation	4355836	4355836
单纯购置	Simple Purchase	1965860	1965860
按构成分	**Grouped by Composition**		
建安工程	Construction and Installation Project	37421683	25814344
设备工器具购置	Equipment and Appliance Purchase	8177565	8061820
其他费用	Other Expenses	37613586	15017678
按行业分	**Grouped by Sector**		
农、林、牧、渔业	Agriculture, Forestry, Animal Husbandry and Fishery Industry	171565	171565
采矿业	Mining	1484	1484
制造业	Manufacturing	9841399	9841399
电力、热力、燃气及水生产和供应业	Production and Supply of Electricity, Heat,Gas and Water	2554360	2554360
建筑业	Construction	135021	135021
批发和零售业	Wholesale and Retail Trade	212832	212832
交通运输、仓储和邮政业	Transport, Storage and Post	11375162	11375162
住宿和餐饮业	Hotels and Catering Services	337293	337293
信息传输、软件和信息技术服务业	Information Transmission, Software and Information Technology	1433737	1433737
金融业	Financial Intermediation	521139	521139
房地产业	Real Estate	40744279	6425287
租赁和商务服务业	Leasing and Business Services	2956378	2956378
科学研究和技术服务业	Scientific Research and Technical Services	1253131	1253131
水利、环境和公共设施管理业	Management of Water Conservancy, Environment and Public Facilities	7203572	7203572
居民服务、修理和其他服务业	Service to Households, Repair and Other Services	75294	75294
教 育	Education	2531998	2531998
卫生和社会工作	Health and Social Service	1268184	1268184
文化、体育和娱乐业	Culture, Sports and Entertainment	417612	417612
公共管理、社会保障和社会组织	Public Management, Social Security and Social Organizations	178394	178394
国际组织	Internationale Organizations		

4-12 各区固定资产投资主要指标

(2022年，按项目所在地分)

项目	Item	全市 Total	荔湾区 Liwan	越秀区 Yuexiu
固定资产投资额 (万元)	**Total Investment in Fixed Assets (10000 yuan)**	**83212834**	**4891801**	**1045165**
按登记注册类型分	**Grouped by Registration Status**			
# 国有经济投资	State-owned Investment	26324557	1068504	765996
民间投资	Investment by Non-state-owned Units	33231704	1881808	105900
港澳台商经济投资	Investment from Hong Kong, Macao and Taiwan	3889322	315803	60547
外商经济投资	Foreign Investment	5682284	980928	
按构成分	**Grouped by Use of Funds**			
# 建筑安装工程合计	Construction and Installation Project	37421683	1543817	553768
新增固定资产 (万元)	Newly Increased Fixed Assets (10000 yuan)	21854502	324331	406823

注：国有经济投资包括国有企业、国有联营企业、国有独资公司的投资额。民间投资是指工商登记注册类型为：集体、股份合作、私营独资、私营合伙、私营有限责任公司、个体户、个人合伙等纯民间主体的固定资产投资及混合经济成分中由集体、私营、个体控股的投资主体单位的全部固定资产投资(下同)。

Main Indicators of Investment in Fixed Assets by District
(2022, by Region of Item)

海珠区 Haizhu	天河区 Tianhe	白云区 Baiyun	黄埔区 Huangpu	番禺区 Panyu	花都区 Huadu	南沙区 Nansha	从化区 Conghua	增城区 Zengcheng
4780175	**5863563**	**11566375**	**19208777**	**7374521**	**5737463**	**12174457**	**1792898**	**8777639**
1271832	890061	5001035	6025129	1784991	1849243	4560264	414459	2693043
2815797	2672509	2192086	8804164	4148016	1661159	3771714	923878	4254673
66501	343872	145820	466088	485534	713922	896913	121490	272832
105372	198269	1148842	1193420	233469	182859	643925	54406	940794
2160304	1932555	4978997	8784247	3426497	2843938	5430433	1229173	4537954
401245	2169574	1488100	7120529	2740179	995949	3380467	484387	2342918

Note: The state-owned investment refers to the investment from state-ownered enterprises, state joint ownership enterprises and sole state-funded corporations. The investment by non-state-owned units refers to the total investment excluding the investment from state-owned enterprises, state joint ownership enterprises, sole state-funded corporations, enterprises with funds from foreign regions,Hong Kong, Macao and Taiwan. The investment by private enterprises refers to private holding investment and individual investment of the investment from collective-owned enterprises, other cooperative enterprises, other limited liability corporations,private enterprises, other domestic funded enterprises and share holding corporations. The same as in the following tables.

4-13 各区分行业固定资产投资
（2022年，按项目所在地分）

单位：万元

项 目	Item	全 市 Total	荔湾区 Liwan
固定资产投资额	**Total Investment in Fixed Assets**	**83212834**	**4891801**
按行业分	**Grouped By Sector**		
农、林、牧、渔业	Agriculture, Forestry, Animal Husbandry and Fishery	171565	
采矿业	Mining	1484	
制造业	Manufacturing	9841399	57774
电力、热力、燃气及水生产和供应业	Production and Supply of Electricity, Heat,Gas and Water	2554360	94282
建筑业	Construction	135021	
批发和零售业	Wholesale and Retail Trade	212832	58555
交通运输、仓储和邮政业	Transport, Storage and Post	11375162	451207
住宿和餐饮业	Hotels and Catering Services	337293	4548
信息传输、软件和信息技术服务业	Information Transmission, Software and Information Technology	1433737	40146
金融业	Financial Intermediation	521139	
房地产业	Real Estate	40744279	3527762
租赁和商务服务业	Leasing and Business Services	2956378	80526
科学研究和技术服务业	Scientific Research and Technical Services	1253131	66742
水利、环境和公共设施管理业	Management of Water Conservancy, Environment and Public Facilities	7203572	255234
居民服务、修理和其他服务业	Service to Households, Repair and Other Services	75294	
教 育	Education	2531998	90651
卫生和社会工作	Health and Social Service	1268184	86370
文化、体育和娱乐业	Culture, Sports and Entertainment	417612	63356
公共管理、社会保障和社会组织	Public Management, Social Security and Social Organizations	178394	14648

Fixed Assets Investment Grouped by Sector by District
(2022, by Region of Item)

(10000yuan)

越秀区 Yuexiu	海珠区 Haizhu	天河区 Tianhe	白云区 Baiyun	黄埔区 Huangpu	番禺区 Panyu	花都区 Huadu	南沙区 Nansha	从化区 Conghua	增城区 Zengcheng
1045165	**4780175**	**5863563**	**11566375**	**19208777**	**7374521**	**5737463**	**12174457**	**1792898**	**8777639**
			11160	2036	22	68466	30237	30831	28813
								1484	
	60511	4817	517030	4985602	791809	669513	1278361	281444	1194538
43958	114005	236274	179618	529955	182233	236055	347007	152940	438033
	92004	12166	1934	6109	22808				
	17503	1874	30679	15875	13161	27112	3184	2054	42835
294320	807110	687198	3501833	1074645	929785	1028129	1338629	447728	814578
28140			39146	17238	36375	64332	77390	12506	57618
82647	137633	950682	28149	120371	15085	20816	30208		8000
		409937		23061			88141		
211334	2697136	2638362	5279508	8114353	4359728	2812247	6224412	404335	4475102
2296	362242	340104	872530	800889	245434	21389	68248	28673	134047
	6681	207790	114394	445660	16961	190977	139241	9717	54968
78492	159167	270628	632540	2159467	371673	473789	2021707	156511	624364
			4290	2638		2157		66209	
9110	143816	50032	269094	611388	317793	68532	240969	97950	632663
258457	80265	35624	75905	166912	41101	31598	251505	36091	204356
9299	99387	8108	2060	119916	25883	7796	6675	59605	15527
27112	2715	9967	6505	12662	4670	14555	28543	4820	52197

4-14 各区分行业固定资产投资比重
(2022年，按项目所在地分)

单位：%

项　　目	Item	全　市 Total	荔湾区 Liwan
固定资产投资额	**Total Investment in Fixed Assets**	**100.00**	**100.00**
按行业分	**Grouped By Sector**		
农、林、牧、渔业	Agriculture, Forestry, Animal Husbandry and Fishery	0.21	
采矿业	Mining		
制造业	Manufacturing	11.83	1.18
电力、热力、燃气及水生产和供应业	Production and Supply of Electricity, Heat,Gas and Water	3.07	1.93
建筑业	Construction	0.16	
批发和零售业	Wholesale and Retail Trade	0.26	1.20
交通运输、仓储和邮政业	Transport, Storage and Post	13.67	9.22
住宿和餐饮业	Hotels and Catering Services	0.41	0.09
信息传输、软件和信息技术服务业	Information Transmission, Software and Information Technology	1.72	0.82
金融业	Financial Intermediation	0.63	
房地产业	Real Estate	48.96	72.11
租赁和商务服务业	Leasing and Business Services	3.55	1.65
科学研究和技术服务业	Scientific Research and Technical Services	1.51	1.36
水利、环境和公共设施管理业	Management of Water Conservancy, Environment and Public Facilities	8.66	5.22
居民服务、修理和其他服务业	Service to Households, Repair and Other Services	0.09	
教　育	Education	3.04	1.85
卫生和社会工作	Health and Social Service	1.52	1.77
文化、体育和娱乐业	Culture, Sports and Entertainment	0.50	1.30
公共管理、社会保障和社会组织	Public Management, Social Security and Social Organizations	0.21	0.30

Proportion of Fixed Assets Investment Grouped by Sector by District
(2022, by Region of Item)

(%)

越秀区 Yuexiu	海珠区 Haizhu	天河区 Tianhe	白云区 Baiyun	黄埔区 Huangpu	番禺区 Panyu	花都区 Huadu	南沙区 Nansha	从化区 Conghua	增城区 Zengcheng
100.00	**100.00**	**100.00**	**100.00**	**100.00**	**100.00**	**100.00**	**100.00**	**100.00**	**100.00**
			0.10	0.01		1.19	0.25	1.72	0.33
								0.08	
	1.27	0.08	4.47	25.95	10.74	11.67	10.50	15.70	13.61
4.21	2.38	4.03	1.55	2.76	2.47	4.11	2.85	8.53	4.99
	1.92	0.21	0.02	0.03	0.31				
	0.37	0.03	0.27	0.08	0.18	0.47	0.03	0.11	0.49
28.16	16.88	11.72	30.27	5.59	12.61	17.92	11.00	24.99	9.28
2.69			0.34	0.09	0.49	1.12	0.64	0.70	0.66
7.91	2.88	16.21	0.24	0.63	0.20	0.36	0.25		0.09
		6.99		0.12			0.72		
20.22	56.42	45.00	45.63	42.26	59.12	49.03	51.12	22.55	50.97
0.22	7.58	5.80	7.54	4.17	3.33	0.37	0.56	1.60	1.53
	0.14	3.54	0.99	2.32	0.23	3.33	1.14	0.54	0.63
7.51	3.33	4.62	5.47	11.24	5.04	8.26	16.61	8.73	7.11
			0.04	0.01		0.04		3.69	
0.87	3.01	0.85	2.33	3.18	4.31	1.19	1.98	5.46	7.21
24.73	1.68	0.61	0.66	0.87	0.56	0.55	2.07	2.01	2.33
0.89	2.08	0.14	0.02	0.62	0.35	0.14	0.05	3.32	0.18
2.59	0.06	0.17	0.06	0.07	0.06	0.25	0.23	0.27	0.59

4-15 民间固定资产投资情况(2022年)

Investment in Fixed Assets by Private Units (2022)

单位：万元　(10000 yuan)

指标名称	Item	2022	2022年比2021年增长(%) Growth Rate in 2022 over 2021 (%)
合　计	**Total**	**33231704**	**-9.3**
按投资类别分	**Grouped by Type of Investment**		
建设改造	Construction and Transformation	13506654	1.2
房地产开发	Real Estate Development	19725050	-15.3
按主要领域分	**Grouped by Main Sector**		
其中：基础设施	Infrastructure investment	662144	-23.4
工业投资	Industrial investment	5929259	36.3
其中：工业技术改造	Industry technical renovation	1761312	11.3
按构成分	**Grouped by Use of Funds**		
建安工程	Construction and Installation Project	13377434	-7.5
设备工器具购置	Purchases of Equipment and Instruments	2342100	40.1
其他费用	Others	17512170	-14.6
按三次产业分	**Grouped By Industry**		
第一产业	Primary Industry	55107	-64.2
第二产业	Secondary Industry	5951512	37.2
第三产业	Tertiary Industry	27225085	-15.3
按国民经济行业分	**Grouped by Sector**		
农、林、牧、渔业	Agriculture, Forestry, Animal Husbandry and Fishery Industry	64538	-60.5
采矿业	Mining	1484	-48.3
制造业	Manufacturing	5795933	38.4
电力、热力、燃气及水生产和供应业	Production and Supply of Electricity, Heat,Gas and Water	131842	-17.1
建筑业	Construction	28917	324.4
批发和零售业	Wholesale and Retail Trade	124302	-57.2
交通运输、仓储和邮政业	Transport, Storage and Post	490905	-7.7
住宿餐饮业	Hotels and Catering Services	134631	-8.6
信息传输、软件和信息技术服务业	Information Transmission, Software and Information Technology	303626	-39.5
金融业	Financial Intermediation	124339	-25.0
房地产业	Real Estate	23391032	-13.5
租赁和商务服务业	Leasing and Business Services	1287197	-5.0
科学研究和技术服务业	Scientific Research and Technical Services	577412	46.5
水利、环境和公共设施管理业	Management of Water Conservancy, Environment and Public Facilities	100265	-38.2
居民服务、修理和其他服务业	Service to Households, Repair and Other Services	68847	104.4
教育	Education	445510	-51.1
卫生和社会工作	Health and Social Service	115740	-66.4
文化、体育和娱乐业	Culture, Sports and Entertainment	39747	-82.4
公共管理、社会保障和社会组织	Public Management, Social Security and Social Organizations	5437	-53.3
国际组织	International Organizations		

4-16 工业及工业技术改造固定资产投资情况(2022年)
Investment in Fixed Assets in Industrial and Technological Renovation(2022)

单位：万元 (10000 yuan)

项目	Item	工业投资 Industrial Investment	#工业技术改造 Industrial Technological Transformation
合计	**Total**	**12397243**	**4300592**
其中：汽车制造业	Automobile Manufacturing	1474042	973466
其中：汽车零配件	Auto Parts Manufacturing	714502	275835
电子产品制造业	Electronic Appliance Manufacturing	4334613	1005142
石油化工制造业	Petrochemical Manufacturing	655139	245031
其中：高技术制造业	High-tech Manufacturing Industry	4986034	1260786
医药制造业	Pharmaceutical Manufacturing Industry	715327	253069
航空航天及设备制造业	Aerospace and Equipment Manufacturing Industry	52399	24617
电子及通信设备制造	Manufacturing Industry of Electronic and Communication Equipment	3825016	829981
计算机及办公设备制造业	Computer and Office Equipment Manufacturing Industry	254107	88249
医疗设备及仪器仪表制造业	Manufacturing Industry of Medical Equipment and Instruments	118933	45525
信息化学品制造	Information Chemicals Manufacturing Industry	20252	19345
按工业行业分	**By industry**		
非金属矿采选业	Mining and Dressing of Nonmetal Ores	1484	1368
农副食品加工业	Processing of Food from Agricultural Products	364678	117334
食品制造业	Manufacture of Foods	218521	62399
酒、饮料和精制茶制造业	Manufacture of Wine, Beverages and Refined Tea	60622	24202
烟草制品业	Manufacture of Tobacco	6056	436
纺织业	Manufacture of Textile	19388	8166
纺织服装、服饰业	Manufacture of Textile Wearing Apparel, Clothing	101773	53335
皮革、毛皮、羽毛及其制品和制鞋业	Manufacture of Leather, Fur, Feather and Related Products, Footwear	19681	4450
木材加工和木、竹、藤、棕、草制品业	Processing of Timber, Manufacture of Wood, Bamboo, Rattan, Palm and Straw Products	19349	
家具制造业	Manufacture of Furniture	33517	23701
造纸和纸制品业	Manufacture of Paper and Paper Products	17384	13040
印刷和记录媒介复制业	Printing, Reproduction of Recording Media	47209	8857
文教、工美、体育和娱乐用品制造业	Manufacture of Culture and Education, Arts and Crafts, Sports and Entertainment Supplies	92450	37483
石油煤炭及其他燃料加工业	Processing of Petroleum, Coking, Processing of Nuclear Fuel	43659	27432
化学原料和化学制品制造业	Manufacture of Raw Chemical Materials and Chemical Products	631732	236944
医药制造业	Manufacture of Medicines	715327	253069
化学纤维制造业	Manufacture of Chemical Fibers	3811	
橡胶和塑料制品业	Manufacture of Rubber	198766	128690
非金属矿物制品业	Manufacture of Non-metallic Mineral Products	91893	38434
黑色金属冶炼和压延加工业	Smelting and Pressing of Ferrous Metals	62779	35314
有色金属冶炼和压延加工业	Smelting and Pressing of Non-Ferrous Metals	50134	4117
金属制品业	Manufacture of Metal Products	99159	85299
通用设备制造业	Manufacture of General Purpose Machinery	428913	113401
专用设备制造业	Manufacture of Special Purpose Machinery	482701	99864
汽车制造业	Manufacture of Automobile	1474042	973466
铁路、船舶、航空航天和其他运输设备制造业	Manufacture of Railway, Ship, Aerospace and Other Transportation Equipment	102712	46580
电气机械和器材制造业	Manufacture of Electrical Machinery and Equipment	516119	141149
计算机、通信和其他电子设备制造业	Manufacture of Computers, Communication Equipment and Other Electronic Equipment	3831561	897428
仪器仪表制造业	Manufacture of Instruments and Meters	28966	25809
其他制造业	Other Manufactures	34426	5509
废弃资源综合利用业	Comprehensive Utilization of Waste	8767	8391
金属制品、机械和设备修理业	Manufacture of Metal Products, Machinery and Equipment Maintenance	35304	22686
电力、热力生产和供应业	Production and Supply of Electric Power and Heat Power	1855010	576496
燃气生产和供应业	Production and Supply of Gas	156235	35823
水的生产和供应业	Production and Supply of Water	543115	189920

4-17 住宅投资建设情况(2022年)

Housing Investment and Construction (2022)

项　　目	Item	固定资产投资额 (万元) Investment in Fixed Assets (10000 yuan)	房屋施工面积 (平方米) Floor Space under Construction (sq.m)	房屋竣工面积 (平方米) Floor Space Completed (sq.m)
总　计	**Total**	**25273896**	**75694197**	**8518372**
按登记注册类型分	**Grouped by Registration Status**			
内资企业	Domestic Funded Enterprises	21871416	64670408	7329600
国有企业	State-owned Enterprises	1611397	2457567	
集体企业	Collective-owned Enterprises	74793	47567	
股份合作企业	Cooperative Enterprises			
联营企业	Joint Ownership Enterprises			
有限责任公司	Limited Liability Corporations	13435925	37859608	4569220
股份有限公司	Share-holding Corporations Ltd.	98266	252556	
私营企业	Private Enterprises	6394207	20709709	2132354
其他企业	Other Enterprises	256828	102742	
港、澳、台商投资企业	Enterprises with Funds from Hong Kong, Macao and Taiwan	1789074	6129623	609544
外商投资企业	Foreign Funded Enterprises	1613406	4894166	579228
个体经营	Self-employed Individual			
按投资类别分	**By investment category**			
# 房地产开发	Real estate development	24330259	75694197	8518372

注：制度调整，从2020年起房屋施工面积和房屋竣工面积只包含房地产开发投资项目。

Note: Due to the adjustment of the institution, the construction area and completed area of houses since 2020 only include real estate development and investment projects.

4-18 主要年份基础设施投资额

Total Investment of Infrastructure in Main Years

单位：万元 (10000 yuan)

年 份 Year	基础设施投资额合计 Total Investment in Infrastructure	电力、热力、燃气及水生产和供应业 Production and Supply of Electricity, Heat, Gas and Water	交通运输、仓储和邮政业 Transport, Storage and Post	信息传输、软件和信息技术服务业 Information Transmission, Software and Information Technology	水利、环境和公共设施管理业 Management of Water Conservancy, Environment and Public Facilities
2006	5486487	1027261	2584536	323481	1551209
2007	5396237	823335	2395913	231485	1945504
2008	6058585	721278	2993037	310452	2033818
2009	10205364	1921535	3755212	1018626	3509991
2010	13322053	2300961	4498051	898385	5624656
2011	9977291	891065	4274037	1864116	2948073
2012	10650125	1241487	4568369	1229343	3610926
2013	11371899	1016015	5935429	1037231	3383224
2014	12466576	1227907	6707111	1251867	3279691
2015	13390770	1105701	6316844	1816401	4151824
2016	15164507	1603562	7922729	1110701	4527515
2017	16842963	1573871	8832349	1060190	5376553
2018	17619987	1665621	9140573	1002888	5810905
2019	21934686	2936260	10609024	1218183	7171219
2020	22975636	3057672	9768938	1138032	9010994
2021	22302422	2905661	10514729	1304854	7577178
2022	21966381	2554360	11044293	1164156	7203572

注：基础设施投资是指为社会生产和生活提供基础性、大众性服务的工程和设施。因此表中的交通运输、仓储和邮政业不包括通用仓储、低温仓储、危险品仓储和谷物、棉花等农产品仓储业；信息传输、软件和信息技术服务业不包括软件和信息技术服务业。与其他表的国民经济行业分类略有不同。

Note: Infrastructure investment refers to projects and facilities that provide basic and popular services for social production and life.Therefore the transportation, storage and postal services in the tables do not include general storage, low temperature storage, dangerous goods storage and storage of agricultural products such as grain and cotton; information transmission,software and information technology services do not include software and information technology services. The industry classification of national economy is slightly different from other tables.

4-19 基础设施固定资产投资情况(2022年)

Infrastructure Fixed Assets Investment (2022)

单位：万元 (10000 yuan)

项　　目	Item	2022	2022年比2021年增长(%) Growth Rate in 2022 over 2021 (%)
合　计	**Total**	**21966381**	**-1.5**
按行业分	**By Sector**		
电力、热力生产和供应业	Production and Supply of Electric Power and Heat Power	1855010	-16.0
燃气生产和供应业	Production and Supply of Gas	156235	13.3
水的生产和供应业	Production and Supply of Water	543115	-3.0
铁路运输业	Railway Transportation Industry	2165639	25.7
道路运输业	Road Transportation Industry	6497049	5.0
水上运输业	Water Transportation Industry	468449	-21.5
航空运输业	Aviation Transportation Industry	1853596	-3.2
管道运输业	Pipeline Transportation Industry		-100.0
多式联运和运输代理业	Multimodal Transport and Transport Agent Industry	54109	-37.8
装卸搬运	Handling and handling	2869	
邮政业	Post Industry	2582	
电信、广播电视和卫星传输服务	Telecommunications, Radio and Television, Satellite Transmission Services	1004054	-10.7
互联网和相关服务	Internet and Related Services	160102	-11.6
水利管理业	Management of Water Conservancy	790664	10.6
生态保护和环境治理业	Ecology Protection and Environment Control	96994	-60.3
公共设施管理业	Management of Public Facilities	6315914	-4.6

4-20 新增固定资产(2022年)

Total Newly Increased Fixed Assets (2022)

单位：万元　　(10000 yuan)

项目	Item	合计 Total	#建设改造 Construction and Transformation
总　　计	**Total**	**21854502**	**11884164**
按登记注册类型分	**Grouped by Registration Status**		
内资企业	Domestic Funded Enterprises	18742065	10372743
国有企业	State-owned Enterprises	3910913	3910877
集体企业	Collective-owned Enterprises	316936	316936
股份合作企业	Cooperative Enterprises	411	411
联营企业	Joint Ownership Enterprises		
国有联营企业	State Joint Ownership Enterprises		
集体联营企业	Collective Joint Ownership Enterprises		
国有与集体联营企业	Joint State-collective Enterprises		
其他联营企业	Other Joint Ownership Enterprise		
有限责任公司	Limited Liability Corporations	10061985	4285523
国有独资公司	State Sole Funded Corporations	3960465	3045908
其他有限责任公司	Other Limited Liability Corporations	6101520	1239615
股份有限公司	Share Holding Corporations Ltd.	969714	969714
私营企业	Private Enterprises	3439628	846806
其他企业	Other Enterprises	42478	42476
港、澳、台商投资企业	Enterprises with Funds from Hong Kong, Macao and Taiwan	1565720	657397
#与港、澳、台商合资经营企业	Joint-venture Enterprises	526184	114433
与港、澳、台商合作经营企业	Cooperative Enterprises	441946	263192
港、澳、台商独资经营企业	Enterprises with Sole Funds	563012	245194
港、澳、台商投资股份有限公司	Share-holding Corporations Ltd.	34578	34578
外商投资企业	Foreign Funded Enterprises	1534533	841840
#中外合资经营企业	Joint-venture Enterprises	969817	462048
中外合作经营企业	Cooperative Enterprises	51918	26135
外资企业	Enterprises with Sole Foreign Funds	402266	243125
外商投资股份有限公司	Share-holding Corporations Ltd.	105308	105308
个体经营	Self-employed Individual	12184	12184
按隶属关系分	**Grouped by Jurisdiction of Management**		
中央	Central Investment	3448486	3034928
地方	Local Investment	7589377	6093538
其他	Others	10816639	2755698

4-20 续表 continued

单位：万元 (10000 yuan)

项目	Item	合计 Total	#建设改造 Construction and Transformation
按建设性质分	**Grouped by Type of Construction**		
#新建	New Construction	18585900	8615562
扩建	Expansion	774098	774098
改建和技术改造	Reconstruction	1795648	1795648
单纯购置	Purchase	671149	671149
按行业分	**Grouped by Economic Sector**		
农、林、牧、渔业	Agriculture, Forestry, Animal Husbandry and Fishery	24874	24874
采矿业	Mining		
制造业	Manufacturing	2586613	2586613
电力、热力、燃气及水生产和供应业	Production and Supply of Electricity, Heat,Gas and Water	2111102	2111102
建筑业	Construction	14079	14079
批发和零售业	Wholesale and Retail Trade	16380	16380
交通运输、仓储和邮政业	Transport, Storage and Post	1009724	1009724
住宿和餐饮业	Hotels and Catering Services	180569	180569
信息传输、软件和信息技术服务业	Information Transmission, Software and Information Technology	967921	967921
金融业	Financial Intermediation	195530	195530
房地产业	Real Estate	10761388	791050
租赁和商务服务业	Leasing and Business Services	554255	554255
科学研究和技术服务业	Scientific Research and Technical Services	142283	142283
水利、环境和公共设施管理业	Management of Water Conservancy, Environment and Public Facilities	1921887	1921887
居民服务、修理和其他服务业	Service to Households, Repair and Other Services	990	990
教育	Education	731299	731299
卫生和社会工作	Health and Social Service	583061	583061
文化、体育和娱乐业	Culture, Sports and Entertainment	16539	16539
公共管理、社会保障和社会组织	Public Management, Social Security and Social Organizations	36008	36008
国际组织	International Organization		

4-21 固定资产投资资金来源(2022年)

The Funds Sources of Fixed Assets Investment (2022)

单位：万元 (10000 yuan)

项　　目	Item	合计 Total	#建设改造 Construction and Transformation
本年实际到位资金合计	Total Actually Funds Provided This Year	127492777	51889618
上年末结余资金	Surplus Fund from Year-end of Preceding Year	36858046	3734896
本年实际到位资金小计	Subtotal Actually Funds Provided This Year	90634731	48154722
#国家预算资金	State Budget	11484127	11484127
国内贷款	Domestic Loans	20282776	13953160
债　　券	Bonds	352238	352238
利用外资	Foreign Investment	89455	89455
自筹资金	Self-raising Funds	37349429	20648800
其他资金	Others	1916509	1626942
本年各项应付款合计	Total Payment This Year	10894283	1155369
#工程款	Payment Against Projects	5743019	535153

注：国家制度修订，统计口径为5000万元及以上固定资产投资项目和房地产开发项目。

Note: The statistical caliber adjusts 50 million yuan and above in fixed assets investment projects and real estate development projects according to the national statistical system.

4-22 房地产开发与经营(2022年，按法人单位办公所在地分)

项目	Item	全市 Total	荔湾区 Liwan	越秀区 Yuexiu
企业个数 (个)	Number of Enterprises (unit)	1405	61	67
年末从业人数 (人)	Employed Persons at Year-end (person)	35499	1066	1543
本年完成投资 (万元)	Total Investment Completed This Year (10000 yuan)	34318992	2633833	585635
#住　宅	Residential Buildings	24330259	2089075	420830
办公楼	Office Buildings	2893675	84616	36866
商业营业用房	Houses for Business Use	2316540	108532	53450
房屋施工面积 (平方米)	Floor Space of Buildings under Construction (sq.m)	129462468	6104991	2281002
#住　宅	Residential Buildings	75694197	3523825	1052529
办公楼	Office Buildings	15462696	149443	269958
商业营业用房	Houses for Business Use	10593756	949084	296877
#新开工面积	Floor Space of Newly Started Buildings	13515152	1207569	165631
#住　宅	Residential Buildings	8215483	1026044	135255
办公楼	Office Buildings	832417	42503	
商业营业用房	Houses for Business Use	709813	2800	1990
房屋竣工面积 (平方米)	Floor Space of Buildings Completed (sq.m)	13517356	282880	535247
#住　宅	Residential Buildings	8518372	188045	262421
办公楼	Office Buildings	930519	1973	90322
商业营业用房	Houses for Business Use	1299082	10684	80264
商品房销售面积 (平方米)	Floor Space of Buildings Actually Sold This Year (sq.m)	13740740	640273	81799
现房销售面积	Floor Space of Existing Buildings with Contracts Signed	3825992	178865	67967
#住　宅	Residential Buildings	2149357	86517	50197
办公楼	Office Buildings	399549	10912	7484
商业营业用房	Houses for Business Use	568496	52534	3790
期房销售面积	Floor Space of Buildings Presold This Year	9914748	461408	13832
#住　宅	Residential Buildings	8115949	422084	12490
办公楼	Office Buildings	871711	14143	
商业营业用房	Houses for Business Use	419027	19185	1342
商品房销售合同金额(万元)	Contracted Value of Buildings Actually Sold This Year(10000 yuan)	36215031	3447944	385431
现房销售合同金额	Contracted Value of Existing Buildings with Contracts Signed	6128472	696071	283567
#住　宅	Residential Buildings	3631617	480471	209053
办公楼	Office Buildings	1118993	29805	35025
商业营业用房	Houses for Business Use	736036	123887	10232
期房销售合同金额	Contracted Value of Buildings Presold	30086559	2751873	101864
#住　宅	Residential Buildings	26604824	2584469	94864
办公楼	Office Buildings	2097924	65744	
商业营业用房	Houses for Business Use	1056681	90895	7000

Real Estate Development and Management
(2022, by the Locations of the Offices of Corporate Units)

海珠区 Haizhu	天河区 Tianhe	白云区 Baiyun	黄埔区 Huangpu	番禺区 Panyu	花都区 Huadu	南沙区 Nansha	从化区 Conghua	增城区 Zengcheng
136	162	103	135	174	116	158	69	224
3075	6905	2226	3770	5106	2223	3594	1291	4700
2696003	2556696	3972786	5069301	3963016	2214424	5819467	364576	4443255
1693825	1139700	2576705	3860237	2949670	1678668	3965942	308575	3647032
329800	518811	409367	430260	248381	127908	598097	13501	96068
281376	514379	258892	154593	302530	73696	424547	14077	130468
6265416	9951746	10666296	20441637	16307527	9534920	17839213	4211218	25858502
2393816	4388195	6529435	12952238	8551695	5791329	10283029	3039546	17188560
1700724	2305918	906979	2625358	2948802	478040	2676443	248455	1152576
1053565	1192145	426071	1107088	1630698	711283	1511367	252820	1462758
904161	943541	1775344	1963433	1733120	471971	1991221	45647	2313514
556220	516412	1005372	963391	808554	336200	1512918	41590	1313527
105592	213235	43731	168884	204198	1336	16009		36929
92051	99990	52096	43677	197894	9043	81181	1557	127534
	1894187	285993	2094610	2885283	464454	3004529	222868	1847305
	1246512	154927	1661139	1291830	366237	1962458	144558	1240245
	48340	52097	81998	233625	15173	245195	27560	134236
	179446	9282	39450	653533	350	235319	16150	74604
625451	926922	736075	3420027	1434289	739628	1609240	404198	3122838
74690	326240	76119	697957	486826	162825	289266	82259	1382978
10333	149762	66546	421950	297156	104353	54622	67162	840759
58045	96912		82030	7007	12365	124291		503
	15652	243	105343	107013	19267	52357	8649	203648
550761	600682	659956	2722070	947463	576803	1319974	321939	1739860
402781	309610	632079	2167664	844222	514754	1028843	306341	1475081
9198	250979	17728	192011	83148	25043	188273	9278	81910
124428	32008	5994	42901	11702	18103	92500	2659	68205
4062929	4306934	3176368	8033489	4278786	1401286	2954518	554731	3612615
342470	1294017	356562	678047	606831	262120	513167	113835	981785
74969	692672	343718	379923	347463	202454	139052	101142	660700
248728	465224		55870	13053	18126	252410		752
	64797	739	130931	183913	25344	69284	6654	120255
3720459	3012917	2819806	7355442	3671955	1139166	2441351	440896	2630830
3285980	1763724	2736277	6913513	3451326	1032791	1904781	422482	2414617
42830	1082862	54670	161623	188699	54971	367612	9017	69896
349099	153499	21731	111053	24526	40421	162621	5683	90153

4-23 房地产开发与经营（2022年，按项目所在地分）

项目	Item	全市 Total	荔湾区 Liwan	越秀区 Yuexiu
本年完成投资 (万元)	Total Investment Completed This Year (10000 yuan)	34318992	2895261	208391
#住宅	Residential Buildings	24330259	2338801	105623
办公楼	Office Buildings	2893675	84616	36866
商业营业用房	Houses for Business Use	2316540	113769	45725
房屋施工面积 (平方米)	Floor Space of Buildings under Construction (sq.m)	129462468	6488664	964282
#住宅	Residential Buildings	75694197	3739295	231295
办公楼	Office Buildings	15462696	193627	291646
商业营业用房	Houses for Business Use	10593756	990668	269439
#新开工面积	Floor Space of Newly Started Buildings	13515152	1306631	
#住宅	Residential Buildings	8215483	1120651	
办公楼	Office Buildings	832417	42503	
商业营业用房	Houses for Business Use	709813	4790	
房屋竣工面积 (平方米)	Floor Space of Buildings Completed (sq.m)	13517356	282880	192718
#住宅	Residential Buildings	8518372	188045	19708
办公楼	Office Buildings	930519	1973	90322
商业营业用房	Houses for Business Use	1299082	10684	74678
商品房销售面积 (平方米)	Floor Space of Buildings Actually Sold This Year (sq.m)	13740740	664560	51575
现房销售面积	Floor Space of Existing Buildings with Contracts Signed	3825992	181472	38932
#住宅	Residential Buildings	2149357	88334	22935
办公楼	Office Buildings	399549	10912	6551
商业营业用房	Houses for Business Use	568496	52936	3388
期房销售面积	Floor Space of Buildings Presold This Year	9914748	483088	12643
#住宅	Residential Buildings	8115949	439636	11301
办公楼	Office Buildings	871711	14143	
商业营业用房	Houses for Business Use	419027	19185	1342
商品房销售合同金额(万元)	Contracted Value of Buildings Actually Sold This Year(10000 yuan)	36215031	3553418	299059
现房销售合同金额	Contracted Value of Existing Buildings with Contracts Signed	6128472	710361	200345
#住宅	Residential Buildings	3631617	492169	130329
办公楼	Office Buildings	1118993	29805	33190
商业营业用房	Houses for Business Use	736036	125557	8562
期房销售合同金额	Contracted Value of Buildings Presold	30086559	2843057	98714
#住宅	Residential Buildings	26604824	2666762	91714
办公楼	Office Buildings	2097924	65744	
商业营业用房	Houses for Business Use	1056681	90895	7000

Real Estate Development and Management (2022, by Region of Item)

海珠区 Haizhu	天河区 Tianhe	白云区 Baiyun	黄埔区 Huangpu	番禺区 Panyu	花都区 Huadu	南沙区 Nansha	从化区 Conghua	增城区 Zengcheng
2696311	2455399	3876970	5147299	4145750	2222688	5863092	364576	4443255
1696185	1038349	2518132	3932315	3089264	1686830	3969153	308575	3647032
329800	520145	408163	430260	248381	127778	598097	13501	96068
280301	509946	259009	160109	304893	73696	424547	14077	130468
6059206	8731442	9951119	21226429	17660632	10407275	17903699	4211218	25858502
2257689	3478035	6066985	13538059	9322995	6534198	10297540	3039546	17188560
1710304	2319811	818594	2630898	2948802	471540	2676443	248455	1152576
1045390	1176848	401188	1113138	1660301	709839	1511367	252820	1462758
904161	960257	1509810	1963433	1984021	471971	2055707	45647	2313514
556220	528572	872844	963391	955059	336200	1527429	41590	1313527
105592	213235	43731	168884	204198	1336	16009		36929
92051	99990	50877	43677	199113	9043	81181	1557	127534
	1109395	285993	2879402	3227812	464454	3004529	222868	1847305
	660691	154927	2246960	1534543	366237	1962458	144558	1240245
	42800	52097	87538	233625	15173	245195	27560	134236
	173396	9282	45500	659119	350	235319	16150	74604
617337	813963	676558	3486831	1527385	755942	1609240	404198	3133151
88256	213281	90952	764761	515157	168365	289266	82259	1393291
20820	57885	81267	484005	325487	106081	54622	67162	840759
58045	97598		82030	7007	12612	124291		503
2380	13272	243	105343	107013	19267	52357	8649	203648
529081	600682	585606	2722070	1012228	587577	1319974	321939	1739860
385229	309610	558263	2167664	908987	524994	1028843	306341	1475081
9198	250979	17728	192011	83148	25043	188273	9278	81910
124428	32008	5994	42901	11702	18103	92500	2659	68205
3980584	3966535	2960221	8323008	4593181	1414208	2954518	554731	3615568
351309	953618	393894	967566	674815	264824	513167	113835	984738
75191	368360	380777	664217	415447	204233	139052	101142	660700
248728	466980		55870	13053	18205	252410		752
6200	58597	739	130931	183913	25344	69284	6654	120255
3629275	3012917	2566327	7355442	3918366	1149384	2441351	440896	2630830
3203687	1763724	2483229	6913513	3697737	1042578	1904781	422482	2414617
42830	1082862	54670	161623	188699	54971	367612	9017	69896
349099	153499	21731	111053	24526	40421	162621	5683	90153

4-24 房地产开发投资额和新增固定资产（2022年）

单位：万元

项　　目	Item	企业数（个）Number of Enterprises (unit)
全　　市	**Total**	**1405**
按企业登记注册类型分	**Grouped by Registration Status**	
内资企业	Domestic Funded Enterprises	1136
国有企业	State-owned Enterprises	52
集体企业	Collective-owned Enterprises	13
股份合作企业	Cooperative Enterprises	1
联营企业	Joint Ownership Enterprises	3
#国有联营企业	State Joint Ownership Enterprises	
集体联营企业	Collective Joint Ownership Enterprises	
国有与集体联营企业	Joint State-collective Enterprises	
有限责任公司	Limited Liability Corporations	615
#国有独资公司	State Sole Funded Corporations	57
股份有限公司	Share-holding Corporations Ltd.	10
私营企业	Private Enterprises	442
其他企业	Other Enterprises	
港、澳、台商投资企业	Enterprises with Funds from Hong Kong, Macao and Taiwan	170
#与港、澳、台商合资经营企业	Joint-venture Enterprises	27
与港、澳、台商合作经营企业	Cooperative Enterprises	43
港、澳、台商独资经营企业	Enterprises with Sole Funds	98
港、澳、台商投资股份有限公司	Share-holding Corporations Ltd.	
外商投资企业	Foreign Funded Enterprises	99
#中外合资经营企业	Joint-venture Enterprises	41
中外合作经营企业	Cooperative Enterprises	11
外资企业	Enterprises with Sole Foreign Funds	42
外商投资股份有限公司	Share-holding Corporations Ltd.	2
按资质分	**Grouped by Grade**	
一级资质	Grade One	14
二级资质	Grade Two	71
三级资质	Grade Three	358
四级以下(含四级)	Grade Four and below	962
按隶属关系分	**Grouped by Jurisdiction of Management**	
中央	Central Investment	36
地方	Local Investment	198
其他	Other Investment	1171

Investment and Newly Increased Fixed Assets in Real Estate Development (2022)

(10000 yuan)

投资额合计 Total Investment	住 宅 Residential Buildings	办公楼 Office Buildings	商业营业用房 Houses for Business Use	其他用房 Other Buildings	新增固定资产 Newly Increased Fixed Assets
34318992	**24330259**	**2893675**	**2316540**	**4778518**	**9970338**
29341669	21298946	2235522	1921548	3885653	8319260
3089514	2465118	186987	103008	334401	41
17235	10970		1	6264	
12831	11627	1204			
19290647	14139944	1364266	975099	2811338	6173165
1354376	831742	124339	126667	271628	914557
160972	93682	42911	609	23770	
6770470	4577605	640154	842831	709880	2146054
2467773	1794633	219212	169579	284349	958387
316766	207855	19247	63110	26554	411751
240697	164006	7112	13048	56531	178754
1901353	1422772	185869	91807	200905	367882
2509550	1236680	438941	225413	608516	692691
1240004	875898	20773	36089	307244	507769
63964	38714	1670	13513	10067	25783
1191263	312068	415766	174418	289011	159139
393			393		
191057	81418	70371	4512	34756	
1680492	1269130	52980	103667	254715	1647163
2372475	1683593	138487	173794	376601	1277800
30074968	21296118	2631837	2034567	4112446	7045375
1552160	1064284	150616	68821	268439	413558
5257756	3550954	499556	309818	897428	1495839
27509076	19715021	2243503	1937901	3612651	8060941

4-25 房地产开发房屋面积（2022年）

单位:平方米

项　　目	Item
全　市	**Total**
按企业登记注册类型分	**Grouped by Registration Status**
内资企业	Domestic Funded Enterprises
国有企业	State-owned Enterprises
集体企业	Collective-owned Enterprises
股份合作企业	Cooperative Enterprises
联营企业	Joint Ownership Enterprises
#国有联营企业	State Joint Ownership Enterprises
集体联营企业	Collective Joint Ownership Enterprises
国有与集体联营企业	Joint State-collective Enterprises
有限责任公司	Limited Liability Corporations
#国有独资公司	State Sole Funded Corporations
股份有限公司	Share-holding Corporations Ltd.
私营企业	Private Enterprises
其他企业	Other Enterprises
港、澳、台商投资企业	Enterprises with Funds from Hong Kong, Macao and Taiwan
#与港、澳、台商合资经营企业	Joint-venture Enterprises
与港、澳、台商合作经营企业	Cooperative Enterprises
港、澳、台商独资经营企业	Enterprises with Sole Funds
港、澳、台商投资股份有限公司	Share-holding Corporations Ltd.
外商投资企业	Foreign Funded Enterprises
#中外合资经营企业	Joint-venture Enterprises
中外合作经营企业	Cooperative Enterprises
外资企业	Enterprises with Sole Foreign Funds
外商投资股份有限公司	Share-holding Corporations Ltd.
按资质分	**Grouped by Grade**
一级资质	Grade One
二级资质	Grade Two
三级资质	Grade Three
四级以下(含四级)	Grade Four and below
按隶属关系分	**Grouped by Jurisdiction of Management**
中央	Central Investment
地方	Local Investment
其他	Other Investment

Floor Space of Buildings in Real Estate Development (2022)

(sq.m)

施工面积 Floor Space of Buildings under Construction	# 住宅 Residential Buildings	竣工面积 Floor Space of Buildings Completed	# 住宅 Residential Buildings	商品房销售面积 Floor Space of Buildings Actually Sold	# 住宅 Residential Buildings
129462468	**75694197**	**13517356**	**8518372**	**13740740**	**10265306**
108504168	64670408	10870180	7329600	11949518	9192005
4251462	2457567			652045	497715
78171	47567			228222	226550
3600					
67584109	41100267	7656352	5197246	7302002	5580968
5877722	3240659	1045831	628026	1036311	758918
683306	252556			63820	43729
35740231	20709709	3213828	2132354	3696362	2835976
163289	102742			7067	7067
11544679	6129623	1471189	609544	696664	424447
2383103	1117387	803805	313160	98734	46292
2772249	1678340	303387	96488	129085	105490
6389327	3333896	363997	199896	468845	272665
9413621	4894166	1175987	579228	1094558	648854
3998011	1798678	803962	533010	364199	184820
1898895	1192598	46568	46218	263722	255766
3219952	1792589	325457		443014	188634
1715442	634040			233436	84206
10368693	7211416	1958849	1370773	745637	476494
18139979	10759624	1794144	1136249	2075931	1281118
99238354	57089117	9764363	6011350	10685736	8423488
4013902	2850143	437822	403755	422694	345592
18812589	9632509	2064832	1271730	2065315	1476762
106635977	63211545	11014702	6842887	11252731	8442952

4-26 房地产开发资金来源（2022年）

单位：万元

项　　目	Item
全　市	**Total**
按企业登记注册类型分	**Grouped by Registration Status**
内资企业	Domestic Funded Enterprises
国有企业	State-owned Enterprises
集体企业	Collective-owned Enterprises
股份合作企业	Cooperative Enterprises
联营企业	Joint Ownership Enterprises
#国有联营企业	State Joint Ownership Enterprises
集体联营企业	Collective Joint Ownership Enterprises
国有与集体联营企业	Joint State-collective Enterprises
有限责任公司	Limited Liability Corporations
#国有独资公司	State Sole Funded Corporations
股份有限公司	Share-holding Corporations Ltd.
私营企业	Private Enterprises
其他企业	Other Enterprises
港、澳、台商投资企业	Enterprises with Funds from Hong Kong, Macao and Taiwan
#与港、澳、台商合资经营企业	Joint-venture Enterprises
与港、澳、台商合作经营企业	Cooperative Enterprises
港、澳、台商独资经营企业	Enterprises with Sole Funds
港、澳、台商投资股份有限公司	Share-holding Corporations Ltd.
外商投资企业	Foreign Funded Enterprises
#中外合资经营企业	Joint-venture Enterprises
中外合作经营企业	Cooperative Enterprises
外资企业	Enterprises with Sole Foreign Funds
外商投资股份有限公司	Share-holding Corporations Ltd.
按资质分	**Grouped by Grade**
一级资质	Grade One
二级资质	Grade Two
三级资质	Grade Three
四级以下(含四级)	Grade Four and below
按隶属关系分	**Grouped by Jurisdiction of Management**
中央	Central Investment
地方	Local Investment
其他	Other Investment

注：本表资金来源为本年发生额。

Real Estate Development by Source of Funds (2022)

(10000 yuan)

合　计 Total	国内贷款 Domestic Loans	利用外资 Foreign Investment	自筹资金 Self-raising Funds	定金及预收款 Deposit and Advance Payment	个人按揭贷款 Personal Mortgage Loan	其他资金 Others
42480009	**6329616**		**16700629**	**13775300**	**5384897**	**289567**
35576174	5727204		13963918	11310412	4313094	261546
1616022	544796		685361	343906	23474	18485
52471			36591	5213	10667	
21725433	3192448		9239406	6150070	2998166	145343
1221399	405185		591866	106313	46508	71527
349740	89757		61691	171165	26316	811
11802319	1878203		3934869	4637869	1254471	96907
30189	22000		6000	2189		
2955557	379603		1121071	986513	457100	11270
691765	72298		304218	131187	179770	4292
598108	31463		36213	413528	115481	1423
1665684	275842		780640	441798	161849	5555
3948278	222809		1615640	1478375	614703	16751
741094	53644		87166	404601	184315	11368
773954	47896		41419	343849	340790	
2358574	109817		1487055	684221	72098	5383
470859	33969		305216	87491	41644	2539
2886603	235082		1189991	875331	586199	
4938929	624199		1069983	2359524	848617	36606
34183618	5436366		14135439	10452954	3908437	250422
2470647	330153		1392036	513164	226956	8338
5832305	1299975		2094563	1838810	499768	99189
34177057	4699488		13214030	11423326	4658173	182040

Note: The source of funds in this table refers to the amount in current year.

4-27 房地产开发主要财务指标(2022年)

单位：万元

项　　目	Item	资产总计 Total Assets
全　市	**Total**	**447043915**
按企业登记注册类型分	**Grouped by Registration Status**	
内资企业	Domestic Funded Enterprises	326750735
国有企业	State-owned Enterprises	24739625
集体企业	Collective-owned Enterprises	528741
股份合作企业	Cooperative Enterprises	34712
联营企业	Joint Ownership Enterprises	2319384
#国有联营企业	State Joint Ownership Enterprises	
集体联营企业	Collective Joint Ownership Enterprises	
国有与集体联营企业	Joint State-collective Enterprises	
有限责任公司	Limited Liability Corporations	196680899
#国有独资公司	State Sole Funded Corporations	35855387
股份有限公司	Share-holding Corporations Ltd.	43905946
私营企业	Private Enterprises	58541427
其他企业	Other Enterprises	
港、澳、台商投资企业	Enterprises with Funds from Hong Kong, Macao and Taiwan	65738683
#与港、澳、台商合资经营企业	Joint-venture Enterprises	6579992
与港、澳、台商合作经营企业	Cooperative Enterprises	6532723
港、澳、台商独资经营企业	Enterprises with Sole Funds	52531880
港、澳、台商投资股份有限公司	Share-holding Corporations Ltd.	
外商投资企业	Foreign Funded Enterprises	54554497
#中外合资经营企业	Joint-venture Enterprises	22072013
中外合作经营企业	Cooperative Enterprises	3350945
外资企业	Enterprises with Sole Foreign Funds	14806995
外商投资股份有限公司	Share-holding Corporations Ltd.	11715406
按资质分	**Grouped by Grade**	
一级资质	Grade One	70669098
二级资质	Grade Two	85267474
三级资质	Grade Three	57647866
四级以下(含四级)	Grade Four and below	233459477
按隶属关系分	**Grouped by Jurisdiction of Management**	
中央	Central Investment	50123373
地方	Local Investment	81583258
其他	Other Investment	315337284

Main Financial Indicators of Real Estate Development (2022)

(10000 yuan)

所有者权益 Owners´ Equity	营业收入 Business Revenue	营业成本 Cost of Business	利润总额 Total Profits
94069060	**34855714**	**24235807**	**5782733**
69831368	30012913	21783363	4756507
6444310	1915276	1442542	144036
138319	85197	45838	22392
1929	122	33	-273
300153	40540	21458	6658
44945254	21668201	15731332	2751454
10140134	1835662	1387360	124094
6470630	428218	181444	1602945
11530774	5875360	4360716	229296
13871139	3399644	1645526	967610
3392346	1083577	494825	292120
2096335	661944	213272	240841
8371512	1652953	937091	434281
10366553	1443158	806917	58617
4504557	564838	342344	134682
739301	107961	54153	4803
3620461	687662	383146	147344
1037148	63207	15411	-193370
9956889	711593	278677	1493719
17663965	7701879	4943251	1112151
16414258	4760477	2680327	973924
50033948	21681765	16333552	2202939
7723138	1209620	717514	1295758
20784446	5860918	3991302	793038
65561476	27785176	19526991	3693937

主要统计指标解释

【固定资产投资额】是以货币形式表现的在一定时期内全社会建造和购置固定资产的工作量以及与此有关费用的总称。该指标是反映固定资产投资规模、结构和发展速度的综合性指标，又是观察工程进度和考核投资效果的重要依据。

【房地产开发投资】指各种登记注册类型为房地产开发法人单位统一开发的各类房屋建筑物，配套的服务设施，土地开发工程和土地购置的投资；不包括单纯的土地开发和交易活动。

【房屋施工面积】指房地产开发企业本年施工的全部房屋建筑面积。包括本年新开工的房屋建筑面积、上年跨入本年继续施工的房屋建筑面积、上年停缓建在本年恢复施工的房屋建筑面积、本年竣工的房屋建筑面积以及本年施工后又停缓建的房屋建筑面积。多层建筑应填各层建筑面积之和。

【房屋竣工面积】指房地产开发企业本年按照设计要求已全部完工，达到住人和使用条件，经验收鉴定合格或达到竣工验收标准，可正式移交使用的各栋房屋建筑面积的总和。

Explanatory Notes on Main Statistical Indicators

【Total Investment in Fixed Assets】 is a general term for the amount of work done by the whole society to construct and purchase fixed assets and the related expenses in a certain period, which is expressed in the form of money. This index is a comprehensive index reflecting the scale, structure and development speed of fixed assets investment, and also an important basis for observing the project progress and assessing the investment effect.

【Investment in Real Estate Development】 refers to all kinds of houses and buildings, supporting service facilities, land development projects and land purchase investments that are uniformly developed by various registered real estate development legal entities; Excluding pure land development and trading activities.

【Floor Space under Construction】 refers to the total housing construction area of the real estate development enterprise this year. It includes the floor area of houses newly started in this year, the floor area of houses continued to be constructed in the previous year, the floor area of houses suspended and suspended in this year, the floor area of houses completed in this year, and the floor area of houses suspended and suspended in this year after construction. Multi-storey buildings should be filled with the sum of the building area of each floor.

【Floor Space of Buildings Completed】 refers to the total built-up area of all buildings that have been completed in accordance with the design requirements, met the conditions of occupancy and use, passed the appraisal by experience or reached the completion acceptance standard, and can be formally transferred for use by the real estate development enterprise.

第五篇 CHAPTER 5

能源和环境
ENERGY AND ENVIRONMENT

第五篇　能源和环境

简要说明

一、本篇资料反映广州市能源和环境综合情况。

（一）能源部分主要包括：能源生产、消费基本情况，能源消费弹性系数，规模以上工业企业能源加工转换效率和分行业主要能源消费量，全市和各区用电量等。

1. 能源统计资料取自广州市能源生产、销售与库存，工业企业能源购进、消费与库存及能源加工转换与回收利用表等。

2. 统计口径与计算说明：

⑴ 5-1 表至 5-4 表及 5-7 表至 5-9 表的统计口径均为全社会口径；5-5 表和 5-6 表的统计口径均为年主营业务收入 2000 万元及以上工业企业法人单位。

⑵ 计算能源消费指标涉及的地区生产总值、工业增加值均采用可比口径。

⑶ 5-2 表和 5-3 表的能源消费总量及分行业能源消费量中的电力按等价值计算；5-5 表能源加工转换效率表中的电力按当量值计算，即每千瓦时折 0.1229 千克标准煤。

3. 本篇的 5-2 表、5-7 表至 5-9 表电力数据来自广东电网有限责任公司广州供电局。

（二）环境部分主要包括水环境、大气环境、固体废物、生态环境、自然灾害、城市环境、农村环境等。环境资料由市规划和自然资源局、生态环境局、住房和城乡建设局、水务局、农业农村局、应急管理局、林业和园林局等单位提供。

二、本篇资料由广州市统计局能源统计处整理提供。

Chapter 5 Energy and Environment

Brief　Introduction

I. This paper reflects the comprehensive situation of energy and environment in Guangzhou.

1.The energy part mainly includes: the energy production, the consumption basic situation, elasticity ratio of energy consumption the scale above industrial enterprise energy processing conversion efficiency and the industrial enterprise by profession main energy consumption, the whole city electricity consumption and so on.

1.1 Energy statistics from Guangzhou energy production, sales and inventory, industrial enterprises energy purchase, consumption and inventory, and energy processing conversion and recycling tables.

1.2 Statistical caliber and calculation description:

1.2.1 The statistical caliber of table 5-1 to table 5-4 and table 5-7 to table 5-9 are all the whole social caliber, and the statistical caliber of table 5-5 to table 5-6 are all 20 million yuan of annual main business income and corporate unit of industrial enterprise above.

1.2.2 Calculation of energy consumption indicators related to the regional gross domestic product, industrial value added using comparable caliber.

1.2.3 The total energy consumption in table 5-2 and table 5-3 and the energy consumption in each industry are calculated by equal value, and the power in the table of conversion efficiency of energy processing in table 5-5 is calculated at an equal value, that is, 0.1229 kg of standard coal per kilowatt-hour.

1.3 The table 5-2, table 5-7 to table 5-9 are from Guangzhou Power Supply Bureau of Guangdong Power Grid Co., Ltd.

2. The environmental part mainly includes water environment, atmosphere environment, solid waste, ecological environment, natural disaster, urban environment, rural environment and so on. The environmental information is provided by Guangzhou Planning and Natural Resources Bureau, Municipal Ecological Environmental Bureau, Housing and Urban-Rural Development Bureau, Water Authority, Agriculture and Rural Affairs Bureau, Emergency Management Bureau, Forestry and Landscaping Bureau and so on.

II. The data in this chapter is collected and provided by Guangzhou Bureau of Statistics Energy Statistics Department.

5-1 能源生产量

Energy Production

项　　目		Item		2021	2022
原油加工量	(万吨)	Crude Oil Processing	(10000 tons)	1171.81	1138.29
汽　油	(万吨)	Gasoline	(10000 tons)	294.05	266.81
煤　油	(万吨)	Kerosine	(10000 tons)	148.13	128.04
柴　油	(万吨)	Diesel Oil	(10000 tons)	282.74	325.42
燃料油	(万吨)	Fuel Oil	(10000 tons)	58.04	59.58
液化石油气	(万吨)	Liquefied Petroleum	(10000 tons)	51.20	50.62
发电量	(万千瓦·时)	Electricity Production	(10000 kWh)	4110449	3982169
# 火力发电量		Thermal Power Generation		3754197	3600851
# 燃煤发电量		Fossil Fired Power Generation		2207461	2055411
余热余压发电量		Waste Heat and Pressure Power Generation		7645	5958
燃气发电量		Gas Power Generation		1268269	1161299
垃圾焚烧发电量		Waste Incineration Power Generation		245348	354671
生物质发电量		Biomass Power Generation		25474	23512
水力发电量		Hydroelectric Generation		223872	221343
# 抽水蓄能发电量		Pumped Storage Power Generation		204839	176738
太阳能发电量		Solar Power Generation		132380	159975
热力	(百万千焦)	Heating Power	(MkJ)	36388520	34483551
# 生物质能供热		Biomass Heating		3705307	4163791
化石燃料供热		Fossil Fuel Heating		32683213	29804706
余热余压供热		Excess Heat and Pressure Heating			515054

注：1.本表能源生产量为全社会口径。

2.水力发电量包括抽水蓄能发电量。

Notes: I.The energy production data in this table is of full coverage.

II.Hydroelectric generation includes pumped storage power generation.

5-2 主要年份能源消耗基本情况
Energy Consumption in Main Years

年份 Year	能源消费总量（万吨标准煤）Total Energy Consumption (10000 tons SCE)	万元地区生产总值能耗下降率(%) Desent rate of Energy Consumption per Unit of GDP (%)	万元地区生产总值电耗下降率(%) Desent rate of Electricity Consumption per Unit of GDP (%)	工业增加值能耗下降率(%) Desent rate of Energy Consumption of Industrial Value-added (%)	工业增加值电耗下降率(%) Desent rate of Electricity Consumption of Industrial Value-added (%)
2006	4122.58	4.62	4.05	9.68	4.11
2007	4395.38	4.44	2.29	5.46	6.28
2008	4577.54	4.56	7.98	8.34	9.70
2009	4673.27	4.01	6.96	8.81	8.73
2010	4775.60	4.60	2.53	11.09	-0.28
2011	5013.40	4.91	4.74	9.98	7.48
2012	5163.45	4.94	4.59	12.13	7.12
2013	5333.57	5.14	8.21	13.24	8.74
2014	5496.46	3.52	0.77	8.46	2.15
2015	5688.89	4.52	6.13	3.53	4.66
2016	5852.60	4.96	2.36	6.56	0.42
2017	5961.97	4.81	1.32	5.78	0.34
2018	6129.55	3.24	2.27	5.62	5.10
2019	6294.20	3.86	-0.50	4.49	0.88
2020	6191.49	4.23	3.49	1.43	7.27
2021	6575.64	1.80	-3.88	6.65	1.87
2022	6439.27	3.10	1.10	2.93	4.42

5-3 能源消费总量
Total Consumption of Energy

单位:万吨标准煤 (10000 tons of SCE)

项　目	Item	2021		2022	
		数　量 Consumption Volume	构　成(%) Composition (%)	数　量 Consumption Volume	构　成(%) Composition (%)
合　计	**Total**	**6575.64**	**100.00**	**6439.27**	**100.00**
生产消费	Production Consumption	5384.46	81.88	5237.38	81.33
第一产业	Primary Industry	40.03	0.61	41.99	0.65
第二产业	Secondary Industry	2596.09	39.48	2549.60	39.59
第三产业	Tertiary Industry	2748.34	41.79	2645.79	41.09
生产消费中：	In Production Consumption:				
工　业	Industry	2424.77	36.88	2377.24	36.92
生活消费	Residential Consumption	1191.18	18.12	1201.89	18.67

5-4 能源消费弹性系数

Elasticity Ratio of Energy Consumption

年份 Year	能源消费比上年增长(%) Energy Consumption increase over last year (%)	电力消费比上年增长(%) Power Consumption increase over last year (%)	地区生产总值比上年增长(%) Gross Domestic Product increase over last year (%)	能源消费弹性系数 Elasticity Ratio of Energy Consumption	电力消费弹性系数 Elasticity Ratio of Power Consumption
2015	3.5	1.8	8.3	0.42	0.22
2016	2.9	5.7	7.6	0.38	0.75
2017	1.9	5.6	6.7	0.28	0.84
2018	2.8	3.8	6.0	0.47	0.63
2019	2.7	7.3	6.9	0.39	1.06
2020	-1.6	-0.9	2.7		
2021	6.2	12.3	8.1	0.77	1.52
2022	-2.1	-0.1	1.0		

5-5 规模以上工业企业能源加工转换效率

Efficiency of Energy Conversion by Industrial Enterprises above the Designated Size

项目	Item	火力发电 Thermal Power Generation		供热 Heating		炼油 Petroleum Refining	
		2021	2022	2021	2022	2021	2022
投入量合计（万吨标准煤）	Total Input (10000 tons of SCE)	1084.91	1056.56	143.23	132.72	1829.34	1746.54
产出量合计（万吨标准煤）	Total Output (10000 tons of SCE)	460.40	434.54	123.94	115.72	1784.16	1694.09
加工转换损失量(万吨标准煤)	Losses in Energy Conversion (10000 tons of SCE)	624.51	622.02	19.29	17.00	45.18	52.45
加工转换效率 (%)	Efficiency of Energy Conversion (%)	42.44	41.13	86.53	87.19	97.53	97.00

5-6 规模以上工业企业分行业主要能源消费量（2022年）

行　　业	Sector
工　业	**Industry**
按轻重工业分	**Grouped by Light & Heavy Industries**
轻工业	Light Industry
重工业	Heavy Industry
按工业行业分	**Grouped by Sector**
采矿业	Mining
制造业	Manufacturing
农副食品加工业	Processing of Food from Agricultural Products
食品制造业	Manufacture of Foods
酒、饮料和精制茶制造业	Manufacture of wine,Beverages and Refined Tea
烟草制品业	Manufacture of Tobacco
纺织业	Manufacture of Textile
纺织服装、服饰业	Manufacture of Textile Wearing Apparel,Clothing
皮革、毛皮、羽毛及其制品和制鞋业	Manufacture of Leather,Fur,Feather and Related Products and Footwear
木材加工和木、竹、藤、棕、草制品业	Processing of Timber,Manufacture of Wood, Bamboo, Rattan, Plam and Straw Products
家具制造业	Manufacture of Furniture
造纸和纸制品业	Manufacture of Paper and Paper Products
印刷和记录媒介复制业	Printing, Reproduction of Recording Media
文教、工美、体育和娱乐用品制造业	Manufacture of Culture and Education, Arts and Crafts, Sports and Entertainment Supplies
石油、煤炭及其他燃料加工业	Petroleum, Coal and Other Fuel Processing
化学原料和化学制品制造业	Manufacture of Raw Chemical Materials and Chemical Products

Consumption of Main Energy by Industrial Sector above the Designated Size (2022)

煤　炭 （吨） Coal (ton)	燃料油 （吨） Fuel Oil (ton)	汽　油 （吨） Gasoline (ton)	柴　油 （吨） Diesel Oil (ton)	热　力 （百万千焦） Heating (million kJ)	电　力 （万千瓦·时） Electricity (10000 kWh)
11386288	**4327**	**20654**	**90407**	**21611935**	**4143441**
244202	428	5427	11837	14204832	810601
11142086	3899	15227	78570	7407103	3332840
		4	6220		4003
1137568	3037	18915	73905	21589857	2604119
11		93	1226	3104033	45153
		717	2011	949747	64042
		124	113	1732126	44258
					6436
223301		267	360	4630192	62132
	15	418	262	75486	14252
		596	726	10301	15141
		35	185	104295	8052
5771		236	306	7127	21374
		199	1139	2064456	68089
		94	241		28480
		116	186	100025	21657
349685	1713	6019	6069	55676	143363
73173	263	1345	4812	5104487	179710

5-6 续表

行　　业	Sector
医药制造业	Manufacture of Medicines
化学纤维制造业	Manufacture of Chemical Fibers
橡胶和塑料制品业	Manufacture of Rubber
非金属矿物制品业	Manufacture of Non-metallic Mineral Products
黑色金属冶炼和压延加工业	Smelting and Pressing of Ferrous Metals
有色金属冶炼和压延加工业	Smelting and Pressing of Non-Ferrous Metals
金属制品业	Manufacture of Metal Products
通用设备制造业	Manufacture of General Purpose Machinery
专用设备制造业	Manufacture of Special Purpose Machinery
汽车制造业	Manufacture of Automobile
铁路、船舶、航空航天和其他运输设备制造业	Manufacture of Railway, Ship, Aerospace and Other Transportation Equipment
电气机械和器材制造业	Manufacture of Electrical Machinery and Equipment
计算机、通信和其他电子设备制造业	Manufacture of Computers, Communications and Other Electronic Equipment
仪器仪表制造业	Manufacture of Instrument
其他制造业	Other Manufacturing
废弃资源综合利用业	Comprehensive Utilization of Waste Resources
金属制品、机械和设备修理业	Metal Products, Machinery and Equipment Repair
电力、热力、燃气及水生产和供应业	Production and Supply of Electricity,Heat,Gas and Water
电力、热力生产和供应业	Production and Supply of Electric Power and Heat Power
燃气生产和供应业	Production and Supply of Gas
水的生产和供应业	Production and Supply of Water

注：本表电力消费量包含法人单位自产自用电量。

continued

煤　炭 (吨) Coal (ton)	燃料油 (吨) Fuel Oil (ton)	汽　油 (吨) Gasoline (ton)	柴　油 (吨) Diesel Oil (ton)	热　力 (百万千焦) Heating (million kJ)	电　力 (万千瓦·时) Electricity (10000 kWh)
	227	218	692	877691	59529
			9	15643	6578
		925	2016	919983	198267
485623		353	35169	359469	128583
		28	91	102909	148894
	39	73	641		21010
		850	1956	48169	70943
4		1333	2102	23086	58526
		709	509	229313	56333
		1066	1154	606131	328802
	768	490	6747		24362
		1005	1282	36445	120704
		1355	1518	433067	629480
		126	24		11423
		20	10		3886
		8	839		8200
	12	97	1510		6460
10248720	1290	1735	10282	22078	1535319
10248720	1290	78	10157	22078	1347902
		155	93		1305
		1502	32		186112

Note: The electricity consumption in the table includes electricity generated and used by enterprise itself.

5-7 主要年份全市用电量
Total Electricity Supply in Main Years

单位：万千瓦·时 (10000 kWh)

年份 Year	用电总量 Consumption	各行业用电 Total Electricity Consumption of Industry	#工业 Industry	生活用电 Power Consumed by Urbanites
1978	229680		183814	
1979	273124		217438	
1980	302175		228544	
1981	314537		229280	
1982	335533		237124	
1983	376334		261924	
1984	375693		247131	
1985	403864		251572	
1986	425740		266993	
1987	528671	468372	353019	60299
1988	570888	497403	367882	73485
1989	588073	510252	381924	77821
1990	651907	551870	402427	100037
1991	850413	729858	557693	120555
1992	988361	844301	641685	144060
1993	1194668	1013769	765423	180899
1994	1340090	1123076	824998	217014
1995	1491687	1239195	900550	252492
1996	1607619	1321780	948271	285839
1997	1700635	1399021	987404	301614
1998	1893271	1546097	1066325	347174
1999	2056799	1684648	1155344	372151
2000	2363174	1945091	1351669	418083

5-7 续表 continued

单位：万千瓦·时 (10000 kWh)

年 份 Year	用电总量 Consumption	各行业用电 Total Electricity Consumption of Industry	#工 业 Industry	生活用电 Power Consumed by Urbanites
2001	2540201	2072950	1428461	467251
2002	2849015	2373574	1607851	475441
2003	3349712	2804357	1943780	545355
2004	3846375	3228990	2239481	617385
2005	4256677	3537004	2531916	719673
2006	4694234	3898916	2740256	795318
2007	5271258	4372014	3063610	899244
2008	5459185	4472140	3098761	987045
2009	5670810	4559439	3098871	1111371
2010	6258983	5075414	3497243	1183569
2011	6635544	5349058	3614532	1286486
2012	6941253	5519444	3589545	1421809
2013	7106910	5692959	3656433	1413951
2014	7658542	6052408	3860372	1606134
2015	7793233	6179721	3937448	1613512
2016	8235701	6533151	4164565	1702550
2017	9024753	7137209	4344911	1887544
2018	9369013	7407839	4368114	1961174
2019	10055838	7987146	4537710	2068692
2020	9967249	7763662	4318717	2203587
2021	11197329	8730272	4625580	2467057
2022	11187607	8682952	4465738	2504655

注：1.本表数据由广东电网有限责任公司广州供电局提供，用电量包括法人单位自发自用电量。
2.1987年起行业用电分类调整，之前无各行业用电和生活用电分类。
3.2018年开始广东电网有限责任公司广州供电局统计全市用电量包含抽水蓄能用电量。 2017年同口径调整， 原口径用电总量为8695865万千瓦·时。

Notes: I. The data in this table is provided by Guangzhou Power Supply Bureau of Guangdong Power Grid Co., Ltd and the data includes Spontaneous electricity consumption of legal entity.
II. Since 1987, the classification of electricity consumption in different industries has been adjusted. Before that, there was no classification of electricity consumption in different industries and in daily life.
III. Total Electricity Consumption includes the electricity consumption of pumped storage since 2018. The data of 2017 has been adjusted according to this new coverage. The original data is 8695865(10000kWh).

5-8 全市分行业用电量
Electricity Consumption by Industrial Sector

单位:万千瓦・时　　　　(10000 kWh)

项　　目	Item	2021	2022
用电总量	**Total Consumption of Electricity**	**11197329**	**11187607**
各行业用电	**Total Electricity Consumption of Industry**	**8730272**	**8682952**
按产业分	**Grouped By Industry**		
第一产业	Primary Industry	65469	71216
第二产业	Secondary Industry	4755549	4598784
第三产业	Tertiary Industry	3909254	4012952
按行业分	**Grouped By Sector**		
农、林、牧、渔业	Agriculture, Forestry, Animal Husbandry and Fishery	76864	83447
工　业	Industry	4625580	4465738
按工业行业分	By Sector		
采矿业	Mining	7975	6929
制造业	Manufacturing	3656146	3558241
农副食品加工业	Processing of Food from Agricultural Products	46690	43305
食品制造业	Manufacture of Foods	80507	81425
酒、饮料和精制茶制造业	Manufacture of wine,Beverages and Refined Tea	50847	49046
烟草制品业	Manufacture of Tobacco	9051	8831
纺织业	Manufacture of Textile	118133	109912
纺织服装、服饰业	Manufacture of Textile Wearing Apparel,Clothing	90663	85780
皮革、毛皮、羽毛及其制品和制鞋业	Manufacture of Leather,Fur,Feather and Related Products and Footwear	161426	152457
木材加工和木、竹、藤、棕、草制品业	Processing of Timber,Manufacture of Wood, Bamboo, Rattan, Plam and Straw Products	52312	46484

5-8 续表1 continued

单位:万千瓦·时 (10000 kWh)

项　　目	Item	2021	2022
家具制造业	Manufacture of Furniture	19047	19787
造纸和纸制品业	Manufacture of Paper and Paper Products	82640	81456
印刷和记录媒介复制业	Printing, Reproduction of Recording Media	25157	20904
文教、工美、体育和娱乐用品制造业	Manufacture of Culture and Education ,Arts and Crafts, Sports and Entertainment Supplies	134509	122852
石油、煤炭及其他燃料加工业	Petroleum ,Coal and Other Fuel Processing	147943	146137
化学原料和化学制品制造业	Manufacture of Raw Chemical Materials and Chemical Products	204766	199066
医药制造业	Manufacture of Medicines	77443	86919
化学纤维制造业	Manufacture of Chemical Fibers	8232	7654
橡胶和塑料制品业	Manufacture of Rubber	201448	192911
非金属矿物制品业	Manufacture of Non-metallic Mineral Products	124943	106187
黑色金属冶炼和压延加工业	Smelting and Pressing of Ferrous Metals	159532	147019
有色金属冶炼和压延加工业	Smelting and Pressing of Non-Ferrous Metals	13765	11901
金属制品业	Manufacture of Metal Products	205969	190672
通用设备制造业	Manufacture of General Purpose Machinery	197691	184314
专用设备制造业	Manufacture of Special Purpose Machinery	22605	22512
汽车制造业	Manufacture of Automobile	327423	347569
铁路、船舶、航空航天和其他运输设备制造业	Manufacture of Railway, Ship, Aerospace and Other Transportation Equipment	66945	60952
电气机械和器材制造业	Manufacture of Electrical Machinery and Equipment	93176	92995
计算机、通信和其他电子设备制造业	Manufacture of Computers, Communications and Other Electronic Equipment	597190	613361

5-8 续表2 continued

单位:万千瓦·时 (10000 kWh)

项　　目	Item	2021	2022
仪器仪表制造业	Manufacture of Instrument	2897	3144
其他制造业	Other Manufacturing	254459	247694
废弃资源综合利用业	Comprehensive Utilization of Waste Resources	12603	12863
金属制品、机械和设备修理业	Metal Products, Machinery and Equipment Repair	66134	62132
电力、热力、燃气及水生产和供应业	Production and Supply of Electricity,Heat,Gas and Water	961459	900568
电力、热力生产和供应业	Production and Supply of Electric Power and Heat Power	851657	794350
燃气生产和供应业	Production and Supply of Gas	2080	2016
水的生产和供应业	Production and Supply of Water	107722	104202
建筑业	Construction	196103	195178
批发和零售业	Wholesale and Retail Trade	531534	561593
交通运输、仓储和邮政业	Transport, Storage and Post	458894	453638
住宿和餐饮业	Hotels and Catering Services	203815	201020
信息传输、软件和信息技术服务业	Information Transmission, Software and Information Technology	305225	342553
金融业	Financial Intermediation	36220	33561
房地产业	Real Estate	197961	203318
租赁和商务服务业	Leasing and Business Services	1127156	1136512
公共服务及管理组织	Public Service and Management Organization	970920	1006394
生活用电	**Electricity Consumption by Urban and Rural Households**	**2467057**	**2504655**
城镇居民	Urban Residents	1528263	1564597
乡村居民	Rural Residents	938794	940058

5-9 各区用电量

Electricity Consumption by District

单位:万千瓦·时 (10000 kWh)

区	District	2015	2016	2017	2018	2019	2020	2021	2022
全市合计	**Total**	**7793233**	**8235701**	**9024753**	**9369013**	**10055838**	**9967249**	**11197329**	**11187607**
荔湾区	Liwan	350260	358539	364363	358078	388623	382558	413435	422721
越秀区	Yuexiu	497694	509103	509859	507371	524171	493423	528430	508054
海珠区	Haizhu	619901	646893	675832	706620	750418	737018	740432	709646
天河区	Tianhe	784675	836602	872335	903317	969725	942819	1059682	1055429
白云区	Baiyun	1106442	1160380	1239028	1318579	1431163	1380687	1541561	1518996
黄埔区	Huangpu	1250345	1343732	1465099	1553893	1717457	1773969	1986224	2031069
番禺区	Panyu	896855	958989	1023332	1074566	1149548	1149448	1392525	1400358
花都区	Huadu	727365	752943	799846	819630	866778	855252	967706	961500
南沙区	Nansha	661311	693620	731167	769713	817212	847463	954735	985078
从化区	Conghua	201468	224644	235423	250110	261590	272975	323210	338039
增城区	Zengcheng	620243	664212	694485	674347	729256	791896	966051	984144

注：分区用电量不包含抽水蓄能用电量，同时由于市区两级线损量统计方法差异，全市合计数不等于分区数相加。

Note: The electricity consumption by district excludes the electricity consumed by pumped storage ,and the sum of all districts is not equal to the total due to the different statistical method.

5-10 环境保护基本情况

Fundamental State of Environment Protection

项　　目	Item	2021	2022
水环境	**Water Environment**		
降水量 (毫米)	Precipitation (mm)	1392.46	1921.30
水资源总量 (亿立方米)	Total Amount of Water Resource (100 million cu.m)	50.70	79.02
人均水资源量 (立方米/人)	Per Capita Water Resources (cu.m/person)	270.00	421.80
用水总量 (亿立方米)	Water Use (100 million cu.m)	61.99	62.42
#农业用水	Agriculture	11.83	10.10
工业用水	Industry	24.59	23.93
生活用水	Consumption	24.43	23.96
生态环境补水	Ecological Protection	1.14	4.42
废水排放总量 (万吨)	Total Waste Water Discharged (10000 tons)	89837	161682
#工业废水排放量	Industrial Waste Water Discharged	14108	13303
城镇生活污水排放量	Urban Living Waste Discharged	68241	140942
大气环境	**Atomospheric Environment**		
二氧化硫平均浓度 (微克/立方米)	Average Concentration of Sulfur Ioxide (micrograms/m^3)	8	6
二氧化氮平均浓度 (微克/立方米)	Average Concentration of Nitrogen Ioxide (micrograms/m^3)	34	29
可吸入颗粒物平均浓度 (微克/立方米)	Average Concentration of Inhalable Particles (micrograms/m^3)	46	39
$PM_{2.5}$平均浓度 (微克/立方米)	Mean Concentration of $PM_{2.5}$ (micrograms/m^3)	24	22
降水PH值	The PH Value of the Precipitation	6.02	6.02
酸雨频率 (%)	Frequency of Acid Rain (%)	0.8	2.8
环境空气质量达标天数 (天)	Up to Standard Days of the Environment Air Quality(day)	323	306
环境空气质量达标率 (%)	Up to Standard Rate of Air Environmental Quality (%)	88.5	83.8
工业废气排放总量 (亿立方米)	Volume of Industrial Waste Gas Emission (100 million cu.m)	6728.35	6256.83
二氧化硫排放量 (万吨)	Volume of Sulphur Ioxide Emission (10000 tons)	0.27	0.25
#工业二氧化硫排放量	Industry	0.18	0.19
氮氧化物排放量 (万吨)	Volume of Nitrogen Ioxide Emission (10000 tons)	8.85	
#工业氮氧化物排放量	Industry	1.22	1.09
烟(粉)尘排放量 (万吨)	Volume of Soot and Dust Emission (10000 tons)	0.82	
#工业源颗粒物排放量	Volume of Industrial Soot and Dust Emission	0.47	0.43
固体废物	**Solid Wastes**		
一般工业固体废物产生量 (万吨)	Volume of General Industrial Solid Wastes Produced (10000 tons)	613.98	693.22
一般工业固体废物综合利用量 (万吨)	Volume of Comprehensive Utilization of General Industrial Solid Wastes (10000 tons)	578.27	661.21
一般工业固体废物综合利用率 (%)	Comprehensive Utilization Rate of General Industrial Solid Wastes (%)	94.10	95.23
危险废物产生量 (万吨)	Volume of Hazardous Wastes Produced (10000 tons)	62.97	65.23

5-10 续表 continued

项目	Item	2021	2022
生态环境	**Ecological Environment**		
人均耕地面积 (亩/人)	Per Capita Area of Cultivated land (mu)	0.04	
累计水土流失治理面积(千公顷)	Accumulated Area of Soil Erosion Control (1000 hectares)	23.44	24.94
自然保护区数 (个)	Number of Natural Reserves (unit)	6	6
自然保护区面积 (万公顷)	Area of Natural Reserves (1000 hectares)	0.97	0.97
自然灾害	**Natural Disasters**		
地质灾害次数 (次)	Geological Disasters (unit)	8	14
地质灾害直接经济损失 (万元)	Direct Economic Losses (unit)	11.00	103.20
森林火灾次数 (次)	Forest Fires (unit)	27	7
城市环境	**City Environment**		
城市建设用地面积 (平方公里)	Urban Construction Area (sq.km)	938.21	
城市供水总量 (亿立方米)	Urban Water Supply (10000 cu.m)	27.37	26.51
#生活用水量	Consumption	17.95	17.64
污水处理厂集中处理率 (%)	Centralized Treatment Rate of Sewage Treatment Plant (%)	98.3	98.9
道路交通噪声昼间平均等效声级 (分贝)	Average Diurnal Equivalent Sound Level of Road Traffic Noise (decibels)	69.2	68.8
农村环境	**Rural Environment**		
农村自来水普及率 (%)	Rural Water Supply Popularizing Rate (%)	100.00	100.00
农村卫生户厕普及率 (%)	Rural Sanitary Latrine per Unit Popularizing Rate (%)	100.00	100.00

注：1.本表2022年数据均为快报数。
2.2022年不再把污水厂用作河涌补水量计为再生水利用量，因此废水排放量大幅度增长。
3.由于氮氧化物排放量和烟(粉)尘排放量两个指标要加上机动车污染物数据，国家环境统计系统尚未能提供2022年机动车污染物数据，故指标数据暂未确定。
4.2022年国家统一部署的国土变更调查未完成，人均耕地面积和城市建设用地面积数据暂缺。

Notes：I. The data of this table for 2022 are all quick reports.
II. In 2022, the sewage treatment plant will no longer be used for river water replenishment as the amount of recycled water, resulting in a significant increase in waste water discharge.
III.Due to the addition of motor vehicle pollutant data to the two indicators of nitrogen oxide emission and soot and dust emission, the national environmental statistics system has not yet provided motor vehicle pollutant data in 2022, so the indicator data has not been determined yet.
IV.The per capita arable land area and urban construction land area in 2022 are temporarily missing because the national land survey has not been completed.

主要统计指标解释

【能源消费总量】是指一定地域内，国民经济各行业和居民家庭在一定时期内消费的各种能源的总和。包括：原煤、原油、天然气、水能、核能、风能、太阳能、地热能、生物质能等一次能源；一次能源通过加工转换产生的洗煤、焦炭、煤气、电力、热力、成品油等二次能源和同时产生的其他产品；其他化石能源、可再生能源和新能源。其中水能、风能、太阳能、地热能、生物质能等可再生能源，是指人们通过一定技术手段获得的，并作为商品能源使用的部分。在核算过程中，一次能源、二次能源消费不能重复计算。能源消费总量分为终端能源消费量、能源加工转换损失量和能源损失量三部分。

（1）终端能源消费量：指一定时期内，全国（地区）生产和生活消费的各种能源在扣除了用于加工转换二次能源消费量和损失量以后的数量

（2）能源加工转换损失量：指一定时期内，全国（地区）投入加工转换的各种能源数量之和与产出各种能源产品之和的差额。该指标是观察能源在加工转换过程中损失量变化的指标。

（3）能源损失量：指在一定时期内，能源在输送、分配、储存过程中发生的损失和由客观原因造成的各种损失量，不包括各种气体能源放空、放散量。

【能源消费弹性系数】是研究能源消费增长速度与国民经济增长速度之间比例关系的指标。计算公式：

$$\text{能源消费弹性系数}=\frac{\text{能源消费量增长速度}}{\text{国民经济增长速度}}$$

【电力消费弹性系数】是研究电力消费增长速度与国民经济增长速度之间比例关系的指标。计算公式：

$$\text{电力消费弹性系数}=\frac{\text{电力消费量增长速度}}{\text{国民经济增长速度}}$$

【能源加工转换效率】指一定时期内能源经过加工、转换后，产出的各种能源产品的数量与同期内投入加工转换的各种能源数量的比率。它是观察能源加工转换装置和生产工艺先进与落后、管理水平高低等的重要指标。计算公式：

$$\text{能源加工转换效率}=\frac{\text{能源加工转换产出量}}{\text{能源加工转换投入量}}\times 100\%$$

【废水排放总量】指工业废水排放量、城镇生活污水排放量和集中式治理设施污水排放量之和。

【工业废水排放量】指报告期内经过企业厂区所有排放口排到企业外部的工业废水量。包括生产废水、外排的直接冷却水、超标排放的矿井地下水和与工业废水混排的厂区生活污水，不包括外排的间接冷却水（清污不分流的间接冷却水应计算在废水排放量内）。

【一般工业固体废物】指未被列入《国家危险废物名录》或者根据国家规定的危险废物鉴别标准（GB5085）、固体废物浸出毒性浸出方法（GB5086)及固体废物浸出毒性测定方法（GB/T 15555）鉴定方法判定不具有危险特性的工业固体废物。

【一般工业固体废物综合利用量】报告期内企业通过回收、加工、循环、交换等方式，从一般工业固体废物中提取或者使其转化为可以利用的资源、能源和其他原材料的固体废物量（包括当年利用的往年工业固体废物累计贮存量）。如用作农业肥料、生产建筑材料、筑路等。

Explanatory Notes on Main Statistical Indicators

【Total Energy Consumption】 refers to the sum of all kinds of energy consumed by various sectors of the national economy and households in a certain region within a certain period. It includes the primary kinds of energy such as coal, crude oil, natural gas, hydro-power, nuclear power, wind power, solar power, geothermal power and bio-energy; the secondary kinds of energy and their products which are transformed from the primary energy such as washed coal, coke, coal gas, electricity, heating, and petroleum products; and other kinds of fossil energy, renewable energy and new energy. The renewable energy, including hydro-power, wind power, solar power, geothermal power and bio-energy, refers to the part attained with some given technical means and used for commercial purposes. Total energy consumption can be divided into three parts: end-use energy consumption; loss during the process of energy conversion; and energy loss.

(1) End-use Energy Consumption: It refers to the total energy consumption by the production sectors and the households in the country (region) in a given period of time. It does not include the consumption during the conversion of primary energy into secondary energy and the loss in the process of energy conversion.

(2) Loss During the Process of Energy Conversion: It refers to the total input of various kinds of energy for conversion, minus the total output of various kinds of energy in the country in a given period of time. It is an indicator to show the loss that occurs during the process of energy conversion.

(3) Energy Loss: It refers to the total of the loss of energy during the course of energy transport, distribution and storage and the loss caused by any objective reason in a given period of time. The loss of various kinds of gas due to gas discharges and stocktaking is not included.

【Elasticity Ratio of Energy Consumption】 an indicator of the relationship between the growth rate of energy consumption and the growth rate of the national economy. The formula is:

$$\text{Elasticity Ratio of Energy Consumpion} = \frac{\text{Growth Rate of Energy Consumption}}{\text{Growth Rate of National Economy}}$$

【Elasticity Ratio of Electricity Consumption】 an indicator of the relationship between the growth rate of electricity consumption and the growth rate of the national economy. The formula is:

$$\text{Elasticity Ratio of Electnicity Consumpion} = \frac{\text{Growth Rate of Electnicity Consumption}}{\text{Growth Rate of National Economy}}$$

【Efficiency of Energy Processing and Conversion】 refers to the ratio of the total output of energy products of various kinds after processing and conversion to the total input of energy of various kinds for processing and conversion in the same reference period. It is an important indicator of the current conditions of energy processing and conversion equipment, production technique and management. The formula is:

$$\text{Efficiency of Energy Processing \& Conversion} = \frac{\text{Output of Energy after Processing \& Conversion}}{\text{Input of Energy for Processing \& Conversion}} \times 100\%$$

【Total Volume of Waste Water Discharged】 includes the total volume of industrial wastewater emissions, urban sewage and centralized sewage treatment facilities emissions.

【Volume of Industrial Waste Water Discharged】 refers to the volume of industrial waste water discharged, through all outlets to the outside of industrial enterprises in the reference period, including waste water produced, direct cooling water, underground water from mines that does not meet the standard of discharge, and the domestic sewage mixed up with industrial waste water when discharged, but excluding discharged indirect cooling water (the indirect cooling water that clear water and turbid water is not divided should be included in total volume of waste water discharged).

【General Industrial Solid Wastes】 refers not included in the "National List of Hazardous Waste"or in accordance with state hazardous waste identification standard(GB5085), solid waste leaching toxicity method(GB5086)and solid waste leaching toxicity determination method(GB/T 15555) identification of characteristics is determined not to be hazardous industrial solid waste.

【Volume of General Industrial Solid Wastes Utilized in a Comprehensive Way】 The amount of solid waste extracted from general industrial solid waste or converted into usable resources, energy and other raw materials by enterprises through recovery, processing, circulation and exchange during the reporting period (including the accumulated storage amount of industrial solid waste used in previous years). Such as agricultural fertilizer, production of building materials, road construction and so on.

第六篇 CHAPTER 6

财政和金融

GOVERNMENT FINANCE AND BANKING

第六篇 财政和金融

简要说明

一、本篇资料的主要内容

本篇反映广州市财政、金融方面的基本情况。包括以下五个部分：1.财政收支情况；2.金融机构的存贷款情况；3.资本市场的业务情况；4.保险业务情况；5.外资金融机构及代表处一览表等。

二、本篇各部分的资料来源

1．财政收支资料根据广州市财政局财政总决算报表等统计报表的有关项目加工整理；

2．金融机构存贷款资料由中国人民银行广东省分行营业管理部提供；

3．保险业务、外资金融机构及代表处资料由中国银行保险监督管理委员会广东监管局提供；

4．资本市场资料由中国证券业监督管理委员会广东监管局提供；

三、本篇资料由广州市统计局国民经济核算处负责整理。

Chapter 6 Government Finance and Banking

Brief Introduction

I.The main contents of this chapter reflect the basic financial and financial situation of Guangzhou. Including the following five parts: Financial revenue and expenditure; The deposit and loan situation of financial institutions; Capital market operations; Insurance business; List of foreign financial institutions and representative offices.

Ⅱ. Data sources of each part of this chapter

1. The data of financial revenue and expenditure is processed according to the statistical statements of Guangzhou Municipal Bureau of Finance General accounts of Finance and other statistical statements;

2. The data on deposits and loans of financial institutions is provided by the Operations Office of Guangdong Provincial Branch of the People's Bank of C China;

3. The information of insurance business, foreign financial institutions and representative offices is provided by the China Banking and Insurance Regulatory Commission;

4. The capital market information is provided by Guangdong Supervision Bureau of China Securities Regulatory Commission.

Ⅲ.The data of this chapter are collated by the Department of National accounts of Guangzhou Bureau of Statistics.

6-1 财政和金融业主要经济指标

Main Indicators of Government Finance and Financial Industry

项　　目	Item	2021	2022	2022年比2021年增长(%) Growth Rate in 2022 over 2021 (%)
地方财政收入　(万元)	Revenue of Local Government (10000 yuan)	43079643	34863360	-19.1
一般公共预算收入	General Budgetary Revenue	18842570	18550953	-1.5
#增值税	Value-added Tax	4403537	2979637	-32.3
企业所得税	Corporate Income Tax	2269841	2177609	-4.1
个人所得税	Individual Income Tax	958567	1027994	7.2
政府性基金收入	Governmental Funds Revenue	24237073	16312407	-32.7
地方财政支出　(万元)	Expenditure of Local Government (10000 yuan)	52869320	51182362	-3.2
一般公共预算支出	General Budgetary Expenditure	30211834	30224506	…
#一般公共服务支出	General Public Expenditure	3155905	3010108	-4.6
教育支出	Operating Expenses for Education	5890857	6269391	6.4
科学技术支出	Operating Expenses for Science and Technology	2012478	1982136	-1.5
卫生健康支出	Operating Expenses for Medical and Health	3167210	3577504	13.0
政府性基金支出	Governmental Fund Expenditure	22657486	20957856	-7.5
金融机构本外币各项存款余额 (亿元)	Balance of Savings Deposit in Standard and Foreign Currencies in Financial Institutions (100 million yuan)	74988.86	80495.07	7.3
#人民币	RMB	72848.92	78640.85	8.0
#住户存款余额	Deposits of Households	22768.53	26479.87	16.3
金融机构本外币各项贷款余额 (亿元)	Balance of Loan in Standard and Foreign Currencies in Financial Institutions (100 million yuan)	61399.61	68918.60	12.2
#人民币	RMB	60238.74	67883.23	12.7
国内财产保险公司业务	Domestic Property Insurance Companies			
保险金额　(亿元)	Amount Insured (100 million yuan)	5652400	3157906	-44.1
原保险保费收入　(万元)	Premium of Primary Insurance (10000 yuan)	4059357	4335301	6.8
赔款支出　(万元)	Indemnity Expenditure (10000 yuan)	2399154	2503330	4.3
国内人身保险公司业务	Domestic Life Insurance Companies			
原保险保费收入　(万元)	Premium of Primary Insurance (10000 yuan)	10574267	11113565	5.1
期满给付　(万元)	Mature Payment (10000 yuan)	2753092	1082379	-60.7
死伤医疗给付　(万元)	Payment for Death, Injury and Medical Treatment (10000 yuan)	378107	404651	7.0

6-2 主要年份地方财政收支

Local Government Revenue and Expenditure in Main Years

单位:亿元 (100 million yuan)

年 份 year	地方财政收入 Revenue of Local Government	#一般公共预算收入 General Budgetary Revenue	地方财政支出 Expenditure of Local Government	#一般公共预算支出 General Budgetary Expenditure
1978	14.01	13.65	4.40	3.87
1979	13.64	13.12	4.47	4.16
1980	16.29	15.43	4.98	4.35
1985	30.18	28.85	11.82	10.75
1986	32.44	31.15	16.27	15.23
1987	35.24	34.18	16.45	15.13
1988	41.37	39.71	21.52	19.95
1989	47.23	46.51	25.41	24.66
1990	37.82	36.94	25.12	24.31
1991	49.62	48.49	32.16	30.71
1992	52.92	51.35	33.79	32.25
1993	79.27	77.37	55.19	53.82
1994	64.87	62.87	75.77	73.74
1995	99.75	97.08	112.78	111.24
1996	88.11	85.24	125.12	121.91
1997	106.07	97.72	146.92	138.99
1998	137.32	132.19	179.61	175.11
1999	188.14	176.15	231.09	222.37
2000	219.91	200.55	258.60	240.72
2001	271.91	246.19	314.98	292.63
2002	269.10	245.87	350.19	326.67
2003	300.55	274.77	395.52	370.09
2004	338.45	302.87	447.06	408.34
2005	408.85	371.26	476.28	438.41
2006	476.72	427.08	559.42	506.79
2007	838.99	523.79	850.01	623.69
2008	843.14	621.84	997.94	713.35
2009	1107.66	702.65	1059.50	789.92
2010	1399.16	872.65	1487.16	977.32
2011	1535.14	979.48	1793.35	1181.25
2012	1579.68	1102.40	1796.91	1343.65
2013	2088.14	1141.80	2283.51	1386.13
2014	2318.84	1243.10	2525.38	1436.22
2015	2391.33	1349.47	2641.02	1727.72
2016	2218.48	1393.64	2845.66	1943.75
2017	2844.83	1536.74	3484.70	2186.01
2018	3173.75	1634.22	3948.86	2506.18
2019	3367.89	1699.04	4456.48	2865.33
2020	4237.43	1722.79	5058.69	2952.65
2021	4307.96	1884.26	5286.93	3021.18
2022	3486.34	1855.10	5118.24	3022.45

6-3 地方财政收入
Revenue of Local Government

单位:万元 (10000 yuan)

项　　目	Item	2021	2022
地方财政收入合计	Total Revenue of Local Government	43079643	34863360
一般公共预算收入	General Budgetary Revenue	18842570	18550953
#增值税	Value-added Tax	4403537	2979637
企业所得税	Corporate Income Tax	2269841	2177609
个人所得税	Individual Income Tax	958567	1027994
城市维护建设税	City Maintenance and Construction Tax	1481167	1374515
房产税	House Property Tax	1090146	1239316
印花税	Stamp Tax	498001	574911
城镇土地使用税	Urban Land Use Tax	129948	126500
车船税	Tax on Vehicles and Boat Operation	164938	170511
契　税	Deed Tax	1983777	1541752
国有资本经营收入	Operation Income of State-owned Assets	85933	25092
行政事业性收费收入	Charge of Administrative and Institutional Units	390140	372829
罚没收入	Penalty Receipts	448647	1826017
专项收入	Special Revenue	2268300	2173990
其他收入	Others	897899	981490
政府性基金收入	Revenue from Government-controlled Funds	24237073	16312407
附:上级补助收入	Subsidies from Higher Levels Taxed Tax Return	5943024	6343868
#消费税和增值税税收返还收入	Consumption Tax and Value-added	406982	406982
所得税基数返还收入	Tax Base Return	405856	407199

6-4 地方财政支出

Expenditure of Local Government

单位:万元 (10000 yuan)

项 目	Item	2021	2022
地方财政支出合计	Total Expenditure of Local Government	52869320	51182362
一般公共预算支出	General Budgetary Expenditure	30211834	30224506
#一般公共服务支出	Expenditure for General Public Services	3155905	3010108
国防支出	Expenditure for National Defense	27312	27344
公共安全支出	Expenditure for Public Security	2227874	2303325
教育支出	Expenditure for Education	5890857	6269391
科学技术支出	Expenditure for Science and Technology	2012478	1982136
文化旅游体育与传媒支出	Expenditure for Culture, Tourism, Sports and Media	468599	543585
社会保障和就业支出	Expenditure for Social Safety Net and Employment Effort	3680623	3804851
卫生健康支出	Expenditure for Medical and Health	3167210	3577504
城乡社区支出	Expenditure for Urban and Rural Community Affairs	3129083	2479708
农林水支出	Expenditure for Agriculture, Forestry and Water Conservancy	823888	838054
交通运输支出	Expenditure for Transportation	512214	782246
资源勘探信息等支出	Expenditure for Affairs of Exploration, Power and Information	1015921	854420
商业服务业等支出	Expenditure for Affairs of Commerce and Services	221205	249672
金融支出	Expenditure for Affairs of Financial Supervision	393525	307812
援助其他地区支出	Expenditure for Post-earthquake Recovery and Reconstruction	164292	29968
住房保障支出	Expenditure for Affairs of Housing Security	1498964	1393417
其他支出	Other Expenditures	139943	68108
政府性基金支出	Expenditure for Government-controlled Funds	22657486	20957856
附:上解上级支出	Expenditure for Cental and Provincial Governments	2640399	1082735

6-5 主要年份金融机构(含外资)存贷款余额

Deposits and Loans in All Financial Institutions (Including Foreign Capital) in Main Years

单位：亿元 (100 million yuan)

年 份 year	金融机构本外币存款余额 Deposits in Renminbi and Foreign Currencies in All Financial Institutions	#人民币存款余额 Deposits in Renminbi Currencies in Financial Institutions	金融机构本外币贷款余额 Loans Institutions in Renminbi and Foreign Currencies in Financial Institutions	#人民币贷款余额 Loans in Renminbi Currencies in Financial Institutions
1978		25.56		26.04
1979		31.02		26.97
1980		43.73		40.25
1981		49.19		47.04
1982		56.22		53.50
1983		64.31		59.11
1984		87.91		93.60
1985		100.72		105.19
1986		141.49		142.95
1987		203.74		211.58
1988		260.54		265.08
1989		325.47		359.28
1990		440.47		420.38
1991		601.91		491.13
1992		871.44		651.21
1993		1085.96		835.60
1994		1439.01		984.48
1995		2001.96		1312.15
1996		2712.98		1605.22
1997		3497.65		2166.01
1998		4103.45		2502.12
1999		4823.87		3435.71
2000		5545.19		3895.49
2001		6228.04		4336.50
2002		7498.35		5257.21
2003		8676.72		6127.27
2004		9613.57		6535.39
2005		11085.30		6908.03
2006		12731.23		7931.78
2007	14783.46	14309.71	9661.38	8737.05
2008	16929.47	16421.05	11079.55	10304.73
2009	20944.19	20401.72	13851.83	12598.16
2010	23953.96	23384.50	16284.31	14987.73
2011	26460.80	25791.70	17732.88	16333.43
2012	30186.57	29006.99	19936.52	18023.02
2013	33838.20	32850.57	22016.18	20172.97
2014	35469.29	34170.66	24231.71	22688.33
2015	42843.67	41574.49	27296.16	26136.95
2016	47530.20	45937.34	29669.82	28885.54
2017	51369.03	49332.53	34137.05	33312.73
2018	54788.09	52647.47	40749.32	39764.44
2019	59131.20	56701.75	47103.31	46155.78
2020	67798.81	65615.47	54387.64	53535.39
2021	74988.86	72848.92	61399.61	60238.74
2022	80495.07	78640.85	68918.60	67883.23

6-6 中外资金融机构本外币存贷款年末余额
Deposits and Loans in RMB and Foreign Currencies of All Financial Institutions at Year-end

单位:亿元 (100 million yuan)

项　　目	Item	2021	2022
各项存款余额	**Total Deposits**	**74988.86**	**80495.07**
一、境内存款	Domestic Deposits	73027.57	79042.38
(一) 住户存款	Deposits of Households	23151.08	26878.13
(二) 非金融企业存款	Deposits of Non-financial Enterprises	24547.70	25916.90
(三) 机关团体存款	Deposits of Government Departments & Organizations	10701.64	12105.56
(四) 财政性存款	Fiscal Deposits	1005.95	1003.19
(五) 非银行业金融机构存款	Deposits of Non-banking Financial Institutions	13621.19	13138.60
二、境外存款	Overseas Deposits	1961.29	1452.69
各项贷款余额	**Total Loans**	**61399.61**	**68918.60**
一、境内贷款	Domestic Loans	60436.53	67959.95
(一) 住户贷款	Loans to Households	23193.92	24322.44
(二) 企(事)业单位贷款	Loans to Non-financial Enterprises and Government Departments & Organizations	37163.82	43393.72
1. 短期贷款	Short-term loans	7247.03	8231.37
2. 中长期贷款	Medium & Long-term Loans	26444.64	30472.13
3. 票据融资	Paper Financing	3174.62	4391.16
4. 融资租赁	Financial Leasing	229.33	251.14
5. 各项垫款	Total Advances	68.21	47.93
(三) 非银行业金融机构贷款	Loans to Non-banking Financial Institutions	78.79	243.79
二、境外贷款	Overseas Loans	963.08	958.65

6-7 中外资金融机构外币存贷款年末余额

Deposits and Loans in Foreign Currencies of All Financial Institutions at Year-end

单位:亿美元 (100 million USD)

项 目	Item	2021	2022
各项存款余额	**Total Deposits**	**335.64**	**266.23**
一、境内存款	Domestic Deposits	163.57	188.08
(一) 住户存款	Deposits of Households	60.00	57.18
(二) 非金融企业存款	Deposits of Non-financial Enterprises	97.75	125.13
(三) 机关团体存款	Deposits of Government Departments & Organizations	0.78	0.68
(四) 财政性存款	Fiscal Deposits		
(五) 非银行业金融机构存款	Deposits of Non-banking Financial Institutions	5.04	5.08
二、境外存款	Overseas Deposits	172.07	78.15
各项贷款余额	**Total Loans**	**182.08**	**148.66**
一、境内贷款	Domestic Loans	68.11	62.76
(一) 住户贷款	Loans to Households	0.37	0.42
(二) 企(事)业单位贷款	Loans to Non-financial Enterprises and Government Departments & Organizations	67.74	62.34
1. 短期贷款	Short-term loans	39.42	46.23
2. 中长期贷款	Medium & Long-term Loans	28.31	16.11
3. 票据融资	Paper Financing		
4. 融资租赁	Financial Leasing		
5. 各项垫款	Total Advances	…	…
(三) 非银行业金融机构贷款	Loans to Non-banking Financial Institutions		
二、境外贷款	Overseas Loans	113.97	85.90

6-8 中外资金融机构存贷款年末余额(折人民币，2008-2022年)

Deposits and Loans of All Financial Institutions at Year-end (converted into RMB, from 2008 to 2022)

单位：亿元 (100 million yuan)

项　目	Item	2008	2009	2010	2011	2012	2013	2014
存款余额（折人民币）	Saving Deposits Balance (as RMB)	16929.47	20944.19	23953.96	26460.80	30186.57	33838.20	35469.29
中资金融机构	Chinese Financial Institutions							
人民币	RMB	16219.23	20081.46	22775.50	25048.61	28270.68	31884.74	33215.35
外汇　（亿美元）	Foreign Exchange (USD 100 million)	63.11	63.67	68.09	86.82	166.36	143.82	193.55
外资金融机构	Foreign-funded Financial Institutions							
人民币	RMB	201.82	320.26	609.00	743.08	736.31	965.83	955.31
外汇　（亿美元）	Foreign Exchange (USD 100 million)	11.27	15.77	17.90	19.38	21.31	18.17	18.68
贷款余额（折人民币）	Loans Balance (as RMB)	11079.55	13851.83	16284.31	17732.88	19936.52	22016.18	24231.71
中资金融机构	Chinese Financial Institutions							
人民币	RMB	10042.19	12316.01	14597.74	15904.65	17554.90	19652.37	22154.37
外汇　（亿美元）	Foreign Exchange (USD 100 million)	88.10	153.88	160.92	187.33	271.91	260.66	214.50
外资金融机构	Foreign-funded Financial Institutions							
人民币	RMB	262.54	282.15	389.99	428.79	468.12	520.60	533.95
外汇　（亿美元）	Foreign Exchange (USD 100 million)	26.15	29.72	34.86	34.78	32.52	41.66	37.73

6-8　续表　continued

单位：亿元 (100 million yuan)

项　目	Item	2015	2016	2017	2018	2019	2020	2021	2022
存款余额(折人民币)	Saving Deposits Balance (as RMB)	42843.67	47530.20	51369.03	54788.09	59131.20	67798.81	74988.86	80495.07
中资金融机构	Chinese Financial Institutions								
人民币	RMB	40732.02	44978.42	48290.54	51336.03	55275.71	64152.56	71463.08	77119.84
外汇　(亿美元)	Foreign Exchange(USD 100 million)	175.25	206.65	285.24	286.24	318.92	301.62	301.75	235.08
外资金融机构	Foreign-funded Financial Institutions								
人民币	RMB	844.97	963.91	1044.08	1319.81	1442.32	1479.66	1397.48	1527.69
外汇　(亿美元)	Foreign Exchange(USD 100 million)	20.20	22.97	26.43	25.66	29.33	33.00	33.89	31.16
贷款余额(折人民币)	Loans Balance (as RMB)	27296.16	29669.82	34137.05	40749.32	47103.31	54387.64	61399.61	68918.60
中资金融机构	Chinese Financial Institutions								
人民币	RMB	25540.40	28283.46	32571.07	38871.63	45122.08	52429.68	58991.30	66682.86
外汇　(亿美元)	Foreign Exchange(USD 100 million)	156.47	96.85	104.99	120.66	111.37	107.10	155.73	127.57
外资金融机构	Foreign-funded Financial Institutions								
人民币	RMB	622.85	651.60	787.53	959.68	1085.73	1164.77	1301.59	1298.11
外汇　(亿美元)	Foreign Exchange(USD 100 million)	22.75	16.26	21.27	22.98	24.79	24.01	27.27	22.28

6-9 中外资金融机构人民币信贷资金平衡表
Credit Funds Balance Sheet of Financial Institutions

单位：亿元 (100 million yuan)

项　　目	Item	2021	2022
资金来源项目	**Sources of Funds**		
合　计	Total	80553.57	88436.33
一、各项存款	Total Deposits	72848.92	78640.85
（一）境内存款	Domestic Deposits	71984.69	77732.49
1. 住户存款	Deposits of Households	22768.53	26479.87
2. 非金融企业存款	Deposits of Non-financial Enterprises	23924.49	25045.45
3. 机关团体存款	Deposits of Government Departments & Organizations	10696.69	12100.79
4. 财政性存款	Fiscal Deposits	1005.95	1003.19
5. 非银行业金融机构存款	Deposits of Non-banking Financial Institutions	13589.04	13103.19
（二）境外存款	Overseas Deposits	864.23	908.37
二、金融债券	Financial Bonds	1123.84	1305.46
三、卖出回购资产	Repo	117.27	41.74
四、借款及非银行业金融机构拆入	Borrowings & Placements from Non-depository Financial Institutions	51.04	51.10
五、联行往来(净)	Inter-bank Transaction		
六、应付及暂收款	Payable and Suspense Credit	1645.08	1630.79
七、各项准备	All Reserves	1554.89	1857.66
八、所有者权益	Creditors' Equity	4386.30	4694.36
九、其　他	Others	-1173.78	214.37
资金运用项目	**Uses of Funds**		
合　计	Total	80553.57	88436.33
一、各项贷款	Total Loans	60238.74	67883.23
（一）境内贷款	Domestic Loans	60002.28	67522.84
1. 住户贷款	Loans to Households	23191.56	24319.50
2. 企(事)业单位贷款	Loans to Non-financial Enterprises and Government Departments & Organizations	36731.94	42959.55
3. 非银行业金融机构贷款	Loans to Non-banking Financial Institutions	78.79	243.79
（二）境外贷款	Overseas Loans	236.45	360.39
二、债券投资	Portfolio Investments	9742.46	11086.71
三、股权及其他投资	Shares and Other Investments	4265.22	4205.38
四、买入返售资产	Reverse Repo	1645.52	1274.08
五、存放非银行业金融机构款项	Due From Non-depository Financial Institutions	86.76	88.23
六、联行往来(净)	Inter-bank Transaction	3397.66	2757.38
七、金银占款	Purchase of Gold & Silver		
八、中央银行外汇占款	Foreign Exchange		
九、应收及预付款	Receivables and Prepayments	810.76	783.95
十、投资性房地产	Investment Real Estate	16.09	15.70
十一、固定资产	Fixed Asset	350.36	341.67

6-10 中资金融机构人民币各项存贷款年末余额

Deposits and Loans in RMB of Chinese Financial Institutions at Year-end

单位：亿元 (100 million yuan)

项目	Item	2021	2022
各项存款余额	**Total Deposits**	**71463.08**	**77119.84**
一、境内存款	Domestic Deposits	70647.59	76267.92
(一) 住户存款	Deposits of Households	22696.13	26401.54
(二) 非金融企业存款	Deposits of Non-financial Enterprises	22909.68	23962.88
(三) 机关团体存款	Deposits of Government Departments & Organizations	10572.18	11940.59
(四) 财政性存款	Fiscal Deposits	1005.95	1003.19
(五) 非银行业金融机构存款	Deposits of Non-banking Financial Institutions	13463.64	12959.72
二、境外存款	Overseas Deposits	815.49	851.91
各项贷款余额	**Total Loans**	**58991.30**	**66682.86**
一、境内贷款	Domestic Loans	58773.45	66338.06
(一) 住户贷款	Loans to Households	23046.76	24181.33
(二) 企(事)业单位贷款	Loans to Non-financial Enterprises and Government Departments & Organizations	35647.90	41920.74
1. 短期贷款	Short-term loans	6515.81	7424.83
2. 中长期贷款	Medium & Long-term Loans	25757.43	29882.88
3. 票据融资	Paper Financing	3077.13	4314.28
4. 融资租赁	Financial Leases	229.33	251.14
5. 各项垫款	Total Advances	68.20	47.62
(三) 非银行业金融机构贷款	Loans to Non-banking Financial Institutions	78.79	235.99
二、境外贷款	Overseas Loans	217.85	344.80

6-11 上市公司及新三板概况(2011-2022年)

Listed Companies and NEEQ-listed Companies (2011-2022)

单位:家 (unit)

年份 Year	境内上市公司数量 Numbers of Domestic Listed Companies	主板上市公司 Main Board-Listed Companies	中小企业板上市公司 SME-Listed Companies	创业板上市公司 GEM-Listed Companies	科创板上市公司 TIB-Listed Companies	新三板公司 NEEQ-listed Companies
2011	53	26	20	7		
2012	61	27	24	10		
2013	60	26	24	10		
2014	62	26	26	10		35
2015	68	27	26	15		138
2016	78	31	28	19		347
2017	97	39	34	24		429
2018	98	39	33	26		393
2019	107	41	34	30	2	322
2020	117	42	38	31	6	298
2021	131	81	34	12	4	239
2022	145	83	41	15	6	229

注：2019年起，境内上市公司新增科创板上市公司。

Note: From 2019, the domestic listed companies add new companies listed on the science and technology innovation board.

6-12 证券市场股票筹资概况(2011-2022年)
Equity Financing of Securities Market (2011-2022)

单位:亿元 (100 million yuan)

年 份 Year	股票筹资额 Equity Financing	IPO筹资 IPO financing	股票再筹资 Equity Re-financing
2011	213.59	40.18	173.41
2012	244.55	50.58	193.97
2013	57.30	…	57.30
2014	42.92	6.93	35.99
2015	616.40	24.48	591.92
2016	676.72	43.01	633.71
2017	508.72	137.45	371.27
2018	182.43	2.96	179.47
2019	70.15	67.43	2.72
2020	256.78	62.99	193.79
2021	263.02	103.21	159.81
2022	271.77	118.69	153.08

6-13 证券市场交易额概况(2011-2022年)
Turnover of Securities Market (2011-2022)

单位：亿元 (100 million yuan)

年 份 Year	证券市场交易额 Turnover of Securities Market	# 股票交易 Turnover of Stock Trading
2011	38170.94	31393.64
2012	31558.13	21898.72
2013	48320.55	30858.05
2014	74196.95	49514.63
2015	217238.20	171139.46
2016	141833.54	81611.10
2017	153625.46	71038.98
2018	131665.66	53231.50
2019	150687.72	76241.97
2020	206219.62	118238.58
2021	269290.02	147485.62
2022	289049.66	130788.00

6-14 主要年份原保险保费收入和赔款及给付支出

Premium of Primary Insurance and Claim and Payment in Main Years

年 份 Year	原保险保费收入 (万元) Premium of Primary Insurance (10000 yuan)	赔款及给付支出 (万元) Claim and Payment (10000 yuan)	赔款率 (%) Indemnity and Payment Ratio (%)
1980	197		
1985	5043	1153	22.86
1986	8654	3117	36.02
1987	14855	3784	25.47
1988	17985	4052	22.53
1989	28017	7742	27.63
1990	46963	45207	96.26
1991	58771	19762	33.63
1992	94839	32846	34.63
1993	204267	89930	44.03
1994	244017	96299	39.46
1995	313528	113052	36.06
1996	411021	168637	41.03
1997	579787	200828	34.64
1998	559618	195177	34.88
1999	555424	201673	36.31
2000	574506	133011	23.15
2001	810415	180525	22.28
2002	998741	230440	23.07
2003	1172755	242972	20.72
2004	1329411	278910	20.98
2005	1586302	312074	19.67
2006	1754637	399586	22.77
2007	2275036	542852	23.86
2008	3106047	675962	21.76
2009	3273766	785375	23.98
2010	4204166	880790	20.95
2011	3972972	1083773	27.28
2012	4208014	1258986	29.92
2013	4748884	1482555	31.22
2014	6018083	1710441	28.42
2015	7100726	2259963	31.83
2016	11661901	2458547	21.08
2017	11272520	2697222	23.93
2018	11628614	3219983	27.69
2019	14248337	3624694	25.44
2020	14956164	4548648	30.41
2021	14633624	6136908	41.94
2022	15448866	4681912	30.31

注：1.本表数据2008年起来源于中国银行保险监督管理委员会广东监管局，2008年前来源于广东省保险行业协会。
2.自2011年起，保险行业数据按照执行“企业会计准则解释第2号”的新口径统计(下同)。

Notes: I. Since 2008 the data in this table are provided by Guangdong Bureau of China Banking and Insurance Regulatory Commission, while the data before 2008 were provided by the Guangdong Association of Insurance Industry.
II. Since 2011 figures of insurance industry are calculated according to new standards (The same as in the following tables).

6-15 保险公司主要业务指标(2022年)

Major Business Indicators of Insurance Companies (2022)

单位：万元 (10000 yuan)

指标	Indicators	保险金额(亿元) Amount Insured (100 million yuan)	原保险保费收入 Premium of Primary Insurance	赔款及给付支出 Claim and Payment
总计	**Total**	**3478470**	**15448866**	**4681912**
财产保险公司	Property Insurance Companies	3157906	4335301	2503330
人身保险公司	Personal Insurance Companies	320564	11113565	2178582

6-16 财产保险公司主要指标

Main Indicators of Property Insurance Companies

单位:万元 (10000 yuan)

项目	Item	2021		2022	
		原保险保费收入 Premium of Primary Insurance	赔款支出 Claim and Payment	原保险保费收入 Premium of Primary Insurance	赔款支出 Claim and Payment
合计	**Total**	**4059357**	**2399154**	**4335301**	**2503330**
企业财产保险	Enterprise Property Insurance	268376	131508	296303	115111
家庭财产保险	Family Property Insurance	25412	3557	45579	3923
# 投资型家财险	Investment Family Property Insurance	147	11	110	4
机动车辆保险	Motor Vehicle Insurance	1778769	1135022	1881648	1189026
工程保险	Engineering Insurance	88461	56475	100252	41428
责任保险	Liability Insurance	511214	209411	513779	169274
信用保险	Export Credit Insurance	216510	45991	224792	47968
保证保险	Guarantee Insurance	184144	233427	209443	344363
# 机动车辆消费贷款保证保险	Vehicle Loan Guarantee Insurance	-1	-130	3	-24
个人贷款抵押房屋保证保险	Personal Loan Mortgage Housing Guarantee Insurance	-115	...	-219	1
船舶保险	Ship Insurance	32268	24232	38743	15356
货物运输保险	Freight Transport Insurance	67639	30859	81832	29862
特殊风险保险	Special Risk Insurance	60648	27603	60794	19820
农业保险	Agricultural Insurance	33664	22094	92246	46917
健康险	Health Insurance	372981	246080	401850	225248
意外伤害保险	Accident Injury Insurance	237534	82246	191391	99438
其他险	Other Insurance	181737	150650	196648	155597

6-17 人身保险公司主要指标
Main Indicators of Personal Insurance Companies

单位：万元 (10000 yuan)

项　　目	Item	2021	2022
原保险保费收入	**Premium of Primary Insurance**	**10574267**	**11113565**
按险种分	Classify by Insurance Code		
寿　险	Life Insurance	7994919	8300170
个人业务	Individual Insurance	7965869	8274708
新单保费	Initial Premiums	3214597	3140663
续期保费	Renewable Premiums	4751272	5134045
团体业务	Group Isurance	29050	25462
新单保费	Initial Premiums	19854	18289
续期保费	Renewable Premiums	9196	7173
意外伤害险	Personal Accidental Death and Injury Insurance	252030	221947
一年期以内业务	Within One-year Product	37151	28455
一年期业务	One-year Product	107248	95877
一年以上业务	Over One-year Product	107632	97614
健康险	Health Insurance	2327317	2591448
一年期以内及一年期业务	Winthin One Year and One-Year Product	458283	483149
个人业务	Individual Insurance	208647	206290
团体业务	Group Isurance	249636	276858
一年期以上业务	Over One-year Period Product	1869034	2108300
个人业务	Individual Insurance	1828047	2075301
团体业务	Group Isurance	40986	32999
按新型产品分	Classify by New Insurance Products		
寿险保费收入合计	Total Life Insurance Premiums	7994919	8300170
普通寿险	Ordinary Life Insurance	5176139	6139196
新单保费	Initial Premiums	1925624	2252013
续期保费	Renewable Premiums	3250515	3887183
分红寿险	Participating Insurance	2795344	2135778
新单保费	Initial Premiums	1304858	900710
续期保费	Renewable Premiums	1490486	1235068
投资连结保险	Unit-linked Insurance	5881	5944
万能寿险	Universal Life Insurance	17555	19252

6-17 续表 continued

单位:万元 (10000 yuan)

项目	Item	2021	2022
赔付支出	**Claims Paid**	**3737754**	**2178582**
赔款支出	**Compensation Expenses**	**316315**	**366843**
意外伤害险	Personal Accidental And Injury Insurance	40361	53093
一年期以内业务	Within One-year Product	9379	19761
一年期业务	One-year	30982	33332
一年期以内及一年期健康险	Winthin One Year and One-Year Health Insurance	275954	313750
个人业务	Individual Insurance	86969	84401
团体业务	Group Insurance	188985	229349
死伤医疗给付合计	**Total Casualty Medical Payments**	**378107**	**404651**
寿险	Life Insurance	89577	91743
个人业务	Individual Insurance	77775	78407
团体业务	Group Insurance	11801	13336
一年期以上健康险	Over One-year Period Health Insurance	288530	312909
个人业务	Individual Insurance	282155	304623
团体业务	Group Insurance	6375	8286
满期给付合计	**Total Mature Payment**	**2753092**	**1082379**
寿险	Life Insurance	833097	848291
个人业务	Individual Insurance	812577	815943
团体业务	Group Insurance	20520	32348
一年期以上健康险	Over One-year Period Health Insurance	1919995	234088
个人业务	Individual Insurance	1919995	234054
团体业务	Group Insurance		34
年金给付合计	**Total Pension Payments**	**290240**	**324709**
个人业务	Individual Insurance	263830	308851
团体业务	Group Insurance	26410	15858
退保金	**Cash Surrender Value**	**1029432**	**1335683**
寿险	Life Insurance	958085	1257594
个人业务	Individual Insurance	956451	1255821
团体业务	Group Insurance	1635	1774
一年期以上健康险	Over One-year Period Health Insurance	71346	78089

6-18 主要外资金融机构及代表处一览表

List of Main Foreign Financial Institutions and Representative Offices

机构(代表处)名称及所属国家(地区)	Name of Institutions (Representative Offices)	批准日期 Date of Approval
美国银行有限公司广州分行(美国)	Bank of America, National Association, Guangzhou Branch (USA)	1993.01
加拿大丰业银行有限公司广州分行(加拿大)	The Bank of Nova Scotia Guangzhou Branch (Canada)	1994.08
韩国产业银行广州分行(韩国)	The Korea Development Bank Guangzhou Branch(Republic of Korea)	2005.05
东亚银行(中国)有限公司广州分行(中国香港)	The Bank of East Asia (China) Limited Guangzhou Branch (Hong Kong, China)	2007.03
花旗银行(中国)有限公司广州分行(美国)	Citibank (China) Co., Ltd. Guangzhou Branch (USA)	2007.03
汇丰银行(中国)有限公司广州分行(中国香港)	HSBC Bank(China)Company Limited Guangzhou Branch (Hong Kong, China)	2007.03
渣打银行(中国)有限公司广州分行(中国香港)	Standard Chartered Bank (China) Limited Guangzhou Branch (Hong Kong, China)	2007.03
恒生银行(中国)有限公司广州分行(中国香港)	Hang Seng Bank (China) Limited Guangzhou Branch (Hong Kong, China)	2007.05
星展银行(中国)有限公司广州分行(新加坡)	DBS Bank (China) Limited Guangzhou Branch (Singapore)	2007.05
南洋商业银行(中国)有限公司广州分行(中国香港)	Nanyang Commercial Bank (China) ,Limited Guangzhou Branch (Hong Kong, China)	2007.12
大华银行(中国)有限公司广州分行(新加坡)	United Overseas Bank (China) Limited Guangzhou Branch (Singapore)	2007.12
德意志银行(中国)有限公司广州分行(德国)	Deutsche Bank (China) Co.,Ltd.Guangzhou Branch (Germany)	2007.12
三菱日联银行(中国)有限公司广州分行(日本)	MUFG Bank(China), Ltd. Guangzhou Branch (Japan)	2008.02
法国巴黎银行(中国)有限公司广州分行(法国)	BNP Paribas (China) Limited Guangzhou Branch (France)	2008.04
法国兴业银行(中国)有限公司广州分行(法国)	Societe Generale (China) Limited Guangzhou Branch (France)	2008.08
瑞穗银行(中国)有限公司广州分行(日本)	Mizuho Bank (China), Ltd. Guangzhou Branch (Japan)	2008.08
华商银行广州分行(中国香港)	Chinese Mercantile Bank Guangzhou Branch (Hong Kong, China)	2008.11
三井住友银行(中国)有限公司广州分行(日本)	Sumitomo Mitsui Banking Corporation (China) Limited Guangzhou Branch (Japan)	2009.03
摩根大通银行(中国)有限公司广州分行(美国)	JPMorgan Chase Bank (China) Company Limited Guangzhou Branch (USA)	2009.03
东方汇理银行(中国)有限公司广州分行(法国)	Credit Agricole Corporate and Investment Bank (China) Limited Guangzhou Branch (France)	2009.06

6-18 续表 continued

机构(代表处)名称及所属国家(地区)	Name of Institutions (Representative Offices)	批准日期 Date of Approval
蒙特利尔银行(中国)有限公司广州分行(加拿大)	Bank of Montreal (China) Co. Ltd. Guangzhou Branch (Canada)	2010.07
澳大利亚和新西兰银行(中国)有限公司广州分行(澳大利亚)	Australia and New Zealand Bank (China) Company Limited Guangzhou Branch (Australia)	2010.09
大新银行(中国)有限公司广州分行(中国香港)	Dah Sing Bank (China) Limited Guangzhou Branch (Hong Kong, China)	2011.04
韩亚银行(中国)有限公司广州分行(韩国)	KEB Hana Bank (China) Company Limited Guangzhou Branch (Republic of Korea)	2012.07
国民银行(中国)有限公司广州分行(韩国)	Kookmin Bank(China) Limited Guangzhou Branch (Republic of Korea)	2012.09
中国信托商业银行股份有限公司广州分行(中国台湾)	CTBC Bank Co. Ltd., Guangzhou Branch (Taiwan, China)	2015.07
台湾银行股份有限公司广州分行(中国台湾)	Bank of Taiwan Co., Ltd. Guangzhou Branch (Taiwan, China)	2015.08
招商永隆银行有限公司广州分行(中国香港)	CMB Wing Lung Bank Limited Guangzhou Branch (Hong Kong, China)	2015.09
创兴银行有限公司广州分行(中国香港)	Chong Hing Bank Limited Guangzhou Branch (Hong Kong, China)	2016.05
华侨永亨银行(中国)有限公司广州分行(中国香港)	OCBC Wing Hang Bank (China) Limited Guangzhou Branch (Hong Kong, China)	2016.05
澳门国际银行股份有限公司广州分行(中国澳门)	Luso International Banking Limited Guangzhou Branch (Macao, China)	2017.03
永丰银行(中国)有限公司广州分行(中国台湾)	Bank SinoPac(China)Ltd.,Guangzhou Branch(Taiwan, China)	2017.07
玉山银行(中国)有限公司广州分行(中国台湾)	E.SUN Bank (China) Company，Ltd. Guangzhou Branch (Taiwan, China)	2018.09
富邦华一银行有限公司广州分行(中国台湾)	Fubon Bank (China) Co. , Ltd. Guangzhou Branch(Taiwan, China)	2019.04
大丰银行股份有限公司广州分行(中国澳门)	Tai Fung Bank Limited Guangzhou Branch(Macao, China)	2021.11
美国华美银行股份有限公司广州代表处(美国)	East West Bank Guangzhou Representative Office (USA)	1996.02
葡萄牙商业银行股份有限公司广州代表处(葡萄牙)	Banco Comercial Portugues, S.A. Guangzhou Representative Office (Portugal)	1997.03
瑞士信贷银行股份有限公司广州代表处(瑞士)	Credit Suisse Guangzhou Representative Office (Swiss)	2005.01
埃及银行广州代表处(埃及)	Banque Misr Guangzhou Representative Office(Egypt)	2016.07
孟加拉东方银行广州代表处(孟加拉)	Eastern Bank Limited Guangzhou Representative Office(Bangladesh)	2018.09
澳门华人银行股份有限公司广州代表处(中国澳门)	The Macau Chinese Bank Limited Guangzhou Representative Office (Macao, China)	2019.06

注：本表资料由中国银保监会广东监管局提供。
Note: The data in this table are provided by China Banking Regulatory Commission Guangdong Office.

6-19 外资保险公司及代表处一览表
List of Foreign Insurance Companies and Representative Offices

机构(代表处)名称及所属国家(地区)	Name of Institutions (Representative Offices)	批准日期 Date of Approval
美亚财产保险有限公司广东分公司(美国)	AIG Insurance Company China Limited Guangdong Branch (USA)	1995.10
友邦保险有限公司广东分公司(中国香港)	AIA Company Limited Guangdong Provincial Branch(Hong Kong, China)	1995.10
中意人寿保险有限公司广东省分公司(意大利)	Generali China Life Insurance Co., Ltd., Guangdong Branch (Italy)	2002.01
中宏人寿保险有限公司广东分公司(加拿大)	Manulife-Sinochem Life Insurance CO.,LTD.Guangdong Branch(Canada)	2003.01
京东安联财产保险(中国)有限公司(德国)	Allianz Jingdong General Insurance Company (Germany)	2003.01
工银安盛人寿保险有限公司广东分公司(法国)	ICBC-AXA Assurance Co., Ltd., Guangdong Branch (France)	2003.04
中德安联人寿保险公司广东分公司(德国)	Allianz China Life Insurance Company Limited Guangdong Branch (Germany)	2004.12
中英人寿保险公司广东分公司(英国)	Aviva-Cofco Life Insurance Co., Ltd., Guangdong Branch (UK)	2005.11
中美联泰大都会人寿保险有限公司广东分公司(美国)	Sino-US United MetLife Insurance Co., Ltd., Guangdong Branch (USA)	2006.02
安盛天平财产保险股份有限公司广东分公司(法国)	Tian Ping Auto Insurance Co., Ltd., Guangdong Branch (France)	2006.08
平安健康保险股份有限公司广东分公司(南非)	Ping An Health Insurance Company Of China,Ltd. Guangdong Branch (South Africa)	2007.09
瑞泰人寿保险有限公司广东分公司(南非)	Oldmutual-guodian life insurance company limited guangdong branch (South Africa)	2008.01
同方全球人寿保险有限公司广东分公司(荷兰)	AEGON THTF Life Insurance Co.,Ltd. Guangdong Branch(Holland)	2008.02
中信保诚人寿保险有限公司广东省分公司(英国)	CITIC-Prudential Life Insurance Company Limited GuangDong Branch(UK)	2008.06
三井住友海上火灾保险(中国)有限公司广东分公司(日本)	Mitsui Sumitomo Insurance (China) Company, Ltd, Guangdong Branch (Japan)	2008.08
陆家嘴国泰人寿保险有限责任公司广东分公司(中国台湾)	Cathay Lujiazui Life Insurance Co., Ltd, Guangdong Branch (Taiwan, China)	2008.09
日本财产保险(中国)有限公司广东分公司(日本)	Sompo Japan Insurance (China) Company, Ltd, Guangdong Branch(Japan)	2009.02
恒安标准人寿保险有限公司广东分公司(英国)	Heng An Standard Life Insurance Co., Ltd., Guangdong Branch (UK)	2009.05
东京海上日动火灾保险(中国)有限公司广东分公司(日本)	The Tokio Marine & Nichido Fire Insurance Company (China) Limited Guangdong Branch(Japan)	2010.06
国泰财产保险有限责任公司广东分公司(中国台湾)	Cathay Insurance Co., Ltd., Guangdong Branch (Taiwan,China)	2010.10
招商信诺人寿保险有限公司广东分公司(美国)	CIGNA & CMC Life Insurance Co., Ltd., Guangdong Branch (USA)	2010.12
华泰人寿保险股份有限公司广东分公司(美国)	Huatai Life Insurance Co.,Ltd..Guangdong Branch (USA)	2011.05
华泰财产保险有限公司广东省分公司(美国)	Huatai Property insurance Co., Ltd. Guangdong Branch (USA)	2011.08
利宝保险有限公司广东分公司(美国)	Liberty Insurance Company Limited Guangdong Branch (USA)	2011.11
中意财产保险有限公司广东分公司(意大利)	Generali China Insurance Co., Ltd., Guangdong Branch (Italy)	2012.07
中银三星人寿保险有限公司广东分公司(韩国)	BOC SAMSUNG Life Insurance Company Limited Guangdong Branch (Korea)	2013.06
交银人寿保险有限公司广东省分公司(日本)	Bank of Communications Life Insurance Co., Ltd. Guangdong Branch (Japan)	2014.05
凯本财产保险(中国)有限公司(韩国)	KBFG insurance company Ltd,Guangdong Branch (Korea)	2014.05
京东安联财产保险有限公司广东分公司(德国)	Allianz China General Insurance Company Ltd. Guangdong Branch(Germany)	2015.10
汇丰人寿保险有限公司广东分公司(中国香港)	HSBC Life Insurance Company Limited Guangdong Branch (Hong Kong,China)	2015.10
史带财产保险股份有限公司广东分公司(美国)	Starr Property & Casualty Insurance (China) Company Limited, Guangdong Branch(USA)	2016.01
安达保险有限公司广东分公司(美国)	Chubb Insurance Company Limited Guangdong Branch(USA)	2016.07
恒大人寿保险有限公司广东分公司(新加坡)	Evergrande Life Assurance Co.,Ltd., Guangdong Branch (Singapore)	2016.09
北大方正人寿保险有限公司广东分公司(日本)	Founder Life Insurance Co., Ltd. Guangdong Branch(Japan)	2016.12
苏黎世财产保险(中国)有限公司广东分公司(瑞士)	Zurich General Insurance Company(China)Ltd Guangdong Branch (Switzerland)	2016.12
现代财产保险(中国)有限公司广东分公司(韩国)	Hyundai Insurance(China)Co.,Ltd.Guangdong Branch(Korea)	2021.01
鼎诚人寿保险有限责任公司广东分公司(中国台湾)	Dingcheng Life Insurance Co., Ltd. Guangdong Branch (Taiwan, China)	2022.07
澳大利亚昆士兰保险集团股份有限公司广州代表处(澳大利亚)	QBE Insurance Group Limited Guangzhou Representative Office (Australia)	1997.10
日本爱和谊日生同和保险公司广州代表处(日本)	Aioi Nissay Dowa Insurance Co.,Ltd. Guangzhou Representative Office(Japan)	2004.06

注：本表资料由中国银保监会广东监管局提供。
Note: The data in this table are provided by China Insurance Regulatory Commission Guangdong Office.

主要统计指标解释

【一般公共预算收入】指国家财政参与社会产品分配所取得的收入，是实现国家职能的财力保证。主要包括：（1）各项税收：包括国内增值税、国内消费税、进口货物增值税、进口消费品消费税、出口货物退增值税、出口消费品退消费税、企业所得税、个人所得税、资源税、城市维护建设税、房产税、印花税、城镇土地使用税、土地增值税、车船税、船舶吨税、车辆购置税、关税、耕地占用税、契税、烟叶税、环境保护税等。（2）非税收入：包括专项收入、行政事业性收费收入、罚没收入、国有资本经营收入、国有资源（资产）有偿使用收入和其他收入等。

【一般公共预算支出】指国家财政将筹集起来的资金进行分配使用，以满足经济建设和各项事业的需要。主要包括：一般公共服务、外交、国防、公共安全、教育、科学技术、文化旅游体育与传媒、社会保障和就业、卫生健康、节能环保、城乡社区、农林水、交通运输、资源勘探工业信息等、商业服务业等、金融、援助其他地区、自然资源海洋气象等、住房保障、粮油物资储备、灾害防治及应急管理、债务付息、债务发行费用等方面的支出。

【各项存款】金融机构资金来源的主要项目，包括住户存款、非金融企业存款、机关团体存款、财政性存款、非银行业金融机构存款和境外存款。

【各项贷款】金融机构资金运用的主要项目，包括住户贷款、非金融企业及机关团体贷款、非银行业金融机构贷款和境外贷款。

【保险公司】在中国境内的、经过保险监督管理部门批准设立，并依法登记注册的各类商业保险公司。

【保险金额】指保险人承担赔偿或者给付保险金责任的最高限额。

【保费】指投保人为取得保险人在约定范围内所承担赔偿责任而支付给保险人的费用。

【赔款】指保险人根据保险合同的规定，向被保险人支付的赔偿保险责任损失的金额。

【给付】包括死伤医疗给付和期满给付。死伤医疗给付是指保险人根据人寿保险及长期健康保险合同的规定，因被保险人在保险期内发生保险责任范围内的保险事故支付给被保险人（或受益人）的金额。期满给付是指被保险人生存期满，保险人按人寿保险合同规定支付给被保险人的期满保险金额。

Explanatory Notes on Main Statistical Indicators

【General Public Budget Revenue】 refers to the revenue obtained by the state's financial participation in the distribution of social products, which is the financial guarantee for the realization of national functions. It mainly includes: (1) Taxes: Including domestic value added tax, excise, imports value-added tax and consumption tax of consumer goods import and export of goods export VAT and consumer goods to return a consumption tax, enterprise income tax, individual income tax, resource tax, urban maintenance and construction tax, property tax, stamp tax, urban land use tax, land value-added tax, car, shipping tonnage dues, vehicle purchase tax, tariff, cultivated land usage tax, Deed tax, tobacco leaf tax, environmental protection tax, etc. (2) Non-tax income: including special income, administrative institutional fee income, confiscation income, state-owned capital operation income, paid use of state-owned resources (assets) income and other income.

【General Public Budget Expenditure】refers to the allocation and use of funds raised by the state finance to meet the needs of economic construction and various undertakings. It mainly includes: General public services, diplomacy, national defense, public security, education, science and technology, sports and cultural tourism media, social security and employment, health, energy conservation, environmental protection, urban and rural community, the following industrial, transportation, resources exploration information, such as business services, finance, assistance to other areas, such as natural resources, housing, such as Marine meteorological materials reserves of grain and oil, disaster prevention Treatment and emergency management, debt payment, debt issuance expenses and other expenses.

【Deposit】 The main sources of funds of financial institutions include household deposits, non-financial enterprise deposits, institutional deposits, fiscal deposits, deposits of non-banking financial institutions and overseas deposits.

【Loan】 The main projects used by financial institutions include household loans, loans to non-financial enterprises and organizations, loans to non-banking financial institutions and overseas loans.

【Insurance Companies】 refer to commercial insurance companies of various forms registered by law and established in China with the approval of insurance regulatory agencies.

【Amount Insured】 refers to the maximum that the insurant will get for the claim of the case insured.

【Premium】 is the fee paid by the insurant to the insurer to obtain the obligation of compensation from the insurance within the agreed terms.

【Settled Claim】 is the compensation paid by the insurer to the insurant in accordance with the insurance contract.

【Payment】 includes payment for death, injury or medical treatment and payment at maturity. Payment for death, injury or medical treatment refers to the money paid to the insurant (or the beneficiary) in accordance with the life or health insurance contract when the insurant encounters accidents within the insured period covered in the contract. Payment at maturity refers to the payment to the insurant in accordance with the life insurance contract at the end of the insured period.

第七篇 CHAPTER 7

价格指数
PRICE INDICES

第七篇　价格指数

简要说明

一、本篇资料反映生产、消费等环节的价格变动情况。

二、本篇资料由国家统计局广州调查队提供。

三、居民消费价格指数和商品零售价格指数均采用抽样调查方法编制，按照大中小兼顾以及地区分布合理的原则，抽选价格调查点，根据当地商品销售量大小及居民消费结构等情况选定代表规格品，定时定点采集价格编制而成。

四、工业生产者出厂价格指数和工业生产者购进价格指数均采用重点调查与典型调查相结合的调查方法，采用主观选择和随机抽样的方法选择调查企业。

五、新建商品住宅销售价格统计的采集渠道为部门统计，数据取自市住房和城乡建设局的房地产交易管理平台网签成交情况；二手住宅销售价格调查为非全面调查，采用重点调查与典型调查相结合的方法，数据来源于房地产经纪机构。

Chapter 7 Price Indices

Brief Introduction

I. The data on the price indices in this chapter show the changing trend and the changing rates in production and consumption.

II. The data in this chapter are prepared and provided by Guangzhou Survey Team of National Bureau of Statistics.

III. The data for the calculation of the consumer price indices of resident are collected with the stratified sampling method. Areas distributed in different economic regions in the districts and counties of Guangzhou are selected as the sample areas and the commodities with more consumption and the representative commodities and service item are selected as the samples. Regular surveys are conducted to collect the data on the market prices. The data on the population are estimated on the basis of the sample.

IV. The data for the calculation of the industrial producer price indices and industrial producers purchasing price indices are collected by key unit's survey and typical unit's survey under subjective choice and random sample.

V. The data for sales prices of newly built residential buildings are department statistics, which are collected from the internet signed transaction situation on the Real Estate Transaction Management Platform of the Guangzhou Municipal Housing and Urban-Rural Development Bureau.The data for sales prices of second-hand residential buildings are collected from non-all round investigation by key unit's survey and typical unit's survey through real estate brokerage agencies.

7-1 主要年份城市居民消费价格指数
Urban Residents Consumer Price Indices in Main Years

年 份 Year	以上年价格为100 (preceding year=100)	以1978年价格为100 (1978=100)	以1952年价格为100 (1952=100)
1978	100.3		134.1
1979	104.0	104.0	172.7
1980	107.2	112.9	240.5
1985	121.5	168.1	370.8
1986	103.9	177.4	398.1
1987	113.7	212.2	465.6
1988	127.7	274.0	599.8
1989	121.6	339.6	729.3
1990	97.3	322.2	709.6
1991	103.0	329.2	711.9
1992	111.7	374.6	795.2
1993	125.0	472.4	1020.5
1994	120.0	575.4	1224.6
1995	113.5	653.1	1389.9
1996	108.2	706.7	1503.9
1997	102.2	722.2	1537.0
1998	97.7	705.6	1501.6
1999	98.5	695.0	1479.1
2000	102.8	714.5	1520.5
2001	98.9	706.6	1503.8
2002	97.6	689.6	1467.7
2003	100.1	690.3	1469.2
2004	101.7	702.0	1494.2
2005	101.5	712.5	1516.6
2006	102.3	728.9	1551.5
2007	103.4	753.7	1604.2
2008	105.9	798.2	1698.8
2009	97.5	778.2	1656.3
2010	103.2	803.1	1709.3
2011	105.5	847.3	1803.3
2012	103.0	872.7	1857.4
2013	102.6	895.4	1905.7
2014	102.3	916.0	1949.5
2015	101.7	931.6	1982.6
2016	102.7	956.8	2036.1
2017	102.3	978.8	2082.9
2018	102.4	1002.3	2132.9
2019	103.0	1032.4	2196.9
2020	102.6	1059.2	2254.0
2021	101.1	1070.9	2278.8
2022	102.4	1096.6	2333.5

7-2 城市居民消费价格分类指数(上年=100)
Urban Residents Consumer Price Indices by Category (Preceding Year=100)

项目	Item	2021	2022
居民消费价格总指数	**Consumer Price Index**	**101.1**	**102.4**
消费品价格指数	Consumer Goods Price Index	101.0	103.3
服务价格指数	Service Price Index	101.3	101.2
一、食品烟酒	I. Food，Tobacoo and Liquor	99.9	103.3
# 食　品	Food	98.4	103.2
# 粮　食	Grain	103.4	105.4
食用油	Cooking Oil	107.0	106.4
# 鲜　菜	Fresh Vegetables	102.0	103.1
畜肉类	Meat Products	82.5	91.7
禽肉类	Poultry Products	99.0	100.9
水产品	Aquatic Products	107.3	105.1
蛋　类	Eggs	105.2	101.7
烟　酒	Tobacoo and Liquors	103.4	102.7
二、衣　着	II. Clothing	101.1	101.6
三、居　住	III.Residence	101.7	100.8
四、生活用品及服务	IV. Household Articles and Services	100.1	100.5
# 家用器具	Household Appliances	99.8	100.7
五、交通和通信	V. Transportation and Communication	104.0	105.7
六、教育文化和娱乐	VI.Education, Culture and Recreation	101.7	102.8
七、医疗保健	VII. Health Care	100.4	100.4
# 医疗服务	Health Care Services	100.0	100.0
八、其他用品和服务	VIII.Other Articles and Services	97.1	100.7

7-3 主要年份城市商品零售价格指数
Urban Retail Price Indices in Main Years

年 份 Year	以上年价格为100 (preceding year=100)	以1978年价格为100 (1978=100)	以1952年价格为100 (1952=100)
1978	100.3		
1979	104.5	104.5	184.6
1980	107.6	113.8	252.8
1985	122.5	171.4	400.4
1986	103.3	179.8	426.0
1987	114.3	218.0	507.6
1988	129.6	284.9	656.5
1989	121.6	351.7	798.2
1990	96.3	331.4	768.7
1991	102.0	338.2	784.1
1992	108.9	379.3	853.9
1993	125.1	480.0	1068.2
1994	116.6	559.7	1245.5
1995	109.7	614.0	1366.3
1996	104.3	640.4	1425.1
1997	99.4	636.6	1416.5
1998	96.3	613.0	1364.1
1999	96.8	593.4	1320.4
2000	99.4	589.8	1312.5
2001	97.4	574.5	1278.4
2002	97.4	559.6	1245.2
2003	99.1	554.5	1234.0
2004	102.1	566.1	1259.9
2005	101.6	575.2	1280.1
2006	101.2	582.1	1295.5
2007	102.9	599.0	1333.0
2008	105.7	633.1	1409.0
2009	96.8	612.8	1363.9
2010	103.2	632.4	1407.5
2011	105.1	664.7	1479.3
2012	101.9	677.3	1507.4
2013	100.5	680.7	1514.9
2014	101.5	690.9	1537.6
2015	99.1	684.7	1523.8
2016	101.2	692.9	1542.1
2017	102.0	706.8	1572.9
2018	102.2	722.3	1607.5
2019	100.6	726.6	1617.1
2020	100.6	731.0	1626.8
2021	101.3	740.5	1647.9
2022	102.5	759.0	1689.1

7-4 城市商品零售价格指数(上年=100)

Urban Retail Price Indices by Category (Preceding Year=100)

项　　目	Item	2021	2022
商品零售价格指数	**Retail Price Index**	**101.3**	**102.5**
食　品	Food	99.8	103.5
饮料、烟酒	Beverages, Tobacco and Liquor	102.3	102.0
服装、鞋帽	Garments, Shoes and Hats	101.1	101.5
纺织品	Textiles	97.4	96.8
家用电器及音像器材	Household Appliances, Music and Video Equipment	99.3	99.4
文化办公用品	Cultural and Office Appliances	101.0	100.3
日用品	Articles for Daily Use	98.4	100.5
体育娱乐用品	Sports and Recreation Articles	103.4	100.2
交通、通信用品	Transportation and Communication Appliances	98.8	97.7
家　具	Furniture	100.3	101.8
化妆品	Cosmetics	99.2	100.2
金银饰品	Gold, Silver and Jewelry	99.4	101.6
中西药品及医疗保健用品	Traditional Chinese and Western Medicines & Health Care Articles	101.6	101.7
书报杂志及电子出版物	Books, Newspapers, Magazines and Electronic Publications	102.3	102.8
燃　料	Fuels	115.2	118.6
建筑材料及五金电料	Building Materials and Hardware	102.8	101.5

7-5 主要食品平均价格

Average Price of Major Food

单位:元/千克 (yuan/kg)

商品名称	Item	规格描述	Standard and Rate	2021	2022
粳 米	Rice	散装一级	Northeast Rice	5.56	5.82
籼 米	High Quality Rice	散装一级	Glutinous Rice	7.52	8.10
黄 豆	Soybean	一级	First Rate	9.16	9.41
绿 豆	Mung Bean	一级	First Rate	14.23	14.71
花生油	Peanut Oil	瓶装纯净	Pure First Rate	30.25	30.17
大白菜	Cabbage	一级绍菜	First Rate nappa cabbage	6.05	6.25
西兰花	Broccoli	一级	First Rate	13.16	12.35
青 瓜	Green Cucumber	一级	First Rate	8.45	9.04
冬 瓜	Wax gourd	一级青皮冬瓜	First Rate	5.25	5.24
西红柿	Tomato	一级番茄	First Rate	9.70	11.12
萝 卜	Radish	一级白萝卜	First Rate	4.66	4.96
空心菜	Water spinach	一级	First Rate	8.30	9.74
菜 心	Chinese flowering cabbage	一级	First Rate	11.14	11.55
豇 豆	Cowpea	一级白豆角	First Rate asparagus bean	13.45	14.39
生 菜	Lettuce	一级	First Rate	8.17	8.86
节 瓜	Zucchini	一级	First Rate	8.52	9.54
西洋菜	Watercress	一级	First Rate	9.68	11.15
猪 肉	Pork	后腿肉	Fresh High Quality Pork	48.78	40.72
牛 肉	Beef	牛腿肉	Net Beef	119.71	124.02
鸡	Chicken	白条鸡(杂交开刀)	Pulled Chicken	42.42	45.67
鸡 蛋	Eggs	新鲜红壳	Fresh Brown Eggs	11.80	13.27
带 鱼	Hairtail	冰鲜中等原条	Middling Iced Whole Hairtail	62.18	64.45
大头鱼	Variegated Carp	一级	First Rate	19.80	19.05
活鲫鱼	Crucian	一级	First Rate	31.90	35.32
活草鱼	Grass Carp	一级	First Rate	22.95	25.39
苹 果	Apple	红富士一级	First Rate of Red Fuji	13.19	15.36
雪 梨	Pear	一级	First Rate	9.72	11.70
香 蕉	Banana	黄熟一级	Ripe First Rate	5.59	6.90
葡 萄	Grape	加州红提	American Red Grape	23.41	30.12
西 瓜	Watermelon	黑美人一级	Ordinary First Rate	4.50	5.06

7-6 主要年份工业生产者价格指数(上年=100)
Price Indices for Industrial Products in Main Years (Preceding Year=100)

年 份 Year	工业生产者出厂价格指数 Producer Price Index for Industrial Products	工业生产者购进价格指数 Purchasing Price Index for Industrial Products
1994	126.0	121.1
1995	112.3	118.7
1996	101.4	104.5
1997	100.2	96.9
1998	95.2	91.1
1999	98.3	99.7
2000	103.2	113.6
2001	98.6	99.5
2002	96.8	96.5
2003	99.6	105.7
2004	102.1	111.7
2005	101.7	107.9
2006	101.2	104.9
2007	101.4	104.7
2008	103.7	109.4
2009	96.5	91.8
2010	102.4	110.9
2011	103.1	109.1
2012	99.7	98.4
2013	98.0	98.2
2014	98.2	98.0
2015	96.8	93.7
2016	98.8	98.5
2017	102.3	108.8
2018	101.0	104.6
2019	99.0	98.6
2020	99.4	95.2
2021	104.1	111.3
2022	102.6	111.2

7-7 工业生产者出厂价格指数（上年＝100）
Producer Price Indices for Industrial Products (Preceding Year=100)

项　　目	Item	2021	2022
工业生产者出厂价格指数	**Producer Price Index for Industrial Products**	**104.1**	**102.6**
轻工业	Light Industry	103.6	100.3
以农产品为原材料	Using Farm Produce as Raw Materials	101.3	102.3
以非农产品为原材料	Using Nonfarm Produce as Raw Materials	105.7	98.7
重工业	Heavy Industry	104.3	103.4
采掘工业	Mining and Quarrying Industry		
原料工业	Raw Materials Industry	109.4	115.7
加工工业	Manufacturing Industry	103.0	100.1
生产资料	Means of Production	105.5	103.6
采掘工业	Mining and Quarrying Industry		
原料工业	Raw Materials Industry	109.3	115.9
加工工业	Processing Industry	104.2	99.3
生活资料	Consumer Goods	102.1	101.0
食品类	Food	102.4	102.4
衣着类	Clothing	92.5	101.0
一般日用品类	Articles for Daily Use	102.8	100.9
耐用消费品类	Durable Consumer Goods	102.5	100.6

7-8 按工业行业分工业生产者出厂价格指数
Producer Price Indices for Industrial Products by Sector

（上年=100） (preceding year=100)

行业	Sector	2021	2022
总指数	Producer Price Indices for Industrial Products	104.1	102.6
农副食品加工业	Processing of Food from Agricultural Products	113.8	109.6
食品制造业	Manufacture of Foods	100.0	103.7
酒、饮料及精制茶制造业	Manufacture of Liquor, Beverages and Refined Tea	100.2	99.7
烟草制品业	Manufacture of Tobacco	103.8	100.7
纺织业	Manufacture of Textile	94.5	101.5
纺织服装、服饰业	Manufacture of Textile, Wearing Apparel and Accessories	92.0	103.9
皮革、毛皮、羽毛及其制品和制鞋业	Manufacture of Leather, Fur, Feather and Related Products and Footware	92.6	95.1
木材加工和木、竹、藤、棕、草制品业	Processing of Timber, Manufacture of Wood, Bamboo, Rattan, Palm and Straw Products	100.8	102.1
家具制造业	Manufacture of Furniture	100.5	100.2
造纸和纸制品业	Manufacture of Paper and Paper Products	108.1	105.9
印刷和记录媒介复制业	Printing and Reproduction of Recording Media	101.7	99.4
文教、工美、体育和娱乐用品制造业	Manufacture of Articles for Culture, Education, Arts and Crafts, Sport and Entertainment Activities	99.0	101.6
石油、煤炭及其他燃料加工业	Processing of Petroleum, Coking and Processing of Nuclear Fuel	126.6	129.8
化学原料和化学制品制造业	Manufacture of Raw Chemical Materials and Chemical Products	111.6	103.9
医药制造业	Manufacture of Medicines	98.5	97.5
化学纤维制造业	Manufacture of Chemical Fibres	99.6	104.6
橡胶和塑料制品业	Manufacture of Rubber and Plastics Products	105.3	100.5
非金属矿物制品业	Manufacture of Non-metallic Mineral Products	102.7	96.5
黑色金属冶炼和压延加工业	Smelting and Pressing of Ferrous Metals	124.1	93.8
有色金属冶炼和压延加工业	Smelting and Pressing of Non-ferrous Metals	134.5	100.9
金属制品业	Manufacture of Metal Products	105.2	100.3
通用设备制造业	Manufacture of General Purpose Machinery	100.5	99.2
专用设备制造业	Manufacture of Special Purpose Machinery	98.6	99.8
汽车制造业	Manufacture of Automobiles	99.5	99.8
铁路、船舶、航空航天和其他运输设备制造业	Manufacture of Railway, Ship, Aerospace and Other Transport Equipments	98.2	104.1
电气机械和器材制造业	Manufacture of Electrical Machinery and Apparatus	109.0	103.7
计算机、通信和其他电子设备制造业	Manufacture of Computers, Communication and Other Electronic Equipments	106.8	98.3
仪器仪表制造业	Manufacture of Measuring Instruments and Machinery	97.5	98.8
其他制造业	Other Manufacture	100.1	117.7
废弃资源综合利用业	Utilization of Waste Resources	123.6	101.5
金属制品、机械和设备修理业	Repair Service of Metal Products, Machinery and Equipment	101.8	101.7
电力、热力生产和供应业	Production and Supply of Electric Power and Heat Power	101.1	107.1
燃气生产和供应业	Production and Supply of Gas	106.8	133.8
水的生产和供应业	Production and Supply of Water	102.9	101.7

7-9 工业生产者购进价格指数(上年=100)
Purchasing Price Index for Industrial Producers (Preceding Year=100)

项　目	Item	2021	2022
工业生产者购进价格指数	**Purchasing Price Index for Industrial Producers**	**111.3**	**111.2**
燃料、动力类	Fuels and Power	117.3	138.8
黑色金属材料类	Ferrous Metals	120.0	98.4
#钢　材	Steel	120.1	99.0
其　他	Others	118.1	87.7
有色金属材料和电线类	Nonferrous Metals and Wires	120.5	107.3
化工原料类	Raw Chemical Materials	110.0	103.1
木材及纸浆类	Timber and Paper Pulp	103.0	105.3
建筑材料及非金属类	Building Materials and Nonmetal Minerals	102.3	92.8
其他工业原料及半成品类	Raw Materials and Semi-finished Products of Other Industries	106.5	100.4
农副产品类	Agricultural Products	106.2	108.7
纺织原料类	Textile Raw Materials	102.3	106.0

7-10 各月住宅销售价格指数（2022年，上年同月=100）

Sales Price Indices of Residence Buildings (2022, Preceding Year=100)

项　　目	Item	1月	2月	3月	4月	5月	6月
新建住宅销售价格指数	**Newly Built Residential Buildings**						
新建商品住宅	Newly Built Commodity Residential Buildings	104.5	104.2	103.0	102.0	101.0	100.3
90平方米及以下	90 square meters and below	104.3	103.6	102.1	101.5	100.4	100.0
90-144平方米	90 - 144 square meters	104.4	104.1	103.2	101.8	100.6	100.1
144平方米以上	144 square meters and above	105.3	105.4	103.6	103.6	103.0	101.5
二手住宅销售价格指数	**Second-hand Residential Buildings**	**104.1**	**103.8**	**102.7**	**102.0**	**101.3**	**101.2**
90平方米及以下	90 square meters and below	104.6	104.3	103.3	102.3	101.1	100.7
90-144平方米	90 - 144 square meters	103.2	102.9	101.9	101.6	101.5	101.4
144平方米以上	144 square meters and above	105.2	104.8	103.4	102.2	101.2	101.7

7-10 续表 continued

项目	Item	7月	8月	9月	10月	11月	12月
新建住宅销售价格指数	**Newly Built Residential Buildings**						
新建商品住宅	Newly Built Commodity Residential Buildings	100.4	100.3	100.1	100.2	100.2	100.4
90平方米及以下	90 square meters and below	100.2	100.3	100.0	99.8	100.1	100.0
90-144平方米	90 - 144 square meters	100.2	100.0	100.0	100.0	100.0	100.4
144平方米以上	144 square meters and above	101.6	101.6	101.1	101.4	101.5	101.1
二手住宅销售价格指数	**Second-hand Residential Buildings**	**100.6**	**100.0**	**99.8**	**99.8**	**99.7**	**99.5**
90平方米及以下	90 square meters and below	100.3	99.7	99.4	99.6	99.3	99.2
90-144平方米	90 - 144 square meters	100.7	100.3	100.1	100.0	100.0	99.8
144平方米以上	144 square meters and above	101.2	100.4	100.3	99.9	100.0	99.5

注：2018年后，国家统计局不再公布新建住宅销售价格指数。
Note: After 2018, the National Bureau of Statistics did not publish the sales price index of newly built residential buildings.

7-11 2022年全国36大中城市居民消费价格指数(上年=100)

地 区	Region	居民消费价格总指数 CPI	一、食品烟酒 I.Food Alcohol and Tobacco	粮 食 Grain	鲜 菜 Fresh Vegetables	畜 肉 Livestock Meat	水产品 Aquatic Products	蛋 Egg
北京市	Beijing	101.8	103.1	101.2	101.2	97.7	103.5	106.1
天津市	Tianjing	101.9	102.2	102.9	98.8	97.4	98.6	107.4
石家庄市	Shijiazhuang	101.2	102.3	103.1	100.5	97.2	99.0	107.2
太原市	Taiyuan	102.1	104.1	105.0	106.1	97.0	102.7	108.1
呼和浩特市	Hohhot	102.1	102.9	104.0	102.3	97.0	96.0	110.5
沈阳市	Shenyang	101.7	103.5	98.9	110.8	96.1	99.6	104.8
大连市	Dalian	102.2	102.7	101.7	102.8	97.0	101.5	110.2
长春市	Changchun	101.9	103.3	104.8	110.8	96.8	97.5	106.7
哈尔滨市	Harbin	101.9	102.2	100.5	100.8	99.4	101.3	106.2
上海市	Shanghai	102.5	104.5	103.4	112.3	98.3	106.8	116.0
南京市	Nanjing	102.2	102.7	102.5	102.7	99.2	100.0	107.5
杭州市	Hangzhou	102.4	102.7	99.9	105.9	95.6	102.9	102.9
宁波市	Ningbo	102.3	103.1	102.9	100.9	95.2	104.1	103.2
合肥市	Hefei	102.4	103.6	100.1	100.6	98.3	97.5	108.0
福州市	Fuzhou	102.4	104.0	99.6	108.0	96.2	103.6	112.4
厦门市	Xiamen	101.8	101.3	101.1	100.9	93.6	105.4	106.4
南昌市	Nanchang	101.8	102.3	100.0	102.8	97.0	100.0	107.8
济南市	Jinan	101.4	102.3	103.5	99.5	95.6	105.2	110.8
青岛市	Qingdao	102.0	103.0	106.2	105.5	93.8	105.5	105.5
郑州市	Zhengzhou	101.2	101.7	107.1	99.9	94.3	93.0	106.1
武汉市	Wuhan	102.3	102.6	101.5	103.4	96.2	98.0	105.5
长沙市	Changsha	101.7	101.3	102.7	100.3	96.1	97.8	108.9
广州市	Guangzhou	102.4	103.3	105.4	103.1	91.7	105.1	101.7
深圳市	Shenzhen	102.3	103.4	99.1	104.0	95.0	106.2	108.3
南宁市	Nanning	101.7	102.1	100.6	99.9	93.7	104.6	107.2
海口市	Haikou	101.1	101.9	99.1	102.7	95.1	106.8	104.1
重庆市	Chongqing	102.1	103.9	101.7	106.8	99.8	101.8	108.9
成都市	Chengdu	102.4	102.4	105.9	99.8	96.5	103.5	104.5
贵阳市	Guiyang	101.9	101.4	101.6	103.9	95.3	101.1	107.1
昆明市	Kunming	101.7	101.6	103.3	101.6	94.9	98.9	107.8
拉萨市	Lhasa	101.8	101.1	100.9	105.8	97.5	103.3	129.7
西安市	Xian	102.2	103.2	104.8	99.0	96.9	98.2	110.8
兰州市	Lanzhou	102.3	103.6	105.3	99.5	93.5	99.0	111.1
西宁市	Xining	102.5	103.4	105.1	104.2	98.6	101.0	107.9
银川市	Yinchuan	102.0	102.6	105.2	101.6	98.7	102.4	105.6
乌鲁木齐市	Urumchi	101.6	102.4	102.7	110.2	97.1	105.6	107.7
平均指数	Average	102.1	103.0	102.6	103.9	96.5	103.2	107.6

Consumer Price Indices of 36 Large and Medium-sized Cities in 2022
(Preceding Year =100)

鲜 果 Fresh Fruits	二、衣着 II.Clothing	三、居住 III.Residence	四、生活用品及服务 IV.Daily Necessities and Services	五、交通和通信 V.Transportation and Communication	六、教育文化和娱乐 VI.Education, Culture and Entertainment	七、医疗保健 VII.Medical Care	八、其他用品和服务 VIII.Other Supplies and Services
115.4	100.6	100.6	101.6	105.0	100.6	100.7	101.6
113.0	101.4	100.3	101.6	105.9	101.8	100.2	100.3
110.2	99.3	100.5	99.9	103.0	100.8	100.4	101.8
117.5	102.1	100.4	100.7	104.3	101.0	100.1	100.8
114.6	100.4	99.5	101.8	106.9	102.1	100.0	101.3
117.4	98.0	99.3	101.0	105.7	101.4	99.8	101.7
108.9	99.7	100.1	101.5	106.5	103.6	100.1	101.3
111.6	99.8	100.1	101.9	104.8	101.1	100.8	101.2
109.7	101.8	101.0	100.7	105.5	101.0	100.0	101.1
112.0	99.0	101.0	102.0	104.4	103.5	102.1	100.6
110.4	101.4	100.8	102.9	104.1	102.1	102.6	101.8
111.1	99.9	100.9	101.6	104.6	106.4	99.4	101.9
115.7	99.7	100.4	101.0	105.8	102.2	101.8	101.5
118.4	101.2	100.3	101.4	104.8	103.2	100.3	102.1
122.1	100.9	100.1	102.0	105.9	101.6	100.4	102.1
110.3	101.7	102.0	101.4	104.0	101.3	100.3	100.2
118.6	101.5	100.3	100.6	105.8	101.0	100.3	103.2
115.1	101.0	99.8	101.6	104.3	100.6	100.4	100.7
112.0	100.8	100.8	101.4	105.8	100.3	100.7	101.5
111.2	101.2	98.4	101.6	104.5	103.2	100.4	101.3
109.2	100.7	101.8	101.4	104.8	102.7	100.2	102.3
111.2	101.8	100.9	101.4	106.2	100.1	100.4	101.2
120.9	101.6	100.8	100.5	105.7	102.8	100.4	100.7
108.3	100.9	100.3	101.3	105.5	102.6	100.0	102.3
110.3	99.5	100.6	101.6	104.5	102.6	99.1	103.1
110.3	100.5	97.9	100.4	104.6	102.4	99.1	100.3
117.4	100.0	99.9	101.4	105.5	101.6	99.7	100.6
113.1	103.3	101.3	102.9	105.8	102.0	99.7	102.0
106.7	100.8	100.9	101.0	105.8	101.9	101.1	100.9
105.5	100.6	100.1	100.5	106.0	100.9	101.6	102.4
104.5	100.6	100.4	100.9	107.6	100.9	100.3	104.2
115.2	102.3	100.7	100.8	103.3	104.2	100.0	101.4
114.6	100.3	101.6	100.7	105.3	100.7	100.5	100.8
115.4	102.2	100.9	101.5	103.9	104.3	100.4	100.4
104.1	99.1	100.0	101.7	106.9	101.0	101.9	100.3
114.0	97.8	99.6	101.2	106.6	100.8	99.9	102.1
113.4	100.6	100.6	101.5	105.1	102.3	100.5	101.3

7-12 2022年广东省21地市居民消费价格指数(上年=100)

地区	Region	居民消费价格总指数 CPI	一、食品烟酒 I.Food Alcohol and Tobacco	粮食 Grain	鲜菜 Fresh Vegetables	畜肉 Livestock Meat	水产品 Aquatic Products	蛋 Egg
广东省	Guangdong	102.2	102.9	101.6	106.2	93.5	105.8	106.4
广州市	Guangzhou	102.4	103.3	105.4	103.1	91.7	105.1	101.7
韶关市	Shaoguan	101.9	102.0	101.6	105.6	90.1	102.5	108.1
深圳市	Shenzhen	102.3	103.4	99.1	104.0	95.0	106.2	108.3
珠海市	Zhuhai	101.2	101.3	103.4	98.2	92.9	109.0	104.8
汕头市	Shantou	101.6	102.9	102.5	106.4	96.4	107.4	103.4
佛山市	Foshan	102.2	102.0	101.5	106.3	92.3	106.8	109.7
江门市	Jiangmen	102.2	101.2	101.7	101.5	92.1	99.7	108.6
湛江市	Zhanjiang	101.8	102.4	97.1	103.4	90.2	108.3	103.5
茂名市	Maoming	101.6	101.4	95.7	105.3	95.6	105.6	109.4
肇庆市	Zhaoqing	102.3	102.4	99.6	98.8	90.4	105.7	107.9
惠州市	Huizhou	102.7	103.4	101.7	105.4	92.6	110.1	108.0
梅州市	Meizhou	101.8	101.6	98.4	102.7	93.8	102.7	109.0
汕尾市	Shanwei	102.0	103.1	98.6	103.9	92.7	108.2	106.4
河源市	Heyuan ,	101.8	102.6	99.3	107.5	89.7	104.6	110.3
阳江市	Yangjiang	102.1	102.3	94.4	107.1	89.9	103.0	105.5
清远市	Qingyuan	101.6	100.9	99.6	90.7	90.6	103.6	107.8
东莞市	Dongguan	102.7	102.9	103.0	104.9	92.4	104.1	107.8
中山市	Zhongshan	101.9	101.4	100.0	103.2	91.5	103.0	107.2
潮州市	Chaozhou	102.0	102.2	100.8	112.1	92.5	105.6	103.4
揭阳市	Jieyang	101.6	102.7	95.9	103.9	96.4	102.8	107.1
云浮市	Yunfu	101.7	101.7	103.8	99.4	91.3	105.9	105.3

Consumer Price Indices of 21 Cities in Guangdong Province in 2022 (Preceding Year =100)

鲜　果 Fresh Fruits	二、衣着 II.Clothing	三、居住 III.Residence	四、生活用品及服务 IV.Daily Necessities and Services	五、交通和通信 V.Transportation and Communication	六、教育文化和娱乐 VI.Education, Culture and Entertainment	七、医疗保健 VII.Medical Care	八、其他用品和服务 VIII.Other Supplies and Services
112.7	100.6	100.6	101.2	105.8	102.2	100.4	101.6
120.9	101.6	100.8	100.5	105.7	102.8	100.4	100.7
109.3	101.2	100.1	100.5	106.1	101.6	100.2	100.3
108.3	100.9	100.3	101.3	105.5	102.6	100.0	102.3
104.7	99.6	100.0	100.6	105.9	99.7	100.4	100.2
112.5	102.0	98.9	101.6	104.5	101.5	99.9	100.8
107.9	99.9	100.4	101.6	106.2	101.7	102.2	101.5
109.6	102.0	101.4	101.8	106.0	101.5	101.8	102.0
115.8	102.4	100.9	99.6	104.8	101.5	99.3	100.0
107.7	98.0	101.4	100.3	105.5	101.1	100.6	101.1
110.5	99.1	100.5	101.3	106.5	102.6	101.1	101.0
116.3	100.2	100.5	101.9	107.4	102.1	99.7	101.8
114.7	102.5	101.9	100.8	104.8	100.4	99.7	101.2
111.3	94.8	101.2	100.0	104.4	101.1	102.2	102.2
106.1	97.9	100.0	99.8	104.0	102.2	103.9	100.3
111.2	99.5	100.6	101.4	106.0	103.0	99.5	99.5
112.5	100.4	99.6	103.2	105.1	101.9	101.5	102.3
110.4	98.5	100.9	102.0	107.3	101.5	99.9	103.5
107.1	101.7	101.1	103.0	105.0	101.8	100.4	101.0
111.1	100.8	101.5	101.8	104.6	100.7	100.6	103.1
110.8	98.6	99.3	100.5	104.1	100.9	103.0	101.8
119.2	100.2	100.8	100.7	105.6	99.7	100.5	103.0

主要统计指标解释

【商品零售价格指数】是反映市场商品零售价格的变动趋势和程度的相对数。

【居民消费价格指数】是反映一定时期内居民所消费商品及服务项目价格水平的变动趋势和程度的相对数。

【工业生产者购进价格指数】是反映作为中间投入的原材料、燃料、动力购进价格总水平的变动趋势和变动幅度的相对数。

【工业生产者出厂价格指数】是反映一定时期内全部工业产品第一次出售时的出厂价格总水平的变动趋势和变动幅度的相对数。

【住宅销售价格指数】是反映住宅销售价格总水平变动趋势和程度的相对数。包括新建商品住宅销售价格指数和二手住宅销售价格指数。

Explanatory Notes on Main Statistical Indicators

【Retail Price Index】 is a relative number that reflects the trend and degree of the retail price of commodities in the market.

【Consumer Price Index】 is a relative number that reflects the trend and degree of changes in the price level of goods and services consumed by residents in a certain period.

【Purchasing Price Index for Industrial Producers】 is a relative number reflecting the trend and range of the general level of purchasing prices of raw materials, fuels and power as intermediate inputs.

【Producer Price Index for Industrial Producers】 is a relative number that reflects the trend and range of change of the general level of producer price of all industrial products when they are sold for the first time in a certain period.

【Sales Price Index of Residence Buildings】 is a relative number reflecting the trend and degree of the general level of housing sales prices, including new commercial housing sales price index and second-hand housing sales price index.

第八篇 CHAPTER 8

人民生活
PEOPLE'S LIVELIHOOD

第八篇　人民生活

简要说明

一、本篇资料反映广州城乡居民生活状况，包括家庭基本情况、居民收支、消费水平、住房及主要消费品消费量和拥有量等基本情况，数据来源于《住户收支与生活状况调查》（以下简称住户调查）。国家统计局采用分层、多阶段、与人口规模大小成比例（PPS）和随机等距抽样相结合的方法，在全国范围内随机抽选一定数量的居民家庭作为调查户。

二、本篇资料由国家统计局广州调查队提供。

三、根据国家统计局广东调查总队要求，2014 年起，住户调查收支数据绝对值以新口径公布使用。新口径是指不论户口性质和户口登记地、不论以家庭形式居住还是集体形式居住、不论居住在城市、农村还是城乡结合部，只要是常住地为广州的住户均纳入调查范围；旧口径是指以城市区域有固定居所的常住户籍居民家庭为调查范围。

四、由于新旧调查方案在调查范围和对象、城乡划分标准、样本抽选方法、计算和汇总方式、指标名称和口径等方面变化较大，新旧口径指标数据不可以直接对比使用。其中，新口径“消费支出”比旧口径“消费性支出”增加了自有住房虚拟租金折算。

Chapter 8 People's Livelihood

Brief Introduction

I. The data in this chapter show the basic conditions of the people's livelihood in the urban and rural areas of Guangzhou Municipality, including basic conditions of families, income and expenditure of the residents, level of consumption, housing condition, consumption possession of the major Consumer goods, etc. The data comes from the Household Income and Expenditure and Living Conditions Survey (hereinafter referred to as the Household Survey). The National Bureau of Statistics adopted the method of stratification, multi-stage, proportional to population size (PPS) and random equidistant sampling to randomly select a certain number of residential households nationwide as the survey households.

II. The data in this chapter are prepared and provided by Guangzhou Survey Team of National Bureau of Statistics.

III. According to the requirements of the Guangdong Survey Team of the National Bureau of Statistics, since 2014, the absolute value of household survey revenue and expenditure data has been published and used in a new caliber. No matter what kind of the household register is or register place is, whether living as a family or collective form in urban, rural or rural-urban continuum, as long as it is for local residents in Guangzhou, is classified into the new statistical standard. The old statistical standard covers the families which have permanent household register and resident in urban areas.

IV. Due to the great changes in the survey scope and object, urban-rural division standard, sample selection method, calculation and summary method, index name and caliber, the old and new caliber index data cannot be directly compared and used. Among them, the new caliber of "consumption expenditure" than the old caliber of "consumption expenditure" increased the virtual rental of owner-occupied housing translation.

8-1 城镇居民人均可支配收入和消费支出情况
Per Capita Annual Disposable Income and Expenditure for Consumption of Urban Residents

单位：元 (yuan)

项 目	Item	2021	2022
可支配收入	**Disposable Income**	**74416**	**76849**
工资性收入	Income from Wages and Salaries	48713	50475
经营净收入	Net Business Income	4346	4457
财产净收入	Net Income from Property	14608	15093
转移净收入	Net Income from Transfers	6749	6824
可支配收入构成 (%)	**Composition of Disposable Income (%)**	**100.0**	**100.0**
工资性收入	Income of Wages and Salaries	65.5	65.7
经营净收入	Net Business Income	5.8	5.8
财产净收入	Net Income from Properties	19.6	19.6
转移净收入	Net Income from Transfers	9.1	8.9
消费支出	**Total Living Expenditures for Consumption**	**47162**	**46825**
食品烟酒	Food,Tobacco and Liquor	14974	14998
衣着	Clothing	2226	1873
居住	Residence	11060	11837
生活用品及服务	Articles for Daily Use and Services	2853	2721
交通通信	Transportation and Communication	6223	6050
教育文化娱乐	Education, Cultural and Recreation	6145	5563
医疗保健	Health Care and Medical Services	2179	2266
其他用品和服务	Miscellaneous Articles for Use and Services	1502	1517
消费支出构成 (%)	**Composition of Consumption Expenditure (%)**	**100.0**	**100.0**
食品烟酒	Food,Tobacco and Liquor	31.8	32.0
衣着	Clothing	4.7	4.0
居住	Living	23.4	25.3
生活用品及服务	Daily Necessities and Services	6.1	5.8
交通通信	Transportation and Telecommunication	13.2	12.9
教育文化娱乐	Education,Culture and Entertainment	13.0	11.9
医疗保健	Health Service	4.6	4.9
其他用品和服务	Other Necessities and Services	3.2	3.2

8-2 城镇居民家庭平均每百户年末耐用消费品拥有量

Ownership of Major Durable Consumer Goods per 100 Urban Households at Year-end

项目		Item		2021	2022
家用汽车	（辆）	Automobile	(unit)	56	58
摩托车	（辆）	Motorcycle	(unit)	15	12
助力车	（辆）	Moped	(unit)	45	49
洗衣机	（台）	Washing Machine	(set)	105	103
电冰箱（柜）	（台）	Refrigerator	(set)	107	106
微波炉	（台）	Microwave Oven	(set)	58	56
彩色电视机	（台）	Color TV Set	(set)	117	116
空调	（台）	Air Conditioner	(set)	274	273
热水器	（台）	Water Heater	(unit)	111	112
洗碗机	（台）	Dish-washing Machine	(unit)	10	10
排油烟机	（台）	Vacuum Cleaner	(unit)	94	94
固定电话	（部）	Telephone	(set)	23	19
移动电话	（台）	Mobile Telephone	(set)	277	279
计算机	（台）	Computer	(set)	124	120
照相机	（架）	Camera	(set)	36	33
乐器	（台）	Musical Instruments	(set)	14	14
健身器材	（台）	Health Equipment	(set)	20	18

注：根据国家制度修订，删除“耐用消费品拥有情况”中“移动电话”和“计算机”下的“接入互联网”类别。
Note: According to the revision of the national system, the category "Access to the Internet" under "Mobile Telephone" and "Computer" in possession of consumer durables is deleted.

8-3 城镇居民家庭基本情况

Basic Conditions of Urban Households

单位：人 (person)

项目	Item	2021	2022
一、调查户数（户）	Number of Households Surveyed (household)	1200	1200
二、家庭人口数	Number of Family Members	3840	3851
平均每户人口数	Average Household Size	3.20	3.21
1. 就业者人数	Number of Employed Persons	2168	2132
平均每户就业人数	Average Number of Employed Persons per Household	1.81	1.78
平均每一就业者负担人数	Number of Dependents per Employee	1.77	1.81
2. 离退休人数	Number of Retired Veterans and Persons	643	689

8-4 主要年份城镇居民人均可支配收入、恩格尔系数及人均住房建筑面积

Per Capita Annual Disposable Income, Engel's Coefficient and Per Capita Housing Construction Area of Urban Households in Main Years

年 份 Year	人均可支配收入 Disposable Income		恩格尔系数 (%) Engel's Coefficient of Urban Households (%)	人均住房建筑面积 (平方米) Per Capita housing construction area (sq.m)
	绝对数（元） Value (yuan)	指 数（上年=100） Index (preceding year=100)		
1980	606.12		70.4	4.0
1985	1099.77	125.2	62.5	6.6
1986	1299.64	118.2	61.3	6.9
1987	1500.99	115.5	60.7	7.1
1988	1857.30	123.7	61.8	7.3
1989	2492.63	134.2	60.4	7.6
1990	2748.95	110.3	60.6	8.0
1991	3124.07	113.6	58.9	8.2
1992	3966.76	127.0	56.1	8.5
1993	5260.00	132.6	51.5	8.9
1994	7571.00	143.9	50.1	9.3
1995	9038.16	119.4	50.2	9.6
1996	9905.31	109.6	50.4	10.1
1997	10444.60	105.4	49.1	10.8
1998	11255.70	107.8	44.7	11.6
1999	12018.52	106.8	44.0	12.4
2000	13966.53	116.2	42.6	13.1
2001	14694.00	105.2	40.0	13.9
2002	13380.47	104.9	41.0	15.7
2003	15002.59	112.1	38.9	17.2
2004	16884.16	112.5	38.3	18.2
2005	18287.24	108.3	37.3	18.9
2006	19850.66	108.5	37.0	19.5
2007	22469.22	113.2	32.8	20.0
2008	25316.72	112.7	33.7	20.5
2009	27609.59	109.1	33.2	21.0
2010	30658.49	111.0	33.3	21.4
2011	34438.08	112.3	34.0	21.9
2012	38053.52	111.4	34.0	22.5
2013	42049.14	110.5	33.9	22.7
2014(旧口径)(Old Standard)	45791.51	108.9	33.6	33.5
2014(新口径)(New Standard)	42954.60	108.9	32.9	
2015	46734.60	108.8	32.8	32.17
2016	50940.70	109.0	32.8	33.98
2017	55400.49	108.8	32.1	33.07
2018	59982.10	108.3	32.1	34.22
2019	65052.10	108.5	32.0	34.37
2020	68304.10	105.0	32.4	34.61
2021	74416.17	108.9	31.7	34.28
2022	76849.41	103.3	32.0	34.30

8-5 城镇居民家庭年末居住情况(2022年)

Housing Conditions of Urban Households at Year-end (2022)

项　　目	Item	调查户 (户) Households Surveyed (household)
按居住空间样式分	**Grouped by Design of Residential Buildings**	**1200**
单栋楼房	Separate Residential Buildings	344
单栋平房	Separate Residential Terraces	18
四居室及以上单元房	Four-room and Above Apartments	67
三居室单元房	Three-room Apartments	385
二居室单元房	Two-room Apartments	318
一居室单元房	One-room Apartments	67
筒子楼或连片平房	Tube-shaped Apartments or Bungalows	1
其他	Others	
按主要建筑材料分	**Grouped by Main Building Materials**	**1200**
钢筋混凝土	Reinforced Concrete	1161
砖混材料	Brick and Reinforced Concrete	35
砖瓦砖木	Brick-tile and Brick-wood	4
竹草土坯	Bamboo Grass and Adobe	
其他	Others	
按房房屋来源分	**Grouped by Source of Buildings**	**1200**
租赁公房	Public Apartments for Lease	54
租赁私房	Private Apartments for Lease	46
自建住房	Self-built	380
购买商品房	Purchase Commercial Residential Apartment	529
购买房改住房	Purchase Housing-reformation Apartment	112
购买保障性住房	Purchase Indemnificatory Apartment	7
拆迁安置房	Settlement Apartment for House Removal	44
继承或获赠住房	Inherited or Gifted	19
免费借用房	Borrow for Free	6
雇主提供免费住房	Employer-provided for Free	1
其他来源	Others	2
按主要炊用能源状况分	**Grouped by Fuel for Cooking**	**1200**
柴草	Firewood	
煤炭	Coal	1
罐装液化石油气	Tanked LPG	468
管道液化石油气	Pipeline LPG Gas	5
管道煤气	Pipeline Gas	7
管道天然气	Pipeline Natural Gas	670
电	Electricity	46
燃料用油	Oil for Fuel	
沼气	Methane	1
其他	Others	2
无炊用行为	Without Cooking Behavior	

8-6 各区城镇居民人均可支配收入情况（2018-2022年）

The Per Capita Annual Disposable Income of Urban Residents by District(2018-2022)

单位：元 (yuan)

地区	District	2018	2019	2020	2021	2022
全市	**Total**	**59982**	**65052**	**68304**	**74416**	**76849**
#荔湾	Liwan	63273	68468	71344	74554	78133
越秀	Yuexiu	66205	71786	75663	82397	84621
海珠	Haizhu	61744	67128	69948	76523	78130
天河	Tianhe	68666	74859	79435	89206	93613
白云	Baiyun	61136	66302	69087	75547	77511
黄埔	Huangpu	60610	66253	70494	79474	83607
番禺	Panyu	57380	61987	65025	70292	72541
花都	Huadu	51924	56224	59147	64352	66283
南沙	Nansha	49591	54173	57911	61559	64268
从化	Conghua	39943	43070	45224	49339	51116
增城	Zengcheng	46861	50708	53497	58419	61164

8-7 农村居民人均可支配收入和消费支出情况

Per Capita Annual Disposable Income and Expenditure for Consumption of Rural Residents

单位：元 (yuan)

项　　目	Item	2021	2022
可支配收入	**Disposable Income**	**34533**	**36292**
工资性收入	Income from Wages and Salaries	25372	26639
经营净收入	Net Business Income	3925	4126
财产净收入	Net Income from Property	3336	3579
转移净收入	Net Income from Transfers	1900	1948
可支配收入构成　(%)	**Composition of Disposable Income　(%)**	**100.0**	**100.0**
工资性收入	Income of Wages and Salaries	73.5	73.4
经营净收入	Net Business Income	11.3	11.4
财产净收入	Net Income from Properties	9.7	9.8
转移净收入	Net Income from Transfers	5.5	5.4
消费支出	**Total Living Expenditures for Consumption**	**26099**	**26230**
食品烟酒	Food,Tobacco and Liquor	9928	9993
衣着	Clothing	958	936
居住	Residence	5635	5850
生活用品及服务	Articles for Daily Use and Services	1421	1400
交通通信	Transportation and Communication	3760	3792
教育文化娱乐	Education, Cultural and Recreation	2605	2467
医疗保健	Health Care and Medical Services	1360	1371
其他用品和服务	Miscellaneous Articles for Use and Services	432	421
消费支出构成　(%)	**Composition of Consumption Expenditure　(%)**	**100.0**	**100.0**
食品烟酒	Food,Tobacco and Liquor	38.0	38.1
衣着	Clothing	3.7	3.6
居住	Living	21.6	22.3
生活用品及服务	Daily Necessities and Services	5.4	5.3
交通通信	Transportation and Telecommunication	14.4	14.5
教育文化娱乐	Education,Culture and Entertainment	10.0	9.4
医疗保健	Health Service	5.2	5.2
其他用品和服务	Other Necessities and Services	1.7	1.6

8-8　农村居民家庭平均每百户年末耐用消费品拥有量
Ownership of Major Durable Consumer Goods per 100 Rural Households at Year-end

项　　目		Item		2021	2022
家用汽车	(辆)	Automobile	(unit)	58	60
摩托车	(辆)	Motorcycle	(unit)	96	95
助力车	(辆)	Moped	(unit)	61	63
洗衣机	(台)	Washing Machine	(set)	113	114
电冰箱(柜)	(台)	Refrigerator	(set)	114	113
微波炉	(台)	Microwave Oven	(set)	41	40
彩色电视机	(台)	Color TV Set	(set)	137	136
空调	(台)	Air Conditioner	(set)	244	245
热水器	(台)	Water Heater	(unit)	117	116
洗碗机	(台)	Dish-washing Machine	(unit)	7	7
排油烟机	(台)	Vacuum Cleaner	(unit)	86	84
固定电话	(部)	Telephone	(set)	18	16
移动电话	(台)	Mobile Telephone	(set)	327	322
计算机	(台)	Computer	(set)	83	80
照相机	(架)	Camera	(set)	18	16
乐器	(台)	Musical　Instruments	(set)	6	6
健身器材	(台)	Health Equipment	(set)	12	12

注：根据国家制度修订，删除“耐用消费品拥有情况”中“移动电话”和“计算机”下的“接入互联网”类别。

Note: According to the revision of the national system, the category "Access to the Internet" under "Mobile Telephone" and "Computer" in possession of consumer durables is deleted.

8-9　农村居民家庭基本情况
Basic Conditions of Rural Households

项　　目		Item		2021	2022
调查户数	(户)	Number of Households Surveyed	(household)	450	450
调查户人口	(人)	Number of Residents in Households Surveyed	(person)	1821	1709
平均每户人口	(人)	Average Number of Residents per Household	(person)	4.05	3.80
# 整半劳动力	(人)	Average Number of Full/Semi Labor Force per Household	(person)	3.00	2.81
从业人员数	(人)	Number of Employees	(person)	2.56	2.44
平均每个从业人员负担人口数	(人)	Average Number of Residents per Employee	(person)	1.58	1.56

8-10 主要年份农村居民人均可支配收入、恩格尔系数及人均住房建筑面积
Per Capita Annual Disposable Income, Engel's Coefficient and Per Capita Housing Construction Area of Rural Households in Main Years

单位：元

(yuan)

年 份 Year	人均可支配收入 Disposable Income		恩格尔系数 (%)	人均住房建筑面积 (平方米)
	绝对数（元） Value (yuan)	指 数（上年=100） Index (preceding year=100)	Engel's Coefficient of Urban Households (%)	Per Capita housing construction area (sq.m)
1978	249.80		67.1	6.84
1979	250.95	100.5	65.1	7.26
1980	322.66	128.6	54.7	10.43
1985	732.70	106.5	55.5	20.29
1986	857.17	117.0	51.8	21.32
1987	1074.92	125.4	52.7	23.51
1988	1324.48	123.2	50.1	24.24
1989	1524.80	115.1	50.1	24.07
1990	1538.93	100.9	49.1	24.36
1991	1735.57	112.8	51.6	25.59
1992	2152.28	124.0	54.9	25.87
1993	2661.34	123.7	48.7	26.54
1994	3670.24	137.9	49.6	27.67
1995	4482.51	122.1	46.3	29.35
1996	5164.67	115.2	45.0	31.63
1997	5545.91	107.4	47.4	32.21
1998	5628.95	101.5	42.6	35.73
1999	5833.92	103.6	48.5	36.66
2000	6085.97	104.3	38.2	30.60
2001	6445.72	105.9	43.8	30.43
2002旧口径 (Old caliber)	6856.62	106.4	43.3	31.42
2002新口径 (New caliber)	5831.34			
2003	6129.95	105.1	43.9	36.01
2004	6625.16	108.1	43.8	36.59
2005	7080.19	106.9	43.2	35.66
2006	7788.27	110.0	42.6	36.44
2007	8612.84	110.6	42.8	38.54
2008	9828.12	114.1	42.3	38.73
2009	11066.69	112.6	44.0	40.59
2010	12675.55	114.5	45.9	43.67
2011	14817.72	116.9	44.7	44.70
2012	16788.48	113.3	44.5	45.27
2013	18887.04	112.5	44.2	45.32
2014	17662.80	110.3	42.9	49.87
2015	19323.10	109.4	39.4	49.58
2016	21448.60	111.0	39.5	49.74
2017	23483.88	109.5	38.8	49.86
2018	26020.10	110.8	38.3	50.33
2019	28867.90	110.9	38.2	50.41
2020	31266.30	108.3	38.9	50.43
2021	34533.26	110.5	38.0	50.93
2022	36292.31	105.1	38.1	51.03

注：1.自2014年起广州实施城乡一体化分市县住户调查制度，农村家庭居民收入数据以新口径公布，“人均可支配收入”指标代替“人均纯收入”指标，不再公布“人均纯收入”数据。本表收入指标2014年以前数据为“人均纯收入”数据，2014年指数按可支配收入同口径计算。

2.2015年起“消费支出”和“恩格尔系数”为新口径数据，本表2014年以前该两项指标数据为旧口径。

Notes: I.Guangzhou started an integrated household income and expenditure survey in 2014 and the income of rural households is published with new statistical standard.The "Per Capita Net Income" is no longer used and the "Per Capita Disposable Income" takes the place of it. In this table, the "Per Capita Net Income" is preserved before 2014. The index in 2014 is calculated in the same standard of disposable income.

II.Since 2015, "Consumer expenditure" and "Engel's coefficient" are calculated by the new statistical standard, and the data in and before 2014 in this table is using the old calculation standard.

8-11　各区农村居民人均可支配收入情况(2018-2022年)

The Per Capita Annual Disposable Income of Rural Residents by District(2018-2022)

单位：元　　(yuan)

地区	District	2018	2019	2020	2021	2022
全市	**Total**	**26020**	**28868**	**31266**	**34533**	**36292**
# 荔湾	Liwan					
越秀	Yuexiu					
海珠	Haizhu					
天河	Tianhe					
白云	Baiyun	26242	29116	31474	34791	36356
黄埔	Huangpu	35419	39120	42054		
番禺	Panyu	35846	39412	42526	46421	48696
花都	Huadu	25150	27753	30057	33141	34731
南沙	Nansha	30934	34197	36933	39818	42168
从化	Conghua	19746	21967	23857	26381	27779
增城	Zengcheng	23726	26372	28613	31740	33835

注：荔湾、越秀、海珠、天河、黄埔因城镇化率高，无相关数据。

Note: Liwan, Yuexiu, Haizhu, Tianhe and Huangpu have no relevant data due to the high urbanization rate.

主要统计指标解释

【可支配收入】指调查户在调查期内获得的、可用于最终消费支出和储蓄的总和，即调查户可以用来自由支配的收入，既包括现金收入，也包括实物收入。按照收入的来源，可支配收入包含四项，分别为：工资性收入、经营净收入、财产净收入和转移净收入。

【工资性收入】指就业人员通过各种途径得到的全部劳动报酬和各种福利，包括受雇于单位或个人、从事各种自由职业、兼职和零星劳动得到的全部劳动报酬和福利。

【经营净收入】指住户或住户成员从事生产经营活动所获得的净收入，是全部经营收入中扣除经营费用、生产性固定资产折旧和生产税之后得到的净收入。计算公式为：

经营净收入=经营收入-经营费用-生产性固定资产折旧-生产税

【财产净收入】指住户或住户成员将其所拥有的金融资产、住房等非金融资产和自然资源交由其他机构单位、住户或个人支配而获得的回报并扣除相关的费用之后得到的净收入。财产净收入包括利息净收入、红利收入、储蓄性保险净收益、转让承包土地经营权租金净收入、出租房屋净收入、出租其他资产净收入和自有住房折算净租金等。财产净收入不包括转让资产所有权的溢价所得，这应该计入“非收入所得”。计算公式为：

财产净收入=财产性收入-财产性支出

【转移净收入】指国家、单位、社会团体对住户的各种经常性转移支付和住户之间的经常性收入转移，在扣除调查户对国家、单位、住户或个人的经常性或义务性转移支付之后得到的净收入。包括国家、单位、社会团体对住户转移的养老金或退休金、社会救济和补助、政策性生活补贴、救灾款、经常性捐赠和赔偿、政策性生产补贴以及报销医疗费等，住户之间的赡养收入、住户非常住成员寄回带回的收入等，在扣除缴纳的税款、各项社会保障支出、赡养支出、经常性捐赠和赔偿支出以及其他经常转移支出等的净收入。计算公式为：

转移净收入=转移性收入-转移性支出

【消费支出】指住户用于满足家庭日常生活消费需要的全部支出，包括用于消费品的支出和用于服务性消费的支出。根据用途不同，消费支出可划分为食品烟酒、衣着、居住、生活用品及服务、交通通信、教育文化娱乐、医疗保健、其他用品及服务八大类。根据来源不同，消费支出可划分为现金消费支出、实物消费支出（含自产自用、来自单位和雇主、来自政府和其他社会组织）。

【农民家庭整半劳动力】指农村常住居民家庭成员中有劳动能力并经常参加实际劳动的人员。它是生产的基本要素指标之一，是发展生产增加农民家庭收入的重要源泉。按规定，农村男 18 周岁至 50 周岁、女 18 周岁至 45 周岁为整劳动力，男 16 周岁至 17 周岁、51 周岁至 60 周岁，女 16 周岁至 17 周岁、46 周岁至 55 周岁为半劳动力。农民家庭整半劳动力，既包括在上述规定劳动年龄内和在劳动年龄以外有劳动能力并经常参加实际劳动的男女整半劳动力，也包括农民家庭常住人员中属于职工的劳动力。但不包括年龄内已丧失劳动能力的人员。

Explanatory Notes on Main Statistical Indicators

【Disposable Income】 refers to the total amount obtained by the survey households during the survey period that can be used for final consumption expenditure and savings, that is, the income that the survey households can use for discretionary use, including both cash income and in-kind income. According to the source of income, disposable income includes four items: wage income, operating net income, property net income and transfer net income.

【**Income from Wages and Salaries**】refers to the labor remuneration and benefits obtained by the employments through various means, including all the labor remuneration and benefits in the employ of enterprises or individual, self-employed and part-time jobs.

【**Net Business Income**】refers to the net income obtained by households or household members after deducting relevant expenses from the returns obtained when they turn over their financial assets, housing and other non-financial assets and natural resources to other institutions, households or individuals. Net property income includes net interest income, dividend income, net savings insurance income, net rental income from the transfer of contracted land management rights, net rental income from rental housing, net rental income from other assets, and net rental of self-owned housing. Net property income excludes premium income from transferring ownership of assets, which should be counted as "non-income income". Calculation:

Net business income = operating income – operating costs – productive fixed assets depreciation – production taxes

【**Net Income from Property**】refers to the net income obtained by households or household members after deducting relevant expenses from the returns obtained when they turn over their financial assets, housing and other non-financial assets and natural resources to other institutions, households or individuals. Net property income includes net interest income, dividend income, net savings insurance income, net rental income from the transfer of contracted land management rights, net rental income from rental housing, net rental income from other assets, and net rental of self-owned housing. Net property income excludes premium income from transferring ownership of assets, which should be counted as "non-income income". The calculation formula is:

Net income from property = Income from property – Expenditure of property

【**Net Income from Transfers**】refers to all kinds of regular transfer payments made by the state, units and social organizations to households and regular income transfers between households, and the net income obtained after deducting the regular or compulsory transfer payments made by the investigated households to the state, units, households or individuals. Including the pension or pension transferred to households by the state, units and social organizations, social relief and subsidies, policy-based living subsidies, disaster relief funds, regular donations and compensation, policy-based production subsidies and medical expenses reimbursement, support income between households, income sent back by non-resident members of households, etc. Net income after deducting taxes paid, social security payments, maintenance payments, recurrent donations and compensation payments, and other recurrent transfers. The calculation formula is:

Net income from transfers = Income from transfers – Expenditure on transfers

【**Expenditure for Consumption**】refers to the total expenditure of the household to meet the daily consumption needs of the family, including the expenditure on consumer goods and the expenditure on service consumption. According to different uses, consumption expenditure can be divided into food, tobacco, alcohol, clothing, housing, daily articles and services, transportation and communications, education, culture and entertainment, medical care, other articles and services eight categories. According to different sources, consumption expenditure can be divided into cash consumption expenditure, physical consumption expenditure (including self-produced and self-used, from the unit and employer, from the government and other social organizations).

【**Peasant Family Half Labor Force**】 refers to the rural permanent resident family members who have the ability to work and often participate in actual labor. It is one of the basic factors of production and an important source for developing production and increasing the income of peasant families. According to the regulations, rural men 18 to 50 years old, women 18 to 45 years old for the whole labor force, men 16 to 17 years old, 51 to 60 years old, women 16 to 17 years old, 46 to 55 years old for the half labor force. The part-time labor force of peasant families includes both men and women who are capable of working and regularly participate in practical labor within and beyond the working age specified above, and also includes the labor force of workers among the permanent residents of peasant families. However, it does not include persons who have lost the ability to work within their age.

城市建设
CITY CONSTRUCTION

第九篇　城市建设

简要说明

一、本篇资料反映广州市城市建设和公用事业的规模、速度、效益及综合水平等基本情况。

二、本篇资料由广州市统计局固定资产投资统计处根据广州市住房和城乡建设局等提供资料整理提供。

三、本篇资料依据住房和城乡建设部制定的《城市（县城）建设统计报表制度》编制。各行业统计数据在广州市住房和城乡建设局提供上报住建部平台数据的基础上，由广州市交通运输局、广州市水务局、广州市城市管理和综合执法局以及广州市林业和园林局等单位进行核对、补充。

Chapter 9 City Construction

Brief Introduction

I.The data in this chapter show the basic conditions of scale, speed, mileage and comprehensive level of the city construction and utilities in Guangzhou.

II. The data in this chapter are compiled by the Division of Investment and Construction Statistics of Guangzhou Municipal Bureau of Statistics according to the data provided by Guangzhou Municipal Housing and Urban-Rural Development Bureau.

III. The data in this chapter are collected and tabulated in accordance with the statistical survey scheme of Construction of cities and Counties stipulated by Ministry of Housing and Urban-Rural Development of the People's Republic of China. The statistical data of various industries are verified and supplemented by Guangzhou Municipal Transportation Bureau, Guangzhou Water Authority, Guangzhou Municipal City Administration and Law Enforcement Bureau and Guangzhou Municipal Forestry and Landscaping Bureau on the basis of the platform data provided by Guangzhou Municipal Housing and Urban-Rural Development Bureau to the National Ministry of Housing and Urban-Rural Development.

9-1 城市市政设施
Public Facilities in Urban Districts

项目	Item	2021	2022
道路长度 (公里)	Length of Roads (1000 m)	14871.09	14976.00
# 快速路	Expressways	198.13	215.17
主干路	Main Roads	1382.14	1395.86
道路面积 (万平方米)	Area of Roads (10000 sq.m)	22242.95	22411.16
# 人行道	Pavement	2382.64	2419.77
人均城市道路面积 (平方米)	Per Capita Area of Roads (sq.m)	11.83	11.96
桥梁座数 (座)	Number of Bridges (unit)	2173	2206
# 立交桥	Crossroads	242	240
道路照明灯盏数 (千盏)	Number of Street Lights (1000 units)	803.73	875.86
排水管道长度 (公里)	Length of Sewer Pipelines (1000 m)	42188	43249
污水排放量 (万立方米)	Sewage Discharge Quantity (10000 cubic metres)	241573	257831
污水处理厂 (座)	Sewage Treatment Plant (unit)	63	62
污水处理厂处理能力 (万立方米/日)	Sewage Treatment Capacity (10000 cubic metres/day)	791	800
污水处理厂处理量 (万立方米)	Quantity of Sewage Treatment (10000 cubic metres)	239781	256186
污水处理率 (%)	Sewage Treatment Rate (%)	98.3	98.9
# 污水处理厂集中处理率 (%)	Concentrated Sewage Treatment Rate (%)	98.3	98.9

注：1. 本表数据为全市(11区)口径。

2. 本表数据由广州市住房和城乡建设局汇总相关单位数据后提供，并经广州市交通运输局、广州市水务局复核补充，具体数据由相关单位负责解释。

Notes: I. The coverage in this table includes 11 districts.

II. The data in this table are provided by Guangzhou Municipal Housing and Urban-Rural Development Bureau after collecting the data of relevant units, and are reviewed and supplemented by Guangzhou Municipal Transport Bureau and Guangzhou Water Authority. The responsibility to interpret the data shall be remained with the related sectors.

9-2 城市供水

Water Supply in Urban Districts

项　目	Item	2021	2022
综合生产能力 (万立方米/日)	Overall Production Capacity (10000 cu.m/day)	841.67	848.27
供水管道长度 (公里)	Length of Water Supply Pipelines (1000 m)	41507.84	42669.07
供水总量 (万立方米)	Total Volume of Water Supply (10000 cu.m)	273942.82	265139.72
# 售水量	Sales Volume of Tap Water	224045.63	219325.72
生产运营用水	For Production Use	43062.61	42933.76
公共服务用水	For Public Services	54290.71	52809.22
居民家庭用水	For Household Use	117407.42	115895.01
其他用水	Others	9270.79	7687.73
用水户数 (户)	Number of Households with Access to Tap Water (unit)	4045744	4363338
# 家庭用户	Number of Families with Access to Tap Water	3744512	4016401
用水人口 (万人)	Number of Residents with Access to Tap Water (10000 persons)	1867.66	1873.41
人均日生活用水量 (升)	Per Capita Daily Consumption of Tap Water for Residential Use (liter)	265.47	257.96
用水普及率 (%)	Coverage Rate of Urban Population with Access to Tap Water (%)	100.00	100.00

注：1.本表数据为全市(11区)口径。
2.本表资料不包括企业自建设施供水。
3.本表数据由广州市住房和城乡建设局根据平台数据提供，并经广州市水务局复核补充。
4.用水人口为全市用水人口数扣除山区用水人口数。

Notes: I. The coverage in this table includes 11 districts.
II. The data in this table exclude the water supply by self-built facilities of corporations.
III. The data in this table are provided by Guangzhou Municipal Housing and Urban-Rural Development Bureau according to the data on the platform, and are reviewed and supplemented by Guangzhou Water Authority.
IV. The water consumption population shall be the water consumption population of the whole city minus the water consumption population in mountainous areas.

9-3 城市燃气供应
Gas Supply in Urban Districts

项目	Item	2021	2022
液化石油气	**Liquefied Petroleum Gas**		
储气能力 (吨)	Storage Capacity (ton)	5495.95	5417.95
供气管道长度 (公里)	Length of Gas Supply Pipelines (1000 m)	6.44	1.83
供气总量 (吨)	Total Supply of Gas (ton)	640591.20	592649.05
销售气量	Sales Volume of Gas	640491.24	592565.53
#居民家庭	Households	358803.24	320567.79
用气户数 (户)	Number of Households (unit)	1688086	1650440
#家庭用户	Families	1535323	1501802
用气人口 (万人)	Number of Residents with Access to Gas (10000 persons)	399.18	399.47
天然气	**Natural Gas**		
储气能力 (万立方米)	Storage Capacity (10000 cu.m)	457.87	415.70
供气管道长度 (公里)	Length of Gas Supply Pipelines (1000 m)	5960.16	6077.41
供气总量 (万立方米)	Total Supply of Gas (10000 cu.m)	192376.71	181566.40
#销售气量	Sales Volume of Gas	189908.35	181177.70
#居民家庭	Households	43730.86	49777.37
用气户数 (户)	Number of Households (unit)	2919445	3074351
#家庭用户	Families	2897451	3050342
用气人口 (万人)	Number of Residents with Access to Gas (10000 persons)	883.72	933.40
燃气普及率 (%)	Coverage Rate of Urban Population with Access to Gas (%)	97.16	96.65

注：1.本表数据为全市(11区)口径。
2.本表数据由广州市住房和城乡建设局根据平台数据提供，并由广州市城市管理和综合执法局复核补充。
3.2021年起，液化石油气“居民家庭户数”“用气人口”统计方式发生变化。
4.由于省主管部门进一步细化要求，2021年起，天然气“储气能力”“供气管道长度”“供气总量”“销售气量”指标统计口径均有变化。
5.2022年，由于燃气工业用户工艺改变，使用管道供应液化石油气的情况减少，造成“供气管道长度”减少。

Notes: I. The coverage in this table includes 11 districts.
II. The data in this table are provided by Guangzhou Municipal Housing and Urban-Rural Development Bureau according to the platform data, and are reviewed and supplemented by Guangzhou Urban Management and Comprehensive Law Enforcement Bureau.
III. Since 2021, the statistical methods of "number of residential households" and "population using gas" of liquefied petroleum gas changed.
IV. Due to the further refinement requirements of provincial competent authorities, the statistical calibre of natural gas "gas storage capacity", "gas supply pipeline length", "total gas supply" and "sold gas volume" indicators have all changed since 2021.
V. In 2022, the "gas supply pipeline length" decreases due to a decrease in the use of pipeline supply of LPG as a result of changes in the processes of gas industry users.

9-4 城市市政公用设施建设固定资产投资额
Investment in Fixed Assets in Public Facilities in Urban Districts

单位:万元 (10000 yuan)

项目	Item	2021	2022
本年完成投资	Investment Completed in Current Year	8370105	7780640
供水	Water Supply	448059	397539
燃气	Gas Supply	137049	184259
轨道交通	Rail Traffic	3636168	3694752
道路桥梁	Roads and Bridges	1993013	1807011
排水	Drainage	1108938	682133
园林绿化	Parks and Green Areas	54580	24902
市容环境卫生	Environmental sanitation	705981	319499
其他	Others	286317	670545

注：1.本表数据为全市(11区)口径。
2.本表数据由广州市住房和城乡建设局汇总相关单位数据后提供，并由广州市水务局、广州市交通运输局、广州市林业和园林局、广州市城市管理和综合执法局复核补充，具体数据由相关单位负责解释。
3.“其他”一项主要指地下综合管廊等设施。

Notes: I. The coverage in this table includes 11 districts.
II.The data in this table are provided by Guangzhou Municipal Housing and Urban-Rural Development Bureau after collecting the data of relevant units, and are reviewed and upplemented by Guangzhou Water Authority, Guangzhou Municipal Transportion Bureau, Guangzhou Municipal Forestry and Landscaping Bureau, and Guangzhou Municipal City Administration and Law Enforcement Bureau. The responsibility to interpret the data shall be remained with the related sectors.
III. The "others" refers mainly to the underground utility corridor and other facilities.

9-5 城市园林绿化
Parks, Gardens and Green Areas in Urban Districts

项　　目	Item	2021	2022
绿化覆盖面积 (公顷)	Coverage Area of Afforestation (hectare)	157860	158649
#建成区	Developed Areas	58878	61023
建成区绿化覆盖率 (%)	Green Coverage Rate in Developed Areas (%)	43.60	44.20
绿地面积 (公顷)	Area of Green Areas (hectare)	148540	149169
#建成区	Developed Areas	51664	53016
建成区绿地率 (%)	Rate of Green Areas in Developed Areas (%)	38.26	38.40
公园绿地面积 (公顷)	Area of Gardens (hectare)	32360	32413
人均公园绿地面积 (平方米)	Per Capita Garden (sq.m)	17.20	17.23
公园个数 (个)	Number of Parks (unit)	478	530
公园面积 (公顷)	Area of Parks (hectare)	76661	76678
建成区面积 (平方公里)	Developed Areas (sq.km)	1350.40	1380.62

注：1.本表数据为全市(11区)口径。
2.本表数据由广州市住房和城乡建设局根据平台数据提供，并由广州市林业和园林局复核补充。
3.根据《广州市公园条例》规定，2021年公园个数、面积统计口径有调整，与往年不可比。

Notes: I. The coverage in this table includes 11 districts.
II. The data in this table are provided by Guangzhou Municipal Housing and Urban-Rural Development Bureau according to the platform data, and are reviewed and supplemented by Guangzhou Municipal Forestry and Landscaping Bureau.
III. According to the Regulations of Guangzhou Municipal Park,the statistical caliber of the number and area of parks in 2021 has been adjusted and cannot be compared with previous years.

9-6 城市市容环境卫生
City Appearance and Environmental Sanitation

项　　目	Item	2021	2022
道路清扫保洁面积 (万平方米)	Area of Roads under Cleaning Program (10000 sq.m)	22362	21556
#机械化	By Mechanization	15515	14629
城镇生活垃圾清运量 (万吨)	Volume of Living Garbage Disposal (10000 tons)	587.38	604.89
城镇生活垃圾处理量 (万吨)	Garbage Treatment (10000 tons)	587.38	604.89
城镇生活垃圾无害化处理厂(场)数(座)	Number of Garbage Harmless Disposal Factories (unit)	25	24
城镇生活垃圾无害化处理量 (万吨)	Volume of Garbage Harmless Disposal (10000 tons)	587.38	604.89
城镇生活垃圾无害化处理率 (%)	Rate of Garbage Harmless Disposal (%)	100.00	100.00
公共厕所 (座)	Number of Public Lavatories (unit)	1756	1816
市容环卫专用车辆设备总数 (辆)	Number of Special Vehicles for Environmental Sanitation (unit)	6806	6958

注：1.本表数据为全市(11区)口径。
2.本表数据由广州市住房和城乡建设局根据平台数据提供，并由广州市城市管理和综合执法局复核补充。

Notes: I. The coverage in this table includes 11 districts.
II. The data in this table are provided by Guangzhou Municipal Housing and Urban-Rural Development Bureau according to the platform data, and are reviewed and supplemented by Guangzhou Urban Management and Comprehensive Law Enforcement Bureau.

主要统计指标解释

【道路长度】指供各种车辆（无轨）和行人通行的工程设施的道路长度和与道路相通的桥梁、隧道的长度，按车行道中心线计算。按使用特点分为城市道路、公路、厂矿道路、林区道路及乡村道路等。

【城市道路】指城市中供车辆、行人通行的，有交通功能的各种铺装道路和土路，分快速路、主干路、次干路和支路及以下四个等级，道路长度一般使用报告期期末数据。

【快速路】城市道路中双向行车道、设有中央分隔带，具有四条以上的车道，进出口全部或部分采用立体交叉控制有平顺的线形与一般道路分开，使汽车能以较高的速度安全畅通地行驶，为城市中大量、长距离和快速交通服务。

【主干路】在城市道路网中起骨架作用的道路，是连接城市各主要分区的交通干道，是城市内部的主要大动脉。

【道路面积】指道路面积和与道路相通的广场、桥梁、隧道的面积。

【桥梁】指为跨越天然或人工障碍物而修建的构筑物。包括跨河桥、立交桥、人行天桥以及人行地下通道等。按使用年限分为永久性桥和半永久性桥。

【立交桥】指由桥梁或匝道所构成的实现供机动车行驶的道路之间立体交叉的交通体系。一般情况下立交桥系包含多个桥梁和匝道；位于立交桥系内的桥梁均为属于立交桥系的桥梁。

【排水管道长度】　指所有排水总管、干管、支管、检查井及连接井进出口等长度之和。

【污水处理厂】指对进入城镇污水收集系统的污水进行净化处理的污水处理厂。包括城镇污水处理厂、工业废水集中处理厂和其他污水处理设施，不包括渗水井、化粪池（含改良化粪池）和污水处理装置。

【污水处理能力】指全市污水处理厂（或处理装置）的日处理污水能力。

【污水处理量】指污水处理厂（或污水处理装置）实际处理的污水量。包括物理处理量、生物处理量和化学处理量。

【污水处理率】指经过处理的城乡生活污水、工业废水量占污水排放量的比重，是反映地区污水处理能力的约束性指标。

【供水综合生产能力】指按供水设施取水、净化、送水、出厂输水干管等环节设计能力计算的综合生产能力。包括在原设计能力的基础上，经挖、革、改增加的生产能力。计算时，以四个环节中最薄弱的环节为主确定能力。

【供水管道长度】指从送水泵至用户水表之间所有管道的长度。不包括新安装尚未使用、水厂内以及用户建筑物内的管道。

【供水总量】指报告期供水企业（单位）供出的全部水量，包括有效供水量和漏损水量。有效供水量指水厂将水供出厂外后，各类用户实际使用到的水量，包括售水量和免费供水量。漏损水量指在供水过程中由于管道及附属设施破损而造成的漏水量、失窃水量以及水表失灵少计算的水量。

【售水量】指报告期供水企业(单位)收费供应的水量，售水量包括外地售水量和本地售水量。外地售水量指销往本区域外的售水量。统计时，仅对本地售水量进行分类统计。包括居民生活用水，行政事业用水、工业用水、经营服务用水、特种行业用水（以水为主要原料制造业、特种服务用水）、其他用水等，不包括销往本区域外的售水量。计算公式：

售水总量＝生产运营用水+公共服务用水+居民家庭用水+消防及其他用水。

【生产运营用水】指在城市范围内生产、运营的农、林、牧、渔业、工业、建筑业、交通运输业等单位在生产、运营过程中的用水。

【公共服务用水】指为城市社会公共生活服务的用水。包括行政事业单位、部队营区和公共设施服务、社会服务业、批发零售贸易业、旅馆饮食业以及社会服务业等单位的用水。

【居民家庭用水】指城市范围内所有居民家庭的日常生活用水。包括城市居民、农民家庭、公共供水站用水。

【用水普及率】指报告期末城区用水人口数与城市人口总数的比率。计算公式：

$$用水普及率=\frac{城区用水人口（含暂住人口）}{城区人口+城区暂住人口}\times 100\%$$

【绿化覆盖面积】指乔木、灌木、草本植物等所有植被的垂直投影面积以及屋顶绿化覆盖面积。乔木树冠下重叠的灌木和草本植物不能重复计算。包括公园绿地、防护绿地、广场用地、附属绿地及屋顶绿化的绿化覆盖面积。

【绿地面积】指在城市行政区域内以自然植被和人工植被为主要存在形态的用地。城市绿地一般划分为公园绿地、防护绿地、广场用地、附属绿地和区域绿地五大类，其中区域绿地是属于城市建设用地范围外的绿地。是反映一个城市的绿化数量和质量、一个时期内城市经济发展、城市居民生活福利保健水平的一个指标，也是评价城市环境质量标准和城市精神文明的标志之一。

【建成区绿化覆盖率】城市中各类绿地的绿色植物覆盖总面积占建城区面积的百分比，是衡量一个城市绿化现状和生态环境效益的重要指标。计算公式：

城市绿化覆盖率（%）=（城市内全部绿化种植垂直投影面积城市总用地面积占比）x100%

以上公式不包含乔木下的灌木投影面积、草坪面积。

【公园】是指供公众游览、观赏、休憩、开展科学文化及锻炼身体等活动，有较完善的设施和良好的绿化环境，具有改善城市生态、防火避难等综合作用的公共场地。包括综合公园、社区公园、专类公园、带状公园和街旁绿地等。

【公园绿地】城市中向公众开放的以游憩为主要功能，有一定的游憩设施和服务设施，同时兼有生态维护、环境美化、科普教育、应急避险等综合作用的绿化用地。是城市建设用地、城市绿地系统和城市市政公用设施的重要组成部分及展示城市整体环境水平和居民生活质量的一项重要指标。包括：综合公园、社区公园、专类公园和街旁绿地。其中综合公园、专类公园和带状公园等面积之和为公园面积。

【人均公园绿地面积】是指城镇公园绿地面积的人均占有量。是评价城市园林绿化水平、反映宜居环境品质的约束性指标。

【建成区面积】是指城市行政区内实际已成片开发建设、市政公用设施和公共设施基本具备的区域。对核心城市，它包括集中连片的部分以及分散的若干个已经成片建设起来，市政公用设施和公共设施基本具备的区域；对一城多镇来说，它包括由几个连片开发建设起来的，市政公用设施和公共设施基本具备的地区组成。因此建成区范围，一般是指建成区外轮廓线所能包括的地区，也就是这个城市实际用地所达到的范围。

【道路清扫保洁面积】指报告期末对城市道路和公共场所（主要包括城市行车道、人行道、车行隧道、人行过街地下通道、道路附属绿地、地铁站、高架路、人行过街天桥、立交桥、广场、停车场及其他设施等）进行清扫保洁的面积。一天清扫保洁多次的，按清扫保洁面积最大的一次计算。

【生活垃圾清运量】指在生活垃圾产量中能够被清运至垃圾消纳场所或转运场所的量，生活垃圾清运量受生活垃圾产生量、垃圾回收比率、清运率等影响。不包括在源头便进入回收系统的废弃物。

【生活垃圾无害化处理量】指报告期内简易处理场和各种垃圾无害化处理场（厂）处理垃圾的总量。垃圾简易处理量指垃圾简易填埋场所处理的垃圾总量。垃圾无害化处理量指垃圾无害化处理场（厂）所处理的垃圾总量。

【市容环卫专用车辆设备】指用于环境卫生作业、监察的专用车辆和设备，包括用于道路清扫、冲洗、洒水、除雪、垃圾粪便清运、市容监察以及与其配套使用的车辆和设备。

Explanatory Notes on Main Statistical Indicators

【Length of Roads】 refers to the length of the road used for the passage of various vehicles (trackless) and pedestrian engineering facilities and the length of the bridge and tunnel connected with the road, which is calculated according to the center line of the vehicle lane. According to the characteristics of urban road, road, factory road, forest road and rural road.

【Urban Road】 refers to all kinds of paved roads and dirt roads with traffic functions for vehicles and pedestrians in the city, which can be divided into four levels: express road, main road, secondary road and branch road and below. The length of road generally uses the data at the end of the reporting period.

【Expressway】 In the city road, two-way lane, with a central partition belt, with more than four lanes, all or part of the import and export of three-dimensional crossover control with smooth line shape and the general road separated, so that cars can run at a high speed safe and smooth, for large number of urban, long-distance and rapid traffic service.

【Trunk Road】 The road that plays the role of skeleton in the urban road network is the traffic trunk that connects the main districts of the city and the main artery inside the city.

【Road Area】 refers to the road area and the area of the square, bridge and tunnel connected with the road.

【Bridge】 A structure built to cross a natural or man-made obstacle. Including river Bridges, overpasses, pedestrian Bridges and pedestrian underpasses, etc. According to the service life is divided into permanent bridge and semi-permanent bridge.

【Overpass】 A traffic system consisting of Bridges or ramps that provides three-dimensional intersections between roads for motor vehicles. In general, the overpass system contains multiple Bridges and ramps; All the Bridges located in the overpass system belong to the overpass system.

【Drainage Pipe Length】 refers to the sum of the inlet and outlet lengths of all drainage mains, trunk pipes, branch pipes, inspection Wells and connecting Wells.

【Sewage Treatment Plant】 refers to a sewage treatment plant for purifying the sewage that enters the sewage collection system of a town. Includes urban sewage treatment plants, industrial wastewater centralized treatment plants and other sewage treatment facilities, excluding soudaway Wells, septic tanks (including improved septic tanks) and sewage treatment plants.

【Sewage Treatment Capacity】 refers to the daily sewage treatment capacity of the municipal sewage treatment plant (or treatment plant).

【Sewage Treatment Amount】 refers to the amount of sewage actually treated by a sewage treatment plant (or sewage treatment plant). Including physical processing capacity, biological processing capacity and chemical processing capacity.

【Sewage Treatment Rate】 refers to the proportion of treated urban and rural domestic sewage and industrial wastewater in sewage discharge, which is a binding index reflecting the regional sewage treatment capacity.

【Comprehensive Production Capacity of Water Supply】 It refers to the comprehensive production capacity calculated according to the designed capacity of water supply facilities in the links of water intake, purification, water delivery, and ex-factory water delivery pipes. Including on the basis of the original design capacity, through digging, leather, reform to increase the production capacity. In the calculation, the weakest link in the four links is used to determine the ability.

【Length of Water Supply Pipe】 refers to the length of all pipes between the water supply pump and the customer's water meter. Excludes newly installed pipes not yet in use, in water plants and in customer buildings.

【Total Water Supply】refers to all the water supplied by water supply enterprises (units) during the reporting period, including effective water supply and leakage water. Effective water supply refers to the amount of water actually used by various types of users, including water sold and water supplied free of charge, after the water works have supplied the water outside the factory. Water leakage refers to the water leakage, stolen water and water meter failure in the process of water supply due to the damage of pipes and ancillary facilities.

【Water Sold】 refers to the amount of water supplied by water supply enterprises (units) in charge during the reporting period, including water sold abroad and local water sold. Water sold outside the region refers to water sold outside the region. During the statistics, only the water sold locally is classified. It includes water for domestic use, water for administrative undertakings, water for industrial purposes, water for business operations and services, water for special industries (water as the main raw material for manufacturing and water for special services), and other water, excluding water sold outside the region. Calculation formula:

Total water sold = water used for production and operation + water used for public services + water used for residential homes + water used for fire fighting and other purposes.

【Water for Production and Operation】 refers to the water used in the process of production and operation by agricultural, forestry, animal husbandry, fishery, industrial, construction, transportation and other units that produce and operate within the city limits.

【Public Service Water】 refers to the water used for urban social public life. Including administrative institutions, military barracks and public facilities services, social services, wholesale and retail trade, hotels catering and social services and other units of water.

【Residential Household Water】 refers to the daily living water of all residential households within the city limits. Including urban residents, farmers' families, public water stations.

【Water Penetration Rate】 refers to the ratio of urban water users to the total urban population at the end of the reporting period. Calculation formula:

$$\text{Water penetration rate}=\frac{\text{the population of urban water users}}{\text{the total urban population}}$$

【Green Coverage Area】 refers to the vertical projection area of trees, shrubs, herbs and other vegetation and the green coverage area of the roof. Overlapping shrubs and herbaceous plants under the tree canopy cannot be double-counted. Including park green space, protection green space, square land, ancillary green space and roof green covering area.

【Green Space Area】 refers to the land with natural vegetation and artificial vegetation as the main forms in the urban administrative area. Urban green space is generally divided into five categories: park green space, protection green space, square land, attached green space and regional green space, among which regional green space is the green space outside the scope of urban construction land. It is an index reflecting the green quantity and quality of a city, the urban economic development in a period, the living welfare and health level of urban residents, and also one of the indicators of the evaluation of urban environmental quality standards and urban spiritual civilization.

【Green Coverage Rate of Built-Up Area】 The percentage of the total area covered by green plants of various types of green Spaces in the built-up area is an important indicator to measure the current situation of urban greening and ecological and environmental benefits. Calculation formula:

Urban green coverage rate (%) = (proportion of urban total land area of vertical projection area of all green planting in the city) x100%

The above formula does not include shrub projection area and lawn area under trees.

【Park】 refers to a public place for the public to visit, enjoy, rest, carry out scientific and cultural activities, exercise and other activities, with perfect facilities and good green environment, with the comprehensive effect of improving urban ecology, fire protection and refuge. Including comprehensive park, community park, special park, belt park and street green space.

【Park Green Space】 Green land open to the public in a city with recreation as its main function, recreation facilities and service facilities, as well as ecological maintenance, environmental beautification, science popularization education, emergency hedging and other comprehensive functions. It is an important part of urban construction land, urban green space system and urban municipal public facilities, and an important index to show the overall environmental level of the city and the quality of life of residents. Including: comprehensive park, community park, special park and street green space. The sum of the areas of comprehensive park, special park and belt park is the park area.

【Per capita Park Green Space Area】 refers to the per capita occupancy of urban park green space area. It is a binding index to evaluate the level of urban landscaping and reflect the quality of livable environment.

【Built-Up Area】 refers to the area in an urban administrative region that has actually been developed and constructed in pieces, with municipal public facilities and public facilities basically in place. For the core city, it includes the centralized and contiguous parts as well as a number of scattered areas that have been built in pieces, and the municipal public facilities and public facilities are basically available; For a city with more than one town, it consists of several areas developed and built together with municipal public facilities and basic public facilities. Therefore, the scope of built-up area generally refers to the area that can be included by the contour line outside the built-up area, that is, the range achieved by the actual land use of the city.

【The Road Sweeping Cleaning Area】 refers to the final of urban roads and public places (mainly including city driveway, pavement, auto tunnel, underground tunnels and overpasses, road affiliated green space, subway stations, highways, Bridges, overpasses and overpasses, square, parking and other facilities, etc.) for cleaning the cleaning area. If cleaning is carried out many times a day, the maximum cleaning area shall be calculated.

【Household Garbage Clearance Volume】refers to the amount of household garbage that can be cleared and transported to the waste disposal site or transfer site. The household garbage clearance volume is affected by the amount of household garbage production, garbage recovery ratio, and clearance rate. Excludes waste that enters the recovery system at source.

【Harmless Disposal Volume of Household Garbage】 refers to the total amount of garbage treated by simple disposal plants and various harmless disposal plants (plants) during the reporting period. Simple waste disposal capacity refers to the total amount of waste disposed of in simple landfill sites. Harmless garbage disposal capacity refers to the total amount of garbage handled by harmless garbage disposal plants.

【Special Vehicle and Equipment for City Appearance and Sanitation】 refers to the special vehicles and equipment used for environmental sanitation operations and supervision, including the vehicles and equipment used for road cleaning, washing, water sprinkling, snow removal, garbage and feces removal, city appearance supervision and their supporting use.

第十篇 CHAPTER 10

农业

AGRICULTURE

第十篇　农业

简要说明

一、本篇资料反映广州市农业生产和农村社会经济的基本情况。

二、本篇资料由广州市统计局农村统计处和国家统计局广州调查队农业农村调查处整理提供。

三、本篇资料主要来源于广州市农村统计报表制度。农村统计报表制度的统计范围包括各区、镇街（涉农）、村居（涉农）基本情况以及各种经济类型的全部农林牧渔生产单位和农户进行的农业生产经营情况。

Chapter 10 Agriculture

Brief　Introduction

I. The data in this chapter show the basic conditions of agricultural production and rural economy in Guangzhou.

II. The data in this chapter are prepared and provided by the Division of Rural Statistics of Guangzhou Municipal Bureau of Statistics and National Bureau of Statistics Guangzhou Investigation Team Agricultural investigation Office.

III. The data in this chapter mainly come from the statistical reporting summary on rural area of Guangzhou. The statistical coverage of the statistical reporting summary includes the basic information of all districts, towns and streets (agriculture), villages (agriculture), and the agricultural production and operation of all agricultural, forestry, animal husbandry and fishery production units and farmers of various economic types.

10-1 农业主要指标
Major Indicators of Agriculture

项　　目	Item	2021	2022
乡镇户数 (户)	Number of Rural Households (household)	2382584	2392459
乡镇人口 (人)	Rural Population (person)	7059197	7053079
乡镇从业人员 (人)	Number of Rural Employed Persons (person)	4382713	4405537
农、林、牧、渔业从业人员(人)	Number of Rural Employed Persons in Agriculture, Forestry, Animal Husbandry and Fishery (person)	616742	580108
常用耕地面积 (公顷)	Area of Cultivated Land (hectare)	87767	82144
农业机械总动力 (万瓦)	Total Power of Agricultural Machinery (10000 w)	127843	124861
农、林、牧、渔业劳动机械化程度 (%)	Labor Mechanization Degree of Agriculture, Forestry, Animal Husbandry and Fishery (%)	7.92	7.40
化肥施用量(折纯) (吨)	Consumption of Chemical Fertilizers (100 percent effective content equivalent) (ton)	97832	96891
农药使用量 (吨)	Consumption of Pesticides (ton)	2655	2611
农村用电量 (万千瓦·时)	Electricity Consumed in Rural Area (10000 kilowatt-hour)	1403300	939000
农、林、牧、渔业总产值(万元)	Gross Output Value of Agriculture, Forestry, Animal Husbandry and Fishery (10000 yuan)	5425505	5687687
农、林、牧、渔业增加值(万元)	Value-added of Agriculture, Forestry, Animal Husbandry and Fishery (10000 yuan)	3320951	3479753
主要农产品产量	Output of Major Agricultural Products		
粮　食 (吨)	Grain (ton)	150769	153841
花　生 (吨)	Peanuts (ton)	10793	9349
蔬　菜 (吨)	Vegetables (ton)	4038410	4115685
园林水果 (吨)	Fruits (ton)	819400	818558
肉　类 (吨)	Meat (ton)	98658	95370
水产品 (吨)	Aquatic Products (ton)	507701	498273
都市农业从业人员 (万人)	Employed Persons in Urban Agriculture (10000 person)	99	95
都市农业总收入 (万元)	Total Income of Urban Agriculture (10000 yuan)	27993989	29346770

注：农林牧渔业增加值数据为快报数。

Note：Data of added value of agriculture, forestry, animal husbandry and fishery are express numbers.

10-2 主要年份年末耕地面积

Area of Cultivated Land at Year-end in Main Years

单位：公顷 (hectare)

年 份 Year	常用耕地面积 Area of Cultivated Land	水(旱)田 Paddy Fields	旱 地 Dry Fields	平均每个农业人口拥有耕地 Cultivated Area Per Rural Person	平均每个农业从业人员拥有耕地 Cultivated Area Per Rural Employee
1978	249479	221451	28028	0.09	0.21
1980	248260	220258	28002	0.11	0.23
1985	234171	207431	26740	0.09	0.24
1990	221138	196266	24872	0.09	0.24
1995	177892	158849	19043	0.07	0.20
1996	172179	153332	18847	0.07	0.19
1997	169700	151631	18069	0.07	0.19
1998	168491	150843	17648	0.07	0.19
1999	164816	147455	17361	0.07	0.19
2000	159115	142220	16895	0.05	0.17
2001	154941	137628	17313	0.05	0.17
2002	146311	128888	17423	0.05	0.16
2003	134934	115565	19369	0.06	0.15
2004	131954	116943	15011	0.06	0.16
2005	130094	111700	18394	0.06	0.15
2006	106579	88971	17608	0.05	0.13
2007	104500	84747	19753	0.05	0.13
2008	102155	85064	17091	0.04	0.13
2009	100784	84992	15792	0.03	0.13
2010	100647	87516	13131	0.03	0.13
2011	99552	85267	14285	0.03	0.15
2012	99086	85522	13564	0.03	0.15
2013	98148	84495	13653	0.03	0.14
2014	96398	82719	13679	0.03	0.15
2015	95411	81742	13669	0.03	0.15
2016	95188	80820	14368	0.03	0.15
2017	92108	77907	14201	0.03	0.14
2018	90486	76492	13994	0.03	0.14
2019	90696	72617	18079	0.03	0.14
2020	87831	69981	17850	0.02	0.14
2021	87767	65752	22015	0.02	0.14
2022	82144	61080	21064	0.02	0.14

注：2002年及以前年份的常用耕地面积数按国家新口径进行了换算。

Note: The data of the area of cultivated land in 2002 and before have been converted to the new statistical standard.

10-3 耕地面积及变动情况(2022年)

Statistics on Area of Cultivated Land and Its Changes (2022)

单位:公顷 (hectare)

项目	Item	全市 Total	荔湾区 Liwan	海珠区 Haizhu	天河区 Tianhe	白云区 Baiyun	黄埔区 Huangpu
年初耕地总资源	Total Resources of Cultivated Land at Year-beginning	89233	598	80	158	7591	2227
年末耕地总资源	Total Resources of Cultivated Land at Year-end	83195	594	77	160	7328	2276
# 常用耕地面积	Area of Cultivated Land	82144	594	77	160	7328	2091
# 水(旱)田	Paddy Fields	61080	39		76	2277	1206
当年增加耕地面积	Area of Increased Cultivated Land in Current Year	1351			2	164	105
# 园地改为耕地	Area of Cultivated Land Adapted from Garden Land	25					11
当年减少耕地面积	Area of Decreased Cultivated Land in Current Year	7389	4	3		427	56
# 国家基建占用	Occupied by Capital Construction	545		3		172	20
其他基建占用	Occupied by Other Construction	832	4			253	17
粮食占用耕地面积	Area of Cultivated Land Occupied by Grain	16476				323	330

10-3 续表 continued

单位：公顷 (hectare)

项目	Item	番禺区 Panyu	花都区 Huadu	南沙区 Nansha	从化区 Conghua	增城区 Zengcheng
年初耕地总资源	Total Resources of Cultivated Land at Year-beginning	6171	9453	16191	20450	26314
年末耕地总资源	Total Resources of Cultivated Land at Year-end	6787	9290	9947	20434	26302
# 常用耕地面积	Area of Cultivated Land	6693	9191	9826	19989	26195
# 水(旱)田	Paddy Fields	4848	8331	6279	16784	21240
当年增加耕地面积	Area of Increased Cultivated Land in Current Year	800	13	65		202
# 园地改为耕地	Area of Cultivated Land Adapted from Garden Land			14		
当年减少耕地面积	Area of Decreased Cultivated Land in Current Year	184	176	6309	16	214
# 国家基建占用	Occupied by Capital Construction	40	149	138	12	10
其他基建占用	Occupied by Other Construction	91	27	424	4	12
粮食占用耕地面积	Area of Cultivated Land Occupied by Grain	202	1388	857	5595	7781

10-4 建制镇社会经济发展基本情况(2022年)

乡镇名称	Name of Towns	乡镇行政区域面积(公顷) Area of Administrative Division (hectare)	户籍户数(户) Registered Households (household)	户籍人口(人) Registered Population (Person)	地方一般公共预算收入(万元) General Budgetary Revenue (10000 yuan)	地方一般公共预算支出(万元) General Budgetary Expenditure (10000 yuan)	耕地面积(公顷) Area of Cultivated Land (hectare)
白云区	**Baiyun**						
人和镇	Renhe Town	7440	34684	110320	28744	28744	1409
太和镇	Taihe Town	16462	13732	55808	33154	33154	698
钟落潭镇	Zhongluotan Town	23047	42691	156676	32497	32516	2607
江高镇	Jianggao Town	10228	43050	137376	32087	32647	2144
黄埔区	**Huangpu**						
新龙镇	Xinlong Town	7539	7435	43100	30663	30674	982
番禺区	**Panyu**						
南村镇	Nancun Town	4700	43921	121855	80645	81902	411
新造镇	Xinzao Town	1412	7404	19344	14622	15861	142
化龙镇	Hualong Town	6028	14759	36845	31285	33995	1162
石楼镇	Shilou Town	12650	53134	131295	77626	80527	1792
石碁镇	Shiji Town	4620	21839	56580	53045	56806	1432
花都区	**Huadu**						
梯面镇	Timian Town	9120	2978	11148	10832	12012	317
花山镇	Huashan Town	11687	28873	95759	14436	43763	1848
花东镇	Huadong Town	20844	40317	138166	31911	31911	1635
炭步镇	Tanbu Town	11350	19271	57344	40081	24049	2050
赤坭镇	Chini Town	16010	19451	60818	22895	11710	1866
狮岭镇	Shiling Town	13619	19207	76593	25383	25383	828
南沙区	**Nansha**						
万顷沙镇	Wanqingsha Town	14285	11385	37605	32927	26365	687
横沥镇	Hengli Town	5400	11611	34272	40225	27226	1392
黄阁镇	Huangge Town	7650	25675	71431	39350	39186	179
东涌镇	Dongyong Town	9153	35585	90804	91141	98518	3734
大岗镇	Dagang Town	9008	30889	86376	89105	84063	2142
榄核镇	Lanhe Town	7450	22249	61771	56542	61015	3058
从化区	**Conghua**						
温泉镇	Wenquan Town	21090	14368	55078	10876	10705	2518
良口镇	Liangkou Town	52890	12280	48673	11373	11373	1144
吕田镇	Liangtian Town	38890	9147	32054	9138	9138	2186
太平镇	Taiping Town	20890	26361	104195	13729	13748	2770
鳌头镇	Aotou Town	34990	36748	151977	17854	17854	7175
增城区	**Zengcheng**						
新塘镇	Xintang Town	8632	68389	190015	51611	69899	1082
石滩镇	Shitan Town	16197	47065	132681	37832	47690	5482
中新镇	Zhongxin Town	23237	37511	103686	40029	40029	3373
正果镇	Zhengguo Town	23941	21403	65945	25209	25209	2285
派潭镇	Paitan Town	28965	27688	90950	32945	32945	4111
小楼镇	Xiaolou Town	13667	19156	56190	12243	12243	2438
仙村镇	Xiancun Town	5665	16667	50619	25548	25548	1425

注：2021年番禺区沙湾镇改为沙湾街道。

Basic Statistics on Social and Economic Development of Towns(2022)

农业企业数（个）Number of Agricultural Enterprises (unit)	规模以上工业企业数（个）Number of Industrial Enterprises above Designated Size(unit)	商品交易市场个数（个）Number of Commodity Markets (unit)	小学在校学生数（人）Number of Enolled Primary School Students (person)	幼儿园托儿所数（个）Number of Kindergartens (unit)	医疗卫生机构床位数（床）Hospital Beds (bed)	城乡居民基本医疗保险参保人数（人）Number of Persons Participating in Basic Medical Care Insurance for Urban and Rural Residents(person)	城乡居民基本养老保险参保人数（人）Number of Persons Participating in Basic Pension Insurance for Urban and Rural Residents(person)
14	134	6	11556	25	495	56268	50000
27	72	4	6758	14	564	53061	3532
129	227		14891	40	460	92219	7482
15	199	5	10236	28	1308	105010	6956
9	11	2	3198	5	698	23280	5280
6	109	11	21097	44	1300	56871	18958
7	16	2	1614	5	76	8474	3579
2	82	9	4166	10	135	28210	11588
28	173	4	15683	32	641	54512	17744
9	172	29	8992	23	320	34394	5047
15	4	1	992	2	36	6735	3600
89	135	1	9889	16	96	59464	34813
15	121	10	18094	27	145	83742	45590
2	96	1	8640	8	50	38703	23202
85	32	2	3266	3	62	37822	23988
7	211	16	23728	25	606	52796	20917
13	19	3	3085	9	20	25097	6860
6	27	5	3674	7	225	17676	17800
1	70		6210	21	85	32144	13452
9	234	6	11200	21	260	47735	8117
6	101	4	7764	27	320	37410	19582
7	124	3	7911	18	91	34108	15807
13	10	2	4188	7	307	33299	19605
31	2	1	3479	4	50	31952	18172
30	1	1	1631	2	33	21259	13158
45	100	1	12762	19	83	61815	34182
103	21	3	13368	17	220	98899	89110
2	392	10	34531	83	1110	93393	44627
17	83	5	16706	24	905	84300	45885
107	51	3	10708	21	113	61775	32558
13	6	2	2036	3	75	37829	23119
48	1	1	4525	5	95	58931	21950
30	6	4	2214	4	50	37457	21047
10	65	1	3548	11	39	35021	20463

Note：Shawan Town in Panyu District was renamed Shawan Street in 2021.

10-5 涉农街道社会经济发展基本情况（2022年）

街道名称	Street Name	乡镇行政区域面积（公顷）Area of Administrative Division (hectare)	户籍户数（户）Registered Households (household)	户籍人口（人）Registered Population (Person)	地方一般公共预算收入（万元）General Budgetary Revenue (10000 yuan)	地方一般公共预算支出（万元）General Budgetary Expenditure (10000 yuan)	耕地面积（公顷）Area of Cultivated Land (hectare)
城郊街道	Chengjiao Street	12960	25163	86172	12424	12335	2554
朱村街道	Zhucun Street	9407	20452	53667	16080	14424	2052
江埔街道	Jiangpu Street	10260	28624	93369	11413	11413	1730
荔城街道	Licheng Street	8227	46897	134396	38925	38919	1595
珠江街道	Zhujiang Street	3622	6512	22848	25720	25720	1221
增江街道	Zengjiang Street	8618	16512	47050	25026	28081	1052
宁西街道	Ningxi Street	5376	11639	33980	20662	20662	590
荔湖街道	Lihu Street	4522	12478	41568	17688	17671	563
洛浦街道	Luopu Street	2538	41275	113289	17423	17423	405
石壁街道	Shibi Street	2701	11473	29990	10851	10851	391
龙湖街道	Longhu Street	4750	15193	57103	17273	17273	377
沙湾街道	Shawan Street	3745	25495	69050	19269	19269	375
街口街道	Jiekou Street	5480	31243	88238	11495	11495	357
中南街道	Zhongnan Street	670	3488	10508	4562	4562	335
龙归街道	Longgui Street	2671	13910	43873	17059	17059	318
九佛街道	Jiufo Street	5567	5722	30034	16445	16445	271
花城街道	Huacheng Street	3301	32963	96819	11999	11999	269
永宁街道	Yongning Street	4941	28374	79596	27715	27856	256
新雅街道	Xinya Street	3425	25820	77621	10378	10378	238
桥南街道	Qiaonan Street	1785	22112	65072	14474	14474	209
长岭街道	Changling Street	5375	10460	33426	18556	18556	195
大龙街道	Dalong Street	2480	27959	77535	15592	15592	177
海龙街道	Hailong Street	950	8834	24906	6879	6879	171
秀全街道	Xiuquan Street	5022	20746	63768	11565	11565	161
钟村街道	Zhongcun Street	2341	35961	99004	25613	25613	122
大石街道	Dashi Street	1934	26500	77844	14075	14075	115
石门街道	Shimen Street	2028	7371	24678	10517	10517	100

注：本表选取耕地面积大于100公顷的涉农街道，按照耕地面积大小降序排列。

Basic Social and Economic Development of Agriculture-related Streets (2022)

农业企业数（个）Number of Agricultural Enterprises (unit)	规模以上工业企业数（个）Number of Industrial Enterprises above Designated Size(unit)	商品交易市场个数（个）Number of Commodity Markets (unit)	小学在校学生数（人）Number of Enolled Primary School Students (person)	幼儿园托儿所数（个）Number of Kindergartens (unit)	医疗卫生机构床位数（床）Hospital Beds (bed)	城乡居民基本医疗保险参保人数(人) Number of Persons Participating in Basic Medical Care Insurance for Urban and Rural Residents(person)	城乡居民基本养老保险参保人数(人) Number of Persons Participating in Basic Pension Insurance for Urban and Rural Residents(person)
85	146	257	10338	16	1210	44828	21613
14	24	38	4919	14	36	31697	15037
43	17	342	11707	19	374	45412	20632
25	4	236	10454	33	1570	56197	23234
10	75	17	1614	5	98	5814	321
9	41	138	7338	12	1194	17860	11380
4	141	28	4626	9	25	19551	10436
1	7	13	4448	13	15	21152	10896
1	18	84	22048	70	113	48477	14932
	58	60	4380	13		16305	13304
3	4	10	5855	10	477	18425	17316
6	116	127	11146	24	120	41092	2018
38	2	281	9566	27	376	33863	8442
	5	25	1680	6	50	972	338
	136	120	6598	27	352	30122	2140
5	49	10	2205	3	38	15381	3703
1	38	154	17583	26	870	20899	12746
	21	72	17989	28	608	42849	2526
	172	321	14543	17	43	37601	14644
10	32	21	9445	20	1396	23919	1876
	4	88	5350	10	360	12065	963
13	154	252	10482	21	10	25212	14125
	18	12	6432	10	431	3731	282
	295	232	13884	24	604	27236	11411
	66	279	18339	23	778	31189	9842
	69	160	13347	31	838	37506	3029
	24	109	2901	9	1461	15359	1381

Note: In this table, agriculture-related streets with cultivated land area greater than 100 hectares are selected and arranged in descending order according to the size of cultivated land.

10-6 全市村委会社会经济基本情况(2022年)

项 目	Item	全市 Total
一、基本情况	**Basic Information**	
村委会数 (个)	Number of Village Committees (unit)	1144
行政区域面积 (公顷)	Area of Administrative Region (hectare)	561207
通公共交通村数 (个)	Number of Villages Available for Public Transport (unit)	1120
有公共厕所的村 (个)	Number of public toilets available (unit)	1080
垃圾集中处理村数 (个)	Number of Villages with Centralized Garbage Disposal (unit)	1129
污水集中处理村数 (个)	Number of Villages with Centralized Sewage Treatment (unit)	1005
有电子商务配送站点村数 (个)	Number of Villages with E-Commerce Distribution Centre (unit)	868
二、人口情况	**Population**	
户籍户数 (户)	Registered Households (household)	993936
户籍人口 (人)	Registered Population (person)	3210043
# 全家外出半年以上人口 (人)	The Whole Family Has Been Away for More Than Half a Year (person)	382296
常住户数 (户)	Permanent Households (household)	1906224
常住人口 (人)	Permanent Population (person)	5689866
三、社会保障及社会服务情况	**Social Insurance and Social Service**	
农村特困救助供养人数 (人)	Number of Rural Special Poverty Relief Providers (Persons)	4485
体育健身场所数 (个)	Number of Gymnasia and Stadium (unit)	3684
图书室(馆)、文化站数 (个)	Number of Libraries and Cultural Stations (unit)	836
卫生室数 (个)	Number of Health Rooms (unit)	1041
执业(助理)医师数 (个)	Number of Practicing (Assistant) Doctors (person)	1141
四、产业发展情况	**Industrial Development**	
种植规模户 (户)	Planting Scale Households (household)	1528
畜禽养殖规模户 (户)	Livestock and Poultry Breeding Scale Households (household)	337
家庭农场 (个)	Family Farm (unit)	557
有实际经营活动的农民专业合作社 (个)	Specialized farmer cooperatives with actual business activities (unit)	976
有实际经营活动的农民专业合作社成员(户)	Member of Specialized farmer cooperatives with actual business activities (household)	12311
营业面积50平方米以上的商店或超市 (个)	Stores or supermarkets with a business area of more than 50 square meters (unit)	6022
五、农田水利情况	**Situation of farmland and water conservancy**	
能正常使用的机电井 (个)	Mechanical and Electrical Wells That Can be Used Normally (unit)	834
能正常使用的排灌站 (个)	Drainage and Irrigation Stations That Can be Used Normally (unit)	1577
本村能够使用的灌溉用水塘和水库 (个)	Irrigation Ponds and Reservoirs That Can Be Used in the Village (unit)	1834
六、村务情况	**Village Administrative Affairs**	
全年村集体收入 (万元)	Annual Income of Village Collectives (10000 yuan)	745607
# 经营收入 (万元)	Operating Income (10000 yuan)	412144
村级办公支出 (万元)	Village Level Office Expenditure (10000 yuan)	256558
村干部人数 (人)	Number of Village Cadres (person)	8024

注：本表村委会是指全市所有挂牌的村委会，不包括空壳村。村集体经济情况指标是指由村委会(村集体)支配的收入和支出情况。

Social and Economic Information of Village Committees (2022)

白云区 Baiyun	黄埔区 Huangpu	番禺区 Panyu	花都区 Huadu	南沙区 Nansha	从化区 Conghua	增城区 Zengcheng
118	28	176	188	128	221	285
47719	17408	40988	86576	42784	174631	151101
117	26	175	181	127	213	281
118	27	173	188	124	171	279
117	28	172	188	120	219	285
115	28	168	163	103	183	245
89	12	170	152	105	136	204
136090	18357	179238	163069	120124	118548	258510
490030	98256	465047	552087	336339	499274	769010
21871	60538	20464	74163	14861	31099	159300
306921	8795	633494	327520	246771	112411	270312
1044350	38278	1669154	1028265	614603	475093	820123
501	35	223	533	361	1038	1794
571	58	453	688	234	703	977
120	40	104	176	129	84	183
114	26	104	194	106	221	276
132	22	158	176	116	245	292
23	24	139	364	184	306	488
23		52	42	23	69	128
46	8	29	38	58	113	265
44	7	38	66	55	365	401
1232	38	928	791	974	4613	3735
999	23	1573	1161	760	296	1210
277	2	199	123	34	84	115
159	1	147	113	925	49	183
106	29	237	559	187	306	410
43583	6932	416654	44532	151025	5611	77270
21234	498	260816	29768	67418	4055	28355
54621	3091	128356	38448	10635	5511	15896
808	263	1196	1304	750	1691	2012

Note: The whole family has been away for more than half a year. the village committee in this table refers to all the village committees listed in the city, excluding empty shell villages. The indicators of village collective economy refer to the income and expenditure controlled by the village committee (village collective).

10-7 全市涉农居委会社会经济基本情况

Basic Statistics on Social and Economic Situation of Village Committees in Guangzhou

项　　目	Item	2021	2022
一、基本情况	**Basic Information**		
涉农居委会数 (个)	Number of Village Committees (unit)	117	115
行政区域面积 (公顷)	Area of Administrative Region (hectare)	46060	44943
通公共交通居委数 (个)	Number of Villages Available for Public Transport (unit)	117	115
有公共厕所数 (个)	Number of public toilets available (unit)	114	112
垃圾集中处理居委数 (个)	Number of Villages with Centralized Garbage Disposal (unit)	116	114
污水集中处理居委数 (个)	Number of Villages with Centralized Sewage Treatment (unit)	105	106
有电子商务配送站点居委数(个)	Number of Villages with E-Commerce Distribution Centre (unit)	97	96
二、人口情况	**Population**		
户籍户数 (户)	Registered Households (household)	145728	147068
户籍人口 (人)	Registered Population (person)	447275	457682
# 全家外出半年以上人口 (人)	The Whole Family Has Been Away for More Than Half a Year (person)	11221	38864
常住户数 (户)	Permanent Households (household)	482016	462328
常住人口 (人)	Permanent Population (person)	1321876	1286892
三、社会保障及社会服务情况	**Social Insurance and Social Service**		
特困救助供养人数 (人)	Number of Rural Special Poverty Relief Providers (Persons)	60	703
体育健身场所数 (个)	Number of Gymnasia and Stadium (unit)	362	395
图书室(馆)、文化站数 (个)	Number of Libraries and Cultural Stations (unit)	94	110
卫生室数 (个)	Number of Health Rooms (unit)	79	75
执业(助理)医师数 (个)	Number of Practicing (Assistant) Doctors (person)	287	247

10-7 续表 continued

项目	Item	2021	2022
四、产业发展情况	**Industrial Development**		
种植规模户 (户)	Planting Scale Households (household)	26	23
畜禽养殖规模户 (户)	Livestock and Poultry Breeding Scale Households (household)	2	4
家庭农场 (个)	Family Farm (unit)		2
有实际经营活动的农民专业合作社(个)	Specialized farmer cooperatives with actual business activities (unit)	10	13
有实际经营活动的农民专业合作社成员 (户)	Member of Specialized farmer cooperatives with actual business activities (household)	50	86
营业面积50平方米以上的商店或超市	Number of Stores or Supermarkets with Business Area	1078	1190
五、农田水利情况	**Situation of farmland and water conservancy**		
能正常使用的机电井 (个)	Mechanical and Electrical Wells That Can be Used Normally (unit)	24	18
能正常使用的排灌站 (个)	Drainage and Irrigation Stations That Can be Used Normally (unit)	87	76
能够使用的灌溉用水塘和水库 (个)	Irrigation Ponds and Reservoirs That Can Be Used in the Village (unit)	59	69
六、居委情况	**Village Administrative Affairs**		
全年集体收入 (万元)	Annual collective income (10000 yuan)	342423	126707
# 经营收入 (万元)	Operating income (10000 yuan)	140304	74192
办公支出 (万元)	Office expenditure (10000 yuan)	28907	9386
干部人数 (人)	Number of cadres (10000 yuan)	923	914

10-8 农林牧渔业生产经营户及从业人员情况(2022年)

项 目	Item
从事农、林、牧、渔业生产经营户(户)	Number of Households Engaging in Agriculture, Forestry, Animal Husbandry and Fishery (household)
农、林、牧、渔业从业人员数 (人)	Number of Rural Employed Persons in Agriculture, Forestry, Animal Husbandry and Fishery (person)
农业	Agriculture
林业	Forestry
畜牧业	Animal Husbandry
渔业	Fishery
农、林、牧、渔专业及辅助性活动	Service Industry for Agriculture

10-8 续表

项 目	Item
从事农、林、牧、渔业生产经营户(户)	Number of Households Engaging in Agriculture, Forestry, Animal Husbandry and Fishery (household)
农、林、牧、渔业从业人员数 (人)	Number of Rural Employed Persons in Agriculture, Forestry, Animal Husbandry and Fishery (person)
农业	Agriculture
林业	Forestry
畜牧业	Animal Husbandry
渔业	Fishery
农、林、牧、渔专业及辅助性活动	Service Industry for Agriculture

Number of Households and Laborers Engaging in Agriculture, Forestry, Animal Husbandry and Fishery (2022)

全 市 Total	荔湾区 Liwan	海珠区 Haizhu	天河区 Tianhe	白云区 Baiyun	黄埔区 Huangpu
348855	2640	481	398	38730	16628
580108	6414	977	793	76400	23534
487197	6059	977	790	68033	21399
7010				25	637
19105				196	5
39560	340			4166	946
27236	15		3	3980	547

continued

番禺区 Panyu	花都区 Huadu	南沙区 Nansha	从化区 Conghua	增城区 Zengcheng
22691	58640	35060	97017	76570
56093	89061	76891	131975	117970
40826	77511	62835	113085	95682
1134	682	146	2260	2126
3154	1327	166	9431	4826
9078	7111	8561	2777	6581
1901	2430	5183	4422	8755

10-9 主要年份农林牧渔业总产值

Gross Output Value of Agriculture, Forestry, Animal Husbandry and Fishery in Main Years

单位：万元 (10000 yuan)

年份 Year	合计 Total	农业 Agriculture	林业 Forestry	畜牧业 Animal Husbandry	渔业 Fishery
1978	79940	62212	1367	11018	3551
1980	89465	69534	2316	11730	3650
1985	180163	117429	2312	43583	9530
1986	207553	133272	2921	48420	12630
1987	259437	171381	3534	58134	15286
1988	374875	235199	4210	100127	22571
1989	410575	258918	5325	105375	25131
1990	439322	280156	5011	110313	28142
1991	489080	311918	4809	124979	32183
1992	590289	359850	8004	165373	42635
1993	773560	415462	9442	220827	108282
1994	1034215	562429	8198	315842	125140
1995	1268076	673678	10672	369589	185396
1996	1429078	701636	11152	429758	247883
1997	1508110	748281	12706	449656	254502
1998	1540244	770438	12643	439267	265520
1999	1600738	818349	12683	433928	280155
2000	1630468	823477	13224	430589	296503
2001	1670518	878086	13344	406407	304442
2002	1750598	942935	11577	404566	321379
2003	1806678	978410	12823	388590	332774
2004	2014423	1055554	36602	401247	358246
2005	2208105	1126688	38424	477025	376560
2006	2178394	1140576	18192	421336	406265
2007	2544675	1349965	18284	519306	432804
2008	2913008	1445324	19898	639605	526876
2009	2956200	1500816	21683	612002	536132
2010	3221258	1662415	26613	641581	583252
2011	3506065	1783512	34286	721893	627707
2012	3667902	1872361	32169	766839	637314
2013	3899763	2027062	39615	758607	677539
2014	3983015	2141475	40369	648663	732958
2015	4134562	2260493	42178	618008	751349
2016	4366530	2407531	38691	657981	767014
2017	4329167	2401771	36563	565886	794899
2018	4166916	2316909	25355	419744	819757
2019	4462804	2504592	24176	440968	888886
2020	5140286	2785512	42758	461002	1181564
2021	5425505	2965751	58041	381303	1236872
2022	5687687	3121255	46101	363193	1295395

10-10 主要年份农林牧渔业总产值指数（上年=100）

Indices of Gross Output Value of Agriculture, Forestry, Animal Husbandry and Fishery in Main Years (Preceding Year=100)

年 份 Year	合 计 Total	农业 Agriculture	林业 Forestry	畜牧业 Animal Husbandry	渔业 Fishery
1978	103.2	101.5	124.9	113.4	102.4
1980	108.2	107.1	230.1	98.1	127.9
1985	108.1	103.8	110.8	125.1	112.9
1986	105.2	101.9	113.1	110.4	113.0
1987	104.4	104.8	120.6	103.0	103.2
1988	105.7	101.0	86.2	120.1	114.6
1989	101.4	100.5	138.3	98.7	101.2
1990	106.3	106.1	62.3	109.3	109.5
1991	111.1	111.8	98.5	113.0	106.3
1992	114.0	109.4	182.1	123.3	121.7
1993	99.1	81.2	75.2	119.3	160.8
1994	117.4	118.6	83.9	114.8	122.3
1995	109.3	106.0	106.1	104.5	126.9
1996	106.6	97.1	107.2	106.9	128.0
1997	106.6	107.4	97.5	105.3	106.3
1998	104.6	100.1	97.2	103.7	112.1
1999	109.5	118.0	110.5	99.9	106.3
2000	102.0	98.9	108.4	101.8	104.8
2001	101.6	103.6	92.9	95.2	107.1
2002	109.1	123.5	96.1	97.4	101.7
2003	100.7	94.5	75.4	98.5	108.5
2004	105.1	112.6	120.5	97.5	101.9
2005	104.1	102.3	103.7	108.4	101.2
2006	98.1	100.7	47.1	87.9	107.3
2007	103.1	102.2	90.2	103.1	101.3
2008	103.4	97.3	104.0	110.0	109.1
2009	103.9	103.0	109.0	104.9	105.2
2010	103.1	103.3	96.6	102.1	102.9
2011	102.6	103.6	122.0	98.3	102.5
2012	102.8	103.5	93.1	100.3	104.4
2013	102.9	102.4	120.7	98.2	106.5
2014	100.1	104.7	98.0	84.0	102.4
2015	102.2	103.8	104.2	91.8	103.1
2016	100.7	101.1	100.4	96.1	101.1
2017	100.7	102.6	94.3	91.1	99.9
2018	103.9	102.8	70.6	103.5	106.6
2019	103.2	105.0	95.3	91.0	106.7
2020	111.3	110.4	179.8	100.8	119.7
2021	107.2	108.1	128.4	99.6	102.2
2022	102.7	101.6	83.2	100.5	103.8

注：农林牧渔业总产值指数按可比价计算。

Note: The indices of gross output value of farming, forestry, animal husbandry and fishery are calculated by comparable price.

10-11 农林牧渔业总产值、增加值构成(2022年)

单位:万元

项 目	Item	全 市 Total
农、林、牧、渔业总产值 （当年价格）	**Gross Output Value of Agriculture, Forestry, Animal Husbandry and Fishery (at current prices)**	**5687687**
农业	Agriculture	3121255
林业	Forestry	46101
畜牧业	Animal Husbandry	363193
渔业	Fishery	1295395
农、林、牧、渔专业及其辅助性活动	Service Industry for Agriculture	861743
农、林、牧、渔业总产值构成 (%)	**Composition of Gross Output Value of Agriculture, Forestry, Animal Husbandry and Fishery (%)**	**100.00**
农业	Agriculture	54.88
林业	Forestry	0.81
畜牧业	Animal Husbandry	6.39
渔业	Fishery	22.78
农、林、牧、渔专业及其辅助性活动	Service Industry for Agriculture	15.14
农、林、牧、渔业增加值	**Value-added of Agriculture, Forestry, Animal Husbandry and Fishery**	**3479753**
农业	Agriculture	2175506
林业	Forestry	33312
畜牧业	Animal Husbandry	148038
渔业	Fishery	767012
农、林、牧、渔专业及其辅助性活动	Service Industry for Agriculture	355885
农、林、牧、渔业增加值构成 (%)	**Composition of Value-added of Agriculture, Forestry, Animal Husbandry and Fishery (%)**	**100.00**
农业	Agriculture	62.52
林业	Forestry	0.96
畜牧业	Animal Husbandry	4.25
渔业	Fishery	22.04
农、林、牧、渔专业及其辅助性活动	Service Industry for Agriculture	10.23

Gross Output Value, Value-added and Commodity Output Value of Agriculture, Forestry, Animal Husbandry and Fishery (2022)

(10000 yuan)

荔湾区 Liwan	海珠区 Haizhu	天河区 Tianhe	白云区 Baiyun	黄埔区 Huangpu	番禺区 Panyu	花都区 Huadu	南沙区 Nansha	从化区 Conghua	增城区 Zengcheng
82830	**20798**	**103492**	**682812**	**95125**	**650739**	**926465**	**1330324**	**615819**	**1179283**
71302	7059	3235	450920	50889	215216	582427	561376	385966	792865
		76	1576	4168	846	7194	681	16946	14614
			25647		32415	52359	32082	130129	90561
6816	11705	38822	44404	18022	335309	161615	593185	13848	71669
4712	2034	61359	160265	22046	66953	122870	143000	68930	209574
100.00	**100.00**	**100.00**	**100.00**	**100.00**	**100.00**	**100.00**	**100.00**	**100.00**	**100.00**
86.08	33.94	3.13	66.04	53.50	33.07	62.87	42.20	62.68	67.23
		0.07	0.23	4.38	0.13	0.78	0.05	2.75	1.24
			3.76		4.98	5.65	2.41	21.13	7.68
8.23	56.28	37.51	6.50	18.95	51.53	17.44	44.59	2.25	6.08
5.69	9.78	59.29	23.47	23.17	10.29	13.26	10.75	11.19	17.77
55686	**12713**	**50653**	**418416**	**58256**	**389997**	**578935**	**815085**	**370900**	**729112**
49698	4925	2254	314292	35468	150005	405950	391279	269018	552617
		36	1139	3013	612	5202	492	12252	10566
			10464		13225	21362	13090	52950	36947
4042	6944	23040	26332	10669	198503	95676	351165	8212	42429
1946	844	25323	66189	9106	27652	50745	59059	28468	86553
100.00	**100.00**	**100.00**	**100.00**	**100.00**	**100.00**	**100.00**	**100.00**	**100.00**	**100.00**
89.25	38.74	4.45	75.11	60.88	38.46	70.12	48.00	72.53	75.79
		0.07	0.27	5.17	0.16	0.90	0.06	3.30	1.45
			2.50		3.39	3.69	1.61	14.28	5.07
7.26	54.62	45.49	6.29	18.31	50.90	16.53	43.08	2.21	5.82
3.49	6.64	49.99	15.83	15.64	7.09	8.76	7.25	7.68	11.87

10-12 按历史时期分农林牧渔业总产值

Gross Output Value of Agriculture, Forestry, Animal Husbandry and Fishery by History Period

单位：万元 (10000 yuan)

时期	Period	按现行价格计算 Current Price 合计 Total	农业 Agriculture	林业 Forestry	畜牧业 Animal Husbandry	渔业 Fishery
“六五”时期	6th Five-year Plan Period	658543	455112	8949	135454	34854
“七五”时期	7th Five-year Plan Period	1691762	1078926	21001	422369	103760
“八五”时期	8th Five-year Plan Period	4155220	2323337	41125	1196610	493636
“九五”时期	9th Five-year Plan Period	7708638	3862181	62408	2183198	1344563
“十五”时期	10th Five-year Plan Period	9450322	4981673	112770	2077835	1693401
“十一五”时期	11th Five-year Plan Period	13813535	7099096	104670	2833830	2485329
“十二五”时期	12th Five-year Plan Period	19191307	10084903	188617	3514011	3426867
“十三五”时期	13th Five-year Plan Period	22465703	12416315	167543	2545581	4452120
1979-2022	1979-2022	90419440	48522265	814543	15676921	16573303
2012-2022	2012-2022	49264137	26804711	426016	6082195	9783547
2017-2022	2017-2022	29212365	16095789	232994	2632097	6217373

10-12 续表 continue

单位：% (%)

时期	Period	平均增长速度 Average Speed of Growth 合计 Total	农业 Agriculture	林业 Forestry	畜牧业 Animal Husbandry	渔业 Fishery
“六五”时期	6th Five-year Plan Period	6.2	3.3	-5.8	17.9	15.5
“七五”时期	7th Five-year Plan Period	4.6	2.8	0.3	8.1	8.2
“八五”时期	8th Five-year Plan Period	10.0	4.6	3.7	14.8	26.4
“九五”时期	9th Five-year Plan Period	5.9	4.0	4.0	3.5	11.2
“十五”时期	10th Five-year Plan Period	5.8	7.8	-3.2	1.2	4.8
“十一五”时期	11th Five-year Plan Period	2.3	1.3	-14.2	1.3	5.1
“十二五”时期	12th Five-year Plan Period	2.1	3.6	6.9	-5.7	3.8
“十三五”时期	13th Five-year Plan Period	3.9	4.3	2.7	-3.6	6.6
1979-2022	1979-2022	4.9	3.9	0.5	3.8	9.1
2012-2022	2012-2022	3.4	4.1	3.2	-4.1	5.0
2017-2022	2017-2022	4.8	5.0	3.3	-2.3	6.3

10-13 渔业生产情况(2022年)
Statistics on Fishery Production (2022)

项目	Item	全市 Total	荔湾区 Liwan	海珠区 Haizhu	天河区 Tianhe	白云区 Baiyun	黄埔区 Huangpu
水产品养殖总面积（公顷）	**Total Cultured Area of Aquatic Products (hectare)**	**21247**	**21**			**1425**	**274**
# 淡水养殖	Freshwater Artificially Cultured	16535	21			1425	274
# 鱼塘	Fish Pond	16132	20			1414	274
水产品总产量（吨）	**Total Aquatic Products (ton)**	**498273**	**62**	**3251**	**12086**	**27851**	**6393**
按作业分	Grouped by Production						
海洋捕捞	Marine Fishing	27134		3251	12086		136
海水养殖	Mariculture	120658					
淡水捕捞	Freshwater Fishing	15231				199	68
淡水养殖	Freshwater Aquaculture	335250	62			27652	6189
按种类分	Grouped by Species						
鱼类	Fish	464293		3224	10328	25870	6371
甲壳类	Shrimps, Prawns and Crabs	27434		26		182	11
贝类	Shell-fish	1735					9
其他水产类	Other Aquatic Products	4811	62	1	1758	1799	2

10-13 续表 continued

项目	Item	番禺区 Panyu	花都区 Huadu	南沙区 Nansha	从化区 Conghua	增城区 Zengcheng
水产品养殖总面积（公顷）	**Total Cultured Area of Aquatic Products (hectare)**	**3406**	**4564**	**6963**	**1432**	**3162**
# 淡水养殖	Freshwater Artificially Cultured	1804	4564	3853	1432	3162
# 鱼塘	Fish Pond	1787	4564	3853	1058	3162
水产品总产量(吨)	**Total Aquatic Products (ton)**	**128923**	**84025**	**165106**	**8565**	**62011**
按作业分	Grouped by Production					
海洋捕捞	Marine Fishing	10766		889		6
海水养殖	Mariculture	48548		72110		
淡水捕捞	Freshwater Fishing	12090	35	2698		141
淡水养殖	Freshwater Aquaculture	57519	83990	89409	8565	61864
按种类分	Grouped by Species					
鱼类	Fish	114417	83985	149864	8561	61673
甲壳类	Shrimps, Prawns and Crabs	12000	24	15188		3
贝类	Shell-fish	1678		48		
其他水产类	Other Aquatic Products	828	16	6	4	335

10-14 畜牧业生产情况(2022年)

项目		Item		全市 Total
年末牛存栏量	(头)	Number of Farm Cattle on Hand at Year-end	(head)	12230
役用牛		Draft Cattle		222
肉用牛		Beef Cattle		3266
奶　牛		Cow		8742
牛奶产量	(吨)	Output of Milk	(ton)	34038
牛出栏量	(头)	Number of Slaughtered Cattle	(head)	3264
牛肉产量	(吨)	Output of Beef	(ton)	417
生猪饲养量	(头)	Total Number of Hogs Raised	(head)	997718
年末生猪存栏量	(头)	Number of Hogs on Hand at Year-end	(head)	359311
# 能繁殖的母猪		Female Hogs		32826
生猪出栏量	(头)	Number of Slaughtered Fattened Hogs	(head)	638407
猪肉产量	(吨)	Output of Pork	(ton)	50571
年末羊存栏量	(头)	Number of Sheep and Goats on Hand at Year-end	(head)	4037
羊出栏量	(头)	Number of Slaughtered Sheep and Goats	(head)	2231
羊肉产量	(吨)	Output of Mutton	(ton)	42
年末家禽存栏量	(万只)	Number of Poultry on Hand at Year-end	(10000 units)	1100
# 三　鸟		Chickens, Ducks and Gooses		702
# 鸡		Chickens		596
家禽出栏量	(万只)	Number of Slaughtered Poultry	(10000 units)	4057
# 三　鸟		Chickens, Ducks and Gooses		1805
# 鸡		Chickens		1251
禽肉产量	(吨)	Output of Poultry Meat	(ton)	43976
禽蛋产量	(吨)	Output of Poultry Eggs	(ton)	34393
肉类总产量	(吨)	Output of Meat	(ton)	95370
蜂蜜产量	(吨)	Output of Honey	(ton)	3929

注：黄埔区从2021年开始没有畜牧业生产。

Statistics on Animal Husbandry Production (2022)

白云区 Baiyun	番禺区 Panyu	花都区 Huadu	南沙区 Nansha	从化区 Conghua	增城区 Zengcheng
1069	102	163	43	5744	5109
			16	206	
	72	163	4	184	2843
1069	30		23	5354	2266
3244	1		20	21053	9720
207	33	122	17	1786	1099
25	4	17	2	229	140
61757		224936	156133	409945	144947
15200		72876	59486	170356	41393
1213		5233	5156	17717	3507
46557		152060	96647	239589	103554
3891		12263	8266	18548	7603
	322	807	163	406	2339
	108	764	167	169	1023
	4	14	3	3	18
88	59	138	32	397	386
10	54	89	31	354	164
10	7	85	16	348	130
528	287	642	186	601	1813
46	264	372	185	493	445
46	18	364	52	398	373
8280	4165	5997	3141	7941	14452
158	1292	90	37	31311	1505
12196	4173	18309	11417	27036	22239
	11	511	44	1337	2026

Note：Huangpu has no livestock production since 2021.

10-15 农林牧渔专业及辅助性活动生产情况(2022年)

单位：万元

项目	Item	全市 Total
农林牧渔专业及辅助性活动产值	**Agricultural, Forestry, Animal Husbandry and Fishery Specialty and Auxiliary Activity Output Value**	**861743**
农业专业及辅助性活动产值	**Agricultural Specialty and Auxiliary Activity Output Value**	**512116**
农业机械服务	Agricultural Machinery Service	49641
灌溉服务	Irrigation Service	44155
出售农业种子种苗收入	Income from The Sale of Agricultural Seeds and Seedlings	128473
农产品初加工收入	Income from Primary Processing of Agricultural Products	124482
其他农业专业及辅助性活动收入	Other Agricultural Professional and Auxiliary Activities Income	165365
林业专业及辅助性活动产值	**Output Value of Forestry Specialty and Auxiliary Activities**	**25587**
林业有害生物防治服务	Forest Pest Control Services	5619
森林防火服务	Forest Fire Protection Service	2755
出售林业种子种苗收入	Revenue from The Sale of Forestry Seeds and Seedlings	1801
林产品初加工收入	Primary Processing of Forest Products	3536
其他林业专业及辅助性活动收入	Other Forestry Professional and Auxiliary Activities Income	11876
畜牧专业及辅助性活动产值	**Animal Husbandry Professional and Auxiliary Activity Output Value**	**138991**
出售畜禽种苗收入	Income from Selling Livestock and Poultry Seedlings	89905
其中：出售仔猪	Including: Selling Piglets	9675
出售鸡苗	Selling Chicks	47349
畜牧产品初加工收入	Income from Primary Processing of Livestock Products	12541
其他畜牧业专业及辅助性活动收入	Income from Other Professional and Auxiliary Activities of Animal Husbandry	36545
渔业专业及辅助性活动产值	**Fishery Professional and Auxiliary Activities Output Value**	**185049**
出售水产鱼苗收入	Income from Selling Fish Fry	111579
水产品初加工收入	Income from Primary Processing of Aquatic Products	31176
其他渔业专业及辅助性活动收入	Other Fishery Professional and Auxiliary Activities Income	42294

Professional and Auxiliary Activities Production of Agricultural, Forestry, Animal Husbandry and Fishery(2022)

(10000yuan)

荔湾区 Liwan	海珠区 Haizhu	天河区 Tianhe	白云区 Baiyun	黄埔区 Huangpu	番禺区 Panyu	花都区 Huadu	南沙区 Nansha	从化区 Conghua	增城区 Zengcheng
4712	**2035**	**61358**	**160265**	**22047**	**66953**	**122870**	**143000**	**68929**	**209574**
3299	**2035**	**50033**	**104658**	**15801**	**5516**	**31571**	**115850**	**39069**	**144284**
			1134	738	147	875	12779	9295	24673
			13732	430		10134	10869	4173	4817
3299	700	25349	25410	6230	2563	3679	28806	3211	29226
	1335	24684	6118	3982	2413	3672	1478	18972	61828
			58264	4421	393	13211	61918	3418	23740
1413		**2871**	**3582**	**1423**		**1365**	**120**	**3304**	**11509**
1413		53		692		49	120	1386	1906
		32		315		304		290	1814
		80	55					100	1566
						459		307	2770
		2706	3527	416		553		1221	3453
		8454	**30372**	**3766**	**1171**	**34151**	**2924**	**23845**	**34308**
		8414	21132	748	1069	18860	5	16241	23436
			471			563		8184	457
		8414	7843	748		11816	5	7045	11478
			1201	3018		586		1239	6497
		40	8039		102	14705	2919	6365	4375
			21653	**1057**	**60266**	**55783**	**24106**	**2711**	**19473**
			3877	467	60266	19636	18063	1504	7766
			916			23064	460	438	6298
			16860	590		13083	5583	769	5409

10-16　农村电力和化肥用量(2022年)

项　　目		Item		全　市 Total
农村电气化		**Rural Electrification**		
农村用电量	(万千瓦·时)	Electricity Consumed in Rural Areas	(10000 kWh)	939000
农村小水电站个数	(个)	Number of Small Hydropower Stations in Rural Areas	(unit)	125
农村小水电站装机容量	(千瓦)	Installed Capacity of Small Hydropower Stations in Rural Areas	(kilowatt)	104989
农村小水电站发电量	(万千瓦·时)	Generated Energy of Small Hydropower Stations in Rural Areas	(10000 kWh)	30748
农村化学化		**Rural Chemicalizing**		
化肥施用量	(实物量、吨)	Consumption of Chemical Fertilizers (gross weight)	(ton)	260789
化肥施用量	(折纯量、吨)	Consumption of Chemical Fertilizers (effective weight)	(ton)	96891
农用薄膜使用量	(吨)	Consumption of Plastic Film in Agriculture	(ton)	2990
农药施用量	(吨)	Consumption of Agricultural Pesticide	(ton)	2611
农用柴油使用量	(吨)	Consumption of Diesel Oil in Agriculture	(ton)	41409

10-17　农业机械总动力和拥有量(2022年)

项　　目		Item		全　市 Total
农业机械总动力	**(千瓦)**	**Total Power of Agricultural Machinery**	**(kilowatt)**	**1248605**
其中：柴油发动机动力		Power of Diesel Engines		647306
汽油发动机动力		Power of Gasoline Engines		161606
电动机动力		Power of Electric Motors		439524
主要农业机械拥有量		**Possession of Major Agricultural Machinery**		
大中型拖拉机	(台)	Number of Large and Medium Tractors	(unit)	288
小型拖拉机	(台)	Number of Mini-Tractors	(unit)	1629
大中型拖拉机配套农具	(台)	Number of Large and Medium Tractor Accessory Farm Machinery	(unit)	1108
小型拖拉机配套农具	(台)	Number of Mini-Tractor Towing Farm Machinery	(unit)	5574
农用排灌柴油机	(台)	Diesel Engines for Agricultural Use	(unit)	25218
农用排灌电动机	(台)	Electric Motors for Agricultural Use	(unit)	22982
农用水泵	(台)	Water Pumps for Agricultural Use	(unit)	42864
节水灌溉机械	(套)	Irrigation Machinery of Saving Water	(set)	13678
联合收割机	(台)	Combine Harvesters	(unit)	237
机动脱粒机	(台)	Motorized Threshers	(unit)	6502
渔用机动船	(艘)	Motorized Fishing Boats	(unit)	1195

Statistics on Electricity and Chemical Fertilizer Consumption (2022)

荔湾区 Liwan	海珠区 Haizhu	天河区 Tianhe	白云区 Baiyun	黄埔区 Huangpu	番禺区 Panyu	花都区 Huadu	南沙区 Nansha	从化区 Conghua	增城区 Zengcheng
29038	39773	95204	253170	41058	207818	85782	80867	28628	77662
						5		108	12
						2065		78009	24915
						60		25403	5285
52	202	96	55606	3683	10898	27842	37438	44566	80406
19	69	41	14333	1785	4098	9744	16703	17899	32200
215			100	45	210	138	1655	361	266
3	6	5	180	162	284	447	404	455	665
	992		960	24	1945	5066	11431	15769	5222

Total Power and Possession of Major Agricultural Machinery (2022)

荔湾区 Liwan	海珠区 Haizhu	天河区 Tianhe	白云区 Baiyun	黄埔区 Huangpu	番禺区 Panyu	花都区 Huadu	南沙区 Nansha	从化区 Conghua	增城区 Zengcheng
1200	**2606**		**54870**	**4021**	**179726**	**175724**	**415636**	**208672**	**206150**
	2575		10929	1385	65792	86831	250636	144997	84161
	7		24847	44	21840	24995	64000	21274	4599
1200	24		19094	2592	92094	63886	101000	42401	117233
			27	8	12	47	52	44	98
	1		11		85	179	347	500	506
			36	8	12	69	231	370	382
					85	499		2700	2290
					1668	3012	18400	613	1525
			2343	16	4984	5593	7400	358	2288
	6	6	2343	69	6706	8605	21000	3673	456
			2027	13	2815	438	6050	2247	88
			2	2		22	42	109	60
					35	545		5096	826
	20			24	525		603		23

10-18 主要农作物及水果种植面积和产量(2022年)

项 目	Item	全 市 Total	荔湾区 Liwan	海珠区 Haizhu
农作物总播种面积 （公顷）	**Total Sown Area of Farm Crops (hectare)**	**212311**	**2157**	**612**
粮食作物	Grain Crops	29881		
#稻 谷	Rice	23814		
大 豆	Soybeans	383		
经济作物	Economic Crops	32727	1967	
#甘 蔗	Sugarcane	4230		
花 生	Peanuts	3211		
花 卉	Flowers	23480	1967	
#盆栽观赏植物	Potted Ornamental Plant	13626	1070	
其他作物	Other Farm Crops	149703	190	612
#蔬 菜	Vegetables	149368	190	612
果用瓜	Melon-fruits	335		
园林水果年末面积 （公顷）	**Planting Area of Fruits at Year-end (hectare)**	**70456**		**338**
#柑桔橙	Citrus	3970		
香(大)蕉	Bananas and Plantains	5003		4
荔 枝	Lychees	37626		14
龙 眼	Longans	8092		105
番石榴	Guavas	2350		14
主要农作物产量 （吨）	**Yield of Major Farm Crops (ton)**			
粮食作物	Grain Crops	153841		
#稻 谷	Rice	125878		
大 豆	Soybeans	1062		
经济作物	Economic Crops			
#甘 蔗	Sugarcane	526096		
花 生	Peanuts	9349		
花 卉 （万元）	Flowers (10000 yuan)	749800	69899	
#盆栽观赏植物	Potted Ornamental Plant	520537	44207	
其他作物	Other Farm Crops			
#蔬 菜	Vegetables	4115685	2913	13220
果用瓜	Melon-fruits	5885		
园林水果总产量 （吨）	**Gross Output of Fruits (ton)**	**818558**		**3210**
#柑桔橙	Citrus	88238		
香(大)蕉	Bananas and Plantains	280366		148
荔 枝	Lychees	112911		32
龙 眼	Longans	42952		411
番石榴	Guavas	122829		34

Sown Area and Output of Major Farm Crops and Fruits (2022)

天河区 Tianhe	白云区 Baiyun	黄埔区 Huangpu	番禺区 Panyu	花都区 Huadu	南沙区 Nansha	从化区 Conghua	增城区 Zengcheng
482	**39144**	**4473**	**14600**	**30627**	**31413**	**32706**	**56097**
	567	549	308	2339	1491	14239	10388
	362	358	135	685	1010	12411	8853
	3	5	3	123	54	143	52
	1343	520	6077	6996	8434	4547	2843
	3	13	8	13	4109	29	55
	7	23	4	181	8	2343	645
	1220	412	6064	6740	4289	1725	1063
	910	221	4097	3908	1593	1281	546
482	37234	3404	8215	21292	21488	13920	42866
476	37142	3395	8183	21203	21466	13896	42805
6	92	9	32	89	22	24	61
37	**1661**	**2681**	**321**	**3769**	**5611**	**32249**	**23789**
	14	27	1	10	45	2438	1435
	64	121	46	112	2925	330	1401
16	777	1574	16	1549	933	19598	13149
15	422	554	73	1484	129	2509	2801
	15	11	77	55	1217	101	860
	3141	2706	1304	11206	7221	73218	55045
	2090	1772	553	3668	5021	64900	47874
	5	17	11	312	132	403	182
	101	303	740	1061	518732	1488	3671
	29	83	20	504	34	6688	1991
	46078	9735	129927	309180	85283	86587	13111
	43358	6899	100120	173480	57598	84726	10149
6424	846669	55332	181504	541002	718948	321094	1428579
28	1690	137	339	1761	436	259	1235
228	**10987**	**17519**	**7987**	**26293**	**261774**	**137530**	**353030**
	37	441	14	8	1085	28253	58400
4	1909	1456	1644	3839	172238	4342	94786
129	3046	6405	105	7839	2531	46590	46234
82	1548	3733	1015	8285	673	11559	15646
2	694	273	2637	1741	72137	2355	42956

10-19 主要农产品产量与1949年以来最高年份比较(2022年)
Output of Major Farm Products in Comparison with that of Peak Year since 1949 (2022)

项　目	Item	2022	1949年以来最高年份(不含当年) Peak Year since 1949 (excluding current year)		2022年为1949年以来最高年(%) 2022 as Percentage of Peak Year (%)
			年　份 Year	产　量 Output	
农产品总产量　(吨)	**Total Yield of Farm Products　(ton)**				
粮　食	Grain	153841	1984	1259928	12.21
#稻　谷	Rice	125878	1984	1242982	10.13
花　生	Peanuts	9349	1982	56397	16.58
蔬　菜	Vegetables	4115685	2021	4038410	101.91
水　果(含果用瓜)	Fruits (Containing fruit melon)	824443	2021	824125	100.04
单位播种面积产量 (千克/公顷)	**Yield per Unit Sowed Area (kilogram/hectare)**				
粮　食	Grain	5148	2000	5758	89.41
#稻　谷	Rice	5286	2000	5952	88.81
花　生	Peanuts	2912	2020	2867	101.57
蔬　菜	Vegetables	27554	2021	27539	100.05
水　果(含果用瓜)	Fruits (including melon for fruit)	11646	2021	11613	100.29
禽畜产品产量　(吨)	**Total Output of Poultry and Animal Husbandry Products　(ton)**				
肉类总产量	Output of Meat	95370	2000	327702	29.10
#猪　肉	Pork	50571	2010	174778	28.93
牛羊肉	Beef and Mutton	459	2003	1973	23.26
家禽肉	Poultry Meat	43976	2002	184134	23.88
牛　奶	Milk	34038	2010	61530	55.32
鲜　蛋	Eggs	34393	1994	37321	92.15
水产品总产量　(吨)	**Total Output of Aquatic Products(ton)**				
海水产品	Seawater Aquatic Products	147792	2021	133814	110.45
淡水产品	Freshwater Aquatic Products	350481	2016	400639	87.48

10-20 农业生产水平

Production Level of Agriculture, Animal Husbandry and Fishery

单位：千克 (kg)

项　　目	Item	2021	2022
平均每个农业户生产	**Average Production per Household**		
粮　食	Grain	399	441
#稻　谷	Rice	325	361
花　生	Peanuts	29	27
甘　蔗	Sugarcane	1416	1508
蔬　菜	Vegetables	10689	11798
水　果(含果用瓜)	Fruits (Containing fruit melon)	2181	2363
花　卉 (元)	Flowers (yuan)	18974	21493
生　猪 (头)	Hogs (unit)	2	2
家　禽 (只)	Poultry (unit)	126	116
#鸡	Chickens	36	36
禽　蛋	Eggs of Poultry	56	99
水产品	Aquatic Products	1344	1428
#鱼　类	Fish	1243	1331
平均每个农业从业人员生产	**Average Production per Employed Person Engaging in Farming**		
粮　食	Grain	292	316
#稻　谷	Rice	238	258
花　生	Peanuts	21	19
甘　蔗	Sugarcane	1036	1080
蔬　菜	Vegetables	7819	8448
水　果（含果用瓜）	Fruits (Containing fruit melon)	1596	1692
花　卉 (元)	Flowers (yuan)	13880	15390
平均每个畜牧业从业人员生产	**Average Production per Employed Person Engaging in Animal Husbandry**		
肉类总产量	Output of Meat	4496	4992
#猪　肉	Pork	2137	2647
牛羊肉	Beef and Mutton	21	24
禽　肉	Meat of Poultry	2320	2302
禽　蛋	Eggs of Poultry	963	1800
平均每个渔业从业人员生产	**Average Production per Employed Person Engaging in Fishery**		
水产品	Aquatic Products	11981	12595
#鱼　类	Fish	11082	11736
农、林、牧、渔业劳动生产率(元/人)	Labor Productivity of Agriculture, Forestry, Animal Husbandry and Fishery (yuan/person)	53847	62094
农业	Agriculture	40029	44654
林业	Forestry	58889	47521
畜牧业	Animal Husbandry	70843	77486
渔业	Fishery	172861	193886

10-21 都市农业主要指标

Main Economic Indicators of Urban Agriculture

指标	Item	2021	2022
都市农业总收入 (万元)	Total Income of Urban Agriculture (10000 yuan)	27993989	29346770
# 农林牧渔业收入 (万元)	Income of Agriculture, Forestry, Animal Husbandry and Fishery (10000 yuan)	5425505	5687687
加工本地农产品总收入 (万元)	Total Income of Processing of Local Agriculture Products (10000 yuan)	14795105	15008157
运输本地农产品总收入 (万元)	Total Income of Transpot of Local Agriculture Products (10000 yuan)	1910661	2146206
批发零售本地农产品总收入 (万元)	Total Income of Wholesale and Retail Trade of Local Agriculture Products (10000 yuan)	5531811	6213768
观光休闲旅游农业企业总收入(万元)	Total Income of Agricultural sightseeing Tourism Enterprises (10000 yuan)	330907	290952
都市农业增加值 (万元)	Value-added of Urban Agriculture (10000 yuan)	11197595	11738708
# 农林牧渔业增加值 (万元)	Value-added of Agriculture, Forestry, Animal Husbandry and Fishery (10000 yuan)	3320951	3479753
加工本地农产品增加值 (万元)	Value-added of Processing of Local Agriculture Products (10000 yuan)	3536595	3707497
运输本地农产品增加值 (万元)	Value-added of Transpot of Local Agriculture Products (10000 yuan)	1058214	1109351
批发零售本地农产品增加值 (万元)	Value-added of Wholesale and Retail Trade of Local Agriculture Products (10000 yuan)	3204094	3358929
观光休闲旅游农业增加值 (万元)	Value-added of Agricultural Sightseeing Tourism (10000 yuan)	77742	83178
种子、种苗销售额 (万元)	Sales value of Seeds and Seedlings (10000 yuan)	327485	331758
接待观光休闲游客人次 (万人次)	Total Number of Agricultural Sightseeing Tourist (10000 Person-times)	1121	1697
都市农业从业人员 (万人)	Employed Persons in Urban Agriculture (10000 Person)	99	95
都市农业劳动生产率 (元/人)	Urban Agriculture Labor Productivity (yuan/person)	113107	123565
农业产业化规模比重 (%)	Proportion of Industrialization of Agriculture (%)	39.3	38.9
农业产业化企业(组织)幅射能力 (%)	Radiation Ability of Industrialization of Agriculture Enterprises (Organizations) (%)	38.1	36.5
带动本地农户数 (户)	Numbers of Local Farmers Drived by Industrialization of Agriculture Enterprises (unit)	325910	312465
绿色农产品个数 (个)	Numbers of Green Agricultural Products (unit)	71	89
绿色农产品产值 (万元)	Output Value of Green Agricultural Products (10000 yuan)	39000	47900
农业产业化生产单位 (个)	Industrialization of Agriculture Enterprises (unit)	1051	1039
# 农业龙头企业 (个)	Agriculture Leading Enterprises (unit)	416	371
# 国家级 (个)	National (unit)	15	15
省　级 (个)	Provincial (unit)	145	170
市　级 (个)	Municipal (unit)	330	365
农业生产基地(示范区) (个)	Agricultural Production Bases (Demonstration Area) (unit)	101	76
规模以上农业生产单位 (个)	Agricultural Enterprises above the Designcoted Size (unit)	927	827
农产品交易市场 (个)	Trade Markets of Agricultural Products (unit)	52	62

注：1. 从2019年起，“观光休闲旅游农业企业总收入”改为“农业观光休闲旅游总收入”，统计范围由农业龙头企业扩展为全社会涉农观光休闲单位。
2. “绿色农产品个数”不含“有机农产品个数”。

Notes: I. Since 2019, the "total income of agricultural enterprises in sightseeing and leisure tourism" will be changed to "total income of agricultural sightseeing and leisure tourism", and the statistical scope will be expanded from leading agricultural enterprises to agriculture-related sightseeing and leisure units in the whole society.

II. The number of green agricultural products does not contain the number of organic agricultural products.

10-22 设施农业生产情况(2022年)

Production of Facility Agriculture (2022)

项　　目	Item	面积 (公顷) Area (Acre)	产量 (吨) Yield (Ton)
蔬菜	**Vegetables**	**2980**	**84505**
芹菜	(1)Celery	70	2431
油菜	(2)Rapeseed	1	15
菠菜	(3)Spinach	52	1324
黄瓜	(4)Cucumber	189	6165
西红柿	(5)Tomatoes	277	11182
生姜	(6)Ginger	19	500
辣椒	(7)Chili	70	2299
其他蔬菜	(8)Other Vegetables	2302	60589
瓜果类	**Melon and Fruits**	**107**	**471**
其中：草莓	Including: Strawberry	14	202
花卉苗木	**Flowers Nursery Stock**	**9497**	
食用菌	**Edible Fungus**		**1495**
干品	Dry Cargo		58
鲜品	Fresh Cargo		1437
其中：蘑菇	Including: Mushrooms		1429
其他作物	**Other Crops**	**178**	
设施数量(个)	Number of Facilities(unit)		14594
设施农业占地面积	Facility Agriculture Covers Area	4041	
其中：设施实际使用面积	Including: The Actual Usable Area of The Facility	3545	

主要统计指标解释

【建制镇】本辖区内指经省、自治区、直辖市人民政府批准成立的镇一级行政区划。

【行政村】依据《中华人民共和国村民委员会组织法》设立的村民委员会进行村民自治的管理范围，是基层群众性自治单位。

【自然村】是指在农村地域内由居民自然聚居而形成的村落，自然村一般都应该有自己的名称。自然村的划分遵从当地的习惯划分。

【常用耕地面积】是指可以用来种植各种农作物,经常进行耕锄的田地，包括熟地、当年新开荒地、连续撂荒未满三年的耕地和当年的休闲地(轮歇地)，还包括以种植农作物为主，并附带种植桑、茶、果树和其他林木的土地，以及沿海、沿湖地区已围垦利用的“海涂”“湖田”等面积。但不包括专业性的桑园、茶园、果园、果木苗圃、林地、芦苇地、天然或人工草地面积。

【农作物播种面积】是指一定生产季节结束时实际播种或移植有农作物的面积。播种面积的统计年度，凡是能在本日历年度内(自 1 月 1 日至 12 月 31 日)收获的农作物(包括上年秋冬播和本年春播、夏播在本年收获的全部作物)播种面积，都包括在内。

【农业机械总动力】是指全部农业机械的额定功率之和。农业机械是指用于种植业、畜牧业、渔业、农产品初加工、农用运输和农田基本建设等活动的机械及设备。农机总动力按使用能源不同分为以下四部分：

柴油发动机动力：指全部柴油发动机额定功率之和；

汽油发动机动力：指全部汽油发动机额定功率之和；

电动机动力：指全部电动机（含潜水电泵的电动机）额定功率之和；

其他机械动力：指采用柴油、汽油、电力之外的其他能源，如水力、风力、煤炭、太阳能等动力机械功率之和。

【乡镇户数】指长期(一年以上)居住在镇(不包括城关镇)行政管理区域内的住户，还包括居住在城关镇和街道农（林）场所辖行政村范围内的农村住户。户口不在本地而在本地居住一年及以上的住户也包括在本地农村住户内；有本地户口，但举家外出谋生一年以上的住户，无论是否保留承包耕地都不应包括在本地农村住户范围内。不包括乡村地区内的国有经济的机关、团体、学校、企业、事业单位的集体户。

【乡镇人口】指农村地区常住居民户数中的常住人口数，即经常在家或在家居住 6 个月以上，而且经济和生活与本户连成一体的人口。外出从业人员在外居住时间虽然在 6 个月以上，但收入主要带回家中，经济与本户连为一体，仍视为家庭常住人口；在家居住，生活和本户连成一体的国家职工、退休人员也为家庭常住人口。但是现役军人、中专及以上(走读生除外)的在校学生以及常年在外(不包括探亲、看病等)且已有稳定的职业与居住场所的外出从业人员，不应当作家庭常住人口。

【农村劳动力资源总数】指镇村人口中劳动年龄以上（16 周岁）能够参加生产经营活动的人员。

【农村从业人员】指镇村人口中 16 岁以上实际参加生产经营活动并取得实物或货币收入的人员，既包括劳动年龄内经常参加劳动的人员，也包括超过劳动年龄但经常参加劳动的人员。但不包括户口在家的在外学生、现役军人和丧失劳动能力的人，也不包括待业人员和家务劳动者。从业人员年龄为 16 岁以上。从业人员按从事主业时间最长（时间相同按收入）分为农林牧渔业、工业、建筑业、交运仓储及邮政、信息传输、计算机服务和软件业、批发与零售业、住宿和餐饮业、其他行业的从业人员。

【农业企业】指通过种植、养殖、采集和渔猎等生产经营而取得产品的盈利性经济组织，包括集体经营、私营、合作经营等各种类型的农业企业。不包括按国民经济行业分类划分为工业企业的农产品加工企业。

【农林牧渔业总产值】是以货币表现的农林牧渔业全部产品和对农林牧渔业生产活动进行的各种支持性服务活动的价值总量。它反映一定时期内农林牧渔业生产总规模和总成果。农林牧渔业总产值采用“产品法”进行计算，通常是按农、林、牧、渔业产品及其副产品的产量分别乘以各自单位产品价格求得；少数生产周期较长，当年没有产品或产品产量不易统计的，则采用间接方法匡算其产值；然后将四业产品产值及农林牧渔专业及辅助性活动产值相加即为农林牧渔业总产值。

【农林牧渔业增加值】在报告期内农林牧渔业生产产品或提供活动而增加的价值，为农林牧渔业现价总产值扣除农林牧渔业现价中间投入后的余额。

【农林牧渔业劳动生产率】指农林牧渔业劳动者在一定时间内生产的产品数量与相应的劳动消耗量之比。其计算公式为：

农林牧渔业劳动生产率=农林牧渔业总产值或农林牧渔业增加值/农林牧渔业劳动力平均人数

【村集体收入】指村集体经济可以抵偿当年支出、纳入当年收益分配的收入，包括经营收入、发包及上交收入、补助收入和其他收入，是村集体经济组织进行各项生产、服务、投资等经营活动取得的所有收入之和。不包括不归村集体支配的村民小组收入。

【都市农业】指在城市化地区，利用田园景观、自然生态及环境资源，通过农林牧渔业生产、农业经营活动、农村文化及农家生活，为人们休闲旅游、体验农业、了解农村提供场所，集农业的生产、生活、生态等功能于一体包含农业全产业链的产业。包括农林牧渔业以及为农林牧渔业、依托农林牧渔业资源所衍生出来的二、三产业，包括农林牧渔业生产、加工、制造、流通、服务等环节形成的全部经济活动。

【绿色农业】是指以获得国家认证的绿色农产品生产基地为场所，实施绿色农业工程，开发无污染、安全、优质的绿色农产品、有机农产品的综合高效产业。

【都市农业总收入】是指都市农业统计地理区域内各生产经营单位当年农业生产、加工本地农产品的价值量以及运输、批发零售本地农产品和观光休闲旅游农业的总收入。它是由农业生产产值、加工本地农产品产值、运输本地农产品总收入、批发零售本地农产品总收入和观光休闲旅游农业企业总收入组成。

【都市农业增加值】指都市农业统计地理区域内各生产经营单位当年新创造的价值。它是由都市农业生产、加工、制造、流通、服务等环节的劳动者报酬、生产税、固定资产当年折旧额、营业利润四个部分组成以及观光休闲农业企业的增加值加总构成。由相关行业总产值×增加值率计算得出。

【农业产业化】农业产业化是以国内外市场为导向，以经济效益为中心，通过自身的组织形式和运行机制，把分散的农户与某组织联成一体，众多的农户在该组织的带动下按同一标准进行统一生产，使一种或一类产品的生产在一个较大的区域内连成一片，形成较大规模，实现了农业由家庭分工向区域分工和社会分工的转变，形成了农户生产的专业化、农业布局的区域化、农产品生产的标准化和农业经营的规模化，将农业的产前、产中、产后诸环节有机地联为一体的经济运行方式。

【农业龙头企业】是指由区级或县级以上政府部门认定的，以农副产品生产、加工或流通企业为龙头，用合同契约关系或产权联结等多种形式，带动当地农户从事专业生产的经营组织。

【农业生产基地】是指镇级以上政府部门认定的，农产品生产区域相对集中、具有一定规模并为龙头企业或其他经济组织提供农产品的生产区域。

Explanatory Notes on Main Statistical Indicators

【**Organized Town**】 refers to the towns-level administrative divisions established with the approval of the people's governments of provinces, autonomous regions and municipalities directly under the Central Government.

【**Administrative Village**】 The villagers' committees established in accordance with the Organic Law of Villagers' Committees of the People's Republic of China are mass self-governing units at the grass-roots level.

【**Natural Village**】 refers to a village formed by natural settlement of residents in a rural area. Generally, a natural village should have its own name. The division of natural village follows the local custom division.

【**Commonly Used Arable Land Area**】 refers to the land that can be used to grow various crops and is often cultivated, including mature land, newly cleared land in the current year, arable land that has been abandoned continuously for less than three years, and recreational land (resting land) in the current year. It also includes land mainly for planting crops, with mulberry, tea, fruit trees and other trees. And coastal and lake areas have been reclaimed "tideland", "lake fields" and other areas. But it does not include professional mulberry garden, tea garden, orchard, fruit tree nursery, woodland, reed field, natural or artificial grassland area.

【**Sown Area of Crops**】refers to the area where crops are actually sown or transplanted at the end of a certain production season. For the statistical year of sown acreage, the sown acreage of all crops that can be harvested in the current calendar year (from January 1 to December 31) (including all crops that are sown in the autumn and winter of the previous year and in the spring and summer of this year) shall be included.

【**Total Power of Agricultural Machinery**】refers to the sum of the rated power of all agricultural machinery. Agricultural machinery refers to machinery and equipment used in planting, animal husbandry, fishery, primary processing of agricultural products, agricultural transportation and farmland capital construction. The total power of agricultural machinery is divided into the following four parts according to the different energy usage:

Diesel engine power: refers to the sum of the rated power of all diesel engines;

Gasoline engine power: refers to the sum of the rated power of all gasoline engines;

Motor power: refers to the sum of rated power of all motors (including those of submersible pumps);

Other mechanical power: refers to the sum of mechanical power using other energy sources other than diesel, gasoline and electric power, such as water power, wind power, coal power and solar power.

【**Number of Households in Towns and Villages**】 refers to the households living in the administrative areas of towns (excluding chengguan towns) for a long time (more than one year), and also includes the rural households living in the administrative villages under the jurisdiction of chengguan towns and sub-district agricultural (forest) sites. Non-local households who have resided in the local area for one year or more are also included in local rural households; Households with local household registration but living outside the home for more than a year should not be included in the scope of local rural households, regardless of whether they retain contracted farmland. It does not include collective households of state - owned economic organs, organizations, schools, enterprises and institutions in rural areas.

【**Township and Village Population**】 refers to the number of permanent residents in the permanent resident households in rural areas, that is, the population who often stay at home or live at home for more than 6 months and whose economy and life are integrated with the household. Although they live outside the home for more than 6 months, their income is mainly brought back to the family, and their economy is integrated with the household, so they are still considered as permanent residents of the family. Live in the home, the national worker that life and this household become an organic whole, retiree also is family permanent resident population. However, active servicemen, students of technical secondary school or above (except for day students), and workers who are out of town all year round (excluding visiting relatives and seeing a doctor) and have stable occupation and living places shall not be considered as permanent family residents.

【**Total Number of Rural Labor Resources**】 refers to the persons above the working age (16 years old) of the population in towns and villages who can participate in production and business activities.

【Rural Employees】 refers to the persons over the age of 16 in the population of a town or village who actually participate in production and business activities and receive income in kind or money, including those who often participate in labor within the working age and those who often participate in labor beyond the working age. However, it does not include students living outside the country whose hukou is home, active military personnel and the incapacitated, or the unemployed and domestic workers. The employee must be over 16 years old. According to the longest period of time in the main business (the same period according to the income), employees are divided into agriculture, forestry, animal husbandry and fishery, industry, construction, transportation, storage and postal service, information transmission, computer services and software, wholesale and retail, accommodation and catering industry, and other industries.

【Agricultural Enterprise】 refers to a profit-making economic organization that obtains products through production and operation such as planting, breeding, collecting, fishing and hunting, including various types of agricultural enterprises such as collective management, private management and cooperative management. Agricultural products processing enterprises classified as industrial enterprises according to the industry classification of the national economy are not included.

【Gross Output Value of Agriculture, Forestry, Animal Husbandry and Fishery】 is the total value of all products of agriculture, forestry, animal husbandry and fishery expressed in currency and all kinds of supporting services for agricultural, forestry, animal husbandry and fishery production activities. It reflects the total scale and total achievement of agriculture, forestry, animal husbandry and fishery production in a certain period. The gross output value of agriculture, forestry, animal husbandry and fishery is calculated by the "product method", which is usually obtained by multiplying the output of agricultural, forestry, animal husbandry and fishery products and their by-products by their respective unit product prices. A few production cycle is longer, there is no product in the current year or product output is not easy to statistics, indirect method is used to calculate its output value; Then, the total output value of agriculture, forestry, animal husbandry and fishery is calculated by adding the output value of the four industries, agriculture, forestry, animal husbandry and fishery majors and auxiliary activities.

【Added Value of Agriculture】 The value added by the production of products or activities provided by agriculture, forestry, animal husbandry and fishery during the reporting period is the balance of the total output value of agriculture, forestry, animal husbandry and fishery after deducting the intermediate input of the current price.

【Labor Productivity of Agriculture】 refers to the ratio of the quantity of products produced by agricultural, forestry, animal husbandry and fishery workers to the corresponding labor consumption in a certain period of time. The calculation formula is:Labor productivity of agriculture, forestry, animal husbandry and fishery = total output value of agriculture, forestry, animal husbandry and fishery or added value of agriculture, forestry, animal husbandry and fishery/average labor force of agriculture, forestry, animal husbandry and fishery

【Village Collective Income】 refers to the income of the village collective economy that can offset the expenditures of the current year and be included in the income distribution of the current year, including operating income, contracting and delivery income, subsidy income and other income. It is the sum of all income obtained by the village collective economic organization from various operating activities such as production, service and investment. It does not include the income of the villagers' group which is not at the disposal of the village collective.

"Urban agriculture" refers to the urban areas, the use of rural landscape, natural ecology and environment and resources, through animal husbandry fishery production, agricultural activities, rural culture and peasant living, leisure travel for people, learn about agriculture, rural place, set of agricultural production, living and ecological functions in one contains the agricultural industry chain of the industry. It includes agriculture, forestry, animal husbandry and fishery as well as secondary and tertiary industries derived from agriculture, forestry, animal husbandry and fishery resources, including all economic activities formed in the links of production, processing, manufacturing, circulation and service of agriculture, forestry, animal husbandry and fishery.

【Green Agriculture】 refers to the implementation of green agricultural engineering, the development of pollution-free, safe, high-quality green agricultural products, organic agricultural products comprehensive and efficient industry based on the national certification of green agricultural products production base.

【Total Income of Urban Agriculture】 refers to the value of agricultural production and processing of local agricultural products, as well as the total income of transportation, wholesale and retail of local agricultural products and tourism and leisure agriculture of all production and operation units in the statistical geographical region of urban agriculture in the same year. It is composed of the output value of agricultural production, the output value of processing local agricultural products, the total revenue of transportation of local agricultural products, the total revenue of wholesale and retail of local agricultural products and the total revenue of sightseeing, leisure and tourism agricultural enterprises.

【Added Value of Urban Agriculture】 refers to the value newly created by the production and operation units in the statistical geographical area of urban agriculture in the current year. It is composed of four parts: labor remuneration, production tax, annual depreciation of fixed assets and operating profit of urban agricultural production, processing, manufacturing, circulation and service, and the added value of tourism and leisure agricultural enterprises. Calculated from the total output value of related industries × the rate of added value.

【Agricultural Industrialization】 The industrialization of agriculture industrialization of agriculture in domestic and international market as the guidance taking economic benefits as the center, through its organization form and operation mechanism, the dispersed farmers got behind with the organization, many farmers in this group is led by a unified production, according to the same standard to make one or a class of products in a large area, a joint formation of large-scale, It has realized the transformation of agriculture from family division of labor to regional division of labor and social division of labor, formed the specialized production of peasant households, the regionalization of agricultural layout, the standardization of agricultural production and the scale of agricultural operation, and organically linked the pre-production, production and post-production of agriculture into one economic operation mode.

【Agricultural Leading Enterprise】 refers to the management organization recognized by the government department at district level or above county level, with the production, processing or circulation enterprises of agricultural and side-products as the leading, and with various forms such as contract relationship or property right connection, to promote the local farmers to engage in professional production.

【Agricultural Production Base】 refers to the production area designated by the government department at or above the town level, which has relatively concentrated agricultural production area, a certain scale and provides agricultural products for leading enterprises or other economic organizations.

第十一篇 CHAPTER 11

工 业

INDUSTRY

第十一篇 工业

简要说明

一、本篇资料反映广州市工业基本情况。

二、规模以上工业企业指年主营业务收入 2000 万元及以上的工业法人企业。

三、本篇资料中工业行业分类按《国民经济行业分类》（GB/T4754-2017）标准划分；企业规模按国家统计局《统计上大中小微企业划分办法（2017)》（国统字〔2017〕213 号）标准执行。

四、本篇资料由广州市统计局工业处整理提供。

Chapter 11 Industry

Brief Introduction

I. The data in this chapter reflect the statistics on industrial enterprises of Guangzhou.

II. Industrial enterprises above designated size refer to industrial legal person enterprises with annual income of 20 million yuan or more from their main business.

III.The industrial classification in this data is classified according to the National Economic Industry Classification (GB/T4754-2017) standard; The enterprise size shall be implemented according to the National Bureau of Statistics "Measures for the Division of Statistically Large, Small, Medium and Micro Enterprises (2017)" (Guotongzi [2017] No. 213) standard.

IV. The data in this chapter are prepared and provided by Industry Department of Guangzhou Municipal Statistics Bureau.

11-1 工业总产值

Gross Output Value of Industry

项　　目	Item	工业总产值（万元）Gross Output Value of Industry (10000 yuan) 2021	2022	工业总产值指数(%) Indices of Gross Output Value of Industry (%)
总　计	**Total**	**246443959**	**255744139**	**100.7**
规模以上工业企业	**Industrial Enterprises above Designated Size**	**231210024**	**239285825**	**100.9**
按登记注册类型分	Grouped by Registration Status			
内资企业	Domestic Funded Enterprises	114450185	125520064	106.9
国有企业	State-owned Enterprises	2362563	1197368	49.4
集体企业	Collective-owned Enterprises	142108	136848	93.9
股份合作企业	Cooperative Enterprises	102185	88028	84.0
联营企业	Joint Ownership Enterprises			
国有联营企业	State Joint Ownership Enterprises			
集体联营企业	Collective Joint Ownership Enterprises			
国有与集体联营企业	Joint State-collective Enterprises			
其他联营企业	Other Joint Ownership Enterprise			
有限责任公司	Limited Liability Corporations	51482495	56622812	107.2
国有独资有限责任公司	Sole State Funded Corporations	24462753	26926387	107.3
其他有限责任公司	Other Limited Liability Corporations	27019742	29696425	107.1
股份有限公司	Share-holding Corporations Ltd.	18954258	26325309	135.4
私营企业	Private Enterprises	41400830	41138446	96.9
私营独资企业	Private-funded Enterprises	535271	528972	96.3
私营合伙企业	Private Partnership Enterprises	51808	68587	129.0
私营有限责任公司	Private Limited Liability Corporations	34866959	34185595	95.6
私营股份有限公司	Private Share Holding Corporations	5946792	6355292	104.2
其他企业	Other Enterprises	5746	11254	190.9
港、澳、台商投资企业	Enterprises with Funds from Hong Kong, Macao and Taiwan	23441649	22137143	92.1
与港、澳、台商合资经营企业	Joint-venture Enterprises	5703137	5489941	93.8
与港、澳、台商合作经营企业	Cooperative Enterprises	568146	539082	92.5
港、澳、台商独资经营企业	Enterprises with Sole Funds	15657776	14414626	89.7
港、澳、台商投资股份有限公司	Share-holding Corporations Ltd.	1482884	1665270	109.5
其他港澳台投资	Other Enterprises with Funds from Hong Kong, Macao and Taiwan	29706	28223	92.6
外商投资企业	Foreign Funded Enterprises	93318190	91628618	95.7
中外合资经营企业	Joint-venture Enterprises	62608819	61865315	96.3
中外合作经营企业	Cooperative Enterprises	319952	365309	111.3
外资企业	Enterprises with Sole Foreign Funds	29416032	27917128	92.5
外商投资股份有限公司	Share-holding Corporations Ltd.	575071	623743	105.7
其他外商投资	Other Foreign Funded Enterprises	398315	857124	209.8
按隶属关系分	Grouped by Administrative Relationship			
中央企业	Central Governments	28142043	38288240	132.6
地方企业	Local Governments	203067982	200997585	96.5
按轻重工业分	Grouped by Light & Heavy Industries			
轻工业	Light Industry	55368454	57457295	103.5
重工业	Heavy Industry	175841570	181828530	100.0
按生产规模分	Grouped by Size of Enterprises			
大型企业	Large Enterprises	122372469	128471250	102.3
中型企业	Medium Enterprises	36704731	37407761	99.3
小微型企业	Small and Micro Industrial Enterprises	72132823	73406815	99.2

11-1 续表 continue

项　　目	Item	工业总产值（万元）Gross Output Value of Industry (10000 yuan)		工业总产值指数(%) Indices of Gross Output Value of Industry (%)
		2021	2022	
按工业行业分	Grouped by Sector			
煤炭开采和洗选业	Mining and Washing of Coal			
石油和天然气开采业	Extraction of Petroleum and Natural Gas			
黑色金属矿采选业	Mining and Processing of Ferrous Metal Ores			
有色金属矿采选业	Mining and Processing of Non-Ferrous Metal Ores			
非金属矿采选业	Mining and Processing of Nonmetal Ores	505825	318425	63.0
开采专业及辅助性活动	Mining Professional and Auxiliary Activities			
其他采矿业	Mining of Other Ores			
农副食品加工业	Processing of Food from Agricultural Products	4111480	4339615	96.3
食品制造业	Manufacture of Foods	5681269	5750909	97.6
酒、饮料和精制茶制造业	Manufacture of Wine ,Beverages and Refined Tea	3218670	3602366	112.2
烟草制品业	Manufacture of Tobacco	2312888	2454461	105.3
纺织业	Manufacture of Textile	1533730	1362795	87.5
纺织服装、服饰业	Manufacture of Textile Wearing Apparel,Clothing	2840964	2616600	88.6
皮革、毛皮、羽毛及其制品和制鞋业	Manufacture of Leather, Fur, Feather and Related Products and Footwear	1476407	1535080	109.4
木材加工和木、竹、藤、棕、草制品业	Processing of Timber, Manufacture of Wood, Bamboo,Rattan, Palm and Straw Products	311105	241838	76.1
家具制造业	Manufacture of Furniture	3644599	3749253	102.6
造纸和纸制品业	Manufacture of Paper and Paper Products	1824662	1704996	88.2
印刷业和记录媒介复制业	Printing, Reproduction of Recording Media	1187219	1254157	106.3
文教、工美、体育和娱乐用品制造业	Manufacture of Culture and Education ,Arts and Crafts, Sports and Entertainment Supplies	1714093	1522698	87.5
石油、煤炭及其他燃料加工业	Petroleum, Coal and Other Fuel Processing Industries	6109794	7597257	95.8
化学原料和化学制品制造业	Manufacture of Raw Chemical Materials and Chemical Products	13208524	13274855	96.7
医药制造业	Manufacture of Medicines	4999815	6013472	123.4
化学纤维制造业	Manufacture of Chemical Fibers	78900	89899	108.9
橡胶和塑料制品业	Manufacture of Rubber	6030628	5737940	94.6
非金属矿物制品业	Manufacture of Non-metallic Mineral Products	6950260	6086053	90.7
黑色金属冶炼和压延加工业	Smelting and Pressing of Ferrous Metals	2018724	2692249	142.2
有色金属冶炼和压延加工业	Smelting and Pressing of Non-Ferrous Metals	6361529	6635403	103.4
金属制品业	Manufacture of Metal Products	5377026	4051558	75.1
通用设备制造业	Manufacture of General Purpose Machinery	8908394	8015870	90.7
专用设备制造业	Manufacture of Special Purpose Machinery	5120528	5318969	104.0
汽车制造业	Manufacture of Automobile	61217440	64704778	105.9
铁路、船舶、航空航天和其他运输设备制造业	Manufacture of Railway, Ship, Aerospace and Other Transportation Equipment	5295845	5566450	101.0
电气机械及器材制造业	Manufacture of Electrical Machinery and Equipment	12164157	13101096	103.9
计算机、通信和其他电子设备制造业	Manufacture of Computers, Communications and Other Electronic Equipment	26079731	25730658	100.4
仪器仪表制造业	Manufacture of Instrument	1891138	1980559	106.0
其他制造业	Other Manufacturing	295614	213623	61.4
废弃资源综合利用业	Comprehensive Utilization of Waste Resources	383785	382775	98.3
金属制品、机械和设备修理业	Metal Products, Machinery and Equipment Repair	876296	966454	108.4
电力、热力生产和供应业	Production and Supply of Electric Power and Heat Power	17658482	19201274	101.6
燃气生产和供应业	Production and Supply of Gas	8597705	10195700	88.6
水的生产和供应业	Production and Supply of Water	1222798	1275742	102.6

11-2 主要年份工业总产值及工业总产值指数

Gross Output Value and Indices of Industry in Main Years

年 份 Year	工业总产值(万元) Gross Output Value of Industry (10000 yuan)	轻工业 Light Industry	重工业 Heavy Industry	工业总产值指数(上年=100) Indices of Gross Output Value of Industry (preceding year=100)	轻工业 Light Industry	重工业 Heavy Industry
1978	753873	476737	277136	104.4	102.9	106.8
1980	881242	574239	307003	111.7	118.0	103.0
1985	1779333	1163704	615629	122.1	122.9	120.9
1986	1921490	1206778	714712	104.3	106.1	101.3
1987	2421760	1551033	870727	120.7	122.7	117.2
1988	3413107	2251117	1161990	125.6	128.4	120.4
1989	4071472	2598755	1472717	106.2	103.4	111.7
1990	4424437	2830366	1594071	110.1	113.6	103.7
1991	5794842	3588318	2206524	123.6	122.7	125.4
1992	7905237	4753211	3152026	132.2	129.9	136.7
1993	11422184	6595134	4827050	132.5	129.8	137.5
1994	14921455	8784293	6137162	122.4	126.0	116.2
1995(原规定) 1995 (original stipulation)	19353440	11263263	8090177	120.2	115.6	128.9
1995(新规定) 1995 (new stipulation)	17224948	10263515	6961433	120.2	115.6	128.9
1996	20685796	12641264	8044532	119.1	126.1	106.8
1997	23753915	14395602	9358313	117.9	116.8	120.2
1998	25127025	15661603	9465422	114.0	112.8	116.3
1999	27793652	16797164	10996488	114.3	111.3	120.1
2000	31000188	17622183	13378005	113.6	107.9	123.9
2001	33931904	18855507	15076397	114.9	110.6	121.9
2002	37889079	20185702	17703377	115.0	109.6	122.8
2003	47059104	23752778	23306326	126.5	119.5	135.5
2004	57666925	25977971	31688954	120.0	108.9	130.1
2005	67679563	28714137	38965426	115.4	110.1	118.8
2006	81123964	31875454	49248510	116.9	111.0	120.2
2007	98757886	37208718	61549168	120.1	114.8	124.3
2008	114684010	43536797	71147213	112.0	114.2	111.0
2009	123554645	46730599	76824046	111.7	109.8	112.8
2010	144389877	51073851	93316026	118.5	115.2	120.4
2011	150817300	53145376	97671924	111.6	116.8	108.8
2012	158814499	55926385	102888114	111.2	114.5	109.7
2013	165578552	57522821	108055731	113.0	112.6	113.1
2014	174792999	58981934	115811065	107.5	105.4	108.7
2015	179351607	59696082	119655525	106.0	102.7	107.8
2016	187458032	59963215	127494817	105.8	100.2	109.0
2017	196199756	60041726	136158030	104.5	99.1	107.1
2018	203142256	60507017	142635239	103.7	100.1	105.3
2019	213664922	64793517	148871405	106.0	104.7	106.6
2020	224768922	63993666	160775256	104.9	99.7	106.5
2021	246443959	66793905	179650054	109.7	110.3	109.4
2022	255744139	69801030	185943109	100.7	102.5	100.0

11-3 按历史时期分工业总产值
Gross Output Value of Industry by History Periods

时 期 Period	工业总产值（万元） Gross Output Value of Industry (10000 yuan)	轻工业 Light Industry	重工业 Heavy Industry	工业总产值年平均增长（%） Annual Average Growth Speed of Gross Output Value of Industry (%)	轻工业 Light Industry	重工业 Heavy Industry
“六五”时期 6th Five-year Plan Period	6447893	4209237	2238656	12.8	13.1	12.4
“七五”时期 7th Five-year Plan Period	16252266	10438049	5814217	13.1	14.5	10.6
“八五”时期 8th Five-year Plan Period	59397158	34984219	24412939	26.1	24.7	28.7
“九五”时期 9th Five-year Plan Period	128360576	77117816	51242760	15.7	14.8	17.3
“十五”时期 10th Five-year Plan Period	244226575	117486095	126740480	18.3	12.0	26.1
“十一五”时期 11th Five-year Plan Period	562510382	210425419	352084963	15.8	13.2	17.9
“十二五”时期 12th Five-year Plan Period	829354957	285272598	544082359	9.8	10.2	9.5
“十三五”时期 13th Five-year Plan Period	1025233888	309299141	715934747	5.0	0.7	6.9
1979-2022	3215217449	1079132078	2136085371	13.8	12.4	15.1
2012-2022	2205959643	678021298	1527938345	6.6	4.6	7.5
2017-2022	1339963954	385930861	954033093	4.9	2.7	5.8

11-4 规模以上工业企业单位数

Number of Industrial Enterprises above the Designated Size

单位：个 (unit)

项　　目	Item	2021	2022
总　　计	**Total**	**6757**	**6878**
按登记注册类型分	Grouped by Registration Status		
内资企业	Domestic Funded Enterprises	5438	5592
国有企业	State-owned Enterprises	27	28
集体企业	Collective-owned Enterprises	13	12
股份合作企业	Cooperative Enterprises	12	14
联营企业	Joint Ownership Enterprises		
国有联营企业	State Joint Ownership Enterprises		
集体联营企业	Collective Joint Ownership Enterprises		
国有与集体联营企业	Joint State-collective Enterprises		
其他联营	Other Joint Ownership Enterprise		
有限责任公司	Limited Liability Corporations	706	753
国有独资有限责任公司	State Sole Funded Corporations	58	57
其他有限责任公司	Other Limited Liability Corporations	648	696
股份有限公司	Share-holding Corporations Ltd.	172	177
私营企业	Private Enterprises	4507	4606
私营独资企业	Private-funded Enterprises	121	111
私营合伙企业	Private Partnership Enterprises	8	10
私营有限责任公司	Private Limited Liability Corporations	4228	4325
私营股份有限公司	Private Share Holding Corporations	150	160
其他企业	Other Enterprises	1	2
港、澳、台商投资企业	Enterprises with Funds from Hong Kong, Macao and Taiwan	664	639
与港、澳、台商合资经营企业	Joint-venture Enterprises	132	129
与港、澳、台商合作经营企业	Cooperative Enterprises	29	23
港、澳、台商独资经营企业	Enterprises with Sole Funds	469	455
港、澳、台商投资股份有限公司	Share-holding Corporations Ltd.	30	27
其他港澳台投资	Other Enterprises with Funds from Hong Kong, Macao and Taiwan	4	5
外商投资企业	Foreign Funded Enterprises	655	647
中外合资经营企业	Joint-venture Enterprises	177	170
中外合作经营企业	Cooperative Enterprises	9	10
外资企业	Enterprises with Sole Foreign Funds	448	440
外商投资股份有限公司	Share-holding Corporations Ltd.	11	14
其他外商投资	Other Foreign Funded Enterprises	10	13
按隶属关系分	Grouped by Administrative Relationship		
中央企业	Central Government	57	59
地方企业	Provincial Government	6700	6819
按轻重工业分	Grouped by Light & Heavy Industries		
轻工业	Light Industry	3259	3327
重工业	Heavy Industry	3498	3551
按生产规模分	Grouped by Size of Enterprises		
大型企业	Large Enterprises	167	162
中型企业	Medium Enterprises	606	596
小微型企业	Small and Micro Industrial Enterprises	5984	6120

11-5 工业三大支柱产业主要指标(2022年)
Major Indicators of Three Pillar Industrial Industries (2022)

行　业	Sector	单位数（个）Number of Units (unit)	从业人员（万人）Employed Persons (10000 persons)	工业总产值（亿元）Gross Output Value of Industry (100 million yuan)
合　计	**Total**	**2022**	**49.25**	**11947.12**
汽车制造业	Automobile Manufacturing	343	16.55	6470.48
#汽车零部件制造业	Auto Parts Manufacturing	312	9.84	1560.56
电子产品制造业	Electronic Appliance Manufacturing	981	24.27	3389.43
石油化工制造业	Petrochemical Manufacturing	698	8.42	2087.21
三大支柱产业占全市比重（%）	Three Pillar Industries Proportion of All Industrial Enterprises (%)	29.40	38.48	49.93

注：本表统计范围为规模以上工业企业。
Note:The data in this table cover the industrial enterprises above designated size.

11-5 续表 continued

行　业	Sector	营业收入（亿元）Business Revenue (100 million yuan)	利润总额（亿元）Total Profits (100 million yuan)	税金总额（亿元）Total Pre-tax Profits (100 million yuan)
合　计	**Total**	**12303.37**	**778.62**	**603.81**
汽车制造业	Automobile Manufacturing	6616.52	475.17	357.26
#汽车零部件制造业	Auto Parts Manufacturing	1714.36	110.60	47.41
电子产品制造业	Electronic Appliance Manufacturing	3471.79	138.84	71.99
石油化工制造业	Petrochemical Manufacturing	2215.06	164.60	174.56
三大支柱产业占全市比重(%)	Three Pillar Industries Proportion of All Industrial Enterprises (%)	48.86	50.95	56.77

11-6 主要工业产品产量

Output of Major Industrial Products

产品名称		Name of Products		2021	2022
精制食用植物油	(吨)	Refined Edible Vegetable Oil	(ton)	1582805	1165317
乳制品	(吨)	Dairy Products	(ton)	453407	433423
罐　头	(吨)	Canned Food	(ton)	8028	10449
饮料酒(混合量)	(千升)	Alcoholic Beverages (mixed)	(1000 litre)	1004945	1044092
# 啤　酒	(千升)	Beer	(1000 litre)	1004918	1044092
饲　料	(吨)	Fodder	(ton)	3514662	2814422
卷　烟	(万支)	Cigarettes	(10000 piece)	5972500	5972500
纱	(吨)	Yarn	(ton)	1593	989
布	(万米)	Cloth	(10000 meters)	51016	40498
印染布	(万米)	Dyeing cloth	(10000 meters)	39403	24351
服　装	(万件)	Garments	(10000 units)	41149	35920
皮革鞋靴	(万双)	Leather Shoes	(10000 pairs)	2404	1935
手提包(袋)、背包	(万个)	Handbag, Backpack	(10000units)	13889	15096
人造板	(立方米)	Artificial Boards	(cu.m)	1039590	914199
家　具	(万件)	Furniture	(10000 units)	2928	1574
机制纸及纸板	(吨)	Machine-made Paper and Paperboards	(ton)	518981	523719
# 新闻纸		Newsprint		249051	285930
纸制品	(吨)	Paper Products	(ton)	864609	781354
化学试剂	(吨)	Chemical Reagent	(ton)	232592	244183
涂　料	(吨)	Coating	(ton)	982960	938122
初级形态的塑料	(吨)	Plastics	(ton)	1395170	1252945
橡胶轮胎外胎	(条)	Tires	(unit)	13690839	17834999
塑料制品	(吨)	Plastic Products	(ton)	1229087	1223125
合成洗涤剂	(吨)	Synthetic Detergents	(ton)	2190184	2155166
化学药品原药	(吨)	Chemical Medicines	(ton)	23879	16801
中成药	(吨)	Traditional Chinese Medicine	(ton)	62336	54222
原油加工量	(吨)	Crude Oil Processing	(ton)	11718146	11382859
汽　油	(吨)	Gasoline	(ton)	2940460	2668083
煤　油	(吨)	Kerosene	(ton)	1481332	1280424
柴　油	(吨)	Diesel Oil	(ton)	2827423	3254150
燃料油	(吨)	Fuel Oil	(ton)	580390	595804
钢　材	(吨)	Steel Products	(ton)	3800423	3597723
交流电动机	(千瓦)	AC Motors	(kW)	18021309	52051753
发动机生产量	(万千瓦)	Internal Combustion Engines	(10000 kW)	24164	26525

11-6 续表 continued

产品名称		Name of Products		2021	2022
自动柜员机(ATM机)	(台)	Automated Teller Machines	(set)	48686	50261
工业机器人	(套)	Industrial Robots	(set)	4343	10055
工业自动调节仪表与控制系统	(套)	Industrial Automatic Regulating Instrument and Control System	(set)	2121686	2151294
电　梯	(台)	Elevators & Escalators	(unit)	140910	123135
医疗仪器设备及器械	(台)	Medical Equipment and Instruments	(set)	299800	286319
钟	(只)	Clocks	(unit)	1395862	1244123
两轮脚踏自行车	(辆)	Bicycles	(unit)	2205224	1715724
摩托车整车	(辆)	Motorcycles	(unit)	2199866	1721817
汽　车	(辆)	Motor Vehicles	(unit)	2966436	3136775
其中：乘用车	(辆)	Sedans	(unit)	2877886	2834098
其中：运动型多用途乘用车(SUV)	(辆)	Sports Utility Vehicle	(unit)	1068247	1004492
新能源汽车	(辆)	New Energy Vehicle	(unit)	149882	313685
变压器	(千伏安)	Transformers	(1000 volt-amperes)	50298156	41323441
原电池及原电池组(非扣式)	(万只)	Batteries	(10000 units)	54873	22879
家用电冰箱	(台)	Household Refrigerators	(set)	3662948	2487967
家用电风扇	(台)	Electric Fans	(set)	344308	310025
房间空气调节器	(台)	Air Conditioners	(set)	9515326	9042326
电饭锅	(个)	Electric Rice Cooker	(unit)	733163	435820
家用吸排油烟机	(台)	Extractor Hoods	(set)	29006	29509
家用燃气灶具	(台)	Gas Appliances	(unit)	3638459	2569815
电光源	(万只)	Bulbs	(10000 units)	8727	3439
电话单机	(部)	Telephone Sets	(unit)	1427502	1076374
移动通信手持机	(台)	Mobile Telecommunication Handset	(unit)	28790179	14106398
微型电子计算机	(台)	Micro-computers	(unit)	805398	897973
其中：平板电脑	(台)	Tablet Personal Computer	(unit)	122049	115285
彩色电视机	(台)	Color TV Sets	(set)	6129573	9646843
其中：智能电视	(台)	Smart TV	(set)	2871779	4705094
移动通信基站设备	(射频模块)	Mobile Communication Base Station Equipmen	(Radio frequency module)	6357	5365
锂离子电池	(万只)	Li-ion Battery	(10000units)	31573	31593
光电子器件	(万只)	Optoelectronic Device	(10000units)	935961	478214
其中：液晶显示屏	(万片)	Liquid Crystal Display	(10000units)	9324	8506
数字激光音、视盘机	(台)	Digital Video Player	(set)	79705	80068
显示器	(台)	Displayer	(set)	680764	823875
其中：平板显示器	(台)	Flat-panel Displayer	(set)	561677	690386

11-7 主要年份规模以上工业企业全员劳动生产率
Overall Labor Productivity of Industrial Enterprises above the Designated Size in Main Years

单位：元/人 (yuan/person)

年份 Year	合计 Total	国有企业 State-owned Enterprises	集体企业 Collective-owned Enterprises	"三资"企业 Foreign Funded Enterprises	其他企业 Other Enterprises
1998	53499	64347	27238	56952	46688
1999	60087	81519	30910	58846	47523
2000	60342	108088	32429	61748	48220
2001	69917	89566	40058	72400	67034
2002	76324	103186	40514	76773	79963
2003	89991	126215	36475	97733	83382
2004	96845	168409	30129	107890	70332
2005	115051	231185	31305	125912	86735
2006	132200	300403	31106	145278	97882
2007	156811	392930	32447	170755	116857
2008	175472	242679	25413	193910	153715
2009	181874	170356	31688	213960	142523
2010	189103	197233	38990	223761	145249
2011	213069	216681	45536	239725	179971
2012	229692	231914	40209	240817	191849
2013	234556	186829	75529	256619	212647
2014	255517	205164	74531	287356	231897
2015	270906	179132	101921	305602	262179
2016	292630	240810	110977	334070	279395
2017	322118	228782	62375	352981	293469
2018	339734	277878	84997	376995	308216
2019	346318	304116	90347	394729	305378
2020	372124	286788	113202	429179	326301
2021	396099	304846	127564	471238	338000
2022	385042	347009	109707	468722	324108

注：本表数据按工业增加值计算，以下劳动生产率表同。

Note: The data in this table are calculated on basis of the value-added of industry. The same as in the following tables.

11-8 规模以上工业企业全员劳动生产率(2022年，按行业分)

单位：元/人

行　　业	Sector
合　计	**Total**
煤炭开采和洗选业	Mining and Washing of Coal
石油和天然气开采业	Extraction of Petroleum and Natural Gas
黑色金属矿采选业	Mining and Processing of Ferrous Metal Ores
有色金属矿采选业	Mining and Processing of Non-Ferrous Metal Ores
非金属矿采选业	Mining and Processing of Nonmetal Ores
开采专业及辅助性活动	Mining Professional and Auxiliary Activities
其他采矿业	Mining of Other Ores
农副食品加工业	Processing of Food from Agricultural Products
食品制造业	Manufacture of Foods
酒、饮料和精制茶制造业	Manufacture of Wine ,Beverages and Refined Tea
烟草制品业	Manufacture of Tobacco
纺织业	Manufacture of Textile
纺织服装、服饰业	Manufacture of Textile Wearing Apparel,Clothing
皮革、毛皮、羽毛及其制品和制鞋业	Manufacture of Leather, Fur, Feather and Related Products and Footwear
木材加工和木、竹、藤、棕、草制品业	Processing of Timber, Manufacture of Wood, Bamboo,Rattan,Palm and Straw Products
家具制造业	Manufacture of Furniture
造纸和纸制品业	Manufacture of Paper and Paper Products
印刷业和记录媒介复制业	Printing, Reproduction of Recording Media
文教、工美、体育和娱乐用品制造业	Manufacture of Culture and Education ,Arts and Crafts, Sports and Entertainment Supplies
石油、煤炭及其他燃料加工业	Petroleum, Coal and Other Fuel Processing Industries
化学原料和化学制品制造业	Manufacture of Raw Chemical Materials and Chemical Products
医药制造业	Manufacture of Medicines
化学纤维制造业	Manufacture of Chemical Fibers
橡胶和塑料制品业	Manufacture of Rubber
非金属矿物制品业	Manufacture of Non-metallic Mineral Products
黑色金属冶炼和压延加工业	Smelting and Pressing of Ferrous Metals
有色金属冶炼和压延加工业	Smelting and Pressing of Non-Ferrous Metals
金属制品业	Manufacture of Metal Products
通用设备制造业	Manufacture of General Purpose Machinery
专用设备制造业	Manufacture of Special Purpose Machinery
汽车制造业	Manufacture of Automobile
铁路、船舶、航空航天和其他运输设备制造业	Manufacture of Railway, Ship, Aerospace and Other Transportation Equipment
电气机械及器材制造业	Manufacture of Electrical Machinery and Equipment
计算机、通信和其他电子设备制造业	Manufacture of Computers, Communications and Other Electronic Equipment
仪器仪表制造业	Manufacture of Instrument
其他制造业	Other Manufacturing
废弃资源综合利用业	Comprehensive Utilization of Waste Resources
金属制品、机械和设备修理业	Metal Products, Machinery and Equipment Repair
电力、热力生产和供应业	Production and Supply of Electric Power and Heat Power
燃气生产和供应业	Production and Supply of Gas
水的生产和供应业	Production and Supply of Water

Overall Labor Productivity of Industrial Enterprises above the Designated Size(2022, by Sector)

(yuan/person)

全 市 Total	国有企业 State-owned Enterprises	集体企业 Collective-owned Enterprises	“三资”企业 Foreign Funded Enterprises	其他企业 Other Enterprises
385042	**347009**	**109707**	**468722**	**324108**
-1208768				-1208768
291401			586462	254793
411792			536625	225647
446990			368602	651582
8117274				8117274
150635			163391	134777
138374		146941	162050	127576
84406			83461	84738
97346			55739	107979
223586			236530	220037
205656			336162	139498
198743			191062	153553
129627			126183	134231
3269446			616111	3466494
419727			678602	262046
511665			108588	663118
217389			276535	199076
206295			217572	199165
320583	70583	276806	495079	257214
427682			493114	120425
311720			375873	294389
200494			234901	177463
246853		109713	327736	198983
255073			321265	217861
789105			1013412	267124
293690			405281	271312
229262	1084872	58861	262589	210022
289210	50133	104001	327676	268949
293076			355742	239935
153144			184550	148615
164495			307614	133415
288593			300064	192640
954730			669081	960755
630353			210677	845965
470539	16922970	82586	476320	338372

11-9 主要年份规模以上工业企业主要经济指标

单位：万元

项　　目	Item	2000	2010	2011	2012
企业单位数　（个）	Number of Enterprises (unit)	4531	6969	4437	4373
#亏损企业	Number of Loss-making Enterprises	954	1060	689	744
营业收入	Business Revenue			145086461	150822672
主营业务收入	Revenue from Principal Business	25342544	136246497	142702405	147964380
营业成本	Cost of Business			121561470	125267159
税金及附加	Taxes and Other Charges			3225061	3342312
盈利企业的盈利总额	Total Profits of Profitable Enterprises	1577983	10910868	10629334	9666882
亏损企业的亏损总额	Total Losses of Loss-making Enterprises	393740	598124	1044071	1410834
利润总额	Total Profits of All Enterprises	1184243	10312744	9585263	8256048
所得税费用	Income Tax Payable	160118	1440506	1616771	1473553
应交增值税	Value-added Tax Payable	919339	4696284	4545000	4354268
流动资产合计	Total Working Capitals at the Year-end	15082653	60871184	65179319	64593607
#存　货	Inventory	4301980	14111012	15232168	14522684
#产成品存货	Inventory of Finished Goods	1528452	4694208	5213396	5427243
固定资产原价	Original Value of Fixed Assets at the Year-end	17672981	52094111	53921739	55980684
资产总计	Total Assets at the Year-end	30861594	112655080	118306012	121573804
负债合计	Total Liabilities at the Year-end	18249287	63320448	66428322	64458098
年末所有者权益合计	Total Owners' Equity at the Year-end	12612307	49334632	51877690	57115706
#实收资本	Capital Hold	8458358	28796044	29125022	30434735
#国家资本	State Capital	1375635	4529442	3763637	1692610
外商资本	Foreign Capital	3578053	5915409	6476297	6874272
应付职工薪酬	Wages Payable	1623490	8634171	7650769	8148319
平均用工人数　（人）	Annual Average Number of Staff and Workers (person)	1173960	1662226	1547037	1499914
工业总产值（当年价格）	Gross Industrial Output Value (at current prices)	25685694	135312498	141702680	148577082
工业增加值（当年价格）	Value-added of Industry (at current prices)	7083953	31433200	32962618	34451765

Main Indicators of Industrial Enterprises above the Designated Size in Main Years

(10000 yuan)

2013	2014	2015	2016	2017	2018	2019	2020	2021	2022
4812	4774	4650	4662	4664	4809	5804	6208	6757	6878
652	676	757	628	583	755	808	1104	1190	1583
158167813	167023591	171224204	175237274	181888742	193203157	204661205	209239195	238635756	251816173
155067607	163773477	168050610	171355762	177824134	188940859	200789709	203435900	231376215	245025252
130014079	137662449	141345831	145312089	149153580	159289442	168977900	170484184	196838559	209417696
3456332	3528065	3830470	3683607	4042079	4996688	4862051	5048506	5192660	5606414
11721003	11707720	11919417	12885022	14183445	15140201	15255302	16638382	17276949	18161243
667252	827867	933685	568663	694547	1080421	1924833	2024371	2082052	2878988
11053751	10879853	10985732	12316359	13488898	14059780	13330468	14614011	15194898	15282255
1902197	2005738	2190998	2232541	2387294	2351971	2162005	2366045	2498814	2268974
5125516	4882891	5386846	5177392	5228958	5091789	4149001	4386305	4810979	5029559
74129378	74764969	80408497	88188186	96779199	101717230	110643480	123664111	142065810	159482630
16005082	17037284	17158817	18033526	18627915	19570116	19723127	21078945	25396215	26490879
5540642	5958356	5632484	6056731	6892340	7314025	7498511	7949689	9098524	9713324
62689307	68562811	76523257	78525615	83420835	81127100	87101336	100045635	108023406	115061953
135540623	140934954	155333696	167377121	179076236	186667654	209952476	229442060	282017403	311347418
73585807	76229825	82261928	86779985	90880623	91685081	104542418	115468263	159683814	172459260
61954816	64705129	73071768	80597136	88195613	94982573	105410058	113973797	122333590	138888158
32278772	33859432	36002643	39035369	38744839	40175303	45186190	45210176	48586895	56639413
4011019	4419667	11612683	12734788	13956470	15644310	13219619	11740293	12694252	11399474
7019315	7711786	6920908	7226057	6725689	6828975	7592051	8137746	6990636	7061134
9441451	10920005	11495875	11694022	12648031	15371683	15656641	15521939	18432234	19722202
1534434	1462674	1418883	1355635	1276030	1239051	1255434	1221261	1253152	1279860
155323091	162829719	167268662	171911624	178585638	185951072	195549063	203101622	231210024	239285825
35991105	37373803	38438366	39669962	41103222	42094777	43477896	45445998	49637204	49121871

11-10 规模以上工业企业主要经济指标(2022年)

单位：万元

项　　目	Item
企业单位数　(个)	Number of Enterprises　(unit)
# 亏损企业	Number of Loss-making Enterprises
营业收入	Business Revenue
营业成本	Cost of Business
税金及附加	Taxes and Other Charges
盈利企业的盈利总额	Total Profits of Profitable Enterprises
亏损企业的亏损总额	Total Losses of Loss-making Enterprises
利润总额	Total Profits of All Enterprises
所得税费用	Income Tax Payable
应交增值税	Value-added Tax Payable
流动资产合计	Total Working Capitals at the Year-end
# 应收账款	Accounts Receivable
# 存　货	Inventory
# 产成品存货	Inventory of Finished Goods
固定资产原价	Original Value of Fixed Assets at the Year-end
累计折旧	Accumulated Depreciation
固定资产净额	Net Fixed Assets
资产总计	Total Assets at the Year-end
负债合计	Total Liabilities at the Year-end
所有者权益合计	Total Owners' Equity at the Year-end
# 实收资本	Capital Hold
# 国家资本	State Capital
外商资本	Foreign Capital
应付职工薪酬	Wages Payable
平均用工人数　(人)	Annual Average Number of Staff and Workers　(person)
工业总产值　(当年价格)	Gross Industrial Output Value　(at current prices)
工业增加值　(当年价格)	Value-added of Industry　(at current prices)

Main Indicators of Industrial Enterprises above the Designated Size (2022)

(10000 yuan)

全 市 Total	中央企业 Central Enterprises	地方企业 Local Enterprises
6878	59	6819
1583	5	1578
251816173	38485709	213330464
209417696	33703953	175713743
5606414	2645195	2961219
18161243	1965118	16196125
2878988	17823	2861165
15282255	1947295	13334960
2268974	192314	2076660
5029559	798495	4231064
159482630	27456602	132026028
26490879	2254481	24236398
9713324	3590188	6123136
115061953	292063	114769889
311347418	32346386	279001032
58974504	18432682	40541822
51910821	13842369	38068452
311347418	97168170	214179249
172459260	58040428	114418832
138888158	39127741	99760417
56639413	14253888	42385524
11399474	7433089	3966385
7061134	50464	7010670
19722202	1971046	17751157
1279860	62676	1217184
239285825	38288240	200997584
49121871	7803337	41318534

11-11 规模以上工业企业主要经济指标(2022年，按轻重工业分)

单位：万元

项　　目		Item	
企业单位数	(个)	Number of Enterprises	(unit)
#亏损企业		Number of Loss-making Enterprises	
营业收入		Business Revenue	
营业成本		Cost of Business	
税金及附加		Taxes and Other Charges	
盈利企业的盈利总额		Total Profits of Profitable Enterprises	
亏损企业的亏损总额		Total Losses of Loss-making Enterprises	
利润总额		Total Profits of All Enterprises	
所得税费用		Income Tax Payable	
应交增值税		Value-added Tax Payable	
流动资产合计		Total Working Capitals at the Year-end	
#应收账款		Accounts Receivable	
#存　货		Inventory	
#产成品存货		Inventory of Finished Goods	
固定资产原价		Original Value of Fixed Assets at the Year-end	
累计折旧		Accumulated Depreciation	
固定资产净额		Net Fixed Assets	
资产总计		Total Assets at the Year-end	
负债合计		Total Liabilities at the Year-end	
所有者权益合计		Total Owners' Equity at the Year-end	
#实收资本		Capital Hold	
#国家资本		State Capital	
外商资本		Foreign Capital	
应付职工薪酬		Wages Payable	
平均用工人数	(人)	Annual Average Number of Staff and Workers	(person)
工业总产值	(当年价格)	Gross Industrial Output Value	(at current prices)
工业增加值	(当年价格)	Value-added of Industry	(at current prices)

Main Indicators of Industrial Enterprises above the Designated Size (2022, by Light and Heavy Industry)

(10000 yuan)

全　市 Total		中央企业 Central Enterprises		地方企业 Local Enterprises	
轻工业 Light Industry	重工业 Heavy Industry	轻工业 Light Industry	重工业 Heavy Industry	轻工业 Light Industry	重工业 Heavy Industry
3327	3551	6	53	3321	3498
811	772	1	4	810	768
62358475	189457699	2722102	35763608	59636373	153694091
43794430	165623266	793536	32910417	43000895	132712849
1737802	3868612	1418364	1226831	319438	2641781
6251852	11909391	245433	1719685	6006420	10189706
994408	1884580	145	17678	994263	1866902
5257444	10024811	245287	1702008	5012157	8322804
893640	1375335	72999	119316	820641	1256019
1793899	3235660	268527	529968	1525373	2705692
45465898	114016731	1948790	25500028	43517109	88516704
9505944	26329683	53290	2201190	9452654	24128493
8322722	18168157	967254	2622934	7355468	15545223
3095152	6618172	20124	271939	3075029	6346232
18825046	96236907	1050644	31295743	17774402	64941164
10008820	48965683	594106	17838576	9414714	31127107
8462848	43447973	456287	13386082	8006561	30061891
70914581	240432837	2898343	94269827	68016238	146163010
35071098	137388162	365724	57674704	34705374	79713457
35843483	103044676	2532619	36595123	33310864	66449553
13535727	43103686	1244080	13009808	12291646	30093878
1328679	10070795	807976	6625113	520704	3445682
1961860	5099274		50464	1961860	5048810
7296273	12425929	224979	1746067	7071294	10679862
554838	725021	4427	58248	550411	666773
57457295	181828530	2732183	35556058	54725112	146272472
16238287	32883584	2246501	5556836	13991786	27326747

11-12 规模以上工业企业主要经济指标(2022年，按经济类型分)

单位:万元

项 目	Item
企业单位数 (个)	Number of Enterprises (unit)
# 亏损企业	Number of Loss-making Enterprises
营业收入	Business Revenue
营业成本	Cost of Business
税金及附加	Taxes and Other Charges
盈利企业的盈利总额	Total Profits of Profitable Enterprises
亏损企业的亏损总额	Total Losses of Loss-making Enterprises
利润总额	Total Profits of All Enterprises
所得税费用	Income Tax Payable
应交增值税	Value-added Tax Payable
流动资产合计	Total Working Capitals at the Year-end
# 应收账款	Accounts Receivable
# 存 货	Inventory
# 产成品存货	Inventory of Finished Goods
固定资产原价	Original Value of Fixed Assets at the Year-end
累计折旧	Accumulated Depreciation
固定资产净额	Net Fixed Assets
资产总计	Total Assets at the Year-end
负债合计	Total Liabilities at the Year-end
所有者权益合计	Total Owners' Equity at the Year-end
# 实收资本	Capital Hold
# 国家资本	State Capital
外商资本	Foreign Capital
应付职工薪酬	Wages Payable
平均用工人数 (人)	Annual Average Number of Staff and Workers (person)
工业总产值 (当年价格)	Gross Industrial Output Value (at current prices)
工业增加值 (当年价格)	Value-added of Industry (at current prices)

Main Indicators of Industrial Enterprises above the Designated Size
(2022, by Type of Ownership)

(10000 yuan)

全 市 Total	国有企业 State-owned Enterprises	集体企业 Collective-owned Enterprises	“三资”企业 Foreign Funded Enterprises	其他企业 Other Enterprises	# 国有及国有控股工业企业 State-owned and State-holding Enterprises
6878	28	12	1286	5552	335
1583	4	2	328	1249	68
251816173	1205391	136230	121091008	129383544	116177763
209417696	985902	94591	98862419	109474785	100905010
5606414	9202	400	2458272	3138541	5008373
18161243	54677	2590	9915678	8188299	7599339
2878988	31922	2080	1472555	1372431	902100
15282255	22755	509	8443123	6815867	6697239
2268974	-5699	250	1554119	720304	778193
5029559	36048	1514	2608873	2383124	2003259
159482630	1356536	79569	66019967	92026558	61646736
35835627	260501	15005	15342461	20217661	8550556
26490879	250589	17088	11692361	14530841	9287705
8887485	53682	3295	4521939	4308570	2027906
115061953	3506473	48880	50890163	60616437	63819465
58974504	1339212	36213	26042217	31556862	32867633
51910821	2164347	11858	21409773	28324843	28276317
311347418	4406223	95292	99951098	206894806	162885477
172459260	2605945	43263	54960002	114850050	94440145
138888158	1800279	52029	44991095	92044755	68445333
56639413	660336	1847	21978173	33999057	26114349
11399474	94593		1114769	10190111	10975754
7061134			7055527	5607	833465
19722202	278473	69931	9247014	10126784	5901592
1279860	14133	6865	544565	714297	231270
239285825	1197368	136848	113765761	124185848	112492096
49121871	447988	75325	25577393	23021165	21060965

11-13 规模以上工业企业主要经济指标(2022年，按企业规模分)

单位：万元

项 目	Item
企业单位数 (个)	Number of Enterprises (unit)
#亏损企业	Number of Loss-making Enterprises
营业收入	Business Revenue
营业成本	Cost of Business
税金及附加	Taxes and Other Charges
盈利企业的盈利总额	Total Profits of Profitable Enterprises
亏损企业的亏损总额	Total Losses of Loss-making Enterprises
利润总额	Total Profits of All Enterprises
所得税费用	Income Tax Payable
应交增值税	Value-added Tax Payable
流动资产合计	Total Working Capitals at the Year-end
#应收账款	Accounts Receivable
#存 货	Inventory
#产成品存货	Inventory of Finished Goods
固定资产原价	Original Value of Fixed Assets at the Year-end
累计折旧	Accumulated Depreciation
固定资产净额	Net Fixed Assets
资产总计	Total Assets at the Year-end
负债合计	Total Liabilities at the Year-end
所有者权益合计	Total Owners' Equity at the Year-end
#实收资本	Capital Hold
#国家资本	State Capital
外商资本	Foreign Capital
应付职工薪酬	Wages Payable
平均用工人数 (人)	Annual Average Number of Staff and Workers (person)
工业总产值 (当年价格)	Gross Industrial Output Value (at current prices)
工业增加值 (当年价格)	Value-added of Industry (at current prices)

Main Indicators of Industrial Enterprises above the Designated Size (2022, by Size of Enterprises)

(10000 yuan)

全 市 Total			# 国有及国有控股工业企业 State-owned and State-holding Enterprises		
大 型 Large Enterprises	中 型 Medium Enterprises	小微型 Small and Micro Enterprises	大 型 Large Enterprises	中 型 Medium Enterprises	小微型 Small and Micro Enterprises
162	596	5999	45	73	215
21	105	1064	10	15	40
133354997	39201299	66079459	84286515	7697584	12173596
109252571	31158219	56427769	71128945	6557491	11969584
5104476	230400	-142216	4882114	68114	-364665
10869136	3255524	3152288	6421070	398803	-178225
874469	886869	320713	414558	186052	37546
9994667	2368655	2831575	6006511	212752	-215771
1355804	428217	714792	639220	33801	105298
2841620	903649	1065710	1598543	181886	231215
83967557	29809274	28288979	47349530	6819503	-1539285
14498309	7656161	12140667	5295966	1646369	1058367
12083874	5655814	7656527	6702894	1299639	241713
3975128	2054877	3068519	1345586	318759	373595
73789748	18488110	15745548	49550605	5725842	4992596
37511173	9219802	9400978	25479140	2484077	4156676
32823684	9071175	8039454	21616511	3163592	2429469
193638634	50408487	37970282	135235570	12985987	-632760
109557285	24824609	25301919	78217937	7886511	1101781
84081349	25583878	12668363	57017633	5099477	-1734540
29638589	12372162	6576144	19519845	3329985	-1224820
8414945	1177087	3102220	8238544	1070081	2923193
2831232	2009806	2149599	433541	374234	33226
9429130	4678229	4324875	4538999	859210	45335
447272	325922	479958	164745	42103	11818
128471250	37407761	65331014	84909696	7223474	10546027
29772689	8775702	11088812	18234355	1523084	908425

11-14 规模以上工业企业主要经济指标(2022年，按行业分)

单位:万元

行 业	Sector
合 计	**Total**
煤炭开采和洗选业	Mining and Washing of Coal
石油和天然气开采业	Extraction of Petroleum and Natural Gas
黑色金属矿采选业	Mining and Processing of Ferrous Metal Ores
有色金属矿采选业	Mining and Processing of Nonferrous Metal Ores
非金属矿采选业	Mining and Processing of Nonmetal Ores
开采专业及辅助性活动	Mining Professional and Auxiliary Activities
其他矿采选业	Mining of Other Ores
农副食品加工业	Processing of Food from Agricultural Products
食品制造业	Manufacturing of Foods
酒、饮料和精制茶制造业	Manufacture of Wine ,Beverages and Refined Tea
烟草制品业	Manufacturing of Tobacco
纺织业	Textile Industry
纺织服装、服饰业	Manufacture of Textile Wearing Apparel,Clothing
皮革、毛皮、羽毛及其制品和制鞋业	Manufacture of Leather, Fur, Feather and Related Products and Footwear
木材加工及木、竹、藤、棕、草制品业	Processing of Timber, Manufacture of Wood, Bamboo,Rattan,Palm and Straw Products
家具制造业	Manufacturing of Furniture
造纸及纸制品业	Manufacturing of Paper and Paper Products
印刷和记录媒介复制业	Printing and Record Media Duplication Industry
文教、工美、体育和娱乐用品制造业	Manufacture of Culture and Education ,Arts and Crafts, Sports and Entertainment Supplies
石油、煤炭及其他燃料加工业	Petroleum, Coal and Other Fuel Processing Industries
化学原料及化学制品制造业	Manufacturing of Raw Chemical Material and Chemical Products
医药制造业	Manufacturing of Medical and Pharmaceutical Products
化学纤维制造业	Manufacturing of Chemical Fiber
橡胶和塑料制品业	Manufacture of Rubber and Plastic
非金属矿物制品业	Manufacturing of Non-metallic Mineral Products
黑色金属冶炼和压延加工业	Smelting and Pressing of Ferrous Metals
有色金属冶炼和压延加工业	Smelting and Pressing of Non-ferrous Metals
金属制品业	Manufacturing of Metal Products
通用设备制造业	Manufacturing of General Purpose Equipment
专用设备制造业	Manufacturing of Special Purpose Equipment
汽车制造业	Manufacture of Automobile
铁路、船舶、航空航天和其他运输设备制造业	Manufacture of Railway, Ship, Aerospace and Other Transportation Equipment
电气机械及器材制造业	Manufacturing of Electric Machinery and Equipment
计算机、通信和其他电子设备制造业	Manufacture of Computers, Communications and Other Electronic Equipment
仪器仪表制造业	Manufacture of Instrument
其他制造业	Other Manufacturing
废弃资源综合利用业	Comprehensive Utilization of Waste Resources
金属制品、机械和设备修理业	Metal Products, Machinery and Equipment Repair
电力、热力生产和供应业	Production and Supply of Electric Power and Heat Power
燃气生产和供应业	Production and Supply of Gas
水的生产和供应业	Production and Supply of Water

Main Indicators of Industrial Enterprises above the Designated Size (2022, by Sector)

(10000 yuan)

单位数（个） Number of Enterprises (unit)	# 亏损企业 Loss-making Enterprises	工业总产值 Gross Output Value of Industry	工业增加值 Value-added of Industry	营业收入 Business Revenue	营业成本 Cost of Business	税金及附加 Taxes and Other Charges
6878	**1583**	**239285825**	**49121871**	**251816173**	**209417696**	**5606414**
4	1	318425	-42065	314631	345944	9778
145	45	4339615	434421	4873885	4395270	7140
181	48	5750909	2098493	7940458	4281848	53866
39	8	3602366	1044034	3947552	2785006	49291
1		2454461	2144584	2449562	591920	1416355
147	43	1362795	290153	1392360	1191163	6626
430	111	2616600	688160	2630178	2054501	11468
323	45	1535080	330880	1581556	1380090	5208
57	23	241838	36777	251094	224478	2518
158	45	3749253	732667	3811928	3036890	15424
163	44	1704996	274798	1927814	1699386	6355
125	34	1254157	398459	1330171	1080511	5531
151	46	1522698	476144	1573766	1228498	10650
16	3	7597257	1574892	7529345	6174970	1157226
682	149	13274855	3336828	14621244	10344313	76959
147	38	6013472	2223134	5941015	2724290	42906
12	3	89899	18022	87429	73524	469
461	82	5737940	1179657	6353343	5239724	27240
299	59	6086053	949183	6328305	5386283	26399
28	9	2692249	194424	2723414	2599447	7767
63	16	6635403	131172	9116956	8996283	15106
383	85	4051558	894602	4813515	4108670	17426
479	101	8015870	1958704	8521787	6750411	38168
452	101	5318969	1410067	5273584	3979329	26265
343	82	64704778	12988202	66165229	56579092	2293784
92	20	5566450	778250	5531641	5014344	24511
520	110	13101096	2162608	13354373	11362906	48479
646	162	25730658	5625623	26500727	22836970	98090
112	20	1980559	528446	2111503	1624417	8074
37	4	213623	53585	225097	181050	1025
19	7	382775	26829	369590	338149	1819
25	3	966454	392891	972037	846286	8250
62	13	19201274	2820988	19592513	18848914	66253
39	16	10195700	284352	10361359	10088235	6426
37	7	1275742	681905	1297214	1024584	13565

11-14 续表 1

单位:万元

行　　业	Sector
合　计	**Total**
煤炭开采和洗选业	Mining and Washing of Coal
石油和天然气开采业	Extraction of Petroleum and Natural Gas
黑色金属矿采选业	Mining and Processing of Ferrous Metal Ores
有色金属矿采选业	Mining and Processing of Nonferrous Metal Ores
非金属矿采选业	Mining and Processing of Nonmetal Ores
开采专业及辅助性活动	Mining Professional and Auxiliary Activities
其他矿采选业	Mining of Other Ores
农副食品加工业	Processing of Food from Agricultural Products
食品制造业	Manufacturing of Foods
酒、饮料和精制茶制造业	Manufacture of Wine ,Beverages and Refined Tea
烟草制品业	Manufacturing of Tobacco
纺织业	Textile Industry
纺织服装、服饰业	Manufacture of Textile Wearing Apparel,Clothing
皮革、毛皮、羽毛及其制品和制鞋业	Manufacture of Leather, Fur, Feather and Related Products and Footwear
木材加工及木、竹、藤、棕、草制品业	Processing of Timber, Manufacture of Wood, Bamboo,Rattan,Palm and Straw Products
家具制造业	Manufacturing of Furniture
造纸和纸制品业	Manufacture of Paper and Paper Products
印刷和记录媒介复制业	Printing and Record Media Duplication Industry
文教、工美、体育和娱乐用品制造业	Manufacture of Culture and Education ,Arts and Crafts, Sports and Entertainment Supplies
石油、煤炭及其他燃料加工业	Petroleum, Coal and Other Fuel Processing Industries
化学原料及化学制品制造业	Manufacturing of Raw Chemical Material and Chemical Products
医药制造业	Manufacturing of Medical and Pharmaceutical Products
化学纤维制造业	Manufacturing of Chemical Fiber
橡胶和塑料制品业	Manufacture of Rubber and Plastic
非金属矿物制品业	Manufacturing of Non-metallic Mineral Products
黑色金属冶炼和压延加工业	Smelting and Pressing of Ferrous Metals
有色金属冶炼和压延加工业	Smelting and Pressing of Non-ferrous Metals
金属制品业	Manufacturing of Metal Products
通用设备制造业	Manufacturing of General Purpose Equipment
专用设备制造业	Manufacturing of Special Purpose Equipment
汽车制造业	Manufacture of Automobile
铁路、船舶、航空航天和其他运输设备制造业	Manufacture of Railway, Ship, Aerospace and Other Transportation Equipment
电气机械及器材制造业	Manufacturing of Electric Machinery and Equipment
计算机、通信和其他电子设备制造业	Manufacture of Computers, Communications and Other Electronic Equipment
仪器仪表制造业	Manufacture of Instrument
其他制造业	Other Manufacturing
废弃资源综合利用业	Comprehensive Utilization of Waste Resources
金属制品、机械和设备修理业	Metal Products, Machinery and Equipment Repair
电力、热力生产和供应业	Production and Supply of Electric Power and Heat Power
燃气生产和供应业	Production and Supply of Gas
水的生产和供应业	Production and Supply of Water

continued

(10000 yuan)

利润总额 Total Profits	利税总额 Total Pre-tax Profits	所得税费用 Income Tax Payable	应交增值税 Value-added Tax Payable	流动资产合计 Total Working Capitals at the Year-end	# 应收账款 Accounts Receivable	# 存　货 Inventory	# 产成品存货 Inventory of Finished Goods
15282255	**25918228**	**2268974**	**5029559**	**159482630**	**35835627**	**26490879**	**8887485**
-75682	-56080	4768	9824	100353	16306	2128	1832
260165	289083	27118	21779	3244190	370708	585154	201500
621420	1038105	150025	362819	3685281	639955	693183	314926
377858	556037	65924	128888	3075186	616957	404934	235805
222115	1893026	69231	254556	1635052	35801	926049	7614
64617	83753	8162	12510	1187915	215823	288126	80087
176894	260302	35521	71939	1768369	343584	498296	272072
16601	34874	1229	13066	678181	207078	178314	58847
-9551	717	-93	7749	713462	84910	44104	16178
417435	527657	38514	94798	4271707	693648	297513	92512
69777	104282	14374	28150	1760531	399525	179525	59173
67918	101595	10882	28146	991817	245910	171110	48936
56505	96466	8630	29311	1223535	239725	413736	171404
89722	1318018	21739	71070	1159909	195920	406425	135075
1556317	2073594	277786	440318	9417631	2476976	1491868	532243
930185	1244271	197560	271180	6256712	1243594	896406	304810
19476	21553	587	1609	73149	13346	14437	5201
535541	641536	40941	78755	4233905	1147535	759456	303314
247649	440573	44566	166525	5088271	2974851	460455	175475
-14151	15427	11128	21811	1173775	98008	391238	124522
36567	67563	5037	15890	1880064	201412	361441	79447
217869	321653	34958	86358	2696843	905407	743435	310178
608412	840826	63433	194246	8195083	2100913	2432633	1319758
417637	579988	44406	136085	5292535	1521503	1249937	458099
4751689	8324253	649103	1278780	26238898	5160948	4597852	1320064
280474	349773	17891	44789	6669955	1031805	1831117	92920
678546	930959	83228	203934	9941047	3209806	1900265	798070
1076299	1612601	182255	438212	23203684	6553981	3321376	1116264
242314	287582	36714	37194	1675690	685168	333934	122919
14726	20030	2822	4279	127510	27687	31625	15277
2254	14593	3472	10521	343640	40024	45116	21526
21703	60630	1609	30678	960582	293782	234066	15007
1024176	1439735	80041	349306	18043133	1223494	202433	35526
239728	288129	34050	41975	1403271	167161	66166	38855
39050	95125	1366	42509	1071767	452379	37028	2053

11-14 续表 2

单位：万元

行　　业	Sector
合　计	**Total**
煤炭开采和洗选业	Mining and Washing of Coal
石油和天然气开采业	Extraction of Petroleum and Natural Gas
黑色金属矿采选业	Mining and Processing of Ferrous Metal Ores
有色金属矿采选业	Mining and Processing of Nonferrous Metal Ores
非金属矿采选业	Mining and Processing of Nonmetal Ores
开采专业及辅助性活动	Mining Professional and Auxiliary Activities
其他矿采选业	Mining of Other Ores
农副食品加工业	Processing of Food from Agricultural Products
食品制造业	Manufacturing of Foods
酒、饮料和精制茶制造业	Manufacture of Wine ,Beverages and Refined Tea
烟草制品业	Manufacturing of Tobacco
纺织业	Textile Industry
纺织服装、服饰业	Manufacture of Textile Wearing Apparel,Clothing
皮革、毛皮、羽毛及其制品和制鞋业	Manufacture of Leather, Fur, Feather and Related Products and Footwear
木材加工及木、竹、藤、棕、草制品业	Processing of Timber, Manufacture of Wood, Bamboo,Rattan,Palm and Straw Products
家具制造业	Manufacturing of Furniture
造纸及纸制品业	Manufacturing of Paper and Paper Products
印刷和记录媒介复制业	Manufacture of Leather, Fur, Feather and Related Products and Footwear
文教、工美、体育和娱乐用品制造业	Manufacture of Culture and Education ,Arts and Crafts, Sports and Entertainment Supplies
石油、煤炭及其他燃料加工业	Petroleum, Coal and Other Fuel Processing Industries
化学原料及化学制品制造业	Manufacturing of Raw Chemical Material and Chemical Products
医药制造业	Manufacturing of Medical and Pharmaceutical Products
化学纤维制造业	Manufacturing of Chemical Fiber
橡胶和塑料制品业	Manufacture of Rubber and Plastic
非金属矿物制品业	Manufacturing of Non-metallic Mineral Products
黑色金属冶炼和压延加工业	Smelting and Pressing of Ferrous Metals
有色金属冶炼和压延加工业	Smelting and Pressing of Non-ferrous Metals
金属制品业	Manufacturing of Metal Products
通用设备制造业	Manufacturing of General Purpose Equipment
专用设备制造业	Manufacturing of Special Purpose Equipment
汽车制造业	Manufacture of Automobile
铁路、船舶、航空航天和其他运输设备制造业	Manufacture of Railway, Ship, Aerospace and Other Transportation Equipment
电气机械及器材制造业	Manufacturing of Electric Machinery and Equipment
计算机、通信和其他电子设备制造业	Manufacture of Computers, Communications and Other Electronic Equipment
仪器仪表制造业	Manufacture of Instrument
其他制造业	Other Manufacturing
废弃资源综合利用业	Comprehensive Utilization of Waste Resources
金属制品、机械和设备修理业	Metal Products, Machinery and Equipment Repair
电力、热力生产和供应业	Production and Supply of Electric Power and Heat Power
燃气生产和供应业	Production and Supply of Gas
水的生产和供应业	Production and Supply of Water

continued

(10000 yuan)

固定资产原价 Original Value of Fixed Assets at the Year-end	累计折旧 Accumulated Depreciation	固定资产净额 Net Fixed Assets	资产总计 Total Assets at the Year-end	负债合计 Total Liabilities at the Year-end	所有者权益合计 Total Owners' Equity at the Year-end	平均用工人数（人） Average Number of Employed Persons (person)
115061953	**58974504**	**51910821**	**311347418**	**172459260**	**138888158**	**1279860**
69768	16755	53012	240198	297663	-57465	348
734967	362962	371195	5142484	3012649	2129835	14955
2207838	1313435	887394	5633176	3003561	2629615	50658
1405337	822170	579751	4218807	1657317	2561490	23342
752110	526237	225873	2255832	291850	1963982	2654
885043	568208	315162	1608178	598733	1009445	19336
358228	168995	186834	2248013	1195459	1052554	50099
147197	87769	59296	830092	603570	226521	39292
81632	47160	22298	895992	330500	565492	4002
663721	258974	404486	5951461	3604937	2346524	32992
708192	329331	370282	2546676	1641018	905658	13382
848932	431551	403790	2118004	714854	1403150	20009
732516	468331	263128	1668717	823663	845054	36746
2426687	1934772	489958	2160629	993497	1167132	4665
4009722	2331798	1523252	14346317	7173284	7173034	79534
2574413	1068556	1482403	12374676	5020887	7353790	43282
58431	44593	13807	107987	27990	79997	780
2660836	1421472	1092924	7665145	4107314	3557831	57778
1829937	849512	965232	6541627	4818558	1723069	29917
2103640	1263861	839778	2194839	1455515	739324	4514
215769	114542	100121	2386130	1788909	597222	4268
1265319	668608	569010	4015568	2124031	1891538	46901
2456659	1523561	906819	10878100	5976367	4901733	79403
1482090	685208	777421	7597143	3852574	3744569	55772
18846859	8820626	7023034	40157187	21328021	18829166	165531
2054436	971037	1078871	9511604	7021357	2490246	26546
2812831	1392308	1387679	13534623	7247045	6287578	94408
18135437	8130648	9572580	39642348	20209063	19433285	192024
337317	177187	160055	2486674	1142753	1343921	18002
60287	34056	26009	171378	96369	75010	3442
70304	29641	39545	475269	314382	160887	1680
905084	382428	521720	1604068	980705	623362	13581
33373427	18893166	14247646	88135969	52618005	35517964	29736
1018454	388147	628908	3017918	1915656	1102261	4936
6768537	2446903	4321549	6984590	4471207	2513383	15344

11-15 规模以上大中型工业企业主要经济指标(2022年，按轻重工业分)

单位：万元

项　　目		Item	
企业单位数	(个)	Number of Enterprises	(unit)
#亏损企业		Number of Loss-making Enterprises	
营业收入		Business Revenue	
营业成本		Cost of Business	
税金及附加		Taxes and Other Charges	
盈利企业的盈利总额		Total Profits of Profitable Enterprises	
亏损企业的亏损总额		Total Losses of Loss-making Enterprises	
利润总额		Total Profits of All Enterprises	
所得税费用		Income Tax Payable	
应交增值税		Value-added Tax Payable	
流动资产合计		Total Working Capitals at the Year-end	
#应收账款		Accounts Receivable	
#存　货		Inventory	
#产成品存货		Inventory of Finished Goods	
固定资产原价		Original Value of Fixed Assets at the Year-end	
累计折旧		Accumulated Depreciation	
固定资产净额		Net Fixed Assets	
资产总计		Total Assets at the Year-end	
负债合计		Total Liabilities at the Year-end	
所有者权益合计		Total Owners' Equity at the Year-end	
#实收资本		Capital Hold	
#国家资本		State Capital	
外商资本		Foreign Capital	
应付职工薪酬		Wages Payable	
平均用工人数	(人)	Annual Average Number of Staff and Workers	(person)
工业总产值	(当年价格)	Gross Industrial Output Value	(at current prices)
工业增加值	(当年价格)	Value-added of Industry	(at current prices)

Major Indicators of Large and Medium-sized Industrial Enterprises above the Designated Size (2022, by Light and Heavy Industry)

(10000 yuan)

全 市 Total		中央企业 Central Enterprises		地方企业 Local Enterprises	
轻工业 Light Industry	重工业 Heavy Industry	轻工业 Light Industry	重工业 Heavy Industry	轻工业 Light Industry	重工业 Heavy Industry
346	412	3	20	343	392
61	65		2	61	63
40210230	132346066	2701491	30488145	37508739	101857921
25834462	114576329	781130	27974945	25053332	86601384
1648210	3686666	1418181	1219819	230028	2466847
4932360	9192301	240923	1511443	4691437	7680858
719608	1041731		16888	719608	1024843
4212752	8150570	240923	1494555	3971829	6656015
748907	1035115	72458	101401	676449	933714
1362278	2382991	267105	465346	1095174	1917644
31147099	82629732	1924020	24132311	29223079	58497421
5902396	16252074	45923	1948755	5856473	14303319
5078241	12661447	965334	2410627	4112907	10250821
1784200	4245806	19390	160525	1764811	4085281
12457150	79820708	1041085	30636089	11416066	49184619
6700242	40030733	588313	17627197	6111928	22403536
5567011	36327848	452520	12939726	5114490	23388122
50499554	193547567	2868650	92260062	47630904	101287505
24092487	110289407	355752	56541778	23736735	53747629
26407067	83258160	2512898	35718284	23894169	47539876
8973084	33037667	1238846	12621859	7734238	20415808
1220789	8371243	803111	6565489	417679	1805754
1207755	3633283		48485	1207755	3584798
4848670	9258689	221033	1658428	4627636	7600261
300275	472918	4139	54989	296136	417929
36356845	129522165	2712107	30762314	33644739	98759851
11968081	26580311	2234417	5166354	9733664	21413957

11-16 规模以上大中型工业企业主要经济指标(2022年，按经济类型分)

单位:万元

项 目		Item	
企业单位数	(个)	Number of Enterprises	(unit)
# 亏损企业		Number of Loss-making Enterprises	
营业收入		Business Revenue	
营业成本		Cost of Business	
税金及附加		Taxes and Other Charges	
盈利企业的盈利总额		Total Profits of Profitable Enterprises	
亏损企业的亏损总额		Total Losses of Loss-making Enterprises	
利润总额		Total Profits of All Enterprises	
所得税费用		Income Tax Payable	
应交增值税		Value-added Tax Payable	
流动资产合计		Total Working Capitals at the Year-end	
# 应收账款		Accounts Receivable	
# 存　货		Inventory	
# 产成品存货		Inventory of Finished Goods	
固定资产原价		Original Value of Fixed Assets at the Year-end	
累计折旧		Accumulated Depreciation	
固定资产净额		Net Fixed Assets	
资产总计		Total Assets at the Year-end	
负债合计		Total Liabilities at the Year-end	
所有者权益合计		Total Owners' Equity at the Year-end	
# 实收资本		Capital Hold	
# 国家资本		State Capital	
外商资本		Foreign Capital	
应付职工薪酬		Wages Payable	
平均用工人数	(人)	Annual Average Number of Staff and Workers	(person)
工业总产值	(当年价格)	Gross Industrial Output Value	(at current prices)
工业增加值	(当年价格)	Value-added of Industry	(at current prices)

Major Indicators of Large and Medium-sized Industrial Enterprises above the Designated Size (2022, by Type of Ownership)

(10000 yuan)

合计 Total	国有企业 State-owned Enterprises	集体企业 Collective-owned Enterprises	“三资”企业 Foreign Funded Enterprises	其他企业 Other Enterprises
758	10	5	372	371
126	1		64	61
172556296	1006234	94658	100700814	70754591
140410790	819054	61308	81327529	58202899
5334876	8150	232	2364399	2962095
14124661	44390	1008	8443935	5635328
1761339	30260		1143814	587265
12363322	14130	1008	7300121	5048064
1784021	-6483	252	1308766	481486
3745269	30277	17	2278437	1436538
113776831	1160588	24937	52005059	60586246
22154470	198168	1407	11849466	10105429
17739688	204943		9115335	8419410
6030006	31101		3631435	2367470
92277858	3359425	28826	42751537	46138070
46730975	1283156	24046	21522105	23901669
41894859	2075867	4780	17980324	21833888
244047121	4061610	31576	79757612	160196323
134381894	2398682	2922	44538775	87441516
109665227	1662928	28655	35218837	72754808
42010751	585555	590	16312238	25112368
9592032	70511		911427	8610094
4841038			4836137	4901
14107358	249474	64273	7772492	6021120
773194	12332	6402	439799	314661
165879010	1009000	93606	95123908	69652496
38548392	405770	66465	22302139	15774018

11-17 规模以上工业企业主要经济效益指标

项 目		Item	
总资产贡献率	(%)	Ratio of Total Assets to Industrial Output Value	(%)
资本保值增值率	(%)	Ratio of Capital Maintenance and Appreciation	(%)
资产负债率	(%)	Assets-Liability Ratio	(%)
流动资产周转率	(次)	Number of Times of Annual of Turnover Working Capitals	(times)
工业成本费用利润率	(%)	Ratio of Profits to Industrial Cost	(%)
工业全员劳动生产率	(元/人)	Overall Labor Productivity	(yuan/person)
工业资金利税率	(%)	Ratio of Pre-tax Profits to Total Capital	(%)
营业收入利润率	(%)	Ratio of Business Revenue	(%)
每百元营业收入中的成本	(元)	Cost of Business Per 100 Yuan	(yuan)
工业增加值率	(%)	Ratio of Value-added to Gross Industrial Output Value	(%)
企业亏损面	(%)	Ratio of Loss-making Enterprises to Total Industrial Enterprises	(%)
工业产成品存货可供销售天数	(天)	Days for Sale of Inventory of Finished Products	(day)
每百元资金提供的总产值	(元)	Output Value Created by per 100 yuan	(yuan)
每百元资金提供的利税	(元)	Pre-tax Profits Created by per 100 Yuan	(yuan)
每百元固定资产原价提供利税	(元)	Pre-tax Profits Created by per 100 yuan Original Value of Fixed Assets	(yuan)
每百元固定资产原价提供总产值	(元)	Output Value Created by per 100 yuan Original Value of Fixed Assets	(yuan)
每百元固定资产净值提供利税	(元)	Pre-tax Profits Created by per 100 yuan Net Value of Fixed Assets	(yuan)
每百元固定资产净值提供总产值	(元)	Output Value Created by per 100 yuan Net Value of Fixed Assets	(yuan)
每百元总产值实现利税	(元)	Pre-tax Profits Created by per 100 yuan Output Value	(yuan)
每百元总产值占用全部资产	(元)	Total Assets Used by per 100 yuan Output Value	(yuan)
平均每个职工拥有全部资产	(元)	Average Assets Owned by per Staff and Worker	(yuan)
平均每个职工提供利税	(元)	Average Pre-tax Profits Created by per Staff and Worker	(yuan)

Main Indicators on Economic Benefit of Industrial Enterprises above the Designated Size

2021			2022		
全市 Total	中央企业 Central Enterprises	地方企业 Local Enterprises	全市 Total	中央企业 Central Enterprises	地方企业 Local Enterprises
10.36	7.66	11.30	8.56	5.73	9.84
107.33	101.47	109.75	113.53	5.08	-15.38
56.62	58.75	55.75	55.39	59.73	53.42
1.68	1.35	1.74	1.58	1.40	1.62
6.85	6.59	6.88	6.50	5.56	6.67
396099	1436700	357782	385042	1239067	340694
12.99	16.05	12.43	12.02	13.03	11.78
6.37	5.76	6.45	6.07	5.06	6.25
82.48	82.92	82.43	83.16	87.58	82.37
21.47	22.72	21.29	20.53	20.38	20.56
17.61	14.04	17.64	23.02	8.47	23.14
13.73	3.66	15.09	12.71	2.64	14.52
119.21	93.85	123.84	111.00	92.57	115.38
12.99	16.05	12.43	12.02	13.03	11.78
23.33	24.17	23.14	22.53	16.67	24.82
214.04	141.32	230.47	207.96	118.37	243.00
48.56	53.91	47.45	46.21	38.75	48.67
445.56	315.25	472.64	426.63	275.18	476.59
10.90	17.10	10.04	10.83	14.08	10.21
121.97	291.00	98.55	130.12	253.78	106.56
2250464	18400985	1655767	2432668	15503314	1759629
201081	1081329	168669	202508	860139	168645

11-18 规模以上工业企业主要经济效益指标(2022年，按轻重工业分)

项目		Item	
总资产贡献率	(%)	Ratio of Total Assets to Industrial Output Value	(%)
资本保值增值率	(%)	Ratio of Capital Maintenance and Appreciation	(%)
资产负债率	(%)	Assets-Liability Ratio	(%)
流动资产周转率	(次)	Number of Times of Annual of Turnover Working Capitals	(times)
工业成本费用利润率	(%)	Ratio of Profits to Industrial Cost	(%)
工业全员劳动生产率	(元/人)	Overall Labor Productivity	(yuan/person)
工业资金利税率	(%)	Ratio of Pre-tax Profits to Total Capital	(%)
营业收入利润率	(%)	Ratio of Business Revenue	(%)
每百元营业收入中的成本	(元)	Cost of Business Per 100 Yuan	(yuan)
工业增加值率	(%)	Ratio of Value-added to Gross Industrial Output Value	(%)
企业亏损面	(%)	Ratio of Loss-making Enterprises to Total Industrial Enterprises	(%)
工业产成品存货可供销售天数	(天)	Days for Sale of Inventory of Finished Products	(day)
每百元资金提供的总产值	(元)	Output Value Created by per 100 yuan	(yuan)
每百元资金提供的利税	(元)	Pre-tax Profits Created by per 100 Yuan	(yuan)
每百元固定资产原价提供利税	(元)	Pre-tax Profits Created by per 100 yuan Original Value of Fixed Assets	(yuan)
每百元固定资产原价提供总产值	(元)	Output Value Created by per 100 yuan Original Value of Fixed Assets	(yuan)
每百元固定资产净值提供利税	(元)	Pre-tax Profits Created by per 100 yuan Net Value of Fixed Assets	(yuan)
每百元固定资产净值提供总产值	(元)	Output Value Created by per 100 yuan Net Value of Fixed Assets	(yuan)
每百元总产值实现利税	(元)	Pre-tax Profits Created by per 100 yuan Output Value	(yuan)
每百元总产值占用全部资产	(元)	Total Assets Used by per 100 yuan Output Value	(yuan)
平均每个职工拥有全部资产	(元)	Average Assets Owned by per Staff and Worker	(yuan)
平均每个职工提供利税	(元)	Average Pre-tax Profits Created by per Staff and Worker	(yuan)

Main Indicators on Economic Benefit of Industrial Enterprises above the Designated Size (2022, by Light and Heavy Industry)

全 市 Total		中央企业 Central Enterprises		地方企业 Local Enterprises	
轻工业 Light Industry	重工业 Heavy Industry	轻工业 Light Industry	重工业 Heavy Industry	轻工业 Light Industry	重工业 Heavy Industry
12.63	7.36	65.92	3.88	10.36	9.60
116.78	112.44	116.47	115.78	116.80	110.69
49.46	57.14	12.62	61.18	51.03	54.54
1.37	1.66	1.40	1.40	1.37	1.74
9.30	5.62	23.85	5.00	9.03	5.76
293129	455585	5084881	948921	254606	412026
16.19	10.62	80.33	8.88	13.22	11.17
8.43	5.29	9.01	4.76	8.40	5.42
70.23	87.42	29.15	92.02	72.11	86.35
28.26	18.08	82.22	15.63	25.57	18.68
24.38	21.74	16.67	7.55	24.39	21.96
16.47	11.47	2.63	2.65	17.11	13.52
105.85	112.74	113.59	91.27	105.49	119.57
16.19	10.62	80.33	8.88	13.22	11.17
46.69	17.80	183.90	11.05	38.58	21.05
305.22	188.94	260.05	113.61	307.89	225.24
99.69	36.24	423.22	25.70	82.02	40.43
651.72	384.65	598.46	264.22	654.63	432.58
15.30	9.42	70.72	9.73	12.53	9.35
123.42	132.23	106.08	265.13	124.29	99.93
1278113	3316217	6546606	16184079	1235735	2192096
158409	236256	4364290	593802	124579	205021

11-19 规模以上工业企业主要经济效益指标(2022年，按经济类型分)

项　　目		Item	
总资产贡献率	(%)	Ratio of Total Assets to Industrial Output Value	(%)
资本保值增值率	(%)	Ratio of Capital Maintenance and Appreciation	(%)
资产负债率	(%)	Assets-Liability Ratio	(%)
流动资产周转率	(次)	Number of Times of Annual of Turnover Working Capitals	(times)
工业成本费用利润率	(%)	Ratio of Profits to Industrial Cost	(%)
工业全员劳动生产率	(元/人)	Overall Labor Productivity	(yuan/person)
工业资金利税率	(%)	Ratio of Pre-tax Profits to Total Capital	(%)
营业收入利润率	(%)	Ratio of Business Revenue	(%)
每百元营业收入中的成本	(元)	Cost of Business Per 100 Yuan	(yuan)
工业增加值率	(%)	Ratio of Value-added to Gross Industrial Output Value	(%)
企业亏损面	(%)	Ratio of Loss-making Enterprises to Total Industrial Enterprises	(%)
工业产成品存货可供销售天数	(天)	Days for Sale of Inventory of Finished Products	(day)
每百元资金提供的总产值	(元)	Output Value Created by per 100 yuan	(yuan)
每百元资金提供的利税	(元)	Pre-tax Profits Created by per 100 Yuan	(yuan)
每百元固定资产原价提供利税	(元)	Pre-tax Profits Created by per 100 yuan Original Value of Fixed Assets	(yuan)
每百元固定资产原价提供总产值	(元)	Output Value Created by per 100 yuan Original Value of Fixed Assets	(yuan)
每百元固定资产净值提供利税	(元)	Pre-tax Profits Created by per 100 yuan Net Value of Fixed Assets	(yuan)
每百元固定资产净值提供总产值	(元)	Output Value Created by per 100 yuan Net Value of Fixed Assets	(yuan)
每百元总产值实现利税	(元)	Pre-tax Profits Created by per 100 yuan Output Value	(yuan)
每百元总产值占用全部资产	(元)	Total Assets Used by per 100 yuan Output Value	(yuan)
平均每个职工拥有全部资产	(元)	Average Assets Owned by per Staff and Worker	(yuan)
平均每个职工提供利税	(元)	Average Pre-tax Profits Created by per Staff and Worker	(yuan)

Main Indicators on Economic Benefit of Industrial Enterprises above the Designated Size (2022, by Type of Ownership)

全 市 Total	国有企业 State-owned Enterprises	集体企业 Collective-owned Enterprises	“三资”企业 Foreign Funded Enterprises	其他企业 Other Enterprises	# 国有及国有控股工业企业 State-owned and State-holding Enterprises
8.56	2.45	2.54	13.68	6.22	8.42
113.53	77.07	99.44	106.64	118.38	113.35
55.39	59.14	45.40	54.99	55.51	57.98
1.58	0.89	1.71	1.83	1.41	1.88
6.50	1.85	0.38	7.56	5.59	6.27
385042	347009	109707	468722	324108	919570
12.02	1.93	2.63	14.87	10.19	14.80
6.07	1.89	0.37	6.97	5.27	5.76
83.16	81.79	69.43	81.64	84.61	86.85
20.53	37.41	55.04	22.48	18.54	18.72
23.02	14.29	16.67	25.51	22.50	20.30
12.71	16.03	8.71	13.44	11.99	6.28
111.00	33.98	148.37	125.20	102.56	121.48
12.02	1.93	2.63	14.87	10.19	14.80
22.53	1.94	4.96	26.55	20.35	21.48
207.96	34.15	279.97	223.55	204.87	176.27
46.21	3.14	19.13	54.37	42.46	44.29
426.63	55.25	1080.40	457.85	427.35	363.44
10.83	5.68	1.77	11.88	9.93	12.19
130.12	367.99	69.63	87.86	166.60	144.80
2432668	3117684	138808	1835430	2896483	7043095
202508	48118	3530	248093	172723	592765

11-20 规模以上工业企业主要经济效益指标（2022年，按企业规模分）

项　　目		Item	
总资产贡献率	(%)	Ratio of Total Assets to Industrial Output Value	(%)
资本保值增值率	(%)	Ratio of Capital Maintenance and Appreciation	(%)
资产负债率	(%)	Assets-Liability Ratio	(%)
流动资产周转率	(次)	Number of Times of Annual of Turnover Working Capitals	(times)
工业成本费用利润率	(%)	Ratio of Profits to Industrial Cost	(%)
工业全员劳动生产率	(元/人)	Overall Labor Productivity	(yuan/person)
工业资金利税率	(%)	Ratio of Pre-tax Profits to Total Capital	(%)
营业收入利润率	(%)	Ratio of Business Revenue	(%)
每百元营业收入中的成本	(元)	Cost of Business Per 100 Yuan	(yuan)
工业增加值率	(%)	Ratio of Value-added to Gross Industrial Output Value	(%)
企业亏损面	(%)	Ratio of Loss-making Enterprises to Total Industrial Enterprises	(%)
工业产成品存货可供销售天数	(天)	Days for Sale of Inventory of Finished Products	(day)
每百元资金提供的总产值	(元)	Output Value Created by per 100 yuan	(yuan)
每百元资金提供的利税	(元)	Pre-tax Profits Created by per 100 Yuan	(yuan)
每百元固定资产原价提供利税	(元)	Pre-tax Profits Created by per 100 yuan Original Value of Fixed Assets	(yuan)
每百元固定资产原价提供总产值	(元)	Output Value Created by per 100 yuan Original Value of Fixed Assets	(yuan)
每百元固定资产净值提供利税	(元)	Pre-tax Profits Created by per 100 yuan Net Value of Fixed Assets	(yuan)
每百元固定资产净值提供总产值	(元)	Output Value Created by per 100 yuan Net Value of Fixed Assets	(yuan)
每百元总产值实现利税	(元)	Pre-tax Profits Created by per 100 yuan Output Value	(yuan)
每百元总产值占用全部资产	(元)	Total Assets Used by per 100 yuan Output Value	(yuan)
平均每个职工拥有全部资产	(元)	Average Assets Owned by per Staff and Worker	(yuan)
平均每个职工提供利税	(元)	Average Pre-tax Profits Created by per Staff and Worker	(yuan)

Main Indicators on Economic Benefit of Industrial Enterprises above the Designated Size (2022, by Size of Enterprises)

全市 Total			# 国有及国有控股工业企业 State-owned and State-holding Enterprises		
大型 Large Enterprises	中型 Medium Enterprises	小微型 Small and Micro Enterprises	大型 Large Enterprises	中型 Medium Enterprises	小微型 Small and Micro Enterprises
9.40	7.26	7.10	9.30	3.87	5.69
113.83	121.07	106.89	114.27	130.32	96.32
56.58	49.25	56.58	57.84	60.73	56.84
1.59	1.32	1.73	1.78	1.13	3.24
8.25	6.40	3.80	7.96	2.84	2.00
665651	269258	208687	1106825	361752	533751
14.92	8.96	7.96	17.48	4.60	6.83
7.49	6.04	3.68	7.13	2.76	1.98
81.93	79.48	87.06	84.39	85.19	95.97
23.17	23.46	14.40	21.47	21.09	6.40
12.96	17.62	23.81	22.22	20.55	19.82
10.73	18.87	12.98	5.75	14.91	5.41
106.84	95.73	130.51	118.89	71.79	183.14
14.92	8.96	7.96	17.48	4.60	6.83
24.31	18.95	19.64	25.20	8.08	8.88
174.10	202.33	322.18	171.36	126.16	238.31
49.45	37.79	42.45	51.88	14.27	20.86
354.12	403.61	696.42	352.74	222.83	559.53
13.96	9.36	6.10	14.71	6.41	3.73
150.73	134.75	91.68	159.27	179.77	72.03
4329329	1546643	1328297	8208794	3084338	6004390
401116	107471	88318	757971	109909	310766

11-21　规模以上工业企业分组主要指标(2022年)

Major Indicators of Industrial Enterprises above the Designated Size by Group (2022)

单位：万元　(10000 yuan)

项　目	Item	企业单位数(个) Number of Enterprises (unit)	利润总额 Total Profits of All Enterprises	固定资产原价 Original Value of Fixed Assets at the Year-end	工业增加值 Value-added of Industry	工业总产值 Gross Industrial Output Value	平均用工人数(人) Annual Average Employed Persons (person)
总　计	**Total**	**6878**	**15282255**	**115061953**	**49121871**	**239285825**	**1279860**
按总产值分组	Grouped by Gross Output Value						
1亿元及以上	100 million yuan and above	1994	14887051	108827904	44995635	220012988	941446
5000万元-9999万元	50-99.99 million yuan	1331	283396	2912922	2001242	9299651	141299
4999万元及以下	49.99 million yuan and below	3553	111809	3321127	2124994	9973186	197115
按固定资产原价分组	Grouped by Original Value of Fixed Assets						
1亿元及以上	100 million yuan and above	849	12810321	106947645	38947295	178442375	684229
5000万元-9999万元	50-99.99 million yuan	479	696815	3371891	2602221	11863984	115880
4999万元及以下	49.99 million yuan and below	5550	1775119	4742417	7572355	48979465	479751
按利税总额分组	Grouped by Pre-tax Profits						
1亿元及以上	100 million yuan and above	293	14901804	72474699	34666272	147763383	414699
5000万元-9999万元	50-99.99 million yuan	205	1108870	6300392	3131356	14889294	96103
4999万元及以下	49.99 million yuan and below	6380	-728419	36286861	11324243	76633148	769058
按从业人员人数分组	Grouped by Staff and Workers						
2000人及以上	2000 Persons and above	84	7906157	65916482	24420628	107174234	341866
500人-1999人	500-1999 Persons	335	3397335	19181237	10611315	44107995	305320
499人及以下	499 Persons and below	6459	3978763	29964234	14089928	88003596	632674

11-22 规模以上先进制造业和高技术制造业工业总产值(按产业分)

Total Industrial Output Value of the City's Advanced and High-tech Manufacturing Industries above the Designated Size (by Industry)

单位：万元 (10000 yuan)

产业名称	Industry	2021	2022
一、先进制造业(合计)	I.Advanced Manufacturing (Total)	131833229	136828206
其中：高端电子信息制造业	High-End Electronic Information Manufacturing	19250971	18203658
先进装备制造业	Advanced Equipment Manufacturing	77082121	80545532
石油化工产业	Petrochemical Industry	15840403	17414806
先进轻纺制造业	Advanced Light Textile Manufacturing Industry	9547980	9323901
新材料制造业	Manufacturing of New Materials	7888177	8322482
生物医药及高性能医疗器械制造业	Biomedicine and High Performance Medical Equipment Manufacturing	4807660	5831545
二、高技术制造业(合计)	II. High-Tech Manufacturing (Total)	35332870	37173539
其中：医药制造业	Pharmaceutical Manufacturing	4999815	6013472
航空、航天器及设备制造业	Aviation, Spacecraft and Equipment Manufacturing	355455	400862
电子及通信设备制造业	Electronics and Communication Equipment Manufacturing	24602074	25284271
计算机及办公设备制造业	Computer and Office Equipment Manufacturing	2759296	2521398
医疗器设备及仪器仪表制造业	Medical Equipment And Instrumentation Manufacturing	2609033	2953536
信息化学品制造业	Information Chemicals Manufacturing	7197	

11-23 规模以上先进制造业和高技术制造业工业总产值(按区域分)

Total Industrial Output Value of the City's Advanced and High-tech Manufacturing Industries above the Designated Size (by District)

单位：万元 (10000 yuan)

地　区	District	先进制造业 Advanced Manufacturing		高技术制造业 High-Tech Manufacturing	
		2021	2022	2021	2022
总　计	**Total**	**131833229**	**136828206**	**35332870**	**37173539**
荔湾区	Liwan	698724	605645	687550	526844
越秀区	Yuexiu	13547	14138	7826	8828
海珠区	Haizhu	728431	741018	489861	459891
天河区	Tianhe	963076	995017	569755	555805
白云区	Baiyun	5146550	5080639	1147169	1204584
黄埔区	Huangpu	56339332	56086660	24124099	25004799
番禺区	Panyu	11685373	15158200	2191109	3062843
花都区	Huadu	21469040	18731822	1980038	2014020
南沙区	Nansha	25972622	30269349	2014299	2303605
从化区	Conghua	2012974	1899583	334290	326234
增城区	Zengcheng	6803561	7246133	1786875	1706086

主要统计指标解释

【工业】指从事自然资源的开采，对采掘品和农产品进行加工和再加工的物质生产部门。具体包括:

(1)对自然资源的开采，如采矿、晒盐等(但不包括禽兽捕猎和水产捕捞);

(2)对农副产品的加工、再加工，如粮油加工、食品加工、轧花、缫丝、纺织、制革等;

(3)对采掘品的加工、再加工，如炼铁、炼钢、化工生产、石油加工、机器制造、木材加工等，以及电力、燃气及水的生产和供应等;

(4)对工业品的修理、翻新，如机器设备的修理等。

工业统计调查单位为工业法人单位。

【工业法人单位】指从事工业生产经营活动的法人单位。工业法人单位应同时具备以下条件：①依法成立，有自己的名称、组织机构和场所，能够独立承担民事责任；②独立拥有（或授权）使用资产，承担负债，有权与其他单位签订合同；③具有包括资产负债表在内的账户，或者能够根据需要编制账户。

【轻工业】指主要提供生活消费品和制作手工工具的工业。按其所使用的原料不同，可分为两大类:

(1)以农产品为原料的轻工业,是指直接或间接以农产品为基本原料的轻工业。主要包括食品制造、饮料制造、烟草加工、纺织、缝纫、皮革和毛皮制作、造纸以及印刷等工业;

(2)以非农产品为原料的轻工业,是指以工业品为原料的轻工业。主要包括文教体育用品、化学药品制造、合成纤维制造、日用化学制品、日用玻璃制品、日用金属制品、手工工具制造、医疗器械制造、文化和办公用机械制造等工业。

【重工业】是指为国民经济各部门提供物质技术基础的主要生产资料的工业。按其生产性质和产品用途，可分为下列三类:

(1)采掘(伐)工业，是指对自然资源的开采，包括石油开采、煤炭开采、金属矿开采、非金属矿开采和木材采伐等工业;

(2)原材料工业,指向国民经济各部门提供基本材料、动力和燃料的工业。包括金属冶炼及加工、炼焦及焦炭化学、化工原料、水泥、人造板以及电力、石油和煤炭加工等工业;

(3)加工工业，是指对工业原材料进行再加工制造的工业。包括装备国民经济各部门的机械设备制造工业、金属结构、水泥制品等工业，以及为农业提供的生产资料如化肥、农药等工业。

根据上述划分原则，修理业中以重工业产品为修理作业对象的划为重工业,反之划为轻工业。

【资产总计】指企业过去的交易或者事项形成的、由企业拥有或者控制的、预期会给企业带来经济利益的资源。资产一般按流动性（资产的变现或耗用时间长短）分为流动资产和非流动资产。其中流动资产可分为货币资金、交易性金融资产、应收票据、应收账款、预付款项、其他应收款、存货等；非流动资产可分为长期股权投资、固定资产、无形资产及其他非流动资产等。

【负债合计】指企业过去的交易或者事项形成的，预期会导致经济利益流出企业的现时义务。负债一般按偿还期长短分为流动负债和非流动负债。

【所有者权益】指企业资产扣除负债后由所有者享有的剩余权益。公司的所有者权益又称股东权益。包括实收资本、资本公积、盈余公积、未分配利润等。

【固定资产原价】指固定资产的成本，包括企业在购置、自行建造、安装、改建、扩建、技术改造某项固定资产时所发生的全部支出总额。

【利润总额】指企业在一定会计期间的经营成果，是生产经营过程中各种收入扣除各种耗费后的盈余，反映企业在报告期内实现的盈亏总额。根据会计“利润表”中“利润总额”项目的本年累计数填报。

【应交增值税】指按照税法规定，以销售货物、服务、无形资产、不动产或提供加工、修理修配劳务的增值额和货物进口金额为计税依据而课征的一种流转税。填报本指标时，应按权责发生制核算企业本期应负担的增值税。

Explanatory Notes on Main Statistical Indicators

【Industry】 refers to the material production sector engaged in the exploitation of natural resources and the processing and reprocessing of extracted products and agricultural products. Specifically include:

I.Exploitation of natural resources, such as mining, salt extraction, etc. (excluding hunting for animals and fisheries);

II.Processing and reprocessing of agricultural and sideline products, such as grain and oil processing, food processing, cotton ginning, reeling, textile, leather making, etc.;

III.Processing and reprocessing of mined products, such as iron making, steel making, chemical production, petroleum processing, machine manufacturing, wood processing, as well as the production and supply of electricity, gas and water;

IV. Repair and refurbishment of industrial products, such as repair of machinery and equipment.

An industrial statistical survey unit shall be an industrial legal person.

【Industrial Corporate Units】 refer to corporate units engaging in industrial production and operation activities, which meet the following requirements:

I.They are established legally, having their own names, organizations, location, and are able to take civil liability independently;

II.They possess (or are authorized to use) assets independently, assume liabilities and are entitled to sign contracts with other units;

III. They have accounts including the balance sheets or can compile the accounts according to the need.

【Light Industry】 refers to industry which produces consumer goods and hand tools. It consists of two categories depending on the materials used:

I.Industries using farm products as raw materials. These are branches of light industry which directly or indirectly use farm products as basic raw materials, including the manufacture of food and beverages, tobacco processing, textile, clothing, fur and leather manufacturing, paper making, printing, etc.

II.Industries using nonfarm products as raw materials.These are branches of light industry which use manufactured goods as raw materials, including the manufacture of cultural, educational articles and sports goods, chemicals, synthetic fiber, chemical products for daily use, glass products for daily use, metal products machinery, etc.

【Heavy Industry】 refers to the industry which produces capital goods, and provides various sectors of the national economy with necessary material and technical basis. It consists of the following three branches according to the purpose of production or the use of products:

(1)Mining, quarrying and logging industry refers to the industry that extracts natural resources, including extraction of petroleum, coal, metal and metalloid and logging.

(2)Raw materials industry refers to the industry that provides various sectors of the national economy with raw materials, fuels and power. It includes smelting and processing of metals, coking and coke chemistry, chemical materials and building materials such as cement, plywood, and power, petroleum refining and coal dressing.

(3)Manufacturing industry refers to the industry that processes raw materials. It includes machine building industry which equips sectors of the national economy, industry of metal structure and cement products, industries producing means of agricultural production, such as chemical fertilizers and pesticides.

According to the above principle of classification, the repairing trades which are engaged primarily in repairing products of heavy industry are classified into heavy industry while these engaged in repairing products of light industry are classified into light industry.

【Total Assets】 refer to all resources that are owned or controlled by enterprises through previous trades or transactions with expectation of making economic profits. Classified by the degree of liquidity, total assets include current assets and non-current assets. Current assets can be classified into monetary capital, trading financial assets, notes receivable, accounts receivable, advanced payments, other receivables and inventories. Non-current assets can be divided into long-term equity investment, fixed assets, intangible assets and other non-current assets. Data on this indicator can be obtained from the year-end figures of total assets in the Balance Sheet of accounting records.

【Total Liabilities】 refer to payable liabilities of enterprises that accumulated from previous trades or transactions with expectation of economic profits leaking out. In terms of payment, it can be divided into liquid liabilities and long-term liabilities. Data on this indicator can be obtained from the year-end figures of total liabilities in the Balance Sheet of accounting records.

【Owner Undefined Equity】 refers to the residual equity enjoyed by the owner after deducting liabilities from the assets of the enterprise. The owner undefined equity of the company is also known as the shareholder undefined equity. Including paid-in capital, capital reserves, surplus reserves, undistributed profits and so on.

【The Cost of Fixed Assets】 includes the total amount of expenditure incurred by an enterprise in purchasing, building, installing, rebuilding, expanding, and technically transforming a fixed asset.

【Total Profits】 refers to the operation results in a certain accounting period, and it is the balance of various incomes minus various spendings in the course of operation, reflecting the total profits and losses of enterprises in reference period. Data are obtained from the amount of total profits in the profit statement of the accounting record of enterprise.

【Value Added Tax (VAT)】 refers to a turnover tax levied on the basis of taxation to sell goods, services, intangible assets, immovable property or provide processing, repair and repair services and import goods. When completing this index, the value-added tax that enterprises should bear in the current period should be accounted for on the accrual basis.

第十二篇 CHAPTER 12

建筑业
CONSTRUCTION

第十二篇　建筑业

简要说明

一、本篇资料反映广州市建筑业概况和发展情况。包括建筑业企业基本情况和生产经营情况。

二、本篇资料由广州市统计局固定资产投资统计处整理提供。

三、本篇资料是依据国家统计局和广东省统计局制定的《建筑业统计报表制度》规定收集的年报资料，其统计范围包括：广州市辖区内各种登记注册类型（个体户除外）的具有施工总承包、专业承包建筑业资质的独立核算建筑业企业。

Chapter 12 Construction

Brief Introduction

I.The data in this chapter show the general situation and the development of the construction industry of Guangzhou Municipality, including basic information and production and operation of construction enterprises.

II.The data in this chapter are prepared and provided by the Division of Investment and Construction Statistics of Guangzhou Municipal Bureau of Statistics.

III.The data in this chapter are according to the National Bureau of Statistics and the Statistics Bureau of guangdong province to establish the system of construction industry statistics in the annals of information collection, its statistical scope including: guangzhou jurisdiction (except individual household) of different types of registration with the construction general contracting, specialized contracting construction qualification of independent accounting construction enterprises.

12-1 资质以上建筑业企业主要经济指标

Major Indicators of Grade Construction Enterprises

项目		Item		2021	2022
建筑企业个数	(个)	Number of Construction Enterprises	(unit)	2011	2204
年末从业人员	(人)	Number of Employed Persons at Year-end	(person)	883990	815833
固定资产原价	(亿元)	Original Value of Fixed Assets	(100 million yuan)	460	544
建筑业总产值	(万元)	Gross Output Value of Construction	(10000 yuan)	70602320	75232192
# 建筑工程		Output Value of Construction		63548164	68295294
安装工程		Output Value of Installation		5033879	6032332
房屋建筑施工面积	(万平方米)	Floor Space of Buildings under Construction	(10000 sq.m)	39221.96	38614.01
# 新开工		Floor Space Started in Current Year		8948.23	9825.71
房屋建筑竣工面积	(万平方米)	Floor Space of Buildings Completed	(10000 sq.m)	5231.54	6825.97
# 住　宅		Residential Buildings		3559.13	3797.39
主营业务收入	(万元)	Income on Projects Settlement Account	(10000 yuan)	76375199	79012958
主营业务成本	(万元)	Cost on Projects Settlement Account	(10000 yuan)	71496844	73831150
利润总额	(万元)	Total Profits	(10000 yuan)	1394203	1216261

注：本表统计范围为施工总承包、专业承包法人建筑业企业。

Note: The statistical scope of this table covers legal construction enterprises with general contracting and professional contracting.

12-2 主要年份建筑业主要指标
Major Indicators of Construction Sector in Main Years

年　份 Year	建筑业总产值 (万元) Gross Output Value (10000 yuan)	房屋建筑施工面积 (万平方米) Floor Space of Buildings under Construction (10000 sq.m)	房屋建筑竣工面积 (万平方米) Floor Space of Buildings Completed (10000 sq.m)
1978	30673	247.42	138.52
1985	153489	674.77	285.22
1986	176960	773.88	300.17
1987	184390	772.38	330.14
1988	287655	1076.05	408.85
1989	368755	1094.90	489.88
1990	355333	876.08	439.08
1991	425798	909.09	377.71
1992	668171	1257.61	487.95
1993	1031846	1680.21	605.50
1994	1516519	2268.99	734.75
1995	1816133	2708.58	890.81
1996	1893478	2983.56	1043.26
1997	1965269	2764.64	941.10
1998	2287004	3086.95	1054.71
1999	2470523	3136.47	1187.02
2000	2561326	3161.25	1150.36
2001	3403870	3490.22	1205.79
2002	3733922	3522.67	1334.43
2003	4785787	4291.55	1398.91
2004	5459314	4727.78	1596.21
2005	6331382	5311.14	1598.79
2006	6870406	5502.47	1520.25
2007	7507109	5951.92	1623.36
2008	8754491	6156.62	1719.79
2009	10134050	6190.86	1500.35
2010	12805288	7135.48	1509.20
2011	15613171	8439.12	1596.98
2012	17417072	9119.66	2859.31
2013	21828895	15055.70	2556.74
2014	23339417	16398.88	2674.22
2015	24898087	15159.70	2861.93
2016	27653341	16289.56	2805.16
2017	31874585	19323.31	3167.27
2018	40192380	27755.15	4648.09
2019	53043655	32043.52	6536.75
2020	59572284	35103.93	4420.81
2021	70602320	39221.96	5231.54
2022	75232192	38614.01	6825.97

注：2002年及以后年份本表统计范围为施工总承包、专业承包法人建筑业企业。

Note: In 2002 and later years, the statistical scope of this table is the construction general contract, professional contract legal person construction enterprises.

12-3 资质以上建筑业企业签订合同情况(2022年)

Statistics on Construction Contracts of Grade Construction Enterprises (2022)

单位：万元 (10000 yuan)

项　　目	Item	签订合同额 Value of Signed Contracts	上年结转合同额 Value of Contracts Balanced from Preceding Year	本年新签合同额 Value of Contracts Newly Signed in Current Year
总　　计	**Total**	**269961674**	**134917163**	**135044511**
按地区分	**Grouped by District**			
荔湾区	Liwan	7246857	3554919	3691938
越秀区	Yuexiu	33479274	20204677	13274597
海珠区	Haizhu	38350874	19687347	18663527
天河区	Tianhe	48455759	15042146	33413613
白云区	Baiyun	16602470	10262750	6339720
黄埔区	Huangpu	25651904	9141723	16510181
番禺区	Panyu	18861718	11275798	7585920
花都区	Huadu	11607156	7445917	4161239
南沙区	Nansha	57888127	31889100	25999027
从化区	Conghua	1215776	854579	361197
增城区	Zengcheng	10601759	5558207	5043552
按隶属关系分	**Grouped by Administrative Relationship**			
中央属企业	Central Government	162799088	72176069	90623019
地方企业	Provincial Government	59817885	34120037	25697848
其他企业	Others	47344701	28621057	18723644
按登记注册类型分	**Grouped by Registration Status**			
内资企业	Domestic Funded Enterprises	269250524	134379511	134871013
国有企业	State-owned Enterprises	13100548	8571394	4529154
集体企业	Collective-owned Enterprises	332263	214605	117658
股份合作企业	Share-holding Cooperative Enterprises	186770	101782	84988
联营企业	Joint Ownership Enterprises	87288	27603	59685
#国有联营企业	State Joint Ownership Enterprises			
集体联营企业	Collective Joint Ownership Enterprises			
国有与集体联营企业	Joint State-collective Enterprises	86974	27451	59523
有限责任公司	Limited Liability Corporations	214281155	100159493	114121662
#国有独资公司	State Sole Funded Corporations	100593449	42823312	57770137
股份有限公司	Share-holding Corporations Ltd.	12415822	8153092	4262730
私营企业	Private Enterprises	28846678	17151542	11695136
其他企业	Other Enterprises			
港、澳、台商投资企业	Enterprises with Funds from Hong Kong, Macao and Taiwan	491917	384501	107416
#与港、澳、台商合资经营企业	Joint-venture Enterprises	476057	382040	94017
与港、澳、台商合作经营企业	Cooperative Enterprises	6223	1901	4322
港、澳、台商独资经营企业	Enterprises with Sole Funds	9637	560	9077
港、澳、台商投资股份有限公司	Share-holding Corporations Ltd.			
外商投资企业	Foreign Funded Enterprises	219233	153151	66082
#中外合资经营企业	Joint-venture Enterprises	26876	2833	24043
中外合作经营企业	Cooperative Enterprises			
外资企业	Enterprises with Sole Foreign Funds	180339	146650	33689
外商投资股份有限公司	Share-holding Corporations Ltd.	12018	3668	8350

注：本表统计范围为施工总承包、专业承包法人建筑业企业。
Note: The statistical scope of this table covers legal construction enterprises with general contracting and professional contracting.

12-4　资质以上建筑业企业生产情况(2022年)

项　　目	Item	企业数(个) Number of Construction Enterprises (unit)
总　　计	**Total**	**2204**
按地区分	**Grouped by District**	
荔湾区	Liwan	65
越秀区	Yuexiu	165
海珠区	Haizhu	273
天河区	Tianhe	488
白云区	Baiyun	275
黄埔区	Huangpu	185
番禺区	Panyu	372
花都区	Huadu	82
南沙区	Nansha	151
从化区	Conghua	61
增城区	Zengcheng	87
按隶属关系分	**Grouped by Administrative Relationship**	
中央属企业	Central Government	73
地方企业	Provincial Government	151
其他企业	Others	1980
按登记注册类型分	**Grouped by Registration Status**	
内资企业	Domestic Funded Enterprises	2185
国有企业	State-owned Enterprises	44
集体企业	Collective-owned Enterprises	10
股份合作企业	Share-holding Cooperative Enterprises	2
联营企业	Joint Ownership Enterprises	2
#国有联营企业	State Joint Ownership Enterprises	
集体联营企业	Collective Joint Ownership Enterprises	
国有与集体联营企业	Joint State-collective Enterprises	1
有限责任公司	Limited Liability Corporations	377
#国有独资公司	State Sole Funded Corporations	78
股份有限公司	Share-holding Corporations Ltd.	27
私营企业	Private Enterprises	1723
其他企业	Other Enterprises	
港、澳、台商投资企业	Enterprises with Funds from Hong Kong, Macao and Taiwan	12
与港、澳、台商合资经营企业	Joint-venture Enterprises	7
与港、澳、台商合作经营企业	Cooperative Enterprises	2
港、澳、台商独资经营企业	Enterprises with Sole Funds	3
港、澳、台商投资股份有限公司	Share-holding Corporations Ltd.	
外商投资企业	Foreign Funded Enterprises	7
中外合资经营企业	Joint-venture Enterprises	3
中外合作经营企业	Cooperative Enterprises	
外资企业	Enterprises with Sole Foreign Funds	3
外商投资股份有限公司	Share-holding Corporations Ltd.	1

注：本表统计范围为施工总承包、专业承包法人建筑业企业。

Statistics on Production of Grade Construction Enterprises (2022)

建筑业总产值 (万元) Gross Output Value of Construction (10000 yuan)				竣工产值 (万元) Output Value of Completed Projects (10000 yuan)	竣工率 (%) Ratio of Floor Space of Buildings Completed (%)
	建筑工程 Output Value of Construction	安装工程 Output Value of Installation	其 他 Others		
75232192	**68295295**	**6032332**	**904565**	**20475076**	**27.22**
2362602	1774023	566488	22091	1231308	52.12
5838688	5105840	685817	47031	4040332	69.20
8928545	8390115	300864	237566	2699377	30.23
13370354	12099233	1052314	218807	3011675	22.53
8714613	7484034	1156433	74146	2696251	30.94
10282929	9143752	1043063	96114	2585598	25.14
5611225	5147348	396382	67495	1321840	23.56
4620974	4471048	122024	27902	991938	21.47
12448174	12182932	204306	60936	719942	5.78
335051	263454	66362	5235	356649	106.45
2719037	2233516	438279	47242	820166	30.16
43752721	40747307	2822761	182653	7752194	17.72
14659991	13398121	1099212	162658	6493330	44.29
16819480	14149867	2110359	559254	6229552	37.04
75026074	68161766	5959832	904476	20462013	27.27
3746238	3076503	579364	90371	1636975	43.70
73429	71911	288	1230	44695	60.87
110510	81600	188	28722	91703	82.98
51374	51188	100	86	1558	3.03
51163	51163				
56964927	53341804	3283700	339423	13607316	23.89
23555845	21825157	1663418	67270	5884639	24.98
2034519	1657065	370075	7379	887917	43.64
12045077	9881695	1726117	437265	4191849	34.80
136025	89401	46535	89	10745	7.90
126198	79574	46535	89	318	0.25
6204	6204			3343	53.88
3623	3623			7084	195.53
70093	44128	25965		2318	3.31
31833	6367	25466			
35339	34840	499			
2921	2921			2318	79.36

Note: The statistical scope of this table covers legal construction enterprises with general contracting and professional contracting.

12-4 续表

项　　目	Item	房屋建筑施工面积（平方米）Floor Space of Buildings under Construction (sq.m)
总　　计	**Total**	**386140147**
按地区分	**Grouped by District**	
荔湾区	Liwan	9948434
越秀区	Yuexiu	54571478
海珠区	Haizhu	99567689
天河区	Tianhe	49925034
白云区	Baiyun	38235959
黄埔区	Huangpu	39149549
番禺区	Panyu	41682463
花都区	Huadu	36421281
南沙区	Nansha	10695455
从化区	Conghua	1432264
增城区	Zengcheng	4510541
按隶属关系分	**Grouped by Administrative Relationship**	
中央属企业	Central Government	209886379
地方企业	Provincial Government	90454119
其他企业	Others	85799649
按登记注册类型分	**Grouped by Registration Status**	
内资企业	Domestic Funded Enterprises	385989869
国有企业	State-owned Enterprises	17809366
集体企业	Collective-owned Enterprises	1902509
股份合作企业	Share-holding Cooperative Enterprises	1080648
联营企业	Joint Ownership Enterprises	
# 国有联营企业	State Joint Ownership Enterprises	
集体联营企业	Collective Joint Ownership Enterprises	
国有与集体联营企业	Joint State-collective Enterprises	
有限责任公司	Limited Liability Corporations	293371670
# 国有独资公司	State Sole Funded Corporations	106810892
股份有限公司	Share-holding Corporations Ltd.	11124503
私营企业	Private Enterprises	60701173
其他企业	Other Enterprises	
港、澳、台商投资企业	Enterprises with Funds from Hong Kong, Macao and Taiwan	150278
与港、澳、台商合资经营企业	Joint-venture Enterprises	
与港、澳、台商合作经营企业	Cooperative Enterprises	141478
港、澳、台商独资经营企业	Enterprises with Sole Funds	8800
港、澳、台商投资股份有限公司	Share-holding Corporations Ltd.	
外商投资企业	Foreign Funded Enterprises	
中外合资经营企业	Joint-venture Enterprises	
中外合作经营企业	Cooperative Enterprises	
外资企业	Enterprises with Sole Foreign Funds	
外商投资股份有限公司	Share-holding Corporations Ltd.	

continued

# 本年新开工 Floor Space Started in Current Year	房屋建筑竣工面积 (平方米) Floor Space of Buildings Completed (sq.m)	# 住　宅 Residential Buildings	年平均人数 (人) Average Annual Employed Persons (person)
98257125	**68259733**	**37973857**	**1103185**
2400541	2385810	803601	43166
11585095	13638450	6875261	105798
25972906	14429469	13908046	79959
15751097	12535960	8127191	147114
11036337	8643884	1445659	149284
13961758	7192885	852328	117162
5964115	2983682	1559592	137250
5711675	4477365	3551310	69789
3602953	751294	222624	193839
277345	479064	331135	12745
1993303	741870	297110	47079
57800733	29748151	17145054	460446
27539064	16261203	6555914	258128
12917328	22250379	14272889	384611
98248325	68218036	37969204	1099270
4000281	3137899	1426619	56402
667666	142919		2043
191419	423164	21658	2349
			1773
			1750
82024525	45084007	26095451	699190
34785397	16260228	4851863	310547
2653343	3596867	1105571	37186
8711091	15833180	9319905	300327
8800	41697	4653	2761
			2533
	32897	4653	82
8800	8800		146
			1154
			312
			782
			60

12-5 资质以上建筑业企业承包工程完成情况(2022年)

单位：万元

项　　目	Item
总　计	**Total**
按地区分	**Grouped by District**
荔湾区	Liwan
越秀区	Yuexiu
海珠区	Haizhu
天河区	Tianhe
白云区	Baiyun
黄埔区	Huangpu
番禺区	Panyu
花都区	Huadu
南沙区	Nansha
从化区	Conghua
增城区	Zengcheng
按隶属关系分	**Grouped by Administrative Relationship**
中央属企业	Central Government
地方企业	Provincial Government
其他企业	Others
按登记注册类型分	**Grouped by Registration Status**
内资企业	Domestic Funded Enterprises
国有企业	State-owned Enterprises
集体企业	Collective-owned Enterprises
股份合作企业	Share-holding Cooperative Enterprises
联营企业	Joint Ownership Enterprises
# 国有联营企业	State Joint Ownership Enterprises
集体联营企业	Collective Joint Ownership Enterprises
国有与集体联营企业	Joint State-collective Enterprises
有限责任公司	Limited Liability Corporations
# 国有独资公司	State Sole Funded Corporations
股份有限公司	Share-holding Corporations Ltd.
私营企业	Private Enterprises
其他企业	Other Enterprises
港、澳、台商投资企业	Enterprises with Funds from Hong Kong, Macao and Taiwan
与港、澳、台商合资经营企业	Joint-venture Enterprises
与港、澳、台商合作经营企业	Cooperative Enterprises
港、澳、台商独资经营企业	Enterprises with Sole Funds
港、澳、台商投资股份有限公司	Share-holding Corporations Ltd.
外商投资企业	Foreign Funded Enterprises
中外合资经营企业	Joint-venture Enterprises
中外合作经营企业	Cooperative Enterprises
外资企业	Enterprises with Sole Foreign Funds
外商投资股份有限公司	Share-holding Corporations Ltd.

注：本表统计范围为施工总承包、专业承包法人建筑业企业。

Statistics on Contracted Projects of Grade Construction Enterprises (2022)

(10000 yuan)

直接从建设单位承揽工程完成的产值 Output Value of Completed Projects Directly Contracted with Construction Units	自行完成施工产值 Output Value of Projects Completed by Oneself	分包出去工程产值 Output Value of Projects Subcontracted	从建设单位以外承揽工程完成的产值 Output Value of Completed Projects Contracted with Other Units
79513606	**65757812**	**13755794**	**9474380**
2719916	1901706	818210	460896
10288417	5541108	4747309	297580
13105696	8787066	4318630	141479
13336421	12894238	442183	476116
3657348	3535546	121802	5179067
9643556	9477246	166310	805683
5262123	5029264	232859	581961
3865013	3808307	56706	812667
13705776	11885060	1820716	563114
362892	329203	33689	5848
3566448	2569068	997380	149969
43288721	37862941	5425780	5889780
20228898	13365229	6863669	1294762
15995987	14529642	1466345	2289838
79296321	65567435	13728886	9458640
4204662	3304518	900144	441719
77566	73344	4222	85
110322	110322		188
51424	51374	50	
51163	51163		
60734499	50057976	10676523	6906951
22527429	19493845	3033584	4062000
3144852	2012823	1132029	21696
10972996	9957078	1015918	2088001
152979	136025	16954	
139691	126198	13493	
6204	6204		
7084	3623	3461	
64306	54352	9954	15740
22483	18483	4000	13350
38902	32948	5954	2390
2921	2921		

Note: The statistical scope of this table covers legal construction enterprises with general contracting and professional contracting.

12-6 资质以上建筑业企业财务指标(2022年)

单位：万元

项　　目	Item	资产总计 Total Assets
总　计	**Total**	**106177329**
按地区分	**Grouped by District**	
荔湾区	Liwan	4032449
越秀区	Yuexiu	13233625
海珠区	Haizhu	15602932
天河区	Tianhe	22091925
白云区	Baiyun	5252708
黄埔区	Huangpu	6758586
番禺区	Panyu	8070915
花都区	Huadu	3885140
南沙区	Nansha	18882574
从化区	Conghua	1651902
增城区	Zengcheng	6714573
按隶属关系分	**Grouped by Administrative Relationship**	
中央属企业	Central Government	49081515
地方企业	Provincial Government	24454712
其他企业	Others	32641102
按登记注册类型分	**Grouped by Registration Status**	
内资企业	Domestic Funded Enterprises	102637504
国有企业	State-owned Enterprises	3173344
集体企业	Collective-owned Enterprises	75782
股份合作企业	Share-holding Cooperative Enterprises	59078
联营企业	Joint Ownership Enterprises	21552
#国有联营企业	State Joint Ownership Enterprises	
集体联营企业	Collective Joint Ownership Enterprises	
国有与集体联营企业	Joint State-collective Enterprises	18696
有限责任公司	Limited Liability Corporations	71958945
#国有独资公司	State Sole Funded Corporations	29065543
股份有限公司	Share-holding Corporations Ltd.	7340873
私营企业	Private Enterprises	20007930
其他企业	Other Enterprises	
港、澳、台商投资企业	Enterprises with Funds from Hong Kong, Macao and Taiwan	2983953
与港、澳、台商合资经营企业	Joint-venture Enterprises	1684682
与港、澳、台商合作经营企业	Cooperative Enterprises	1281196
港、澳、台商独资经营企业	Enterprises with Sole Funds	18075
港、澳、台商投资股份有限公司	Share-holding Corporations Ltd.	
外商投资企业	Foreign Funded Enterprises	555872
中外合资经营企业	Joint-venture Enterprises	194023
中外合作经营企业	Cooperative Enterprises	
外资企业	Enterprises with Sole Foreign Funds	353574
外商投资股份有限公司	Share-holding Corporations Ltd.	8275

注：本表统计范围为施工总承包、专业承包法人建筑业企业。

Financial Indicators of Grade Construction Enterprises (2022)

(10000 yuan)

负债合计 Total Liabilities	所有者权益 Owners´ Equity	# 实收资本 Paid-in Capitals
85091494	**21085835**	**10158816**
3280826	751623	495384
10454052	2779573	1495485
11218143	4384789	1619794
18351215	3740710	2075171
4240911	1011797	668671
5546022	1212564	644417
6549223	1523392	815568
3278856	606284	401492
16369671	2512903	1320144
1173679	478223	91101
4630596	2083977	531589
39935803	9145712	3961348
20499552	3955160	2098610
24656139	7984963	4098858
82966212	19671292	10038760
2671191	502153	338130
60927	14855	12222
37570	21508	5000
16158	5394	2212
14489	4207	1000
59109128	12849817	5799202
24853161	4212382	2148815
6275523	1065350	551766
14795715	5212215	3330228
1605016	1378937	104536
1567095	117587	65902
22280	1258916	36949
15641	2434	1685
520266	35606	15520
176883	17140	1920
339128	14446	12000
4255	4020	1600

Note: The statistical scope of this table covers legal construction enterprises with general contracting and professional contracting.

12-6 续表 1

单位:万元

项　　目	Item	营业收入 Income of Business
总　计	**Total**	**79702589**
按地区分	**Grouped by District**	
荔湾区	Liwan	3013379
越秀区	Yuexiu	10937130
海珠区	Haizhu	12148547
天河区	Tianhe	15299338
白云区	Baiyun	5062137
黄埔区	Huangpu	6161856
番禺区	Panyu	4943269
花都区	Huadu	3551574
南沙区	Nansha	14233998
从化区	Conghua	431521
增城区	Zengcheng	3919840
按隶属关系分	**Grouped by Administrative Relationship**	
中央属企业	Central Government	39749819
地方企业	Provincial Government	21447807
其他企业	Others	18504963
按登记注册类型分	**Grouped by Registration Status**	
内资企业	Domestic Funded Enterprises	79426585
国有企业	State-owned Enterprises	3899214
集体企业	Collective-owned Enterprises	110025
股份合作企业	Share-holding Cooperative Enterprises	92012
联营企业	Joint Ownership Enterprises	51089
# 国有联营企业	State Joint Ownership Enterprises	
集体联营企业	Collective Joint Ownership Enterprises	
国有与集体联营企业	Joint State-collective Enterprises	48564
有限责任公司	Limited Liability Corporations	58465194
# 国有独资公司	State Sole Funded Corporations	24956730
股份有限公司	Share-holding Corporations Ltd.	3549843
私营企业	Private Enterprises	13259208
其他企业	Other Enterprises	
港、澳、台商投资企业	Enterprises with Funds from Hong Kong, Macao and Taiwan	188295
与港、澳、台商合资经营企业	Joint-venture Enterprises	142474
与港、澳、台商合作经营企业	Cooperative Enterprises	5932
港、澳、台商独资经营企业	Enterprises with Sole Funds	39889
港、澳、台商投资股份有限公司	Share-holding Corporations Ltd.	
外商投资企业	Foreign Funded Enterprises	87709
中外合资经营企业	Joint-venture Enterprises	44751
中外合作经营企业	Cooperative Enterprises	
外资企业	Enterprises with Sole Foreign Funds	40227
外商投资股份有限公司	Share-holding Corporations Ltd.	2731

continued

(10000 yuan)

#主营业务收入 Revenue from Principal Business	主营业务成本 Cost of Principal Business	其他业务利润 Other Operational Profit
79012958	**73831150**	**71329**
3002186	2732514	2073
10871028	10375319	25730
12090188	11184547	13498
15188993	13944773	1769
5016538	4616081	6988
6109592	5742093	3230
4889623	4470628	2026
3534547	3275288	-11098
13984173	13449098	15534
431063	382403	292
3895027	3658406	11287
39361641	36823841	31333
21364049	20377631	37549
18287268	16629678	2447
78739665	73595424	70893
3882067	3674410	1034
109729	104229	132
91449	86048	563
51089	48010	
48564	46069	
58038704	54523448	47926
24874306	23404133	24497
3503681	3357433	27280
13062946	11801846	-6042
188291	165463	4
142474	123785	
5932	5054	
39885	36624	4
85002	70263	432
43497	31404	432
38774	36783	
2731	2076	

12-6 续表 2

单位：万元

项　　目	Item	管理费用 Management Cost
总　　计	**Total**	**1913770**
按地区分	**Grouped by District**	
荔湾区	Liwan	89504
越秀区	Yuexiu	280842
海珠区	Haizhu	212055
天河区	Tianhe	400280
白云区	Baiyun	174969
黄埔区	Huangpu	175763
番禺区	Panyu	192174
花都区	Huadu	77881
南沙区	Nansha	184809
从化区	Conghua	28792
增城区	Zengcheng	96701
按隶属关系分	**Grouped by Administrative Relationship**	
中央属企业	Central Government	478866
地方企业	Provincial Government	376989
其他企业	Others	1057915
按登记注册类型分	**Grouped by Registration Status**	
内资企业	Domestic Funded Enterprises	1894753
国有企业	State-owned Enterprises	72369
集体企业	Collective-owned Enterprises	3536
股份合作企业	Share-holding Cooperative Enterprises	3152
联营企业	Joint Ownership Enterprises	1785
# 国有联营企业	State Joint Ownership Enterprises	
集体联营企业	Collective Joint Ownership Enterprises	
国有与集体联营企业	Joint State-collective Enterprises	1513
有限责任公司	Limited Liability Corporations	924324
# 国有独资公司	State Sole Funded Corporations	358924
股份有限公司	Share-holding Corporations Ltd.	58961
私营企业	Private Enterprises	830626
其他企业	Other Enterprises	
港、澳、台商投资企业	Enterprises with Funds from Hong Kong, Macao and Taiwan	13422
与港、澳、台商合资经营企业	Joint-venture Enterprises	10444
与港、澳、台商合作经营企业	Cooperative Enterprises	690
港、澳、台商独资经营企业	Enterprises with Sole Funds	2288
港、澳、台商投资股份有限公司	Share-holding Corporations Ltd.	
外商投资企业	Foreign Funded Enterprises	5595
中外合资经营企业	Joint-venture Enterprises	2886
中外合作经营企业	Cooperative Enterprises	
外资企业	Enterprises with Sole Foreign Funds	1720
外商投资股份有限公司	Share-holding Corporations Ltd.	989

continued

(10000 yuan)

财务费用 Financial Cost	营业利润 Business Profits	利润总额 Total Profits	产值利润率(%) Rate of Profits to Output (%)
406908	**1240127**	**1216261**	**1.62**
-2745	139235	137781	5.83
62685	50781	52797	0.90
70386	334103	337300	3.78
124089	194688	179897	1.35
10157	100558	99187	1.14
27933	58881	52361	0.51
21616	113119	112577	2.01
17179	40693	41411	0.90
39820	129238	131503	1.06
4448	10252	4758	1.42
31340	68579	66689	2.45
176721	755130	754610	1.72
42492	335677	336502	2.30
187695	149320	125149	0.74
405098	1227405	1203761	1.60
2822	57760	60491	1.61
-154	1906	1564	2.13
27	691	780	0.71
-53	515	501	0.98
-64	504	498	0.97
260381	967812	967274	1.70
95017	367587	370059	1.57
33740	59797	59364	2.92
108335	138924	113787	0.94
1105	6884	6554	4.82
1131	6144	5834	4.62
-35	202	197	3.18
9	538	523	14.44
705	5838	5946	8.48
-439	10160	10195	32.03
1086	-3918	-3872	-10.96
58	-404	-377	-12.91

12-7 资质以上建筑业企业盈亏情况(2022年)

项　　　　目	Item
总　　计	**Total**
按地区分	**Grouped by District**
荔湾区	Liwan
越秀区	Yuexiu
海珠区	Haizhu
天河区	Tianhe
白云区	Baiyun
黄埔区	Huangpu
番禺区	Panyu
花都区	Huadu
南沙区	Nansha
从化区	Conghua
增城区	Zengcheng
按隶属关系分	**Grouped by Administrative Relationship**
中央属企业	Central Government
地方企业	Provincial Government
其他企业	Others
按登记注册类型分	**Grouped by Registration Status**
内资企业	Domestic Funded Enterprises
国有企业	Stateowned Enterprises
集体企业	Collectiveowned Enterprises
股份合作企业	Shareholding Cooperative Enterprises
联营企业	Joint Ownership Enterprises
# 国有联营企业	State Joint Ownership Enterprises
集体联营企业	Collective Joint Ownership Enterprises
国有与集体联营企业	Joint Statecollective Enterprises
有限责任公司	Limited Liability Corporations
# 国有独资公司	State Sole Funded Corporations
股份有限公司	Shareholding Corporations Ltd.
私营企业	Private Enterprises
其他企业	Other Enterprises
港、澳、台商投资企业	Enterprises with Funds from Hong Kong, Macao and Taiwan
与港、澳、台商合资经营企业	Jointventure Enterprises
与港、澳、台商合作经营企业	Cooperative Enterprises
港、澳、台商独资经营企业	Enterprises with Sole Funds
港、澳、台商投资股份有限公司	Shareholding Corporations Ltd.
外商投资企业	Foreign Funded Enterprises
中外合资经营企业	Jointventure Enterprises
中外合作经营企业	Cooperative Enterprises
外资企业	Enterprises with Sole Foreign Funds
外商投资股份有限公司	Shareholding Corporations Ltd.

注：本表统计范围为施工总承包、专业承包法人建筑业企业。

Statistics on Profits and Losses of Grade Construction Enterprises (2022)

企业数（个）Number of Construction Enterprises (unit)	盈余 Profits		亏损 Losses	
	企业数（个）Number of Enterprises (unit)	金额（万元）Value (10000 yuan)	企业数（个）Number of Enterprises (unit)	金额（万元）Value (10000 yuan)
2204	**1581**	**1495762**	**623**	**279501**
65	48	140747	17	2966
165	119	140050	46	87254
273	189	352977	84	15677
488	355	236609	133	56712
275	191	112064	84	12878
185	157	71011	28	18650
372	245	155576	127	42999
82	57	47641	25	6230
151	105	153735	46	22232
61	43	11556	18	6797
87	72	73796	15	7106
73	69	756588	4	1978
151	124	371173	27	34671
1980	1388	368001	592	242852
2185	1569	1478936	616	275175
44	37	61526	7	1035
10	5	2109	5	545
2	1	846	1	66
2	2	501		
1	1	498		
377	304	1064842	73	97568
78	73	374540	5	4481
27	20	73201	7	13837
1723	1200	275911	523	162124
12	9	6631	3	77
7	5	5852	2	18
2	1	256	1	59
3	3	523		
7	3	10195	4	4249
3	3	10195		
3			3	3872
1			1	377

Note: The statistical scope of this table covers legal construction enterprises with general contracting and professional contracting.

主要统计指标解释

【建筑业总产值】指以货币表现的建筑业企业在一定时期内生产的建筑业产品和服务的总和。建筑业总产值包括建筑工程产值、安装工程产值和其他产值三部分内容，不包括境外产值。

(1)建筑工程产值：指列入建筑工程预算内的各种工程价值。

(2)安装工程产值：指设备安装工程价值以及将预制部品部件安装成建筑工程产品的价值。

(3)其他产值：建筑业总产值中除建筑工程、安装工程以外的产值。包括房屋构筑物修理产值、非标准设备制造产值、总包企业向分包企业收取的管理费以及不能明确划分的施工活动所完成的产值。

房屋构筑物修理产值：指房屋和构筑物的修理所完成的产值，但不包括被修理房屋、构筑物本身价值和生产设备的修理价值。

非标准设备制造产值：指加工制造没有定型的非标准生产设备的加工费和原材料价值（如化工厂、炼油厂用的各种罐、槽，矿井生产统一使用的各种漏斗、三角槽、阀门等）以及附属加工厂为本企业承建工程制作的非标准设备的价值。

【房屋施工面积】指报告期内施工的全部房屋建筑面积。包括本期新开工的房屋建筑面积、上期跨入本期继续施工的房屋建筑面积、上期停缓建在本期恢复施工的房屋建筑面积、本期竣工的房屋建筑面积以及本期施工后又停缓建的房屋建筑面积。多层建筑应填各层建筑面积之和。

【房屋竣工面积】指报告期内房屋建筑按照设计要求已全部完工，达到住人和使用条件，经验收鉴定合格或达到竣工验收标准，可正式移交使用的各栋房屋建筑面积的总和。

【营业收入】指企业从事销售商品、提供劳务和让渡资产使用权等生产经营活动形成的经济利益流入。包括“主营业务收入”和“其他业务收入”。根据会计“利润表”中“营业收入”项目的本年累计数填报。

【主营业务收入】指企业经营主要业务所实现的收入。如果会计“利润表”列示“主营业务收入”项目，则根据其本年累计数填报；或者，根据会计“主营业务收入”科目的本年各月贷方余额（结转前）之和填报，如未设置该科目，以“营业收入”代替填报。

Explanatory Notes on Main Statistical Indicators

【Gross Output Value of Construction】 refers to the sum of construction products and services produced by construction enterprises in a certain period in terms of money. The total output value of the construction includes the output value of the construction project, the output value of the installation project and other output values, excluding the overseas output value.

(1)Output value of construction projects, that is the value of projects covered by the project budgets;

(2)Output value of installation projects, those are the value of the installation of equipment and the value of installing prefabricated parts into construction engineering products.

(3)Other output values, that is the values excluding output value of construction projects and output value of installation projects, including output value of repair of buildings and struc-tures, output value of manufactured non-standard equipment, management expenses received by head enterprises from sub-contract enterprises and output value of construction activities completed but unclassified.

a.Output value of building and structure repair: refers to the output value completed by the repair of buildings and structures, but does not include the value of the repaired buildings and structures themselves and the repair value of production equipment.

b.Non-standard equipment manufacturing output: refers to the processing and manufacturing did not finalize the design value of non-standard production equipment of processing fee and raw materials (such as chemical plants, oil refineries with all kinds of cans, tank, mine production unified use various funnel and triangle groove, valves, etc.) and ancillary processing plant for the production of the enterprise construction project of the value of non-standard equipment.

【Building Construction Area】 refers to the total building construction area during the reporting period. It includes the building floor area newly started in the current period, the building floor area continued construction in the previous period, the building floor area resumed construction in the current period, the building floor area completed in the current period, and the building floor area stopped and delayed construction after the current period. Multi-storey buildings should be filled with the sum of the building area of each floor.

【Built-Up Area of Buildings】 refers to the total built-up area of all buildings that have been completed in accordance with the design requirements, met the conditions for occupants and use, passed the appraisal by experience or met the standards for completion acceptance, and can be formally handed over for use during the reporting period.

【Operating Income】 refers to the inflow of economic benefits generated by the production and operation activities of an enterprise, such as selling commodities, providing services and granting the right to use assets. Including "main business income" and "other business income". Fill in according to the current year cumulative count of the "operating income" item in the accounting "Income Statement".

【Main Business Income】 refers to the income realized by an enterprise from operating its main business. If "main business income" is listed in the accounting "income statement", it shall be reported according to the accumulated counts of the current year; or, fill in according to the sum of the credit balance (before carrying forward) of the course of accounting "main business income" in each month of the year, if this course is not set up, fill in with" operating income" instead.

第十三篇 CHAPTER 13

运输和邮电

TRANSPORT，POSTAL AND TELECOMMUNICATION SERVICES

第十三篇　运输和邮电

简要说明

一、本篇资料反映广州市交通运输业、邮电通信业发展的基本状况。交通运输业资料主要包括：五种运输方式的线路里程、运输设备拥有量、各种运输方式完成的货物运输量和旅客运输量、港口设备拥有量、港口货物吞吐量等。

邮电通信业资料主要包括：邮电业务量、邮电通信工具、邮电通信网、邮电通信水平等。

二、本篇资料由广州市统计局服务业统计处整理提供。

三、本篇资料分别来源于民航、铁路、公路、水运、港口、公安、邮电等部门。管道运输资料由有关管道运输企业提供。

Chapter 13 Transport,Postal and Telecommunication Services

Brief　Introduction

I.This data in this chapter reflects the basic situation of the development of Guangzhou's transportation industry, post and telecommunication industry. The data on transport cover mainly the length of the routes of five means of transportation, the owner-ship of the transport equipment, the freight traffic and passenger traffic accomplished by various means of transportation, the ownership of the port equipment and the cargo handled at ports, etc. The data on posts and telecomm-unications cover mainly the postal and telecommunication services, means of post and telecommunications, network of post and telecommunications, main financial of indicators of postal and telecommunication enterprises and the level of the development of the postal and telecommunication services, etc.

II.The data in this chapter are prepared and provided by the Division of Service Industries Statistics of Guangzhou Municipal Bureau of Statistics.

III.The data in this chapter come respectively from Guangzhou municipal departments of railways, transportation, post and telecommunications, etc. The data on the pipeline transport are provided by related pipeline enterprises.

13-1 运输邮电主要指标

Basic Statistics of Transport and Post

项　　目	Item	2021	2022
民用车辆拥有量 (辆)	Civilian Vehicle (unit)	3308683	3549984
# 汽车	Automobile	3198405	3435035
货运量 (万吨)	Freight Traffic (10000 tons)	98175	90511
# 铁　路	Railways	2292	2360
公　路	Highways	53204	48845
水　路	Waterways	40765	36977
民　航	Civil Aviation	119	110
货物周转量 (万吨公里)	Freight Ton-kilometers (10000 ton-km)	218870082	221816045
# 铁　路	Railways	326165	333667
公　路	Highways	7291791	6840408
水　路	Waterways	210310704	213696917
民　航	Civil Aviation	764600	685912
客运量 (万人次)	Passenger Traffic (10000 person-times)	21733	17354
铁　路	Railways	9175	6781
公　路	Highways	6531	6651
水　路	Waterways	200	122
民　航	Civil Aviation	5827	3800
旅客周转量 (万人公里)	Passenger-kilometers (10000 passenger-km)	11495962	7667148
铁　路	Railways	831355	687361
公　路	Highways	665246	567905
水　路	Waterways	3381	1837
民　航	Civil Aviation	9995980	6410045
港口货物吞吐量 (万吨)	Volume of Freight Handled in Coastal Ports (10000 tons)	65130	65592
进　港	Import	37210	36186
出　港	Export	27920	29406
港口集装箱吞吐量(万TEU)	Volume of container shipping (10000 TEU)	2447	2486
白云国际机场货邮行吞吐量 (万吨)	Volume of Freight and Post Handled in Baiyun International Airport (10000 tons)	224	204
白云国际机场旅客吞吐量 (万人次)	Volume of Passengers Handled in Baiyun International Airport (10000 person-times)	4026	2611
邮电业务收入 (万元)	Revenue of Postal and Telecommunication Services (10000 yuan)	12225208	13182722
电话交换机总容量 (万门)	Total Capacity of Telephone Exchanges (10000 gates)	74	
报纸发行量 (万份)	Newspapers Issued (10000 copies)	75399	78110
杂志发行量 (万份)	Magazines Issued (10000 copies)	4664	5927
固定电话用户 (万户)	Number of Telephone Sets at Year-end (10000 subscribes)	271	253
移动电话用户 (万户)	Number of Mobile Telephone Subscribers (10000 subscribes)	3539	3643
互联网宽带接入用户数(万户)	Number of Internet Subscribers (10000 subscribes)	695	763
城市电话普及率(含移动电话) (部/百人)	Popularity Rate of Urban Telephones (Including Mobile Telephones) (set/100 persons)	376.73	376.42
# 移动电话	Mobile Telephones	349.91	351.98

注：广州市交通局根据交通部门的要求自2021年起对公路客、货运量、客、货运周转量统计口径进行调整；2021年起水运客运量包含珠江夜游旅客。

Note: The Ministry of Transport has adjusted the statistical caliber of Amount of Passenger Traffic and Highway passenger transport turnover since 2021.

13-2　公路和航道线路基本情况

Basic Statistics on Highways and Waterways

项　目	Item	2021	2022
公路里程　（公里）	**Length of Highways　(kilometer)**	**9045**	**9068**
# 晴雨通车里程	Length of Highways in Any Weathers	9045	9068
等级公路	Expressway and Class I to IV Highways	9045	9068
高　速	Expressway	1106	1133
一　级	First Class	1058	1187
二　级	Second Class	907	833
三　级	Third Class	1722	1698
四　级	Fourth Class	4252	4217
等外公路	Highways below Class IV		
有路面里程	Paved Highways	9045	9068
沥青混凝土	High Class	2741	2872
水泥混凝土	Second High Class	6304	6196
简易铺路面	Medium Class		
未铺装路面	Low Class		
桥　梁	**Bridges**		
座　（座）	Number　(unit)	3604	3614
长　度　（米）	Length　(meter)	671688	674592
永久式桥梁	**Permanent Bridges**		
座　（座）	Number　(unit)	3604	3614
长　度　（米）	Length　(meter)	671688	674592
渡　口　（个）	**Ferries　(unit)**	**2**	**2**
内河航道里程　（公里）	**Length of Navigable Inland Waterways　(kilometer)**	**1242**	**1243**
# 等级航道里程	Standard Waterways　(kilometer)	585	585

注：本表数据由广州市交通运输局等单位提供。

Note: The data in this table are provided by Guangzhou Municipal Transportation Bureau, etc.

13-3 民用车辆拥有量(2022年)

Possession of Civil Vehicles (2022)

单位：辆 (unit)

项　目	Item	全　市 Total	# 私人 Private
合　计	**Total**	**3549984**	**2822894**
汽　车	Civil Automobile	3435035	2741383
载客汽车	Passenger Vehicles	2946483	2547066
大　型	Large	31943	227
中　型	Medium	6720	1706
小　型	Small	2899892	2539791
微　型	Minicar	7928	5342
载货汽车	Trucks	468342	188670
重　型	Heavy	99021	3661
中　型	Medium	18086	2884
轻　型	Light	349854	180983
微　型	Mini	1381	1142
其他汽车	Others	20210	5647
电　车	Trolleybuses and Trams	260	
无　轨	Trolleybuses	260	
有　轨	Trams		
摩托车	Motorcycle	82793	81279
普　通	Ordinary	82793	81279
轻　便	Light		
挂　车	Trailers	31896	232
其他类型车	Other Kinds of Vehicles		

注：本表资料由广州市公安局交警支队提供。

Note: The data in this table are provided by the transportation policy branch of Guangzhou Policy Bureau.

13-4 营业性民用运输轮驳船拥有量
Possession of Business Civil Transport Vessels

项　　目		Item		2021	2022
机动船		**Motor Vessels**			
艘数	(艘)	Number of Motor Vessels	(unit)	1438	1408
#客船	(艘)	Passenger Vessels	(unit)	79	85
货船	(艘)	Cargo Vessels	(unit)	1345	1310
载客量	(客位)	Passenger Capacity	(seat)	18629	20293
净载重量	(吨位)	Dead Weight Tonnage	(ton)	41184737	42271263
总功率	(千瓦)	Total Power	(kilowatt)	5305409	5184209
驳　船		**Barges**			
艘数	(艘)	Number of Barges	(unit)	4	4
净载重量	(吨位)	Dead Weight Tonnage	(ton)	23347	23347

注：本表资料由广州港务局等单位提供。

Note: The data in this table are provided by Guangzhou Port Authority.

13-5 主要年份客货运输(吞吐量)和邮电业务收入

Total Passenger and Freight Traffic and Revenue of Postal and Telecommunication Services in Main Years

年 份 Year	客运量 (万人次) Passenger Traffic (10000 persontimes)	旅客周转量 (万人公里) Passenger-kilometers (10000 passengerkm)	货运量 (万吨) Freight Traffic (10000 tons)	货物周转量 (万吨公里) Freight Tonkilometers (10000 ton-km)	港口旅客吞吐量 (万人次) Volume of Passenger Handled in Coastal Ports (10000 persontimes)
1978					433
1980					489
1985	11653	1017045	18233	15653824	514
1986	10985	1090054	15439	16584196	788
1987	9152	1158152	18947	17143674	742
1988	10290	1340611	21390	18968882	765
1989	9051	1269994	18397	20193670	610
1990	9461	1340608	17842	21417482	531
1991	9996	1574625	19535	26703071	485
1992	12459	1897547	22562	28156518	484
1993	15988	2198885	24818	29564344	447
1994	17307	2202816	26461	35696673	406
1995	16107	2227019	26992	39618131	343
1996	15638	2066438	23315	30739572	233
1997	17725	2417966	23768	30573646	134
1998	19587	2563072	24443	26210641	91
1999	22007	2799796	24238	20924658	153
2000	26097	4533805	27972	22660161	134
2001	27461	4986901	28248	23370862	135
2002	30084	5570611	28496	22346711	135
2003	30546	5408605	29309	25104134	112
2004	36941	8557982	35700	27833246	119
2005	40524	9750755	38153	27240509	99
2006	43777	10915614	42759	27954630	98
2007	51180	12906006	45852	24706845	111
2008	55385	13752318	49586	24620645	90
2009	57053	14538626	52525	21762287	78
2010	62595	16936472	57369	24508491	79
2011	67756	18790926	64929	28611908	80
2012	76070	20746062	76100	49383911	75
2013	89269	22776307	89099	68224384	77
2014	98062	24996168	96553	86335522	71
2015	106082	26681268	100124	90504153	61
2016	45823	21698556	107992	153864229	87
2017	45279	19990354	117429	212596804	92
2018	48048	21950302	127752	214871658	101
2019	49819	23760253	95032	214726541	78
2020	32702	12572814	92458	216197515	8
2021	21733	11495962	98175	218870082	4
2022	17354	7667108	90511	221816045	2

注：广州市交通局根据交通部门的要求自2021年起对公路客、货运量，客、货运周转量统计口径进行调整；2021年起水运客运量包含珠江夜游旅客。

Note: According to the requirements of the transportation department, Guangzhou Transportation Bureau has adjusted the statistical caliber of highway passenger and freight volume, passenger and freight turnover since 2021. From 2021, the passenger volume of water transport includes night travelers on the Pearl River.

13-5 续表 continued

年 份 Year	港口货物吞吐量 (万吨) Volume of Freight Handled (10000 tons)	# 集装箱 Container	机场旅客吞吐量 (万人次) Volume of Passenger Handled in Airport (10000 persontimes)	机场货邮行吞吐量 (万吨) Volume of Freight Mail and Luggage Handled in Airport (10000 tons)	邮电业务收入 (万元) Revenue of Postal and Telecommun-ication Services (10000 yuan)
1978	1950		66		2357
1980	2107		131	3	3631
1985	3700		290	6	9927
1986	3954		389	7	12744
1987	4561		505	10	19822
1988	5115	115	542	11	28482
1989	5106	103	485	11	38605
1990	5099	107	605	12	55960
1991	5657	161	745	15	79642
1992	6477	168	902	17	121473
1993	7610	177	927	19	180606
1994	8121	231	1070	23	270330
1995	8340	440	1257	28	380323
1996	8510	485	1264	32	528343
1997	8390	599	1251	35	687781
1998	8716	789	1241	41	841107
1999	11336	1355	1190	45	981527
2000	12455	1699	1279	49	1384846
2001	13539	2633	1384	53	1515282
2002	16772	3255	1601	59	1751392
2003	19200	4161	1501	54	1851326
2004	23887	4734	2033	63	2108788
2005	27283	6672	2340	75	2220589
2006	32816	9493	2622	82	2307436
2007	37053	13298	3096	90	2478199
2008	36954	15172	3344	93	2663183
2009	37549	15383	3705	122	2680007
2010	42526	18070	4098	145	2900942
2011	44770	20682	4504	153	3123440
2012	45125	21338	4831	163	3373039
2013	47267	23053	5246	173	4585063
2014	50097	24297	5479	190	5052592
2015	52096	26026	5521	200	5400082
2016	54437	27799	5974	216	6352822
2017	59012	30002	6584	234	7560250
2018	55669	32829	6974	249	8778953
2019	62687	33980	7339	255	10450611
2020	63643	33695	4377	200	11144378
2021	65130	35674	4026	224	12225208
2022	65592	34974	2611	204	13181366

13-6 民航运输主要指标

Main Indicators on Civil Aviation

项　　目	Item	2021	2022
客运量　（万人次）	Passenger Traffic (10000 person-times)	5828	3800
国际航线	International Routes	44	48
国内航线	Domestic Routes	5784	3752
# 地区航线	Regional Routes	4	3
旅客周转量　（万人公里）	Passenger-kilometers (10000 person-km)	9995980	6410045
国际航线	International Routes	277344	293362
国内航线	Domestic Routes	9718636	6116683
# 地区航线	Regional Routes	3810	3530
货邮运量　（吨）	Freight Traffic (ton)	1188111	1098288
国际航线	International Routes	632755	659350
国内航线	Domestic Routes	555356	438938
# 地区航线	Regional Routes	10327	3626
货邮周转量　（万吨公里）	Freight Ton-kilometers (10000 ton-km)	764600	685912
国际航线	International Routes	614760	611566
国内航线	Domestic Routes	149840	74346
# 地区航线	Regional Routes	996	374
总周转量　（万吨公里）	Total Air Traffic Ton-kilometers(10000 ton-km)	1593770	1250367
国际航线	International Routes	639347	637562
国内航线	Domestic Routes	954423	612805
# 地区航线	Regional Routes	1332	687
飞行班次　（班次）	Flying Times of General Aviation (time)	520524	359606
国际航线	International Routes	16003	18655
国内航线	Domestic Routes	504521	340951
# 地区航线	Regional Routes	664	388
飞行时间　（小时）	Flying Time of General Aviation (hr)	1414656	1028271
运输飞行	Transportation Flying	1391551	1014125
专业飞行	Flying for Special Purpose	23105	14146

13-7 民航航线及飞机年末数

Number of Civil Aviation Routes and Civil Aircraft at Year-end

指标名称	Item	2021	2022
定期航班航线条数 （条）	Number of Civil Aviation Routes (line)	809	989
国际航线	International Routes	57	72
国内航线	Domestic Routes	752	917
# 地区航线	Regional Routes	1	3
定期航班航线里程(公里)	Length of Civil Aviation Routes (km)	2440061	1423503
国际航线	International Routes	555223	442481
国内航线	Domestic Routes	1884838	981022
# 地区航线	Regional Routes	964	4907
民航飞机期末架数 （架）	Number of Civil Aircraft (unit)	606	601
运输飞机	Aero Transport	579	573
大中型飞机	Air Bus	572	558
小型飞机	Puddle-jumper	7	15
通用航空飞机	General Aircraft	27	28
教学校验飞机	Others		
国外通航国家和地区(个)	Foreign Countries and Regions Linked with Civil Aviation Routes(unit)	25	31
通航城市 （个）	Cities Linked with Civil Aviation Routes (unit)	252	320
# 国外通航城市	Foreign Cities Linked with Civil Aviation Routes	25	40

13-8　白云国际机场吞吐量

Volume Handled in Baiyun International Airport

项　　目	Item	2021	2022
飞机起降架次　（万次）	Number of Aircrafts Taking off and Landing　(10000 times)	36.25	26.66
进　港	Landing	18.12	13.33
出　港	Taking off	18.13	13.33
旅客吞吐量　（万人次）	Volume of Passengers Handled　(10000 person-times)	4026	2611
进　港	Landing	2004	1290
出　港	Taking off	2022	1321
货邮行吞吐量　（万吨）	Volume of Freight Handled　(10000 ton)	224.15	203.75
进　港	Landing	88.94	78.25
出　港	Taking off	135.21	125.50
航线条数　（条）	Number of Civil Aviation Routes　(line)	290	315
国际航线	International Routes	66	77
国内航线	Domestic Routes	224	238
# 地区航线	Regional Routes	2	2
国外通航国家和地区　（个）	Foreign Countries and Regions Linked with Civil Aviation Routes　(unit)	48	50
通航城市	Cities Linked with Civil Aviation Routes	183	241
# 国外通航城市	Foreign Cities Linked with Civil Aviation Routes	51	73

注：本表数据由白云国际机场提供。

Note: The data in this table are provided by Baiyun International Airport.

13-9 输油(气)管道基本情况(2022年)
Basic Statistics on Pipelines (2022)

项目	Item	合计 Total	#输成品油管道 Refined Oil Pipelines	输入天然气体管道 Natural Gas Pipelines	输其他气体管道 Others Gas Pipelines
条数 (条)	Number Of Pipelines (unit)	40	18	11	11
输油(气)里程 (公里)	Length Of Pipelines (km)	3094	57	2975	61
延展长度 (公里)	Extension Length of Pipelines (km)	3094	57	2975	61
输油(气)能力	Capacity of Pipeline Traffic	5986	4023	975	987
(万吨/年、千万立方米/年)	(10000 ton/year, 10 million cu.m/year)				
输油(气)量 (万吨)	Pipeline Traffic (10000 tons)	2220	653	1398	169
输油(气)周转量 (万吨公里)	Ton-kilometers (10000 ton-km)	259141	3102	255071	969

注：本表数据由中石化广州分公司、国家管网集团广东省管网有限公司提供。
Note: The data in this table are provided by Sinopec Guangzhou Branch and State Pipe Network Group Guangdong Branch.

13-10 港口码头泊位数
Number of Berths in Ports

项目	Item	2021	2022
总计	**Total**		
码头长度 (米)	Length of Quay Line (m)	46227	46684
泊位 (个)	Number of Berths (unit)	588	585
# 万吨级	10000 Ton Class	80	83
泊位年通过能力	Berths Capacity		
# 货物 (万吨)	Cargo (10000 tons)	21877	37238
集装箱 (万TEU)	Containers (10000 TEU)	1675	1657
旅客 (万人)	Passengers (10000 persons)	3712	3923
汽车 (万辆)	Automobile (10000 units)	66	66
生产用	For Productive Use		
码头长度 (米)	Length of Quay Line (m)	44013	45282
泊位 (个)	Number of Berths (unit)	415	418
# 万吨级	10000 Ton Class	80	83

注：本表数据由广州市港务局提供。
Note: The data in this table are provided by Guangzhou Port Bureau.

13-11 邮政电信网

Network of Postal and Telecommunication Services

项　　目	Item	2021	2022
邮政营业网点 （个）	Post Network (unit)	8322	7771
#快递营业网点	Post Office Owned by Itself	8079	7526
邮政储蓄所 （个）	Postal Savings Office (unit)	137	137
信箱、信筒 （个）	Mail Box (unit)	920	884
电信网 （个）	Telecommunication Office (unit)	12055	10798
自办电信网点	Telecommunication Office Owned by Itself	392	406
代办网点	Commission Office	11663	10392
邮政网络 （公里）	Postal Service Network (km)		
邮路总长度	Total Length of Mail Routes	2676300	2527004
农村投递线路总长度	Length of Rural Delivery Routes	26617	18842

注：因邮政营业网点含快递营业网点，故2022年起邮路总长将含快递线路。

Note: Due to the inclusion of express delivery service outlets in postal service outlets, the total length of postal routes will include express delivery routes starting from 2022.

13-12 邮政业务主要指标
Main Indicators on Post

项目	Item	2021	2022
国内分类业务总量	Category of Domestic Services		
函件 (万件)	Number of Letters (10000 pcs)	4500	3615
包裹 (万件)	Packages (10000 pcs)	53	64
汇兑 (万笔)	Remittance (10000 transactions)	11	7
订销报纸累计数 (万份)	Number of Newspapers Circulation (10000 copies)	16900	18056
订销杂志累计数 (万份)	Number of Magazines Circulation (10000 copies)	1068	993
快递 (万件)	Pieces of Express Mail Services (10000 pcs)	1067897	1013081
同城	City Express	158400	144346
异地	Long-distance Express	895700	858959
国际及港澳台	International and Hong Kong, Macao and Taiwan Express	13797	9777
邮政储蓄年末收储余额 (万元)	Postal Savings Deposits at Year-end (10000 yuan)	4983635	5542232

13-13 电信业务主要指标
Main Indicators on Telecommunication Services

项目	Item	2021	2022
通信业务量	Business Volume of Telecommunications		
移动电话用户 （万户）	Number of Mobile Telephone Subscribers (10000 subscribers)	3539.43	3642.63
# 5G移动电话用户	5G Mobile Telephone Subscribers	730.29	938.01
移动短信通信量 （亿条）	Short Message Services (100 million)	155.40	211.96
固定电话用户 （万户）	Landline Users (10000 subscribers)	271.26	252.99
互联网宽带接入用户 （万户）	Broadband Users (10000 subscribers)	694.68	762.52
移动互联网用户 （万户）	Mobile Internet Users (10000 subscribers)	3161.16	2918.36
电信主要通信能力	Main Communication Capacity of Telecommunications		
长途电话交换机容量（万路端）	Capacity of Long-distance Telephone Exchanges (10000 circuits)	25.50	4.50
电话交换机总容量 （万门）	Capacity of Telephone Exchanges (10000 gates)	74.08	0.08
局用交换机容量	Capacity of Office Exchanges	32.08	0.08
接入网交换机容量	Capacity of Exchanges Linked-out	42.00	
移动电话交换机容量 （万户）	Capacity of Mobile Telephone Exchanges (10000 subscribers)	6146	6380
移动电话基站数 （个）	Number of Mobile Phone Base Station (unit)	159991	172533
互联网宽带接入端口 （个）	Broad Band Subscribers Post Of Internet (unit)	13002219	13877366

注：长途电话交换机容量、电话交换机总容量、局用交换机容量、接入网交换机容量四个指标省联通公司不再分市和对外公布。

Note: The four indicators of long-distance telephone switch capacity, total telephone switch capacity, office switch capacity and access network switch capacity are no longer divided into cities and announced by the Provincial Unicom company.

13-14 邮电业务收入

Revenue of Postal and Telecommunication Services

单位：万元 (10000 yuan)

项　　目	Item	2021	2022
总　　计	**Total**	**12225208**	**13182722**
# 港澳及国际	Hong Kong, Macao and International	27689	1522803
邮政收入	**Revenue of Posts**	**8252227**	**8972993**
# 港澳及国际	Hong Kong, Macao and International	18776	1509259
函　　件	Letters	26962	17518
快　　递	Express Mail Services	8171900	8404275
汇　　兑	Postal Orders	427	199
包　　裹	Package	3486	3373
报　　刊	Newspapers and Magazines	8499	8747
其　　他	Others	40952	538881
电信收入	**Revenue of Telecommunications**	**3972981**	**4209729**
# 港澳及国际	Hong Kong, Macao and International	8913	13543
固定电话收入	Fixed-line Telephone	69921	58634
移动电话收入	Mobile Telephone	2276159	2286025
宽带收入	Broadband Network	581814	553272
其他收入	Other Revenue	1045087	1311798

13-15 城市公共交通(2022年)
Public Traffic in City (2022)

项　目	Item	合 计 Total	汽 车 Buses	电 车 Trolleys
营运车、船数 (辆、艘)	Number of Vehicles and Vessels (unit)	38490	14804	242
营运车船客位数 (个)	Seat for Vehicles and Vessels for Business Transportation (seat)	1969498	939306	19108
营运线路条数 (条)	Lines Used by Public Traffic for Business Transportation (line)	1357	1310	15
营运线路长度 (公里)	Length of Public Traffic (km)	25313	24413	202
客运量 (万人次)	Number of Passenger Traffic (10000 person-times)	376042	99680	2458
客运收入 (万元)	Revenue of Passenger Transport (10000 yuan)	1091425	138785	2100
每辆汽、电车负担人数 (人)	Number of Passengers per Bus and Trolley (person)	688		

13-15 续表 continued

项　目	Item	轮 渡 Ferries	出租汽车 Cabs	轨道交通 Track Traffic
营运车、船数 (辆、艘)	Number of Vehicles and Vessels (unit)	44	19720	3680
营运车船客位数 (个)	Seat for Vehicles and Vessels for Business Transportation (seat)	8814	78880	923390
营运线路条数 (条)	Lines Used by Public Traffic for Business Transportation (line)	14		18
营运线路长度 (公里)	Length of Public Traffic (km)	55		643
客运量 (万人次)	Number of Passenger Traffic (10000 person-times)	954	36605	236345
客运收入 (万元)	Revenue of Passenger Transport (10000 yuan)	1230	448273	501037
每辆汽、电车负担人数 (人)	Number of Passengers per Bus and Trolley (person)			

注：1.本表数据由广州市交通运输局等单位提供。
　　2.营运车船客位数按行驶证上核定载人数计算。

Notes: I. The data in this table are provided by Guangzhou Municipal Transportation Burea, etc.
　　II. Seats of vehicles and vessels for business tran-sportation are caculated by the number of passengers authorized on the driving license.

主要统计指标解释

【货(客)运量】指在一定时期内，各种运输工具实际运送的货物重量（旅客数量)。货运按吨计算，客运按人计算。货物不论运输距离长短、货物类别，均按实际重量统计；旅客不论行程远近或票价多少，均按一人一次作为客运量统计；半价票、儿童票也按一人统计。

【货物(旅客)周转量】指在一定时期内，由各种运输工具运送的货物（旅客）数量与其相应运输距离的乘积之总和。该指标可以反映运输业生产总成果，也是编制和检查运输生产计划,计算运输效率、劳动生产率以及核算运输单位成本的主要基础资料。计算货物周转量通常按发出站与到达站之间的最短距离，也就是计费距离计算。计算公式为：

货物（(旅客)周转量=∑（货物（旅客）运输量×运输距离）

【移动电话用户】指在电信运营企业营业网点办理开户登记手续，通过移动电话交换机进入移动电话网、占用移动电话号码的各类电话用户。包括各类签约用户、智能网预付费用户、无线上网卡用户。

Explanatory Notes on Main Statistical Indicators

【Freight (Passenger) Traffic】 refers to the weight of freight (number of passenger) transported with various means within a specific period of time. Freight transport is calculated in tons and passenger traffic is calculated in terms of number of persons. Freight transport is calculated in terms of the actual weight of the goods and takes no account of the type of freight and distance of travel. Passenger traffic is calculated by the principle that one person can be counted only once in one trip and takes no account of the travelling distance and ticket price. The passengers who travel with a half price ticket or a child's ticket is also calculated as one person.

【Freight Ton-kilometres (Passenger-kilometres)】 refers to the sum of the product of the volume of transported cargo (passengers) multiplied by the transport distance. It is an important indicator to reflect the achievement of the transportation industry. This is an important indicator to show the total results of the transport industry; to prepare and examine the transport plan; and to serve as the main basic data for calculating the efficiency, labour productivity and unit cost of transport. Normally, the shortest distance between the departure station and the destination station (i.e., the payable distance) is the basis in calculating the freight ton-kilometres. The formula is as follows:

Freight ton-kilometres (passenger-kilometres)=∑ freight (passenger) traffic × distance of transportation

【Mobile Telephone Subscribers】 refer to people who have gone through registration procedures in the operation points of enterprises engaged in telecommunications and are hence connected with the mobile telephone communication network through the mobile telephone switchboards and occupy mobile phone numbers. Included are various types of subscriber, prepaid users for intelligent network and wireless network card users.

第十四篇 CHAPTER 14

国内贸易
DOMESTIC TRADE

第十四篇 国内贸易

简要说明

一、本篇资料反映广州市国内市场发展的基本情况。

二、本篇资料由广州市统计局贸易外经统计处整理提供。

三、本篇资料根据国家统计局制定的批发和零售业、住宿和餐饮业统计报表制度，通过采取全面调查、抽样调查等方法，对基层数据汇总取得。

四、各表的调查范围：

社会消费品零售总额表的调查范围是各种经济类型的批发和零售业、住宿和餐饮业法人单位、产业活动单位及个体户。

批发和零售业商品购、销、存总额表的调查范围是各种经济类型的批发和零售业法人单位及个体户。

商品购、销、存类值表的调查范围是各种经济类型的限额以上批发和零售业的法人单位及个体户。

财务状况表的调查范围是各种经济类型的限额以上批发和零售业、住宿和餐饮法人单位。

五、关于历史数据调整问题

根据 2018 年第四次全国经济普查结果，对 1992—2018 年社会消费品零售总额进行了调整。

Chapter 14 Domestic Trade

Brief Introduction

I. The data in this chapter show the development of Guangzhou's domestic markets.

II.The data in this chapter are prepared and provided by the Division of Trade and External Economic Relations Statistics of Guangzhou Municipal Bureau of Statistics.

III.The data are obtained in accordance with the Statistical Reporting Scheme on Wholesale and Retail Trade and Catering Services stipulated by the National Bureau of Statistics. The Methods used in data collection for enterprises (units) are complete enumeration and sample surveys, under which data are reported from lower to higher level statistical offices.

IV. The statistical coverage comes as follows:

The total retail sales of social consumer goods covered the retail value of the corporation units, economic active units and individual operators of all economic types of wholesale and retail trade, accommodation and catering industry.

The investigated objects of total purchases and sales and inventory of wholesale and retail trade come from corporation units and individual operators.

The investigated objects of commodity purchases, sales and inventory covered the corporation units and individual operators of wholesale and retail trade enterprises above the designated size.

The investigated objects of financial situation covered the corporation units of wholesale and retail trade, catering and accommodation above the designated size.

V. Based on results from the Fourth National Economic Census in 2018, the total retail sales consumer goods from year 1992 to 2018 are revised.

14-1 主要年份社会消费品零售总额

Total Retail Sales of Consumer Goods in Main Years

单位：万元 (10000 yuan)

年份 Year	总计 Total	按行业分 By Sector			
		批发和零售业 Wholesale and Retail Trades	住宿和餐饮业 Hotels and Catering Services	其他行业 Others	# 制造业 Manufacturing
1978	176300	148378	16242	11680	7327
1980	287127	224457	23307	39363	24261
1985	749841	499571	115750	134520	64827
1986	802044	536172	107943	157929	69972
1987	952332	622077	134437	195818	67362
1988	1303688	833448	175891	294349	86936
1989	1442483	910670	234931	296882	90114
1990	1477826	945047	239607	293172	74574
1991	1701215	1062833	286924	351458	83978
1992	2149240	1396818	317912	434510	108827
1993	3114295	2095692	401053	617550	167954
1994	4499972	3028655	570592	900725	275664
1995	5712275	3864311	706234	1141730	344573
1996	6590603	4700098	813954	1076551	355871
1997	7693181	5493784	944091	1255306	488769
1998	8848523	6327972	1100940	1419611	549565
1999	9727415	6984432	1261213	1481770	588325
2000	10795918	8128043	1425322	1242553	567860
2001	11894799	9046636	1628785	1219378	544127
2002	12934476	9906249	1788390	1239837	449640
2003	14004188	11864803	1867179	272206	
2004	15654635	13575131	1976852	102652	
2005	17650089	15498368	2104240	47481	
2006	20085340	17842916	2242424		
2007	23459002	21032527	2426475		
2008	28363730	25583434	2780296		
2009	31708764	28630223	3078541		
2010	38090381	34227990	3862391		
2011	43672840	39217193	4455647		
2012	48996900	43912294	5084606		
2013	55667741	50110919	5556822		
2014	62527057	56554832	5972225		
2015	69944246	63339740	6604506		
2016	75620262	68568734	7051528		
2017	81906273	74428793	7477480		
2018	88109103	80207859	7901244		
2019	95515699	86921314	8594385		
2020	92186605	85450519	6736086		
2021	101225604	93245228	7980376		
2022	102981533	95321893	7659640		

注：2019年，根据第四次全国经济普查结果，对1992—2018年社零数据进行了修订。

Note: According to the results of the fourth national economic census, the total retail sales of consumer goods from 1992 to 2018 are revised In 2019.

14-2 主要年份社会消费品零售总额指数（上年=100）

Indices of Total Retail Sales of Consumer Goods in Main Years (Preceding Year=100)

年 份 Year	总 计 Total	按行业分 By Sector			
		批发和零售业 Wholesale and Retail Trades	住宿和餐饮业 Hotels and Catering Services	其他行业 Others	# 制造业 Manufacturing
1978	106.6	105.6	118.2	104.3	95.4
1980	136.1	130.5	121.6	198.2	181.8
1985	138.1	124.7	224.2	147.9	133.1
1986	107.0	107.3	93.3	117.4	107.9
1987	118.7	116.0	124.5	124.0	96.3
1988	136.9	134.0	130.8	150.3	129.1
1989	110.6	109.3	133.6	100.9	103.7
1990	102.4	103.8	102.0	98.8	82.8
1991	115.1	112.5	119.8	119.9	112.6
1992	126.3	131.4	110.8	123.6	129.6
1993	144.9	150.0	126.2	142.1	154.3
1994	144.5	144.5	142.3	145.9	164.1
1995	126.9	127.6	123.8	126.8	125.0
1996	115.4	121.6	115.3	94.3	103.3
1997	116.7	116.9	116.0	116.6	137.3
1998	115.0	115.2	116.6	113.1	112.4
1999	109.9	110.4	114.6	104.4	107.1
2000	111.0	116.4	113.0	83.9	96.5
2001	110.2	111.3	114.3	98.1	95.8
2002	108.7	109.5	109.8	101.7	82.6
2003	108.3	119.8	104.4	22.0	
2004	111.8	114.4	105.9	37.7	
2005	112.7	114.2	106.4	46.3	
2006	113.8	115.1	106.6		
2007	116.8	117.9	108.2		
2008	120.9	121.6	114.6		
2009	111.8	111.9	110.7		
2010	120.1	119.6	125.5		
2011	114.7	114.6	115.4		
2012	112.2	112.0	114.1		
2013	113.6	114.1	109.3		
2014	112.3	112.9	107.5		
2015	111.9	112.0	110.6		
2016	108.1	108.3	106.8		
2017	108.3	108.5	106.0		
2018	107.6	107.8	105.7		
2019	108.4	108.4	108.8		
2020	96.5	98.3	78.4		
2021	109.8	109.1	118.5		
2022	101.7	102.2	96.0		

注：1.当年指数按可比口径计算。
2.2019年，根据第四次全国经济普查结果，对1992—2018年社零数据进行了修订。

Notes: I. The indices are calculated at the comparable coverage.
II. According to the results of the fourth national economic census,the total retail sales of consumer goods from 1992 to 2018 are revised In 2019.

14-3 各时期社会消费品零售总额

Total Retail Sales of Consumer Goods in Different Periods

单位：万元 (10000 yuan)

时期	Period	社会消费品零售总额 Total Retail Sales of Consumer Goods	按行业分 By Sector 批发和零售业 Wholesale and Retail Trades	住宿和餐饮业 Hotels and Catering Services	其他行业 Others	#制造业 Manufacturing
“六五”时期	6th Five-year Plan Period	2459903	1775024	260620	424259	222331
“七五”时期	7th Five-year Plan Period	5978373	3847414	892809	1238150	388958
“八五”时期	8th Five-year Plan Period	17176997	11448309	2282715	3445973	980996
“九五”时期	9th Five-year Plan Period	43655640	31634329	5545520	6475791	2550390
“十五”时期	10th Five-year Plan Period	72138187	59891187	9365446	2881554	993767
“十一五”时期	11th Five-year Plan Period	141707217	127317090	14390127		
“十二五”时期	12th Five-year Plan Period	280808784	253134978	27673806		
“十三五”时期	13th Five-year Plan Period	433337942	395577219	37760723		
1979-2022年	1979-2022	1201968297	1073589095	113854256	14524946	5174044
2013-2022年	2013-2022	825684123	754149831	71534292		
2018-2022年	2018-2022	480018544	441146813	38871731		

14-3 续表 continued

单位：% (%)

时期	Period	社会消费品零售总额年平均增长 Annual Average Growth Speed of Total Retail Sales of Consumer Goods	按行业分 By Sector 批发和零售业 Wholesale and Retail Trades	住宿和餐饮业 Hotels and Catering Services	其他行业 Others	#制造业 Manufacturing
“六五”时期	6th Five-year Plan Period	21.2	17.3	37.8	27.9	21.7
“七五”时期	7th Five-year Plan Period	14.5	13.6	15.7	16.9	2.9
“八五”时期	8th Five-year Plan Period	31.0	32.5	24.2	31.3	35.8
“九五”时期	9th Five-year Plan Period	13.6	16.0	15.1	1.7	10.5
“十五”时期	10th Five-year Plan Period	10.3	13.8	8.1	-47.9	
“十一五”时期	11th Five-year Plan Period	16.6	17.2	12.9		
“十二五”时期	12th Five-year Plan Period	12.9	13.1	11.3		
“十三五”时期	13th Five-year Plan Period	5.7	6.2	0.4		
1979-2022年	1979-2022	15.6	15.8	15.0		
2013-2022年	2013-2022	7.7	8.1	4.2		
2018-2022年	2018-2022	4.7	5.1	0.5		

注：2019年，根据第四次全国经济普查结果，对1992—2018年社零数据进行了修订。

Note: According to the results of the fourth national economic census, the total retail sales of consumer goods from 1992 to 2018 are revised In 2019.

14-4 社会消费品零售总额

Total Retail Sales of Consumer Goods

单位:万元 (10000 yuan)

项　　目	Item	2021	2022
社会消费品零售总额	**Total**	**101225604**	**102981533**
按行业分	By Sector		
批发和零售业	Wholesale and Retail Trades	93245228	95321893
住宿和餐饮业	Hotels and Catering Services	7980376	7659640
按消费类型分	By Consumption Type		
商品零售	Commodity Retailing	93508182	95645648
餐饮收入	Food and Beverage Revenue	7717422	7335885

14-5 限额以上批发和零售业法人企业商品分类销售总额(2022年)

Total Sales Value of Enterprises above Designated Size in Wholesale and Retail Trade by Category of Commodities (2022)

单位:万元 (10000 yuan)

项目	Item	销售总额 Total Sales Value	批发额 Wholesale Value	零售额 Retail Value
合计	**Total**	**572240506**	**515623467**	**56617039**
粮油、食品类	Grain and Oil	25146460	19892829	5253631
# 肉禽蛋类	Meat, Poultry and Eggs	3613101	3203766	409335
饮料类	Beverages	4407965	2925307	1482658
烟酒类	Tobacco and Liquor	5126728	4158279	968449
服装鞋帽、针、纺织品类	Garments, Footwear, Headgear, Knitwear and Textiles	17441687	13334019	4107668
服装类	Clothing	11791723	8665988	3125735
鞋帽类	Footwear and Headgear	3234647	2467950	766697
针、纺织品类	Knitwear and Textiles	2415317	2200079	215238
化妆品类	Cosmetics	5441810	2895246	2546564
金银珠宝类	Gold, Silver and Jewelry	4159959	2603435	1556524
日用品类	Daily-Use Articles	11207159	7566843	3640316
# 可穿戴智能设备类	Wearable intelligent device	76013	51142	24871
五金、电料类	Hardware and Electrical Materials	2505130	2343342	161788
体育、娱乐用品类	Sports and Recreation Articles	2273918	1186631	1087287
书报杂志类	Newspapers and Magazines	1357835	952330	405505
电子出版物及音像制品类	E-journal and Video Products	46442	40335	6107
家用电器和音像器材类	Household Appliances and Video Appliances	8723124	5859726	2863398
中西药品类	Traditional Chinese and Western Medicines	28691693	23513953	5177740
# 西药	Western Medicines	21724872	17846930	3877942
中草药及中成药	Traditional Chinese Medicines	4397285	3943447	453838
文化办公用品类	Cultural and Office Goods	8961470	6768581	2192889
家具类	Furniture	2223983	1879526	344457
通讯器材类	Communication Appliances	6629323	1830209	4799114
煤炭及制品类	Coal and Related Products	17975369	17975369	
木材及制品类	Wood and Wooden Products	3640347	3640347	
石油及制品类	Petroleum and Related Products	74443541	69707039	4736502
化工材料及制品类	Chemical Materials and Related Products	42440210	42440210	
# 化肥类	Chemical Fertilizers	1665697	1665697	
金属材料类	Metal Materials	177478427	177478427	
建筑及装潢材料类	Building and Decoration Materials	9616278	9385603	230675
机电产品及设备类	Mechanical and Electrical Products	11332454	11105571	226883
# 农机类	Agricultural Machinery	104020	104020	
汽车类	Motor Vehicles	74497441	60238936	14258505
种子饲料类	Seeds and Feedstuff	5948365	5948365	
棉麻类	Cotton and Hemp	1905282	1905277	5
其他类	Others	18618106	18047732	570374

14-6 限额以上批发业法人企业商品购、销、存总额(2022年)

单位：万元

项　　目	Item
合　计	**Wholesale Trade**
# 国有及国有控股	State-owned and State-controlled Enterprises
按登记注册类型分	**By Status of Registration**
内资企业	Domestic-funded Enterprises
国有企业	State-owned Enterprises
集体企业	Collective-owned Enterprises
股份合作企业	Cooperative Enterprises
联营企业	Joint Ownership Enterprises
国有联营企业	State Joint Ownership Enterprises
集体联营企业	Collective Joint Ownership Enterprises
国有与集体联营企业	Joint State-collective Enterprises
其他联营企业	Other Joint Ownership Enterprise
有限责任公司	Limited Liability Corporations
国有独资企业	State Sole Funded Corporations
其他有限责任公司	Other Limited Liability Corporations
股份有限公司	Share-holding Corporations Ltd.
私营企业	Private Enterprises
私营独资企业	Private-funded Enterprises
私营合伙企业	Private Partnership Enterprises
私营有限责任公司	Private Limited Liability Corporations
私营股份有限公司	Private Share-holding Corporations Ltd.
其他企业	Other Enterprises
港、澳、台商投资企业	Enterprises with Funds from Hong Kong, Macao and Taiwan
与港、澳、台商合资经营企业	Joint-venture Enterprises
与港、澳、台商合作经营企业	Cooperative Enterprises
港、澳、台商独资经营企业	Enterprises with Sole Funds
港、澳、台商投资股份有限公司	Share-holding Corporations Ltd.
其他港、澳、台投资企业	Other Enterprises with Funds from Hong Kong, Macao and Taiwan
外商投资企业	Foreign Funded Enterprises
中外合资经营企业	Joint-venture Enterprises
中外合作经营企业	Cooperative Enterprises
外资企业	Enterprises with Sole Foreign Funds
外商投资股份有限公司	Share-holding Corporations Ltd.
其他外商投资企业	Other Foreign Funded Enterprises
按国民经济行业分组	**By Economic Sector**
农、林、牧产品批发	Wholesale of Farming, Forestry, Animal Husbandry Products
食品、饮料及烟草制品批发	Wholesale of Food, Beverages and Tobacco Products
# 米、面制品及食用油批发	Wholesale of Rice, Flour and Edible Oil
烟草制品批发	Wholesale of Tobacco
纺织、服装及家庭用品批发	Wholesale of Textile, Clothing and Household Goods
# 服装批发	Wholesale of Garments
家用视听设备批发	Wholesale of Household Electrical Appliances
文化、体育用品及器材批发	Wholesale of Cultural, Sports Appliances and Equipment
医药及医疗器材批发	Wholesale of Medicine and Medical Appliances
矿产品、建材及化工产品批发	Wholesale of Mineral Products, Building Materials and Chemical Products
# 煤炭及制品批发	Wholesale of Coal and Related Products
石油及制品批发	Wholesale of Petroleum and Related Products
金属及金属矿批发	Wholesale of Metal Minerals
建材批发	Wholesale of Building Materials
化肥批发	Wholesale of Chemical Fertilizers
机械设备、五金产品及电子产品批发	Wholesale of Mechanical Equipment, Metal Products and Electronic Products
# 汽车及零配件批发	Wholesale of Automobile and Automobile Accessories
摩托车及零配件批发	Wholesale of Motorcycles and Accessories
计算机、软件及辅助设备批发	Wholesale of Computers, Software and Assistant Equipments
贸易经纪与代理	Trade Broker and Agency
其他批发业	Wholesale of Other Trades

Total Purchases, Sales and Stock of Enterprises above Designated Size in Wholesale Trade (2022)

(10000 yuan)

购进总额 Total Purchase Value	#进口 Imports Value	销售总额 Total Sales Value	批发额 Wholesale Value	零售额 Retail Value	年末库存 Stock at Year-end
510812446	**19910938**	**516159812**	**509839102**	**6320710**	**21129593**
227776612	9461583	219584260	218728176	856084	6404844
453002510	13912917	450918743	447323585	3595158	16979134
8445925	329373	8646225	8601706	44519	423518
81712		86867	86791	76	4543
279294	3595	295981	295834	147	12967
162423	13	178789	170432	8357	11912
162423	13	178789	170432	8357	11912
166072404	7155020	173081448	171535726	1545722	5689451
42825325	1649804	44501329	44189319	312010	1478103
123247079	5505216	128580119	127346407	1233712	4211348
64943625	324552	49174670	49111663	63007	1855812
213017127	6100364	219454763	217521433	1933330	8980931
1194592	17937	1289772	1274760	15012	282219
246295	7320	259164	259147	17	5948
209265166	6022160	215442887	213805382	1637505	8438559
2311074	52947	2462940	2182144	280796	254205
24661126	2767473	28401960	27397540	1004420	2909091
3287275	1573540	3466361	3442776	23585	475828
16644		20412	20412		2312
21070204	1170628	24584412	23623893	960519	2372778
100937	9815	121225	118466	2759	20210
186066	13490	209550	191993	17557	37963
33148810	3230548	36839109	35117977	1721132	1241368
23719131	714545	26501929	25023219	1478710	326847
8859690	2515833	9695221	9466712	228509	875859
2306		5307	4118	1189	239
567683	170	636652	623928	12724	38423
11811597	1748037	11921711	11842986	78725	813365
24603670	1802155	27693566	27096639	596927	2668044
4136644	326826	4224620	4088767	135853	890341
1475087	24644	2084186	2084186		65760
20084149	735338	23677734	22505208	1172526	2151204
2572623	104279	3067457	2839434	228023	396573
993563	24324	1037014	1013488	23526	99625
14516620	219764	16093281	15341741	751540	1841560
28290816	2663917	31154108	30512845	641263	3048286
333667038	10120751	320589169	318377493	2211676	7572939
16852275	1458827	17326447	17326447		358049
93817113	4174784	77928441	75951225	1977216	2396635
170784336	2149795	170581261	170468738	112523	2432535
14323611	171292	15181092	15150724	30368	693430
1905208	58846	1985651	1985651		126707
74764873	2472493	81678714	80872394	806320	2839187
54066284	472690	59421101	59040057	381044	1002379
378074	1393	388267	384873	3394	14360
5066546	314566	5273258	5153933	119325	434470
541855	41571	591591	589036	2555	22924
2531828	106912	2759938	2700760	59178	172084

14-7 限额以上零售业法人企业商品购、销、存总额(2022年)

单位：万元

项　　目	Item
合　计	**Retail Trade**
# 国有及国有控股	State-owned and State-controlled Enterprises
按登记注册类型分	**By Status of Registration**
内资企业	Domestic-funded Enterprises
国有企业	State-owned Enterprises
集体企业	Collective-owned Enterprises
股份合作企业	Cooperative Enterprises
联营企业	Joint Ownership Enterprises
国有联营企业	State Joint Ownership Enterprises
集体联营企业	Collective Joint Ownership Enterprises
国有与集体联营企业	Joint State-collective Enterprises
其他联营企业	Other Joint Ownership Enterprise
有限责任公司	Limited Liability Corporations
国有独资企业	State Sole Funded Corporations
其他有限责任公司	Other Limited Liability Corporations
股份有限公司	Share-holding Corporations Ltd.
私营企业	Private Enterprises
私营独资企业	Private-funded Enterprises
私营合伙企业	Private Partnership Enterprises
私营有限责任公司	Private Limited Liability Corporations
私营股份有限公司	Private Share-holding Corporations Ltd.
其他企业	Other Enterprises
港、澳、台商投资企业	Enterprises with Funds from Hong Kong, Macao and Taiwan
与港、澳、台商合资经营企业	Joint-venture Enterprises
与港、澳、台商合作经营企业	Cooperative Enterprises
港、澳、台商独资经营企业	Enterprises with Sole Funds
港、澳、台商投资股份有限公司	Share-holding Corporations Ltd.
其他港、澳、台投资企业	Other Enterprises with Funds from Hong Kong, Macao and Taiwan
外商投资企业	Foreign Funded Enterprises
中外合资经营企业	Joint-venture Enterprises
中外合作经营企业	Cooperative Enterprises
外资企业	Enterprises with Sole Foreign Funds
外商投资股份有限公司	Share-holding Corporations Ltd.
其他外商投资企业	Other Foreign Funded Enterprises
按国民经济行业分组	**By Economic Sector**
综合零售	Comprehensive Retail Trade
# 百货零售	Retail of General Merchandise
超级市场零售	Retail of Supermarket
食品、饮料及烟草制品专门零售	Retail of Food, Beverage and Tobacco
纺织、服装及日用品专门零售	Retail of Textile, Garments and Daily Articles Consumer
# 服装零售	Retail of Garments
文化、体育用品及器材专门零售	Retail of Cultural, Sports Appliances and Equipment
# 体育用品及器材零售	Retail of Sports Goods
图书、报刊零售	Retail of Books and Newspapers
医药及医疗器材专门零售	Retail of Medicine and Medical Appliances
# 西药零售	Retail of Medicine
中药零售	Retail of Chinese Medicine
汽车、摩托车、零配件和燃料及其他动力设备零售	Retail of Motor Vehicles, Motorcycles, Fuels and Parts
# 汽车新车零售	Retail of Motor Vehicles
机动车燃油零售	Retail of Motor Vehicle Fuels
家用电器及电子产品专门零售	Retail of Household Electrical Appliances and Electronic Products
# 家用视听设备零售	Retail of Household Audio and Video Equipment
日用家电零售	Retail of Household Electrical Appliances
计算机、软件及辅助设备零售	Retail of Computers, Software and Assistant Equipments
通信设备零售	Retail of Communication Equipments
五金、家具及室内装饰材料专门零售	Retail of Hardware, Furniture and Decoration Materials
货摊、无店铺及其他零售业	Retail of Booth and Others
# 互联网零售	E-Retail

Total Purchases, Sales and Stock of Enterprises above Designated Size in Retail Trade (2022)

(10000 yuan)

购进总额 Total Purchase Value		销售总额 Total Sales			年末库存 Stock at Year-end
	#进口 Imports Value		批发额 Wholesale Trade	零售额 Retail Trade	
48218791	**1164559**	**56080694**	**5784365**	**50296329**	**3704446**
5426671	138601	8251937	1803761	6448176	485875
26863071	710455	32185400	4448243	27737157	2636916
328910	24701	402337	77130	325207	47050
112842		132342	12913	119429	6516
28137		33514	3314	30200	1299
112741		136156	14313	121843	5439
75268		89860	7079	82781	4873
16389		19461	2556	16905	234
21084		26835	4678	22157	332
10138633	397342	11289271	1369305	9919966	909063
540071	96069	509418	94547	414871	119100
9598562	301273	10779853	1274758	9505095	789963
2056351		4555056	1188482	3366574	90262
14085457	288412	15636724	1782786	13853938	1577287
92741		98490	12563	85927	9140
55006		56720	5691	51029	2296
13678063	288410	15214279	1673115	13541164	1547251
259647	2	267235	91417	175818	18600
6956134	153573	7993618	1094086	6899532	578684
1539235	28048	1913358	452089	1461269	127405
15921		20625	124	20501	542
5304541	125525	5943709	641843	5301866	450600
8176		19489	30	19459	20
88261		96437		96437	117
14399586	300531	15901676	242036	15659640	488846
2002037	92500	2290684	201115	2089569	167142
11583575	208031	12666439	40236	12626203	315244
23646		36164	685	35479	2405
790328		908389		908389	4055
4645072		5507675	823104	4684571	378712
2151526		2681489	214470	2467019	156006
2101468		2279478	567944	1711534	201459
732709	4064	875679	301876	573803	112835
1526847	49185	2246069	436130	1809939	336551
939942	7071	1415674	264836	1150838	240621
694574	2240	855242	175687	679555	128300
31581		46764	2171	44593	4102
167930	1721	177105	25697	151408	54298
1237627		1505283	177989	1327294	196012
1187267		1432209	156869	1275340	184264
29953		43368	2977	40391	5694
17784115	1013097	20428450	2646372	17782078	1551349
14359862	999482	14248962	1220952	13028010	1424819
3055057		5812600	1373797	4438803	72697
2206191	1427	2326589	272109	2054480	148284
108920		96690	6635	90055	15934
1289586	696	1361869	62830	1299039	39135
416898		430283	80536	349747	47864
320640	665	358019	95606	262413	34363
167607		224929	61316	163613	27743
19224049	94546	22110778	889782	21220996	824660
19138967	91029	21999464	856208	21143256	818802

14-8 限额以上批发业法人企业财务状况(2022年)

单位：万元

项目	Item
总计	**Total**
按登记注册类型分	**Grouped by Registration Status**
内资企业	Domestic-funded Enterprises
国有企业	State-owned Enterprises
集体企业	Collective-owned Enterprises
股份合作企业	Share-holding Cooperative Enterprises
联营企业	Joint-opeartion Enterprises
国有联营企业	State-owned Joint-opeartion Enterprises
集体联营企业	Collective Joint-opeartion Enterprises
国有与集体联营企业	Joint State-collective Enterprises
其他联营企业	Other Joint Ownership Enterprises
有限责任公司	Limited Liability Corporations
国有独资公司	State Sole Investment Corporations
其他有限责任公司	Other Limited Liability Corporations
股份有限公司	Share-holding Corporations Ltd.
私营企业	Private Enterprises
私营独资企业	Private Sole Investment Enterprises
私营合伙企业	Private Partnership Enterprises
私营有限责任公司	Private Limited Liability Corporations
私营股份有限公司	Private Share-holding Corporations Ltd.
其他企业	Other Enterprises
港、澳、台商投资企业	Enterprises with Funds from Hong Kong, Macao and Taiwan
与港、澳、台商合资经营企业	Joint-venture Enterprises
与港、澳、台商合作经营企业	Cooperative Enterprises
港、澳、台商独资经营企业	Enterprises with Sole Funds
港、澳、台商投资股份有限公司	Share-holding Corporations Ltd.
其他港、澳、台投资企业	Other Enterprises with Funds from Hong Kong, Macao and Taiwan
外商投资企业	Foreign Funded Enterprises
中外合资经营企业	Joint-venture Enterprises
中外合作经营企业	Cooperative Enterprises
外资企业	Enterprises with Sole Foreign Funds
外商投资股份有限公司	Share-holding Corporations Ltd.
其他外商投资企业	Other Foreign Funded Enterprises
按行业分	**Grouped by Sector**
农、林、牧产品批发	Wholesale of Farming, Forestry, Animal Husbandry Products
食品、饮料及烟草制品批发	Wholesale of Food, Beverages and Tobacco Products
#米、面制品及食用油批发	Wholesale of Rice, Flour and Edible Oil
烟草制品批发	Wholesale of Tobacco
纺织、服装及家庭用品批发	Wholesale of Textile, Garments and Daily Articles Consumer
#服装批发	Wholesale of Garments
家用视听设备批发	Wholesale of Household Electrical Appliances
文化、体育用品及器材批发	Wholesale of Cultural, Sports Appliances and Equipment
医药及医疗器材批发	Wholesale of Medicine and Medical Appliances
矿产品、建材及化工产品批发	Wholesale of Mineral Products, Building Materials and Chemical Products
#煤炭及制品批发	Wholesale of Coal and Related Products
石油及制品批发	Wholesale of Petroleum and Related Products
金属及金属矿批发	Wholesale of Metal Minerals
建材批发	Wholesale of Building Materials
化肥批发	Wholesale of Chemical Fertilizers
机械设备、五金产品及电子产品批发	Wholesale of Mechanical Equipment, Metal Products and Electronic Products
#汽车及零配件批发	Wholesale of Automobile
摩托车及零配件批发	Wholesale of Motorcycles and Accessories
计算机、软件及辅助设备批发	Wholesale of Computers, Software and Assistant Appliances
贸易经纪与代理	Trade Broker and Agency
其他批发业	Other Wholesales Trades

Financial Situation of Enterprises above Designated Size in Wholesale Trade (2022)

(10000 yuan)

资产总计 Total Assets	固定资产原价 Original Value of Fixed Assets	负债合计 Total Liabilities	所有者权益 Owners' Equity	营业收入 Revenue from Principal Business
171424130	**8368014**	**131716248**	**39707882**	**477274336**
147995344	7131827	114741534	33253810	420674520
4837217	155023	2913639	1923578	7713689
81125	22027	49542	31583	82283
168433	9645	136677	31756	266372
146129	35610	81871	64258	157599
146129	35610	81871	64258	157599
56988452	2289298	42534698	14453754	154380768
10792581	554557	7774610	3017971	39338493
46195871	1734741	34760088	11435783	115042275
14211534	2729649	9913565	4297969	59975659
71562454	1890575	59111542	12450912	198098150
595802	7301	555400	40402	1173472
46215	746	40766	5449	232072
68067010	1781949	56919182	11147828	194419050
2853427	100579	1596194	1257233	2273556
13037540	402980	9456382	3581158	25901595
2390502	54751	2000698	389804	3124985
9136	572	11565	-2429	18873
10396391	332884	7289727	3106664	22433898
92837	2042	71244	21593	112101
148675	12731	83149	65526	211738
10391246	833207	7518332	2872914	30698221
4530915	644253	3500993	1029922	21146212
5444208	186976	3791522	1652686	8973260
4136	374	1887	2249	7112
411987	1604	223930	188057	571637
3724573	113544	2841839	882734	11056869
14954570	1130522	10667895	4286675	25497356
3361862	584748	2367553	994309	3926240
618641	79872	139601	479040	1850446
15350366	621794	11761478	3588888	21691861
2139177	116232	1840742	298435	2817433
506666	17224	368725	137941	960219
6618473	273532	4309901	2308572	14760045
16738498	650372	12573445	4165053	27509710
86958393	4762941	67805421	19152972	301712565
4255853	275837	2865474	1390379	15366876
16869666	3429531	12437932	4431734	84629117
44776894	347557	36808258	7968636	152619977
9938187	193047	8602339	1335848	13624539
814212	14182	668457	145755	1827070
25397192	729810	20431402	4965790	71940886
12855995	205429	10990934	1865061	51487534
139285	5375	108138	31147	367431
2807972	86305	2348645	459327	4831566
185762	21015	103931	81831	592713
1496303	64484	1220936	275367	2512331

14-8 续表 1

单位：万元

项　　目	Item
总　计	**Total**
按登记注册类型分	**Grouped by Registration Status**
内资企业	Domestic-funded Enterprises
国有企业	State-owned Enterprises
集体企业	Collective-owned Enterprises
股份合作企业	Share-holding Cooperative Enterprises
联营企业	Joint-opeartion Enterprises
国有联营企业	State-owned Joint-opeartion Enterprises
集体联营企业	Collective Joint-opeartion Enterprises
国有与集体联营企业	Joint State-collective Enterprises
其他联营企业	Other Joint Ownership Enterprises
有限责任公司	Limited Liability Corporations
国有独资公司	State Sole Investment Corporations
其他有限责任公司	Other Limited Liability Corporations
股份有限公司	Share-holding Corporations Ltd.
私营企业	Private Enterprises
私营独资企业	Private Sole Investment Enterprises
私营合伙企业	Private Partnership Enterprises
私营有限责任公司	Private Limited Liability Corporations
私营股份有限公司	Private Share-holding Corporations Ltd.
其他企业	Other Enterprises
港、澳、台商投资企业	Enterprises with Funds from Hong Kong, Macao and Taiwan
与港、澳、台商合资经营企业	Joint-venture Enterprises
与港、澳、台商合作经营企业	Cooperative Enterprises
港、澳、台商独资经营企业	Enterprises with Sole Funds
港、澳、台商投资股份有限公司	Share-holding Corporations Ltd.
其他港、澳、台投资企业	Other Enterprises with Funds from Hong Kong, Macao and Taiwan
外商投资企业	Foreign Funded Enterprises
中外合资经营企业	Joint-venture Enterprises
中外合作经营企业	Cooperative Enterprises
外资企业	Enterprises with Sole Foreign Funds
外商投资股份有限公司	Share-holding Corporations Ltd.
其他外商投资企业	Other Foreign Funded Enterprises
按行业分	**Grouped by Sector**
农、林、牧产品批发	Wholesale of Farming, Forestry, Animal Husbandry Products
食品、饮料及烟草制品批发	Wholesale of Food, Beverages and Tobacco Products
#米、面制品及食用油批发	Wholesale of Rice, Flour and Edible Oil
烟草制品批发	Wholesale of Tobacco
纺织、服装及家庭用品批发	Wholesale of Textile, Garments and Daily Articles Consumer
#服装批发	Wholesale of Garments
家用视听设备批发	Wholesale of Household Electrical Appliances
文化、体育用品及器材批发	Wholesale of Cultural, Sports Appliances and Equipment
医药及医疗器材批发	Wholesale of Medicine and Medical Appliances
矿产品、建材及化工产品批发	Wholesale of Mineral Products, Building Materials and Chemical Products
#煤炭及制品批发	Wholesale of Coal and Related Products
石油及制品批发	Wholesale of Petroleum and Related Products
金属及金属矿批发	Wholesale of Metal Minerals
建材批发	Wholesale of Building Materials
化肥批发	Wholesale of Chemical Fertilizers
机械设备、五金产品及电子产品批发	Wholesale of Mechanical Equipment, Metal Products and Electronic Products
#汽车及零配件批发	Wholesale of Automobile
摩托车及零配件批发	Wholesale of Motorcycles and Accessories
计算机、软件及辅助设备批发	Wholesale of Computers, Software and Assistant Appliances
贸易经纪与代理	Trade Broker and Agency
其他批发业	Other Wholesales Trades

continued

(10000 yuan)

主营业务收入 Revenue from Principal Business	营业成本 Cost of Business	税金及附加 Taxes and Other Charges	其他业务利润 Profit from Other Business	销售费用 Operating Expenses
473362429	**455765342**	**748177**	**543034**	**10526272**
417336787	404511110	606836	416856	7894508
7686168	7523105	10287	6330	85760
81824	78686	79	174	2358
264382	251865	492	1219	5292
156696	134952	1087	168	6932
156696	134952	1087	168	6932
153522269	147936569	400699	126516	3083275
39149511	37919540	279718	19091	537683
114372758	110017029	120981	107425	2545592
59375182	57965362	45073	164475	1260420
196250266	190620571	149119	117974	3450471
1163349	1096008	1282	803	45720
231994	223498	97		2773
192633374	187363409	143002	111375	3255880
2221549	1937656	4738	5796	146098
25511171	22981708	81480	91418	1585725
3104899	2872120	7955	6927	59106
18873	13515	24		3728
22063718	19823889	72816	84442	1493392
111984	91623	225	49	6934
211697	180561	460		22565
30514471	28272524	59861	34760	1046039
21069063	19748275	35013	4735	547936
8872629	8003318	23637	29703	463212
7112	3867	30		1697
565667	517064	1181	322	33194
11009299	10883957	5855	4450	69370
25241614	22503818	281916	42433	1483951
3848170	3715512	3929	15171	171653
1849441	1298166	245521		23565
21346685	18229563	45688	153344	1974199
2758694	2333694	6504	7847	250625
948849	889885	960	1292	39194
14617492	13673179	50369	11518	548075
27165400	24602592	54524	50089	1423234
299328546	296047183	215042	243485	2718294
15356534	15047069	14902	-425	100179
83958794	82360624	57776	178833	1319941
151163804	151722179	85440	26581	294152
13540041	13112167	13354	13684	205600
1822958	1761628	1016	3670	22396
71577031	66995367	91117	34543	2177846
51241473	48153111	65513	11784	1600602
367294	340709	130	56	6975
4816503	4583325	4500	1018	76607
572883	516927	1006	1157	27114
2503479	2312756	2660	2015	104189

14-8 续表 2

单位：万元

项　　目	Item
总　计	**Total**
按登记注册类型分	**Grouped by Registration Status**
内资企业	Domestic-funded Enterprises
国有企业	State-owned Enterprises
集体企业	Collective-owned Enterprises
股份合作企业	Share-holding Cooperative Enterprises
联营企业	Joint-opeartion Enterprises
国有联营企业	State-owned Joint-opeartion Enterprises
集体联营企业	Collective Joint-opeartion Enterprises
国有与集体联营企业	Joint State-collective Enterprises
其他联营企业	Other Joint Ownership Enterprises
有限责任公司	Limited Liability Corporations
国有独资公司	State Sole Investment Corporations
其他有限责任公司	Other Limited Liability Corporations
股份有限公司	Share-holding Corporations Ltd.
私营企业	Private Enterprises
私营独资企业	Private Sole Investment Enterprises
私营合伙企业	Private Partnership Enterprises
私营有限责任公司	Private Limited Liability Corporations
私营股份有限公司	Private Share-holding Corporations Ltd.
其他企业	Other Enterprises
港、澳、台商投资企业	Enterprises with Funds from Hong Kong, Macao and Taiwan
与港、澳、台商合资经营企业	Joint-venture Enterprises
与港、澳、台商合作经营企业	Cooperative Enterprises
港、澳、台商独资经营企业	Enterprises with Sole Funds
港、澳、台商投资股份有限公司	Share-holding Corporations Ltd.
其他港、澳、台投资企业	Other Enterprises with Funds from Hong Kong, Macao and Taiwan
外商投资企业	Foreign Funded Enterprises
中外合资经营企业	Joint-venture Enterprises
中外合作经营企业	Cooperative Enterprises
外资企业	Enterprises with Sole Foreign Funds
外商投资股份有限公司	Share-holding Corporations Ltd.
其他外商投资企业	Other Foreign Funded Enterprises
按行业分	**Grouped by Sector**
农、林、牧产品批发	Wholesale of Farming, Forestry, Animal Husbandry Products
食品、饮料及烟草制品批发	Wholesale of Food, Beverages and Tobacco Products
#米、面制品及食用油批发	Wholesale of Rice, Flour and Edible Oil
烟草制品批发	Wholesale of Tobacco
纺织、服装及家庭用品批发	Wholesale of Textile, Garments and Daily Articles Consumer
#服装批发	Wholesale of Garments
家用视听设备批发	Wholesale of Household Electrical Appliances
文化、体育用品及器材批发	Wholesale of Cultural, Sports Appliances and Equipment
医药及医疗器材批发	Wholesale of Medicine and Medical Appliances
矿产品、建材及化工产品批发	Wholesale of Mineral Products, Building Materials and Chemical Products
#煤炭及制品批发	Wholesale of Coal and Related Products
石油及制品批发	Wholesale of Petroleum and Related Products
金属及金属矿批发	Wholesale of Metal Minerals
建材批发	Wholesale of Building Materials
化肥批发	Wholesale of Chemical Fertilizers
机械设备、五金产品及电子产品批发	Wholesale of Mechanical Equipment, Metal Products and Electronic Products
#汽车及零配件批发	Wholesale of Automobile
摩托车及零配件批发	Wholesale of Motorcycles and Accessories
计算机、软件及辅助设备批发	Wholesale of Computers, Software and Assistant Appliances
贸易经纪与代理	Trade Broker and Agency
其他批发业	Other Wholesales Trades

continued

(10000 yuan)

管理费用 Management Cost	营业利润 Business Profit	利润总额 Total Profits	应付职工薪酬（本期贷方累计发生额） Wages Payable (Cumulative Incidence of Credits for the Period)	应交增值税（本期累计发生额） Added Payable Tax (Cumulative Incidence for the Period)
5196397	**5154161**	**5283945**	**6133892**	**2463747**
4155713	3073271	3178536	4596876	1853355
67891	83389	91638	109709	35731
5592	-3811	-15	4725	1449
6295	2523	2745	7693	1447
4865	9492	9711	7394	944
4865	9492	9711	7394	944
1006843	1630893	1658980	1425928	695021
215876	511279	529836	356492	172564
790967	1119614	1129144	1069436	522457
167230	450562	449286	674594	232761
2896997	900223	966191	2366833	886002
22165	6550	6688	37033	8412
3993	1271	1335	2207	671
2758026	661992	726204	2189663	847928
112813	230410	231964	137930	28991
715008	1014500	1034243	1059758	327636
34966	134452	132162	40550	47846
1903	-470	-631	1860	289
649854	888667	910829	992423	271988
19823	-8511	-8317	6598	1948
8462	362	200	18327	5565
325676	1066390	1071166	477258	282756
50837	779747	783029	166359	182828
265807	270152	271695	299679	91039
507	976	959	2452	149
8525	15515	15483	8768	8740
83113	90564	110169	60837	21787
801409	518351	518573	912068	286558
83809	5820	4497	119820	19660
65009	230599	230707	61994	68708
1021957	350780	351063	1054276	364029
187864	12822	26840	172663	45584
27234	824	1812	26860	9169
340108	609600	635253	669016	123316
775963	587697	586383	794315	363762
1211069	1025579	1102434	1611068	708924
72958	103524	121876	47678	42520
168267	581272	575482	695499	262282
301203	-154330	-109857	247110	125571
173595	117300	124259	175113	69471
23593	23704	26067	21249	3148
870387	1925912	1931474	955453	568170
222554	1651593	1643940	265570	349027
11267	9097	8286	7231	342
103425	26959	27763	113384	33373
15268	32562	32802	12113	9219
77123	13116	15794	64746	17982

14-9 限额以上零售业法人企业财务状况(2022年)

单位：万元

项目	Item
总　计	**Total**
按登记注册类型分	**Grouped by Registration Status**
内资企业	Domestic-funded Enterprises
国有企业	State-owned Enterprises
集体企业	Collective-owned Enterprises
股份合作企业	Share-holding Cooperative Enterprises
联营企业	Joint-opeartion Enterprises
国有联营企业	State-owned Joint-opeartion Enterprises
集体联营企业	Collective Joint-opeartion Enterprises
国有与集体联营企业	Joint State-collective Enterprises
其他联营企业	Other Joint Ownership Enterprises
有限责任公司	Limited Liability Corporations
国有独资公司	State Sole Investment Corporations
其他有限责任公司	Other Limited Liability Corporations
股份有限公司	Share-holding Corporations Ltd.
私营企业	Private Enterprises
私营独资企业	Private Sole Investment Enterprises
私营合伙企业	Private Partnership Enterprises
私营有限责任公司	Private Limited Liability Corporations
私营股份有限公司	Private Share-holding Corporations Ltd.
其他企业	Other Enterprises
港、澳、台商投资企业	Enterprises with Funds from Hong Kong, Macao and Taiwan
与港、澳、台商合资经营企业	Joint-venture Enterprises
与港、澳、台商合作经营企业	Cooperative Enterprises
港、澳、台商独资经营企业	Enterprises with Sole Funds
港、澳、台商投资股份有限公司	Share-holding Corporations Ltd.
其他港、澳、台投资企业	Other Enterprises with Funds from Hong Kong, Macao and Taiwan
外商投资企业	Foreign Funded Enterprises
中外合资经营企业	Joint-venture Enterprises
中外合作经营企业	Cooperative Enterprises
外资企业	Enterprises with Sole Foreign Funds
外商投资股份有限公司	Share-holding Corporations Ltd.
其他外商投资企业	Other Foreign Funded Enterprises
按行业分	**Grouped by Sector**
综合零售	Integrated Retail
#百货零售	Retail of General Merchandise
超级市场零售	Retail of Supermarket
食品、饮料及烟草制品专门零售	Retail of Food, Beverage and Tobacco
纺织、服装及日用品专门零售	Retail of Textile, Garments and Daily Articles Consumer
#服装零售	Retail of Garments
文化、体育用品及器材专门零售	Retail of Cultural, Sports Appliances and Equipment
#体育用品及器材零售	Retail of Sporting Goods and Equipment
图书、报刊零售	Retail of Books and Newspapers
医药及医疗器材专门零售	Retail of Medicine and Medical Appliances
#西药零售	Retail of Medicine
中药零售	Retail of Chinese Medicine
汽车、摩托车、零配件和燃料及其他动力设备零售	Retail of Motor Vehicles, Motorcycles, Fuels and Parts
#汽车新车零售	Retail of Motor Vehicles
机动车燃油零售	Retail of Fuels for Motor Vehicles
家用电器及电子产品专门零售	Retail of Household Electrical Appliances and Electronic Products
#家用视听设备零售	Retail of Household Audio and Video Equipment
日用家电零售	Retail of Household Electrical Appliances
计算机、软件及辅助设备零售	Retail of Computers, Software and Assistant Equipment
通信设备零售	Retail of Communication Equipment
五金、家具及室内装饰材料专门零售	Retail of Hardware, Furniture and Decoration Materials
货摊、无店铺及其他零售业	Retail of Booth and Others
#互联网零售	E-Retail

Financial Situation of Enterprises above Designated Size in Retail Trade (2022)

(10000 yuan)

资产总计 Total Assets	固定资产原价 Original Value of Fixed Assets	负债合计 Total Liabilities	所有者权益 Owners' Equity	营业收入 Revenue from Principal Business
26545959	**2773616**	**20920459**	**5625500**	**51464883**
16258214	1474125	12333324	3924890	29466298
264921	28117	141746	123175	389567
37171	6654	16838	20333	119403
13228	3071	2889	10339	29833
33249	5575	20983	12266	120737
25762	3126	19167	6595	79655
1858	1135	1054	804	17308
5629	1314	762	4867	23774
6649237	612259	5032321	1616916	10197148
642857	37262	354904	287953	482123
6006380	574997	4677417	1328963	9715025
2187272	316857	400936	1786336	4014006
7073136	501592	6717611	355525	14595604
39397	1011	33793	5604	92999
14696	967	11666	3030	53508
6785666	487053	6473210	312456	14199587
233377	12561	198942	34435	249510
3314761	329513	2186575	1128186	7328964
657142	117009	478962	178180	1763909
12163	1627	2295	9868	18837
2268581	176477	1602062	666519	5432931
216135	33983	61825	154310	27845
160740	417	41431	119309	85442
6972984	969978	6400560	572424	14669621
2069718	331288	1655050	414668	1969917
4750588	634417	4603961	146627	11850095
16048		15637	411	32071
136630	4273	125912	10718	817538
4026326	657638	3376690	649636	4569667
2655196	350111	1844976	810220	1889540
1150581	239057	1239294	-88713	2174673
642209	36113	502867	139342	840866
1998872	139590	1723748	275124	1927711
1300895	100898	1034227	266668	1163724
497844	65484	321378	176466	800427
27508	5676	24920	2588	41509
200170	34764	108766	91404	178848
871227	32952	879687	-8460	1379120
821523	30944	843785	-22262	1316067
29350	1030	20948	8402	36913
9149166	1178589	6019400	3129766	18955787
5513668	624759	4522764	990904	13408148
3174161	511240	1046446	2127715	5208073
1172576	41125	1052010	120566	2169541
34572	2476	31073	3499	75633
701983	24166	651891	50092	1222735
262894	6909	217895	44999	462197
118894	4131	114645	4249	330893
204057	79562	212326	-8269	209973
7983682	542563	6832353	1151329	20611791
7936510	537641	6789104	1147406	20508382

14-9 续表 1

单位：万元

项　　目	Item
总　　计	**Total**
按登记注册类型分	**Grouped by Registration Status**
内资企业	Domestic-funded Enterprises
国有企业	State-owned Enterprises
集体企业	Collective-owned Enterprises
股份合作企业	Share-holding Cooperative Enterprises
联营企业	Joint-opeartion Enterprises
国有联营企业	State-owned Joint-opeartion Enterprises
集体联营企业	Collective Joint-opeartion Enterprises
国有与集体联营企业	Joint State-collective Enterprises
其他联营企业	Other Joint Ownership Enterprises
有限责任公司	Limited Liability Corporations
国有独资公司	State Sole Investment Corporations
其他有限责任公司	Other Limited Liability Corporations
股份有限公司	Share-holding Corporations Ltd.
私营企业	Private Enterprises
私营独资企业	Private Sole Investment Enterprises
私营合伙企业	Private Partnership Enterprises
私营有限责任公司	Private Limited Liability Corporations
私营股份有限公司	Private Share-holding Corporations Ltd.
其他企业	Other Enterprises
港、澳、台商投资企业	Enterprises with Funds from Hong Kong, Macao and Taiwan
与港、澳、台商合资经营企业	Joint-venture Enterprises
与港、澳、台商合作经营企业	Cooperative Enterprises
港、澳、台商独资经营企业	Enterprises with Sole Funds
港、澳、台商投资股份有限公司	Share-holding Corporations Ltd.
其他港、澳、台投资企业	Other Enterprises with Funds from Hong Kong, Macao and Taiwan
外商投资企业	Foreign Funded Enterprises
中外合资经营企业	Joint-venture Enterprises
中外合作经营企业	Cooperative Enterprises
外资企业	Enterprises with Sole Foreign Funds
外商投资股份有限公司	Share-holding Corporations Ltd.
其他外商投资企业	Other Foreign Funded Enterprises
按行业分	**Grouped by Sector**
综合零售	Integrated Retail
# 百货零售	Retail of General Merchandise
超级市场零售	Retail of Supermarket
食品、饮料及烟草制品专门零售	Retail of Food, Beverage and Tobacco
纺织、服装及日用品专门零售	Retail of Textile, Garments and Daily Articles Consumer
# 服装零售	Retail of Garments
文化、体育用品及器材专门零售	Retail of Cultural, Sports Appliances and Equipment
# 体育用品及器材零售	Retail of Sporting Goods and Equipment
图书、报刊零售	Retail of Books and Newspapers
医药及医疗器材专门零售	Retail of Medicine and Medical Appliances
# 西药零售	Retail of Medicine
中药零售	Retail of Chinese Medicine
汽车、摩托车、零配件和燃料及其他动力设备零售	Retail of Motor Vehicles, Motorcycles, Fuels and Parts
# 汽车新车零售	Retail of Motor Vehicles
机动车燃油零售	Retail of Fuels for Motor Vehicles
家用电器及电子产品专门零售	Retail of Household Electrical Appliances and Electronic Products
# 家用视听设备零售	Retail of Household Audio and Video Equipment
日用家电零售	Retail of Household Electrical Appliances
计算机、软件及辅助设备零售	Retail of Computers, Software and Assistant Equipment
通信设备零售	Retail of Communication Equipment
五金、家具及室内装饰材料专门零售	Retail of Hardware, Furniture and Decoration Materials
货摊、无店铺及其他零售业	Retail of Booth and Others
# 互联网零售	E-Retail

continued

(10000 yuan)

主营业务收入 Revenue from Principal Business	营业成本 Cost of Business	税金及附加 Taxes and Other Charges	其他业务利润 Profit from Other Business	销售费用 Operating Expenses
50543409	**44456960**	**168974**	**378233**	**5455612**
28877610	25324315	92680	176218	3135563
386652	316633	1105	1037	43880
118698	102061	207	3	10585
29833	25635	45	13	1908
117256	104064	236		7651
79612	69835	115		5618
17222	14636	44		1112
20422	19593	77		921
9996082	8769842	36425	66123	1064768
467713	421250	2334	5847	-20014
9528369	8348592	34091	60276	1084782
3940042	3849041	8198	11522	223904
14289047	12157039	46464	97520	1782867
92541	81344	120	197	8262
52209	48860	64		2742
13903240	11807971	45382	94503	1757183
241057	218864	898	2820	14680
7137746	6221296	47247	122986	759119
1700905	1359196	6832	74637	309311
18301	14406	87	572	1148
5315998	4759900	39217	47763	439848
17290	8840	755		8483
85252	78954	356	14	329
14528053	12911349	29047	79029	1560930
1901123	1674790	5152	36160	367706
11777381	10511784	22118	42869	1104218
32011	21815	80		7850
817538	702960	1697		81156
4344706	3614864	19053	172100	758337
1812367	1444415	15092	62158	365985
2086278	1869226	3102	80919	252297
824139	638744	1962	386	139421
1872730	1135789	7094	14162	599691
1138536	638153	4763	6832	432731
775432	603140	17348	12699	111834
41493	27242	135		10399
168009	135579	813	4578	27206
1360037	1122067	2733	10224	215197
1298223	1075571	2576	9980	205591
35699	27557	87	191	5458
18545135	17687709	70990	112866	909546
13097699	12547505	60632	107725	598557
5115682	4816948	9987	3754	284317
2138969	1994730	2027	4940	130387
75633	68139	55	8	5984
1206037	1182721	551	4773	47018
453242	391069	964	30	49327
326375	289020	321	1	23897
205651	148837	1063	127	48373
20476610	17511080	46704	50729	2542826
20373629	17433525	46489	50457	2526205

单位：万元

项　目	Item
总　计	**Total**
按登记注册类型分	**Grouped by Registration Status**
内资企业	Domestic-funded Enterprises
国有企业	State-owned Enterprises
集体企业	Collective-owned Enterprises
股份合作企业	Share-holding Cooperative Enterprises
联营企业	Joint-opeartion Enterprises
国有联营企业	State-owned Joint-opeartion Enterprises
集体联营企业	Collective Joint-opeartion Enterprises
国有与集体联营企业	Joint State-collective Enterprises
其他联营企业	Other Joint Ownership Enterprises
有限责任公司	Limited Liability Corporations
国有独资公司	State Sole Investment Corporations
其他有限责任公司	Other Limited Liability Corporations
股份有限公司	Share-holding Corporations Ltd.
私营企业	Private Enterprises
私营独资企业	Private Sole Investment Enterprises
私营合伙企业	Private Partnership Enterprises
私营有限责任公司	Private Limited Liability Corporations
私营股份有限公司	Private Share-holding Corporations Ltd.
其他企业	Other Enterprises
港、澳、台商投资企业	Enterprises with Funds from Hong Kong, Macao and Taiwan
与港、澳、台商合资经营企业	Joint-venture Enterprises
与港、澳、台商合作经营企业	Cooperative Enterprises
港、澳、台商独资经营企业	Enterprises with Sole Funds
港、澳、台商投资股份有限公司	Share-holding Corporations Ltd.
其他港、澳、台投资企业	Other Enterprises with Funds from Hong Kong, Macao and Taiwan
外商投资企业	Foreign Funded Enterprises
中外合资经营企业	Joint-venture Enterprises
中外合作经营企业	Cooperative Enterprises
外资企业	Enterprises with Sole Foreign Funds
外商投资股份有限公司	Share-holding Corporations Ltd.
其他外商投资企业	Other Foreign Funded Enterprises
按行业分	**Grouped by Sector**
综合零售	Integrated Retail
# 百货零售	Retail of General Merchandise
超级市场零售	Retail of Supermarket
食品、饮料及烟草制品专门零售	Retail of Food, Beverage and Tobacco
纺织、服装及日用品专门零售	Retail of Textile, Garments and Daily Articles Consumer
# 服装零售	Retail of Garments
文化、体育用品及器材专门零售	Retail of Cultural, Sports Appliances and Equipment
# 体育用品及器材零售	Retail of Sporting Goods and Equipment
图书、报刊零售	Retail of Books and Newspapers
医药及医疗器材专门零售	Retail of Medicine and Medical Appliances
# 西药零售	Retail of Medicine
中药零售	Retail of Chinese Medicine
汽车、摩托车、零配件和燃料及其他动力设备零售	Retail of Motor Vehicles, Motorcycles, Fuels and Parts
# 汽车新车零售	Retail of Motor Vehicles
机动车燃油零售	Retail of Fuels for Motor Vehicles
家用电器及电子产品专门零售	Retail of Household Electrical Appliances and Electronic Products
# 家用视听设备零售	Retail of Household Audio and Video Equipment
日用家电零售	Retail of Household Electrical Appliances
计算机、软件及辅助设备零售	Retail of Computers, Software and Assistant Equipment
通信设备零售	Retail of Communication Equipment
五金、家具及室内装饰材料专门零售	Retail of Hardware, Furniture and Decoration Materials
货摊、无店铺及其他零售业	Retail of Booth and Others
# 互联网零售	E-Retail

continued

(10000 yuan)

管理费用 Management Cost	营业利润 Business Profit	利润总额 Total Profits	应付职工薪酬（本期贷方累计发生额） Wages Payable (Cumulative Incidence of Credits for the Period)	应交增值税（本期累计发生额） Added Payable Tax (Cumulative Incidence for the Period)
1619603	**-339024**	**-297116**	**2121334**	**692597**
1036441	-196037	-179417	1403578	410331
26922	6191	6825	45150	6557
1870	4362	4578	5175	2069
1169	957	957	1294	566
1149	7308	7323	3828	1895
623	3162	3169	2542	1013
486	1025	1028	488	322
40	3121	3126	798	560
289398	27220	38343	522162	122290
18840	70890	73890	31527	4844
270558	-43670	-35547	490635	117446
33149	-83267	-71808	88569	99800
682784	-158808	-165635	737400	177154
3589	-1010	-755	6447	922
1173	604	659	1624	478
666179	-158302	-165769	719380	173742
11843	-100	230	9949	2012
338319	-42632	-34867	419285	117308
97255	-3020	-1103	144976	23957
734	2573	2586	958	542
229316	-41065	-35209	263261	90458
10608	-5164	-5192	9896	2088
406	4044	4051	194	263
244843	-100355	-82832	298471	164958
62692	-181969	-180564	158151	18918
158679	71047	87260	137551	140599
1663	584	586	500	1215
21809	9983	9886	2269	4226
246659	-87889	-89851	380053	58354
95460	-22341	-22303	167589	28580
61589	-26125	-23095	142468	23417
50775	14873	18925	80660	13016
225066	-36537	-27699	264662	43425
143583	-41909	-33792	170428	25323
50783	13757	14035	93547	16252
3813	-824	-839	5242	1183
20354	-4006	-4193	25695	1391
63916	-24364	-23628	118584	22549
57819	-24721	-24059	110847	20566
3618	-6	-24	5340	1104
406980	-204866	-200623	681611	209312
317991	-179084	-176965	491452	84946
77615	-2260	-912	173262	119661
56007	-18792	-18664	78249	11977
1184	70	134	2146	-242
16740	-19511	-19439	20115	2892
15426	1442	1473	33344	5159
14863	-1771	-1999	17150	2876
29937	-21569	-21531	29908	4038
489480	26363	51920	394060	313674
479473	26709	52045	382935	311123

14-10 限额以上住宿业法人企业基本情况(2022年)

项目	Item
合 计	**Accommodation Trade**
# 国有及国有控股	State-owned and State-controlled Enterprises
按登记注册类型分组	**Grouped by Registration Status**
内资企业	Domestic Funded Enterprises
国有企业	State-owned Enterprises
集体企业	Collective-owned Enterprises
股份合作企业	Share-holding Cooperative Enterprises
联营企业	Joint Ownership Enterprises
国有联营企业	State Joint Ownership Enterprises
集体联营企业	Collective Joint Ownership Enterprises
国有与集体联营企业	Joint State-collective Enterprises
其他联营企业	Other Joint Ownership Enterprise
有限责任公司	Limited Liability Corporations
国有独资公司	State Sole Investment Corporations
其他有限责任公司	Other Limited Liability Corporations
股份有限公司	Share-holding Corporations Ltd.
私营企业	Private Enterprises
私营独资企业	Private Sole Investment Enterprises
私营合伙企业	Private Partnership Enterprises
私营有限责任公司	Private Limited Liability Corporations
私营股份有限公司	Private Share-holding Corporations Ltd.
其他企业	Other Enterprises
港、澳、台商投资企业	Enterprises with Funds from Hong Kong, Macao and Taiwan
与港、澳、台商合资经营企业	Joint-venture Enterprises
与港、澳、台商合作经营企业	Cooperative Enterprises
港、澳、台商独资经营企业	Enterprises with Sole Funds
港、澳、台商投资股份有限公司	Share-holding Corporations Ltd.
其他港、澳、台投资企业	Other Enterprises with Funds from Hong Kong, Macao and Taiwan
外商投资企业	Foreign Funded Enterprises
中外合资经营企业	Joint-venture Enterprises
中外合作经营企业	Cooperative Enterprises
外资企业	Enterprises with Sole Foreign Funds
外商投资股份有限公司	Share-holding Corporations Ltd.
其他外商投资企业	Other Foreign Funded Enterprises
按住宿行业中类分组	**Grouped by Accomodation Middle Sector**
旅游饭店	Travel Hotel
一般旅馆	Common Hotel
民宿服务	Homestay Services
其他住宿服务业	Others

Basic Statistics of Enterprises above Designated Size of Hotels (2022)

法人企业（个） Number of Corporation Units (unit)	营业额（万元） Business Revenue (10000 yuan)	# 客房收入 Lodging Revenue	# 餐费收入 Dinner Revenue	# 商品销售收入 Sale Revenue of Commodities
880	**1516988**	**862343**	**326881**	**44544**
113	492545	171233	140108	35318
829	1281140	737530	259491	39001
41	157149	57297	41962	11277
5	3321	1286	94	1
1	349	349		
173	540092	259071	135064	21368
26	118114	37587	36889	10711
147	421978	221484	98175	10657
4	18183	5066	5209	3470
605	562046	414461	77162	2885
43	41670	29842	411	6
4	1466	1361	106	
553	516532	380882	76645	2879
5	2378	2376		
31	103297	56718	26507	1433
9	33340	17420	9755	203
3	8802	3783	2278	351
19	61155	35515	14474	879
20	132551	68095	40883	4110
6	57499	27562	17917	503
12	56638	27286	18749	3256
1	6015	3375	2399	
1	12399	9872	1818	351
327	997706	486208	258336	38995
499	426929	316462	58413	5471
8	4552	4030	414	18
46	87801	55643	9718	60

14-11 限额以上餐饮业法人企业基本情况(2022年)

项　　目	Item
合　计	**Catering Trade**
# 国有及国有控股	State-owned and State-controlled Enterprises
按登记注册类型分组	**Grouped by Registration Status**
内资企业	Domestic Funded Enterprises
国有企业	State-owned Enterprises
集体企业	Collective-owned Enterprises
股份合作企业	Share-holding Cooperative Enterprises
联营企业	Joint Ownership Enterprises
国有联营企业	State Joint Ownership Enterprises
集体联营企业	Collective Joint Ownership Enterprises
国有与集体联营企业	Joint State-collective Enterprises
其他联营企业	Other Joint Ownership Enterprise
有限责任公司	Limited Liability Corporations
国有独资公司	State Sole Investment Corporations
其他有限责任公司	Other Limited Liability Corporations
股份有限公司	Share-holding Corporations Ltd.
私营企业	Private Enterprises
私营独资企业	Private Sole Investment Enterprises
私营合伙企业	Private Partnership Enterprises
私营有限责任公司	Private Limited Liability Corporations
私营股份有限公司	Private Share-holding Corporations Ltd.
其他企业	Other Enterprises
港、澳、台商投资企业	Enterprises with Funds from Hong Kong, Macao and Taiwan
与港、澳、台商合资经营企业	Joint-venture Enterprises
与港、澳、台商合作经营企业	Cooperative Enterprises
港、澳、台商独资经营企业	Enterprises with Sole Funds
港、澳、台商投资股份有限公司	Share-holding Corporations Ltd.
其他港、澳、台投资企业	Other Enterprises with Funds from Hong Kong, Macao and Taiwan
外商投资企业	Foreign Funded Enterprises
中外合资经营企业	Joint-venture Enterprises
中外合作经营企业	Cooperative Enterprises
外资企业	Enterprises with Sole Foreign Funds
外商投资股份有限公司	Share-holding Corporations Ltd.
其他外商投资企业	Other Foreign Funded Enterprises
按餐饮行业中类分组	**Grouped by Catering Middle Sector**
正餐服务	Dinner
快餐服务	Snack
饮料及冷饮服务	Beverages and cold drinks
餐饮配送及外卖送餐服务	Restaurants distribution and take-away service
其他餐饮服务	Others

Basic Statistics of Enterprises above Designated Size of Catering Services (2022)

法人企业（个） Number of Corporation Units (unit)	营业额（万元） Business Revenue (10000 yuan)	# 客房收入 Lodging Revenue	# 餐费收入 Dinner Revenue	# 商品销售收入 Sale Revenue of Commodities
1859	**4448962**	**37250**	**4038101**	**274189**
32	217771	16285	141204	48180
1744	2790390	31793	2458084	229573
6	8031	452	7361	
5	10197	690	7376	
33	28122		28081	29
269	720276	18090	633759	53539
7	53379	10524	32327	8308
262	666897	7566	601432	45231
4	45741		28142	13542
1427	1978023	12561	1753365	162463
96	70562	42	70115	299
24	28321	584	26895	120
1302	1875320	11935	1652535	162044
5	3820		3820	
74	509466		472354	29145
13	32027		28296	348
4	38607		36119	2072
55	433305		402552	26725
2	5527		5387	
41	1149106	5457	1107663	15471
10	455688	2022	423674	13081
28	671477	3435	664438	1073
1	17775		16177	526
2	4166		3374	791
1555	2203563	35539	2041957	73840
76	1169375		1130322	17990
46	492182		452035	29262
117	447328	1711	299212	139145
65	136514		114575	13952

14-12 限额以上住宿业法人企业财务状况(2022年)

单位:万元

项　　目	Item
合　计	**Accommodation Trade**
# 国有及国有控股	State-owned and State-controlled Enterprises
按登记注册类型分组	**Grouped by Registration Status**
内资企业	Domestic Funded Enterprises
国有企业	State-owned Enterprises
集体企业	Collective-owned Enterprises
股份合作企业	Share-holding Cooperative Enterprises
联营企业	Joint Ownership Enterprises
国有联营企业	State Joint Ownership Enterprises
集体联营企业	Collective Joint Ownership Enterprises
国有与集体联营企业	Joint State-collective Enterprises
其他联营企业	Other Joint Ownership Enterprise
有限责任公司	Limited Liability Corporations
国有独资公司	State Sole Investment Corporations
其他有限责任公司	Other Limited Liability Corporations
股份有限公司	Share-holding Corporations Ltd.
私营企业	Private Enterprises
私营独资企业	Private Sole Investment Enterprises
私营合伙企业	Private Partnership Enterprises
私营有限责任公司	Private Limited Liability Corporations
私营股份有限公司	Private Share-holding Corporations Ltd.
其他企业	Other Enterprises
港、澳、台商投资企业	Enterprises with Funds from Hong Kong, Macao and Taiwan
与港、澳、台商合资经营企业	Joint-venture Enterprises
与港、澳、台商合作经营企业	Cooperative Enterprises
港、澳、台商独资经营企业	Enterprises with Sole Funds
港、澳、台商投资股份有限公司	Share-holding Corporations Ltd.
其他港、澳、台投资企业	Other Enterprises with Funds from Hong Kong, Macao and Taiwan
外商投资企业	Foreign Funded Enterprises
中外合资经营企业	Joint-venture Enterprises
中外合作经营企业	Cooperative Enterprises
外资企业	Enterprises with Sole Foreign Funds
外商投资股份有限公司	Share-holding Corporations Ltd.
其他外商投资企业	Other Foreign Funded Enterprises
按行业分	**Grouped by Accomodation Middle Sector**
旅游饭店	Travel Hotel
一般旅馆	Common Hotel
民宿服务	Homestay Services
其他住宿服务业	Others

Financial Situation of Enterprises above Designated Size of Hotels (2022)

(10000 yuan)

资产总计 Total Assets	固定资产原价 Original Value of Fixed Assets	负债合计 Total Liabilities	所有者权益 Owners' Equity	营业收入 Revenue from Business	
					# 主营业务收入 Revenue from Principal Business
6412944	**2767859**	**5200961**	**1211983**	**1477526**	**1435895**
1866599	1189008	794388	1072211	462155	452486
4443923	1956230	3351524	1092399	1251953	1215736
367456	233221	240009	127447	147534	140980
6782	6777	4640	2142	3193	3193
123	1149	524	-401	337	337
2765922	1310183	2036562	729360	548622	530366
547164	314471	176908	370256	110637	109109
2218758	995712	1859654	359104	437985	421257
320222	89617	31666	288556	16958	16943
983418	315283	1038123	-54705	535309	523917
77297	33737	48548	28749	40529	40341
1219	208	1885	-666	1419	1419
901763	281245	985059	-83296	491070	479866
3139	93	2631	508	2291	2291
593617	412354	681686	-88069	97664	92657
150688	123486	147957	2731	31593	30352
71789	88080	71599	190	8311	8061
371140	200788	462130	-90990	57760	54244
1375404	399275	1167751	207653	127909	127502
485843	198881	412451	73392	57104	57091
599321	160668	521751	77570	53456	53138
79016	2933	77762	1254	5672	5672
211224	36793	155787	55437	11677	11601
5066443	2320805	3923583	1142860	981781	950854
1160151	373349	1111779	48372	406334	395675
20428	3856	18388	2040	4377	4367
165922	69849	147211	18711	85034	84999

14-12 续表 1

单位：万元

项　　目	Item
合　计	**Accommodation Trade**
# 国有及国有控股	State-owned and State-controlled Enterprises
按登记注册类型分组	**Grouped by Registration Status**
内资企业	Domestic Funded Enterprises
国有企业	State-owned Enterprises
集体企业	Collective-owned Enterprises
股份合作企业	Share-holding Cooperative Enterprises
联营企业	Joint Ownership Enterprises
国有联营企业	State Joint Ownership Enterprises
集体联营企业	Collective Joint Ownership Enterprises
国有与集体联营企业	Joint State-collective Enterprises
其他联营企业	Other Joint Ownership Enterprise
有限责任公司	Limited Liability Corporations
国有独资公司	State Sole Investment Corporations
其他有限责任公司	Other Limited Liability Corporations
股份有限公司	Share-holding Corporations Ltd.
私营企业	Private Enterprises
私营独资企业	Private Sole Investment Enterprises
私营合伙企业	Private Partnership Enterprises
私营有限责任公司	Private Limited Liability Corporations
私营股份有限公司	Private Share-holding Corporations Ltd.
其他企业	Other Enterprises
港、澳、台商投资企业	Enterprises with Funds from Hong Kong, Macao and Taiwan
与港、澳、台商合资经营企业	Joint-venture Enterprises
与港、澳、台商合作经营企业	Cooperative Enterprises
港、澳、台商独资经营企业	Enterprises with Sole Funds
港、澳、台商投资股份有限公司	Share-holding Corporations Ltd.
其他港、澳、台投资企业	Other Enterprises with Funds from Hong Kong, Macao and Taiwan
外商投资企业	Foreign Funded Enterprises
中外合资经营企业	Joint-venture Enterprises
中外合作经营企业	Cooperative Enterprises
外资企业	Enterprises with Sole Foreign Funds
外商投资股份有限公司	Share-holding Corporations Ltd.
其他外商投资企业	Other Foreign Funded Enterprises
按行业分	**Grouped by Accomodation Middle Sector**
旅游饭店	Travel Hotel
一般旅馆	Common Hotel
民宿服务	Homestay Services
其他住宿服务业	Others

continued

(10000 yuan)

营业成本 Cost of Business	税金及附加 Taxes and Other Charges on Business	其他业务利润 Profit from Other Business	销售费用 Operating Expenses
721052	**22524**	**10116**	**395763**
268377	10470	5119	115439
625460	17882	9903	334623
86872	2682	4037	35654
2430	48		63
	1		280
249657	11797	3589	179991
47445	2994	62	31485
202212	8803	3527	148506
15733	1234		1580
270768	2120	2277	117055
28714	191	26	3404
674	5		109
240470	1922	2251	113354
910	2		188
23524	1955	128	46873
6626	369	9	16080
1277	465		4524
15621	1121	119	26269
72068	2687	85	14267
36450	1172	68	5555
29496	1171	17	7759
2565	46		386
3557	298		567
460254	20466	5680	282853
196222	1652	4157	100736
2932	7	279	173
61644	399		12001

14-12 续表 2

单位:万元

项　　目	Item
合　计	**Accommodation Trade**
# 国有及国有控股	State-owned and State-controlled Enterprises
按登记注册类型分组	**Grouped by Registration Status**
内资企业	Domestic Funded Enterprises
国有企业	State-owned Enterprises
集体企业	Collective-owned Enterprises
股份合作企业	Share-holding Cooperative Enterprises
联营企业	Joint Ownership Enterprises
国有联营企业	State Joint Ownership Enterprises
集体联营企业	Collective Joint Ownership Enterprises
国有与集体联营企业	Joint State-collective Enterprises
其他联营企业	Other Joint Ownership Enterprise
有限责任公司	Limited Liability Corporations
国有独资公司	State Sole Investment Corporations
其他有限责任公司	Other Limited Liability Corporations
股份有限公司	Share-holding Corporations Ltd.
私营企业	Private Enterprises
私营独资企业	Private Sole Investment Enterprises
私营合伙企业	Private Partnership Enterprises
私营有限责任公司	Private Limited Liability Corporations
私营股份有限公司	Private Share-holding Corporations Ltd.
其他企业	Other Enterprises
港、澳、台商投资企业	Enterprises with Funds from Hong Kong, Macao and Taiwan
与港、澳、台商合资经营企业	Joint-venture Enterprises
与港、澳、台商合作经营企业	Cooperative Enterprises
港、澳、台商独资经营企业	Enterprises with Sole Funds
港、澳、台商投资股份有限公司	Share-holding Corporations Ltd.
其他港、澳、台投资企业	Other Enterprises with Funds from Hong Kong, Macao and Taiwan
外商投资企业	Foreign Funded Enterprises
中外合资经营企业	Joint-venture Enterprises
中外合作经营企业	Cooperative Enterprises
外资企业	Enterprises with Sole Foreign Funds
外商投资股份有限公司	Share-holding Corporations Ltd.
其他外商投资企业	Other Foreign Funded Enterprises
按行业分	**Grouped by Accomodation Middle Sector**
旅游饭店	Travel Hotel
一般旅馆	Common Hotel
民宿服务	Homestay Services
其他住宿服务业	Others

continued

(10000 yuan)

管理费用 Management Cost	营业利润 Business Profit	利润总额 Total Profits	应付职工薪酬（本期贷方累计发生额） Wages Payable (Cumulative Incidence of Credits for the Period)	应交增值税（本期累计发生额） Added Payable Tax (Cumulative Incidence for the Period)
529886	**-237237**	**-222785**	**512055**	**35110**
160549	-49900	-42145	223237	15041
428254	-171976	-159451	433109	28415
46200	-10237	-8121	75116	4829
832	-141	-126	2016	121
64	-7	-7	129	12
176524	-93280	-88301	199090	14581
38460	-13	492	52676	3571
138064	-93267	-88793	146414	11010
8723	-5099	-5002	12171	162
195911	-63212	-57894	144587	8710
7498	271	336	4463	222
787	-156	-156	313	39
186505	-63410	-58225	139175	8424
1121	83	151	636	25
55029	-45214	-42788	40926	4764
11511	-5526	-5386	11881	596
7190	-5923	-5826	5439	121
36328	-33765	-31576	23606	4047
46603	-20047	-20546	38020	1931
20613	-14733	-14612	14516	639
20860	-5318	-4891	18218	769
3066	-374	-374	2147	26
2064	378	-669	3139	497
348821	-179908	-173843	361041	25038
158674	-48239	-40015	118030	7377
1650	-454	-390	1279	78
20741	-8636	-8537	31705	2617

14-13 限额以上餐饮业法人企业财务状况(2022年)

单位：万元

项　　目	Item
合　计	**Catering Trade**
# 国有及国有控股	State-owned and State-controlled Enterprises
按登记注册类型分组	**Grouped by Registration Status**
内资企业	Domestic Funded Enterprises
国有企业	State-owned Enterprises
集体企业	Collective-owned Enterprises
股份合作企业	Share-holding Cooperative Enterprises
联营企业	Joint Ownership Enterprises
国有联营企业	State Joint Ownership Enterprises
集体联营企业	Collective Joint Ownership Enterprises
国有与集体联营企业	Joint State-collective Enterprises
其他联营企业	Other Joint Ownership Enterprise
有限责任公司	Limited Liability Corporations
国有独资公司	State Sole Investment Corporations
其他有限责任公司	Other Limited Liability Corporations
股份有限公司	Share-holding Corporations Ltd.
私营企业	Private Enterprises
私营独资企业	Private Sole Investment Enterprises
私营合伙企业	Private Partnership Enterprises
私营有限责任公司	Private Limited Liability Corporations
私营股份有限公司	Private Share-holding Corporations Ltd.
其他企业	Other Enterprises
港、澳、台商投资企业	Enterprises with Funds from Hong Kong, Macao and Taiwan
与港、澳、台商合资经营企业	Joint-venture Enterprises
与港、澳、台商合作经营企业	Cooperative Enterprises
港、澳、台商独资经营企业	Enterprises with Sole Funds
港、澳、台商投资股份有限公司	Share-holding Corporations Ltd.
其他港、澳、台投资企业	Other Enterprises with Funds from Hong Kong, Macao and Taiwan
外商投资企业	Foreign Funded Enterprises
中外合资经营企业	Joint-venture Enterprises
中外合作经营企业	Cooperative Enterprises
外资企业	Enterprises with Sole Foreign Funds
外商投资股份有限公司	Share-holding Corporations Ltd.
其他外商投资企业	Other Foreign Funded Enterprises
按行业分	**Grouped by Catering Middle Sector**
正餐服务	Dinner
快餐服务	Snack
饮料及冷饮服务	Beverage and Cold Drinks
餐饮配送及外卖送餐服务	Restaurants distribution and take-away service
其他餐饮服务	Others

Financial Situation of Enterprises above Designated Size of Catering Services (2022)

(10000 yuan)

资产总计 Total Assets	固定资产原价 Original Value of Fixed Assets	负债合计 Total Liabilities	所有者权益 Owners' Equity	营业收入 Revenue from Business	# 主营业务收入 Revenue from Principal Business
3660715	**943910**	**2758193**	**902522**	**4217092**	**4177842**
607782	202312	362981	244801	202478	195953
2019624	486832	1786687	232937	2653386	2619998
4948	3776	8516	-3568	7577	7577
22209	2618	8346	13863	9671	9641
11250	3671	10151	1099	26814	26737
566885	262750	591441	-24556	678741	669487
62529	45455	53205	9324	49993	49352
504356	217295	538236	-33880	628748	620135
378407	27406	118324	260083	41889	38044
1035925	186611	1049909	-13984	1888694	1868512
27301	7193	35678	-8377	67497	67266
6261	5339	9098	-2837	26832	26462
1001320	173924	1003688	-2368	1790652	1771071
1043	155	1445	-402	3713	3713
839667	141389	517739	321928	479342	475626
35369	6614	17365	18004	30167	30154
25456	25489	41556	-16100	36285	36285
773681	108998	451687	321994	407679	404105
5161	288	7131	-1970	5211	5082
801424	315689	453767	347657	1084364	1082218
359937	176497	121125	238812	429819	429484
428281	136457	320789	107492	633502	632075
10470	2275	9382	1088	16782	16766
2736	460	2471	265	4261	3893
2072066	533562	1842834	229232	2095512	2062871
874140	298994	535465	338675	1103252	1100779
448390	69554	154933	293457	459292	457784
191975	33930	156301	35674	428475	427467
74144	7870	68660	5484	130561	128941

14-13 续表 1

单位：万元

项　　目	Item
合　计	**Catering Trade**
# 国有及国有控股	State-owned and State-controlled Enterprises
按登记注册类型分组	**Grouped by Registration Status**
内资企业	Domestic Funded Enterprises
国有企业	State-owned Enterprises
集体企业	Collective-owned Enterprises
股份合作企业	Share-holding Cooperative Enterprises
联营企业	Joint Ownership Enterprises
国有联营企业	State Joint Ownership Enterprises
集体联营企业	Collective Joint Ownership Enterprises
国有与集体联营企业	Joint State-collective Enterprises
其他联营企业	Other Joint Ownership Enterprise
有限责任公司	Limited Liability Corporations
国有独资公司	State Sole Investment Corporations
其他有限责任公司	Other Limited Liability Corporations
股份有限公司	Share-holding Corporations Ltd.
私营企业	Private Enterprises
私营独资企业	Private Sole Investment Enterprises
私营合伙企业	Private Partnership Enterprises
私营有限责任公司	Private Limited Liability Corporations
私营股份有限公司	Private Share-holding Corporations Ltd.
其他企业	Other Enterprises
港、澳、台商投资企业	Enterprises with Funds from Hong Kong, Macao and Taiwan
与港、澳、台商合资经营企业	Joint-venture Enterprises
与港、澳、台商合作经营企业	Cooperative Enterprises
港、澳、台商独资经营企业	Enterprises with Sole Funds
港、澳、台商投资股份有限公司	Share-holding Corporations Ltd.
其他港、澳、台投资企业	Other Enterprises with Funds from Hong Kong, Macao and Taiwan
外商投资企业	Foreign Funded Enterprises
中外合资经营企业	Joint-venture Enterprises
中外合作经营企业	Cooperative Enterprises
外资企业	Enterprises with Sole Foreign Funds
外商投资股份有限公司	Share-holding Corporations Ltd.
其他外商投资企业	Other Foreign Funded Enterprises
按行业分	**Grouped by Catering Middle Sector**
正餐服务	Dinner
快餐服务	Snack
饮料及冷饮服务	Beverage and Cold Drinks
餐饮配送及外卖送餐服务	Restaurants distribution and take-away service
其他餐饮服务	Others

continued

(10000 yuan)

营业成本 Cost of Business	税金及附加 Taxes and Other Charges on Business	其他业务利润 Profit from Other Business	销售费用 Operating Expenses
2212427	**4925**	**14312**	**1488381**
172709	1301	1169	41351
1540379	3955	7819	744664
5049	30		2288
7349	115		766
12913	37	20	11817
397393	1247	1566	226086
32277	469		16861
365116	778	1566	209225
36252	436		2211
1081423	2090	6233	501496
37215	158	246	19964
12446	52	444	10985
1030314	1877	5543	469860
1448	3		687
155972	503	6773	288102
9506	13	14	15861
17225	64	3	20767
127261	411	6756	247866
1980	15		3608
516076	467	-280	455615
150041	176		243669
358311	283	-296	199042
5814	6	16	10436
1910	2		2468
1109063	3547	13914	718757
520966	481	155	454462
179978	361	178	226312
322060	436	1	60339
80360	100	64	28511

14-13 续表 2

单位：万元

项　　目	Item
合　计	**Catering Trade**
# 国有及国有控股	State-owned and State-controlled Enterprises
按登记注册类型分组	**Grouped by Registration Status**
内资企业	Domestic Funded Enterprises
国有企业	State-owned Enterprises
集体企业	Collective-owned Enterprises
股份合作企业	Share-holding Cooperative Enterprises
联营企业	Joint Ownership Enterprises
国有联营企业	State Joint Ownership Enterprises
集体联营企业	Collective Joint Ownership Enterprises
国有与集体联营企业	Joint State-collective Enterprises
其他联营企业	Other Joint Ownership Enterprise
有限责任公司	Limited Liability Corporations
国有独资公司	State Sole Investment Corporations
其他有限责任公司	Other Limited Liability Corporations
股份有限公司	Share-holding Corporations Ltd.
私营企业	Private Enterprises
私营独资企业	Private Sole Investment Enterprises
私营合伙企业	Private Partnership Enterprises
私营有限责任公司	Private Limited Liability Corporations
私营股份有限公司	Private Share-holding Corporations Ltd.
其他企业	Other Enterprises
港、澳、台商投资企业	Enterprises with Funds from Hong Kong, Macao and Taiwan
与港、澳、台商合资经营企业	Joint-venture Enterprises
与港、澳、台商合作经营企业	Cooperative Enterprises
港、澳、台商独资经营企业	Enterprises with Sole Funds
港、澳、台商投资股份有限公司	Share-holding Corporations Ltd.
其他港、澳、台投资企业	Other Enterprises with Funds from Hong Kong, Macao and Taiwan
外商投资企业	Foreign Funded Enterprises
中外合资经营企业	Joint-venture Enterprises
中外合作经营企业	Cooperative Enterprises
外资企业	Enterprises with Sole Foreign Funds
外商投资股份有限公司	Share-holding Corporations Ltd.
其他外商投资企业	Other Foreign Funded Enterprises
按行业分	**Grouped by Catering Middle Sector**
正餐服务	Dinner
快餐服务	Snack
饮料及冷饮服务	Beverage and Cold Drinks
餐饮配送及外卖送餐服务	Restaurants distribution and take-away service
其他餐饮服务	Others

continued

(10000 yuan)

管理费用 Management Cost	营业利润 Business Profit	利润总额 Total Profits	应付职工薪酬 (本期贷方累计发生额) Wages Payable (Cumulative Incidence of Credits for the Period)	应交增值税 (本期累计发生额) Added Payable Tax (Cumulative Incidence for the Period)
628546	**-66866**	**-55165**	**1072221**	**46932**
38617	14372	15396	84172	5367
490317	-71691	-64124	654165	27408
1269	-1090	-1068	3454	208
1534	34	74	3832	303
3940	-2431	-2271	7988	604
103173	-23245	-22805	183694	8491
10481	-11017	-10978	18216	1907
92692	-12228	-11827	165478	6584
11163	31612	31455	17993	161
369238	-76571	-69509	437204	17641
15106	-5429	-4769	18913	837
4673	-1417	-1279	8446	493
347857	-69685	-63448	408775	16281
1602	-40	-13	1070	30
48443	-11978	-7791	150236	3151
6360	-1513	-1409	8431	236
3553	-5224	-5253	10735	388
37615	-3826	816	128723	2467
915	-1415	-1945	2347	60
89786	16803	16750	267820	16373
16470	24284	24591	88913	15643
73089	-7418	-7698	174810	710
132	236	246	2938	7
95	-299	-389	1159	13
415477	-91356	-83043	581435	22426
108850	11019	11772	266051	18218
33223	19423	19632	119542	1145
48898	-3669	-1780	74353	4116
22098	-2283	-1746	30840	1027

14-14 连锁店(公司)基本情况(2022年)
Statistics on Chain Stores (Companies) (2022)

单位：个 (unit)

项目	Item	连锁总店 General Chain Stores	连锁门店 Branch Chain Stores	直营店 Direct Stores	加盟店 League Stores
总计	**Total**	**138**	**14013**	**11821**	**2192**
批发业	Wholesale Trade	13	2093	1416	677
零售业	Retail Trade	90	7660	6197	1463
按注册类型分	Grouped by Registration Status				
内资	Domestic Funded Enterprises	68	3406	2772	634
外商及港澳台投资	Enterprises with Funds from Foreign Countries, Hong Kong, Macao and Taiwan	22	4254	3425	829
按零售业态分	By Retail Format				
百货店	Department Stores	7	615	569	46
超市	Supermarkets	10	655	444	211
专业店	Specialized Stores	49	3023	2811	212
品牌专卖店	Franchised Stores	13	941	940	1
其他	Others	11	2426	1433	993
住宿业	Accommodation Services	5	32	32	
餐饮业	Catering Services	30	4228	4176	52
#外商及港澳台投资	Enterprises with Funds from Foreign Countries, Hong Kong, Macao and Taiwan	12	2955	2955	
正餐	Dinner	14	736	719	17
快餐	Snack	11	2124	2089	35
其他	Others	6	1368	1368	

14-14 续表 continued

单位：万元 (10000 yuan)

项　目	Item	营业面积（平方米）Business Area (sq.m)	从业人数（人）Employed Persons (person)	商品销售额（营业额）Commodity Sales (turnover)	# 零售额 Retail Sales
总　计	**Total**	**5492039**	**159172**	**16479684**	**11373626**
批发业	Wholesale Trade	590432	15168	2694190	776874
零售业	Retail Trade	3683169	59390	11716273	8582415
按注册类型分	Grouped by Registration Status				
内资	Domestic Funded Enterprises	1742664	28325	7659599	5298252
外商及港澳台投资	Enterprises with Funds from Foreign Countries, Hong Kong, Macao and Taiwan	1940505	31065	4057024	3284163
按零售业态分	By Retail Format				
百货店	Department Stores	1536878	10824	1823643	1337678
超市	Supermarkets	771726	11457	1449144	1113485
专业店	Specialized Stores	1112618	24770	7397867	5372504
品牌专卖店	Franchised Stores	47204	4673	523490	277601
其　他	Others	214743	7666	522129	481147
住宿业	Accommodation Services	1321	545	13459	177
餐饮业	Catering Services	1217117	84069	2055762	2014160
# 外商及港澳台投资	Enterprises with Funds from Foreign Countries, Hong Kong, Macao and Taiwan	895479	65403	1383160	1366964
正　餐	Dinner	328724	14828	544543	523277
快　餐	Snack	656602	57513	1086402	1070856
其　他	Others	231791	11728	424817	420027

注：“营业面积”指标，批发业和零售业反映年末零售营业面积数据，住宿业和餐饮业反映年末餐饮营业面积数据。“商品销售额(营业额)”指标，批发业和零售业反映商品销售额数据，住宿业和餐饮业反映营业额数据。

Note: "Business area" indicator reflects data on retail business area at the end of the year for wholesale and retail trade,and it reflects data on catering business area at the end of the year for accommodation and catering services. "Commodity sales (turnover)" indicator reflects the sales data of commodities for wholesale and retail trade, and it reflects the turnover data for accommodation and catering services.

14-15 亿元以上商品交易市场成交情况(2022年)

Statistics on Commodity Exchange Markets with Total Sale over 100 Million Yuan (2022)

项　　目	Item	出租摊位数（个）Number of Booths (unit)	总成交额（万元）Total Transaction Values (10000 yuan)
合　计	**Total**	**67984**	**18794222**
粮油、食品类	Grain and Oil	9781	5518109
饮料类	Beverages	508	107449
烟酒类	Tobacco and Liquor	160	34631
服装鞋帽、针、纺织品类	Garments, Shoes, Hats, Knitwear and Textiles	32437	9249933
化妆品类	Cosmetics	2223	82856
金银珠宝类	Gold, Silver and Jewelry		
日用品类	Articles for Daily Use	10661	1306639
五金电料类	Hardware and Electrical Appliances	2741	613730
体育、娱乐用品类	Sports and Recreation Articles	31	11913
书报杂志类	Books, Newspapers and Magazines	66	18115
电子出版物及音像制品类	E-journal and Video Products		
家用电器和音像器材类	Household Appliances and Video Appliances	144	13150
中西药品类	Traditional Chinese and Western Medicines	386	36642
文化办公用品类	Cultural and Office Goods	563	102754
家具类	Furniture	347	31788
通讯器材类	Communication Equipments	1	91
煤炭及制品类	Coal and Coal Products		
木材及制品类	Wood and Wooden Products	229	24528
石油及制品类	Petroleum and Related Products		
化工材料及制品类	Chemical Materials and Related Products	29	3142
金属材料类	Metal Materials	198	43001
建筑及装潢材料类	Building and Decoration Materials	1489	139971
机电产品及设备类	Mechanical and Electrical Products	2	230
汽车类	Automobiles	4236	1137160
种子饲料类	Seed and Feedstuff	3	73
棉麻类	Cotton and Hemp		
其他类	Others	1749	318317

主要统计指标解释

【社会消费品零售总额】指企业（单位、个体户）通过交易直接售给个人、社会集团非生产、非经营用的实物商品金额，以及提供餐饮服务所取得的收入金额。个人包括城乡居民和入境人员，社会集团包括机关、社会团体、部队、学校、企事业单位、居委会或村委会等。

【商品购进总额】指从本企业以外的单位和个人购进（包括从国外直接进口）作为转卖或加工后转卖的商品金额（含增值税）。本指标反映批发和零售业从国内外市场上购进商品的总价。

商品购进包括：（1）从工农业生产者、批发和零售业、住宿和餐饮业、出版社或报社的出版发行部门和其他服务业等企事业单位和个体经营户购进的商品；（2）从机关、社会团体购进的商品；（3）从海关、市场管理部门购进的缉私和没收的商品；（4）从居民收购的废旧商品等。

不包括：（1）企业为本单位自身经营用，不是作为转卖而购进的商品，如材料物资、包装物、低值易耗品、办公用品等；（2）未通过买卖行为而收入的商品，如接受其他部门移交的商品、借入的商品、收入代其他单位保管的商品、其他单位赠送的样品、加工回收的成品等；（3）经本单位介绍，由买卖双方直接结算，本单位只收取手续费的业务；（4）销售退回和买方拒付货款的商品；（5）商品溢余；（6）期货交易商品。

【商品销售总额】指对本单位以外的单位和个人出售的商品金额（包括售给本单位消费用的商品，含增值税），在批发和零售业中，本指标反映在国内市场上销售商品以及出口商品的总价。

商品销售包括：（1）售给个人和社会集团消费用的商品；（2）售给农业、工业、建筑业、服务业等国民经济各行业用于生产、经营用的商品，包括售予批发和零售业作为转卖或加工后转卖的商品；（3）对国（境）外直接出口的商品。

商品销售不包括：（1）未通过买卖行为付出的商品，如因机构变动移交给其他企业单位的商品、借出的商品、归还受其他单位委托代保管的商品、付出的加工原料和赠送给其他单位的样品等；（2）促销返券所销售的、不计入营业收入的商品；（3）经本单位介绍，由买卖双方直接结算，本单位只收取手续费的业务；（4）未发生所有权转移的商品预付卡销售，如加油卡；（5）汽车维修、电话卡销售等服务性经济活动；（6）购货退回的商品；（7）商品损耗和损失；（8）出售本单位自用的废旧物资；（9）期货交易商品；（10）自来水供应企业、电力企业、天然气供应企业提供的水、电、气。

【住宿餐饮业营业额】指住宿和餐饮业单位在经营活动中因提供服务或销售商品等取得的全部收入（含销项税），收入主要来源于提供客房、餐费服务、商品销售和其他服务，如商务服务。不包括多产业法人企业附营的其他行业产业活动单位的餐费收入、商品销售收入等各项收入。其中，客房收入指住宿和餐饮业单位在经营活动中因提供住宿服务取得的收入（含增值税）。不包括多产业法人企业附营的其他行业产业活动单位的客房收入。餐费收入指本单位为顾客提供就餐服务取得的收入（含增值税）。包括：经烹饪、调制加工后出售的各种食品，如主食、炒菜、凉拌菜等的收入。不包括多产业法人企业附营的其他行业产业活动单位的餐费收入。

Explanatory Notes on Main Statistical Indicators

【Total Retail Sales of Consumer Goods】 refer to the amount obtained by enterprises (units, self-employed individuals) through direct sales of non-production and non-business physical commodity to individuals, social institutions, and revenue from providing catering services. Individuals include rural and urban households, population from abroad, social institutions include government agencies, social organizations, military units, schools, institutions, neighbourhood (village) committees.

【**Total Purchases of Commodities**】 refer to the total value of purchases of commodities by enterprises (establishments) from other establishments or individuals (including direct import from abroad) for the purpose of re-selling, either with or without further processing of the commodities purchased. The commodities include: (1) commodities purchased from agricultural and industrial producer, wholesaler, retailer, publishing house and other service business; (2) commodities purchased from institutions and government departments; (3) confiscated goods purchased from the customs authorities or market management agencies; (4) second-hand goods and wastes purchased from residents; The commodities exclude (1) commodities purchased by enterprises (establishments) for use in their own business operation, commodities obtained without buying or selling procedures such as materials, consumable goods of low value, office appliance, etc. (2) received goods without trading, such as goods handed over from others, borrowed goods, preserved goods for others, donated goods from others, processed and retrieved goods, etc. (3) goods of direct settlement between buyer and seller with handling fees introduced by others, (4) goods returned or refused to pay by the buyer, (5) excessive goods, (6) futures trading commodities.

【**Total Sales of Commodities**】 refer to value of commodities sold by the establishments to other establishments and individuals (including goods sold for self consumption, including the value-added tax). The commodities include: (1) commodities sold to urban and rural residents and social groups for their consumption; (2) commodities sold to establishments in all industries for their production and operation, including agriculture, industry, construction, and catering services including commodities sold to wholesale and retail establishments for re-selling, with or without further processing; and (3) commodities for direct export to abroad. Excluded are (1) extended commodities without trading, such as goods handed over to other enterprises and institutions because of the change of organizations, lent goods, returned goods preserved for others, extended processing materials and samples donated to others, (2)commodities sold under promotional coupons that are not recognized as revenue from business, (3) goods of direct settlement between buyer and seller with handling fees introduced by others, (4) Prepaid card sales of goods where no transfer of ownership has occurred, such as gas cards, (5) service economic activities such as automobile repair and telephone card sales, (6) goods returned after purchase, (7) damaged and spoiled goods, (8) sale of waste materials for self use, (9) futures trading commodities, (10) water, electricity and gas provided by water supply enterprises, electric power enterprises and natural gas supply enterprises.

【**Lodging and Catering Industry Turnover**】 refers to total revenue (including VAT) of hotels and catering services received from providing services or selling commodities through business activities, income comes mainly from providing hotels, catering services, selling of commodities and other services, such as commodity services. It does not include revenue such as meal fees, selling of commodities of other industrial units affiliated with multi industrial legal entities. Income from hotels refers to income (including VAT) of hotels and catering services by providing lodging services through business activities. Income from catering services refers to income (including VAT) from providing catering services, including selling of cooked or prepared foods, such as staple food, cooked dishes, or cold dishes. It does not include meal fees of other industrial units affiliated with multi industrial legal entities.

第十五篇 CHAPTER 15

对外经济贸易和旅游

FOREIGN ECONOMY AND TOURISM

第十五篇　对外经济贸易和旅游

简要说明

一、本篇资料反映广州市对外贸易、利用外资、对外承包工程和劳务合作、境外投资、外商投资企业工商注册登记以及旅游业概况及发展情况。

二、本篇资料由广州市统计局贸易外经统计处整理提供。

三、资料来源及统计范围：

1．广州进出口贸易的规模、结构情况资料主要来源于广州海关和黄埔海关，统计范围为广州地区进出口经营单位（广州地区口岸进出口资料除外）。

2．广州利用外资规模及结构、对外承包工程及劳务合作状况、境外投资情况、技术进口情况的资料来源于广州市商务局。

3．广州外商投资企业注册登记情况的资料由广州市市场监督管理局提供，但不包括在广东省市场监督管理局注册登记的在穗外商投资企业。

4．广州旅游业发展情况的资料由广州市文化广电旅游局提供。

5．广州与国外城市交流情况，广州与国外结成友好城市情况及各国驻广州领事馆情况的资料由广州市政府外事办公室提供。

6．外商投资企业包括国外及港澳台投资企业。

Chapter 15 Foreign Economy and Tourism

Brief　Introduction

I.The data in this chapter show the Summary data of Guangzhou's foreign trade, utilization of foreign capital, contracted projects and labor cooperation with the foreign countries or territories, external investment, basic indicators of three kinds of registered foreign-funded enterprises and international tourism.

II.The data in this chapter are prepared and provided by the Division of Trade and External Economic Relations Statistics of Guangzhou Municipal Bureau of Statistics.

III. Data sources and statistical coverage:

(1)The data on the size and composition of Guangzhou's imports and exports come from Guangzhou and Huangpu Customs Office; the statistical coverage covers the imports and exports operating units in Guangzhou, excluding the data of imports and exports through ports in Guangzhou.

(2)The data on the scale and composition of the utilization of foreign capitals and the contracted projects and labor cooperation with the foreign countries or territories, external investment, technical imports of Guangzhou come from Guangzhou Municipal Commerce Bureau.

(3)The basic indicators of the registered foreign-funded enterprises come from the Guangzhou Municipal Market Regulatory Administration but exclude those registered by the Administration for Market Regulation of Guangdong Province.

(4)The data on the development of international tourism are provided by Guangzhou Municipal Culture, Radio, Television and Tourism Bureau.

(5)The data on exchange between Guangzhou and foreign friendly cities, consulate generals in Guangzhou are provided by Foreign Affair Office of Guangzhou Municipal People's Government.

(6)The foreign-funded enterprises cover the enterprises whose fund come from Hong Kong, Macao, Taiwan and foreign countries.

15-1 主要年份商品进出口总值和商品进出口总值指数

Total Value and Indices of Import and Export Commodities in Main Years

年 份 Year	进出口总值（亿美元）Total Value of Imports and Exports (USD 100 million)	进口总值 Imports	出口总值 Exports	进出口差额（亿美元）Balance (USD 100 million)	进出口总值指数（上年=100）Indices of Total Imports and Exports (preceding year=100)	进口总值 Imports	出口总值 Exports
1988	32.25	17.66	14.59	-3.07	148.5	154.0	142.4
1989	35.32	17.62	17.70	0.08	109.5	99.8	121.3
1990	41.79	18.24	23.55	5.31	118.3	103.5	133.0
1991	53.82	24.40	29.42	5.02	128.8	133.8	125.0
1992	70.75	33.88	36.87	2.99	131.5	138.8	125.3
1993	134.33	69.84	64.49	-5.35	189.9	206.2	174.9
1994	161.36	74.67	86.69	12.02	120.1	106.9	134.4
1995	166.99	71.32	95.67	24.35	103.5	95.5	110.4
1996	166.89	75.53	91.36	15.83	99.9	105.9	95.5
1997	187.46	81.51	105.95	24.44	112.3	107.9	116.0
1998	178.77	75.39	103.38	27.99	95.4	92.5	97.6
1999	191.85	93.18	98.67	5.49	107.3	123.6	95.4
2000	233.51	115.60	117.91	2.31	121.7	124.1	119.5
2001	230.37	114.13	116.24	2.11	98.7	98.7	98.6
2002	279.27	141.49	137.78	-3.71	121.2	124.0	118.5
2003	349.41	180.52	168.89	-11.63	125.1	127.6	122.6
2004	447.88	233.14	214.74	-18.40	128.2	129.2	127.2
2005	534.75	268.07	266.68	-1.39	119.4	115.0	124.2
2006	637.62	313.85	323.77	9.92	119.2	117.1	121.4
2007	734.94	355.91	379.03	23.12	115.3	113.4	117.1
2008	818.73	389.47	429.26	39.79	111.4	109.4	113.3
2009	766.85	392.82	374.03	-18.79	93.7	100.9	87.1
2010	1037.68	553.89	483.79	-70.10	135.3	141.0	129.3
2011	1161.68	596.94	564.74	-32.20	112.0	107.8	116.7
2012	1171.67	582.52	589.15	6.63	100.9	97.6	104.3
2013	1188.96	560.89	628.07	67.18	101.5	96.3	106.6
2014	1305.90	578.77	727.13	148.36	109.8	103.2	115.8
2015	1338.68	527.01	811.67	284.66	102.5	91.1	111.6
2016	1293.09	511.32	781.77	270.45	96.6	97.0	96.3
2017	1432.50	579.30	853.20	273.90	110.8	113.3	109.1
2018	1485.05	636.55	848.50	211.95	103.7	109.9	99.4
2019	1450.19	687.96	762.23	74.27	97.7	108.1	89.8
2020	1376.12	593.94	782.18	188.24	94.8	86.2	102.6
2021	1674.52	698.33	976.19	277.86	121.6	117.4	124.8
2022	1639.43	712.58	926.85	214.27	97.9	102.0	94.9

15-1 续表 continue

年 份 Year	进出口总值（亿元）Total Value of Imports and Exports (RMB 100 million)	进口总值 Imports	出口总值 Exports	进出口差额（亿元）Balance (RMB 100 million)	进出口总值指数（上年=100）Indices of Total Imports and Exports (preceding year=100)	进口总值 Imports	出口总值 Exports
2014	8022.80	3555.15	4467.65	912.50	108.7	102.2	114.6
2015	8306.28	3271.71	5034.57	1762.86	103.5	92.0	112.7
2016	8541.02	3382.26	5158.76	1776.50	102.8	103.4	102.5
2017	9715.52	3923.09	5792.43	1869.34	113.8	116.0	112.3
2018	9811.59	4204.09	5607.50	1403.41	101.0	107.2	96.8
2019	10001.04	4742.68	5258.36	515.68	101.9	112.8	93.8
2020	9531.92	4108.57	5423.35	1314.78	95.2	86.5	103.1
2021	10824.94	4513.68	6311.26	1797.58	113.5	109.6	116.4
2022	10948.18	4752.76	6195.42	1442.66	101.1	105.3	98.2

注：为进一步完善海关统计数据公布制度，从2014年开始海关总署全面公布以人民币计价的各类海关统计数据。

Note:In order to improve the customs statistical data publication system, since 2014 the General Administration of Customs has announced all kinds of Customs Statistics in RMB.

15-2 商品进出口总值(人民币计价)

单位：万元

项　　目	Item
总　计	**Total**
按贸易方式分	**By Trade Form**
一般贸易	Ordinary Trade
国家间、国际组织无偿援助和赠送的物资	Free Assistance and Donated Materials between Countries/International Organizations
其他捐赠物资	Other Donated Materials
来料加工装配贸易	Processing and Assembling Trade with Foreign-Supplied Materials
进料加工贸易	Processing Trade with Imported Materials
寄售、代销贸易	Consignment sale, selling goods on commission
加工贸易进口设备	Processing Trade Imported Equipment
对外承包工程出口货物	Exports for Overseas Contracted Projects
租赁贸易	Leasing Trade
外商投资企业作为投资进口的设备、物品	Imported Equipment/Articles Invested by Foreign-Funded Enterprises
出料加工贸易	Outward Processing Trade
保税监管场所进出境货物	Entry and Exit Goods in Bonded Control Areas
海关特殊监管区域物流货物	Logistic Goods by Customs Special Control Areas
海关特殊监管区域进口设备	Imported Equipment by Customs Special Regulatory Areas
其他贸易	Others
按登记注册类型分	**Grouped by Registration Status**
国有企业	State-owned Enterprises
外商及港澳台投资企业	Enterprises with Funds from Foreign Countries, Hong Kong, Macao and Taiwan
私营企业	Private Enterprises
其他企业	Others

Total Value of Import and Export Commodities through Customs (Renminbi-denominated)

(10000 yuan)

2021			2022		
合 计 Total (by RMB)	进 口 Imports	出 口 Exports	合 计 Total (by RMB)	进 口 Imports	出 口 Exports
108249372	**45136798**	**63112575**	**109481827**	**47527626**	**61954201**
59687891	28100379	31587512	70175497	30320306	39855191
5574	781	4793	1259	6	1253
830	6	824	5579	1879	3700
6409815	3037508	3372307	7170403	3336842	3833561
16394202	6391834	10002368	15051140	5817740	9233399
198	198		681	681	
5722	5722		5038	5038	
87460		87460	150397		150397
52396	49816	2580	21668	11574	10095
158873	158873		144700	144700	
3044	2530	514	982	936	46
3734150	2406622	1327528	4920768	2766306	2154462
5664430	4199562	1464868	6660595	4731266	1929330
2496	2496		6541	6541	
16042292	780471	15261821	5166580	383812	4782768
11439477	6441461	4998017	14838666	8738132	6100534
38613406	19508180	19105225	36781485	18040051	18741433
56963782	18488969	38474813	57307319	20433909	36873410
1232707	698188	534520	554358	315534	238824

15-2　续表

单位:万元

项　　目	Item
按国别(地区)分	**By Country (Territory)**
亚洲小计	Asia
#中国香港	Hong Kong, China
中国澳门	Macao, China
印度尼西亚	Indonesia
日　本	Japan
马来西亚	Malaysia
新加坡	Singapore
韩　国	Republic of Korea
泰　国	Thailand
中国台湾	Taiwan, China
阿拉伯联合酋长国	United Arab Emirates
印　度	India
非洲小计	Africa
#南　非	South Africa
欧洲小计	Europe
#英　国	United Kingdom
德　国	Germany
法　国	France
意大利	Italy
荷　兰	Netherlands
西班牙	Spain
比利时	Belgium
瑞　士	Switzerland
俄罗斯	Russia
拉丁美洲小计	Latin America
#墨西哥	Mexico
巴拿马	Panama
北美洲小计	North America
#加拿大	Canada
美　国	United States
大洋洲小计	Oceania
#澳大利亚	Australia
其　他	Others

continued

(10000 yuan)

2021			2022		
合 计 Total (by RMB)	进 口 Imports	出 口 Exports	合 计 Total (by RMB)	进 口 Imports	出 口 Exports
53923152	25183295	28739856	53798695	24475533	29323162
7358865	375372	6983493	6855345	402818	6452527
223651	4267	219383	376176	4965	371212
3735402	2167363	1568039	3434401	2020610	1413791
9539986	7386164	2153821	9459791	6928169	2531622
3951700	1215346	2736354	3320716	1217365	2103351
2222575	801182	1421393	2668232	718946	1949286
5828026	4498425	1329601	5366983	3712556	1654427
2670620	1146017	1524603	2823730	1421990	1401740
2917664	2093671	823993	3243338	2282932	960406
1547326	327827	1219499	1376371	238658	1137713
1678477	683205	995272	1600421	430755	1169666
8485847	2020136	6465710	6413828	1716125	4697703
1698801	1336215	362587	1137225	823289	313936
22571833	9785425	12786408	23201556	11963558	11237998
2109544	461280	1648264	1717023	430623	1286400
3829791	2270812	1558979	3689656	2428403	1261253
2617421	1307376	1310045	1825621	977841	847780
1356989	554936	802053	1440322	491487	948835
2444174	553327	1890847	2444230	756351	1687879
1111171	346059	765113	1093599	326793	766806
1362034	814158	547876	1990390	1534704	455687
1204081	1131060	73021	1345677	1236392	109285
1560574	535788	1024786	2713641	1656032	1057608
6064500	1414829	4649671	6254035	1630177	4623858
2285004	285506	1999498	2278917	240004	2038913
275900	885	275015	271058	1647	269411
13106793	4101621	9005172	14835843	4480696	10355146
1278599	488921	789678	1257660	515008	742652
11824419	3612663	8211756	13574601	3965688	9608913
3768359	2302604	1465755	4841111	3124809	1716302
2852264	1736616	1115648	3720670	2341687	1378983
328889	328887	2	136759	136728	32

15-3 商品进出口总值(美元计价)

单位：万美元

项　　目	Item
总　计	**Total**
按贸易方式分	**By Trade Form**
一般贸易	Ordinary Trade
国家间、国际组织无偿援助和赠送的物资	Free Assistance and Donated Materials between Countries/International Organizations
其他捐赠物资	Other Donated Materials
来料加工装配贸易	Processing and Assembling Trade with Foreign-Supplied Materials
进料加工贸易	Processing Trade with Imported Materials
寄售、代销贸易	Consignment sale, selling goods on commission
加工贸易进口设备	Processing Trade Imported Equipment
对外承包工程出口货物	Exports for Overseas Contracted Projects
租赁贸易	Leasing Trade
外商投资企业作为投资进口的设备、物品	Imported Equipment/Articles Invested by Foreign-Funded Enterprises
出料加工贸易	Outward Processing Trade
保税监管场所进出境货物	Entry and Exit Goods in Bonded Control Areas
海关特殊监管区域物流货物	Logistic Goods by Customs Special Control Areas
海关特殊监管区域进口设备	Imported Equipment by Customs Special Regulatory Areas
其他贸易	Others
按登记注册类型分	**Grouped by Registration Status**
国有企业	State-owned Enterprises
外商及港澳台投资企业	Enterprises with Funds from Foreign Countries, Hong Kong, Macao and Taiwan
私营企业	Private Enterprises
其他企业	Others

Total Value of Import and Export Commodities through Customs (U.S.dollar-denominated)

(USD 10000)

2021			2022		
合 计 Total (by USD)	进 口 Imports	出 口 Exports	合 计 Total (by USD)	进 口 Imports	出 口 Exports
16745149	**6983278**	**9761871**	**16394341**	**7125811**	**9268531**
9235196	4346229	4888967	10483779	4548235	5935544
859	121	738	196	1	195
128	1	128	847	264	583
992863	470564	522299	1072285	499541	572744
2537574	989736	1547838	2263087	875625	1387462
30	30		98	98	
889	889		754	754	
13539		13539	22346		22346
8051	7653	398	3315	1793	1521
24519	24519		22104	22104	
470	391	79	153	146	7
577393	372092	205301	734606	413105	321501
877642	650878	226764	996044	704854	291190
388	388		957	957	
2475606	119787	2355820	793769	58332	735437
1770125	996779	773347	2217786	1304994	912793
5974148	3017798	2956350	5537866	2716789	2821077
8812164	2861676	5950489	8554642	3056113	5498530
188712	107025	81685	84046	47915	36131

15-3 续表

单位:万美元

项　　目	Item
按国别(地区)分	**By Country (Territory)**
亚洲小计	Asia
# 中国香港	Hong Kong, China
中国澳门	Macao, China
印度尼西亚	Indonesia
日　本	Japan
马来西亚	Malaysia
新加坡	Singapore
韩　国	Republic of Korea
泰　国	Thailand
中国台湾	Taiwan, China
阿拉伯联合酋长国	United Arab Emirates
印　度	India
非洲小计	Africa
# 南　非	South Africa
欧洲小计	Europe
# 英　国	United Kingdom
德　国	Germany
法　国	France
意大利	Italy
荷　兰	Netherlands
西班牙	Spain
比利时	Belgium
瑞　士	Switzerland
俄罗斯	Russia
拉丁美洲小计	Latin America
# 墨西哥	Mexico
巴拿马	Panama
北美洲小计	North America
# 加拿大	Canada
美　国	United States
大洋洲小计	Oceania
# 澳大利亚	Australia
其　他	Others

continued

(USD 10000)

2021			2022		
合 计 Total (by USD)	进 口 Imports	出 口 Exports	合 计 Total (by USD)	进 口 Imports	出 口 Exports
8340955	3895591	4445364	8063424	3677663	4385761
1139422	58087	1081335	1026646	59893	966754
34645	660	33985	56140	743	55397
578271	335592	242679	514536	302689	211847
1473882	1141153	332729	1421572	1042819	378753
611222	188120	423102	497087	182771	314315
343854	123958	219896	393583	107602	285981
901567	696019	205548	810164	562066	248098
413069	177338	235731	423967	213855	210113
451531	324011	127520	487851	343835	144016
239302	50806	188496	205458	35621	169837
259763	105891	153872	239119	64383	174737
1312087	312868	999219	956442	255939	700504
262884	206847	56037	169562	122681	46882
3493500	1515031	1978469	3475466	1790132	1685335
326292	71373	254919	256067	64318	191750
592614	351479	241134	553527	364357	189170
405489	202554	202934	272965	145732	127233
209979	85837	124142	216805	73843	142963
378298	85632	292666	366354	112933	253421
171898	53540	118358	163886	48969	114917
211019	126259	84760	298198	230182	68016
186277	174990	11287	201785	185469	16315
241515	83051	158464	404100	246002	158098
937916	218763	719153	937363	244710	692653
353502	44155	309347	342103	36323	305780
42672	137	42535	40519	244	40275
2027670	634600	1393070	2222997	672946	1550050
197812	75683	122129	187764	76643	111120
1829271	558912	1270359	2034699	596303	1438396
583136	356540	226596	717924	463701	254223
441404	268969	172435	551718	347281	204437
49885	49884		20725	20720	5

15-4 主要进口商品数量和金额

商品名称		Name of Commodities	
乳　品	(吨)	Dairy	(ton)
干鲜瓜果及坚果	(吨)	Fresh or Dried Fruits and Nuts	(ton)
谷物及谷物粉	(吨)	Cereals and Cereal Flour	(ton)
高粱	(吨)	Sorghum	(ton)
食用油	(吨)	Edible Oil	(ton)
酒类及饮料		Alchol and Soft Drinks	
铁矿砂及其精矿	(吨)	Iron Ore and Concentrates	(ton)
煤及褐煤	(吨)	Coal and Lignite	(ton)
成品油	(吨)	Refined Petroleum Products	(ton)
天然气	(吨)	Natural Gas	(ton)
医药材及药品	(吨)	Pharmaceuticals	(ton)
美容化妆品及洗护用品	(吨)	Cosmetics & Clean-Care Products	(ton)
初级形状的塑料	(吨)	Plastics in Primary Form	(ton)
塑料制品	(吨)	Plastic Articles	(ton)
天然及合成橡胶（包括胶乳）	(吨)	Natural Rubber and Synthetic Rubber (incl. Latex)	(ton)
皮革、皮毛及其制品		Leather, Furs and Relative Products	
原　木	(吨)	Logs	(ton)
纸浆、纸及其制品	(吨)	Paper Pulp and Related Products	(ton)
棉纱线	(吨)	Cotton Yarn	(ton)
钻　石	(千克)	Diamonds	(kg)
钢　材	(吨)	Steel Products	(ton)
未锻轧铜及铜材	(吨)	Unwrought Copper and Copper Products	(ton)
未锻轧铝及铝材	(吨)	Unwrought Aluminium and Aluminium Products	(ton)
印刷、装订机械及其零件		Printing or Book-binding Machinery and Parts	
通用机械设备		General Mechanical Equipment	
自动数据处理设备及其零部件		Automatic Data Processing Equipment and Components	
制造平板显示器用的机器及装置	(台)	Machines and Devices for the Manufacture of Flat Display	(set)
电气控制装置		Electrical Control Device	
液晶平板显示模组	(万个)	LCD Flat Panel Display Module	(10000 sets)
电容器	(吨)	Capacitors and Parts	(ton)
印刷电路	(百万块)	Printed Circuit	(10 000 units)
二极管及类似半导体器件	(百万个)	Diode and Similar Semiconductor Devi	(million units)
集成电路	(百万个)	Integrated Circuits	(1 million pcs)
乘用车	(辆)	Passenger Vehicles	(unit)
汽车零配件		Automotive Components and Parts	
飞机及其他航空器	(架)	Aircraft	(unit)
计量检测分析自控仪器及器具		Measuring or Checking Instruments and Apparatus	
医疗仪器及器械		Medical devices	

Main Import Commodities in Volume and Value

2021			2022		
数　量 Volume	金　额　（万美元） Value（USD 10000）	金　额　（万元） Value（10000 yuan）	数　量 Volume	金　额　（万美元） Value（USD 10000）	金　额　（万元） Value（10000 yuan）
165519	156449	1011271	149634	173272	1157801
142801	44689	289581	315465	102570	676679
4865734	156679	1011539	4220768	166253	1096323
1999063	64194	414169	2272386	91129	598344
354687	43913	283764	237157	40726	273271
	27611	178504		31678	212288
6057988	91772	593859	4791629	53969	356526
23509770	213101	1376227	16272992	184309	1231706
475051	35246	227314	407743	34770	229954
1972858	140056	900983	5470714	538462	3634015
9056	243595	1572336	13456	260171	1741189
39192	144122	932707	28968	104740	700849
2300031	429994	2777314	2057620	387098	2567886
72066	90436	584841	62489	81399	540719
124540	24104	155672	143045	26538	177666
	28038	181658		25155	167844
1049564	25476	164818	749943	20840	138013
918475	64686	417881	745185	56783	379694
113970	34987	226274	61082	19366	128362
882	260295	1679981	801	294561	1970602
1538884	157670	1019663	1251598	146203	965068
167436	164667	1062962	139367	138207	918251
276055	79774	514092	66430	22282	152782
	30089	194406		25144	167508
	69961	452649		65035	432060
	19612	126760		14569	97021
165	18351	118955	739	111992	743663
	61288	396254		58123	386619
			4527	189420	1246433
2663	27708	179007	2781	30287	201347
398	30235	195292	305	26995	179599
12908	66001	426413	10918	75109	500928
12729	310731	2007971	9737	352808	2343574
4628	43124	277982	11534	100910	678072
	296514	1921030		215443	1427452
13	136273	879254	12	76641	512916
	205382	1327880		223897	1496613
	60345	390181		51952	346329

15-5 主要出口商品数量和金额

商品名称		Name of Commodities	
成品油	(万吨)	Petroleum Products	(10000 ton)
医药材及药品	(吨)	Pharmaceuticals	(ton)
美容化妆品及洗护用品	(吨)	Cosmetics & Clean-Care Products	(ton)
塑料制品		Plastic Products	
新的充气橡胶轮胎	(吨)	New Pneumatic Rubber Tires	(ton)
皮革、毛皮及其制品		Leather, Furs, and their Products	
箱包及类似容器	(吨)	Suitcases, Handbags and Similar Containers	(ton)
纸浆、纸及其制品	(吨)	Paper Pulp and Related Products	(ton)
纺织纱线、织物及其制品		Yarn, Fabric, and their Products	
服装及衣着附件		Garments and Clothing Accessories	
鞋　靴	(吨)	Footwear	(ton)
陶瓷产品	(吨)	Ceramic Products	(ton)
玻璃及其制品		Glass and Glassware	
珍珠、宝石及半宝石		Pearl, Precious and Semi-Precious Stones	
贵金属或包贵金属的首饰	(千克)	Jewelry of Precious Metals or Rolled Precious Metals	(kilogramme)
钢　材	(吨)	Steel Products	(ton)
家具及其零件		Furniture and Furniture Parts	
玩　具		Toys	
打印机、复印机及一体机	(万台)	Printers, Copiers, and All-in-one Machines	(10000 sets)
自动数据处理设备及其零部件		Automatic Data Processing Equipment and Components	
原电池	(百万个)	Primary Cells and Batteries	(million units)
蓄电池	(万个)	Electric Accumulators	(10000 units)
电线及电缆	(吨)	Electronic Wires and Cables	(ton)
手　机	(万台)	Mobile phones	(10000 sets)
电　扇	(万台)	Electric Fans	(10000 sets)
空　调	(万台)	Air Conditioner	(10000 sets)
冰　箱	(万台)	Fridge	(10000 sets)
液晶电视机	(万台)	LCD TV	(10000 sets)
液晶平板显示模组	(万个)	LCD Flat Panel Display Module	(10000 sets)
印刷电路	(百万块)	Printed Circuits	(million units)
集装箱	(个)	Containers	(unit)
摩托车	(万辆)	Motorcycles	(10000 units)
自行车	(万辆)	Bicycles	(10000 units)
摩托车及自行车的零配件		Parts of Motorcycles and Bicycles	
汽车零配件		Automotive Components and Parts	
船　舶	(艘)	Ships	(unit)
手　表	(万只)	Wrist Watches	(10000 units)
灯具、照明装置及其零件		Lamps, Lighting Devices, and their Parts	

Main Export Commodities in Volume and Value

2021			2022		
数　量 Volume	金　额（万美元） Value (USD 10000)	金　额（万元） Value (10000 yuan)	数　量 Volume	金　额（万美元） Value (USD 10000)	金　额（万元） Value (10000 yuan)
147	80183	518429	145	132101	877930
30124	42678	275954	26935	24208	161175
206510	69572	449643	203671	77388	518192
	381610	2468117		336395	2261396
105000	26094	168611	126776	32680	217902
	29439	190283		26016	174131
237442	252542	1632802	203445	253648	1698812
196329	82420	533012	190084	81295	546309
	293555	1897833		267387	1778403
	1111019	7179181		609439	4078473
241066	233354	1509603	149821	189330	1265636
551265	107720	698301	391926	71832	485280
	77575	501758		71296	477891
	11040	71254		16584	111097
133080	363397	2345726	143309	422897	2836680
514869	83735	541932	308981	54836	364603
	224417	1451686		198196	1333622
	216280	1398775		107670	718277
232	44437	287106	280	57489	385243
	150987	975172		154346	1022363
5182	21207	137114	4891	22130	147091
11251	54001	348918	8374	62383	417652
56527	46846	303024	47005	48032	322145
304	37496	242219	358	38578	253753
1187	15928	103094	930	14698	98137
460	77308	501255	404	75717	496946
448	67917	439358	305	46315	304821
367	42571	275028	660	56251	374001
			2464	278629	1847287
1538	107391	693678	1417	97739	650746
109922	62291	402189	60181	30520	199499
176	86867	561677	132	70320	468261
203	17977	116200	85	9049	59207
	107659	696759		81185	543128
	272225	1761071		228840	1527963
98	203841	1316352	92	175712	1179418
3113	14007	90468	2536	15007	100973
	268592	1738405		207317	1387782

15-6 进出口商品分类金额(按人民币计价)

单位:万元

项　目	Item
合　计	**Total**
第一类 活动物、动物产品	Live Animals & Animal Products
活动物	Live Animals
肉及食用杂碎	Meat and Edible Haslet
水产品	Aquatic Products
乳品、蛋品、天然蜂蜜、其他食用动物产品	Dairy Products, Eggs, Natural Honey and Other Edible Animal Products
其他动物产品	Other Animal Products
第二类 植物产品	Vegetables Products
树苗及花草	Saplings, Flowers and Herbs
蔬　菜	Edible Vegetables
水果及坚果	Fruits and Nuts
咖啡、茶叶及调味香料	Coffee, Tea and Spices
谷　物	Cereals
制粉工业产品	Flour,Starch and Related Products
植物油籽、果实、种子、药材及饲料	Oil Seeds and Kernels and Oleaginous Fruits, Seeds, Plants for Medicinal Use and Forge
虫胶、树胶、树脂	Shellacs, Gums and Resins
编结植物材料、其他植物产品	Vegetable Plaiting Materials and Other Vegetable Products
第三类 动、植物油脂及蜡	Animal Fat ,Vegetable Oils and Waxes
动、植物油脂及蜡	Animal and Vegetable Oils, Fats and Waxes
第四类 食品、烟草及制品	Food, Tobacco and Related Products
动物产品制品	Animal Products
糖及糖食	Sugar and Sugar Confectionery
可可及可可制品	Cocoa and Cocoa Products
粮食及乳制品、糕饼点心	Grain, Milk and Pastry Products
蔬菜、水果等植物制品	Vegetable and Fruit Products
杂项食品	Miscellaneous Edible Preparation
饮料、酒及醋	Beverages, Liquor and Vinegar
食品的残渣、动物饲料	Residues and Waste from Food and Animal Fodder
烟草及烟草制品	Tobacco and Tobacco Products
第五类 矿产品	Mineral
盐、硫磺、建筑材料	Salt, Sulfur and Building Materials
矿砂、矿渣及矿灰	Ore, Slag and Mortar
矿物燃料、矿物油及产品	Mineral Fuels, Mineral Oils and Related Products
第六类 化工产品	Chemicals
无机化学品	Inorganic Chemicals
有机化学品	Organic Chemicals
药　品	Medicinal and Pharmaceuticaland Products
肥　料	Fertilizers
鞣料、染料浸膏、染料、颜料、油漆、油墨	Tanning and Dyeing Extracts, Coloring and Dyeing Materials, Paint and Printing Ink

Value of Imports and Exports by Category of Commodities (Renminbi-denominated)

(10000 yuan)

2021		2022	
进　口 Imports	出　口 Exports	进　口 Imports	出　口 Exports
45136798	**63112575**	**47391388**	**60968259**
1139085	60601	1350582	65277
283	35048	50	33057
545202	20827	552650	25329
316084	944	494899	2887
261573	3319	259292	3456
15943	463	43691	548
1626433	128407	2314207	195048
14854	2019	15571	3210
41278	27524	120602	34715
309717	4617	715252	12751
59900	28579	58921	26574
998489		1086610	1
28412	30236	23227	70972
140117	14011	255573	25122
26170	10736	27503	11118
7495	10686	10947	10586
372391	94766	354241	52999
372391	94766	354241	52999
2310773	416185	2745450	462424
16877	17316	15738	20786
107404	46416	100474	62421
22881	3441	23114	2327
1084316	129602	1217474	138934
66413	13386	124150	24448
609726	90514	833961	98906
169715	25402	197542	34607
232668	77584	232188	69353
773	12523	809	10643
4527251	1076423	6042924	2229853
92099	7964	64636	7777
743120	821	582225	964
3692033	1067638	5396062	2221112
4958164	2278284	4967318	2764084
226574	166620	237095	144272
896978	345296	936764	603344
1526178	232346	1696054	112731
420	20552	907	11087
191779	172154	173718	135094

15-6　续表 1

单位:万元

项　　目	Item
化妆品及其原料、芳香料制品	Cosmetics and Related Products, Perfumed Materials
洗涤用品	Detergents
蛋白类物质、改性淀粉、胶、酶	Protein Materials, Modified Starches, Glues and Enzymes
炸药、烟火制品、易燃材料制品	Explosives, Pyrotechnic Products and Combustible Products
照相及电影用品	Photographic and Cinematographic Goods
杂项化学产品	Miscellaneous Chemical Products
第七类 塑料、橡胶及其制品	Plastics, Rubber and Related Products
塑料及其制品	Plastics and Related Products
橡胶及其制品	Rubber and Related Products
第八类 皮革、毛皮及其制品、旅行用品、手提包	Leather, Furs Skins and Related Products, Travel Articles and Handbags
生皮及皮革	Raw Hides and Leather
皮革制品、旅行用品及手提包	Leather Products, Travel Articles and Handbags
毛皮、人造毛皮及制品	Furs Shins, Artificial Furs Manufactures Thereof
第九类 木及木制品、草柳编结品	Wood and Wooden Products, Straw and Wicker Plaited Products
木及木制品、木炭	Wood and Wooden Products, Charcoal
软木及软木制品	Cork and Related Products
草柳编结品	Straw and Wicker Plaited Products
第十类 木浆、纸、纸板及制品	Wood Paper Pulp, Paper, Paperboard and Related Products
木浆及其他纤维素浆、废碎纸板	Paper Pulp and Cellulose, Waste Paperboard
纸及纸板、纸浆、纸制品	Paper and Paperboard, Articles of Paper Pulp and Paper Products
书籍、印刷品、设计图纸	Books, Printed Matter and Design Drawings
第十一类 纺织原料及纺织制品	Textile Materials and Products
蚕　丝	Natural Silk
羊毛、动物毛、毛纱线及制品	Wool, Animal Hair and Woolen Woven Fabrics
棉花及制品	Cotton and Related Products
其他纺织纤维、纸纱线及机织物	Other Textile Fiber, Yarn and Related Woven Fabrics
化学纤维长丝	Chemical Fiber, Continuous Filament
化学纤维短丝	Chemical Fiber, Staple Fiber
絮胎、毡尼及无纺物、特种纱线、线绳索缆	Wadding, Felt and Adhesive-Bond Fabrics, Special Yarn, Thread, Rope and Cable
地毯及纺织铺地制品	Carpets and Related Products
特种机织物、纺织装饰品、刺绣品	Special Woven Fabrics, Textile Trimmings and Embroidery
浸渍、涂布、包覆或层压的纺织物	Soaked, Coated or Overlapping Textiles
针织物及钩编织物	Knitwear and Crocheted Fabrics
针织或钩编的服装及衣着附件	Knitted or Crocheted Garments and Clothing Accessories
非针织或非钩编的服装及衣着附件	Garments and Clothing Accessories Not Knitted or Crocheted
其他纺织制成品、成套物品	Other Textile Products
第十二类 鞋帽伞杖、加工羽毛、人造花、人发制品	Footwear, Headgear, Umbrellas, Canes, Processed Feather, Artificial Flowers and Wigs
鞋类及零件	Footwear and Accessories
帽类及零件	Headgear and Accessories

continued

(10000 yuan)

2021		2022	
进 口 Imports	出 口 Exports	进 口 Imports	出 口 Exports
972937	507064	725571	565395
328860	294904	320433	288862
155941	154239	164214	172664
8	3185	9	2528
111512	15075	79587	15208
546977	366849	632966	712899
3698587	3650907	3438563	3442098
3356315	3263349	3102509	3018999
342273	387558	336054	423099
213819	1704354	225581	1764914
94674	3397	95464	4193
90033	1698062	117848	1757911
29112	2895	12269	2809
281025	120437	265473	130826
279693	112229	264580	120399
984	158	588	115
348	8050	306	10312
499756	667473	468615	697578
147292	3043	238657	3923
288621	529969	162927	542386
63843	134461	67031	151269
786120	8962641	528219	5795704
1353	5933	512	20039
6129	1644	7850	1871
249788	96056	132947	120672
8147	1628	14390	2797
104201	79276	88230	75426
52152	49858	40896	45765
29647	187142	23619	145768
1109	52224	1381	48810
11276	162936	7995	152833
32305	179117	23294	215343
28621	692023	24024	602672
116413	2967631	75570	1467391
137013	4089524	81074	2526969
7966	397649	6436	369349
83125	1934346	78135	1642928
76941	1612733	68964	1394620
3298	77924	4414	74074

15-6 续表 2

单位:万元

项　　目	Item
伞、杖、鞭及零件	Umbrellas, Canes, Whips and Accessories
加工羽毛、羽绒及制品、人造花、人发制品	Processed Feathers and Related Products, Artificial Flowers and Wigs
第十三类 石材制品、陶瓷产品、玻璃及其制品	Stone Products,Leramics,Glass and Glossware
石材制品	Stone and Related Products
陶瓷产品	Ceramics
玻璃及其制品	Glass and Glassware
第十四类 珠宝首饰、硬币	Jewellery and Coins
珠宝首饰	Jewellery
第十五类 贱金属及其制品	Base Metals and Related Products
钢　铁	Iron and Steel
钢铁制品	Iron and Steel Products
铜及其制品	Copper and Related Products
镍及其制品	Nickel and Related Products
铝及其制品	Aluminum and Related Products
铅及其制品	Lead and Related Products
锌及其制品	Zinc and Related Products
锡及其制品	Tin and Related Products
其他贱金属、金属陶瓷及其制品	Other Base Metals, Metal Ceramics and Related Products
贱金属工具、器具、利口器、餐具及零件	Base Metal Tools, Implements, Cutlery, Tableware and Related Parts
贱金属杂项制品	Miscellaneous Products of Base Metals
第十六类 机械、电气设备、电视机及音响设备	Machinery, Electric Equipment, Television Sets and Sound Appliances
核反应堆、锅炉、机械设备及零件	Nuclear Reactors, Boilers, Mechanical Equipment and Accessories
机电、电气设备、电视机及音响设备	Machinery and Electric Equipment, Television Sets and Sound Appliances
第十七类 车辆、航空器、船舶及有关运输设备	Locomotives, Vehicles, Aircraft, Ships and Related Transportation Equipment
铁道及电车机车、车辆及零件	Railway Locomotives, Tramcars and Accessories
车辆及零附件(铁道车辆除外)	Vehicles and Related Parts and Accessories (excluding railway locomotives)
航空器、航天器及零件	Aircraft, Spacecraft and Related Parts
船舶及浮动结构体	Ships and Related Products
第十八类 仪器、医疗器械、钟表及乐器	Instruments, Medical Instruments and Equipment, Clocks and Musical Instruments
光学、照相电影、计量检验、医疗仪器设备	Optical, Photographic, Film, Measuring and Checking, Medical Instruments and Equipments
钟表及零件	Clocks and Related Parts
乐器及零附件	Musical Instruments and Related Parts and Accessories
第十九类 武器、弹药及其零件、附件	Arms and Ammunition, Parts and Accessories thereof
第二十类 杂项制品	Miscellaneous Products
家具、床上用品、照明装置、活动房	Furniture, Bed Articles, Lighting Apparatus and Luminous Signs
玩具、游戏、运动用品及零附件	Toys, Games and Sports Goods and Related Parts and Accessories
杂项制品	Miscellaneous Manufactured Articles
第二十一类 艺术品、收藏品及古物	Works of Art, Collector's Pieces and Antiques
第二十二类 特殊交易品及未分类商品	Special Commodities and Unclassified Commodities

continued

(10000 yuan)

2021		2022	
进　口 Imports	出　口 Exports	进　口 Imports	出　口 Exports
309	21293	128	22644
2577	222396	4629	151591
226069	1478132	188451	1131980
41547	292340	36937	179988
19946	698301	9015	485280
164577	487491	142499	466712
3357057	2762576	3836690	3163832
3357057	2762576	3836690	3163832
3542925	4267556	3133451	3677845
1156830	438984	1029259	305647
266276	1779425	239289	1368320
1108662	193802	991400	105231
195376	1785	396336	87509
564484	533524	240480	686910
683	182	505	195
15393	1827	6982	1677
21402	10888	22797	9688
58145	18693	77012	15372
94627	392576	71428	379819
61047	895869	57962	717477
9210154	17114809	10913843	19706783
3617292	6422937	3939103	6672620
5592862	10691872	6974740	13034163
2939257	4562592	2772390	4131301
4138	403771	4986	203750
1907932	2737636	2051463	2501790
1017871	68961	683627	238637
9315	1352224	32313	1187124
4145108	3861906	2519254	1514158
3941838	3585842	2360965	1206956
190036	169583	144638	199425
13234	106481	13651	107777
521	979	579	577
408965	5833388	502392	4507737
76157	3469234	70164	2911351
167902	1964740	284665	1219064
164907	399414	147563	377322
49799	35371	527793	11162
760414	2100442	217239	3879153

15-7 进出口商品分类金额(按美元计价)

单位:万美元

项　　　目	Item
合　计	**Total**
第一类 活动物、动物产品	Live Animals & Animal Products
活动物	Live Animals
肉及食用杂碎	Meat and Edible Haslet
水产品	Aquatic Products
乳品、蛋品、天然蜂蜜、其他食用动物产品	Dairy Products, Eggs, Natural Honey and Other Edible Animal Products
其他动物产品	Other Animal Products
第二类 植物产品	Vegetables Products
树苗及花草	Saplings, Flowers and Herbs
蔬　菜	Edible Vegetables
水果及坚果	Fruits and Nuts
咖啡、茶叶及调味香料	Coffee, Tea and Spices
谷　物	Cereals
制粉工业产品	Flour,Starch and Related Prouducts
植物油籽、果实、种子、药材及饲料	Oil Seeds and Kernels and Oleaginous Fruits, Seeds, Plants for Medicinal Use and Forge
虫胶、树胶、树脂	Shellacs, Gums and Resins
编结植物材料、其他植物产品	Vegetable Plaiting Materials and Other Vegetable Products
第三类 动、植物油脂及蜡	Animal Fat ,Vegetable Oils and Waxes
动、植物油脂及蜡	Animal and Vegetable Oils, Fats and Waxes
第四类 食品、烟草及制品	Food, Tobacco and Related Products
动物产品制品	Animal Products
糖及糖食	Sugar and Sugar Confectionery
可可及可可制品	Cocoa and Cocoa Products
粮食及乳制品、糕饼点心	Grain, Milk and Pastry Products
蔬菜、水果等植物制品	Vegetable and Fruit Products
杂项食品	Miscellaneous Edible Preparation
饮料、酒及醋	Beverages, Liquor and Vinegar
食品的残渣、动物饲料	Residues and Waste from Food and Animal Fodder
烟草及烟草制品	Tobacco and Tobacco Products
第五类 矿产品	Mineral
盐、硫磺、建筑材料	Salt, Sulfur and Building Materials
矿砂、矿渣及矿灰	Ore, Slag and Mortar
矿物燃料、矿物油及产品	Mineral Fuels, Mineral Oils and Related Products
第六类 化工产品	Chemicals
无机化学品	Inorganic Chemicals
有机化学品	Organic Chemicals
药　品	Medicinal and Pharmaceuticaland Products
肥　料	Fertilizers
鞣料、染料浸膏、染料、颜料、油漆、油墨	Tanning and Dyeing Extracts, Coloring and Dyeing Materials, Paint and Printing Ink

Value of Imports and Exports by Category of Commodities (U.S.dollar-denominated)

(USD 10000)

2021		2022	
进 口 Imports	出 口 Exports	进 口 Imports	出 口 Exports
6983278	**9761871**	**7105393**	**9119938**
176313	9377	202948	9762
44	5420	8	4945
84395	3225	82533	3793
48955	146	74474	421
40448	514	39319	519
2471	71	6615	83
251709	19870	350311	29151
2299	313	2299	478
6390	4262	18242	5293
47813	713	108286	1850
9276	4421	8755	4062
154658		164808	
4399	4680	3484	10440
21674	2167	38670	3729
4043	1661	4127	1703
1158	1654	1640	1596
57619	14640	52876	8088
57619	14640	52876	8088
357513	64423	408636	69299
2609	2682	2347	3114
16586	7184	14996	9342
3543	533	3432	350
167758	20071	181535	20775
10299	2074	18473	3610
94330	14007	123921	14866
26248	3931	29468	5191
36020	12004	34344	10442
119	1937	120	1609
700749	166598	899782	332023
14265	1234	9853	1164
114864	126	87904	143
571619	165238	802025	330717
767378	352478	744400	417700
35054	25785	35527	21835
138868	53449	141023	91016
236443	35936	253453	16940
65	3182	135	1646
29665	26621	26132	20283

15-7 续表 1

单位:万美元

项　　目	Item
化妆品及其原料、芳香料制品	Cosmetics and Related Products, Perfumed Materials
洗涤用品	Detergents
蛋白类物质、改性淀粉、胶、酶	Protein Materials, Modified Starches, Glues and Enzymes
炸药、烟火制品、易燃材料制品	Explosives, Pyrotechnic Products and Combustible Products
照相及电影用品	Photographic and Cinematographic Goods
杂项化学产品	Miscellaneous Chemical Products
第七类 塑料、橡胶及其制品	Plastics, Rubber and Related Products
塑料及其制品	Plastics and Related Products
橡胶及其制品	Rubber and Related Products
第八类 皮革、毛皮及其制品、旅行用品、手提包	Leather, Furs Skins and Related Products, Travel Articles and Handbags
生皮及皮革	Raw Hides and Leather
皮革制品、旅行用品及手提包	Leather Products, Travel Articles and Handbags
毛皮、人造毛皮及制品	Furs Shins, Artificial Furs Manufactures Thereof
第九类 木及木制品、草柳编结品	Wood and Wooden Products, Straw and Wicker Plaited Products
木及木制品、木炭	Wood and Wooden Products, Charcoal
软木及软木制品	Cork and Related Products
草柳编结品	Straw and Wicker Plaited Products
第十类 木浆、纸、纸板及制品	Wood Paper Pulp, Paper, Paperboard and Related Products
木浆及其他纤维素浆、废碎纸板	Paper Pulp and Cellulose, Waste Paperboard
纸及纸板、纸浆、纸制品	Paper and Paperboard, Articles of Paper Pulp and Paper Products
书籍、印刷品、设计图纸	Books, Printed Matter and Design Drawings
第十一类 纺织原料及纺织制品	Textile Materials and Products
蚕　丝	Natural Silk
羊毛、动物毛、毛纱线及制品	Wool, Animal Hair and Woolen Woven Fabrics
棉花及制品	Cotton and Related Products
其他纺织纤维、纸纱线及机织物	Other Textile Fiber, Yarn and Related Woven Fabrics
化学纤维长丝	Chemical Fiber, Continuous Filament
化学纤维短丝	Chemical Fiber, Staple Fiber
絮胎、毡尼及无纺物、特种纱线、线绳索缆	Wadding, Felt and Adhesive-Bond Fabrics, Special Yarn, Thread, Rope and Cable
地毯及纺织铺地制品	Carpets and Related Products
特种机织物、纺织装饰品、刺绣品	Special Woven Fabrics, Textile Trimmings and Embroidery
浸渍、涂布、包覆或层压的纺织物	Soaked, Coated or Overlapping Textiles
针织物及钩编织物	Knitwear and Crocheted Fabrics
针织或钩编的服装及衣着附件	Knitted or Crocheted Garments and Clothing Accessories
非针织或非钩编的服装及衣着附件	Garments and Clothing Accessories Not Knitted or Crocheted
其他纺织制成品、成套物品	Other Textile Products
第十二类 鞋帽伞杖、加工羽毛、人造花、人发制品	Footwear, Headgear, Umbrellas, Canes, Processed Feather, Artificial Flowers and Wigs
鞋类及零件	Footwear and Accessories
帽类及零件	Headgear and Accessories

continued

(USD 10000)

2021		2022	
进　口 Imports	出　口 Exports	进　口 Imports	出　口 Exports
150347	78451	108515	84497
50907	45593	47992	43293
24131	23862	24698	25899
1	491	1	383
17240	2332	12006	2260
84658	56776	94918	109647
572476	564588	517958	514123
519527	504633	467576	450747
52950	59955	50382	63377
32976	263613	33689	263474
14643	526	14402	621
13822	262640	17494	262438
4510	448	1793	415
43455	18637	40049	19584
43250	17367	39913	18014
152	24	91	18
54	1246	45	1552
77353	103231	70135	103895
22802	471	35558	582
44674	81949	24520	80713
9877	20810	10056	22601
121599	1386889	79547	867727
209	919	77	3032
950	255	1174	274
38628	14850	20058	18151
1261	252	2159	417
16126	12261	13263	11322
8077	7712	6098	6867
4585	28924	3559	21813
172	8078	206	7315
1745	25205	1203	22844
4996	27705	3507	32288
4429	107107	3610	91185
17983	459289	11421	219245
21207	632860	12250	377621
1232	61473	962	55355
12822	299016	11627	245611
11867	249304	10262	208662
508	12059	653	10975

15-7 续表 2

单位:万美元

项　　目	Item
伞、杖、鞭及零件	Umbrellas, Canes, Whips and Accessories
加工羽毛、羽绒及制品、人造花、人发制品	Processed Feathers and Related Products, Artificial Flowers and Wigs
第十三类 石材制品、陶瓷产品、玻璃及其制品	Stone Products,Leramics,Glass and Glossware
石材制品	Stone and Related Products
陶瓷产品	Ceramics
玻璃及其制品	Glass and Glassware
第十四类 珠宝首饰、硬币	Jewellery and Coins
珠宝首饰	Jewellery
第十五类 贱金属及其制品	Base Metals and Related Products
钢　铁	Iron and Steel
钢铁制品	Iron and Steel Products
铜及其制品	Copper and Related Products
镍及其制品	Nickel and Related Products
铝及其制品	Aluminum and Related Products
铅及其制品	Lead and Related Products
锌及其制品	Zinc and Related Products
锡及其制品	Tin and Related Products
其他贱金属、金属陶瓷及其制品	Other Base Metals, Metal Ceramics and Related Products
贱金属工具、器具、利口器、餐具及零件	Base Metal Tools, Implements, Cutlery, Tableware and Related Parts
贱金属杂项制品	Miscellaneous Products of Base Metals
第十六类 机械、电气设备、电视机及音响设备	Machinery, Electric Equipment, Television Sets and Sound Appliances
核反应堆、锅炉、机械设备及零件	Nuclear Reactors, Boilers, Mechanical Equipment and Accessories
机电、电气设备、电视机及音响设备	Machinery and Electric Equipment, Television Sets and Sound Appliances
第十七类 车辆、航空器、船舶及有关运输设备	Locomotives, Vehicles, Aircraft, Ships and Related Transportation Equipment
铁道及电车机车、车辆及零件	Railway Locomotives, Tramcars and Accessories
车辆及零附件(铁道车辆除外)	Vehicles and Related Parts and Accessories (excluding railway locomotives)
航空器、航天器及零件	Aircraft, Spacecraft and Related Parts
船舶及浮动结构体	Ships and Related Products
第十八类 仪器、医疗器械、钟表及乐器	Instruments, Medical Instruments and Equipment, Clocks and Musical Instruments
光学、照相电影、计量检验、医疗仪器设备	Optical, Photographic, Film, Measuring and Checking, Medical Instruments and Equipments
钟表及零件	Clocks and Related Parts
乐器及零附件	Musical Instruments and Related Parts and Accessories
第十九类 武器、弹药及其零件、附件	Arms and Ammunition, Parts and Accessories thereof
第二十类 杂项制品	Miscellaneous Products
家具、床上用品、照明装置、活动房	Furniture, Bed Articles, Lighting Apparatus and Luminous Signs
玩具、游戏、运动用品及零附件	Toys, Games and Sports Goods and Related Parts and Accessories
杂项制品	Miscellaneous Manufactured Articles
第二十一类 艺术品、收藏品及古物	Works of Art, Collector's Pieces and Antiques
第二十二类 特殊交易品及未分类商品	Special Commodities and Unclassified Commodities

continued

(USD 10000)

2021		2022	
进　口 Imports	出　口 Exports	进　口 Imports	出　口 Exports
48	3295	18	3371
400	34358	693	22602
34948	228271	28423	168232
6428	45178	5547	26776
3082	107720	1342	71832
25439	75373	21534	69624
519911	427942	573755	471414
519911	427942	573755	471414
548493	659735	471438	551758
178903	67841	155650	45925
41139	275047	36078	204522
171741	30003	149319	15844
30277	276	59612	13056
87567	82527	35172	104115
106	28	77	29
2377	283	1062	250
3320	1686	3431	1515
9005	2900	11528	2327
14619	60710	10779	56784
9440	138433	8732	107391
1424368	2647770	1643194	2956828
559101	993302	592284	1002693
865267	1654468	1050911	1954136
454575	705781	416283	617728
639	62536	745	31147
294756	423222	308215	374119
157739	10661	102341	35604
1441	209363	4982	176858
641315	597557	377225	226622
609940	554832	353626	180741
29329	26250	21549	29670
2047	16474	2050	16211
80	152	86	85
63252	901786	74803	672141
11771	536142	10488	433695
25980	303869	42243	182362
25501	61774	22072	56085
7692	5539	74860	1662
116682	323981	33365	573030

15-8 广州地区口岸进出口商品总值

Commodity Value of Imports and Exports through Ports in Guangzhou Area

项　　目	Item	2021		2022	
		万美元 (USD 10000)	万元 (10000 yuan)	万美元 (USD 10000)	万元 (10000 yuan)
进出口商品货物总值	**Total**	**26560534**	**171693330**	**25269383**	**168344219**
进口商品货物总值	Imports	12182302	78804361	10031272	66798255
出口商品货物总值	Exports	14378232	92888969	15238111	101545964

15-9 技术进口情况

General Technology Importation

项　　目	Item	2021		2022	
		合同数 (个) Number of Contracts (unit)	金　额 (万美元) Amount (USD 10000)	合同数 (个) Number of Contracts (unit)	金　额 (万美元) Amount (USD 10000)
总　　计	**Total**	**24**	**250618**	**22**	**231865**
专利技术	Patent technology	6	5691	2	13886
专有技术	Proprietary technology	10	234272	14	205088
技术咨询、技术服务	Technical consulting	8	10182	6	12446
计算机软件	Computer software		26		
合资生产、合作生产	Joint ventures and manufacturing		447		445

15-10 技术进口分类

The Classification of Technology Importation

项　　目	Item	2021 合同数(个) Number of Contracts (unit)	2021 金额(万美元) Amount (USD 10000)	2022 合同数(个) Number of Contracts (unit)	2022 金额(万美元) Amount (USD 10000)
总　计	**Total**	**24**	**250618**	**22**	**231865**
按国民经济行业分	**By Sector**				
# 制造业	# Manufacturing	20	247337	20	229427
# 化学原料及化学制品制造业	# Chemical materials and chemical products manufacturing		29964		32588
食品制造业	Food manufacturing		10791	1	12067
交通运输设备制造业	Transportation equipment industry	6	183445	6	144058
通讯设备、计算机及其他电子设备制造业	Communication ,computer and other electronical equipment manufacturing	3	4456	2	22607
信息传输、计算机服务和软件业	Information transmission, software and information technology services	1	1680		
科学研究、技术服务和地质勘查业	Scientific Research and Technical Services and geological perambulation industry	1	1262	2	1962
按国别(地区)分	**By Country (Territory)**				
# 亚洲	# Asia	11	202351	13	151402
# 中国香港	# Hong Kong ,China		1694		1196
中国台湾	Taiwan,China		1568	1	3019
日　本	Japan	6	196056	9	135252
韩　国	Republic of Korea	2	2612		11194
欧洲	Europe	7	16620	7	18055
# 德　国	# Germany	1	11516	2	11319
南美洲	South America		102		110
# 英属维尔京群岛	# British Virgin Island		102		110
北美洲	North America	6	31496	2	62241
# 美　国	# The USA	6	31496	2	62241

15-11 历年利用外资情况

Statistics on Utilization of Foreign Capital in Main Years

年份 Year	项目(企业)个数(个) Number of Contracts (unit)	# 外商直接投资 Foreign Direct Investment	合同外资金额(万美元) Amount of Contracted Foreign Capital (USD 10000)	# 外商直接投资 Foreign Direct Investment	实际使用外资金额(万美元) Amount of Foreign Capital Actually Used (USD 10000)	# 外商直接投资 Foreign Direct Investment
1978	2		53			
1980	1379	21	24905	24794	3013	1287
1985	4394	290	70175	51575	15782	10389
1986	2062	104	33668	29569	17966	9316
1987	2271	126	28510	20374	8574	5562
1988	2120	289	52650	39338	27119	14521
1989	2121	292	57778	40101	43892	27481
1990	2711	389	55426	47183	27263	18613
1991	2678	571	87517	70635	40519	25938
1992	2925	1193	471080	449654	74595	57135
1993	2620	1275	704764	683634	147028	128464
1994	2907	1906	709683	685763	204816	181403
1995	2564	1774	685657	673101	225298	214444
1996	1793	865	510301	447393	260002	233153
1997	3066	661	219922	169824	289379	248003
1998	986	643	245058	193178	304467	271608
1999	1053	537	172808	141377	317600	298687
2000	1445	647	163454	152759	311541	298923
2001	1087	678	200604	196229	332746	300119
2002	1177	776	316579	302322	265299	228386
2003	1204	870	402176	351117	306409	258076
2004	1506	1046	334767	320494	247696	240062
2005	1599	1061	366155	340205	284128	264882
2006	1465	1025	463987	439124	305477	292339
2007	1460	959	715269	703506	341138	328579
2008	1378	991	604536	591864	377413	362277
2009	1022	844	388633	378401	387476	377339
2010	1170	980	505928	497384	408121	397862
2011	1273	1134	683809	674734	437626	427009
2012	1204	1095	693071	680188	474312	457485
2013	1258	1092	734009	711428	507853	480385
2014	1324	1155	827560	803975	543905	510707
2015		1429		836335		541634
2016		1757		990123		570120
2017		2459		1339133		628947
2018		5376		3995880		661108
2019		3446		3952881		714349
2020		2695		2223369		708498
2020*(人民币 RMB)		2695		15453892		4937180
2021*(人民币 RMB)		4048				5432585
2022*(人民币 RMB)		3442				5741290

注：1.合同外资金额、实际使用外资金额按当年口径统计。
2.由于制度变化，2015年开始不再统计外商其他投资，仅统计外商直接投资。
3.外商直接投资实际金额2020年起调整为国家商务部统计口径，下同。
4.*号表示相应行的数据计量货币为人民币，单位为万元。

Notes: I. The amount of contracted foreign capital and foreign capital actually used are calculated at current coverage.
II. Recording to the statistical system,the only statistical indicator is foreign direct investment instead of other foreign invest since 2015.
III.The actual amount of foreign direct investment will be adjusted to the statistical caliber of the Ministry of Commerce from 2020.
IIII.* indicates that the data of the corresponding row is measured in RMB (unit: ten thousand yuan).

15-12 历年利用外资项目(企业)个数、合同外资金额、实际使用外资金额指数(上年=100)

Indices of Contracts Number, Contracted Foreign Capital and Foreign Capital Actually Used in Main Years (Preceding Year=100)

年 份 Year	项目(企业)个数 Number of Contracts	# 外商直接投资 Foreign Direct Investment	合同外资金额 Amount of Contracted Foreign Capital	# 外商直接投资 Foreign Direct Investment	实际使用外资金额 Amount of Foreign Capital Actually Used	# 外商直接投资 Foreign Direct Investment
1980	250.3	300.0	1080.5	1258.6	306.2	780.0
1985	97.2	163.8	344.8	272.3	101.3	79.7
1986	46.9	35.9	48.0	57.3	113.8	89.7
1987	110.1	121.2	84.7	68.9	47.7	59.7
1988	93.4	229.4	184.7	193.1	316.3	261.1
1989	100.1	101.0	109.7	101.9	161.9	189.3
1990	127.8	133.2	95.9	117.7	62.1	67.7
1991	98.8	146.8	157.9	149.7	148.6	139.4
1992	109.2	208.9	538.3	636.6	184.1	220.3
1993	89.6	106.9	149.6	152.0	197.1	224.8
1994	111.0	149.5	100.7	100.3	139.3	141.2
1995	88.2	93.1	96.6	98.2	110.0	118.2
1996	69.9	48.8	74.4	66.5	115.4	108.7
1997	171.0	76.4	43.1	38.0	111.3	106.4
1998	32.2	97.3	111.4	113.8	105.2	109.5
1999	106.8	83.5	70.5	73.2	104.3	110.0
2000	137.2	120.5	94.6	108.1	98.1	100.1
2001	75.2	104.8	122.7	128.5	106.8	100.4
2002	108.3	114.5	174.1	170.4	110.6	110.2
2003	102.3	112.1	127.0	116.1	115.5	113.0
2004	125.1	120.2	127.7	125.6	164.8	164.4
2005	106.2	101.4	109.4	106.2	114.7	110.3
2006	91.6	96.6	126.7	129.1	107.5	110.4
2007	99.7	93.6	154.2	160.2	111.7	112.4
2008	94.4	103.3	84.5	84.1	110.6	110.3
2009	74.2	85.2	64.3	63.9	102.7	104.2
2010	114.5	116.1	130.2	131.4	105.3	105.4
2011	108.8	115.7	135.2	135.7	107.2	107.3
2012	94.6	96.6	101.4	100.8	108.4	107.1
2013	104.5	99.7	105.9	104.6	107.1	105.0
2014	105.2	105.8	112.7	113.0	107.1	106.3
2015		123.7		104.0		106.1
2016		123.0		118.4		105.3
2017		140.0		135.3		110.3
2018		218.6		298.4		105.1
2019		64.1		98.9		108.1
2020		78.2		58.3		105.4
2020*(人民币 RMB)		78.2		59.6		107.5
2021*(人民币 RMB)		150.2				110.0
2022*(人民币 RMB)		85.0				105.7

注：1.2002年、2004年和2020年合同外资金额、实际使用外资金额统计口径调整，当年指数按可比口径计算。
2.*号表示相应行的数据计量货币为人民币，单位为万元。

Notes: I.The coverage of amount of contracted foreign capital and foreign capital actually used were adjusted in 2002、2004 and 2020, the indices of which being calculated on the same coverage.
II.* indicates that the data of the corresponding row is measured in RMB (unit: ten thousand yuan).

15-13　外商直接投资情况

Statistics on Foreign Direct Investment

单位：万元　　(10000 yuan)

项　　目	Item	2021	2022
项目(企业)个数　(个)	**Number of Contracts　(unit)**		
外商直接投资	Foreign Direct Investment	4048	3442
合资企业	Joint-venture Enterprises	1404	1446
合作企业	Cooperative Enterprises		
外资企业	Enterprises with Sole Foreign Funds	2341	1905
外商投资股份制企业	Share-holding Corporations	6	4
合伙企业	Partnership Enterprises	106	87
其他	others	191	
实际使用外资金额	**Amount of Foreign Capital Actually Used**		
外商直接投资	Foreign Direct Investment	5432585	5741290
合资企业	Joint-venture Enterprises	911503	920740
合作企业	Cooperative Enterprises	-1	27569
外资企业	Enterprises with Sole Foreign Funds	4437294	4052503
外商投资股份制企业	Share-holding Corporations		202
合伙企业	Partnership Enterprises	2348	740276
其他	others	81441	

15-14 外商直接投资情况(按地区分)

Statistics on Utilization of Foreign Direct Investment Capital (by Region)

单位：万元　　　　(10000 yuan)

地　区	District	2021		2022	
		项目(企业)个数(个) Number of Contracts (unit)	实际使用外资金额 Amount of Foreign Capital Actually Used	项目(企业)个数(个) Number of Contracts (unit)	实际使用外资金额 Amount of Foreign Capital Actually Used
全　市	**Total**	**4048**	**5432585**	**3442**	**5741290**
# 荔湾区	Liwan	366	129836	272	124470
越秀区	Yuexiu	745	140143	645	161670
海珠区	Haizhu	280	388466	135	261526
天河区	Tianhe	998	834575	959	552302
白云区	Baiyun	477	113928	327	121120
黄埔区	Huangpu	246	1747426	195	1938067
番禺区	Panyu	410	467835	336	419820
花都区	Huadu	116	157753	91	163176
南沙区	Nansha	283	1000583	367	1728029
从化区	Conghua	21	12741	20	9031
增城区	Zengcheng	95	306378	87	238997
广州空港经济区	Guangzhou Airport Economic Zone	11	132923	2	23098

15-15 外商直接投资项目分类(2022年)

Amount of Foreign Direct Investment Capital Actually Used by Category (2022)

单位：万元 (10000 yuan)

项　　目	Item	项目(企业)个数(个) Number of Contracts (unit)	实际使用外资金额 Amount of Foreign Capital Actually Used
总　　计	**Total**	**3442**	**5741290**
按国民经济行业分	**By Sector**		
农、林、牧、渔业	Agriculture, Forestry, Animal Husbandry and Fishing	10	77
采矿业	Mining		
制造业	Manufacturing	85	978228
电力、热力、燃气及水生产和供应业	Production and Supply of Electricity, Heat,Gas and Water	2	154780
建筑业	Construction	32	9600
批发和零售业	Wholesale and Retail Trade	1613	192775
交通运输、仓储和邮政业	Transport, Storage and Post	66	105938
住宿和餐饮业	Hotels and Catering Services	85	
信息传输、计算机服务和软件业	Information Transmission, Software and Information Technology Services	221	301207
金融业	Financial Intermediation	6	15442
房地产业	Real Estate	49	339701
租赁和商务服务业	Leasing and Business Services	660	2377761
科学研究和技术服务业	Scientific Research and Technical Services	403	1260468
水利、环境和公共设施管理业	Management of Water Conservancy,Environment and Public Facilities	4	
居民服务、修理和其他服务业	Service to Households, Repair and Other Services	29	
教育	Education	3	
卫生和社会工作	Health and Social Service	7	232
文化、体育和娱乐业	Culture, Sports and Entertainment	166	5081
公共管理、社会保障和社会组织	Public Management, Social Security and Social Organization	1	
国际组织	International Organizations		

15-15 续表 continued

单位：万元 (10000 yuan)

项　目	Item	项目(企业)个数(个) Number of Contracts (unit)	实际使用外资金额 Amount of Foreign Capital Actually Used
按国别(地区)分	**By Country (Territory)**		
#中国香港	Hong Kong, China	1429	5353243
新加坡	Singapore	49	134293
英属维尔京群岛	Virgin Islands	1	91810
日 本	Japan	18	79049
开曼群岛	Cayman Islands	3	40036
英 国	United Kingdom	24	32472
中国澳门	Macao, China	173	6516
塞舌尔	Seychelles	2	1568
中国台湾	Taiwan, China	210	858
西班牙	Spain	7	574
奥地利	Austria		522
德 国	Germany	16	144
萨摩亚	Samoa		67
新西兰	New Zealand	6	64
美 国	United States	53	62
丹 麦	Denmark		12

15-16 境外企业情况(2022年)

Statistics on Overseas Enterprises Funded by Domestic Capital (2022)

单位：万美元 (USD 10000)

项目	Item	当年新增 Newly Increased in Current Year	
		企业数(个) Number of Enterprises (unit)	中方投资额 Volume of Investment from China
总计	**Total**	**226**	**165831**
按投资企业类型分	**By Status of Investment**		
国有企业	State-owned enterprises	6	9399
私营企业	Private-owned enterprises	213	154847
外资企业	Foreign-owned enterprises	7	1585
按国民经济行业分	**By Sector**		
农、林、牧、渔业	Agriculture, Forestry, Animal Husbandry and Fishing	3	3587
采矿业	Mining		
制造业	Manufacturing	12	16605
电力、热力、燃气及水生产和供应业	Production and Supply of Electricity, Heat,Gas and Water		
建筑业	Construction	1	16
批发和零售业	Wholesale and Retail Trade	113	1450
交通运输、仓储和邮政业	Transport, Storage and Post	10	6694
住宿和餐饮业	Hotels and Catering Services		
信息传输、软件和信息技术服务业	Information Transmission, Software and Information Technology Services	21	11026
金融业	Financial Intermediation		
房地产业	Real Estate		
租赁和商务服务业	Leasing and Business Services	22	110716
科学研究和技术服务业	Scientific Research and Technical Services	19	5746
水利、环境和公共设施管理业	Management of Water Conservancy,Environment and Public Facilities	2	-203
居民服务、修理和其他服务业	Service to Households, Repair and Other Services		
教育	Education		
卫生和社会工作	Health and Social Service		
文化、体育和娱乐业	Culture, Sports and Entertainment		
其他	Others	23	10193

15-16 续表 continued

单位：万美元 (USD 10000)

项 目	Item	当年新增 Newly Increased in Current Year	
		企业数(个) Number of Enterprises (unit)	中方投资额 Volume of Investment from China
按投资国家(地区)分	**By Investment Destination**		
中国香港	Hong Kong, China	149	120541
中国澳门	Macao，China	8	234
日本	Japan	4	764
新加坡	Singapore	6	6903
越南	Vietnam	4	956
沙特阿拉伯	Saudi Arabia	1	50
孟加拉国	Bangladesh	2	55
肯尼亚	Kenya		55
英国	Britain	1	80
德国	Germany	3	1957
意大利	Italy	1	80
荷兰	Holland	1	80
瑞士	Switzerland		6
瑞典	Sweden	2	520
俄罗斯联邦	Russia	1	1
开曼群岛	Cayman Islands	6	13052
厄瓜多尔	Ecuador		720
加拿大	Canada	1	880
美国	United States of America	15	4692
澳大利亚	Australia	1	36
印度尼西亚	Indonesia	2	6346
墨西哥	Mexico	1	2803
埃及	Egypt	1	2570
印度	India		1938
丹麦	Denmark	2	130
泰国	Thailand	2	115
西班牙	Spain	1	80
奥地利	Austria	1	52
卢旺达	Rwanda	1	50
菲律宾	Philippines	2	24
埃塞俄比亚	Ethiopia	1	20
巴林	Bahrain	1	13
阿联酋	Emirates	2	12
卡塔尔	Qatar	1	10
斯里兰卡	Srilanka	1	5
巴基斯坦	Pakistan	1	

15-17 对外劳务合作业务情况(2022年)

Statistics on Labor Cooperation with Foreign Countries or Territories (2022)

国别（地区）	Country（Region）	合同额（万美元）Contracted Value (USD 10000)	完成营业额（万美元）Turnover (USD 10000)
合　计	**Total**	**17873**	**28138**
中国香港	Hong Kong, China	902	2815
中国澳门	Macao, China	15643	24415
中国台湾	Taiwan,China	3	3
新加坡	Singapore	42	317
柬埔寨	Cambodia	201	3
越南	Vietnam	368	175
科威特	Kuwait		78
沙特阿拉伯	Saudi Arabia	10	124
尼日利亚	Nigeria	198	32
肯尼亚	Kenya	32	1
刚果(布)	Congo (Brazzaville)	451	103
德国	Germany	1	7
巴拿马	The Republic of Panama	…	22
菲律宾	Philippines	9	8
坦桑尼亚	Tanzania	7	7
其他国家	Others	5	28

15-18 主要年份对外经济合作业务情况

Contracted Projects and Labor Cooperation with Foreign Countries or Territories in Main Years

年 份 Year	新签合同数 (个) Number of Contracts Newly Signed (unit)	合同额 (万美元) Contracted Value (USD 10000)	完成营业额 (万美元) Turnover (USD 10000)	派出人数 (人次) Persons Sent Abroad (person-times)	年末在外人数 (人) Persons Abroad at Year-end (person)
1985	201	189	189	113	113
1990	1005	1887	1072	994	1201
1995	806	6632	5810	1473	2893
2000	4989	10588	7288	684	1833
2001	6317	8186	7487	1088	2247
2002	6577	7837	9115	2390	3378
2003	9089	10737	10919	3237	4080
2004	9728	13047	13247	3530	4456
2005	11815	16490	16237	3556	5001
2006	13611	19691	18093	3784	5011
2007	13615	23174	21365	4503	5962
2008	19872	30362	32037	4844	7912
2009	20457	40527	38827	5187	8142
2010	47416	81878	47187	6685	8970
2011		43928	24765	8795	11790
2012		44553	28856	9867	13770
2013		51373	36696	11282	16617
2014		62866	57141	15292	24368
2015		90214	85491	16117	24375
2016		53840	45606	17887	25014
2017		59285	39262	20493	39496
2018		49532	36814	26326	37848
2019		58946	38138	21432	38026
2020		20587	22570	7501	16372
2021		45743	38424	15786	23752
2022		17873	28138	4975	17287

注：1.2011年开始取消新签合同数统计。

2.本表中2017—2022年的数据为对外劳务合作业务数据。

Notes: I. Since 2011, the indicator number of contracts newly signed has been canceled.

II. The data from year 2017 to 2022 is about the foreign labour cooperation.

15-19 旅游业总收入、外汇收入情况(2022年)

Total Income from Tourism and Foreign Exchange Earnings (2022)

项　目	Item	旅游业总收入(万元) Total Income (10000 yuan)	国内旅游收入 Domestic Travel Income	旅游外汇收入 Foreign Exchange Income	旅游外汇收入(万美元) Foreign Exchange Income (USD 10000)
合　计	**Total**	**22460274**	**21774595**	**685679**	**106804**
商品销售	Commodity Sales	4103492	3963545	139947	21799
餐　饮	Catering Services	4424674	4312154	112520	17526
长途交通	Long Distance Transport	4658261	4428696	229565	35758
住　宿	Accommodation	4712165	4573246	138919	21638
邮电通讯	Post and Telecommunications	24706	6056	18650	2905
市内交通	Local Transport	750173	736459	13714	2136
游　览	Tours	1740671	1727232	13439	2093
娱　乐	Recreation	923117	918043	5074	791
其　他	Others	1123015	1109164	13851	2158

15-20 城市接待过夜旅游者情况

Tourists Staying Overnight in Guangzhou

项　　目	Item	2021	2022
人次数合计　（万人次）	**Total Number of Tourists (10000 person-times)**	**4307.73**	**3824.17**
入境旅游者	Overseas Tourists	164.77	154.12
外国人	Foreigners	35.05	36.30
亚　洲	Asia	16.79	18.40
#日　本	Japan	6.30	7.32
韩　国	Republic of Korea	1.12	1.39
蒙　古	Mongolia	0.01	0.02
印度尼西亚	Indonesia	0.06	0.09
马来西亚	Malaysia	0.43	0.49
菲律宾	Philippines	0.10	0.15
新加坡	Singapore	0.58	0.61
泰　国	Thailand	0.24	0.24
印　度	India	0.17	0.25
越　南	Vietnam	0.05	0.08
沙特阿拉伯	Saudi Arabia	0.08	0.32
欧　洲	Europe	6.40	6.06
#英　国	United Kingdom	0.70	0.54
法　国	France	0.46	0.54
德　国	Germany	0.90	1.04
意大利	Italy	0.41	0.57
瑞　士	Switzerland	0.10	0.04
瑞　典	Sweden	0.06	0.05
荷　兰	Netherlands	0.11	0.17
俄罗斯	Russia	0.34	0.24
西班牙	Spain	0.17	0.09
美　洲	America	5.34	4.86
#美　国	United States	3.29	2.72
加拿大	Canada	0.60	0.66
大洋洲	Oceania	0.69	0.83
#澳大利亚	Australia	0.42	0.54
新西兰	New Zealand	0.14	0.16
非　洲	Africa	5.83	6.15
香港同胞	Compatriots from Hong Kong	86.34	81.89
澳门同胞	Compatriots from Macao	19.54	13.69
台湾同胞	Compatriots from Taiwan	23.84	22.23
境内旅游者	Domestic Tourists	4142.96	3670.05
人天数合计　（万人天）	**Total Number of Tourists and Days (10000 person-days)**	**10295.67**	**9075.22**
入境旅游者	Overseas Tourists	391.84	361.42
外国人	Foreigners	93.51	94.07
香港同胞	Compatriots from Hong Kong	184.81	173.22
澳门同胞	Compatriots from Macao	41.74	29.45
台湾同胞	Compatriots from Taiwan	71.78	64.69
境内旅游者	Domestic Tourists	9903.83	8713.79

15-21 主要宾馆(酒店)基本情况
Statistics on Main Hotels

项　　目	Item	2021	2022
企业情况	**Statistics of Enterprises**		
宾馆酒店数　(家)	Number of Hotels　(unit)	332	295
#星　级	Star-rated	135	125
五星级	Five-star	22	24
四星级	Four-star	29	29
三星级	Three-star	73	61
二星级	Two-star	11	11
一星级	One-star		
客房总数　(间)	Number of Guest Rooms　(unit)	78764	66128
床位总数　(张)	Number of Beds　(unit)	127101	100914
接待情况	**Reception Capacity**		
过夜旅游者　(万人次)	Tourists Staying Overnight　(10000 person-times)	1016.56	883.66
海外旅游者	Overseas Tourists	25.49	25.44
国内旅游者	Domestic Tourists	991.07	858.22
过夜旅游者　(万人天)	Tourists Staying Overnight　(10000 person-days)	1605.17	1376.64
经营情况	**Statistics of Operation**		
营业收入　(万元)	Operating Income　(10000 yuan)	1108063	1010286
营业成本　(万元)	Operating Cost　(10000 yuan)	492775	476007
税金及附加　(万元)	Taxes and Extra Charges　(10000 yuan)	17132	18604
销售费用　(万元)	Selling expenses　(10000 yuan)	127889	119078
管理费用　(万元)	Management Expense　(10000 yuan)	322558	316336
财务费用　(万元)	Financial Expense　(10000 yuan)	33944	27175
营业利润　(万元)	Operating Profit　(10000 yuan)	-56498	-76556
投资收益　(万元)	Investment Revenue　(10000 yuan)	-903	22282
营业外收支净额　(万元)	Net Non-operating Income and Expenditure　(10000 yuan)	12580	13955
利润总额　(万元)	Total Profits　(10000 yuan)	-43964	-66927
年末从业人员　(人)	Employed Person at Year-end　(person)	39347	35462
开房率　(%)	Room Occupancy　(%)	49.45	48.23

15-22 旅行社基本情况
Statistics on Travel Agencies

单位：万元 (10000 yuan)

项　　目	Item	2021	2022
企业情况	**Statistics of Enterprises**		
企业数 (个)	Number of Enterprises (unit)	878	924
年末从业人员 (人)	Employed Persons at Year-end (person)	13320	10384
组团(外联)旅游情况	**Organized (Overseas) Tourism Contracted**		
组团(外联)人数 (万人次)	Organized (Overseas) Persons Contracted (10000 person-times)	315.53	155.94
入境旅游者	Overseas Tourists	0.22	0.01
国内旅游者	Domestic Tourists	315.31	155.93
# 出境游	Local Residents Going Overseas		
经营情况	**Statistics of Operation**		
营业收入	Operating Income	900818	709687
营业成本	Operating Cost	797034	623639
税金及附加	Taxes and Extra Charges	1136	2149
销售费用	Selling expenses	36592	30607
管理费用	Management Expense	84845	78997
财务费用	Financial Expense	773	1869
营业利润	Operating Profit	-53714	-44394
营业外收支净额	Net Income of Non-business	6980	4357
利润总额	Total Profits	-41632	-39321

注：组团(外联)人数包括旅行社外联入境旅游者人数和组团境内旅游者人数，包括过夜人数和不过夜人数，不包括接待人数。

Note: The organized(overseas)persons contracted includes both international and domestic tourists contracted by travel agencies and the data includes tourists staying overnight or not, except reception persons.

15-23 主要年份人民币对主要外币年平均汇价

Average Exchange Rates of RMB Against Main Convertible in Main Years

单位:人民币，元 (RMB, yuan)

年 份 year	100美元 100 US Dollars	100日元 100 Japanese Yen	100港元 100 Hong Kong Dollars	100欧元 100 Euros
1987	372.21	2.5799	47.74	
1988	372.21	2.9082	47.70	
1989	376.59	2.7360	48.28	
1990	478.38	3.3233	61.39	
1991	532.27	3.9602	68.45	
1992	551.49	4.3608	71.24	
1993	576.19	5.2020	74.41	
1994	861.87	8.4370	111.53	
1995	835.07	8.9225	107.96	
1996	830.57	7.6238	107.40	
1997	828.97	6.8623	107.09	
1998	827.90	6.3487	106.88	
1999	827.83	7.2913	106.66	
2000	827.84	7.6950	106.17	
2001	827.71	6.8098	106.07	
2002	827.70	6.6651	106.08	801.45
2003	827.70	7.1347	106.24	937.77
2004	827.70	7.6552	106.23	1029.00
2005	819.17	7.4484	105.00	1019.53
2006	797.18	6.8570	102.62	1001.90
2007	760.40	6.4632	97.46	1041.75
2008	694.51	6.7427	89.19	1022.27
2009	683.25	7.3244	88.15	955.25
2010	678.89	7.7122	87.39	906.86
2011	649.43	8.1309	83.39	902.34
2012	631.71	7.9343	81.43	814.64
2013	621.35	6.4682	80.11	824.47
2014	615.16	5.7456	79.34	803.45
2015	623.71	5.1643	80.46	690.12
2016	664.98	6.1178	85.68	734.12
2017	673.98	6.0254	86.47	766.10
2018	662.34	6.0074	84.51	780.72
2019	689.85	6.3347	88.05	772.55
2020	689.76	6.4626	88.93	787.55
2021	645.15	5.8735	83.00	762.93
2022	672.61	5.1261	85.89	707.21

15-24 外商投资企业及分支机构工商登记情况(2022年)

Statistics on Foreign Funded Enterprises Registered by Departments of Industry and Commerce (2022)

单位:万美元 (USD 10000)

项　目	Item	年末户数(个) Number of Enterprises at Year-end (unit)	注册资本 Registered Capital	#外方 Capital from Foreign Partners
总　计	**Total**	**38392**	**32965674**	**23306895**
按国民经济行业分	By Sector			
农、林、牧、渔业	Agriculture, Forestry, Animal Husbandry and Fishing	133	114895	106993
采矿业	Mining	4	146	
制造业	Manufacturing	3459	4115378	2557095
电力、热力、燃气及水生产和供应业	Production and Supply of Electricity,Heat,Gas and Water	72	160976	140907
建筑业	Construction	322	814203	382770
批发和零售业	Wholesale and Retail Trade	15500	1323116	1030858
交通运输、仓储和邮政业	Transport, Storage and Post	1008	327658	214366
住宿和餐饮业	Hotels and Catering Services	2125	102482	87363
信息传输、软件和信息技术服务业	Information Transmission, Software and Information Technology	2003	1120713	814072
金融业	Financial Intermediation	407	931648	347628
房地产业	Real Estate	1424	4747991	3276372
租赁和商务服务业	Leasing and Business Services	7397	16646582	12386337
科学研究和技术服务业	Scientific Research and Technical Services	3451	2280727	1782548
水利、环境和公共设施管理业	Management of Water Conservancy, Environment and Public Facilities	31	19700	10683
居民服务、修理和其他服务业	Service to Households, Repair and Other Services	278	25476	21983
教育	Education	20	375	289
卫生和社会工作	Health and Social Service	37	80005	11619
文化、体育和娱乐业	Culture, Sports and Entertainment	720	153457	134866
其他	Others	1	146	146

注：本表不包括在广东省市场监督管理局注册登记的在穗企业数。
Note: The number of enterprises loctated in Guangzhou but registered in Guangdong Provincial Administration for Market Regulation is excluded.

15-25 广州市与国外结成友好城市一览(2022年末)

List of Foreign Friendly Cities with Guangzhou (Year-end of 2022)

国别	Country	城市	City	缔结日期(年、月、日)	Date of Signing
日　本	Japan	福　冈	Fukuoka	1979.05.02	May 2, 1979
美　国	United States	洛杉矶	Los Angeles	1981.12.08	December 8, 1981
菲律宾	Philippines	马尼拉	Manila	1982.11.05	November 05, 1982
加拿大	Canada	温哥华	Vancouver	1985.03.27	March 27, 1985
澳大利亚	Australia	悉　尼	Sydney	1986.05.12	May 12, 1986
意大利	Italy	巴　里	Bari	1986.11.12	November 12, 1986
法　国	France	里　昂	Lyon	1988.01.19	January 19, 1988
德　国	Germany	法兰克福	Frankfurt	1988.04.11	April 11, 1988
新西兰	New Zealand	奥克兰	Auckland	1989.02.17	February 17, 1989
韩　国	The Republic of Korea	光　州	Gwangju	1996.10.25	October 25, 1996
瑞　典	Sweden	林雪平	Linkoping	1997.11.24	November 24, 1997
南　非	South Africa	德　班	Durban	2000.07.17	July 17, 2000
英　国	United Kingdom	布里斯托尔	Bristol	2001.05.23	May 23, 2001
俄罗斯	Russia	叶卡捷琳堡	Ekaterinburg	2002.07.10	July 10, 2002
秘　鲁	Peru	阿雷基帕	Arequipa	2004.10.27	October 27, 2004
印度尼西亚	Indonesia	泗　水	Surabaya	2005.12.21	December 21, 2005
立陶宛	Litawen	维尔纽斯	Vilnius	2006.10.12	October 12, 2006
英　国	United Kingdom	伯明翰	Birmingham	2006.12.04	December 4, 2006
斯里兰卡	Sri lanka	汉班托塔	Hambantota	2007.02.27	February 27, 2007
巴　西	Brazil	累西腓	Recife	2007.10.22	October 22, 2007
芬　兰	Finland	坦佩雷	Tampere	2008.12.02	December 2, 2008
泰　国	Thailand	曼　谷	Bangkok	2009.11.13	November 13, 2009
阿根廷	Agentine Republic	布宜诺斯艾利斯	Buenos Aires	2012.04.16	April 16, 2012
阿联酋	United Arab Emirates	迪　拜	Dubai	2012.04.18	April 18, 2012
科威特	State of Kuwait	科威特城	Kuwait City	2012.04.25	April 25, 2012
俄罗斯	Russian Federation	喀　山	Kazan	2012.07.06	July 6, 2012
土耳其	Türkiye	伊斯坦布尔	Istanbul	2012.07.18	July 18, 2012
津巴布韦	The Republic of Zimbabwe	哈拉雷	Harare	2012.09.03	September 3, 2012
哥斯达黎加	The Republic of Costa Rica	圣何塞	San Jose	2012.09.11	September 11, 2012
日　本	Japan	登　别	Noboribetsu	2012.11.15	November 15, 2012
西班牙	Kingdom of Spain	巴伦西亚	Valencia	2012.12.29	December 29, 2012
摩洛哥	Kingdom of Morocco	拉巴特	Rabat	2013.10.03	October 3, 2013
波　兰	The Republic Of Poland	罗　兹	Lodz	2014.08.20	August 20, 2014
印　度	India	艾哈迈达巴德	Ahmedabad	2014.09.17	September 17, 2014
尼泊尔	Federal Democratic Republic of Nepal	博克拉	Pokhara	2014.11.29	November 29, 2014
厄瓜多尔	The Republic of Ecuador	基　多	Quito	2014.11.29	November 29, 2014
智　利	Chile	圣地亚哥	San Diego	2017.06.20	June 20, 2017
肯尼亚	Kenya	蒙巴萨郡	Mombasa County	2018.11.27	November 27, 2018

15-26 各国驻广州总领事馆一览(2022年末)

List of Consulate General in Guangzhou (Year-end of 2022)

馆 务	Consulates	设立时间 Date of Setting up	领区范围	Consular Region
美 国	United States	1979.08.31	广东、广西、福建、海南	Guangdong Guangxi Fujian Hainan
日 本	Japan	1980.03.01	广东、广西、福建、海南	Guangdong Guangxi Fujian Hainan
泰 国	Thailand	1989.02.12	广东、海南	Guangdong Hainan
波 兰	Poland	1989.07.22	广东、广西、海南	Guangdong Guangxi Hainan
澳大利亚	Australia	1992.12.09	广东、广西、福建、海南、湖南	Guangdong Guangxi Fujian Hainan Hunan
越 南	Viet Nam	1993.01.18	广东	Guangdong (Interim)
马来西亚	Malaysia	1993.10.24	广东、福建、海南、江西、湖南	Guangdong Fujian Hainan Jiangxi Hunan
德 国	Germany	1995.11.07	广东、广西、福建、海南	Guangdong Guangxi Fujian Hainan
英 国	United Kingdom	1997.01.14	广东、广西、湖南、福建、海南、江西	Guangdong Guangxi Hunan Fujian Hainan Jiangxi
法 国	France	1997.04.24	广东、广西、福建、海南	Guangdong Guangxi Fujian Hainan
菲律宾	Philippines	1997.05.23	广东、广西、湖南、海南	Guangdong Guangxi Hunan Hainan
荷 兰	Netherlands	1997.09.15	广东、广西、福建、海南	Guangdong Guangxi Fujian Hainan
加拿大	Canada	1997.11.20	广东、广西、福建、海南、湖南、江西	Guangdong Guangxi Fujian Hainan Hunan Jiangxi
柬埔寨	Cambodia	1998.07.01	广东、福建	Guangdong Fujian
丹 麦	Denmark	1998.09.23	广东、广西、福建、海南、贵州、云南	Guangdong Guangxi Fujian Hainan Guizhou Yunnan
意大利	Italy	1998.11.04	广东、广西、福建、海南、湖南、江西	Guangdong Guangxi Fujian Hainan Hunan Jiangxi
韩 国	The Republic of Korea	2001.08.28	广东、广西、福建、海南	Guangdong Guangxi Fujian Hainan
印度尼西亚	Indonesia	2002.12.12	广东、广西、福建、海南	Guangdong Guangxi Fujian Hainan
瑞 士	Switzerland	2005.10.10	广东、广西、福建、海南、湖南、江西	Guangdong Guangxi Fujian Hainan Hunan Jiangxi
比利时	belgium	2005.12.10	广东、福建、海南、云南、广西	Guangdong Fujian Hainan Yunnan Guangxi
新加坡	Singapore	2006.04.13	广东、海南、湖南、广西、云南、贵州	Guangdong Hainan Hunan Guangxi Yunnan Guizhou
古 巴	Cuba	2006.11.08	广东、广西、海南	Guangdong Guangxi Hainan
俄罗斯	Russia	2007.04.05	广东、福建、海南、云南、江西、广西	Guangdong Fujian Hainan Yunnan Jiangxi Guangxi
新西兰	New Zealand	2007.04.26	广东、广西、湖南、福建、海南	Guangdong Guangxi Hunan Fujian Hainan
希 腊	Greece	2007.05.15	广东、福建、湖南、广西、海南、贵州、云南	Guangdong Fujian Hunan Guangxi Hainan Guizhou Yunnan
印 度	India	2007.10.18	广东、福建、湖南、海南、云南、四川、广西	Guangdong Fujian Hunan Hainan Yunnan Sichuan Guangxi
奥地利	Austria	2007.11.25	广东、海南、湖南、广西	Guangdong Hainan Hunan Guangxi
挪 威	Norway	2008.02.18	广东、福建、海南、广西	Guangdong Fujian Hainan Guangxi
科威特	Kuwait	2008.02.21	广东、福建、海南、广西	Guangdong Fujian Hainan Guangxi
墨西哥	Mexico	2008.04.25	广东、海南、福建、湖南、江西、广西	Guangdong Hainan Fujian Hunan Jiangxi Guangxi
巴基斯坦	Pakistan	2008.06.27	广东、福建、湖南、海南、广西	Guangdong Fujian Hunan Hainan Guangxi
以色列	Israel	2009.03.22	广东、福建、海南、广西	Guangdong Fujian Hainan Guangxi

15-26 续表 conitnued

馆务	Consulates	设立时间 Date of Setting up	领区范围	Consular Region
西班牙	Spain	2009.06.14	广东、福建、湖南、广西、海南	Guangdong Fujian Hunan Guangxi Hainan
阿根廷	Argentina	2009.07.21	广东、福建、海南、广西	Guangdong Fujian Hainan Guangxi
厄瓜多尔	Ecuador	2009.09.08	广东、福建、江西、湖南、广西、海南	Guangdong Fujian Jiangxi Hunan Guangxi Hainan
巴西	Brazil	2010.04.15	广东、海南、广西、福建、湖南	Guangdong Hainan Guangxi Fujian Hunan
智利	Chile	2010.12.29	广东、海南、广西、福建	Guangdong Hainan Guangxi Fujian
马里	Mali	2011.07.18	广东、福建、海南、广西	Guangdong Fujian Hainan Guangxi
乌干达	Uganda	2011.08.15	广东、福建、海南、广西	Guangdong Fujian Hainan Guangxi
伊朗	Iran	2011.12.23	广东、福建、湖南、广西	Guangdong Fujian Hunan Guangxi
土耳其	Türkiye	2012.01.12	广东、福建、海南、广西	Guangdong Fujian Hainan Guangxi
斯里兰卡	Sri Lanka	2012.03.27	广东、福建、海南、广西、江西	Guangdong Fujian Hainan Guangxi Jiangxi
乌克兰	Ukraine	2012.05.30	广东、贵州、海南、湖南、广西	Guangdong Guizhou Hainan Hunan Guangxi
老挝	Lao	2013.09.23	广东、海南、江西、福建	Guangdong Hainan Jiangxi Fujian
秘鲁	Peru	2013.10.02	广东、广西、贵州、海南、云南、湖南	Guangdong Guangxi Guizhou Hainan Yunnan Hunan
吉尔吉斯斯坦	Kyrgyzstan	2014.04.08	广东、福建、江西、湖南、海南、广西	Guangdong Fujian Jiangxi Hunan Hainan Guangxi
尼日利亚	Nigeria	2014.07.09	广东、广西、海南	Guangdong Guangxi Hainan
科特迪瓦	Cote d Ivoire	2014.07.12	广东、福建、海南、江西、广西	Guangdong Fujian Hainan Jiangxi Guangxi
刚果(布)	Coga	2014.08.15	广东、海南、福建、广西	Guangdong Hainan Fujian Guangxi
哥伦比亚	Colombia	2014.12.12	广东、广西、贵州、云南、海南	Guangdong Guangxi Guizhou Yunnan Hainan
安哥拉	Angola	2015.11.06	广东、福建、海南、广西	Guangdong Fujian Hainan Guangxi
卡塔尔	Qatar	2015.11.10	广东、广西、福建、海南	Guangdong Guangxi Fujian Hainan
阿联酋	Emirates	2016.06.15	广东、广西、海南	Guangdong Guangxi Hainan
赞比亚	Zambia	2016.06.28	广东、福建、海南、广西	Guangdong Fujian Hainan Guangxi
沙特阿拉伯	Saudi Arab	2017.01.01	广东、福建、广西、海南	Guangdong Fujian Guangxi Hainan
塞内加尔	Senegal	2017.03.06	广东、福建、广西、海南	Guangdong Fujian Guangxi Hainan
尼泊尔	Nepal	2017.04.25	广东、广西、福建、海南	Guangdong Guangxi Fujian Hainan
苏丹	Sudan	2017.05.15	广东、江西、福建、湖南、贵州、云南、浙江、广西	Guangdong Jiangxi Fujian Hunan Guizhou Yunnan Zhejiang Guangxi
葡萄牙	Portugal	2017.07.17	广东、湖南、海南、福建、广西	Guangdong Hunan Hainan Fujian Guangxi
白俄罗斯	Belarus	2017.12.29	广东、湖南、海南、贵州、广西	Guangdong Hunan Hainan Guizhou Guangxi
乌拉圭	Uruguay	2018.03.26	广东、福建、贵州、海南、广西、湖南	Guangdong Fujian Guizhou Hainan Guangxi Hunan
委内瑞拉	Venezuela	2018.10.26	广东、福建、湖南、贵州、海南广西	Guangdong Fujian Hunan Guizhou Hainan Guangxi
加纳	Ghana	2019.03.04	广东、福建、海南、广西	Guangdong Fujian Hainan Guangxi
巴拿马	Panama	2019.04.01	广东、福建、海南、贵州、湖南广西	Guangdong Fujian Hainan Guizhou Hunan Guangxi
乌兹别克斯坦	Uzbekistan	2020.06.30	广东、福建、湖南、海南、广西	Guangdong Fujian Hunan Hainan Guangxi
匈牙利	Hungary	2021.12.01	广东、江西、福建、海南	Guangdong Jiangxi Fujian Hainan
坦桑尼亚	Tanzania	2022.05.20	广东、江西、福建、海南、广西湖南	Guangdong Jiangxi Fujian Hainan Guangxi Hunan

主要统计指标解释

【外商直接投资】是指外国投资者在我国境内通过设立外商投资企业、合伙企业、与中方投资者共同进行石油资源的合作勘探开发以及设立外国公司分支机构等方式进行投资。外国投资者可以用现金、实物、无形资产、股权等投资，还可以用从外商投资企业获得的利润进行再投资。

【对外劳务合作】指组织劳务人员赴其他国家或地区为国外的企业或机构工作的经营性活动。

【国际旅游收入】指入境游客在中国（大陆）境内旅行、游览过程中用于交通、参观游览、住宿、餐饮、购物、娱乐等全部花费。

【国内旅游收入】指国内游客在国内旅行、游览过程中用于交通、参观游览、住宿、餐饮、购物、娱乐等全部花费。

Explanatory Notes on Main Statistical Indicators

【Foreign Direct Investment】 refers to foreign investment in China through the establishment of foreign invested enterprises, cooperative exploration and development of petroleum resources with domestic investors and the establishment of branch organizations of foreign enterprises. Foreign investment can be made in forms of cash, physical investment, intangible assets and equity, in addition with reinvestment of the foreign enterprises with the profits gained from the investment.

【Overseas Labour Services】 refer to operational activities of organizing labour force to go abroad providing services to foreign enterprises or agencies.

【Income from International Tourism】 refers to the total expenditure of inbound tourists on transportation, sightseeing, accommodation, catering, shopping and entertainment during their travel and sightseeing in China (mainland).

【Income from Domestic Tourism】 refers to expenditure of domestic tourists on transportation, sighting, accommodation, food, shopping and entertainment while they travel.

第十六篇 CHAPTER 16

规模以上服务业

SERVICE ENTERPRISES ABOVE THE DESIGNATED SIZE

第十六篇　规模以上服务业

简要说明

一、本篇资料反映广州市规模以上服务业基本情况。

二、统计范围：辖区内规模以上服务业法人单位。

三、规模以上服务业涉及行业包括：交通运输、仓储和邮政业，信息传输、软件和信息技术服务业，租赁和商务服务业，科学研究和技术服务业，水利、环境和公共设施管理业，居民服务、修理和其他服务业，教育，卫生和社会工作，文化、体育和娱乐业；以及房地产业中除房地产开发经营外等行业。

四、规模以上服务业法人单位的界定标准为：

交通运输、仓储和邮政业，信息传输、软件和信息技术服务业，水利、环境和公共设施管理业三个门类和卫生行业大类年营业收入 2000 万元及以上服务业法人单位。

租赁和商务服务业，科学研究和技术服务业，教育三个门类，以及物业管理、房地产中介服务、房地产租赁经营和其他房地产业四个行业小类年营业收入 1000 万元及以上服务业法人单位。

居民服务、修理和其他服务业，文化、体育和娱乐业两个门类，以及社会工作行业大类年营业收入 500 万元及以上服务业法人单位。

五、调查方法：执行国家统计局制定的《规模以上服务业一套表制度》，调查方法为符合上述行业条件法人单位的全面调查。

六、本篇资料由广州市统计局服务业处整理提供。

Chapter 16 Service Enterprises Above Designated Size

Brief Introduction

I. This data in this chapter reflect the basic information of service enterprises above designated size of Guangzhou.

II. The statistical coverage of service enterprises above designated size includes relative sectors enterprises in every district in Guangzhou Municipality.

III. The sectors of service enterprises above designated size includes: Transport Storage and Postal Services Information Transmission Software and Information Technology Services Leasing and Business Services Scientific Research and Technical Services Management of Water Conservancy,Environment and Public Facilities Households' Service,Repair and Other Services Education Health and Social Work Culture,Sports and Entertainment and Real Estate (Not including Real Estate Development and Management).

IV. The standards for defining legal persons in the service industry above designated size are as follows:

Legal person unit in the service industry of transportation, storage and postal service, information transmission, software and information technology service, water conservancy, environment and public facilities management and health care industry with annual revenue of 20 million yuan or above.

Leasing and business services, scientific research and technical services, education, and four subcategories of real estate management, real estate intermediary services, real estate leasing operation and other real estate industries with annual revenue of 10 million yuan or more.

Residential service, repair and other services, two categories of culture, sports and entertainment, and social work, as well as service legal person units with annual revenue of 5 million yuan or more.

V. Survey method:implement the "a set of table system for Service Enterprises Above Designated Size" formulated by the National Bureau of Statistics, and is a comprehensive survey of legal entities meeting the above IV conditions..

VI. The data in this chapter are prepared and edited by the Division of Service Statistics of Guangzhou Statistics Bureau.

16-1 主要年份规模以上服务业企业主要财务指标
Main Financial Indicators of Service Enterprises above the Designated Size in Main Years

单位：万元 (10000 yuan)

项　　目	Item	2015	2016	2017	2018
一、损益及分配	Profits and Loss				
营业收入	Business Revenue	71075059	81964693	98260031	111147729
营业成本	Business Costs	54346762	61682821	74051959	84736477
税金及附加	Tax and Extra Charges on Business	875415	688247	752423	784873
销售费用	Sales Expenses	4234565	4811183	5649368	6257331
管理费用	Management Expenses	7770064	9162761	10838863	12375523
财务费用	Financial Expenses	2990003	3170867	3203977	3591399
投资收益(损失以"-"号记)	Investment Income (loss with "-"mark)	4729717	5597607	6581549	7161593
营业利润	Business Profits	6458836	7991606	10838079	11480628
利润总额	Total Profits	8075370	10692723	12369737	12178093
所得税费用	Income Taxes Payable	1455858	1724977	2312946	1592634
二、成本费用及增值税	Labor Cost and Value-added Tax				
应付职工薪酬	Total Wages Payable	14105400	16046031	20178986	21116175
应交增值税	Value-added Tax Payable	1519759	2395313	2471997	2286922
三、期末用工人数/平均用工人数(人)	Number of employed persons at Year-end/ Average number of employed persons(person)	1375987	1546571	1636729	1635692

16-1 续表 continued

单位：万元 (10000 yuan)

项　　目	Item	2019	2020	2021	2022
一、损益及分配	Profits and Loss				
营业收入	Business Revenue	136308072	140948283	170323902	173152354
营业成本	Business Costs	102255631	108011170	130607636	136241521
税金及附加	Tax and Extra Charges on Business	838693	766772	953880	947952
销售费用	Sales Expenses	7049069	7443157	8666407	8434016
管理费用	Management Expenses	13575797	14069717	16511572	16659143
财务费用	Financial Expenses	3877484	3715214	4201222	4719468
投资收益(损失以"-"号记)	Investment Income (loss with "-"mark)	7995834	9636128	11038818	11452510
营业利润	Business Profits	14759461	12914615	16158768	13466858
利润总额	Total Profits	15147133	13287089	16407977	13990671
所得税费用	Income Taxes Payable	2590143	1959900	2229995	2306753
二、成本费用及增值税	Labor Cost and Value-added Tax				
应付职工薪酬	Total Wages Payable	27857120	29958822	35730372	38093653
应交增值税	Value-added Tax Payable	2962502	2787615	3312132	4813964
三、期末用工人数/平均用工人数(人)	Number of employed persons at Year-end/ Average number of employed persons(person)	2004759	2337156	2363452	2420728

注：从2021年年报起，国家统计局对统计制度进行修订，人数指标从"平均用工人数"改为"期末用工人数"。

Note: Starting from the 2021 annual report, the National Bureau of Statistics revised the statistical system. The number of people was changed from " Average number of employed persons" to " Number of employed persons at Year-end".

16-2 规模以上服务业企业主要财务指标

Main Financial Indicators of Service Enterprises above the Designated Size

单位：万元 (10000 yuan)

项　　目	Item	2022	同比增速(%) Year-on-year Growth Rate (%)
一、损益及分配	Profits and Loss		
营业收入	Business Revenue	173152354	2.7
营业成本	Business Costs	136241521	5.7
税金及附加	Tax and Extra Charges on Business	947952	-0.9
销售费用	Sales Expenses	8434016	-3.2
管理费用	Management Expenses	16659143	0.5
财务费用	Financial Expenses	4719468	21.2
投资收益(损失以“-”号记)	Investment Income(loss with “-”mark)	11452510	4.3
营业利润	Business Profits	13466858	-18.6
利润总额	Total Profits	13990671	-16.6
所得税费用	Income Taxes Payable	2306753	0.3
二、成本费用及增值税	Labor Cost and Value-added Tax		
应付职工薪酬(本期贷方累计发生额)	Total Wages Payable(Credit Accumulated Amount in the current period)	38093653	6.0
应交增值税(本年累计发生额)	Value-added Tax Payable(Accumulated Amount in this year)	4813964	44.8
三、期末用工人数(人)	Number of employed persons at Year-end(person)	2420728	0.2

注：同比增速按本年数和上年同口径数计算得出，下同。

Note: The year-on-year growth rate is calculated based on the number of this year and the same caliber number of last year, the same below.

16-3 规模以上服务业企业主要财务指标(2022年，按大中小微型企业分)

Main Financial Indicators of Service Enterprises above the Designated Size (2022, by Large, Medium, Small and Micro Enterprises)

单位：万元 (10000 yuan)

项 目	Item	合计 Total	大型 Large-scale	中型 Middle-sized	小微型 Miniature
单位数(个)	Number of Enterprises(unit)	13274	572	1821	10881
一、损益及分配	Profits and Loss				
营业收入	Business Revenue	173152354	67002530	44561573	61588251
营业成本	Business Costs	136241521	53450970	33841663	48948889
税金及附加	Tax and Extra Charges on Business	947952	340786	267654	339513
销售费用	Sales Expenses	8434016	3111192	2316931	3005893
管理费用	Management Expenses	16659143	4648774	5199959	6810410
财务费用	Financial Expenses	4719468	2021953	1035725	1661789
投资收益(损失以“-”号记)	Investment Income(loss with “-”mark)	11452510	3976321	3805617	3670573
营业利润	Business Profits	13466858	5566201	4404746	3495911
利润总额	Total Profits	13990671	5630910	4510113	3849649
所得税费用	Income Taxes Payable	2306753	1062149	776340	468264
二、成本费用及增值税	Labor Cost and Value-added Tax				
应付职工薪酬(本期贷方累计发生额)	Total Wages Payable(Credit Accumulated Amount in the current period)	38093653	18728565	11299740	8065348
应交增值税(本年累计发生额)	Value-added Tax Payable(Accumulated Amount in this year)	4813964	2341191	1170726	1302047
三、期末用工人数(人)	Number of employed persons at Year-end(person)	2420728	980688	815558	624482

注：本表根据国家统计局《统计上大中小微型企业划分办法(2017)》进行分类。

Note: This table is classified according to the " Measures for the Classification of Statistically Large, Medium and Small Enterprises (2017)" by the National Bureau of Statistics.

16-4 规模以上服务业企业主要财务指标(2022年，按行业分)

单位：万元

项　　目	Item	企业单位数(个) Number of Enterprises (unit)
合　计	**Total**	**13274**
按行业分	**Grouped by Sector**	
交通运输、仓储和邮政业	Transport, Storage and Postal Services	1743
铁路运输业	Railway Transport Service	9
道路运输业	Road Transport Services	566
水上运输业	Waterway Transport Service	70
航空运输业	Air Transport Service	14
管道运输业	Pipeline transport Service	2
装卸搬运和运输代理业	Handling and Transportation Agency	793
仓储业	Warehousing Service	171
邮政业	Postal Service	118
信息传输、软件和信息技术服务业	Information Transmission, Software and Information Technology Services	2324
电信、广播电视和卫星传输服务	Telecommunications, Broadcasting Television and Satellite Transmission Services	87
互联网和相关服务	Internet and Related Services	437
软件和信息技术服务业	Software and Information Technology Services	1800
房地产业(不含房地产开发)	Real Estate (Not including Real Estate Development and Management)	2084
租赁和商务服务业	Leasing and Business Services	3625
租赁业	Leasing	245
商务服务业	Business Services	3380
科学研究和技术服务业	Scientific Research and Technical Services	1708
研究和试验发展	Research and Experimental Development	249
专业技术服务业	Professional Technical Services	1190
科技推广和应用服务业	Services of Science and Technology Exchanges and Promotion	269
水利、环境和公共设施管理业	Management of Water Conservancy,Environment and Public Facilities	123
水利管理业	Management of Water Conservancy	3
生态保护和环境治理业	Ecological Protection and Environmental Treatment	45
公共设施管理业	Management of Public Facilities	72
土地管理业	Land Management	3
居民服务、修理和其他服务业	Households' service,Repair and Other Services	537
居民服务业	Services to Households	141
机动车、电子产品和日用产品修理业	Motor Vehicle,Electronic Products and Consumer Products repair	181
其他服务业	Other Services	215
教育	Education	279
卫生和社会工作	Health and Social Work	303
卫生	Health	223
社会工作	Social Work	80
文化、体育和娱乐业	Culture,Sports and Entertainment	548
新闻和出版业	News and Publication	68
广播、电视、电影和影视录音制作业	Production of Radio,Television,Film and Video Recording	172
文化艺术业	Culture and Arts	85
体育	Sports	64
娱乐业	Entertainment	159

Main Financial Indicators of Service Enterprises above the Designated Size (2022, by Sector)

(10000 yuan)

营业收入 Business Revenue	营业成本 Business Costs	税金及附加 Tax and Extra Charges	销售费用 Selling Expenses	管理费用 Management Expenses	财务费用 Financial Expenses
173152354	**136241521**	**947952**	**8434016**	**16659143**	**4719468**
50448100	48480300	147586	724053	2428735	2756180
6366409	6930918	4980	191	209288	219461
9866898	8546136	69799	90246	606523	1575066
5752746	4773864	17278	10604	347990	35432
8189741	9678245	23466	365835	258249	838744
221494	114622	1067	503	6593	32159
14266994	13159354	13029	185935	583425	13516
1576804	1319232	11449	34292	138104	34180
4207015	3957928	6519	36448	278563	7622
51104651	34617080	164647	4337057	4333007	-253316
5973780	4736395	24528	509978	504595	-169843
16066948	11033513	38425	1205992	1393881	-33326
29063923	18847173	101694	2621087	2434531	-50147
13153738	9107444	297129	393655	2088026	704125
32643225	25743768	235518	1477195	4069673	1439029
1459805	1073019	5288	80573	161269	51700
31183420	24670748	230231	1396622	3908404	1387329
16074493	11438447	66093	572415	2094774	-5848
2033480	1335843	10234	94616	252855	-17606
12002990	8764757	49806	361043	1550158	-17833
2038024	1337848	6053	116756	291762	29592
1184456	912078	4882	32873	142278	22602
11241	8914	15	145	2474	11
417885	313597	1747	9715	47611	-3625
745361	585693	3067	23013	87255	26174
9969	3874	53	0	4937	42
1493028	1059264	4913	175559	280129	7350
379993	227787	1277	86911	104704	2835
449114	346885	1218	49042	58178	2289
663921	484591	2418	39606	117248	2225
1363054	803908	2326	124871	349965	20094
3174276	2158139	2995	388909	436474	36000
2986096	2012661	2913	379450	391297	31514
188179	145479	82	9459	45177	4486
2513333	1921093	21863	207430	436083	-6748
667565	518222	9263	41648	107756	-12715
660191	506320	4008	49965	80268	8956
139641	111771	998	9300	48471	1014
305652	204013	4993	41892	57583	6701
740283	580768	2601	64625	142007	-10704

16-4 续表

单位：万元

项　　目	Item	营业利润 Business Profits
合　计	**Total**	**13466858**
按行业分	Grouped by Sector	
交通运输、仓储和邮政业	Transport, Storage and Postal Services	-1666743
铁路运输业	Railway Transport Service	-634001
道路运输业	Road Transport Services	677622
水上运输业	Waterway Transport Service	468888
航空运输业	Air Transport Service	-2587331
管道运输业	Pipeline transport Service	68619
装卸搬运和运输代理业	Handling and Transportation Agency	364160
仓储业	Warehousing Service	36063
邮政业	Postal Service	-60763
信息传输、软件和信息技术服务业	Information Transmission, Software and Information Technology Services	5367364
电信、广播电视和卫星传输服务	Telecommunications, Broadcasting Television and Satellite Transmission Services	1011654
互联网和相关服务	Internet and Related Services	1835046
软件和信息技术服务业	Software and Information Technology Services	2520664
房地产业(不含房地产开发)	Real Estate (Not including Real Estate Development and Management)	1091322
租赁和商务服务业	Leasing and Business Services	6542694
租赁业	Leasing	119702
商务服务业	Business Services	6422992
科学研究和技术服务业	Scientific Research and Technical Services	1182319
研究和试验发展	Research and Experimental Development	288687
专业技术服务业	Professional Technical Services	859334
科技推广和应用服务业	Services of Science and Technology Exchanges and Promotion	34298
水利、环境和公共设施管理业	Management of Water Conservancy,Environment and Public Facilities	82893
水利管理业	Management of Water Conservancy	-481
生态保护和环境治理业	Ecological Protection and Environmental Treatment	49087
公共设施管理业	Management of Public Facilities	33632
土地管理业	Land Management	655
居民服务、修理和其他服务业	Households' service,Repair and Other Services	-47134
居民服务业	Services to Households	-49413
机动车、电子产品和日用产品修理业	Motor Vehicle,Electronic Products and Consumer Products repair	-10560
其他服务业	Other Services	12838
教育	Education	63590
卫生和社会工作	Health and Social Work	62406
卫生	Health	77410
社会工作	Social Work	-15003
文化、体育和娱乐业	Culture,Sports and Entertainment	788147
新闻和出版业	News and Publication	104675
广播、电视、电影和影视录音制作业	Production of Radio,Television,Film and Video Recording	4662
文化艺术业	Culture and Arts	-12621
体育	Sports	-6583
娱乐业	Entertainment	698014

continued

(10000 yuan)

利润总额 Total Profits	所得税费用 Income Tax Expenses	应付职工薪酬 Total Wages Payable	应交增值税 Value-added Tax Payable	期末用工人数（人） Number of Employed Persons at Year-end (person)
13990671	**2306753**	**38093653**	**4813964**	**2420728**
-1529423	526123	8726468	1917789	468748
-654455	15083	1530060	532693	101621
766794	237567	2285002	1128365	145542
476146	9768	793133	61957	18633
-2527254	120299	2045512	24980	73885
68669	18026	20640	64535	673
363449	80308	1409543	60282	86223
38091	17514	252659	27601	17534
-60863	27559	389920	17377	24637
5419174	866107	9368154	1047591	365194
1008890	431987	1087372	222711	34493
1838383	183637	1686774	224079	68752
2571900	250484	6594008	600802	261949
1384304	338257	3406947	491224	325835
6553740	353492	8680117	770829	778782
126517	38147	170496	36410	13357
6427223	315345	8509621	734418	765425
1213367	159185	4836616	431793	217602
297351	28025	509391	44618	20190
875904	109502	3689321	338493	177026
40112	21658	637904	48681	20386
81516	11382	274057	29650	30089
-451	2	1149	245	119
49099	4683	63248	8465	3346
32291	6610	205413	20470	26378
578	87	4247	470	246
-43408	3723	596045	42938	86014
-50394	-1194	164271	10260	15805
-7329	2029	89050	12899	7406
14316	2888	342724	19779	62803
65489	11455	583735	18335	39588
63059	32911	961107	3095	72691
72459	32091	847679	2679	47878
-9400	820	113427	416	24813
782854	4120	660408	60720	36185
104546	1383	220546	17769	6750
8495	-456	103375	12008	6661
-9969	1057	52386	3098	3445
-18353	3431	116481	16256	6820
698136	-1295	167620	11591	12509

16-5　规模以上服务业企业主要财务指标(2022年，按地区分)

单位：万元

地区	District	企业单位数(个) Number of Enterprises (unit)	营业收入 Business Revenue	营业成本 Business Costs	税金及附加 Tax and Extra Charges	销售费用 Selling Expenses	管理费用 Management Expenses
合　计	**Total**	**13274**	**173152354**	**136241521**	**947952**	**8434016**	**16659143**
按地区分	**By District**						
荔湾区	Liwan	449	3281837	1895890	28003	553394	628217
越秀区	Yuexiu	1987	27456145	23922969	149593	680804	2422125
海珠区	Haizhu	1900	17898188	12079196	147099	1223393	2328646
天河区	Tianhe	3327	53260708	39087861	283289	3117596	5230786
白云区	Baiyun	1433	18706919	17980346	84176	764027	1475546
黄埔区	Huangpu	1681	22923840	17907117	109486	1006131	1788916
番禺区	Panyu	1046	10467130	7863168	53607	693195	1017268
花都区	Huadu	373	3711323	3127228	17378	111787	293565
南沙区	Nansha	648	12879934	10409697	47796	189366	1159951
从化区	Conghua	111	742288	538035	5768	11786	98819
增城区	Zengcheng	319	1824043	1430013	21757	82536	215303

Main Financial Indicators of Service Enterprises above the Designated Size (2022, by Region)

(10000 yuan)

财务费用 Financial Expenses	营业利润 Business Profits	利润总额 Total Profits	所得税费用 Income Tax Expenses	应付职工薪酬 Total Wages Payable	应交增值税 Value-added Tax Payable	期末用工人数(人) Number of Employed Persons at Year-end (person)
4719468	**13466858**	**13990671**	**2306753**	**38093653**	**4813964**	**2420728**
37697	396029	464518	63774	806577	73537	52799
1085517	1407992	1316766	508035	6368974	1084496	439888
723713	2434876	2530027	335600	4207321	1127727	226413
602431	7036078	7222191	670092	11013959	1036529	613563
1056358	-2082640	-1948799	259744	4109655	294276	247846
550919	1827145	1886943	250747	5146449	513450	388079
129039	1636361	1651010	77284	2042462	168410	145132
65086	130300	134358	52282	491264	70065	43015
256747	673230	714667	68432	3268103	320054	205095
121795	32357	34493	2275	180561	90118	15636
90166	-24869	-15503	18489	458328	35303	43262

16-6 规模以上服务业企业主要财务指标(2022年，按登记注册类型分)

单位：万元

项 目	Item	企业单位数（个）Number of Enterprises (unit)
合 计	**Total**	**13274**
按登记注册类型分	**Grouped by Registration Status**	
内资企业	Domestic Funded	12253
国有企业	State-owned	289
集体企业	Collective-owned	259
股份合作企业	Cooperative	19
联营企业	Joint Ownership Enterprises	5
国有联营企业	State Joint Ownership Enterprises	2
集体联营企业	Collective Joint Ownership Enterprises	2
其他联营企业	Joint State-collective Enterprises	1
有限责任公司	Limited Liability Corporations	3192
国有独资公司	State Sole Funded Corporations	429
其他有限责任公司	Other Limited Liability Corporations	2763
股份有限公司	Share-holding Corporations Ltd.	264
私营企业	Private Enterprises	8069
私营独资企业	Private-funded Enterprises	89
私营合伙企业	Private Partnership Enterprises	191
私营有限责任公司	Private Limited Liability Corporations	7572
私营股份有限公司	Private Share Holding Corporations	217
其他企业	Others	156
港、澳、台商投资企业	Enterprises with Funds from Hong Kong, Macao and Taiwan Investors	626
与港澳台商合资经营企业	Joint-venture Enterprises	111
与港澳台商合作经营企业	Cooperative Enterprises	45
港澳台商独资经营企业	Enterprises with Sole Funds	436
港澳台商投资股份有限公司	Share-holding Corporations Ltd.	14
其他港澳台投资企业	Other Enterprises with Funds from Hong Kong, Macao and Taiwan	20
外商投资企业	Foreign Funded Enterprises	395
中外合资经营企业	Joint-venture Enterprises	114
中外合作经营企业	Cooperative Enterprises	7
外资企业	Enterprises with Sole Foreign Funds	238
外商投资股份有限公司	Share-holding Corporations Ltd.	10
其他外商投资企业	Other Foreign Funded Enterprises	26

Main Financial Indicators of Service Enterprises above the Designated Size (2022, by Registration Status)

(10000 yuan)

营业收入 Business Revenue	营业成本 Business Costs	税金及附加 Tax and Extra Charges	销售费用 Selling Expenses	管理费用 Management Expenses	财务费用 Financial Expenses
173152354	**136241521**	**947952**	**8434016**	**16659143**	**4719468**
152098781	123177414	761751	7173965	14069721	4236477
7079004	6034044	65303	68504	855723	247889
703637	241170	38455	18598	281926	-2776
63303	37314	832	1072	19898	-8
63634	47669	1636	233	8802	-674
19497	6853	1524	30	6054	-1015
5276	2603	17	203	1707	5
38861	38213	95		1041	336
66609871	52746948	369678	2816684	5190759	2956861
19347474	17398792	129670	155852	1323181	1325264
47262397	35348157	240008	2660832	3867578	1631597
17898616	17210927	90632	914757	1422890	683188
58756381	46293066	194109	3335055	6023982	338240
399893	273603	2984	18028	57047	961
1134742	333347	6841	125062	396497	-2631
53978468	43266668	172012	2977481	5273081	306446
3243279	2419448	12272	214484	297358	33465
924337	566277	1106	19063	265740	13757
13736529	8312552	109140	884361	1636808	273137
1177578	908909	20812	48664	169773	76594
2008455	960676	13955	216621	108235	77065
10109963	6115990	72805	607322	1294613	115366
321727	250668	955	5390	36891	2359
118807	76310	613	6364	27296	1753
7317044	4751555	77062	375690	952614	209854
1845507	1299278	13578	49243	207842	102640
182765	71464	1322	4055	10462	14891
4700647	3125842	56588	268426	646677	92385
228777	176623	2029	28419	23158	-1305
359348	78347	3545	25547	64475	1243

16-6 续表

单位：万元

项目	Item	营业利润 Business Profits
合 计	**Total**	**13466858**
按登记注册类型分	**Grouped by Registration Status**	
内资企业	Domestic Funded	11031268
国有企业	State-owned	1621415
集体企业	Collective-owned	139283
股份合作企业	Cooperative	4405
联营企业	Joint Ownership Enterprises	6147
国有联营企业	State Joint Ownership Enterprises	6151
集体联营企业	Collective Joint Ownership Enterprises	741
其他联营企业	Joint State-collective Enterprises	-744
有限责任公司	Limited Liability Corporations	5731980
国有独资公司	State Sole Funded Corporations	2366418
其他有限责任公司	Other Limited Liability Corporations	3365562
股份有限公司	Share-holding Corporations Ltd.	496638
私营企业	Private Enterprises	2970409
私营独资企业	Private-funded Enterprises	-10026
私营合伙企业	Private Partnership Enterprises	180835
私营有限责任公司	Private Limited Liability Corporations	2631251
私营股份有限公司	Private Share Holding Corporations	168349
其他企业	Others	60992
港、澳、台商投资企业	Enterprises with Funds from Hong Kong, Macao and Taiwan Investors	1517066
与港澳台商合资经营企业	Joint-venture Enterprises	-45380
与港澳台商合作经营企业	Cooperative Enterprises	601899
港澳台商独资经营企业	Enterprises with Sole Funds	979375
港澳台商投资股份有限公司	Share-holding Corporations Ltd.	17692
其他港澳台投资企业	Other Enterprises with Funds from Hong Kong, Macao and Taiwan	-36520
外商投资企业	Foreign Funded Enterprises	918524
中外合资经营企业	Joint-venture Enterprises	292973
中外合作经营企业	Cooperative Enterprises	76858
外资企业	Enterprises with Sole Foreign Funds	417420
外商投资股份有限公司	Share-holding Corporations Ltd.	-10071
其他外商投资企业	Other Foreign Funded Enterprises	141344

continued

(10000 yuan)

利润总额 Total Profits	所得税费用 Income Tax Expenses	应付职工薪酬 Total Wages Payable	应交增值税 Value-added Tax Payable	期末用工人数（人） Number of Employed Persons at Year-end (person)
13990671	**2306753**	**38093653**	**4813964**	**2420728**
11505670	1777632	31812283	4270895	2117110
1724561	104272	1779023	138340	83060
164587	21794	175879	32878	19576
4451	990	8473	1691	775
6170	709	12573	1177	448
6162	406	7788	748	234
752	285	2519	254	158
-744	18	2266	175	56
5803731	857746	13900894	2686579	832669
2292372	100589	4941571	1091054	258257
3511359	757157	8959322	1595525	574412
536755	433664	4703108	369723	204006
3198554	351869	10842875	1034611	951183
-9174	1265	119380	9133	7663
165777	34719	278075	51772	22597
2868573	306406	9620673	900046	860102
173377	9479	824747	73660	60821
66863	6587	389459	5897	25393
1601367	369322	3658474	364009	183635
-15971	16496	366477	43855	33698
620764	83817	311319	35718	15766
1014058	261226	2837371	273200	124658
18314	5992	109884	7964	7659
-35798	1792	33423	3273	1854
883634	159799	2622896	179060	119983
276426	50356	407072	52174	19589
77996	10974	24479	5316	1641
398889	93788	1953944	99545	81442
-10334	-7	131388	10009	13555
140657	4689	106014	12015	3756

16-7 规模以上服务业企业主要财务指标(2022年，按控股情况分)

单位：万元

项　　目	Item	合　计 Total
按控股情况分	**Group by Type of Ownership**	
单位数(个)	Number of Enterprises(unit)	13274
一、损益及分配	Profits and Loss	
营业收入	Business Revenue	173152354
营业成本	Business Costs	136241521
税金及附加	Tax and Extra Charges on Business	947952
销售费用	Sales Expenses	8434016
管理费用	Management Expenses	16659143
财务费用	Financial Expenses	4719468
投资收益(损失以“-”号记)	Investment Income(loss with “-”mark)	11452510
营业利润	Business Profits	13466858
利润总额	Total Profits	13990671
所得税费用	Income Taxes Payable	2306753
二、成本费用及增值税	Labor Cost and Value-added Tax	
应付职工薪酬(本期贷方累计发生额)	Total Wages Payable(Credit Accumulated Amount in the current period)	38093653
应交增值税(本年累计发生额)	Value-added Tax Payable(Accumulated Amount in this year)	4813964
三、期末用工人数(人)	Number of employed persons at Year-end(person)	2420728

Main Financial Indicators of Service Enterprises above the Designated Size (2022, by Type of Ownership)

(10000 yuan)

国有控股 State-owned	集体控股 Collective-owned	私人控股 Private Holdings	港澳台商控股 Hong Kong, Macao and Taiwan Holdings	外商控股 Foreign Holdings	其他 Other Holdings
1557	439	10234	575	345	124
63606008	2437646	88217423	11703452	6496902	690922
56324142	1491688	66646721	7188309	4185754	404908
398126	63599	313630	98260	72808	1530
1469124	66826	5813317	740296	337103	7349
4617839	544332	8882691	1536227	886992	191063
3559357	38805	759218	214544	133597	13946
8082163	27675	2941100	228531	172287	755
6085144	194294	5310383	986084	817104	73849
6276617	222947	5568020	1061010	782859	79220
1172520	40644	656526	299141	132661	5261
15001254	472588	16572923	3331462	2448864	266562
2676148	75045	1566340	324462	166305	5665
719492	37828	1366809	157692	120660	18247

16-8 规模以上服务业企业营业收入(2022年，按行业分)

单位：万元

项　　目	Item
合　计	**Total**
按行业划分	**Grouped by Sector**
交通运输、仓储和邮政业	Transport, Storage and Postal Services
铁路运输业	Railway Transport Service
道路运输业	Road Transport Services
水上运输业	Waterway Transport Service
航空运输业	Air Transport Service
管道运输业	Pipeline transport Service
装卸搬运和运输代理业	Handling and Transportation Agency
仓储业	Warehousing Service
邮政业	Postal Service
信息传输、软件和信息技术服务业	Information Transmission, Software and Information Technology Services
电信、广播电视和卫星传输服务	Telecommunications, Broadcasting Television and Satellite Transmission Services
互联网和相关服务	Internet and Related Services
软件和信息技术服务业	Software and Information Technology Services
房地产业(不含房地产开发)	Real Estate (Not including Real Estate Development and Management)
租赁和商务服务业	Leasing and Business Services
租赁业	Leasing
商务服务业	Business Services
科学研究和技术服务业	Scientific Research and Technical Services
研究和试验发展	Research and Experimental Development
专业技术服务业	Professional Technical Services
科技推广和应用服务业	Services of Science and Technology Exchanges and Promotion
水利、环境和公共设施管理业	Management of Water Conservancy,Environment and Public Facilities
水利管理业	Management of Water Conservancy
生态保护和环境治理业	Ecological Protection and Environmental Treatment
公共设施管理业	Management of Public Facilities
土地管理业	Land Management
居民服务、修理和其他服务业	Households' service,Repair and Other Services
居民服务业	Services to Households
机动车、电子产品和日用产品修理业	Motor Vehicle,Electronic Products and Consumer Products Repair
其他服务业	Other Services
教育	Education
卫生和社会工作	Health and Social Work
卫生	Health
社会工作	Social Work
文化、体育和娱乐业	Culture,Sports and Entertainment
新闻和出版业	News and Publication
广播、电视、电影和影视录音制作业	Production of Radio,Television,Film and Video Recording
文化艺术业	Culture and Arts
体育	Sports
娱乐业	Entertainment

Business Revenue of Service Enterprises above the Designated Size (2022, by Sector)

(10000 yuan)

企业单位数 (个) Number of Enterprises (unit)	营业收入 (万元) Business Revenue (10000 yuan)	同比增速 (%) Year-on-year Growth Rate (%)
13274	**173152354**	**2.7**
1743	50448100	-0.7
9	6366409	-9.0
566	9866898	-3.9
70	5752746	3.6
14	8189741	-9.7
2	221494	72.2
793	14266994	6.9
171	1576804	16.3
118	4207015	3.4
2324	51104651	3.8
87	5973780	4.2
437	16066948	6.3
1800	29063923	2.3
2084	13153738	0.9
3625	32643225	5.8
245	1459805	2.7
3380	31183420	6.0
1708	16074493	7.3
249	2033480	12.9
1190	12002990	3.6
269	2038024	27.9
123	1184456	-8.5
3	11241	33.2
45	417885	-3.5
72	745361	-11.4
3	9969	-12.4
537	1493028	5.4
141	379993	4.2
181	449114	10.8
215	663921	2.7
279	1363054	-17.4
303	3174276	21.1
223	2986096	21.6
80	188179	13.8
548	2513333	-8.8
68	667565	-0.6
172	660191	-25.5
85	139641	-33.6
64	305652	21.1
159	740283	0.8

16-9 规模以上服务业企业营业收入(2022年，按地区分)
Business Revenue of Service Enterprises above the Designated Size (2022, by District)

地　区	District	企业单位数(个) Number of Enterprises (unit)	营业收入(万元) Business Revenue (10000 yuan)	同比增速(%) Year-on-year Growth Rate (%)
合　计	**Total**	**13274**	**173152354**	**2.7**
荔湾区	Liwan	449	3281837	-9.5
越秀区	Yuexiu	1987	27456145	-3.0
海珠区	Haizhu	1900	17898188	2.9
天河区	Tianhe	3327	53260708	1.9
白云区	Baiyun	1433	18706919	-1.4
黄埔区	Huangpu	1681	22923840	14.0
番禺区	Panyu	1046	10467130	-2.5
花都区	Huadu	373	3711323	12.7
南沙区	Nansha	648	12879934	11.1
从化区	Conghua	111	742288	-3.5
增城区	Zengcheng	319	1824043	19.3

16-10 规模以上服务业企业营业收入(2022年，按登记注册类型和控股情况分)

Business Revenue of Service Enterprises above the Designated Size (2022, by Registration Status and Type of Ownership)

项目	Item	企业单位数(个) Number of Enterprises (unit)	营业收入(万元) Business Revenue (10000 yuan)	同比增速(%) Year-on-year Growth Rate (%)
合计	**Total**	**13274**	**173152354**	**2.7**
按登记注册类型分	**Grouped by Registration Status**			
内资企业	Domestic Funded	12253	152098781	2.5
国有企业	State-owned	289	7079004	8.8
集体企业	Collective-owned	259	703637	0.3
股份合作企业	Cooperative	19	63303	-5.5
联营企业	Joint Ownership Enterprises	5	63634	-10.5
国有联营企业	State Joint Ownership Enterprises	2	19497	-0.8
集体联营企业	Collective Joint Ownership Enterprises	2	5276	-12.4
其他联营企业	Joint State-collective Enterprises	1	38861	-14.4
有限责任公司	Limited Liability Corporations	3192	66609871	4.8
国有独资公司	State Sole Funded Corporations	429	19347474	3.2
其他有限责任公司	Other Limited Liability Corporations	2763	47262397	5.4
股份有限公司	Share-holding Corporations Ltd.	264	17898616	-3.7
私营企业	Private Enterprises	8069	58756381	1.5
私营独资企业	Private-funded Enterprises	89	399893	8.8
私营合伙企业	Private Partnership Enterprises	191	1134742	10.3
私营有限责任公司	Private Limited Liability Corporations	7572	53978468	1.7
私营股份有限公司	Private Share Holding Corporations	217	3243279	-5.6
其他企业	Others	156	924337	-6.4
港、澳、台商投资企业	Enterprises with Funds from Hong Kong, Macao and Taiwan Investors	626	13736529	2.1
与港澳台商合资经营企业	Joint-venture Enterprises	111	1177578	-0.5
与港澳台商合作经营企业	Cooperative Enterprises	45	2008455	-8.9
港澳台商独资经营企业	Enterprises with Sole Funds	436	10109963	4.8
港澳台商投资股份有限公司	Share-holding Corporations Ltd.	14	321727	5.9
其他港澳台投资企业	Other Enterprises with Funds from Hong Kong, Macao and Taiwan	20	118807	-0.2
外商投资企业	Foreign Funded Enterprises	395	7317044	8.3
中外合资经营企业	Joint-venture Enterprises	114	1845507	5.5
中外合作经营企业	Cooperative Enterprises	7	182765	-12.7
外资企业	Enterprises with Sole Foreign Funds	238	4700647	9.6
外商投资股份有限公司	Share-holding Corporations Ltd.	10	228777	-24.0
其他外商投资企业	Other Foreign Funded Enterprises	26	359348	72.3
按控股情况分	**Group by Type of Ownership**			
国有控股	State-owned	1557	63606008	3.0
集体控股	Collective-owned	439	2437646	-4.2
私人控股	Private Holdings	10234	88217423	2.2
港澳台商控股	Hong Kong, Macao and Taiwan Holdings	575	11703452	3.2
外商控股	Foreign Holdings	345	6496902	9.0
其他	Other Holdings	124	690922	4.0

主要统计指标解释

【营业收入】指企业从事销售商品、提供劳务和让渡资产使用权等生产经营活动形成的经济利益流入。包括“主营业务收入”和“其他业务收入”。

【营业成本】指企业从事销售商品、提供劳务和让渡资产使用权等生产经营活动发生的实际成本。“营业成本”应当与“营业收入”进行配比。包括“主营业务成本”和“其他业务成本”。

【营业利润】指企业从事生产经营活动所取得的利润。执行企业会计准则或《小企业会计准则》的企业，根据会计“利润表”中“营业利润”项目的本年累计数填报；执行其他企业会计制度的企业，根据会计“损益表”中“营业利润”项目、“投资收益”项目的本年累计数之和填报。

【利润总额】指企业在一定会计期间的经营成果，是生产经营过程中各种收入扣除各种耗费后的盈余，反映企业在报告期内实现的盈亏总额。利润总额为营业利润加上营业外收入，减去营业外支出后的金额。

【应付职工薪酬】指企业为获得职工提供的服务或解除劳动关系而给予的各种形式的报酬或补偿。包括职工工资、奖金、津贴和补贴，职工福利费，医疗保险费、养老保险费、失业保险费、工伤保险费和生育保险费等社会保险费，住房公积金，工会经费和职工教育经费，带薪缺勤，利润分享计划，非货币性福利，辞退福利和其他为获得职工提供的服务而给予的报酬或补偿。其中，社会保险和住房公积金应包括单位和个人负担部分。

【期末用工人数】指报告期最后一日 24 时企业实际拥有的、参与本企业生产经营活动的人员数，无论是否从本企业领取劳动报酬均视为用工人数。该指标为时点指标，不包括最后一日当天及以前已经不再参与本企业生产经营活动的人员。

Explanatory Notes on Main Statistical Indicators

【Business Revenue】 refers to the inflow of economic benefits from the production and operation activities of an enterprise, such as selling goods, providing labor services and transferring the right to use assets. Including "main business income" and "other business income".

【Business Costs】 refer to the actual costs incurred in the production and operation activities of an enterprise, such as selling goods, providing services and transferring the right to use assets. "Operating cost" shall be matched with "operating income". Include "main business cost" and "other business cost".

【Business Profits】 refer to the profit obtained by an enterprise from its production and operation activities. Enterprises that implement the accounting Standards for Business Enterprises or the Accounting Standards for Small Enterprises shall fill in the "operating profit" item in the income statement according to the accumulated count of the current year; Enterprises that implement other accounting systems for enterprises shall report on the basis of the cumulative sum of the items "operating profit" and "investment income" in the accounting "income statement" for the current year.

【Total Profits】 refers to the operating results of an enterprise in a certain accounting period. It is the surplus of all kinds of income after deducting all kinds of expenses in the process of production and operation, reflecting the total profit and loss realized by an enterprise in the reporting period. Total profit is the amount of operating profit plus non-operating income, less non-operating expenses.

【Total Wages Payable】 refers to various forms of remuneration or compensation given by enterprises to obtain services provided by employees or to terminate labor relations. These include wages, bonuses, allowances and subsidies for employees, welfare payments for employees, social insurance premiums such as medical insurance, old-age insurance, unemployment insurance, work-related injury insurance and maternity insurance, housing provident funds, union funds and employee education funds, paid absences from work, profit-sharing plans, non-monetary benefits, Severance benefits and other payments or compensation for services rendered by employees. Among THEM, social INSURANCE AND housing accumulation fund should INCLUDE unit AND individual BURDEN part.

【Number of Employed Persons at Year-end】 refers to the number of employees actually owned by the enterprise and involved in the production and business activities of the enterprise at 24:00 on the last day of the reporting period, which shall be regarded as the number of employees whether they receive labor remuneration from the enterprise or not. The index refers to the time point index, excluding the personnel who no longer participate in the production and business activities of the enterprise on or before the last day.

第十七篇 CHAPTER 17

科 技

SCIENCE AND TECHNOLOGY

第十七篇　科技

简要说明

一、本篇资料反映广州市科学技术活动的基本情况。

二、资料来源：17-1 至 17-4 表根据广州市科学技术局、广州市市场监督管理局（知识产权局）、广州市科协等部门提供的统计数据加工整理。17-5 至 17-13 表由广州市统计局社会科技统计处根据国家统计局企业研发活动情况年报表数据整理。

Chapter 17 Science and Technology

Brief Introduction

I.The data in this chapter show the basic conditions of Guangzhou's activities of science and technology.

II. Data resources: Tables 17-1 to 17-4 is provided by Guangzhou Municipal Science and Technology Bureau, Guangzhou Administration for Market Regulation (Intellectual Property Office), Guangzhou Association of Science and Technology. Tables 17-5 to 17-13 are organized by the Social Science and Technology Statistics Department of Guangzhou Statistics Bureau, according to the annual report on enterprise R&D activities in the National Bureau of Statistics.

17-1　科技监测主要指标

Main Indicators of Scientific and Technological Monitoring

项　　　目	Item	2021	2022
科研机构人均固定资产原价（千元/人）	Per Capita Original Value of Fixed Assets of Scientific Research Institutions (1000 yuan/person)	936.87	998.69
科学研究和技术服务业新增固定资产占全社会新增固定资产比重 (%)	Proportion of Newly-increasing Fixed Assets in Science Research and Technology Services to Newly-increasing Fixed Assets of the Whole Society (%)	0.74	0.65
每万人口专利授权量 (件/万人)	Number of Patent Applications Granted per 1 Million Persons (piece/10000 persons)	189.83	143.52
每万人口发明专利授权量 (件/万人)	Number of Invention & Patent Applications Granted per Million Persons (piece/10000 persons)	24.16	26.98
专业技术人才数 (万人)	Number of professional and technical personnel (10000 persons)	200.00	206.00
其中：高级职称	Senior title of professional	24.00	24.80
中级职称	Middle title of professional	91.20	94.00
初级职称	Junior title of professional	84.80	87.20
技术市场合同成交金额年增长率 (%)	Annual Growth Rates of Contracted Transaction Value in Technical Market (%)	6.94	9.63

注：本表专利指标中的"人口"数量按我市户籍人口的两年平均数计算。

Note: The number of "population " in the patent indicators in this table is calculated according to the two-year average of registered residence population in our city.

17-2　各类科学研究与开发机构基本情况

Basic Statistics of Scientific Research and Development Institutions

项　　　目	Item	2021		2022	
		全市 Total	#市属 Managed by Municipal Government	全市 Total	#市属 Managed by Municipal Government
机构数 (个)	Number of Institutions (unit)	187	63	189	65
#自然科学	Natural Science	177	59	179	61
从业人员 (人)	Employed Persons (person)	35027	6529	35445	6685
#自然科学	Natural Science	34166	6172	34578	6325
在从业人员中的科研人员 (人)	Scientific Researchers of Employed Persons (person)	30560	5633	31195	5818
#自然科学	Natural Science	29779	5317	30381	5491

注：1.对科学研究与开发机构的分类进一步细化和明确，自然科学指县以上政府部门属自然科学与技术领域研究与开发机构(理、工、农、医类)。

2.2022年，自然科学机构的统计口径有所调整，并据此对2021年数据做了修订。

Notes: I.The classification of scientific research and development institutions was further refined and clarified. Natural science refers to government departments at or above county level belonging to research and development institutions in the field of natural science and technology(science, industry, agriculture and medicine).

II.In 2022, the statistical caliber of natural science institutions was adjusted, and the 2021 data was revised accordingly.

17-3 科协基本情况（2022年）

项　　目		Item	
机构数	（个）	Number of Associations for Science & Technology	(unit)
机关人数	（人）	Number of Agency Personnel	(person)
在册学会、协会、研究会	（个）	Number of Registered Societies, Associations and Research Societies	(unit)
企业科协	（个）	Associations in Enterprises	(unit)
乡镇/街道科协个数	（个）	Associations in County-level cities/Communities	(unit)
农技协个数	（个）	Specialized Rural Technological Societies	(unit)
举行国内外学术交流活动	（次）	Number of Domestic and International Academic Meetings	(times)
参加人数	（人）	Number of Participants	(person-times)
举办科普宣讲活动	（次）	Number of Lectures on Popular Science	(times)
其中：专家科普报告会	（次）	Number of Experts Popular Science Reports	(times)
其中：举办专题展览	（次）	Number of Special Subject Exhibitions	(times)
其中：开展科技咨询	（次）	Number of Scientific and Technological Consulting	(times)
其中：属于全国科普日、科普周活动	（次）	Number of the Activities of National Science Popularization Day and Science Popularization Week	(times)
其中：举办青少年科普活动	（次）	Number of Lectures on Popular Science for Teenagers	(times)
科普宣讲活动受众人数	（人次）	Number of Participants in Lectures on Popular Science	(person-time)
其中：属于全国科普日、科普周活动受众人数	（人次）	Number of Participants in National Science Popularization Day and Science Popularization Week	(person-time)
其中：青少年科普活动受众人数	（人次）	Number of Participants in Lectures on Popular Science for Teenagers	(person-time)
参加活动科技人员、专家人数	（人次）	Number of Participants in Lectures on Popular Science for Scientists and Experts	(person-time)
参加科普宣讲活动的学会、协会、研究会	（个次）	Number of Participants in Lectures on Popular Science for Academies, Associations and Research societies	(unit-time)
科普宣讲活动覆盖村(社区)个数	（个）	Number of Villages covered (Communities covered) by Lectures on Popular Science	(unit)
举办实用技术培训	（次）	Number of Practical and Technical Training Courses	(times)
实用技术培训人数	（人）	Number of Participants to Practical and Technical Training Courses	(person)
推广新技术、新品种	（项）	Popularizing New Technologies and New Species	(items)
举办青少年科技竞赛	（项）	Number of Teenagers Science and Technology Competitions	(times)
青少年科技竞赛参加人数	（人）	Number of Persons Engaged in Teenagers Science and Technology Competitions	(person)
青少年科技竞赛获奖人数	（人）	Number of Winners in Teenagers Science and Technology Competitions	(person)
科技馆(科普活动中心)	（个）	Number of Science Centers	(unit)
科普活动站(室)	（个）	Number of Popular Science labs	(unit)
主办科普微信公众号	（个）	Number of Host Popular Science WeChat public account	(unit)
关注数	（人）	Number of Followers	(person)
年度总阅读数	（人次）	Number of Annual total reading	(person-time)
主办科技传播类网站	（个）	Number of Host Science and Technology Communication Websites	(unit)
浏览人数	（人次）	Number of Visitors	(person-time)
接待国外专家学者	（人）	Foreign Experts and Scholars	(person)
接待港澳台地区专家学者	（人）	Experts and Scholars from Hong Kong, Macao and Taiwan	(person)
参与“创交会”人数	（人）	Number of Persons Engaged in China Innovation and Entrepreneurship Fair	(person)

Basic Statistics on Associations for Science and Technology (2022)

合 计 Total	# 市科协 City-level Associations	区科协 District-level Associations
15	4	11
110	43	67
199	153	46
289	221	68
154		154
8		8
39	33	6
157042	156155	887
2894	2385	509
854	758	96
89	41	48
89	35	54
279	70	209
902	600	302
38755472	33463405	5292067
6262121	5488489	773632
4760437	169680	4590757
6630	4789	1841
232	1	231
1178	286	892
286	121	165
54100	32901	21199
33		33
38	9	29
341624	299552	42072
25779	19064	6715
3	1	2
389		389
8	1	7
194530	173000	21530
1334069	1112000	222069
2	1	1
752019	27859	724160
45	45	
102651	102651	

17-4 专利授权量

Patent Certified

单位：件 (item)

指 标	Indicators	专利授权量 Patent Certified 2021	专利授权量 Patent Certified 2022
总 计	**Total**	**189516**	**146854**
按种类分	**By Sort**		
发 明	Creations and Inventions	24120	27604
实用新型	Utility Models	106900	81121
外观设计	Appearance Designs	58496	38129
按对象分	**By Applicant**		
非职务发明创造	Non-position Creations and Inventions	68735	21267
职务发明创造	Position Creations and Inventions	120781	125587
大专院校	Universities and Colleges	15104	14327
科研单位	Research Institutions	2939	3642
工矿企业	Industrial Enterprises	101120	105738
机关团体	Government Agencies and Organizations	1618	1880

17-5 主要年份研究与试验发展(R&D)投入情况
Research and Experimental Development (R&D) in Main Years

年份 Year	R&D经费内部支出(亿元) Internal Expenditure on R&D (100 million yuan)	R&D人员(万人) Number of R&D Personnel (10000 persons)	R&D人员折合全时当量(万人年) Number of R&D Personnel (10 000 man-year)	研发强度(%) Percentage of R&D Expenditure in Provincial GDP (%)
2000	29.06		2.58	1.17
2001	32.66		2.72	1.15
2002	34.86		2.82	1.09
2003	37.27		2.89	0.99
2004	44.51		2.99	1.00
2005	47.29		3.05	0.92
2006	51.38		3.07	0.84
2007	100.40		4.36	1.41
2008	129.19		4.80	1.56
2009	171.01	9.07	6.58	1.87
2010	192.43	9.91	6.60	1.79
2011	238.06	11.58	8.41	1.92
2012	262.87	12.87	9.04	1.94
2013	292.07	14.38	10.02	1.90
2014	334.01	15.34	10.28	2.00
2015	380.13	16.57	10.96	2.10
2016	457.46	16.27	11.02	2.34
2017	532.41	19.57	11.80	2.48
2018	600.17	20.36	13.42	2.63
2019	677.74	22.90	15.06	2.87
2020	774.84	23.93	16.04	3.10
2021	881.72	23.57	15.24	3.12
2022	988.36	27.87	18.32	3.43

注：1. 本表研发强度数据按当年地区生产总值计算，未对过往年份数据进行调整。
2. 2009年以前未对R&D人员进行统计。

Notes: I. The Percentage of R&D Expenditure in Provincial GDP data in this table is calculated based on the current year's Provincial GDP, and the previous year's data is not adjusted.

II. No statistics on Number of R&D Personnel before 2009.

17-6 研究与试验发展(R&D)经费投入基本情况

Basic situation on investment in Research and Experimental Development (R&D)

指　　标	Item	2021	2022
R&D经费内部支出　（亿元）	**Internal Expenditure on R&D　(100 million yuan)**	**881.72**	**988.36**
按支出类型分组	Group by Expenditure Type		
基础研究支出	Basic Research Expenditure	119.74	120.97
应用研究支出	Applied Research Expenditure	151.03	179.73
试验发展支出	Experimental Development Expenditure	610.94	687.67
按部门分组	Grouped by Source of Department		
企业	Enterprises	552.26	625.02
高校	Institutions of Higher Education	151.66	162.79
科研机构	R&D Institutions	159.61	160.53
其他	Others	18.19	40.02
按资金来源分组	Grouped by Source of Funds		
政府资金	Government	249.82	275.85
企业资金	Enterprises	592.48	669.93
境外资金	Abroad	0.62	2.01
其他资金	Others	38.79	40.57
全社会R&D经费内部支出占GDP比例（%）	**Percentage of Research and Development Expenditure in Provincial GDP　(%)**	**3.12**	**3.43**

注：由于四舍五入造成的机械误差，此处不作调整。

Note: Mechanical error caused by rounding is not adjusted here.

17-7 研究与试验发展(R&D)人员投入基本情况

Basic situation on personnel input in Research and Experimental Development (R&D)

指　标	Item	2021	2022
R&D人员　（万人）	**Number of R&D Personnel　(10 000 persons)**	**23.57**	**27.87**
按部门分组	Grouped by Source of Department		
企业	Enterprises	13.95	17.57
高校	Institutions of Higher Education	6.59	6.93
科研机构	R&D Institutions	2.67	2.81
其他	others	0.37	0.57
R&D人员折合全时当量　（万人年）	**Number of R&D Personnel　(10 000 person-years)**	**15.24**	**18.32**
按部门分组	Grouped by Source of Department		
企业	Enterprises	9.63	12.41
高校	Institutions of Higher Education	3.21	3.28
科研机构	R&D Institutions	2.13	2.24
其他	others	0.26	0.38
按类型分组	Group by Type		
基础研究	Basic Research	2.43	2.58
应用研究	Applied Research	2.66	2.85
试验发展	Experimental Development	10.15	12.88

注：由于四舍五入造成的机械误差，此处不作调整。
Note: Mechanical error caused by rounding is not adjusted here.

17-8　规模以上工业企业研发情况
Research and Experimental Development (R&D) of Industrial Enterprises above the Designated Size

项　　目	Item	2021	2022
规模以上工业企业数　（个）	Number of Industrial Enterprises above Designated Size (unit)	6646	6693
#有R&D活动的企业数　（个）	Number of Enterprises Having R&D Activities (unit)	2868	2620
有研发机构的企业数　（个）	Number of Enterprises Having Research and Development Institutions (unit)	3170	3087
R&D经费内部支出合计（万元）	Expenditure for R&D (10000 yuan)	3778901.4	4009981.3
按支出用途分组	Grouped by use of Expenditure		
经常性支出	Recurrent Expenditure	3431127.4	3749553.3
资产性支出	Capital Expenditure	347774.0	260428.0
按支出类型分组	Group by Expenditure Type		
基础研究支出	Basic Research Expenditure	11901.7	20137.7
应用研究支出	Applied Research Expenditure	58723.4	55220.2
试验发展支出	Experimental Development Expenditure	3708276.3	3934623.4
按资金来源分组	Grouped by Source of Funds		
政府资金	Government Appropriation Funds	56231.1	53393.3
企业资金	Self-raised Funds of Enterprises	3716977.9	3953515.5
境外资金	Overseas Funds	3642.9	1945.7
其他资金	Others	2049.5	1126.8
R&D人员　（人）	R&D Personnel (person)	98996	116321
R&D人员折合全时当量（人年）	Full-time Equivalent of R&D Personnel (person-year)	68755	83186
企业办研发机构数　（个）	Number of Research and Development Institutions in Enterprises (unit)	3533	3537
研发机构人员　（人）	Personnel in Research and Development Institutions (person)	125291	123855
#硕士毕业及以上的人员	Personnel with Educational Background of Master and Above	11592	11727

17-9 资质以上建筑业企业研发情况
Research and Experimental Development (R&D) of Grade Construction Enterprises

项　　目	Item	2021	2022
资质以上建筑业企业数 (个)	Number of Grade Construction Enterprises (unit)	395	427
# 有R&D活动的企业数 (个)	Number of Enterprises Having R&D Activities (unit)	99	118
有研发机构的企业数 (个)	Number of Enterprises Having Research and Development Institutions (unit)	101	107
R&D经费内部支出合计 (万元)	Expenditure for R&D (10000 yuan)	312012.3	365134.8
按支出用途分组	Grouped by use of Expenditure		
经常性支出	Recurrent Expenditure	304540.7	359074.0
资产性支出	Capital Expenditure	7471.6	6060.8
按支出类型分组	Group by Expenditure Type		
基础研究支出	Basic Research Expenditure	1312.0	7728.8
应用研究支出	Applied Research Expenditure	10046.5	12858.4
试验发展支出	Experimental Development Expenditure	300653.8	344547.6
按资金来源分组	Grouped by Source of Funds		
政府资金	Government Appropriation Funds	1080.5	1403.7
企业资金	Self-raised Funds of Enterprises	310874.1	363731.1
境外资金	Overseas Funds		
其他资金	Others	57.7	
R&D人员 (人)	R&D Personnel (person)	6259	10726
R&D人员折合全时当量 (人年)	Full-time Equivalent of R&D Personnel (person-year)	4189	8113
企业办研发机构数 (个)	Number of Research and Development Institutions in Enterprises (unit)	140	156
研发机构人员 (人)	Personnel in Research and Development Institutions (person)	12764	14175
# 硕士毕业及以上的人员	Personnel with Educational Background of Master and Above	870	956

注：本表中的建筑业企业指特、一级资质总承包，一级资质专业承包建筑业企业。

Note: Data in this table is the first-grade qualification of construction enterprise refers to the special and general contracting of construction enterprise specialized contracting.

17-10　规模以上服务业企业研发情况

Research and Experimental Development (R&D) of Service Enterprises above the Designated Size

项　　目	Item	2021	2022
规模以上服务业企业数（个）	Number of Service Enterprises above Designated Size (unit)	9624	9850
# 有R&D活动的企业数　（个）	Number of Enterprises Having R&D Activities (unit)	950	1295
有研发机构的企业数（个）	Number of Industrial Enterprises Having Research and Development Institutions (unit)	1313	1557
R&D经费内部支出合计(万元)	Expenditure for R&D (10000 yuan)	1299353.6	1713732.9
按支出用途分组	Grouped by use of Expenditure		
经常性支出	Recurrent Expenditure	1266877.2	1631437.1
资产性支出	Capital Expenditure	32476.4	82295.8
按支出类型分组	Group by Expenditure Type		
基础研究支出	Basic Research Expenditure	16035.8	59404.9
应用研究支出	Applied Research Expenditure	169603	186578.4
试验发展支出	Experimental Development Expenditure	1113714.8	1467749.6
按资金来源分组	Grouped by Source of Funds		
政府资金	Government Appropriation Funds	45501.6	36768.2
企业资金	Self-raised Funds of Enterprises	1253517.5	1665652.8
境外资金	Overseas Funds		10469.4
其他资金	Others	334.5	842.5
R&D人员　（人）	R&D Personnel (person)	33640	48043
R&D人员折合全时当量(人年)	Full-time Equivalent of R&D Personnel(person-year)	22895	32357
企业办研发机构数　（个）	Number of Research and Development Institutions in Enterprises (unit)	1621	1972
研发机构人员　（人）	Personnel in Research and Development Institutions (person)	97748	115918
# 硕士毕业及以上的人员	Personnel with Educational Background of Master and Above	15034	19571

注：本表中规模以上服务业只包含以下行业：交通运输、仓储和邮政业，信息传输、软件和信息技术服务业，租赁和商务服务业，科学研究和 技术服务业，水利、环境和公共设施管理业，卫生和社会工作，文化、体育和娱乐业。

Note: The service enterprises above the designated size in this table only includes the following industries: transportation, warehousing and postal service, information transmission software and information technology services, leasing and business services, scientific research and technical services, water environment and public facilities management, health and social work, culture and sports and entertainment.

17-11　高校研究与试验发展(R&D)情况
Research and Experimental Development (R&D) of Institutions of Higher Education

项　　目	Item	2021	2022
R&D经费内部支出合计（万元）	**Expenditure for R&D (10000 yuan)**	**1516608.2**	**1627872.1**
按类型分组	Group by Expenditure Type		
基础研究支出	Basic Research Expenditure	717647.1	749172.0
应用研究支出	Applied Research Expenditure	666358.8	705464.0
试验发展支出	Experimental Development Expenditure	132602.3	173236.1
按资金来源分组	Grouped by Source of Funds		
政府资金	Government Appropriation Funds	984102.7	1024572.6
企业资金	Self-raised Funds of Enterprises	416861.3	472967.7
境外资金	Overseas Funds	1560.1	4484.4
其他资金	Others	114084.1	125847.4
R&D人员（人）	**R&D Personnel (person)**	**65887**	**69251**
R&D人员折合全时当量（人年）	**Full-time Equivalent of R&D Personnel**	**32141.3**	**32785.8**
按类型分组	Group by Type		
基础研究	Basic Research	17314.1	18161.1
应用研究	Applied Research	13628.6	12884.8
试验发展	Experimental Development	1198.6	1739.9

17-12 科研机构研究与试验发展(R&D)情况
Research and Experimental Development (R&D) of R&D Institutions

项　　目	Item	2021	2022
R&D经费内部支出合计（万元）	**Expenditure for R&D (10000 yuan)**	**1596083.1**	**1605287.5**
按类型分组	Group by Expenditure Type		
基础研究支出	Basic Research Expenditure	401450.4	323429.4
应用研究支出	Applied Research Expenditure	520834.8	548973.6
试验发展支出	Experimental Development Expenditure	673797.9	732884.5
按资金来源分组	Grouped by Source of Funds		
政府资金	Government Appropriation Funds	1268691.7	1271539.5
企业资金	Self-raised Funds of Enterprises	69696.2	65124.7
境外资金	Overseas Funds	1022.9	3180.0
其他资金	Others	256672.3	265443.3
R&D人员（人）	**R&D Personnel (person)**	**26670**	**69251**
R&D人员折合全时当量（人年）	**Full-time Equivalent of R&D Personnel**	**21346.0**	**32785.8**
按类型分组	Group by Type		
基础研究	Basic Research	5955.0	18161.1
应用研究	Applied Research	7335.0	12884.8
试验发展	Experimental Development	8056.0	1739.9

17-13　各区研究与试验发展(R&D)投入情况(2022年)

Research and Experimental Development (R&D) by District (2022)

地　区	Districts	R&D经费内部支出（亿元）Internal Expendi on R&D (100 million yuan)	研发强度(%) Percentage of R&D Expenditure in Provincial GDP (%)
全　市	**Total**	**988.36**	**3.43**
荔湾区	Liwan	14.18	1.17
越秀区	Yuexiu	54.01	1.48
海珠区	Haizhu	83.54	3.34
天河区	Tianhe	198.64	3.20
白云区	Baiyun	45.51	1.84
黄埔区	Huangpu	286.87	6.65
番禺区	Panyu	91.86	3.40
花都区	Huadu	41.36	2.34
南沙区	Nansha	122.88	5.46
从化区	Conghua	9.56	2.33
增城区	Zengcheng	39.96	3.02

注：本表研发强度数据按当年地区生产总值计算。

Note: The Percentage of R&D Expenditure in Provincial GDP data in this table is calculated based on the current year's Provincial GDP.

主要统计指标解释

【研究与试验发展（R&D）】指为增加知识存量（也包括有关人类、文化和社会的知识）以及设计已有知识的新应用而进行的创造性、系统性工作，包括基础研究、应用研究和试验发展三种类型。应当满足五个条件：新颖性、创造性、不确定性、系统性、可转移性（可复制性）。

Explanatory Notes on Main Statistical Indicators

【Research and Experimental Development(R&D)】 refers to the creative and systematic work to increase the stock of knowledge (including human, cultural and social knowledge) and design new applications of existing knowledge. It includes three types: basic research, applied research and experimental development. Five conditions should be met: novelty, creativity, uncertainty, systematicness, transferability (replicability).

第十八篇 CHAPTER 18

教育、文化、体育、卫生、社会福利和其他

EDUCATION，CULTURE，SPORTS，PUBLIC HEALTH，SOCIAL WELFARE AND OTHERS

第十八篇　教育、文化、体育、卫生、社会福利和其他

简要说明

一、本篇资料反映广州市教育、文化、体育、卫生、社会福利及其他事业的发展情况。

二、本篇资料由广州市统计局**社会和科技统计处（统计设计管理处）**整理提供。

三、教育部分包括高等、中等、基础教育、幼儿教育、各级成人教育。资料由省教育厅、市教育局、省人力资源和社会保障厅等相关部门提供。

四、文化部分主要包括文化机构、人员及业务活动开展情况等。文化统计资料根据省文化和旅游厅、市文化广电旅游局、省广播电视局、省委办公厅（省档案局）、市委办公厅（市档案局）、市委宣传部等有关部门提供的统计年报加工整理。

五、体育部分主要包括体育行政部门主办的运动会和比赛活动、全民健身活动情况及运动竞技成绩等，资料由市体育局提供。

六、卫生部分主要包括卫生事业机构、床位及人员数、医院业务情况、妇幼保健情况等，资料由市卫生健康委员会提供。

七、社会福利部分主要包括社会福利事业的机构数、收养救济人数、婚姻登记状况等，资料由市民政局、市退役军人事务局、市应急管理局、市医疗救助服务中心提供。

八、社会保险部分主要包括五种险种的年末参保人数和全年享受人数。其中养老保险、失业保险和工伤保险数据由市人力资源和社会保障局提供，医疗保险和生育保险数据由市医疗保障局提供。

九、其他部分主要包括司法工作开展情况和刑事案件、治安案件、交通事故、火灾事故发生情况等，资料由市司法局、市公安局、市消防救援支队提供。

Chapter 18 Education, Culture, Sports, Public Health, Social Welfare and Others

Brief　Introduction

I. The data in this chapter show the development conditions of Guangzhou's education, culture, sports, public health, social welfare and others.

II.The data in this chapter are prepared and provided by the Division of Social, Science and Technology Statistic (Statistical Design Management Office) of Guangzhou Municipal Bureau of Statistics.

III.The data on education cover the situations on higher education, secondary education, primary education, kindergartens and adult education at all levels. The data are provided by Guangdong Provincial Bureau of Education, Guangzhou Municipal Bureau of Education, Guangdong Provincial Bureau of Human Resources and Social Security, etc.

IV. The data on culture mainly cover the situations on institutes, employed persons and business activities of culture. The cultural statistics are processed according to the statistical annual reports provided by the Guangdong Provincial Department of Culture and Tourism, Guangzhou Bureau of Culture, Radio and Television Tourism, Guangdong Radio and Television Bureau, Guangdong Provincial Committee Office (Provincial Archives Bureau), Guangzhou Committee Office (Municipal Archives Bureau), Publicity Department of the CPC Guangzhou Municipal Committee and other relevant departments.

V. The data on sports mainly include the sports games and matches organized by sports administrative departments, mass sports and athletics sports. The data are provided by Guangzhou Municipal Bureau of Sports.

VI. The data on public health mainly include the number of institutions, hospital beds and personnel, hospital business, women and babies hygiene. The data are provided by Guangzhou Municipal Health Commission.

VII. The data on social welfare mainly include the number of institutions, the number receiving social welfare relief funds and marriage registrations, etc. The data are provided by Guangzhou Municipal Civil Affairs Bureau, Guangzhou Municipal Veterans Affairs Bureau, and Municipal Emergency Management Bureau and Guangzhou Municipal Medical Assistance Service Center.

VIII.The part of social insurance mainly includes the number of insurance participants at the end of the year and the number of people enjoying the whole year of five kinds of insurance. The data of endowment insurance, unemployment insurance and industrial injury insurance are provided by Guangzhou Municipal Human Resources and Social Security Bureau, and the data of medical insurance and reproductive insurance are provided by Guangzhou Municipal Medical Security Bureau.

IX. The data on others mainly include the judicial conditions, basic statistics on traffic accidents and fires, etc. The data are provided by Guangzhou Municipal Bureau of Justice, Guangzhou Municipal Bureau of Public Security and Municipal Fire Brigade and Emergency Management Bureau.

18-1 教育事业基本情况

Basic Statistics on Education

项　　目	Item	2021	2022
学校数　（所）	**Number of Schools (unit)**	**1771**	**1778**
普通、职业高等学校	Regular and Vocational Institutions of Higher Education	83	84
中等职业学校	Vocational Secondary Schools	78	77
技工学校	Technical Schools	54	51
普通中学	Regular Secondary Schools	551	555
高　中	Senior Secondary Schools	124	126
初　中	Junior Secondary Schools	427	429
小　学	Primary Schools	986	992
特殊教育学校	Special Schools	19	19
专任教师　（人）	**Number of Full-time Teachers (person)**	**202702**	**211841**
普通、职业高等学校	Regular and Vocational Institutions of Higher Education	75682	80015
中等职业学校	Vocational Secondary Schools	6905	6606
技工学校	Technical Schools	6712	7861
普通中学	Regular Secondary Schools	47167	48728
高　中	Senior Secondary Schools	14713	14885
初　中	Junior Secondary Schools	32454	33843
小　学	Primary Schools	64993	67290
特殊教育学校	Special Schools	1243	1341
招生数　（人）	**New Student Enrollment (person)**	**983405**	**1025830**
普通、职业高等学校	Regular and Vocational Institutions of Higher Education	424042	451623
中等职业学校	Vocational Secondary Schools	57152	55330
技工学校	Technical Schools	88502	87973
普通中学	Regular Secondary Schools	200003	215716
高　中	Senior Secondary Schools	54844	61936
初　中	Junior Secondary Schools	145159	153780
小　学	Primary Schools	211956	213837
特殊教育学校	Special Schools	1750	1351
在校学生　（人）	**Total Student Enrollment (person)**	**3594746**	**3738034**
普通、职业高等学校	Regular and Vocational Institutions of Higher Education	1412569	1489276
中等职业学校	Vocational Secondary Schools	171402	163313
技工学校	Technical Schools	269212	270865
普通中学	Regular Secondary Schools	569589	602372
高　中	Senior Secondary Schools	161633	170272
初　中	Junior Secondary Schools	407956	432100
小　学	Primary Schools	1164403	1204223
特殊教育学校	Special Schools	7571	7985
毕业生数　（人）	**Graduates (person)**	**767123**	**826269**
普通、职业高等学校	Regular and Vocational Institutions of Higher Education	319777	358211
中等职业学校	Vocational Secondary Schools	57864	56396
技工学校	Technical Schools	62807	69185
普通中学	Regular Secondary Schools	166059	176310
高　中	Senior Secondary Schools	51850	52616
初　中	Junior Secondary Schools	114209	123694
小　学	Primary Schools	159637	164954
特殊教育学校	Special Schools	979	1213

注：本表普通、职业高等学校数据由广东省教育厅提供，仅包括本专科生；技工学校数据由广东省人力资源和社会保障厅提供；其余数据由广州市教育局提供。

Note: The data of regular and vocational institutions of higher education in this table are provided by the Department of Education of Guangdong Province,including only junior college students;the data of technical schools are provided by Human Resources and Social Security Department of Guangdong Province; and the rest of the data are provided by the Bureau of Education of Guangzhou City.

18-2 主要年份每万人口在校学生数、每个教师负担学生数

Students Enrollment per 10000 Persons and Students Taught by Every Teacher in Main Years

单位：人 (person)

年 份 Year	平均每万人口在校学生数 Students Enrollment Per 10000 Persons			平均每个教师负担学生数 Students Taught by Every Teacher		
	普通、职业高校 Regular and Vocational Institutions of Higher Education Students	普通中学生 High School Students	小学生 Primary School Students	普通、职业高校 Regular and Vocational Institutions of Higher Education Students	普通中学 Regular Secondary Schools	小 学 Primary School Students
1978	44.94	795.85	1178.65	3.10	18.25	24.05
1980	54.28	598.04	1175.91	3.65	15.83	21.80
1985	94.77	456.79	993.46	4.83	15.15	20.43
1986	99.43	471.25	967.81	4.87	16.10	21.05
1987	103.35	487.88	938.26	5.18	16.40	21.04
1988	112.42	481.43	919.33	5.52	16.21	21.05
1989	116.10	463.41	941.98	5.74	15.44	21.93
1990	110.16	446.65	963.03	5.52	15.25	22.79
1991	106.92	446.28	985.58	5.58	15.56	23.24
1992	109.37	461.81	1009.11	6.04	15.99	24.16
1993	126.51	469.79	1034.06	6.87	15.94	24.52
1994	139.74	475.66	1058.77	7.75	16.20	24.62
1995	147.56	494.03	1073.74	8.13	16.42	23.90
1996	151.23	516.39	1074.82	8.23	16.53	22.77
1997	153.60	538.65	1085.07	8.72	16.79	22.24
1998	160.76	562.95	1087.87	9.33	16.99	22.14
1999	196.03	581.75	1083.13	10.83	17.25	22.81
2000	264.14	606.92	1080.31	13.95	17.59	22.16
2001	343.44	642.86	1106.66	16.48	17.60	22.04
2002	414.97	668.15	1133.21	14.40	17.38	22.04
2003	516.75	705.69	1168.69	14.48	17.21	21.76
2004	623.14	719.53	1185.82	15.45	17.28	21.88
2005	738.58	733.24	1203.62	15.89	17.09	22.02
2006	814.28	746.16	1174.64	16.22	16.89	21.85
2007	888.35	745.78	1149.31	16.33	16.38	21.24
2008	938.77	742.25	1100.35	16.90	16.07	20.45
2009	1001.75	723.94	1043.13	17.30	15.50	19.61
2010	1046.88	709.90	1023.16	17.32	14.97	18.88
2011	1100.10	689.46	1006.37	17.31	14.48	18.74
2012	1142.17	669.67	1000.36	17.49	13.74	18.43
2013	1181.11	657.14	1032.38	17.74	13.41	19.06
2014	1209.96	632.55	1068.44	17.82	12.84	19.00
2015	1221.30	603.18	1097.96	17.66	12.38	19.01
2016	1214.58	580.92	1112.63	17.71	12.07	18.60
2017	1188.74	567.37	1118.98	17.43	11.90	18.31
2018	1171.09	554.53	1140.96	17.32	11.82	18.52
2019	1196.32	551.76	1158.33	17.09	11.91	18.40
2020	1326.90	551.41	1142.11	18.36	12.00	17.97
2021	1396.47	563.10	1151.13	18.66	12.08	17.92
2022	1439.04	582.05	1163.60	18.61	12.36	17.90

注：1.普通、职业高校数据仅包括本专科生。
2.平均每万人口在校学生数用年末户籍人口计算。

Notes: I.The data for regular and vocational institutions of higher education only include junior college students.
II.The average number of students in school per 10000 population is calculated by the registered residence population at the end of the year.

18-3 主要年份各级各类学校在校学生数

Students Enrollment by Various Schools in Main Years

单位：人 (person)

年 份 Year	普通、职业高等学校 Regular and Vocational Institutions of Higher Education	中等职业学校 Vocational Secondary Schools	技工学校 Technical Schools	普通中学 Regular Secondary Schools	小 学 Primary Schools	特殊教育学校 Special Schools
1978	21699			384313	569165	326
1980	27239	18852	8273	300134	590146	289
1985	51647	48959	5615	248940	541420	372
1986	55223	61913	8670	261733	537528	481
1987	58402	69693	12479	275690	530189	546
1988	64859	78025	17225	277743	530368	651
1989	67969	84662	18514	271291	551458	724
1990	65465	95048	20319	265423	572286	854
1991	64389	103860	21692	268760	593537	949
1992	66958	113218	23842	282720	617779	1032
1993	78901	141307	25242	292991	644907	1680
1994	89019	154144	29742	303004	674464	3760
1995	95429	182090	36078	319493	694401	5411
1996	99214	212396	43446	338776	705134	6096
1997	102372	210956	50566	359000	723183	5977
1998	108378	210566	58396	379505	733375	5827
1999	134283	227084	59779	398499	741950	6106
2000	185078	219640	59570	425261	756961	5224
2001	244736	209340	64008	458099	788604	5877
2002	299037	200090	76660	481481	816617	5495
2003	374742	200337	87878	511756	847524	4947
2004	459676	184682	104317	530776	874749	5302
2005	554327	191499	122108	550320	903353	5010
2006	619442	216555	153175	567619	893575	5045
2007	687115	237411	173413	576845	888965	5340
2008	736152	244070	196197	582051	862859	5246
2009	796006	251077	242085	575252	828889	5131
2010	843934	248060	252812	572280	824807	5153
2011	896123	248614	269188	561618	819771	4527
2012	939208	239446	289967	550669	822594	4719
2013	983051	240579	279329	546941	859263	4389
2014	1019291	244585	240350	532870	900072	4386
2015	1043221	237130	236323	515228	937870	4281
2016	1057281	216974	222298	505685	968531	2969
2017	1067335	196796	229651	509427	1004695	2975
2018	1086407	184094	226342	514428	1058455	2846
2019	1140949	180249	244098	526222	1104714	4938
2020	1307144	123657	262527	543203	1125103	5757
2021	1412569	171402	269212	569589	1164403	7571
2022	1489276	163313	270865	602372	1204223	7985

注：普通、职业高等学校数据仅包括本专科生。

Note: The data for regular and vocational institutions of higher education only include junior college students.

18-4 主要年份研究生基本情况

Basic Statistics on Postgraduates in Main Years

单位：人 (person)

年 份 Year	培养单位(所) Training Units (unit)	#普通高校 Regular Institutions of Higher Education	毕业生数 Graduates	#普通高校 Regular Institutions of Higher Education	#博 士 Doctors
1985	15	12	654	650	7
1990	25	13	1491	1438	101
1991	24	13	1272	1234	109
1992	19	13	947	917	76
1993	18	13	1025	1003	76
1994	18	13	1079	1064	142
1995	21	13	1259	1215	154
1996	21	13	1440	1396	188
1997	21	13	1770	1715	253
1998	21	13	1843	1759	420
1999	21	13	2168	2059	371
2000	21	13	2131	2028	417
2001	22	14	2753	2671	540
2002	20	12	3133	3022	574
2003	20	12	4439	4299	772
2004	24	16	6541	6303	1160
2005	24	16	9006	8699	1331
2006	24	16	11790	11360	1579
2007	26	18	12624	12170	1751
2008	26	18	14773	14286	2086
2009	26	18	15395	14969	2462
2010	26	18	16244	15828	2265
2011	26	18	18584	18155	2374
2012	27	19	20816	20372	2583
2013	27	19	21833	21382	2700
2014	22	19	22717	22636	2788
2015	22	19	23218	23132	2881
2016	22	19	24138	24057	2896
2017	22	19	24127	24044	2979
2018	22	19	25418	25315	3031
2019	22	19	26703	26599	2985
2020	22	19	31506	31399	3284
2021	22	19	33918	33802	3604
2022	22	19	38555	38425	4328

注：1.本表数据由广东省教育厅提供。
2.2014年起，中国科学院在我市研究所招收的研究生不再纳入全市教育事业统计，因此2014年及以后的研究生数据不含中国科学院在广州的数据。下表同。

Notes: I.The data in this table are provided by the Department of Education of Guangdong Province.
II.Since 2014, Guangzhou education statistics does not include the recruit students of Chinese Academic of Sciences in Guangzhou. So since 2014 the statistic of graduates does not contain the graduates of Chinese Academy of Sciences in Guangzhou.The same as the following table.

18-4 续表 continued

单位:人 (person)

年 份 Year	招生数 New Students Enrollment	# 普通高校 Regular Institutions of Higher Education	# 博 士 Doctors	在校学生数 Students Enrollment	# 普通高校 Regular Institutions of Higher Education	# 博 士 Doctors
1985	1526	1518	74	2878	2859	92
1990	1113	1090	76	3355	3264	293
1991	1171	1157	167	3216	3149	338
1992	1258	1228	162	3492	3426	417
1993	1521	1490	201	3940	3865	533
1994	1866	1831	298	4656	4562	681
1995	1875	1782	407	5283	5080	935
1996	2367	2249	457	6162	5888	1192
1997	2387	2288	457	6696	6388	1391
1998	2997	2921	582	7821	7521	1539
1999	3673	3559	788	9253	8952	1933
2000	5435	5274	1048	12492	12135	2549
2001	7080	6837	1352	17150	16631	3421
2002	8245	7910	1596	20408	19674	4256
2003	10864	10403	2104	26294	25253	5499
2004	13642	13143	2656	34599	33302	7474
2005	15642	15140	2780	40594	39124	8980
2006	17093	16586	2672	45238	43725	9149
2007	18084	17578	2819	49838	48298	9846
2008	19298	18776	2893	53826	52313	10753
2009	22181	21684	3132	60129	58635	11530
2010	23390	22844	3059	65911	64321	11528
2011	24216	23690	3119	69825	68223	12125
2012	25042	24504	3195	73118	71484	12526
2013	26002	25457	3294	76193	74535	13389
2014	26524	26440	3463	77211	76943	13818
2015	27137	27037	3434	79547	79268	14085
2016	28563	28459	3617	82282	81979	14532
2017	34074	33963	3847	90716	90391	15171
2018	37356	37244	4580	101092	100757	16394
2019	39531	39395	5193	112432	112064	18460
2020	49965	49832	5782	128828	128434	20691
2021	53607	53461	6321	146120	145695	23014
2022	56636	56435	6868	162045	161554	25280

18-5 普通高等院校各类专业本科学生数(2022年)
Students Enrollment in Regular Institutions of Higher Education by Field of Study (2022)

单位:人　　(person)

项　目	Item	毕业生数 Number of Graduates	招生数 New Students Enrollment	在校学生数 Number Of Students Enrollment
合　计	**Total**	**177001**	**229987**	**778349**
哲　学	Philosophy	167	199	873
经济学	Economics	19396	18517	69871
法　学	Law	6643	9381	31872
教育学	Education	4627	9618	23588
文　学	Literature	20880	30615	100303
历史学	History	543	703	2876
理　学	Science	9460	10290	41788
工　学	Engineering	48222	64440	218015
农　学	Agriculture	2277	2407	10009
医　学	Medicine	11600	14005	57214
管理学	Management	41067	51144	162412
艺术学	Art	12119	18668	59528

注：本表数据由广东省教育厅提供。
Note: The data in this table are provided by the Department of Education of Guangdong Province.

18-6　普通、职业高等院校本专科基本情况(2022年)

单位：人

院　校　名　称	Name of Universities, Institutes and Colleges	毕业生数 Number of Graduates
合　　计	**Total**	**358211**
中山大学	Sun Yat-sen University	7431
华南理工大学	South China University of Technology	5796
暨南大学	Jinan University	6082
华南农业大学	South China Agricultural University	8619
南方医科大学	Southern Medical University	2964
广州中医药大学	Guangzhou University of Traditional Chinese Medicine	2689
华南师范大学	South China Normal University	6443
广东工业大学	Guangdong University of Technology	8631
广东外语外贸大学	Guangdong University of Foreign Studies	4782
广东财经大学	Guangdong Business Institute	6152
仲恺农业工程学院	Zhongkai Agritechnical College	5964
广东药科大学	Guangdong Pharmaceutical University	6000
星海音乐学院	Xinghai Conservatory of Music	1196
广州美术学院	Guangzhou Academy of Fine Arts	1343
广州体育学院	Guangzhou Institute of Physical Education	1630
广东技术师范大学	Guangdong Polytechnic Normal University	8448
广东金融学院	Guangdong Finance College	6567
广东警官学院	Guangdong Police College	1685
广州大学	Guangzhou University	9193
广州医科大学	Guangzhou Medical Institute	1918
广东白云学院	Guangdong Baiyun Vocational Technical College	7127
广东培正学院	Guangdong Peizheng College	4543
广东第二师范学院	Guangdong University of Education	3804
广州民航职业技术学院	Guangzhou Civil Aviation College	4019
广州航海学院	Guangzhou Maritime College	3459
香港科技大学(广州)	The HongKong University of Science and Technology(Guangzhou)	
广东轻工职业技术学院	Guangdong Light Industry Technical College	7689
广东省外语艺术职业学院	Guangdong College of Foreign Languages and Art	4053
广东机电职业技术学院	Guangdong Machinery and Electricity College	5832
广东工贸职业技术学院	Guangdong Vocational College of Industry & Commerce	6552
广东交通职业技术学院	Guangdong Communication Polytechnic College	6564
广东水利电力职业技术学院	Guangdong Technical College of Water Resources and Electric Engineering	5787
广东生态工程职业学院	Guangdong Eco-engineering Polytechnic	2494
广东司法警官职业学院	Judicial Police Officers' Professional Institute of Guangdong	1816
广东女子职业技术学院	Guangdong Women's Professional College	2816
广东农工商职业技术学院	Guangdong AIB Polytechnic College	7709
广东邮电职业技术学院	Guangdong Posts & Telecom Vocational Technology College	1620
广东建设职业技术学院	Guangdong Construction Vocational Technology Institute	5558
广东行政职业学院	Guangdong Vocational of Administration	981

Basic Statistics on Regular and Vocational Institutions of Higher Education (2022)

(person)

招生数 Number of New Entrants	在校学生数 Number of Enrolled Students	校本部教职工人数 Number of Teachers and Staff	# 专任教师 Full-time Teachers	# 正高级 Professors	# 副高级 Associate Professors	# 中 级 Lecturers
451623	**1489276**	**116092**	**80015**	**11892**	**22130**	**29227**
7959	33225	9883	4750	1785	2176	657
6856	27233	4620	2644	1078	1106	444
7501	28772	6275	2716	879	1060	651
8913	38483	3438	2634	476	952	1111
3065	14511	3547	2194	709	902	575
2950	12875	2135	1675	481	521	548
7842	29584	5018	2547	681	673	994
10028	38796	4112	2890	551	944	1221
5270	20421	2337	1564	348	425	582
7470	29326	2004	1569	241	444	652
5396	25437	1675	1322	146	378	549
6095	21732	1849	1522	229	489	759
1423	5326	632	378	42	108	137
1943	6693	1025	577	93	188	248
1687	6704	851	653	63	104	251
10306	36547	2384	1582	169	379	789
8074	25903	1626	1336	110	284	597
2156	7500	674	320	40	106	108
7472	33762	3416	2151	484	842	798
2150	9692	1789	1278	405	384	329
11513	31767	1825	1376	90	333	539
5634	17966	868	652	13	68	306
4053	16099	1206	905	53	169	491
4488	13281	743	593	31	167	300
3892	13472	913	612	70	175	259
		513	133	37	82	
6530	27773	1719	1245	73	406	579
7275	18206	915	697	28	208	308
6351	25954	1185	904	43	301	502
6965	24863	1176	880	31	217	370
7202	28198	1693	1406	89	437	653
6004	19745	833	665	37	240	294
4459	14693	767	602	10	151	229
1878	5199	291	216	16	56	84
2945	9393	392	320	14	85	125
6824	22371	1394	1175	33	357	476
2986	9547	529	303	3	44	114
6432	22667	948	879	19	170	341
3175	6189	261	196	2	17	107

18-6 续表

单位：人

院 校 名 称	Name of Universities, Institutes and Colleges	毕业生数 Number of Graduates
广东体育职业技术学院	Guangdong Sports Vocational Technical Institute	1101
广东食品药品职业学院	Guangdong Food and Drug Vocational School	5034
广东文艺职业学院	Guangdong Vocational Literature and Art College	1094
广州工程技术职业学院	Guangzhou Institute of Technology	2934
广州番禺职业技术学院	Guangzhou Panyu Polytechnic College	4205
广州体育职业技术学院	Guangzhou Sports Training and Technical College	695
广东理工职业学院	Guangdong Polytechnic Institute of Technology	3645
广州城市职业学院	Guangzhou City Polytechnic College	3432
广东工程职业技术学院	Guangdong Polytechnic College of Engineering	7058
广州铁路职业技术学院	Guangzhou Railway Vocational Technical College	2855
广东科贸职业学院	Guangdong Vocational College of Science and Trade	7228
广州科技贸易职业学院	Guangzhou Polytechnic of Science and Trade	2616
广东青年职业学院	Guangdong Youth Polytechnic College	1279
广东舞蹈戏剧职业学院	Guangdong Dance and Drama College	1058
广东南华工商职业学院	Guangdong Nanhua Vocational College of Industry and Commerce	4276
私立华联学院	Private Hualian University	2769
广东岭南职业技术学院	Guangdong Lingnan Polytechnic College	6373
广州康大职业技术学院	Kanda Vocational Technical College	648
广州工商学院	Guangdong College of Technology and Business	5755
广州涉外经济职业技术学院	Guangzhou International Economics College	3549
广州南洋理工职业学院	Guangzhou Nanyang Institute of Technology	3758
广州科技职业技术大学	Guangzhou Vocational University of Science and Technology	9548
广州现代信息工程职业技术学院	Guangzhou Modern Information Engineering College	2867
广州华南商贸职业学院	South China Business Trade College	1556
广州华立科技职业学院	Guangzhou HuaLi Vocational College of Science and Technology	4775
广州珠江职业技术学院	Guangzhou Pearl-River Vocational College of Technology	1602
广州松田职业学院	Guangzhou Songtian Polytechnic College	1489
广州城建职业学院	Guangzhou City Construction College	6484
广州华商职业学院	Guangzhou Huashang Vocational College	4239
广州华夏职业学院	Guangzhou Huaxia Technical College	4631
广州东华职业学院	Guangdong Donghua Polytechnic College	1051
广州华立学院	Guangzhou Huali College	5693
广州应用科技学院	Guangzhou College of Applied Science and Technology	3273
广州商学院	Guangzhou College of Commerce	3857
广州新华学院	Guangzhou Xinhua University	6620
广州软件学院	Software Engineering Institute of Guangzhou	3757
广州南方学院	Nanfang College Guangzhou	4909
广东外语外贸大学南国商学院	South China Business College, Guangdong University of Foreign Studies	2157
广州华商学院	Guangzhou Huashang College	7403
华南农业大学珠江学院	Zhujiang College of South China Agriculture University	4013
广州理工学院	Guangzhou Institute of Science and Technology	4310
广州城市理工学院	Guangzhou Health Science College	5301
广州卫生职业技术学院	Guangzhou Health Science College	1746
广东科学技术职业学院	Guangdong Polytechnic of Science and Technology	9612
广州幼儿师范高等专科学校	Guangzhou Normal School of Pre-school Education	

注：1.本表数据由广东省教育厅提供。
2.2022年6月，教育部依法批准正式设立香港科技大学(广州)。

continued

(person)

招生数 Number of New Entrants	在校学生数 Number of Enrolled Students	校本部教职工人数 Number of Teachers and Staff	# 专任教师 Full-time Teachers	# 正高级 Professors	# 副高级 Associate Professors	# 中 级 Lecturers
1491	4759	291	237	13	52	94
6300	21111	1060	876	34	248	360
2768	6077	578	384	6	74	166
3004	12414	450	370	8	91	221
4824	14284	954	610	62	163	308
906	3616	525	143	8	45	68
6635	16195	973	635	23	132	319
5977	16311	747	533	17	141	264
6620	24875	946	886	18	172	453
4366	10907	585	448	31	126	203
9869	32243	1617	1320	33	325	312
4205	10123	511	384	9	82	184
	5302	133	120	1	19	61
3015	6170	456	380	9	61	123
4274	15497	658	575	7	72	266
3022	8478	520	366	8	52	159
5373	22213	1183	1096	55	176	368
1127	3051	169	122	9	13	32
7979	29748	1724	1266	137	244	478
4370	13084	578	418	15	111	181
4003	12207	721	601	25	157	200
5585	19753	1451	1132	105	245	310
3622	9509	633	486	11	65	203
3230	8651	627	458	13	61	113
8629	20932	1032	873	68	232	204
2446	6397	499	339	23	42	52
2426	11508	647	425	2	65	179
7223	22525	1104	879	40	232	317
5899	23880	1060	898	67	124	242
6288	21666	831	757	54	107	218
5895	11843	692	491	23	44	110
9845	21624	1043	877	208	214	177
9693	20412	1206	969	127	145	328
12400	28015	1724	1234	73	229	459
8044	22584	1387	961	54	110	466
5614	16014	985	708	65	173	283
5361	20127	1062	868	106	149	403
2174	8347	767	433	73	89	151
10005	29349	1647	1419	197	248	433
3290	10713	628	470	52	90	194
10882	21924	1026	908	155	208	252
6693	24342	1287	1005	61	137	521
2646	8065	382	259	6	68	135
9020	30274	1433	1252	79	334	555
1423	2252	99	83		15	25

Notes: I.The data in this table are provided by the Department of Education of Guangdong Province.

II.In June 2022, the Ministry of Education officially approved the establishment of the Hong Kong University of Science and Technology (Guangzhou) in accordance with the law.

18-7 高中、初中、小学毕业生升学情况
Statistics on Graduates of Senior, Junior Secondary Schools and Primary Schools Entering Higher Level Schools

项　目	Item	2021	2022
高中毕业生数（人）	Graduates of Senior Secondary Schools (person)	51850	52616
已升学人数（人）	Students Entering Institution of Higher Education (person)	50265	51785
升学率 (%)	Percentage of Graduates of Senior Secondary Schools Entering Institution of Higher Education (%)	96.94	98.42
初中毕业生数（人）	Graduates of Junior Secondary Schools (person)	114209	123694
已升学人数（人）	Students Entering Senior Secondary Schools (person)	111874	119363
升学率 (%)	Percentage of Graduates of Junior Secondary Schools Entering Senior Secondary Schools (%)	97.96	96.50
小学毕业生数（人）	Graduates of Primary Schools (person)	159637	164954
已升学人数（人）	Students Entering Junior Secondary Schools (person)	156678	162146
升学率 (%)	Percentage of Graduates of Primary Schools Entering Junior Secondary Schools (%)	98.15	98.30

注：本表数据由广州市教育局提供。
Note: The data in this table are provided by Guangzhou Municipal Education Bureau.

18-8 普通中学专任教师学历情况(2022年)
Diploma Qualifications of Full-time Teachers in Regular Secondary Schools (2022)

项　目	Item	高　中 Senior Secondary Schools	初　中 Junior Secondary Schools
专任教师(人)	**Full-time Teachers**	**14885**	**33843**
#研究生毕业	Postgraduates	3934	4677
本科毕业	Graduates Attending Regular College Course	10931	28338
大专毕业	Junior College Graduate		819
学历达标率(%)	**Diploma Qualification Rate**	**99.87**	**99.97**

注：1.高中专任教师学历达标率为本科及以上学历的专任教师占比；初中专任教师学历达标率为大专及以上学历的专任教师占比。
2.本表数据由广州市教育局提供。
Notes: I.The diploma qualification rate of teachers in senior secondary schools is the proportion of full-time teachers with a bachelor's degree or above. The diploma qualification rate of teachers in junior secondary schools is the proportion of full-time teachers with a junior college degree or above.
II.The data in this table are provided by Guangzhou Municipal Education Bureau.

18-9 各类学校教职工人数及专任教师数
Staff and Workers and Full-time Teachers by Type of School

单位：人 (person)

项　目	Item	2021	2022
各类学校教职工人数	**Number of Staff and Workers by Type of School**	**266394**	**275394**
普通、职业高等学校	Regular and Vocational Institutions of Higher Education	111499	116092
中等职业学校	Vocational Secondary Schools	9541	8776
技工学校	Technical Schools	13040	13665
普通中学	Regular Secondary Schools	55479	57370
小　学	Primary Schools	75302	77924
特殊教育学校	Special Schools	1533	1567
各类学校专任教师数	**Number of Full-time Teachers by Type of School**	**202702**	**211841**
普通、职业高等学校	Regular and Vocational Institutions of Higher Education	75682	80015
中等职业学校	Vocational Secondary Schools	6905	6606
技工学校	Technical Schools	6712	7861
普通中学	Regular Secondary Schools	47167	48728
小　学	Primary Schools	64993	67290
特殊教育学校	Special Schools	1243	1341

18-10 小学教育情况

Statistics on Primary Education

项　目	Item	2021	2022
小学毛入学率 (%)	Percentage of School-age Children Enrolled (%)	101.59	101.26
小学在校学生数 (人)	Number of Children Enrolled in Schools (person)	1164403	1204223
小学校内外学龄人口总数 (人)	Number of School-age Population in and out of Primary Schools (person)	1146179	1189249
毕业率 (%)	Percentage of Graduation (%)	99.30	99.40
上学年预计毕业生数 (人)	Number of Graduated Pupils in Previous Year (person)	160759	165945
毕业生人数 (人)	Number of Graduates (person)	159637	164954

注：1.本表数据由广州市教育局提供。
2.小学毛入学率＝小学在校学生数/小学校内外学龄人口总数。

Notes: I.The data in this table are provided by Guangzhou Municipal Education Bureau.
II. Percentage of School-age Children Enrolled is equal to the number of children enrolled in schools divided by the number of school-age population in and out of primary schools.

18-11 成人高等教育基本情况

Basic Statistics on Adult Higher Education

单位：人 (person)

项　目	Item	2021	2022
成人高等教育	**Higher Education for Adults**		
学校数 (所)	Number of Schools (unit)	9	9
教职工人数	Number of Teachers and Staff	2525	799
#专任教师数	Number of Full-time Teachers	1585	299
聘请校外教师 (人次)	Number of Teachers Engaged from Other Schools (Person-time)	3366	2749
毕业生	Graduates	166793	196935
招生数	New Students Enrollment	251309	283132
在校学生数	Students Enrolled	577264	651587

注：本表数据由广东省教育厅提供。

Note: The data in this table are provided by the Department of Education of Guangdong Province.

18-12 成人高等教育在校学生数

Number of Students Enrolled in Adult Higher Education by Level

单位:人 (person)

项　目	Item	2021	2022
成人高等教育	**Higher Education for Adults**	**577264**	**651587**
成人高等学校	Institutions of Higher Education for Adults	21898	22758
广播电视大学	Radio and TV Universities	12788	12130
职工高等学校	Schools of Higher Education for Staff and Workers	9110	10628
管理干部学院	Colleges for Management Cadres		
普通高校附设	Departments Run by Regular Institutions of Higher Education	555366	628829
函　授	Correspondence Divisions	283665	368695
业　余	Evening Universities	271701	260134
脱　产	Courses in Form of Full Time for Adults		

注：本表数据由广东省教育厅提供。
Note: The data in this table are provided by the Department of Education of Guangdong Province.

18-13 民办普通中小学及幼儿园情况(2022年)

Statistics on Regular Secondary Schools, Primary Schools and Kindergartens Run by Society (2022)

单位：人 (person)

项　目	Item	学校数(所) Number of Schools (unit)	毕业生数 Number of Graduates	招生数 Number of New Entrants	在校学生数 Number of Enrolled Students	教职工数 Number of Teachers and Staff	#专任教师 Full-time Teachers
合　计	**Total**	**1557**	**169060**	**164474**	**674595**	**81329**	**45053**
普通中学	Regular Secondary Schools	197	32695	37927	107306	12946	8927
高　中	Senior Secondary Schools	21	3747	6374	14639	2011	1357
初　中	Junior Secondary Schools	176	28948	31553	92667	10935	7570
小　学	Primary Schools	126	41055	41834	275897	22410	15755
幼儿园	Kindergartens	1234	95310	84713	291392	45973	20371

注：本表数据由广州市教育局提供。
Note: The data in this table are provided by Guangzhou Municipal Education Bureau.

18-14 幼儿园基本情况
Basic Statistics on Kindergartens

项　　目	Item	2021	2022
幼儿园数　(所)	**Number of Kindergartens　(unit)**	**2155**	**2223**
公　办	Kindergartens Run by Government	947	989
民　办	Kindergartens Run by Society	1208	1234
教职工人数　(人)	**Number of Teachers and Staff　(person)**	**94942**	**98532**
# 专任教师	Number of Full-time Teachers	44193	45872
在园幼儿数　(人)	**Number of Student Enrollment　(person)**	**633203**	**655288**

注：本表数据由广州市教育局提供。
Note: The data in this table are provided by Guangzhou Municipal Education Bureau.

18-15 体育事业基本情况
Basic Statistics on Sports

项　　目	Item	2021	2022
群众体育活动情况	**Mass Sports Activities**		
各级各类大型全民健身活动赛事　(项次)	Number of large-scale Body-building Activities Run by all kinds all levels　(item-times)	371	61
举办国际级、国家级单项比赛次数　(次)	Number of international and national individual competitions　(times)	16	7
破纪录	**Records Chalked up**		
破世界纪录　(项、人次)	World Records Chalked up　(item, person-times)	0项0人次	0项0人次
破亚洲纪录　(项、人次)	Asian Records Chalked up　(item, person-times)	1项1人次	0项0人次
破全国纪录　(项、人次)	National Records Chalked up　(item, person-times)	1项1人次	4项4人次
获得冠军	**Champions Won**		
广州运动员获世界冠军(项、人次)	World Champions　(item, person-times)	4项4人次	4项4人次
广州运动员获亚洲冠军(项、人次)	Asian Champions　(item, person-times)	0项0人次	2项2人次
广州运动员获全国冠军(项、人次)	National Champions　(item, person-times)	62项104人次	38项66人次

注：本表数据由广州市体育局提供。
Note: The data in this table are provided by Guangzhou Municipal Sports Bureau.

18-16 文化主要指标

Main Indicators of Culture

项　目	Item	2021	2022
电影、艺术	**Films and Arts**		
广州备案立项影片 (部)	Guangzhou Record Project Approval Films (film)	55	34
广州取景拍摄影片 (部)	Guangzhou Shooting Films (film)	2	11
院线公映影片 (部)	Theatrical Release Films (film)	28	15
# 故事片 (部)	Feature Films (film)	22	8
纪录片 (部)	Documentary (film)		2
动画片 (部)	Animated Films (film)	5	4
戏曲片 (部)	Opera Films (film)	1	1
# 国产片 (部)	Domestic Films (film)	27	14
合拍片 (部)	Co-production Films (film)		1
进口片 (部)	Imported Films (film)	1	
广州发行影片 (部)	Films Released in Guangzhou (film)	31	21
艺术表演场馆 (个)	Art Performance Halls (unit)	8	8
艺术表演场馆座席数 (个)	Seats of Art Performance Halls (unit)	5986	5986
专业艺术表演团体 (个)	Specialized Arts Performance Troupes (unit)	14	14
本团原创首演剧目 (个)	Premiere Performance of Original Play (unit)	23	28
艺术表演团体演出场次 (万场)	Number of Performance for Arts Performance Troupes (scene)	0.29	0.09
艺术表演团体国内演出观众人次(万人次)	Number of Spectators for Arts Performance Troupes (10000 person-times)	357	54
广播电视事业	**Broadcasting and Television**		
广　播	**Broadcasting**		
节目套数 (套)	Number of Programs (set)	17	17
平均日播音 (小时)	Broadcasting Hours per Day (hour)	370	369
广播综合人口覆盖率 (%)	Listener Rating (%)	100.00	100.00
电　视	**Television**		
节目套数 (套)	Number of Programs (set)	23	23
平均周播放时间 (小时)	Broadcasting Hours per Week (hour)	3329	3368
制作电视剧 (集)	TV Play Programs (set)	485	502
电视综合人口覆盖率 (%)	Viewer Rating (%)	100.00	100.00
广播电视发射台站	**Radio and Television Transmission Stations**		
广播电视台 (座)	Radio and Television Stations (set)	2	2
中、短波转播发射台 (座)	Medium Wave and Short Wave Broadcasting Transmission Stations (set)	3	3

18-16 续表 continued

项　　目		Item		2021	2022
图书、档案事业		**Books and Archives**			
公共图书馆	(间)	Public Libraries	(unit)	14	14
总藏量	(万册)	Total Collections	(10000 volumes)	3983	4247
#图　书		Books		3575	3835
阅览室座席	(个)	Seating Capacity of Reading Rooms	(seat)	28053	30507
#少儿阅览室座席		Seating Capacity of Children Reading Rooms		6346	6759
总流通人次	(万人次)	Total Number of Circulation	(10000 person-times)	2907	2769
书刊文献外借册次	(万册次)	Number of Books Borrowed by the Readers	(10000 volume-times)	3814	3667
国家综合档案馆	(个)	Number of National Comprehensive Archives	(unit)	13	13
馆藏案卷总数	(万卷)	Total Number of Collections	(10000 volumes)	536	616
图书销售量	(万册)	Number of Books Sold	(10000 volumes)	4724	4533
群众文化事业		**Mass Culture**			
群众艺术馆、文化馆	(间)	Units Responsible for Guiding Mass Art	(unit)	13	13
文化站	(个)	Cultural Stations	(unit)	176	176
举办展览	(个)	Number of Exhibitions	(unit)	713	610
组织文艺活动	(次)	Art Performances and Story-telling	(times)	5222	6336
举办训练班	(次)	Training Courses	(times)	7596	9094
文物事业		**Cultural Relics**			
博物馆、纪念馆	(个)	Museums and Memorial Halls	(unit)	64	59
藏品数	(件)	Number of Cultural Relics Collection	(piece)	1651407	1682586
#一级品		Grade One		1103	1100
举办陈列展览	(个)	Number of Displays and Exhibitions	(unit)	279	444
参观人次	(千人次)	Number of Visitors	(1000 person-times)	8761	7363
文物商店	(间)	Cultural Relic Stores	(unit)	2	2

注：1.文物事业不含美术馆相关数据，2021年数据同步调整。
2.2022年起，博物馆、纪念馆分馆不单独计算数量。

Notes: I.Cultural relics business does not include data related to art museums, and the data for 2021 has been adjusted simultaneously.
II.Since 2022, the number of museum and memorial hall branches is not counted separately.

18-17 主要年份卫生事业基本情况

Basic Statistics on Public Health in Main Years

年 份 Year	卫生机构数（个） Health Care Institutions (unit)	#医 院 Hospitals	卫生技术人员（人） Medical Professionals (person)	#医 生 Doctors	卫生机构床位数（张） Hospital Beds (bed)	#医 院 Hospitals	每万人口医生数（人） Doctors per 10000 Population (person)	每万人口医院床位数（张） Hospital Beds per 10000 Population (bed)
1978	1589	140	31547	12014	17109	14382	24.88	29.78
1980	1802	141	35792	14566	17673	14747	29.02	29.38
1985	2098	163	42522	18079	23830	19439	33.17	35.67
1986	2319	165	44666	19152	25031	20020	34.48	36.05
1987	2173	174	45818	19557	26599	21544	34.61	38.13
1988	2387	182	46957	20094	27981	22663	34.83	39.28
1989	2409	186	47988	20913	28988	23458	35.72	40.07
1990	2353	190	48276	21015	29930	24395	35.36	41.05
1991	2347	194	48618	21026	31293	25286	34.91	41.99
1992	2323	200	49052	21304	32646	26901	34.80	43.94
1993	2094	210	50097	22153	32399	27339	35.52	43.84
1994	2131	216	50819	22401	33086	27871	35.17	43.75
1995	2238	221	52851	23321	34139	28721	36.06	44.41
1996	1987	222	52450	22384	34338	29728	34.12	45.31
1997	1989	224	53654	22829	35301	30067	34.25	45.11
1998	2013	224	54053	22817	35306	30791	33.85	45.67
1999	1670	250	54480	23068	36431	31284	33.68	45.67
2000	1703	252	55677	23503	38758	33716	33.54	48.12
2001	2257	253	56262	23949	39417	34558	33.61	48.50
2002	2265	196	54652	22169	40430	32736	30.76	45.43
2003	2349	183	57274	23464	42210	34140	32.36	47.08
2004	2443	188	59943	24493	45687	35979	33.20	48.77
2005	2517	211	64182	25852	47888	39359	34.44	52.44
2006	2603	223	69091	27338	50500	42821	35.94	56.29
2007	2543	225	76791	29056	52640	45209	37.57	58.45
2008	2388	218	80687	29953	54973	47128	38.20	60.10
2009	2341	224	89179	32926	59038	50367	41.44	63.39
2010	2387	216	95546	33575	62552	53227	41.65	66.03
2011	3459	207	100832	35638	65940	55429	43.75	68.05
2012	3511	224	106708	37442	70649	62194	45.53	75.63
2013	3729	222	114802	39694	73301	64864	47.69	77.93
2014	3749	224	120915	40715	77011	68685	48.33	81.53
2015	3724	229	126681	42499	82022	73313	49.75	85.83
2016	3806	243	137953	46791	87959	79037	53.75	90.80
2017	4058	243	145045	49747	90222	81747	55.41	91.05
2018	4598	255	156497	54134	95134	86011	36.32	57.71
2019	5093	269	168056	58671	100080	90940	38.33	59.41
2020	5550	289	177835	62329	101640	93067	33.26	49.66
2021	5814	291	187703	66204	106513	97117	35.20	51.63
2022	6159	298	195697	68687	110507	100490	36.66	53.64

注：1．从2016年起卫生指标按照新的《2016国家卫生和计划生育统计调查制度》统计。其中，医生为执业(助理)医师数。
2．从2004年起医院不包卫生院及社区卫生服务中心(站)。
3．2017年及以前年份，每万人口医生数和每万人口医院床位数用年末户籍人口计算，从2018年起用年末常住人口计算。

Notes: I. Since 2016,the health indicators have been counted according to the new National Health and Family Planning Survey system 2016. Among them, the number of doctors practising (assistant) doctors.
II.The number of hospitals haven't included the township hospitals since 2004.
III.In 2017 and previous years,doctors per 10000 population and hospital beds per 10000 population were caculated by the year-end registered population. Since 2018, they were caculated by the year-end permanent population.

18-18 医疗卫生机构数

Number of Health Institutions

单位：个 (unit)

项　　目	Item	2021	2022
各类医疗卫生机构合计	**Total Number of Health Care Institutions**	**5814**	**6159**
医　院	**Hospitals**	**291**	**298**
综合医院	General Hospitals	152	150
中医医院	TCM Hospitals	34	37
中西医结合医院	Hospitals Which Integrate Traditional Chinese Therapeutics with Western Therapeutics in Practice	4	4
专科医院	Specialized Hospitals	91	93
护理院	Nursing Homes	10	14
基层医疗卫生机构	**Basic Health Care Institutions**	**5332**	**5663**
社区卫生服务中心(站)	Health Service Certers(Stations) for Community	331	333
社区卫生服务中心	Health Service Centers for Community	158	163
社区卫生服务站	Health Service Stations for Community	173	170
卫生院	Township Hospitals	32	31
村卫生室	Village Health Hospitals	936	935
门诊部	Outpatient Departments	1662	1794
诊所、卫生所、医务室	Clinics, Health Stations, Infirmaries	2371	2570
专业公共卫生机构	**Specialized Health Care Institutions**	**88**	**67**
疾病预防控制中心(防疫站)	CDC(Epidemic Prevention Stations)	16	16
专科疾病防治院(所、站)	Specialized Disease Prevention & Treatment Institutions	7	6
健康教育所(站、中心)	Health Education Stations(Centers)	4	5
妇幼保健机构	Maternity and Child Care Institutions	12	12
急救中心(站)	First Aid Centers(Stations)	7	8
采供血机构	Blood Collection Agencies	5	5
卫生监督所(局)	Health Supervision Stations	14	14
计划生育技术服务中心(站)	Family-planning Technical Service Centers(Stations)	23	1
其他卫生机构	**Others**	**103**	**131**
康复医疗机构	Rehabilitation Medical Institution	6	10
疗养院	Sanitariums	6	6
康复医疗中心	Rehabilitation Medical Center		4
医学科学研究机构	Research Institutions of Medical Science	6	6
医学教育机构	Training Institutions of Medical Science		
统计信息中心	Statistical Information Centers	1	2
其他卫生机构	Other Health Institutions	90	113
#临床检验中心(所、站)	Clinical Inspect Centers(stations)	69	24

注：1.其他卫生机构构成项新增康复医疗机构，下设疗养院及康复医疗中心指标，临床检验中心调整到其他卫生机构下。
　　2.本表数据由广州市卫生健康委员会提供。

Notes: I.The composition of other health institutions has added rehabilitation medical institutions, under which sanatoriums and rehabilitation medical centers are set, and clinical inspection centers are adjusted to other health institutions.
　　II.The data in this table are provided by Guangzhou Municipal Health Commission.

18-19 医疗卫生机构床位数

Number of Beds in Medical and Health Institutions

单位：张 (unit)

项　　目	Item	2021	2022
各类医疗卫生机构床位	**Total Number of Beds in Health Institutions**	**106513**	**110507**
医　院	**Hospitals**	**97117**	**100490**
综合医院	General Hospitals	58693	60154
中医医院	TCM Hospitals	12016	12162
中西医结合医院	Hospitals Which Integrate Traditional Chinese Therapeutics with Therapeutics in Practice	2643	2772
专科医院	Specialized Hospitals	22204	23535
护理院	Nursing Homes	1561	1867
基层医疗卫生机构	**Community Medical and Health Institutions**	**4978**	**5040**
社区卫生服务中心(站)	Health Service Centers for Community	2613	2722
卫生院	Township Hospitals	2339	2318
门诊部	Outpatient Departments	26	
专业公共卫生机构	**Specialized Public Health Institutions**	**4125**	**4438**
# 专科疾病防治机构	Specialized Disease Prevention & Treatment Institutions	123	123
妇幼保健机构	Maternity and Child Care Institutions	4002	4313
其他卫生机构	**Others**	**293**	**539**
# 疗养院	Sanitariums	293	293

注：本表数据由广州市卫生健康委员会提供。

Note: The data in this table are provided by Guangzhou Municipal Health Commission.

18-20 医疗卫生机构工作人员

Number of Employed Personnel in Medical and Health Institutions

单位:人 (person)

项　　目	Item	2021	2022
卫生人员	**Medical Personnel**	**227267**	**238147**
卫生技术人员	Medical Technical Personnel	187703	195697
执业(助理)医师	Assistant Certified Doctors	66204	68687
# 执业医师	Certified Doctors	62081	64677
# 全科医生	General Doctors	4785	6870
注册护士	Registered Nurses	88017	91203
药　师(士)	Pharmacists	9728	10042
技　师(士)	Technicians	11064	12827
# 检验师(士)	Testers	6704	7529
其　他	Others	12690	12938
其他技术人员	Other Technical Personnel	7888	8478
管理人员	Managerial Personnel	18923	29480
# 仅从事管理的人员	People Only Engaged in Management	9931	10486
工勤技能人员	Workers	21313	23058
乡村医生和卫生员	Rural Doctors and Medical Attendants	432	428

注：1.2021年起，全科医生数=注册为全科医学专业的人数+注册为乡村全科执业助理医师数。
2.管理人员包括同时承担领导职责、管理任务和临床、监督等卫生技术工作的人员和在管理部门仅从事管理的人员。
3.卫生人员=卫生技术人员+其他技术人员+仅从事管理的人员+工勤技能人员+乡村医生和卫生员。
4.本表数据由广州市卫生健康委员会提供。

Notes: I. Since 2021, the number of general doctors equal to the number of registered general practitioners plus the number of registered rural assistant general practitioners.
II. Managerial Personnel includes those who assume leadership responsibilities, management tasks, clinical, supervisory and other medical technical work, and those who are only engaged in management in the management department.
III. Medical personnel includes medical technical personnel, other technical personnel, people only engaged in management, workers and rural doctors and medical attendants.
IV. The data in this table are provided by Guangzhou Municipal Health Commission.

18-21 医疗卫生机构基本情况(2022年，按地区分)

Basic Statistics on Medical and Health Institutions (2022, by District)

地　区	District	医疗卫生机构数(个) Medical and Health Institutions (unit)	医院 Hospital	实有床位(张) Number of Beds (bed)	医院 Hospital
总　计	**Total**	**6159**	**298**	**110507**	**100490**
荔湾区	Liwan	263	28	7039	6836
越秀区	Yuexiu	400	35	27479	25695
海珠区	Haizhu	509	20	12214	11358
天河区	Tianhe	972	56	14584	14160
白云区	Baiyun	948	58	23590	22566
黄埔区	Huangpu	455	23	4565	3588
番禺区	Panyu	588	25	6550	5750
花都区	Huadu	634	14	4471	3373
南沙区	Nansha	285	14	1525	1355
从化区	Conghua	391	8	2653	1775
增城区	Zengcheng	714	17	5837	4034

18-21　续表　continued

地　区	District	卫生人员数(人) Number of Medical Personnel (person)	#卫生技术人员(人) Medical Technical Personnel (person)	#执业(助理)医师(人) Assistant Certified Doctors (person)	#注册护士(人) Registered Nurses (person)
总　计	**Total**	**238147**	**195697**	**68687**	**91203**
荔湾区	Liwan	14045	12063	4562	5525
越秀区	Yuexiu	59553	50223	16142	23502
海珠区	Haizhu	25075	20699	7191	9931
天河区	Tianhe	37870	30787	11175	14609
白云区	Baiyun	37089	28261	9532	13718
黄埔区	Huangpu	12358	9818	3300	3599
番禺区	Panyu	17389	14668	5770	6636
花都区	Huadu	12519	10611	3926	5013
南沙区	Nansha	4273	3538	1461	1502
从化区	Conghua	5573	4539	1687	2175
增城区	Zengcheng	12403	10490	3941	4993

注：本表数据由广州市卫生健康委员会提供。
Note: The data in this table are provided by Guangzhou Municipal Health Commission.

18-22 民营医疗机构基本情况(2022年，按地区分)

Basic Statistics on Private Medical and Health Institutions (2022, by District)

地　区	District	医疗卫生机构数(个) Medical and Medical Institutions (unit)	床位数(张) Number of Beds (unit)	卫生人员数(人) Number of Medical Personnel (person)	#卫生技术人员(人) Medical Technical Personnel (person)	#执业(助理)医师(人) Assistant Certified Doctors (person)	#注册护士(人) Registered Nurses (person)
总　计	**Total**	**4335**	**24044**	**63279**	**50635**	**19617**	**23373**
荔湾区	Liwan	198	826	2715	2527	1068	1155
越秀区	Yuexiu	263	1125	5544	4246	1631	2143
海珠区	Haizhu	393	1750	4661	3975	1622	1807
天河区	Tianhe	866	4287	15375	11602	4669	5532
白云区	Baiyun	717	10003	13127	10400	3850	5020
黄埔区	Huangpu	358	1335	5923	4592	1409	1331
番禺区	Panyu	503	1297	5768	4740	2011	2127
花都区	Huadu	386	1188	3527	3076	1260	1500
南沙区	Nansha	116	135	1081	750	320	312
从化区	Conghua	129	419	872	778	278	444
增城区	Zengcheng	406	1679	4686	3949	1499	2002

注：本表数据由广州市卫生健康委员会提供。

Note: The data in this table are provided by Guangzhou Municipal Health Commission.

18-23 医疗资源与服务情况(2022年,按经济类型和设置主办单位分)

Resources and Services on Medical Institutions (2022，By Economic Type and Setting Organizer)

项 目	Item	合计 Total	公立医疗机构 Public Medical Institutions	#政府办 Operated by Governments	民营医疗机构 Private Medical Institutions
医疗机构数 (个)	Number of Units (unit)	6159	1824	761	4335
总诊疗人次 (万人次)	Patients Treated (10000 person-times)	14128.71	11537.82	10713.54	2590.89
#门 诊	Outpatient Visits	12751.76	10253.84	9491.93	2497.92
急 诊	Emergency Visits	994.45	949.43	905.29	45.02
观察室留观病例数 (万人次)	Number of Persons for Further Observation (10000 person-times)	52.59	49.71	49.65	2.88
健康检查人次 (万人次)	Number of Persons for Health Examination (10000 person-times)	1171.71	894.27	822.90	277.44
入院人数 (万人次)	Number of Inpatients (10000 person-times)	332.48	304.75	298.09	27.73
出院人数 (万人次)	Number of Leaving Hospital(10000 person-times)	332.57	304.62	297.98	27.94
年底实有病床数 (张)	Number of Beds at Year-end (unit)	110507	86463	82967	24044
病床使用率 (%)	Utilization Rate of Beds (%)	73.63	75.75	75.78	65.87
病床周转次数 (次/年)	Turnover Rate of Beds (times/year)	31.18	36.37	37.11	12.20
出院者平均住院日 (日)	Average Hospitalization Period (day)	8.33	7.57	7.40	16.59
医师人均每日担负诊疗人次(人)	Average Daily For Per Doctor visited (person)	8.40	9.62	9.57	5.37
医师人均每日担负住院床日(人)	Doctor Responsible For Inpatient Bed Days Per Capita Daily (person)	1.48	1.38	1.37	2.21

注：本表数据由广州市卫生健康委员会提供。

Note: The data in this table are provided by Guangzhou Municipal Health Commission.

18-24 医疗资源与服务情况(2022年，按机构类型分)

Resources and Services on Medical Institutions (2022，By Organization Type)

项目	Item	医院 Hospital	基层医疗卫生机构 Basic Medical and Health Institutions	社区卫生服务中心(站) Community Health Care Centers	卫生院 Health Center	专业公共卫生机构 Professional Medical and Health Institutions	其他卫生机构 Other Health Care Institutions
机构数 (个)	Number of Units (unit)	298	5663	333	31	67	131
总诊疗人次 (万人次)	Patients Treated (10000 person-times)	8892.89	4362.87	2267.87	480.70	863.88	9.06
#门诊	Outpatient Visits	8037.17	3968.99	2031.05	333.78	736.66	8.95
急诊	Emergency Visits	756.32	146.59	46.82	99.77	91.55	
观察室留观病例数 (万人次)	Number of Persons for Further Observation (10000 person-times)	48.27	4.19	1.59	2.60	0.13	
健康检查人次 (万人次)	Number of Persons for Health Examination (10000 person-times)	780.57	305.72	118.80	20.82	80.09	5.32
入院人数 (万人次)	Number of Inpatients (10000person-times)	307.73	6.34	1.75	4.60	18.24	0.17
出院人数 (万人次)	Number of Leaving Hospital (10000 person-times)	307.85	6.31	1.77	4.55	18.24	0.16
年末实有病床数 (张)	Number of Beds at Year-end (unit)	100490	5040	2722	2318	4438	539
平均开放病床数 (张)	Average Number of Beds in Use (unit)	98094	4097	2231	1866	4003	466
病床使用率 (%)	Utilization Rate of Beds (%)	75.08	49.44	44.32	55.56	67.18	35.50
病床周转次数 (次/年)	Turnover Rate of Beds (times/year)	31.38	15.41	7.92	24.36	45.55	3.51
出院者平均住院日 (日)	Average Hospitalization Period (day)	8.43	11.44	20.11	8.07	5.33	35.51

注：本表数据由广州市卫生健康委员会提供。
Note: The data in this table are provided by Guangzhou Municipal Health Commission.

18-25 村卫生室基本情况

Statistics on Rural Health Institutions

项目	Item	2021	2022
机构数 (个)	Number of Institutions (unit)	936	935
执业(助理)医师 (人)	Certified (Assistant) Doctors (person)	607	590
注册护士 (人)	Certified (Assistant) Nurses (person)	239	232
乡村医生和卫生员 (人)	Rural Doctors and Medical Attendants (person)	432	424
乡村医生	Rural Doctors	393	399
卫生员	Medical Attendants	39	25
总诊疗人次 (万人次)	Patients Treated (10000 person-times)	157.00	132.14

注：本表数据由广州市卫生健康委员会提供。
Note: The data in this table are provided by Guangzhou Municipal Health Commission.

18-26　卫生事业其他指标
Other Indicators of Health Care

项　　目	Item	2021	2022
人均卫生资源	**Per Capita Health Resources**		
每万人口卫生机构床位数　(张)	Number of Hospital Beds per 10000 Population　(unit)	56.62	58.99
每万人口卫生技术人员数　(人)	Number of Medical Technical Personnel per 10000 Population　(person)	99.79	104.46
每万人口执业(助理)医师数　(人)	Number of Certified (Assistant) Doctors per 10000 Population　(person)	35.20	36.66
每万人口注册护士数　(人)	Number of Registered Nurses per 10000 Population　(person)	46.79	48.68
防病工作	**Disease Prevention**		
甲、乙类传染病发病率　(1/10万)	Incidence Disease Rate of type A&B Infectious Disease (per 100000 persons)	305.89	588.76
甲、乙类传染病死亡率　(1/10万)	Death Rate of type A&B Infectious Diseases　(per 100000 persons)	0.68	0.67
儿童计划免疫接种率　(%)	Planned Vaccination Rate of Children　(%)	99.83	99.87
卡介苗基础免疫　(%)	BCG Basic Vaccination Rate	99.89	99.91
脊髓灰质炎基础免疫　(%)	Poliovirus Basic Vaccination Rate	99.82	99.88
百白破基础免疫　(%)	Pertussis, Diphtheria & Tetanus Basic Vaccination Rate	99.83	99.86
麻疹基础免疫　(%)	Measles Virus Basic Vaccination Rate	99.84	99.87
乙肝基础免疫　(%)	Hepatitis B Basic Vaccination Rate	99.78	99.87
乙脑基础免疫　(%)	Encephalitis B Basic Vaccination Rate	99.83	99.89
妇幼工作	**Women and Children**		
孕产妇保健系统管理率　(%)	Management Rate of Maternity Health Care System　(%)	97.24	97.21
产前检查率　(%)	Medical Examination Rate before Birth　(%)	98.54	98.65
住院分娩率　(%)	Hospital Childbirth Rate　(%)	99.93	99.88
3岁以下儿童系统管理率　(%)	Management Rate of Children System at 3 Years Old and below　(%)	94.21	92.75
7岁以下儿童健康管理率　(%)	Management Rate of Children Health Care at 7 Years Old and below　(%)	98.81	98.36
新生儿遗传代谢性疾病筛查率　(%)	Screening Rate of Neonatal Genetic and Metabolic Disease　(%)	99.76	99.75
新生儿听力筛查率　(%)	Neonatal Hearing Screening Rate　(%)	99.30	99.45
住院分娩出生缺陷发生率　(1/万)	Birth Defect Rate at Hospital Childbirth　(1/10000)	270.76	270.98
出生低体重儿发生率　(%)	Incidence Rate of Low Weight Infants at Birth　(%)	6.96	6.75
5岁以下儿童中重度营养不良发生率　(%)	Incidence Rate from Medium and Serious Malnutrition of Children at 5 Years Old and below　(%)	1.24	1.30
围产儿死亡率　(‰)	Death Rate of Perinatal Children　(‰)	3.38	3.49
孕产妇死亡率　(1/10万)	Death Rate of Pregnant and Lying-in Women　(per 100000 persons)	3.57	3.82
婴儿死亡率　(‰)	Death Rate of Infant　(‰)	1.65	1.79
5岁以下儿童死亡率　(‰)	Death Rate of Children at 5 Years Old and below　(‰)	2.61	2.77

注：1.本表数据由广州市卫生健康委员会提供。
2.本表人均卫生资源用年末常住人口计算。
3.甲、乙类传染病发病率、死亡率用年平均常住人口计算。

Notes: I. The data in this table are provided by Guangzhou Municipal Health Commission.
II. Per capita health resources is calculated by annual resident population.
III. The incidence disease rate and death rate of type A and B infections diseases are calculated by annual resident population.

18-27　律师、公证、基层司法基本情况

Basic Statistics on Lawyers, Notarization and Grassroots Judicial Work

项　　目		Item		2021	2022
律师工作		**Lawyers**			
律师事务所	(个)	Number of Law Offices	(unit)	851	902
执业律师	(人)	Number of Certified Lawyers	(person)	20053	22744
担任常年法律顾问	(家)	Number of Units with Permanent Legal Advisors	(unit)	25824	24817
民事诉讼代理	(件)	Civil Case Litigation Agency	(case)	236542	207250
行政诉讼代理	(件)	Administrative Action Case Litigation Agency	(case)	5666	5069
非诉讼法律事务	(件)	off-court Case	(case)	77316	61946
刑事辩护及代理	(件)	Criminal Case Litigation Agency	(case)	32656	22298
公证工作		**Notarization**			
公证处	(个)	Number of Notary Offices	(unit)	10	10
公证人员	(人)	Number of Notary Personnel	(person)	470	535
办结公证总数	(件)	Number of Notary Documents	(case)	394683	316108
# 国内民事公证		Domestic Civil Notary		251206	213902
国内经济公证		Domestic Economic Notarization		86225	55489
涉外民事公证		Foreign-related Civil notary		56146	46125
涉外经济公证		Foreign-related Economic Notarization		1106	592
基层司法工作		**Grassroots Judicial Work**			
司法所	(个)	Number of Law Services	(unit)	176	176
司法所人员	(人)	Number of Law Service Personnel	(person)	1108	1103
司法所兼职人员	(人)	Number of Units with Legal Advisors	(person)		
司法所辅助人员	(人)	Ancillary Judicial Personel in Courts	(person)	618	655
人民调解委员会	(个)	Number of People's Mediation Committees at Year-end	(unit)	3389	3417
调解人员	(人)	Number of Mediators at Year-end	(person)	17462	18420
调解纠纷总数	(件)	Number of Disputes Mediated	(case)	86151	61119

注：本表数据由广州市司法局提供。
Note:The data in this table are provided by Guangzhou Municipal Bureau of Justice.

18-28 社会治安主要指标
Main Indicators of Public Security

项　　目		Item		2021	2022
刑事案件		**Criminal Cases**			
立当年案数	(件)	Number of Cases Registered	(case)	99630	90380
破当年案数	(件)	Number of Cases Cracked in Current Year	(case)	35161	36224
破案率	(%)	Percentage of Cases Cracked to Total Criminal Cases in Current Year	(%)	35.3	40.1
治安案件		**Offense Cases against Public Order**			
受理数	(件)	Number of Cases Accepted to be Treated	(case)	102131	100817
查处数	(件)	Number of Cases Investigated and Treated	(case)	97636	95457
城市交通事故		**City Traffic Accidents**			
交通事故	(件)	Number of Traffic Accidents	(case)	3601	4683
死伤人数	(人)	Number of Deaths and Injuries	(person)	3891	4487
#死亡人数		Number of Deaths		622	572
损失折款	(万元)	Losses Converted into Cash	(10000 yuan)	1097	1252
火　灾		**Fires**			
火灾起数	(起)	Number of Fires	(case)	9152	9516
死伤人数	(人)	Number of Deaths and Injuries	(person)	38	42
#死亡人数		Number of Deaths		14	8
损失折款	(万元)	Losses Converted into Cash	(10000 yuan)	10067	8568

注：本表刑事案件、治安案件、城市交通事故数据由广州市公安局提供。火灾相关数据由广州市消防救援支队提供。

Note: This table provides data on criminal cases, public security cases, and urban traffic accidents provided by the Guangzhou Municipal Public Security Bureau. Fire-related data are provided by Guangzhou Fire Rescue Detachment.

18-29 社会保险情况

Conditions of Social Insurance

单位：人 (person)

项目	Item	2021 年末参保人数 Persons Participating in Insurance at Year-end	2021 享受保险待遇人数 Number of People Enjoying Insurance	2022 参保人数 Persons Participating in Insurance	2022 享受保险待遇人数 Number of People Enjoying Insurance
基本养老保险	Basic Pension Insurance	10039020	1864321	10234161	1939113
城镇职工基本养老保险	Basic Pension Insurance for Employed Persons in Urban Units	8643340	1279560	8860865	1346683
城乡居民养老保险	Pension Insurance for Urban and Rural Resident	1395680	584761	1373296	592430
社会医疗保险	Social Medical Care Insurance	13968100	6981422	13913970	7809062
职工社会医疗保险	Employee Social Medical Care Insurance	8944800	4915874	9086703	5489763
城乡居民社会医疗保险	Social Medical Care Insurance for Urban and Rural Residents	5023300	2065548	4827267	2319299
失业保险	Unemployment Insurance	7157123	208600	7148285	234555
工伤保险	Work Injury Insurance	7292310	17190	7189074	18793
生育保险	Maternity Insurance	6896676	315500	7021602	353125

注：1.养老保险、失业保险、工伤保险数据由广州市人力资源和社会保障局提供，医疗保险、生育保险数据由广州市医疗保障局提供。
2.职工社会医疗保险参保人数2021年口径为当期缴费人数，即2021年末参保人数。2022年口径按国家医保局规定改为6个月内有缴费并参保状态正常的人员。
3.生育保险参保人数2021年口径为当期缴费人数，即2021年末参保人数。2022年口径按国家医保局规定改为6个月内有缴费并参保状态正常的人员。
4.享受职工社会医疗保险待遇人数不含个账注资、大学生门诊包干、药店购药人数。
5.生育保险享受保险待遇相关数据为享受保险待遇人次。

Notes: I. The data on pension insurance, unemployment insurance and industrial injury insurance are provided by Guangzhou Municipal Human Resources and Social Security Bureau, and the data on medical insurance and maternity insurance are provided by Guangzhou Municipal Medical Insurance Bureau.
II. The number of employees participating in social medical insurance in 2021 is the number of current contributors, that is, the number of participants at the end of 2021.In 2022, according to the provisions of the National Medical Insurance Bureau,the caliber will be changed to those who have paid fees within 6 months and participate in the normal insurance status.
III. The number of maternity insurance participants in 2021 is the number of current payment, that is, the number of participants at the end of 2021. In 2022, according to the provisions of the National Medical Insurance Bureau, the caliber will be changed to those who have paid fees within 6 months and participate in the normal insurance status.
IV. The number of employees who enjoy social medical insurance does not include the number of individual account injection,college students' outpatient contract, and pharmacies.
V.The relevant data of maternity insurance benefits are the number of people who enjoy insurance benefits.

18-30 优抚和社会救助、福利事业情况
Statistics on Special Care, Social Relief and Social Welfare

项目		Item		2021	2022
优抚事业		**Special Care and Preferential Treatment**			
抚恤、补助优抚对象总人数	(人)	Number of Persons Enjoying Regular Pensions and Allowances	(person)	35992	35632
抚恤事业财政性支出	(万元)	Expenses on Special Care and Preferential Treatment	(10000 yuan)	61514	60639
社会救助		**Social Relief**			
城市居民最低生活保障人数	(人)	Number of Persons Enjoying Minimum living Security In Urban Areas	(Person)	18660	18387
城市居民最低生活保障户数	(户)	Number of Households Enjoying Minimum living Security In Urban Areas	(Household)	11971	11757
农村居民最低生活保障人数	(人)	Number of Persons Enjoying Minimum living Security In Rural Areas	(Person)	27614	27935
农村居民最低生活保障户数	(户)	Number of Households Enjoying Minimum living Security In Rural Areas	(Household)	11798	11560
城市特困人员救助供养人数	(人)	Number of Relief Personnel in Urban Areas	(Person)	4552	5710
农村特困人员救助供养人数	(人)	The Number of Relief Personnel in Rural Areas	(Person)	3595	3931
资助参加医疗救助保险	(人次)	Number of Persons Funded to Participate in Medical Care Insurance	(Person)	197230	159168
直接实施医疗救助人次数	(人次)	Number of Persons Direct Implementation of Medical Assistance	(Person-times)	1209810	1019848
# 住院救助人次数	(人次)	Number of Persons Enjoying Medical Assistance Inpatient Services	(Person-times)	325886	144811
门诊救助人次数	(人次)	Number of Persons Enjoying Medical Assistance Outpatient Services	(Person-times)	883924	875037
临时救助人次数	(人次)	Number of temporary assistance	(Person-times)	2049	2880
城市低收入家庭救助人数	(人)	Number of Persons low-income families assisted in Urban Areas	(Person)	2593	2272
城市低收入家庭救助户数	(户)	Number of Households low-income families assisted in Urban Areas	(Household)	1139	1015
农村低收入家庭救助人数	(人)	Number of Persons low-income families assisted In Rural Areas	(Person)	3088	2281
农村低收入家庭救助户数	(户)	Number of Households low-income families assisted In Rural Areas	(Household)	1015	747
生活无着人员救助人次数	(人次)	Number of Homeless People Enjoying Relief	(Person-times)	15529	18034
# 未成年人救助保护机构救助未成年人人次数	(人次)	Number of times that minors are rescued by minors' rescue and protection Agency	(Person-times)	27	34
社会救助事业财政性支出	(万元)	Expenses on Social Relief	(10000 yuan)	93493	105008
自然灾害生活救助财政性支出	(万元)	Financial Relief Funds for Disasters	(10000 yuan)		517
社会福利		**Social Welfare**			
享受困难残疾人生活补贴人数	(人)	Number of persons with disabilities receiving living allowances	(Person)	31722	31786
享受重度残疾人护理补贴人数	(人)	Number of persons receiving care subsidies for severely disabled persons	(Person)	110038	112956
社会福利收养性单位数	(个)	Number of Social Welfare Adoption Units	(unit)	259	254
社会福利收养性单位床位数	(张)	Number of Beds in Social Welfare Adoption Units	(unit)	68541	66264
年末社会福利收养性单位在院人数	(人)	Number of Persons in Social Welfare Adoption Units at Year-end	(Person)	30809	30397
社会福利事业财政性支出	(万元)	Expenses on Social Welfare	(10000 yuan)	278463	339163
城乡社区服务		**Grassroots Social Security in Urban and Rural Areas**			
社区服务设施数	(个)	Number of Community Service Facilities in Urban Areas	(unit)	3217	3253
# 社区服务中心(站)	(个)	Centers of Community Service		2958	3004

注:1.优抚事业数据由广州市退役军人事务局提供，医疗救助数据由广州市医疗救助服务中心提供，自然灾害生活救助财政性支出数据由广州市应急管理局提供，其余数据由广州市民政局提供。
2.社会福利收养性单位相关数据不含优抚及转隶单位数据。
3.抚恤事业财政性支出包含中央、市和区财政支出,统计口径包括优抚对象抚恤补助、慰问金、一次性抚恤金和义务兵家庭优待金等。
4.自然灾害生活救助财政性支出数据指救助经费，不含物资救助。
5.原“流浪乞讨人员救助人次数”指标修改为“生活无着人员救助人次数”，指标口径不变。
6.从2022年起，同时享受医疗救助待遇和医疗救助购买服务项目待遇的在计算住院救助人次数时合并按1人次计算，因统计口径变化数据与2021年及以前不可比。

Notes: I. The data on preferential care are provided by Guangzhou Bureau of Veterans Affairs, medical assistance data are provided by Guangzhou Medical Assistance Service Center, financial relieff funds for disasters data are provided by Guangzhou Municipal Emergency Management Bureau. Other data are provided by Guangzhou Civil Affairs Bureau.
II. The relevant data of social welfare adoptive units do not include the data of preferential care and subordinate units.
III. The financial expenditure on pension business includes the financial expenditure of the central government, municipalities and districts, and the statistical caliber includes pension subsidies, condolence payments, one-time pensions and preferential treatment for the families.
IV. The data of financial relief funds for disasters include aid funding and does not include material relief.
V.The original index of "Number of Vagrants and Beggars Enjoying Relief" was revised to "Number of Homeless People Enjoying Relief",and the indicator caliber remained unchanged.
VI. Since 2022, those who enjoy both medical assistance treatment and medical assistance purchase service project treatment will be combined to calculate the number of hospitalized rescuers by one person, because the data is incomparable with that in 2021 and before due to the change of statistical caliber.

18-31　结婚登记和离婚登记情况

Marriage Registration and Divorce Registration

单位：对　　(couple)

地　区	District	2021		2022	
		结婚登记对数 Number of Marriage Registration	离婚登记对数 Number of Divorces Registration	结婚登记对数 Number of Marriage Registration	离婚登记对数 Number of Divorces Registration
全　市	**Total**	**71937**	**22118**	**78242**	**22469**
荔湾区	Liwan	3650	1479	4289	1569
越秀区	Yuexiu	7512	2351	8253	2564
海珠区	Haizhu	6928	2494	6210	2431
天河区	Tianhe	8725	2111	10228	2440
白云区	Baiyun	10094	3323	10911	2894
黄埔区	Huangpu	5137	1421	5895	1374
番禺区	Panyu	8487	2566	10288	2817
花都区	Huadu	6109	2060	6045	1887
南沙区	Nansha	3921	1099	4371	1044
从化区	Conghua	3929	1313	3905	1218
增城区	Zengcheng	7445	1901	7847	2231

注：1.从2018年起，涉外婚姻登记办理权限下放到各区。
　　2.本表数据由广州市民政局提供。

Notes: I. The authority for registration of foreign-related marriages has been delegated to all districts since 2018.
　　II. The data in this table are provided by Guangzhou Municipal Civil Affairs Bureau.

18-32　社会组织机构情况

Social Organization Structure

单位：个　　(unit)

项　目	Item	2021	2022
社会组织机构数	**Number of social organizations**	**8030**	**8004**
# 社会团体	Social Group	3467	3467
民办非企业	Private non-enterprise Organization	4440	4397
基金会	Foundation	123	140

注：本表数据由广州市民政局提供。

Note: The data in this table are provided by Guangzhou Municipal Civil Affairs Bureau.

主要统计指标解释

【卫生人员】指在医院、基层医疗卫生机构、专业公共卫生机构及其他医疗卫生机构工作的职工，包括卫生技术人员、乡村医生和卫生员、其他技术人员、管理人员和工勤人员。一律按支付年底工资的在岗职工统计，包括各类聘任人员（含合同工）及返聘本单位半年以上人员，不包括临时工、离退休人员、退职人员、离开本单位仍保留劳动关系人员、本单位返聘和临聘不足半年人员。

【执业医师】指《医师执业证》"级别"为"执业医师"且实际从事医疗、预防保健工作的人员，不包括实际从事管理工作的执业医师。执业医师类别分为临床、中医、口腔和公共卫生四类。

【执业助理医师】指《医师执业证》"级别"为"执业助理医师"且实际从事医疗、预防保健工作的人员，不包括实际从事管理工作的执业助理医师。执业助理医师类别分为临床、中医、口腔和公共卫生四类。

【律师】指受聘参加律师事务所工作，提任法律顾问、刑（民）事代理人、刑事辩护人，办理非诉讼事件、解答法律询问，代写法律事务文书等主要从事律师业务的专职法律工作者和兼职律师。

【公证人员】指在国家公证机关依法办理公证事务的司法人员。包括公证员、助理公证员和在公证处工作的其他人员。

【调解人员】指人民调解委员会担负调解民间一般民事纠纷和轻微违法行为所引起的纠纷的工作人员。包括调解委员会的委员和调解小组调解员。

Explanatory Notes on Main Statistical Indicators

【Health Personnel】 refers to staff and workers working in hospitals, primary medical and health institutions, specialized public health institutions and other medical and health institutions, including health technicians, rural doctors and health workers, other technical personnel, administrative personnel and workers. Statistics shall be made according to the on-post staff who pay the salary at the end of the year, including all kinds of hired staff (including contract staff) and rehired staff of the unit for more than half a year, excluding temporary workers, retired staff, retired staff, left the unit and still retained labor relations staff, rehired staff of the unit and temporary staff for less than half a year.

【Licensed Physician】 refers to the personnel whose "level" is "licensed physician" and who are actually engaged in medical treatment and preventive health care, excluding the medical practitioners who are actually engaged in management work. The medical practitioners are divided into four categories: clinical, traditional Chinese medicine, oral and public health.

【Assistant Medical Practitioner】 refers to those who are "assistant medical practitioner" in the "Medical Practitioner Certificate" and are actually engaged in medical treatment and preventive health care, excluding assistant medical practitioner who is actually engaged in management work. Assistant medical practitioners are classified into four categories: clinical, traditional Chinese medicine, oral and public health.

【Lawyers】 refers to full-time legal workers and part-time lawyers who are employed to work in law firms, appointed legal counsel, criminal (civil) affairs agent, criminal defender, handle non-litigation events, answer legal inquiries, and write legal documents.

【Notary】 refers to the judicial personnel who handle notary affairs in the national notary office according to law. This includes notaries, assistant notaries and other persons working in the notary office.

【Conciliator】 refers to the staff of the people's conciliation committee who is responsible for mediating ordinary civil disputes and disputes caused by minor illegal acts. Including members of the conciliation Board and conciliation panel mediators.

附 录

APPENDIX

附录1　全国国民经济主要指标

Main Indicators of National Economy of China

项　　目		Item		2021	2022
年末总人口	（万人）	Year-end Population	(10000 persons)	141260	141175
国内生产总值	（亿元）	Gross Domestic Product	(100 million yuan)	1149237	1210207
#第一产业		Primary Industry		83217	88345
第二产业		Secondary Industry		451544	483165
第三产业		Tertiary Industry		614476	638698
人均国内生产总值	（元）	Per Capita Gross Domestic Product		81370	85698
全社会固定资产投资额	（亿元）	Total Investment in Fixed Assets	(100 million yuan)	552884	579556
社会消费品零售总额	（亿元）	Total Retail Sales of Consumer Goods	(100 million yuan)	440823	439733
货物周转量	（亿吨公里）	Total Freight To-kilometers	(100 million ton-km)	223600	231783
旅客周转量	（亿人公里）	Total Passenger-kilometers	(100 million passenger-km)	19758	12921
邮政业务总量	（亿元）	Business Volume of Postal Services	(100 million yuan)	13698	14317
电信业务总量	（亿元）	Business Volume of Telecommunication Services	(100 million yuan)	17198	17498
货物进出口总额	（亿美元）	Total Imports & Exports through Customs	(100 million yuan)	60502	63096
进口总额	（亿美元）	Total Imports through Customs	(100 million dollar)	26871	27160
出口总额	（亿美元）	Total Exports through Customs	(100 million dollar)	33630	35936
实际使用外商直接投资	（亿美元）	Amount of Capital Actually Used in Foreign Direct Investment	(USD 100 million)	1735	1891
一般公共预算收入	（亿元）	General Public Budget Revenue	(100 million yuan)	202555	203704
居民消费价格总指数	（上年=100）	General Consumer Price Index	(preceding year=100)	100.9	102.0
城镇非私营单位就业人员年平均工资	（元）	Average Wage of Employed persons in Urban Units	(yuan)	106837	114029
城镇居民年人均可支配收入	（元）	Per Capita Annual Disposable Income of Urban Residents	(yuan)	47412	49283
农村居民年人均可支配收入	（元）	Per Capita Annual Disposable Income of Rural Residents	(yuan)	18931	20133
在校学生数		Number of Enrolled Students by Level of School			
#普通本专科学校	（万人）	Undergraduate in Regular HEIS	(10000 persons)	3496	3659
普通高中	（万人）	Regular Senior Secondary Schools	(10000 persons)	2605	2714
普通小学	（万人）	Primary Schools	(10000 persons)	10780	10732
医疗卫生机构床位数	（万张）	Hospital Beds	(10000 units)	945	975
卫生技术人员	（万人）	Medical Technical Personnel	(10000 persons)	1124	1166
#执业医师和执业助理医师		Doctors and Assistant Medical Practitioners		429	444

注：2021年为最终统计数据，2022年为初步统计数据。

Note: The figures of 2022 are preliminary statistics, and the figures of 2021 are finally statistics.

附录2 广东省国民经济主要指标

Main Indicators of National Economy of Guangdong Province

项　　目		Item		2021	2022
年末常住人口	（万人）	Year-end Population	(10000 persons)	12684	12657
年末就业人员人数	（万人）	Year-end Employed Persons	(10000 persons)	7072	6904
地区生产总值	（亿元）	Gross Domestic Products	(100 million yuan)	124719.53	129118.58
人均地区生产总值	（元）	Per Capita GDP	(yuan)	98561	101905
社会消费品零售总额	（亿元）	Total Retail Sales of Consumer Goods	(100 million yuan)	44187.71	44882.92
货运量	（万吨）	Freight Traffic	(10000 tons)	398420	364199
客运量	（万人）	Passenger Traffic	(10000 persons)	62126	47632
港口货物吞吐量	（万吨）	Volume of Freight Handled at Ports	(10000 tons)	209600	204802
邮政业务总量	（亿元）	Business Volume of Postal Services	(100 million yuan)	3021.10	3112.87
电信业务总量	（亿元）	Business Volume of Telecommunications Services	(100 million pieces)	1933.49	1950.26
进口总值	（亿美元）	Total Imports	(100 million dollar)	4977.07	4470.67
出口总值	（亿美元）	Total Exports	(100 million dollar)	7818.60	7999.02
实际利用外商直接投资	（亿元）	Amount of Direct Foreign Capital Actually Used	(100 million yuan)	1840.02	1819.02
地方一般公共预算收入	（亿元）	General Public Budgetary Revenue of Local Government	(100 million yuan)	14105.04	13260.88
地方一般公共预算支出	（亿元）	General Public Budgetary Expenditure of Local Government	(100 million yuan)	18247.01	18533.08
居民消费价格指数	（上年=100）	General Consumer Price Index	(preceding year=100)	100.8	102.2
工业生产者出厂价格指数	（上年=100）	Producer Price Index for Manufactured Goods	(preceding year=100)	103.4	103.0
工业生产者购进价格指数	（上年=100）	Producer Price Index for Purchased Goods	(preceding year=100)	108.0	104.1
城镇单位就业人员年平均工资	（元）	Average Wage of Fully Employed Staff and Workers in Urban Units	(yuan)	118133	124916
城镇常住居民人均可支配收入	（元）	Per Capita Disposable Income of Urban Residents	(yuan)	54854	56905
农村常住居民人均可支配收入	（元）	Per Capita Disposable Income of Rural Residents	(yuan)	22306	23598
在校学生数	（万人）	Number of Enrolled Students by Level of School	(10000 persons)		
普通高等学校		Institutions of Higher Education		253.98	267.09
中等学校		Secondary Schools		783.17	824.62
小　学		Primary Schools		1079.01	1084.05
医院、卫生院	（个）	Medical Technical Personnel	(10000 persons)	2935	2981
执业(助理)医师	（万人）	Number of Doctors	(10000 persons)	32.09	33.52
医院及卫生院床位	（万张）	Hospital Beds	(10000 units)	54.66	56.41

注：2021年为最终统计数据，2022年为初步统计数据。

Note: The figures of 2022 are preliminary statistics, and the figures of 2021 are finally statistics.

附录3 中国香港特别行政区主要统计指标

Main Indicators of Hong Kong Special Administrative Region

项目		Item		2021	2022
人口及生命统计		**Population and Vital Events**			
总人口(年中数)	(万人)	Mid-year Population	(10000 persons)	741.3	734.6
粗出生率	(‰)	Crude Birth Rate	(‰)	5.0	4.4
粗死亡率	(‰)	Crude Death Rate	(‰)	6.9	8.4
劳动、就业		**Labor and Employment**			
劳动人口	(万人)	Labor Force	(10000 persons)	387.0	377.6
劳动人口参与率	(%)	Labor Force Participation Rate	(%)	59.4	58.2
失业率	(%)	Unemployment Rate	(%)	5.2	4.3
本地生产总值		**Gross Domestic Product**	**(GDP)**		
本地生产总值(按2020年环比物量计算)	(亿港元)	GDP	(At 2020 Link Ratios, HKD 100 million)	28483	27484
人均本地生产总值(按2020年环比物量计算)	(港元)	Per Capita GDP	(At 2020 Link Ratios, HKD)	384229	374135
本地生产总值(按当年价格计算)	(亿港元)	GDP	(At Current Prices, HKD 1000 million)	28697	28270
人均本地生产总值(按当年价格计算)	(港元)	Per Capita GDP	(At Current Prices, HKD)	387110	384831
本地居民总收入(按当年价格计算)	**(亿港元)**	**Gross National Income (at current prices)**	**(GNI)**		
本地居民总收入	(亿港元)	GNI	(HKD 100 million)	30747	30265
人均本地居民总收入	(港元)	GNI per capita	(HKD)	414759	411992
工业生产		**Industrial Production**			
工业生产指数	(2015年=100)	Index of Industrial Production	(2015 = 100)	101.0	101.2
工业电力消费量	(万亿焦耳)	Industrial Electricity Consumption	(Terajoule)	11163	11087
工业煤气消费量	(万亿焦耳)	Industrial Gas Consumption	(Terajoule)	1596	1704
对外商品贸易		**External Merchandise Trade**			
进口	(亿港元)	Imports	(CIF, HKD 100 million)	53078	49275
香港产品出口	(亿港元)	Domestic Exports	(HKD 100 million)	745	626
转口	(亿港元)	Re-exports	(HKD 100 million)	48861	44690
运输、旅游		**Transport , Communications and Tourism**			
进出香港货物总量	(万吨)	Inward and Outward Movements of Cargo	(10000 tons)		
总卸下		Total Discharged		15066	12904
总装上		Total Loaded		8891	7637
集装箱吞吐量	(万标准集装箱)	Container Throughput	(10000 TEUs)	1780	1669
访港旅客	(万人次)	Visitors Arrivals	(10000 person-times)	9	60
酒店入住率	(%)	Hotel Room Occupancy Rate	(%)	63	66
政府收支	**(亿港元)**	**Public Accounts**	**(HKD 100 million)**		
政府收入	(财政年度由4月1日至3月31日)	Total Government Revenue	(Fiscal year: Apr. - Mar.)	6936	6222
政府支出	(财政年度由4月1日至3月31日)	Total Government Expenditure	(Fiscal year: Apr. - Mar.)	6933	8105
消费价格指数	**(按年变动率)**	**Consumer Price Indices**	**(Annual Rate of Change)**		
综合消费价格指数		Composite Consumer Price Index		101.4	103.3
教育程度	**(万人)**	**Education**	**(Student enrolment by level of education) (10000 persons)**		
小学学生人数		Primary		35.30	33.75
中学学生人数		Secondary		34.00	33.47

注：2022年数据在日后得到更多资料时会作出修订。

Note: Figures of 2022 are subject to revision as more data become available.

附录4　中国澳门特别行政区主要统计指标

Main Indicators of Macao Special Administrative Region

项　　目		Item		2021	2022
人口及生命统计		**Population and Vital Events**			
年中人口估计	（万人）	Mid-year Estimates of Population	(10000 persons)	68.3	67.7
出生率	（‰）	Crude Birth Rate	(‰)	7.4	6.4
死亡率	（‰）	Crude Death Rate	(‰)	3.4	4.4
劳动、就业		**Labour**			
劳动人口	（万人）	Labour Force	(10000 persons)	39.0	37.9
劳动力参与率	（%）	Labour Force Participation Rate	(%)	69.0	68.6
失业率	（%）	Unemployment Rate	(%)	2.9	3.7
就业不足率	（%）	Underemployment Rate	(%)	4.1	6.9
本地生产总值		**Gross Domestic Product**			
以2020年环比物量计算		**At 2020 Link Ratios**			
本地生产总值	（亿澳门元）	GDP	(100 million MOP)	2425.9	1776.7
人均本地生产总值	（万澳门元）	GDP per Capita	(100 million MOP)	35.5	26.2
按当年价格计算		At Current Prices			
本地生产总值	（亿澳门元）	GDP	(100 million MOP)	2394.1	1772.7
人均本地生产总值	（万澳门元）	GDP per Capita	(10000 MOP)	35.0	26.1
对外商品贸易		**External Merchandise Trade**			
出口	（亿澳门元）	Exports	(100 million MOP)	129.6	135.2
本地产品出口	（亿澳门元）	Domestic Exports	(100 million MOP)	20.0	20.2
转口	（亿澳门元）	Re-exports	(100 million MOP)	110.0	115.0
进口	（亿澳门元）	Imports	(100 million MOP)	1538.8	1398.1
运输、旅游		**Transport &Tourism**			
进出澳门货运车辆数目	（万辆）	Lorries Entering and Departing Macao	(10000 times)	34.2	34.2
访澳旅客	（万人次）	Visitors Arrival	(10000 person-times)	771.0	570.0
酒店入住率	（%）	Hotel Room Occupancy Rate	(%)	50	38
财政收支		**Government Accounts**			
公共财政总收入	（亿澳门元）	Total Government Revenue	(100 million MOP)	898.3	1044.9
公共财政总支出	（亿澳门元）	Total Government Expenditure	(100 million MOP)	861.1	995.9
消费价格指数		**Consumer Price Index**			
综合消费价格指数（2018年4月至2019年3月=100）		Composite Consumer Price Index (Apr.2018 - Mar.2019 = 100)		102.63	103.70
教　育		**Education**			
小学生	（人）	Primary Education	(person)	36791	37854
中学生	（人）	Secondary Education	(person)	28961	30274
高等教育学生	（人）	Higher Education	(person)	43964	49594

注：2022年数据在日后得到更多资料时会作出修订。

Note: Figures of 2022 are subject to revision as more data become available.

附录5　粤港澳大湾区主要经济指标（2022年）

Main Indicators of Guangdong-Hong Kong-Macao Greater Bay Area (2022)

地　区	Region	土地面积（平方公里）Land Area (sq.m)	地区生产总值 Gross Domestic Product 绝对值（亿元）Absolute (100 million yuan)	绝对值（亿美元）Absolute (USD 100 million)	指数（上年=100）Index (preceding year =100)	人均地区生产总值 Per Capita GDP 绝对值（元）Absolute (yuan)	绝对值（美元）Absolute (USD)	指数（上年=100）Index (preceding year =100)
广　州	Guangzhou	7434.40	28839.00	4287.6	101.0	153625	22840	101.0
深　圳	Shenzhen	1987.00	32387.68	4815.2	103.3	183274	27248	103.2
珠　海	Zhuhai	1725.02	4045.45	601.5	102.3	163654	24331	101.8
佛　山	Foshan	3797.79	12698.39	1887.9	102.1	132517	19702	101.9
惠　州	Huizhou	11350.36	5401.24	803.0	104.2	89157	13255	104.3
东　莞	Dongguan	2460.38	11200.32	1665.2	100.6	106803	15879	100.8
中　山	Zhongshan	1780.99	3631.28	539.9	100.5	81620	12135	100.5
江　门	Jiangmen	9535.19	3773.41	561.0	103.3	78146	11618	103.1
肇　庆	Zhaoqing	14891.43	2705.05	402.2	101.1	65513	9740	100.9
香港特别行政区	Hong Kong Special Administrative Region	1114.40	24281	3610.0	96.5	330531	49142	97.4
澳门特别行政区	Macao Special Administrative Region	33.30	1479	219.8	73.2	218083	32423	73.8

附录5　续表　continued

地　区	Region	年末人口（万人）Population at the Year-end (10000 persons)	港口集装箱吞吐量（万标准集装箱）Container Throughput (10000 TEUs)	进出口总额（亿美元）Total Exports and Imports (USD 100 million)	出口总额（亿美元）Total Exports (USD 100 million)	进口总额（亿美元）Total Imports (USD 100 million)
广　州	Guangzhou	1873.41	2485.76	1639.43	926.85	712.58
深　圳	Shenzhen	1766.18	3003.62	5498.32	3279.04	2219.28
珠　海	Zhuhai	247.72	109.75	458.91	289.89	169.02
佛　山	Foshan	955.23	322.25	1001.94	840.49	161.45
惠　州	Huizhou	605.02	42.15	464.34	307.50	156.84
东　莞	Dongguan	1043.70	361.48	2095.67	1390.11	705.56
中　山	Zhongshan	443.11	136.24	422.22	351.37	70.85
江　门	Jiangmen	482.22	154.31	267.07	217.82	49.25
肇　庆	Zhaoqing	412.84	49.20	57.91	41.02	16.89
香港特别行政区	Hong Kong Special Administrative Region	734.60	1669	10466.42	5014.68	5451.74
澳门特别行政区	Macao Special Administrative Region	67.70	9.37	190.09	16.76	173.33

注：1.本表香港、澳门统计数据来自《中国统计摘要》、香港特区政府统计处以及澳门统计暨普查局。

2.香港特别行政区和澳门特别行政区地区生产总值为“本地生产总值 ”,年末人口为“年中人口 ”。澳门特别行政区集装箱吞吐量为载货集装箱吞吐量，其余为集装箱总吞吐量。

3.本表汇率按照100港币=85.89人民币元， 100澳门元=83.41人民币元，100美元=672.61人民币元计算。

4.本表中，广州、深圳、珠海、佛山、惠州、东莞、中山、江门、肇庆九市土地面积为2021年数据。

Notes: I. Data in this chart regarding Hong Kong and Macao come from the Hong Kong Census and Statistics Department, and the Macao Statistics and Census Service.

II. The regional GDP of the Hong Kong Special Administrative Region and the Macao Special Administrative Region are labeled as “Regional GDP.”The container throughput of the Macao Special Adminis-trative Region is the cargo containing container throughput;the other container throughput data is total container throughput.

III.This chart is calculated using currency conversion rates of 100 HKD=85.89RMB,100MOP=83.41RMB, and 100USD=672.61RMB.

IV. In this table, the land area data of Guangzhou, Shenzhen, Zhuhai, Foshan, Huizhou, Dongguan, Zhongshan, Jiangmen and Zhaoqing are the data of 2021.